공정거래법 소송실무

제 4 판

정재훈 저

이화여자대학교 법학전문대학원 교수

육 법 사

제4판 머 리 말

제3판이 출간된 후 전면 개정된 공정거래법이 시행되고, 공정거래법 이론과 실무에서 많은 변화도 있었습니다. 이러한 변화를 체계적으로 담을 필요가 있어, 제4판을 출간하게 되었습니다. 제4판의 특징은 다음과 같습니다.

첫째, 최근 공정거래법 전면 개정은 경제력 집중 분야 등에 주로 국한되어 실질적인 전면 개정으로 평가하기는 부족하지만, 그와 별도로 공정거래법령의 조문 번호가 대부분 변경되는 실무상 큰 변화가 있었습니다. 이에 따라 전면 개정된 공정거래법령에 맞게 기존의 이론과 판례를 정비하고 추가하였습니다.

둘째, 제1장(부당한 공동행위), 제2장(불공정거래행위), 제3장(시장지배적 지위 남용행위)은 기존의 체계를 유지하면서도, 판례의 양이 방대한 제1장과 제2장은 리딩케이스를 중심으로 판례를 요약하는 방식으로 재구성하였습니다.

셋째, 기업결합과 경제력집중 부분은 제4장(기업결합)과 제5장(경제력 집중)으로 분리했습니다. 기업결합은 공정거래위원회의 심의로 종결되고 사법심사가 이루어지지 못하여 실질적으로 '소송실무'가 부재하는 현실을 고려하여 기본 개념과 판례 위주로 그 내용을 축소한 반면, 경제력 집중 부분은 이를 다투는 심의 및 소송 사건이 증가하고 있어 보다 상세한 내용을 담았습니다.

넷째, 절차 문제는 공정거래법 특정 유형에 국한되지 않는 공통적인 문제이므로 이를 별도의 장으로 분리하는 것이 체계적일 뿐 아니라 절차에 관한 쟁점이 최근 증가하고 있어, 공정거래법 심의 및 소송절차와 관련된 내용을 중심으로 제6장(공정거래법의 집행절차)을 새로 만들었습니다.

끝으로 어려운 출판 환경에서 제4판의 출판을 맡아 주신 육법사의 백남욱 대표님, 제4판의 집필과정에서 귀중한 의견을 주신 이화여자대학교 경제법 교실의 박미선, 성윤진, 심동은, 이수민, 임나진, 장승희 변호사님, 이정은(이화여대 박사과정), 조주영(이화여대 석사과정) 선생께 감사드립니다.

2023. 5.

정 재 훈 씀

ANTI TRUSTLAW

차 례

제4판 공정거래법 소송실무

제 2 장 단독행위 규제 I ····· 186

불공정거래행위 및 재판매가격유지행위 규제

제 4 장 기업결합 규제 429

제5장 경제력집중 규제 472

제 1 장 공동행위 규제

ANTITRUSTLAW

부당한 공동행위 및 사업자단체 규제

제 1 절 공동행위의 개념

부당한 공동행위에 관한 독점규제 및 공정거래에 관한 법률(이하 '공정거래법'이라고 하고, 공정거래위원회는 '공정위'로 약칭한다) 제40조 제1항은 '사업자는 계약·협정·결의 또는 그 밖의 어떠한 방법으로도 다른 사업자와 공동으로 부당하게 경쟁을 제한하는 다음 각 호의 어느 하나에 해당하는 행위를 할 것을 합의하거나 다른 사업자로 하여금 이를 하도록 하여서는 아니 된다.'라고 규정하고 있다.

1. 공동행위와 합의

공동행위의 핵심은 합의에 있다. 시장지배적 지위에 있지 않은 복수의 사업자들이 공동으로 행위를 하여 발생하는 경쟁제한효과는 시장지배적 지위에 있는 사업자의 행위로 발생하는 경쟁제한효과와 차이가 없을 수 있다.

[카르텔 규제와 합의]

사업자들이 독자적인 경영판단에 의하여 결과적으로 동일한 행위를 한 경우, 단순한 모방행위나 의식적 병행행위에 의하여 동일한 행위를 한 경우 등 시장에서 발생하는 병행행위와 합의에 의한 공동행위는 그 경제학적 효과가 다르지 않을 수 있다. 그럼에도 병행행위는 경쟁제한의 효과가 발생하더라도 공동행위 규제의 대상에서 벗어난다. 즉 당사자간의 의사의 합치라는 요소가 가미되어야 부당한 공동행위로서 규제가 가능하다.[1)]

합의가 존재하는지 여부를 엄밀히 심사해야 하는 것은, 합의가 행위의 비난가능성을 보여주는 대표적인 징표인 점에 있다. 즉, 복수의 사업자가 시장의 가격, 수량 등에 인위적인 영향을 미치려 하였는지에 대한 한계선으로 역할을 합의의 요건이 수행하고 있다. 문제는 이러한 경계선으로서 의미를 가지는 합의를 어떤 범위에 둘지, 그리고 이를 넘어서는 행위를 부당한 공동행위로 규율할 것인지에 있다. 이는 이론의 문제를 넘어서, 카르텔 집행에 대한 철학이 반영되는 문제이기도 하다.

특히 '경성카르텔'의 규제는 그 합의 자체가 경쟁을 제한하려고 하는 의도로 이루어진 것이고 이러한 합의의 경쟁제한성은 경험칙상 인정되었다. 경성카르텔의 경쟁제한성은 객관적인 경쟁제한 효과에만 그 규제의 근거를 둔 것이 아니라 행위 자체에 근거를 둔 것이다. 따라서 다른 행위 유형과 경쟁제한효과를 동일하게 이해하더라도 그 증명 방법에 있어 차이를 두는 것은 그 연혁에 비추어 보더라도 무리가 아니다.

[합의와 실행행위]

공정거래법 제40조 제1항은 "합의하거나"라는 문언을 통하여 "합의"의 요건을 명시하고 있다. 이때 '합의'가 명시된 것은 실행행위를 하지 않고 합의만 하더라도 부당한 공동행위 규제에 포함된다는 취지에서 비롯된 것으로 보인다. '합의'라는 용어가 공정거래법에 들어온 이후 오랫동안 그 문언에 포섭되는 구체적인 행위의 범위에 관하여 별다른 논란이 없었다. 개정전 공정거래법 제40조 제5항 추정 조항의 적용으로 합의가 넓게 인정되어 대부분의 부당한 공동행위 사례에서 제40조 제5항이 주로 적용되면서 제40조 제1항의 '합의'의 의미가 부각되지 않았다. 그런데 공정거래법 제40조 제5항 개정으로 적용범위가 대폭 축소되면서 제40조 제1항 합의의 독자적인 의미가 부각되었다. 판례의 동향에서 보듯이 '합의'의 의미 및 그 범위의 문제는 점진적으로 정립되고 있는 일련의 '동태적(動態的) 흐름' 속에 있는 것으로 보

---

1) 경쟁법 위반행위의 경쟁제한성을 판단함에 있어서 주관적인 의도를 중시하는 입장에서 객관적인 경쟁제한성에 무게를 두는 것으로 추세가 바뀌었지만, 이와 별도로 카르텔 규제에 있어서는 합의가 필요하다는 점에 비교법적으로 차이가 없는 것으로 보인다.

인다.[2]

부당한 공동행위는 합의만으로 성립하고,[3] 실행행위에 나아갈 필요가 없다. 다만 실행행위가 언제 종료하였는가에 따라 부당한 공동행위의 종료시점이 달라지고, 이에 따라 적용법령, 처분시효의 기산점, 관련매출액의 범위 등에서 차이가 있을 수 있으므로 실무상 중요한 의미가 있다.

[공동행위의 합의와 유사 개념][4]

부당한 공동행위의 요건인 '합의'를 사법상 계약이 성립되기 위하여 필요한 '의사의 일치'로 보는 것은 적절하지 않다. 계약의 성립을 위하여 계약의 내용에 대한 당사자의 구속의 의사가 엄밀하게 필요하지만, 부당한 공동행위는 이와 달리 법률상 금지된 행위를 하기 위하여 이루어지므로 계약적 합의를 넘어 동일한 목적을 위한 의사연락에 그친 경우에도 합의는 인정될 수 있고, 비진의 의사표시도 합의에 포함된다.[5] 이와 같이 부당한 공동행위의 합의는 계약법상 합의보다 그 인정범위가 넓을 것이지만, 이를 지나치게 확장할 경우에는 공정거래법 제40조 제1항의 문언을 넘어서게 된다는 점에서 그 한계를 정치하게 논의할 필요가 있다.

공정거래법 제40조 제1항의 합의는 형사법상 '공동정범'에서 기능적 행위지배의 본질적 요건으로 분업적으로 실행된 행위의 전체에 대한 책임을 인정할 수 있게 되는 공동가공의 의사를 필요로 하는 법리,[6] 민법 제760조의 '공동불법행위'에서 공동불법행위의 성립에는 공동불법행위자 상호간에 의사의 공통이나 공동의 인식이 필요하지 아니하고 객관적으로 각 행위에 관련공동성이 있으면 족하므로, 관련공동성 있는 행위에 의하여 손해가 발생하였다면 그 손해배상책임을 면할 수 없는 법리[7]와 유사한 측면이 있다.

---

2) 카르텔 규제의 위법성 평가에서 관련시장의 문제가 대두되고, 사실인정에서 '합의'의 구체적인 범위가 문제된 것은 경쟁법 발전의 흐름에 비추어 의외로 볼 여지가 있으나, 한편 독자적으로 법을 발전시킨 것이 아니라 외국의 입법례를 수용한 공정거래법 역사에 비추어 당연히 경험해야 할 진통으로도 볼 수도 있다.

3) 대법원 2001. 5. 8. 선고 2000두7872 판결, 대법원 2008. 5. 29. 선고 2006도6625 판결.

4) 공동행위(공정거래법)와 공동정범(형법)의 차이는 제2판 38면 참조.

5) 대법원 1999. 2. 23. 선고 98두15849 판결.

6) 이재상, 「형법총론」, 박영사 2005. 451면.

7) 대법원 1998. 6. 12. 선고 96다55631 판결.

2. 공동행위와 교사, 방조 등

공동행위의 규제대상에 공동행위의 합의에 직접 관여하는 행위와 교사는 포함되지만, 방조는 제외된다. 이는 공동행위의 핵심적인 요소는 합의에 있는데 방조까지 포함할 경우 그 범위가 지나치게 넓어진다는 점을 고려한 것이다. 대법원 판례에 의하면, 법 제40조 제1항 후단의 '다른 사업자로 하여금 부당한 공동행위를 행하도록 하는 행위'는 다른 사업자로 하여금 부당한 공동행위를 하도록 교사하는 행위 또는 이에 준하는 행위를 의미하고, 다른 사업자의 부당한 공동행위를 단순히 방조하는 행위는 여기에 포함되지 않는다(대법원 2009. 5. 14. 선고 2009두1556 판결).

대법원 2019. 3. 14. 선고 2018두59670 판결(메르세데스벤츠코리아 사건)은 원고의 행위가 이 사건 딜러사들로 하여금 부당한 공동행위를 하도록 '교사한 행위 또는 이에 준하는 행위'에 해당되지 않는다고 본 원심의 판단이 정당하다고 보았다.[8)]

3. 공동행위와 경쟁관계

통상 직접적 경쟁관계가 있는 사업자들 사이에 합의가 이루어지지만, 부당한 공동행위에 참여하는 사업자들 사이에 반드시 경쟁관계가 있어야 하는지 문제된다. 잠재적 경쟁관계가 있는 경우에도 부당한 공동행위가 가능한지, 잠재적 경쟁관계도 없는 사업자 사이에서 부당한 공동행위가 인정될 수 있는지가 문제된다. 그 중 현안이 되고 있는 것은 수직적 공동행위인데,

---

8) 이 사건 딜러사들이 2009년 전부터 원고에게 지속적으로 공임 인상을 요구하여 왔고, 2009년에도 공임 인상 요구를 한 후 공임 인상 방법, 시기, 인상 폭 등에 관하여 원고와 협상을 한 것으로 판단될 뿐 원고가 일방적으로 제시하는 권장 공임에 따라 공임을 인상하였다고 보기는 어려운 점, 공임 인상에 관해 원고와 이 사건 딜러사들의 이해가 상충되는 등 원고에게 이 사건 딜러사들로 하여금 공임을 인상하도록 교사하거나 이에 준하는 행위를 할 정도의 경제적인 유인이 있었다고 보기 어려운 점 등을 고려하였다.

이는 별도로 다루기로 한다.[9] 대법원은 잠재적 경쟁관계에 있는 경우 부당한 공동행위가 성립될 수 있다고 판단하였다(대법원 2014. 2. 27. 선고 2012두24498 판결). 참고 판례로 대법원 2014. 2. 27. 선고 2012두24498 판결(글락소 그룹 리미티드, 역지불 합의 사건),[10] 대법원 2016. 2. 18. 선고 2013두19004 판결(삼성탈레스, 잠수함 사건)[11] 등이 있다.

[경쟁관계 존부의 판단 기준]

부당한 공동행위는 주로 경쟁자 사이에서, 즉 수평적 관계에서 발생한다. 그 점에서 경쟁자 사이의 합의와 경쟁자가 아닌 자 사이의 합의는 경쟁법상 다른 의미를 가지게 된다. 경쟁관계가 존재하는지를 어떻게 판단할지는 경쟁법의 기본적인 문제이지만, 그에 대한 일관되고 통일된 기준을 찾기 어렵다. 참고가 될 기준을 예시해 본다.

① 거래상대방의 문제이다. 누구에 대하여 경쟁하는지, 즉 누구의 선택을 받기 위하여 경쟁하는지를 고려할 수 있다. 거래상대방이 동일하거나 중첩되면 경쟁관계가 될 가능성이 높다. ② 경쟁수단의 문제이다. 가격경쟁을 하는지, 품질경쟁을 하는지, 비가격수단으로 경쟁을 하는지 등을 고려할 수 있다. 경쟁수단이 경합적이면 이는 경쟁관계의 존부를 판단함에 있어 중요한 간접사실이 될 수 있다. ③ 거래관계의 존부 문제이다. 원칙적으로 경쟁자 사이에 거래관계가 존재하기 어렵다. 예를 들면 스마트폰 판매시장에서 삼성과 애플 사이에 거래는 없다. 그러나 이러한 기준은 수평관계와 수직관계 중 어느 하나의 성격만 가진 관계에서 유효함에 유의할 필요가 있다. 이와 달리 복합적인 성격에서는 거래관계의 존부로 경쟁관계를 추론할 경우 오류가 있을 수 있다. 수직적·수평적 관계가 교차하는 사례는 실제 다수 존재하기 때문이다. 예를 들면, 대법원 2014. 5. 29. 선고 2011두23085 판결(현대오일뱅크 사건) 등 엘피지 담합 사건 등에서 수입사와 정유사 관계는 수직적인 동시에 경쟁관계이기도 하였다. 이와 같이 수평관계와 수직관계는 배타적인(exclusive) 관계가 아니며, 중첩되는 사례도 실무상 다수 존재한다.

---

9) 이 쟁점은 경쟁제한성 판단에 선행하는 문제이다. 경쟁관계가 없는 경우 부당한 공동행위가 성립하지 않는다면, 경쟁제한성 판단을 할 필요가 없을 여지도 있다.

10) 역지불합의 사안에서 잠재적 경쟁관계가 있는 경우 부당한 공동행위를 인정한 사례.

11) 잠재적 경쟁관계에서 경쟁압력을 인정한 사례.

4. 수직적 공동행위

가. 개 념

교사(敎唆)행위가 공동행위 규제에 포함됨에 따라 수직적 관계에 있는 사업자의 교사행위는 가능하다. 나아가 수직적 관계에 있는 복수의 사업자 사이에 부당한 공동행위의 합의가 가능한지, 예를 들면 공급자와 수요자와 같이 거래 단계를 달리하는 사업자들 사이의 수직적 합의에도 공정거래법 제40조 제1항이 적용될 수 있는지가 문제되는데, 이를 '수직적 공동행위'의 문제로 보고 있다.

이러한 유형의 수직적 공동행위가 공정거래법 제40조 제1항 후단에 포함될 수 있는지가 문제되었으나, 대법원 2009. 5. 14. 선고 2009두1556 판결은 법 제40조 제1항 후단의 '다른 사업자로 하여금 부당한 공동행위를 행하도록 하는 행위'는 다른 사업자로 하여금 부당한 공동행위를 하도록 교사하는 행위 또는 이에 준하는 행위를 의미하고, 다른 사업자의 부당한 공동행위를 단순히 방조(傍助)하는 행위는 여기에 포함되지 않는다고 판시함으로써, 교사 이외의 유형인 방조는 물론 수직적 공동행위도 법 제40조 제1항 후단에 포함되기 어려워졌다.

수직적 공동행위가 공정거래법 제40조 제1항 전단에 포함될 수 있는지에 관하여는 양론(兩論)이 있을 수 있다. 문리적인 해석에 따르면 수직적 합의도 공정거래법 제40조 제1항에 포함된다고 볼 수 있다. 반면, 공정거래법상 수직적 거래제한 유형 중 상당 부분이 재판매가격유지행위 규제나 불공정거래행위 규제에 포함되어 있어 수직적 합의를 공동행위 규제에 포함할 실익이 없을 뿐 아니라 체계상 혼란을 가져온다고 볼 수도 있다.

[수직적 공동행위의 논의 실익]

수직적 공동행위가 공정거래법 제40조 제1항 전단에 포함되는지에 관하여 ① 재판매가격유지행위 및 불공정거래행위로서 구속조건부거래행위와 체계상 관계의 문제 ② 수직적 합의를 인정할 경우 경쟁제한성 평가의 방식, 특히 수평적 합의와 차이점 ③ 과징금 부과와 관련하여 관련 매출액 산정의 방식 등이 문제된다. 이러한 문제 중 실무적으로는 ②와 ③이 주로 문제되는데, ③의 문제는 정액 과징금 부과와 관련된 기술적 문제이므로, 경쟁제한성 평가와 관련된 ② 문제가 주요 쟁점이 된다. 수직적 공동행위가 가능한지, 수직적 공동행위가 가능하다면 경쟁제한성이 인정될 수 있는 근거가 무엇인지에 관하여 다양한 의견이 제시될 수 있다. 이 경우 수직적 가격 제한(재판매가격유지행위), 수직적 비가격 제한(구속조건부거래 중 거래지역 또는 거래상대방 제한) 등에서 이루어지는 경쟁제한성 평가 선례를 참조할 수 있다.

수직적 공동행위는 불공정거래행위, 부당한 공동행위, 재판매가격유지 행위를 포괄한 '단독행위와 공동행위 개편'을 위한 체계적인 문제이므로, 이론적, 학술적인 차원에서 논의되고 있다. 그러나 다른 한편 실제 발생하는 많은 공동행위 중 수직적 합의로서 성격과 수평적 합의로서 성격을 모두 가지고 있거나, 수평적인지 수직적인지를 판단하기 어려운 사례가 있다. 이 점에서 수직적 공동행위는 정확하고 적정한 집행을 위한 실무적인 함의를 충분히 가지고 있다.

나. 유 형

수직적 공동행위에는 수평적 공동행위에 수직적 관계에 있는 사업자가 관여한 경우[수평적 합의와 수직적 합의가 교차하는 경우, 부진정(不眞正) 수직적 공동행위]와 수직적 관계에 있는 사업자 사이에 합의가 이루어진 경우[순수한 수직적 공동행위, 진정(眞正) 수직적 공동행위] 등 두 유형으로 분류할 수 있다. 소송 실무상 문제가 된 수직적 공동행위 사례는 잠재적 경쟁 관계가 인정되어 수평적 공동행위에 포함시킬 수 있거나, 수평적 공동행위가 주가 되고, 여기에 수직적 관계의 사업자가 관여한 '부진정 수직적 공동행위' 사례가 주류였다. 이러한 측면에서 수직적 공동행위의 문제가 공정거래법 체계의 정립과 관련하여 중요한 의미가 있음은 부정할 수 없지만, 그 논의의 실익이 반드시 크다고 보기는 어렵다.

참고 판례로 서울고등법원 2009. 10. 7. 선고 2009누2483 판결(씨제이엔터테인먼트 사건),[12] 대법원 2014. 9. 4. 선고 2012두22256 판결(대림산업

12) 심리불속행 기각. 부진정 수직적 공동행위를 인정한 사례.

사건),[13] 대법원 2015. 4. 23. 선고 2012두24191 판결(티브로드 도봉강북방송 등, IPTV 사건)[14] 등이 있다.

[수직적 공동행위의 세부 유형]

첫째 유형, 즉 수평적 공동행위에 수직적 관계에 있는 사업자가 관여함으로써 수평적 합의와 수직적 합의가 교차하는 경우(부진정 수직적 공동행위), 수직적 관계에 있는 사업자가 교사의 수준을 넘어선 행위를 하였다면 공정거래법 제40조 제1항 후단의 교사 부분을 적용하기에는 어려움이 있으므로 공정거래법 제40조 제1항 전단이 적용된다. 서울고등법원 2009. 10. 7. 선고 2009누2483 판결을 포함하여 실무상 다수 발생하는 사건이다.[15]

예를 들면, 경쟁 관계에 있는 B, C, D 사업자의 입찰담합에 원재료를 공급하는 A 사업자가 가담한 경우이다. 공정위는 관련 의결에서 그 법리적인 논거를 명확하게 밝히지 않고 있지만, 이 경우 수평적 사업자들 사이의 공동행위 부분에 경쟁제한성이 인정되면, 수직적 관계에 있는 A에 대해서는 경쟁제한성에 관한 별도의 심사가 필요하지 않다는 입장으로 보인다.[16] A가 속한 관련 시장과 나머지 사업자들이 속한 관련 시장이 밀접한 경우는 공동행위가 인정될 여지가 있을 것이다. 공정위는 수직적 공동행위를 규제한 사건에서 대부분 논거를 제시하지 않은 채 부당한 공동행위로 보았다.

둘째 유형, 즉 수직적 관계에 있는 사업자만이 합의한 경우(진정 수직적 공동행위)로는 원재료 공급자인 A와 그로부터 재료를 공급받아 생산하는 B 사이의 합의가 있는 경우 등이다. 대법원 2014. 2. 27. 선고 2012두24498 판결(글락소그룹 사건)에서 원심은 이러한 공동행위도 인정된다고 판단하였지만, 대법원은 사업자들 사이에 잠재적 경쟁 관계가 있다고 보아 이 쟁점에 관한 명시적인 판단을 유보하였다. 이러한 유형에서 경쟁제한성 평가는 첫째 유형과 같이 수평적인 경쟁제한성 심사로 마칠 수 없으므로, 수평적 공동행위와 다른 독자적인 평가가 엄밀하게 이루어져야 할 것이다. 이 경우 재판매가격유지행위, 구속조건부거래 등에서 이루어지는 경쟁제한성 평가 등

---

13) 부진정 수직적 공동행위를 인정한 사례.

14) 부당한 공동행위가 수평적 경쟁관계에 한정되지 않는다고 본 사례.

15) 공정위 2014. 1. 7. 의결 2014-4호 사건(엘지엔시스 사건) 등.

16) 예를 들면, 공정위 2014. 1. 7. 의결 2014-4호 사건(엘지엔시스 사건) 의결서 제39면에는 수평적 경쟁제한성에 대한 언급만 있다.

을 참조할 수 있을 것이다.

셋째, 수직적 관계조차 없는 사업자가 교사 수준을 넘어서 공동행위에 관여한 경우는 경쟁제한성 평가가 어렵다. 경쟁제한성 평가가 가능한 경우도 있겠지만, 그러한 평가마저 곤란한 경우는 경쟁제한성 인정이 어려울 것이어서 공정거래법 제40조 제1항의 문언을 넘어서게 될 우려가 있다. 이러한 행위를 규제하려면 별도의 입법이 필요하다고 볼 여지가 있다.

제 2 절 공동행위의 성립

부당한 공동행위에서 「공동으로」라고 함은, 복수의 사업자들 사이에 각자의 사업활동을 제한한다는 것에 대한 의사의 연락이 있고, 이에 기하여 행동의 일치에 대한 합의가 이루어지는 것을 말한다. 행위 공동성이 인정되기 위하여는 각 당사자의 행위가 외형상 일치하는 것만으로는 부족하고, 인위적으로 형성된 의사의 연락이 있고, 그것에 의하여 당사자들 사이에 경쟁제한에 대한 공동인식이 형성되어야 한다.[17]

이때 유의해야 할 사항으로는, 첫째, 공동행위의 실행에 나아갈 필요 없이 '합의'만으로도 성립된다(대법원 1999. 2. 23. 선고 98두15849 판결, 대법원 2001. 5. 8. 선고 2000두7872 판결). 둘째, 합의는 어떠한 거래분야나 특정한 입찰에 참여하는 모든 사업자들 사이에서 이루어질 필요는 없고 일부의 사업자들 사이에서만 이루어져도 충분하다. 예를 들면 입찰에 참가한 15개 사업자중 2개 사업자들 사이에서만 이루어진 담합행위도 부당한 공동행위가 된다(대법원 1999. 2. 23. 선고 98두15849 판결). 셋째, 사업자간의 합의에 적용된다. 이러한 유형에는 생산자간의 합의, 판매자간의 합의 등 공급자 사이의 합의가 포함되며, 수요자 사이의 합의도 포함된다. 넷째, 국가나 지방자치단체의 경

17) 사법연수원, 「공정거래법」, 2014. 153면.

우 공법상의 행위에는 적용되지 않으나, 사경제 주체로서의 행위에는 적용된다.

1. 복수의 사업자

공정거래법 제40조 제1항은 "사업자는 계약·협정·결의 또는 그 밖의 어떠한 방법으로도 다른 사업자와 공동으로 부당하게 경쟁을 제한하는 다음 각 호의 어느 하나에 해당하는 행위를 할 것을 합의할 것"을 금지하고 있다. 이는 복수의 사업자를 전제로 한 것이어서 부당한 공동행위가 성립하려면 2 이상의 사업자가 주체가 되어야 한다. 그런데 자연인의 경우와 달리 법인의 경우에는 실질적으로 그 실체가 단수인지, 복수인지 판단이 용이하지 않다. 이러한 측면에서 사실상 하나의 사업자의 행위로 볼 수 있는 예외를 두고 있다. 다수의 사업자를 실질적·경제적 관점에서 '사실상 하나의 사업자'로 볼 수 있는 경우에는 그들 간에 이루어진 법 제40조 제1항 각호의 사항(입찰담합은 제외)에 관한 합의에는 법 제40조 제1항을 적용하지 아니한다. 다만, 그 합의에 다른 사업자가 참여한 경우는 그러하지 아니한다.[18] 사업자가 법인인 경우 소속 직원이 법인의 업무에 관하여 부당한 공동행위를 하였고, 이를 직원 개인의 독자적인 판단에 따른 일탈행위로 볼 수 없다면 법인은 부당한 공동행위의 책임을 면할 수 없다(유사한 취지로 서울고등법원 2018. 10. 10. 선고 2018누35393 판결,[19] 서울고등법원 2018. 8. 16. 선고 2018누39524 판결[20]). 참고 판례로 서울고등법원 2009. 9. 10. 선고 2008누15277 판결(리노스 사건)[21] 등이 있다.

---

18) 법인이 그 자회사, 고용인, 대리인과 별개의 실체인지가 문제되므로 기업내부 공모이론(Intraenterprise Conspiracy Doctrine)이 대두되는데, 기업내부 공모이론은 모회사와 자회사간의 담합에 관한 이론이다.

19) 확정.

20) 심리불속행 기각.

21) 심리불속행 기각. 100% 모자회사 사이에도 법인격이 별개라는 이유로 공동행위가 인정될 수 있음을 시사한 판결이다.

[사실상 하나의 사업자]

'사실상 하나의 사업자'인지의 문제는, 부당한 공동행위의 성립 요건 중 '복수의 사업자' 요건과 자진신고자 감면 중 '공동자진신고' 등에서 문제되고 있다. '사실상 하나의 사업자'의 인정 기준은 다음과 같다. 사업자가 다른 사업자의 주식을 모두 소유한 경우(법 제2조 제11호의 동일인 또는 시행령 제4조 제1호의 동일인 관련자가 소유한 주식을 포함한다), 당해 사업자들 모두를 사실상 하나의 사업자로 본다. 사업자가 다른 사업자의 주식을 모두 소유하지 아니한 경우라도 주식 소유 비율, 당해 사업자의 인식, 임원겸임 여부, 회계의 통합 여부, 일상적 지시 여부, 판매조건 등에 대한 독자적 결정 가능성, 당해 사안의 성격 등 제반사정을 고려할 때 사업자가 다른 사업자를 실질적으로 지배함으로써 이들이 상호 독립적으로 운영된다고 볼 수 없는 경우에는 사실상 하나의 사업자로 본다. 다만, 관련시장 현황, 당해 사업자의 활동 등을 고려할 때 경쟁관계에 있다고 인정되는 경우에는 그러하지 아니하다.[22]

2. 합의의 존재

가. 합의의 의의

부당한 공동행위가 성립하려면 계약, 협정, 결의 기타 어떠한 방법으로든지 사업자간에 공동행위를 하기로 하는 합의가 있어야 한다. 부당한 공동행위를 인정하기 위한 합의는 계약, 협정, 협약, 결의, 양해각서, 동의서 등과 같은 명시적 합의뿐만 아니라 사업자간의 암묵적 양해와 같은 묵시적 합의까지 포함한다.

어느 한 쪽의 사업자가 당초부터 합의에 따를 의사도 없이 진의 아닌 의사표시에 의하여 합의한 경우라고 하더라도 다른 쪽 사업자는 당해 사업자가 합의에 따를 것으로 신뢰하고 당해 사업자는 다른 사업자가 위와 같이 신뢰하고 행동할 것이라는 점을 이용한 경우에는 당해 합의가 경쟁을 제한하는 행위가 되는 것은 마찬가지이다. 합의는 일정한 거래분야나 특정한 입

---

22) 공동행위 심사기준(2021. 12. 30. 공정위 예규 제390호 이하 같다) Ⅱ.

찰에 참여하는 모든 사업자들 중에서 일부의 사업자들 사이에만 이루어진 경우에도 성립될 수 있고, 공급자들이 아닌 수요자들의 합의라 하더라도 그로 인하여 부당한 공동행위가 성립될 수 있다.[23]

나. 합의의 단계별 분류

(1) 독자적 판단에 따른 일치 및 추종·모방

사업자들이 독자적 판단에 따라 결정을 하였음에도 우연히 또는 어떤 외적 요인에 의하여 가격 등이 일치한 경우는 합의성이 인정되지 않는다. 나아가 사업자들이 가격선도기업의 가격결정을 모방하거나 단순 추종하여 가격 등이 일치한 경우에도 합의가 인정되지 않는다는 점에 이론이 없다. 이러한 취지에서 화장지 사건[24]에서 대법원은 "과점적 화장지 공급시장하에서 후발 업체들이 시장점유율이 높은 선발 업체의 화장지의 공장도 가격을 일방적으로 모방한 결과 그 공장도 가격이 동일하게 된 경우 부당한 공동행위의 합의 추정이 번복될 뿐만 아니라 후발 업체들 상호간에 부당한 공동행위의 합의를 한 것으로 추정할 수도 없다."라고 판시하였다.

(2) 의식적 병행행위

합의의 인정과 관련하여 의식적 병행행위(conscious parallelism)에 대한 논의가 비교법적인 측면에서 활발하게 논의되었다. 즉 사업자간의 의사소통이나 접촉은 없고 단지 동일한 행위가 사실상 평행적으로 이루어지고 있음을 상호 인식하고 있는 것에 불과한 인식 있는 병행행위의 경우에도 이를 공동행위로 볼 것인가 하는 것이 실무상 흔히 문제되었다.[25] 의식적 병행행위는 통상 과점시장에서 발생하고 과점시장의 구조를 유지하는데 활용되고 있어 그 경쟁제한적인 효과는 인정될 수 있지만 합의성의 요건을 충족하지 않은 경우 규제할 수 있는지에 대하여는 다양한 선택이 가능하다.[26] 그런데

---

23) 공동행위 심사기준 Ⅱ.

24) 대법원 2002. 5. 28. 선고 2000두1386 판결.

25) 사법연수원, 「공정거래법」, 2014. 130면.

26) Herbert Hovenkamp, Federal Antitrust Policy, West, 2011. p.158, p.190.

의식적 병행행위가 부당한 공동행위가 되기 위하여 외형상 일치만으로 부족하고, 상대방의 행위를 인지하고 그러한 인식이 의사결정 과정의 요소가 되어야 하며, 추가적인 정황요소까지 있어야 한다는 견해가 지배적이다. 이에 따르면 경쟁법을 집행하는 경쟁당국의 입증정도가 의식적 병행행위에 그치고 추가요소를 입증하지 못한 경우에는 부당한 공동행위가 인정되기 어렵게 된다.

[의식적 병행행위와 법률상 합의 추정]

2007. 8. 3. 공정거래법 개정 전에는 추정조항이 적용되어 외형상 일치가 있는 경우 합의가 법률상 추정되고, 사업자가 이를 번복할 입증책임을 지게 되어 의식적 병행행위에 기하여 외형상 일치가 발생하였음을 입증하는 방식으로 증거조사가 진행되었으나, 공정거래법 개정 이후에는 공정위가 제출한 증거(본증)만으로 합의가 인정된다고 주장하고, 이에 대하여 사업자는 반증을 제출하며 공정위의 본증의 정도로는 의식적 병행행위가 있었음을 입증하는데 그친다는 일종의 '부인'을 하게 된다.[27]

(3) 정보교환

구 공정거래법상으로는 정보교환행위와 같이 공동행위를 조장하는(facilitating) 행위는 공정거래법 유형에 포함되어 있지 않아, 가격정보교환과 합의인정 사이에는 밀접한 관계가 인정되므로,[28] 정보교환행위는 가격협정의 증거가 될 수 있으나,[29] 정보교환행위만으로 독자적으로 규제하기 어려운 문제가 있었다.[30] 개정 공정거래법 제40조 제1항 제9호는 정보교환 유형을 별도로 신설하였고, 제40조 제5항 추정조항에도 추정의 요건에 정보교환이 포함되었다.

27) 상세한 내용은 제2판 57, 58면 참조.

28) 대법원 2013. 2. 15. 선고 2012두21413 판결.

29) 서울고등법원 2007. 12. 5. 선고 2006누23007 판결.

30) 최고결정권자의 정보교환 등 예외적인 경우에는 상황에 따라 그 자체만으로 합의가 될 가능성도 있으나, 그렇지 않은 경우에는 공정거래법 제40조 제1항의 유력한 간접사실이 될 것이고, 공정거래법 제40조 제5항의 정황적인 요소의 하나로 평가된다.

구 법상 참고 판례로 대법원 2014. 7. 24. 선고 2013두16395 판결(케이디비생명보험, 이자율담합 사건),[31] 대법원 2022. 5. 26. 선고 2017두47144 판결(배합사료업체 담합 사건)[32] 등이 있다.

[유럽연합 '동조적 행위'와 공정거래법]

유럽연합기능조약 제101조 제1항은 '합의, 사업자단체의 결의, 동조적 행위'를 금지함으로써 합의에 이르지 않더라도 사업자간의 공모를 함축하는 행위를 소위 동조적 행위(concerted practice)[33]로 규제하고 있는데, 이는 합의라고 보기에 부족한 반경쟁적인 방법을 통하여 유럽연합기능조약 제101조 제1항의 적용을 회피하지 못하도록 하려는 것이다.[34] 그 중 대표적인 유형이 가격정보를 교환한 후 이를 통하여 행위내용을 조정하여 가격을 결정하는 것으로 위 조약 제101조의 적용 지침에서 정보교환행위가 경쟁에 미치는 영향을 분석하는 원칙을 상세히 규정하고 있다.[35] 미국의 경우 셔먼법 제1조는 규제대상이 합의이지만 합의의 개념을 확장하여 유럽연합의 '동조적 행위' 개념을 포섭하고 있는데,[36] 셔먼법 제1조의 적용범위는 유럽연합과 차이가 없거나 다소 좁을 수 있다.[37] 셔먼법 제1조의 합의에 정보교환행위

31) 정보교환은 합의 여부를 판단함에 중요한 증거이지만, 정보교환만으로 합의가 성립되지 않는다고 판시한 사례.

32) 공정위가 가격합의가 실행되었다고 주장하는 사장단 모임 등은 친목 도모 및 사료업체 간 상호견제를 위한 정보 공유 목적으로 활용되기도 했다. 공정위 제출 증거만으로는 A사가 나머지 10개사와 공동으로 배합사료의 축종별 배합사료 가격을 결정 또는 변경하려는 합의를 했다고 인정하기 부족하다는 원심판단이 유지되었다. 대법원 2022. 5. 26. 선고 2017두47229 판결(팜스코, 하림홀딩스, 제일홀딩스 사건), 대법원 2022. 6. 16. 선고 2017두56346 판결(서울사료 사건)도 같은 결론이 내려졌다.

33) '동조적 행위'의 개념이 반드시 명확한 것은 아니지만, '본질적으로 합의의 성립에 이르지 않았지만, 의도적으로 위험을 수반하는 경쟁의 위치로부터 벗어나기 위하여 실제적으로 협력을 하는 사업자들 사이의 조정의 형태'로 이해할 수 있다(홍명수, "정보교환과 카르텔 규제", 「법과 사회」 제36호 2009. 284면).

34) 이선희, 「공정거래법상 부당한 공동행위에 대한 손해배상청구」, 경인문화사 2013. 33면.

35) 이호영, 「공정거래법」, 법문사 2013. 187면.

36) 위의 책, 187면.

37) 이선희, 「공정거래법상 부당한 공동행위에 대한 손해배상청구」, 경인문화사 2013.

도 포함된다고 보는 것이 보편적이고, 정보교환행위가 가격협정에 직접 연결되는 경우에는 당연위법의 원칙이, 정보교환행위 자체가 문제되는 경우에는 합리의 원칙이 적용되고 있다.[38] 결국, 동조적 행위는 일반적으로 미국 및 유럽연합의 규제대상에 포함되어 있는 것으로 이해되고 있고, 동조적 행위 중 정보교환이 없는 경우에는 합의를 뒷받침할 유력한 증거가 없다면 합의 인정이 어려우므로 통상 정보교환이 이루어진 경우를 중심으로 논의되고 있다.

국내에서 해석론 및 입법론상 자주 논의되는 동조적 행위와 관련하여 다음과 같은 점에 유의할 필요가 있다. 첫째, 동조적 행위는 그 기원이 된 유럽연합의 집행에서도 개념이 명확히 정의된 것이 아니다. 유럽연합의 다수 판례에서 "agreement or concerted practice" 등으로 명확한 구분없이 사용되는 경우가 많다.[39] 따라서 동조적 행위가 명확한 개념이라는 전제에서 이를 입법적으로 도입하는 것은 무리가 있다.[40] 둘째, 동조적 행위 개념을 통하여 다양한 합의의 형태를 수용할 수 있을 지가 문제된다. '알고리즘 담합'이 대표적인 예이다. 알고리즘 담합은 수평적 합의와 수직적 합의의 성격이 모두 들어 있는 'hub and spoke' 문제에 가까울 수 있다.

▣ 리딩케이스 : 대법원 2015. 12. 24. 선고 2013두25924 판결(농심 사건, 라면 담합 사건)[41]

■ 해 설

① 라면 4사가 2000. 12.말 또는 2001. 1.초 개최된 대표자 회의에서 원고가 먼저 가격을 인상하면 타사들도 동참하여 가격을 인상하기로 합의한

36면.

38) 이호영, 「공정거래법」, 법문사 2013. 187면.

39) 'concerted practice' 개념에 집중하여 판시한 사례로는 "Dole Food and Dole Fresh Fruit Europe v. Commission, C-286/13 P (2015)" 사건을 들 수 있다.

40) 부당한 공동행위에 대하여는 강력한 형사제재가 가능하다. 이 점에서도 '동조한 행위'라는 문언상 한계가 모호한 불확정 개념을 구성요건에 도입하는 것은 형사집행과 관련하여 문제가 있을 수 있다.

41) 대법원이 이 사건에서 묵시적 합의를 부정한 것은 '가격정보교환에 기한 묵시적 합의'를 공정거래법 제40조 제1항의 규제에서 실질적으로 제외하는 것으로 이해할 여지도 있다.

후 2001. 5.부터 2001. 7.까지 순차적으로 가격을 인상하는 등 2001. 5.부터 2010. 2.까지 총 6차례에 걸쳐 원고가 가장 먼저 가격인상안을 마련하여 가격인상 내역·시기 등의 정보를 타사들에게 알려주면 타사들도 동일하거나 유사한 선에서 가격을 인상하고, 가격인상정보를 서로 교환하여 타사의 가격인상 진행상황을 확인한 후 자사의 가격인상안에 반영하면서 순차적인 가격인상을 실행하는 방식으로 라면제품의 출고가격을 비슷한 시기에 동일 또는 유사한 수준으로 결정하였는지가 쟁점이 된 사건이다. 원심은 1차 가격인상에 대하여 명시적 합의를, 2∼6차 가격인상에 대하여 묵시적 합의를 인정하였고, 대법원은 이를 부정하였다.[42]

② 사실인정의 측면에서 대법원과 원심은 견해의 차이가 있으나, 2001년부터 2010년까지 장기간 정보교환과 원 단위까지의 미세한 가격일치가 발생하였으며,[43] 가격일치가 발생한 가격이 시장가가 아니라 출고가이고, 가격인상 후 이를 통보하는 방식의 사후적인 가격정보교환이 아니라 사전적인 가격정보교환이 장기간 지속적으로 이루어진 사실[44]은 공통되고 있다. 이러한 가격일치가 발생한 원인에 대하여, 대법원은 선도업체에 대한 추종을 원인으로 보았고,[45] 원심은 가격정보교환을 원인으로 보아 묵시적 합의를 인정하였다. 가격의 추종만으로 위와 같은 현상이 합리적으로 설명될 수 있는지, 지속적인 가격정보교환이 가격일치에 중대한 영향을 미쳤다고 보는 것이 경

42) '1차 가격인상'에 관한 자진신고자 진술의 신빙성을 두고 원심과 대법원의 판단이 달랐으나, 가격인상의 대부분인 '2∼6차 가격인상'은 묵시적 합의에 의하여 이루어졌으므로, 이 사건의 핵심은 가격정보교환에 기하여 묵시적 합의가 인정되는지 여부로 볼 수 있다.

43) 대법원 2015. 12. 24. 선고 2013두25924 판결의 6면 "2 내지 6 가격인상 시마다 원고의 '신라면', 삼양의 '삼양라면', 오뚜기의 '진라면', 야쿠르트의 '왕라면'의 출고가가 일치하였으나, 원고, 삼양, 오뚜기의 경우 위와 같은 라면이 주력상품인 반면에 야쿠르트의 주력상품은 '비빔면'과 '왕뚜껑' 등이었다." 부분 참조.

44) 대법원 2015. 12. 24. 선고 2013두25924 판결의 9면 "원고 등이 오랜 기간 가격정보 등 다양한 정보를 서로 교환하고 이를 각자의 의사결정에 반영해온 것은 경쟁제한의 효과가 있었다고 볼 수도 있겠으나" 부분 참조.

45) 대법원 2015. 12. 24. 선고 2013두25924 판결의 8면 "2001년에 일단 가격인상이 이루어진 이상 그 이후에는 종래의 관행대로 원고가 선도해서 가격을 올리면 다른 사업자들은 이를 참고하여 각자 가격을 인상하면 족하므로, 원고 등이 적어도 2 내지 6 가격인상에 관하여는 별도의 합의를 할 유인이 있었다고 보기 어려운 측면이 있다." 부분 참조.

험칙에 부합하는 것인지 여부가 문제될 수 있다.

③ 병행행위만으로 부당한 공동행위를 인정할 수 없으므로 추가 요소가 필요할 것이다. 이 사건에서 '장기간의 사전적인 출고가(出庫價)에 대한 정보교환'이 추가 요소로 인정될 수 있는지가 문제되었으나, 대법원은 이를 부정한 것으로 볼 수 있다. 한편, 대법원은 "원고 등이 오랜 기간 가격정보 등 다양한 정보를 서로 교환하고 이를 각자의 의사결정에 반영해온 것은 경쟁제한의 효과가 있었다고 볼 수도 있다"라고 판시하였고, 이때 의사결정은 가격에 관한 의사결정을 의미할 것이므로 가격정보교환이 가격일치에 일정 부분 영향을 미쳤음도 인정한 것으로 볼 수 있다. 가격정보교환이 가격일치에 영향을 미쳤으나 추가 요소는 아니라고 판단한 것에는 논리적으로 의문이 있을 수 있다.

④ 대법원이 이 사건에서 묵시적 합의를 부정한 것은 '가격정보교환에 기한 묵시적 합의'를 공정거래법 제40조 제1항(구 공정거래법 제19조 제1항)의 규제에서 실질적으로 제외하는 것으로 이해할 여지도 있다.[46] 실제 이 판결 이후 하급심은 정보교환에 관한 묵시적 합의에 대하여 부정적인 입장을 보였다〔대법원 2016. 12. 29. 선고 2016두31098 판결(만트럭버스코리아 사건, 화물상용차 담합 사건), 서울고등법원 2016. 6. 2. 선고 2014누48919 판결(현대건설 사건),[47] 서울고등법원 2016. 7. 21. 선고 2014누4346 판결(삼성물산 사건),[48] 서울고등법원 2016. 8. 17. 선고 2014누41239 판결(볼보그룹 사건, 화물상용차 사건)[49], 서울고등법원 2017. 5. 18. 선고 2015누60756 판결(팜스코 사건)〕.

(4) 묵시적 합의

공정거래법 제40조 제1항이 금지하는 '부당하게 경쟁을 제한하는 합의'에

---

46) 이 판결의 결과 정보교환이 실무상 규제되는 것은, 명시적 또는 묵시적 합의가 다른 증거에 기하여 뒷받침되는 상태에서 부차적으로 가격 정보교환의 정황이 발견된 경우 등 제한적인 경우에 국한될 가능성이 있다. 이러한 사안은 정보교환을 제외하고도 합의가 인정될 가능성이 높으므로 '정보교환과 합의'에 관한 논의를 할 실익이 있다고 보기 어렵다.

47) 대법원 2019. 11. 14. 선고 2016두43305 판결로 상고기각. 희망공구에 대한 정보교환을 인정하며 합의를 부정한 사안이다.

48) 심리불속행 기각. 정보교환은 인정하며 합의를 부정한 사안이다.

49) 심리불속행 기각. 장기간 정보교환은 인정하면서 묵시적 합의는 부정한 사건이다. 다만, 이 판결은 외형상 일치도 부정하였다.

서 '합의'는 둘 이상의 사업자 간 의사의 연락을 본질로 하는데, 여기에는 명시적 합의뿐 아니라 묵시적인 의사의 일치까지도 포함된다.[50] 대법원 2013. 11. 28. 선고 2012두17773 판결은 '부당한 공동행위'는 '부당하게 경쟁을 제한하는 행위에 대한 합의'로서 이때 '합의'에는 명시적 합의뿐 아니라 묵시적인 합의도 포함된다고 판시하였다. 이와 같이 묵시적 합의가 인정되는 경우에 합의성이 인정됨에는 의문이 없으나, 어떤 증거가 구비된 경우 묵시적 합의가 있었다고 평가할 수 있는지는 어려운 문제이다.

묵시적 합의가 문제된 사건으로는 대법원 2014. 5. 29. 선고 2011두23085 판결(현대오일뱅크 사건, 엘피지 담합 사건),[51] 대법원 2015. 6. 23. 선고 2012두9055 판결(지에스칼텍스 사건, 경질유 담합사건), 대법원 2015. 10. 29. 선고 2013두8233 판결(자동차운전전문학원의 가격담합 사건),[52] 대법원

---

50) 대법원 2013. 11. 14. 선고 2012두19298 판결.

51) 이 사건에서 대법원은 묵시적 합의를 인정할 정도의 의사연결의 상호성이 있었는지에 관하여 엄격한 태도를 견지하였다. 즉 LPG 수입사들이 원고에게 거래기간 동안 판매가격을 통보하였으나 그것이 원고와의 합의에 의하여 이루어진 것이라고 볼 만한 자료는 없고, 수입사 중 일부 회사가 자신의 충전소 판매가격을 통보하면서 그 수신자란에 원고도 표시한 것은 그 회사의 일방적 행위이므로, 이러한 사정을 들어 원고와 다른 LPG 사업자 사이에 가격결정에 관하여 상호 의사 연락이 있었다고 볼 수는 없다고 보았다. 또한 원고의 임원 또는 팀장급 직원이 LPG 수입사 및 정유사들의 모임에 참석한 것은 피고가 주장하는 이 사건 합의기간 중 2회에 불과하므로, 그 모임에 참석한 것이 이 사건 합의와 관련이 있다고 단정하기는 어렵다고 보았다. 또한, 핵심적인 쟁점이 된 '스폿거래(원고가 자신의 물량 중 20%를 충전소 판매가격보다 저렴한 가격에 판매한 행위)'에 대하여 원심은 합의에 부합하는 증거로 이해한 반면, 대법원은 합의에 배치되는 증거로 이해하는 등 사실에 대한 평가에서 큰 차이를 보였다. 스폿거래는 원고와 다른 사업자들 사이에 가장 구별되는 특징으로, 원칙적으로 합의와는 부합하지 않는 저가거래라는 측면에서 원심보다는 대법원의 설명이 더 간명하고 자연스러운 측면이 있다. 병행행위와 추가요소에 대한 일반적인 법리를 적용하여, 병행행위만으로는 합의를 인정하기에 부족하고 추가요소가 제출되어야 함에도 공정위가 제출한 증거만으로 추가요소를 인정하기에 부족하다고 판단하였다. 이로써 '합의의 도그마'를 강화한 판례로 이해할 수 있다.

52) "① 관련 법령의 개정으로 수강생이 받아야 할 의무교육시간이 대폭 축소됨에 따라 운전전문학원으로서는 수익 감소가 예상되어 시간당 수강료를 인상할 필요성이 있었던 반면, 운전전문학원이 제공하는 서비스는 동질적이어서 수강료가 중요한

2018. 12. 13. 선고 2018두31900 판결(복천식품 사건),[53] 대법원 2019. 3. 14. 선고 2018두60984 판결(더클래스 효성 사건),[54] 대법원 2022. 5. 26. 선고 2017두47229 판결[55] 등과 서울고등법원 2012. 4. 12. 선고 2011누27584 판결,[56] 서울고등법원 2013. 11. 21. 선고 2011누27331 판결,[57] 서울고등법원

차별요소가 되기 때문에 이를 공동으로 결정하려는 유인이 컸던 것으로 보인다. ② 더욱이 서울지역에서 연속적으로 경쟁 관계에 있는 7개 사업자는 다수 사업자가 참여하여 공동으로 수강료를 결정할수록 관련 시장 전체에서 수강료 인상 목적을 달성할 수 있으므로, 서울협회 회원사들이 모인 자리에서 수강료 책정 기준을 결정하려는 유인이 있었다. ③ 실제 모임에 참석한 7개 사업자 중 5개 사업자는 그 모임에서 논의되었던 최소의무교육시간 기준 수강료인 47만 원에 근접하게 수강료를 신고하였다." 부분 등이 묵시적 합의를 인정하는 논거로 지적되었다.

53) 원고와 공동수급체를 구성한 ○○○○의 대표 소외인이 각 입찰에 형식적으로 참여할 사업자(이하 '들러리 참가자'라 한다)와 사이에 들러리 참가자들의 투찰가격에 대한 합의를 한 후 원고에게 그 합의 결과에 관하여 알려 주었고, 이를 바탕으로 원고와 ○○○○의 대표 소외인이 협의를 통하여 공동수급체의 최종 투찰가격을 결정한 사실 등을 인정한 다음, 원고와 ○○○○의 대표 소외인 및 들러리 참가자들은 방위사업청이 발주하는 군납 소스류 구매 입찰에서 낙찰예정자, 들러리 참가자 및 들러리 투찰가격에 관하여 명시적 또는 묵시적 합의를 하였다고 봄이 타당하다고 판단하였다. 이 사건은 원고와 소외인 사이의 명시적 합의, 소외인과 들러리 참가자 사이의 명시적 합의, 원고와 들러리 참가자 사이의 묵시적 합의가 순차적으로 이루어지면서 하나의 합의가 이루어진 사례이다. 명시적 합의와 묵시적 합의가 순차적으로 이루어지면서 단일한 합의가 이루어지는 경우가 있을 수 있다.

54) 서로 이해관계가 다른 사업자들 사이에 협상에 의하여 가격이 결정되었다 하더라도 '합의' 내지 '합의를 행하도록 하는 행위'의 성립을 인정하는 데에 장애가 되지 않는다.

55) 원심은 서울고등법원 2017. 5. 18. 선고 2015누60756 판결(팜스코 사건).

56) 심리불속행 기각. 이 사건에서 "원고가 그를 통하여 제공한 정보는 기업비밀에 속하는 구체적인 제품가격과 인상계획안에 관한 정보였으며, 반면 모임에서 다른 회원사의 정보를 취득하여 상급자에게 보고하도록 한 점, 유맥회에서 논의된 제품가격 인상의 정도와 시기는 원고의 가격인상안 작성에 반영된 것으로 보이는 점 등을 종합하여 보면, 원고의 유맥회 담당자의 이러한 각 행위는 적어도 원고의 의사결정에 책임 있는 자의 묵시적인 승인 하에 행해진 것이라고 봄이 타당하다."고 판단하였다.

57) 심리불속행 기각. 이 사건에서 "원고 등 6개사는 업체별 선호지역을 중심으로 낙찰희망지역을 조정하여 지역별 낙찰자를 합의함으로써 경쟁을 피하고, 낙찰예정자가 낙찰이 될 수 있도록 들러리 입찰(형식적인 입찰)이 필요하였다." 부분 및 "이 사

2017. 11. 1. 선고 2016누82555 판결(대신네트웍스 사건),[58] 서울고등법원 2017. 12. 13. 선고 2016누58712 판결(신대일제지공업 사건),[59] 서울고등법원 2022. 5. 12. 선고 2020누56508 판결(조선내화이엔지 사건)[60] 등이 있다.

[묵시적 합의의 인정 사례]

기존의 합의가 실행된 경우 묵시적 동의로 합의가 성립한다고 본 사례,[61] 분할된 회사가 분할 이전 회사의 합의사실을 알면서도 다른 회사의 암묵적 동의를 얻어 합의에 따른 가격체계를 그대로 유지한 경우 묵시적 합의를 인정한 사례[62] 등이 있다. 또한 정보교환에 기하여 묵시적 승인을 인정한 사례,[63] 입찰담합의 유인이 있었고, 유사한 수준의 투찰률 등 외형상 일치가 있는 사정 등에 기하여 최소한 묵시적 합의가 인정된다고 본 사례,[64] 원고가 직접 공동행위와 관련된 합의에 참석하지는 않았으나 합의에 직접 참여

건 입찰의 예정가격은 기초금액 기준으로 2% 범위 내에서 15개의 예비가격 중 추첨으로 정해진 4개 예비가격의 평균으로 정해지는 등 입찰 이전에 미리 알 수 없었고, 예비가격 산출을 위한 기초금액은 입찰일 1~3일 전에 공고되었다. 원고 등 6개사는 위와 같은 합의의 결과로 약 3년간 95건의 이 사건 입찰에서 기초금액의 97~98% 정도(수의계약이 아닌 경우 예정가격보다는 낮았던 것으로 보인다)로 높게 낙찰을 받을 수 있었다." 부분 등이 묵시적 합의의 근거로 지적되었다.

58) 상고 후 소취하로 확정.

59) 대법원 2018. 4. 12.자 2018두30235 판결로 심리불속행 기각. 이 사건에서 계열회사 관계에 있는 다른 제지회사들도 한 계열회사의 직원이 공동행위에 참여한 후 다른 계열회사에게 전달하는 방식으로 계열사 전체가 공동행위에 참여한 점, 공동행위의 다른 가담자들도 모두 원고가 합의에 참여하여 함께 고지 구매단가를 인하하였다고 인식한 점 등도 참작하였다.

60) 대법원 2022. 9. 15.자 2022두45531 판결로 심리불속행 기각.

61) 대법원 2007. 12. 13. 선고 2007두2852 판결. 대법원은 "원고는 구 클라크의 지게차 제조·판매업을 그대로 인수하여 영업을 계속하면서 위 소외인 등을 통하여 2003. 5. 1. 이후 정부기관이 발주하는 지게차의 구매입찰 공고시 원고 등이 사전 작업할 물량을 서로 인정하여 들러리를 서 주는 형태로 이 사건 입찰합의의 실행을 묵시적으로 동의하였다고 보인다."라는 원심의 판단은 정당하다고 판시하였다.

62) 서울고등법원 2011. 5. 25. 선고 2010누13083 판결(확정).

63) 서울고등법원 2012. 4. 12. 선고 2011누27584 판결(심리불속행 기각).

64) 서울고등법원 2013. 11. 21. 선고 2011누27331 판결(심리불속행 기각). 서울고등법원 2013. 4. 10. 선고 2012누18419 판결(자동차운전전문학원의 가격담합 사건, 대법원 2015. 10. 29. 선고 2013두8233 판결로 상고기각).

한 계열사 직원을 통해 합의의 결과를 전달받고 이행한 경우[65] 등도 있다. 이와 같이 정보교환, 외형상 일치, 정보교환이 외형상 일치에 반영되었음을 뒷받침하는 정황사실 등이 묵시적 합의 인정에 중요한 요소가 될 수 있다.

다만, 합의 현장에 있었다고 하더라도 단순히 내용을 들은 것만으로 의사연락의 상호성을 인정하기 어렵다. 입찰 참여에 필수적인 견적가격 등을 제출하지 않아 사실상 입찰참여가 불가능한 사업자가 현장에 있은 경우 등 합의의 실행을 불가능하게 만드는 요소가 있으면 의사연락의 상호성을 부정할 요소로 볼 수 있다.

[묵시적 합의와 합의의 추정 조항 적용]

'공정거래법 제40조 제1항의 유형으로서 묵시적 합의'와 '공정거래법 제40조 제5항이 적용되는 합의의 추정'은 명시적 합의의 증거가 없는 상태에서 나타난 간접증거에 기초하여 공정거래법 제40조 제1항을 적용하여 묵시적 합의를 입증할 것인지, 제40조 제5항을 적용하여 추정조항을 적용할 것인지의 차이가 있다. 추정의 요건으로 '합의의 개연성'이 추가된 이후에 공정거래법 제40조 제5항 추정 조항이 드물게 적용됨에 따라 별다른 차이가 없지만, 경우에 따라 동일한 사실관계에 대하여 어떤 조항이 적용되는가에 따라 입증책임이 달라질 여지도 있다.[66] 한편 2021. 12. 30. 시행된 개정 공정거래법은 합의추정의 요건으로 종래 외형상 일치와 개연성이 있는 경우뿐 아니라 외형상 일치와 정보교환이 있는 경우를 추가하였다. 이는 정보교환 사안에서 추정조항을 적용하여 공정위의 증명부담을 줄이려는 시도로 볼 수 있다.

▣ 리딩케이스 : 대법원 2014. 5. 29. 선고 2011두23085 판결(현대오일뱅크 사건, 엘피지 담합 사건)

■ 해 설

① 과점시장인 엘피지 시장에서 발생한 수입사 2개(이원, 에스케이가스)

---

65) 서울고등법원 2017. 12. 13. 선고 2016누58712 판결(신대일제지공업 사건, 대법원 2018. 4. 12.자 2018두30235 판결로 심리불속행 기각).

66) 이러한 차이로 하나의 사실관계에 대하여 주위적으로 공정거래법 제40조 제1항이, 예비적으로 공정거래법 제40조 제5항이 적용되는 사례가 있다〔서울고등법원 2014. 6. 13. 선고 2012누29303 판결(대우건설, 4대강 사건, 대법원에서 심리불속행 기각)〕.

와 정유사 4개(지에스, 에스케이에너지, 현대오일뱅크, 에스오일)의 가격 합의를 다루고 있다(이원과 지에스, 에스케이가스와 에스케이에너지는 계열관계에 있고, 이에 따라 에스케이가스는 에스케이에너지와 공동감면신청으로 보아야 한다는 주장을 제기하였다). 수입사와 정유사의 관계는 특수성이 있다. 즉 수입사가 정유사에 엘피지를 판매한다는 점에서는 수직적 관계이지만, 수입사가 직접 판매를 한다는 측면에서 수입사와 정유사는 수평적 경쟁관계에 있기도 하다. 이에 따라 수입사가 정유사에 가격 정보를 알려준 것이 경쟁자 사이의 정보교환인지, 거래관행상 당연히 수반되는 구매자에 대한 통지인지가 쟁점이 되었다.

② 수입사 2개 회사에 대하여 이원에 대하여 대법원 2014. 6. 26. 선고 2012두23075 판결(이원 사건)로 합의가 인정되었고, 에스케이가스도 서울고등법원에서 원고의 청구가 기각된 후(서울고등법원 2012. 5. 24. 선고 2010누32091 판결) 상고가 기각되어(대법원 2015. 9. 24. 선고 2012두13962 판결) 모두 부당한 공동행위가 인정되었다. 정유사 4개 회사에 관하여 에스케이에너지는 자진신고를 하여 과징금 등을 면제받음으로써 소를 제기하지 않았고, 나머지 3개사 중 현대오일뱅크는 서울고등법원에서 원고의 청구가 기각되었으나(서울고등법원 2011. 8. 18. 선고 2010누15058 판결), 대법원이 합의가 인정되기 어렵다는 취지로 파기하였고(대법원 2014. 5. 29. 선고 2011두23085 판결),[67] 지에스칼텍스, 에스대쉬오일은 부당한 공동행위가 인정되었다(대법원 2014. 6. 26. 선고 2012두4104 판결, 대법원 2014. 6. 26. 선고 2012두5015 판결). 즉 총 6개 회사 중 현대오일뱅크에 대하여만 부당한 공동행위의 합의가 부정된 사건이다.

③ 이 사건에서 대법원은 묵시적 합의를 인정할 정도의 의사연결의 상호성이 있었는지에 관하여 엄격한 태도를 견지하였다. 즉 LPG 수입사들이 원고에게 거래기간 동안 판매가격을 통보하였으나 그것이 원고와의 합의에 의하여 이루어진 것이라고 볼 만한 자료는 없고, 수입사 중 일부 회사가 자신의 충전소 판매가격을 통보하면서 그 수신자란에 원고도 표시한 것은 그 회사의 일방적 행위이므로, 이러한 사정을 들어 원고와 다른 LPG 사업자 사이에 가격결정에 관하여 상호 의사 연락이 있었다고 볼 수는 없다고 보았다. 또한 원고의 임원 또는 팀장급 직원이 LPG 수입사 및 정유사들의 모임에 참석한 것은 피고가 주장하는 이 사건 합의기간 중 2회에 불과하므로,

67) 파기 후 서울고등법원은 원고 승소 판결을 선고하였고(서울고등법원 2015. 8. 19. 선고 2014누5165 판결), 공정위가 상고하였으나 심리불속행 기각되었다.

그 모임에 참석한 것이 이 사건 합의와 관련이 있다고 단정하기는 어렵다고 보았다. 또한, 핵심적인 쟁점이 된 '스폿거래(원고가 자신의 물량 중 20%를 충전소 판매가격보다 저렴한 가격에 판매한 행위)'에 대하여 원심은 합의에 부합하는 증거로 이해한 반면, 대법원은 합의에 배치되는 증거로 이해하는 등 사실에 대한 평가에서 큰 차이를 보였다. 스폿거래는 원고와 다른 사업자들 사이에 가장 구별되는 특징으로, 원칙적으로 합의와는 부합하지 않는 저가거래라는 측면에서 원심보다는 대법원의 설명이 더 간명하고 자연스러운 측면이 있다.

④ 병행행위와 추가요소에 대한 일반적인 법리를 적용하여, 병행행위만으로는 합의를 인정하기에 부족하고 추가요소가 제출되어야 함에도 공정위가 제출한 증거만으로 추가요소를 인정하기에 부족하다고 판단하였다. 이로써 '합의의 도그마'를 강화한 판례로 이해할 수 있다.

⑤ 현대오일뱅크 사건은 과점시장에서 의미 있는 결론을 내린 사건으로 대법원 2002. 5. 28. 선고 2000두1386 판결(화장지 사건)과 비교할 때 동조화 관행이 있고, 상호의존성이 존재하는 과점시장이라는 점에서 공통점이 있다. 그런데도 두 사건의 결론이 상반되고, 특히 화장지 사건은 의식적 병행행위도 부당한 공동행위에 포함되는 것으로 이해할 수 있는 판시가 포함되어 있어 의문이 있을 수 있다. 그러나 화장지 사건은 개정 전 공정거래법 제19조 제5항의 추정 조항이 적용된 반면, 현대오일뱅크 사건은 개정 전 공정거래법 제19조 제1항이 적용되어 그 증명책임과 방법에서 차이가 생긴 것으로 보인다.

(5) 명시적 합의[68)]

(가) 개 념

명시적 합의는 직접증거 외에도 정황증거를 통하여 인정될 수 있고, 직접적인 합의가 입증되지 않을 경우 추정조항이 적용된다. 자진신고자의 직접 진술이 있거나, 합의서, 합의 내용이 기재된 내부문건, 메모 등이 발견되는 경우 등에는 비교적 용이하게 합의가 입증되지만, 이와 달리 외형적인 행위의 일치, 정보교환, 기타 간접증거 등을 종합적으로 판단하여 합의가 인정되기도 한다.

---

68) 명시적 합의의 증명에 영향을 미치는 자진신고자(조사협조자) 진술의 신빙성 문제는 제2판 77면 참조.

[명시적 합의의 판단]

결의내용을 사후에 통보받은 것만으로는 합의사실이 인정되지 않는다고 본 사례(대법원 2005. 12. 9. 선고 2005두9828 판결), 모임의 성격에 비추어 모임에 참여하였다는 것만으로 합의를 인정하기 어렵다고 본 사례(서울고등법원 2008. 10. 23. 선고 2008누3465 판결),[69] 기업이윤을 고려한 적정선에서 무모한 출혈경쟁을 방지하기 위하여 일반거래 통념상 인정되는 범위 내에서 입찰자 상호간에 의사의 타진과 절충을 한 것에 불과한 경우에는 담합에 포함되지 않는다고 본 사례(대법원 2000. 6. 9. 선고 99두2314 판결) 등이 있다.

서울고등법원 2012. 12. 13. 선고 2011누24332 판결(대법원 2016. 3. 24. 선고 2013두2303 판결)은 경쟁자 사이의 합의가 없이, 질병관리본부의 의견수렴만 있는 경우에는 합의가 인정되지 않는다는 취지로, 의사연락의 상호성이 인정되지 않은 사례이다.

[명시적 합의와 컨소시엄]

입찰담합에서 민자사업(民資事業)이 재정사업으로 전환되는 경우, 컨소시엄이 허용되다가 금지되는 경우 등에 있어서 컨소시엄을 전제로 한 합의가 입찰담합으로 연결되었는지에 따라 명시적 합의의 존부가 결정되는 사례로 서울고등법원 2013. 8. 30. 선고 2012누14325 판결 등이 있다.[70] 합의를 위한 의사연결은 사업자 사이에 직접 이루어지는 경우는 물론 조합 등 단체를 매개로 하여 이루어지는 경우도 포함된다〔서울고등법원 2015. 8. 28. 선고 2014누70626 판결(와이파이 사건)[71]〕.

---

69) 심리불속행 기각.

70) 원고는 이 사건 제안요청서가 공고되기 전 소나체계가 통합되어 발주될 것을 전제로 컨소시엄 구성에 관한 논의를 한 사실이 있을 뿐 입찰 조건이 정하여진 이후에는 위 각 업체와 입찰에 관한 합의를 한 사실이 없다고 주장하였으나, 서울고등법원은 "소나 3사가 2008. 5.경부터 제안요청서 공고 후까지 이 사건 소나체계 입찰에 관하여 지속적으로 협의를 하였고, 특히 방사청이 분리발주를 승인한 2008. 12. 17. 무렵에는 다양한 경로의 정보수집을 통하여 이를 파악하고 분리발주에 따른 입찰 참여 방안을 협의하여 이 사건 입찰의 낙찰자를 사전에 결정한 후 입찰에 참가한 사실을 인정할 수 있으므로, 소나 3사 사이에 특정 분야에 단독으로 입찰하기로 하는 내용의 합의가 있었음을 충분히 인정할 수 있다."며 이를 배척하였다.

71) 확정.

[직원의 일탈행위와 부당한 공동행위 성부(成否)]

① 대표권이 없는 직원, 예를 들면 회사의 지점 소속 업무담당자가 부당한 공동행위의 합의를 한 경우에 그 직원의 일탈행위인지, 그렇지 않고 그 합의가 회사의 임원 등에 전달되어 실제 합의에 회사가 가담한 것으로 볼 수 있는지를 평가해야 한다. 업무담당자의 개인 행위로 그칠 뿐 법인의 행위로 평가하기 어려운 경우에는 사업자인 법인에 대하여 부당한 공동행위의 책임을 묻기 어렵다. 다만, 실무자의 행위를 일탈행위로 평가함으로써 법인의 책임을 배제하는 것은 신중할 필요가 있다. 상급자의 직접 또는 간접 관여 여부를 보아야 한다. 개인의 직무범위 내에 속하는지를 보아 기본적인 직무의 범위에 포함되나 그 범위를 일부 넘은 정도에 불과하다면 법인이 책임을 면하기 어려울 것으로 보인다. 그 밖에 행위가 회사의 이익에 부합하는가, 행위의 동기가 무엇인지도 함께 고려할 필요가 있다.[72]

② 참고로 형사집행을 하는 국가에서는 더 엄격하게(좁게) 법인의 책임을 심사한다. 참고로 U.S. v. Basic Construction Company, 711 F.2d 570 (4th Cir. 1983) 사건에서 법인이 엄격한 독점금지법 준수정책(antitrust compliance program)을 운용하는 경우 이를 일탈한 피고용자의 행위는 법인의 행위로 보기 어렵고, 하급직원의 행위와 상급직원의 행위는 달리 보아야 한다고 판시하였다. 위 법원은 직원의 행위가 직무에 포함되는지(scope of employment)에 따라 판단하여야 한다는 점을 지적하였다.[73]

[합의성 판단: 인식과 합의의 관계]

합의는 인식(認識)을 전제로 한다. 인식 자체가 없다면 합의는 성립하기 어렵다. 동조적 행위, 묵시적 합의, 명시적 합의는 모두 인식의 기초에서 이루어진다. 그러나 인식이 존재하더라도 반드시 합의가 성립하지 않는다. 인식있는(의식적) 병행행위가 대표적 사례이다. 부당한 공동행위에서 인식 여부가 문제되는 사례가 간혹 있다.

첫째, A와 B가 갑 입찰에 대하여 합의하여 B가 갑 입찰에 불참하였다면 갑 입찰에 대한 합의가 성립한다. 그러나 B가 인식하지 못한 을 입찰에 대

72) 피용자의 독단적인 일탈행위가 발생한 경우에 법인은 민사상 불법행위 책임(사용자책임 등)을 부담할 뿐 계약의 이행 책임을 원칙적으로 부담하지 않는다.

73) 도로포장공사 계약에서 발생한 입찰담합 사건을 다루고 있다. 형사절차로 기소되어 1심에서 유죄 판결이, 항소심에서 유죄취지로 항소가 기각되었고, 상고가 허가되지 않았다.

하여 B가 불참한 행위로 합의가 성립한다고 보기 어렵다. 둘째, A B가 포괄적인 합의를 하고 그 결과 B가 갑 입찰은 물론 을 입찰에도 불참하였다면 전체로서 합의가 성립할 수 있다. 다만 이러한 포괄적 합의는 특별한 사정에 속하므로, 특별한 사정을 주장하는 측(주로 공정거래위원회나 손해배상청구권자)이 증명해야 한다.

(나) 판 례

관련 판결로 대법원 2000. 6. 9. 선고 99두2314 판결(삼환카뮤 사건),[74] 서울고등법원 2006. 1. 11. 선고 2005누6289 판결,[75] 대법원 2016. 6. 10. 선고 2013두7674 판결(백신담합 사건),[76] 대법원 2019. 1. 31. 선고 2016두46687 판결(한화 사건)[77] 등이 있다.

▣ 리딩케이스 : 대법원 2014. 2. 13. 선고 2011두16049 판결(소주 사건)

■ 해 설

① 소주 사건은 ㉮ 1차 및 2차 소주 출고가격을 인상한 합의(구 법 제19호 제1항 제1호 가격협정), ㉯ 페트병 소주 경품제공 기준 및 지역행사 지원에 관한 합의(같은 항 제2호 거래조건 합의), ㉰ 병마개 가격 인상 시기의 연기를 병마개 공급자에게 요청한 합의(같은 항 제9호 사업활동방해 합의) 등으로 구성되어 있다.[78] 공정위는 위 전체에 관하여 시정명령을, 2차

---

74) 기업이윤을 고려한 적정선에서 무모한 출혈경쟁을 방지하기 위하여 일반거래 통념상 인정되는 범위 내에서 입찰자 상호간에 의사의 타진과 절충을 한 것에 불과한 경우에는 담합에 포함되지 않는다.

75) 확정. 응찰가격에 관한 연락은 의사타진을 넘어선 가격 공동행위라는 취지.

76) 명시적 합의의 존부에 관하여 서울고등법원 재판부별로 견해가 갈린 사건으로, 합의로 보이는 외관이 있었더라도 사실상 행정지도를 따른 행위에 불과한 경우에는 합의를 부정.

77) 명시적 합의의 경우에도 '외형상 일치의 존부'가 명시적 합의에 부합하는 진술 증거를 보완하는 중요한 정황이 될 수 있다. 이 판결은 합의에 부합하는 증거가 있는 상태에서 외형상 일치, 합의의 유인 등을 고려하여 명시적 합의가 인정된다고 보아, 이와 결론을 달리한 원심을 파기하였다.

78) 병마개 제품의 독점적 공급자인 세양금속에 대하여 수요자인 소주업체들이 공동으로 행위를 하였다는 측면에서 '대항카르텔'의 문제로 이해하는 시각도 있다.

소주가격 인상에 관하여만 과징금을 부과하였다.

② 원심은 부당한 공동행위가 성립하는지에 관하여 ㉮, ㉯ 부분은 이를 인정하고, ㉰ 부분은 사업활동방해는 인정되지만 부당성이 인정되지 않는다고 보았다. 이러한 전제하에서 시정명령 부분에 관하여 ㉮, ㉯ 부분은 원고들 청구를 기각하였고, ㉰ 부분은 원고들 청구를 인용하였으며, 2차 소주가격 인상에 관하여만 부과된 과징금은 재량권 일탈 · 남용을 인정하여 원고들 청구를 인용하였다.

③ 대법원은 가장 핵심인 ㉮ 부분에 관하여 부당한 공동행위가 인정되기 어렵다는 취지로 원고들의 상고를 받아들였고, ㉯ 부분은 부당한 공동행위가 성립한다는 취지로 원고들의 상고를 기각하였으며, ㉰ 부분은 부당성을 부정한 원심과 달리 사업활동방해의 행위 요건이 입증되지 못하였다는 이유로 피고의 상고를 기각하였다.

④ '소주 사건'에서 대법원은 원고들이 사장단 모임에서 가격 인상에 관하여 논의한 사실이 있었고, 진로의 가격 인상 후 곧이어 나머지 원고들도 가격을 인상하였으며, 그 인상률이나 인상 시기가 원고 진로와 유사하여 가격 인상에 관한 합의가 있었던 것처럼 보이는 외형이 존재하여 명시적 합의를 인정할 여지가 있었음에도, 행정지도에 기한 특수성, 즉 국세청이 진로를 통하여 전체 소주업체의 출고가격을 실질적으로 통제 · 관리하고 있는 소주시장의 특성에 따라 나머지 원고들이 국세청의 방침과 시장상황에 대처한 정도에 불과한 것으로 볼 수 있으므로 의사연결의 상호성을 단정할 수 없다고 판단하였다. 구 공정거래법(2007. 8. 3. 법률 제8631호로 개정되기 전의 것) 제19조 제5항이 적용되는 경우 행정지도의 개입이 법률상 추정의 유력한 번복사유였던 것처럼,[79] 법 개정 후 추정조항의 요건이 강화됨에 따라 구 공정거래법 제19조 제5항(현 공정거래법 제40조 제5항) 대신 같은 조 제1항이 적용된 사례에서도 행정지도가 있었던 경우 그 사실관계에 따라 합의가 부정될 수 있으므로, 행정지도가 합의의 존부에 관한 사실인정에 여전히 중요한 의미가 있음을 보여주는 사례로 보인다.

한편, 이 사건의 원심(서울고등법원 2011. 6. 2. 선고 2010누21718 판결)은 과징금 고시에 부합하더라도 원고들이 얻은 이익규모가 상대적으로 미미하다고 보이고, 이와 같은 점이 이 사건 과징금 산정에 있어서 충분히 참작되었다고 할 수 없는 경우에는 이를 적법하다고 보기 어렵다는 사유로 과징

79) 대법원 2003. 2. 28. 선고 2001두1239 판결(맥주 사건) 등.

금납부명령을 취소하였다. 이에 대한 대법원의 판단에 관심이 집중되었으나, 대법원은 그 전제가 되는 합의 자체를 부정함으로써 이 부분 쟁점에 관한 판단을 하지 않았다. 원심과 대법원은 합의 존부에 관하여 상반된 입장을 취하였으나, 원심이 과징금의 적법 여부를 판단함에 있어서 "국세청이 소주제조사인 원고들에 대하여 과세권, 조사권, 면허권 등 감독·규제에 관한 강력한 권한을 보유하고 있으면서 사전승인적인 가격통제를 당연한 권한행사로 받아들이고 있는 이상, 비록 원고들이 이에 편승하여 원고 진로가 국세청에 소주 출고가격의 인상률을 제시하고 국세청의 승인을 받는 시기에 원고 진로의 인상률을 고려하여 그에 상응하는 정도로 각자 소주 출고가격을 인상하자는 내용의 합의를 하였다고 할지라도, 이는 소주가격을 특정가격으로 고정하지도 않고 합의 위반시 제재내용을 규정하고 있지도 않은 일종의 느슨한 가격담합의 형태에 불과하므로 그에 대한 비난가능성 내지 제재의 필요성은 상대적으로 낮다고 할 것이다."고 판시한데서 알 수 있듯이 원심과 대법원은 모두 강력한 행정지도가 게재된 경우 사업자를 구제할 필요성이 있다는 점에는 공통된 인식을 가지고 있었고, 다만 그 방법론을 달리 한 것으로 볼 여지도 있을 것이다.

⑤ 부당한 공동행위 등 공정거래법 위반 행위에 있어서 규제당국의 행정지도가 개입되었다고 하여 이를 용인한다면 공정한 경쟁이 침해되어 시장경제질서를 해치게 되지만, 구체적인 사정에 따라서는 사업자에게 과징금이나 형벌을 부과하는 것이 가혹한 경우도 있을 수 있고, 이러한 경우 소송실무상 구제방안으로는 ㉮ 합의를 부정하는 방안(구 공정거래법상 합의추정의 번복을 포함한다), ㉯ 부당성을 부정하는 방안, ㉰ 적용제외의 범위에 포함하는 방안, ㉱ 과징금부과를 재량권일탈남용으로 보는 방안 등이 있다. 이 사건에서 원심은 ㉱에 가깝고, 대법원은 ㉮에 가깝다. ㉮는 당해 사건에 국한되어 선례로서 파급효가 크지 않다. 이와 달리 ㉯는 선례로서 파급효가 크고, 나아가 ㉰는 더 파급효가 클 가능성이 높다. ㉱도 그 기준을 세우기 어렵다는 점에서 같은 난점을 가지고 있다.

다. 합의의 추정

(1) 개 념

(가) 2007. 8. 3. 추정조항의 개정

추정의 요건이 되는 간접사실로서 2007. 8. 3. 개정 전 법은 '2 이상의 사업자가 법 제40조 제1항 각 호의 1에 해당하는 행위를 하고 있다.'는 사실('행위의 외형상 일치')과 그것이 '일정한 거래 분야에서 경쟁을 실질적으로 제한하는 행위'라는 사실('경쟁제한성')을 들고 있었으나, 제13차 법 개정으로 '2 이상의 사업자가 법 제40조 제1항 각 호의 1에 해당하는 행위를 하고 있다.'는 사실 외에 '해당 거래분야 또는 상품·특성, 해당 행위의 경제적 이유 및 파급효과, 사업자 간 접촉의 횟수 등 제반사정에 비추어 그 행위를 그 사업자들이 공동으로 한 것으로 볼 수 있는 상당한 개연성이 있는 때' 합의가 추정되는 것으로 개정되었다.

[2007. 8. 3. 개정 전 판례 법리의 적용 실태]

2007년 추정 조항 개정 전 공정거래법에서 추정조항에 관한 판례가 다수 있었다. 이러한 판례는 개정 후에도 상당히 중요한 의미를 가지고 있다. 개정 전 공정거래법이 적용된 관련 판례는 '외형상 일치의 존부, 경쟁제한성의 존부, 추정을 위하여 추가 요소가 필요한지, 추정번복의 사유' 등이 핵심적인 내용이다. 첫째, 외형상 일치에 관한 판례는 공정거래법 제40조 제1항이 적용되는 사례에서 중요한 판단기준으로 적용되고 있다. 둘째, 경쟁제한성에 관한 판례도 '부당한 공동행위와 관련시장의 획정' 문제에서 중요한 선례가 되고 있다. 셋째, 추정조항의 적용을 위한 추가요소에 관한 판례는 정보교환 등 소위 동조적 행위에 속하는 행위의 평가에서 그대로 원용되었다. 넷째, 추정번복의 사유로 주장되었던 '모방, 의식적 병행행위, 행정지도' 등에 관한 판례도 합의의 외형이 존재하는 경우 의사연락의 상호성을 인정할지에 관한 중요한 선례가 되고 있다.

이와 같이 추정조항의 개정에도 불구하고 개정 전 공정거래법이 적용된 판례는 여전히 실무상 중요한 의미를 가지고 있는 것으로 보이는데, 대표적인 사례가 대법원 2002. 3. 15. 선고 99두6514, 6521 판결(커피 사건)[80]이다.

▣ 리딩케이스 : 대법원 2002. 3. 15. 선고 99두6514, 6521 판결(커피 사건)

■ **해 설**

① 구 법 추정 조항의 대표적인 사례로 동서식품 등의 가격인상을 다루

80) 구 법 추정조항이 적용된 대표적인 사례.

고 있다. 구 법 제19조 제5항에 의한 추정의 대상은 합의의 존재라는 점, 추정을 위하여 입증되어야 하는 간접사실의 범위로 정황사실이 불필요하다는 점, 경쟁제한성의 의미, 판단 기준을 제시한 점 등이 그 특징이다.

② 대법원은 구 법 추정 요건 중 경쟁제한성을 부정하였다. 대법원이 경쟁제한성을 부정하며 지적한 사항은 "당시의 국내 커피시장은 가격이 내려가면 수요가 늘어나는 통상의 수요공급의 법칙이 적용되지 아니하는 특수성이 있었고, 커피제품은 가격보다는 맛이나 향, 상표가 주는 이미지 등에 의하여 제품의 차별화가 이루어지는 특성이 있어, 원고들은 위와 같은 시장의 특수성 및 상품의 특성을 시장전략에 반영하여 각자 자사제품이 고급품이라는 인식을 소비자에게 심어주기 위하여 경쟁적으로 이 사건 가격인상에 이르렀으며, 그에 따라 원고들의 시장점유율은 즉각적으로 변동한 사정"이었다.[81)]

③ 대법원은 원심과 달리 추정을 위하여 사업자들의 합의 내지 암묵적인 양해를 추정케 할 정황사실의 입증이 필요하다고 보지 않았다. 따라서 원심이 지적한 정황사실에 관한 판단이 필요하지 않았음에도 이러한 정황사실에 관하여 부가적인 판단을 하였는데, 그 중 정보교환에 관한 판시부분은 후속 사건들에서 중요한 기준으로 원용되고 있다. 이 사건에서 정보교환이 가격결정 이후에 이루어졌고 가격결정권한이 없는 점에 주목하여 추정이 번복되었는데, 추정조항이 개정된 현행 공정거래법에서 이 판결은 묵시적 합의의 사실인정에서 참고할 수 있는 중요한 판례로 보인다. 이 사건에서 주목할 점은 가격정보교환이 사후적이고, 정보교환이 지점차원에서 영업사원 사이에서 이루어졌다는 점인데, 위 판결의 영향으로 이러한 요소는 정보교환이 이루어진 다수의 담합 사건에서 원고가 제기하는 주요한 공격방법으로 이용되고 있다.

(나) 2021. 12. 30. 추정조항의 개정

공정거래법 제40조 제5항에 의하면, 2 이상의 사업자가 제1항 각 호의 어느 하나에 해당하는 행위를 하는 경우로서 해당 거래분야 또는 상품・용역의 특성, 해당 행위의 경제적 이유 및 파급효과, 사업자 간 접촉의 횟수・

---

81) 관련시장 획정을 위한 엄밀한 경제분석 결과에 따라 경쟁제한성을 부정한 것은 아니다.

양태 등 제반사정에 비추어 그 행위를 그 사업자들이 공동으로 한 것으로 볼 수 있는 상당한 개연성이 있는 때와 정보를 주고받은 때에는 그 사업자들 사이에 공동으로 제1항 각 호의 어느 하나에 해당하는 행위를 할 것을 합의한 것으로 추정한다. 개정 전 공정거래법의 추정 요건이 외형상 일치와 개연성 요건이었다면, 개정에 따라 외형상 일치와 함께 개연성 또는 정보교환의 요건을 구비한 경우에 추정이 인정된다.

(다) 추정의 대상

대법원은 개정 전 추정규정의 해석과 관련하여 "공정위가 구 공정거래법 제19조 제5항(현 공정거래법 제40조 제5항)에 따라 '2 이상의 사업자가 구법 제19조 제1항 각 호의 1에 해당하는 행위를 하고 있다.'는 사실(='행위의 외형상 일치')과 그것이 '일정한 거래 분야에서 경쟁을 실질적으로 제한하는 행위'라는 사실(='경쟁제한성')의 두 가지 간접사실만을 입증하면, 이에 추가하여 사업자들의 명시적이거나 묵시적인 합의 또는 양해를 추정하게 할 정황사실을 입증할 필요 없이 그 사업자들이 그러한 공동행위(='부당한 공동행위')를 할 것을 합의한 것으로 추정된다."고 판시하였다(대법원 2003. 5. 27. 선고 2002두4648 판결, 대법원 2006. 10. 12. 선고 2004두9371 판결 등 참조). 즉, 추정의 대상이 되는 것은 '부당한 공동행위의 합의 사실'인 것이다.

(라) 법 제40조 제5항과 제1항의 관계

공정거래법 제40조 제5항과 제1항의 관계에서 다음과 같은 쟁점이 논의될 수 있다. 첫째, 법 제40조 제5항을 적용하기에 앞서 먼저 제40조 제1항을 검토해야 하는지가 문제된다. 논리적인 선후관계로 보면 먼저 제40조 제1항을 통하여 합의의 직접 증거가 있는지를 검토한 후 제40조 제5항의 추정조항을 검토해야 한다고 볼 여지가 있다. 그러나 이에 대하여 대법원 2002. 8. 27. 선고 2000두9779 판결은 제40조 제1항을 우선하여 적용할 필요가 없다고 판시하였다.

둘째, 공정위가 법 제40조 제1항을 적용하였음에도 법원이 법 제40조 제5항을 적용할 수 있는지, 이와 반대로 공정위가 법 제40조 제5항을 적용하였음에도 법원이 법 제40조 제1항을 적용하는 것이 가능한지 문제된다. 실무상 법 제40조 제5항의 적용에 필요한 증거가 상대적으로 더 낮은 수준일 것이므로, 후자보다 전자가 문제된다. 이에 대하여 대법원 2005. 1. 28. 선고 2002두12052 판결에서 이러한 법적용은 위법하지만 결론에 영향이 없다는 이유로 상고를 기각하였다. 셋째, 소송진행 중 적용법령을 법 제40조 제1항을 제5항으로, 또는 그 반대로 변경하는 것이 허용되는지 이다. 이는 법령의 변경으로 기본적 사실관계에 변화가 없는 한 허용될 것으로 보인다.

(2) 공동행위의 외관(행위의 외형상 일치, parallel behavior)

행위가 외형상 일치하는 것인지, 아닌지는 항상 분명한 것은 아니므로 이에 대한 사실인정은 어려운 문제이다. 2007. 8. 3. 공정거래법 개정 전에는 외형상 일치만 인정되면 실질적으로 추정이 되었으므로 외형상 일치는 중요한 쟁점이었다. 추정조항 개정 이후에도 외형상 일치는 인정되어야 추정조항이 적용 가능할 뿐 아니라 추정조항을 통하지 않고 합의를 간접사실로 입증하는 경우 외형상 일치는 합의 사실을 입증하는데 중요한 간접사실이므로 중요하다. 이러한 외형상 일치는 입찰담합 유형에서도 인정될 수 있다.[82)]

대법원은 행위의 외형상 일치 여부를 판단함에 있어서 각 사업자가 가격결정 등의 행위에 이르게 된 과정과 경위에 관한 정황사실을 고려할 수 있으나, 단지 사업자들의 합의 내지 암묵적인 양해를 추정케 할 정황사실에 불과한 것은 이를 고려하여서는 안 된다고 판시하였다〔대법원 2009. 4. 9. 선고 2007두6892 판결(동백지구 사건)〕. 중요 참고 판결로 대법원 2009. 4. 9. 선고 2007두5387 판결(극동건설, 죽전지구 사건),[83)] 서울고등법원 2017. 7. 7. 선고 2015누62134 판결(한국축산 사건)[84)] 등이 있다.

---

82) 입찰담합에서는 외형상 일치가 더 용이하게 인정될 수 있고, 가격담합과 같은 엄밀한 분석이 필요한 것으로는 보이지 않는다.

83) 이 사건 이전까지는 행위의 외형상 일치가 인정된 것은 대부분 균질재이었으나, 이 사건을 통하여 개별성이 강한 아파트에 대한 외형상 일치가 문제되었다. 이 사건에서는 외형상 일치가 인정된 반면, 대법원 2009. 4. 9. 선고 2007두6892 판결(동백지구 사건)에서는 외형상 일치가 부정되었다.

84) 대법원 2022. 6. 16. 선고 2017두56346 판결로 상고 기각. 공정위는 경제분석을 기

[가격담합과 외형상 일치 판단]

가격담합의 경우 가격이나 가격인상률이 일치하는 경우는 물론 다소 불일치하더라도 일정한 수치에 밀접하게 접근하여 있는 경우에는 외형상 일치가 인정될 수 있다.

외형상 일치가 인정된 사례로서 대법원 2002. 5. 28. 선고 2000두1386 판결(화장지 사건),[85] 대법원 2003. 2. 28. 선고 2001두1239 판결(맥주 사건),[86] 대법원 2003. 12. 12. 선고 2001두5552 판결,[87] 대법원 2005. 1. 28. 선고 2002두12052 판결,[88] 대법원 2006. 9. 22. 선고 2004두7184 판결,[89] 대법원 2009. 4. 9. 선고 2007두5387 판결 등이 있다. 외형상 일치가 비교적 넓게 인정된 사례로는 원고 별 가격인상률에 차이(13.4%~14.8%)가 있고 그 시기 또한 3주간에 걸쳐 있었던 서울고등법원 2000. 12. 5. 선고 99누5247 판결(쌍용양회 사건), 서울고등법원 2006. 6. 21. 선고 2004누14337 판결,[90] 서울고등법원 2006. 7. 20. 선고 2004누14344 판결[91] 등이 있다.

초로 담합 기간 중 원고 등 11개사의 축종별 거래가격 평균 인상·인하 폭은 사업자들 사이 가격편차의 중간값에 대부분 수렴하는데 그 외의 기간에는 중간값 수렴 정도가 이 사건 기간에 비하여 떨어진다고 주장한 반면, 원고가 제출한 경제분석은 대부분의 사료업체가 가격을 변동시킨 주기를 하나의 시점(클러스터)으로 정의하여 이를 기준으로 사료업체 간 가격변동의 상관계수를 추정하였는데, 이에 의하면 이 사건 기간과 그 외의 기간의 가격변동 폭을 비교할 경우 두 기간 사이에 통계적으로 유의미한 차이가 없는 것으로 나타났다. 결국 법원은 원고측 경제분석을 신뢰하여 외형상 일치를 인정하지 않았다.

85) 인상시점에 1일 차이가 있었고, 인상가격이 동일하였다.

86) 동일한 비율로 인상하였다.

87) 제주지역 주유소에 휘발유가격을 동일하게 유지하였고, 가격차이가 1원에 불과하였다.

88) 동일한 특별할증률 인상과 동일한 입찰가격이 인정되었다.

89) 신용카드업자가 신용카드의 현금서비스수수료율에 관하여 연율로 환산한 가중평균이율 28.99%~30% 차이로 1.01% 차이이고, 할부수수료율이 동일한 요율이며, 연체이자율이 34~35%였다. 가격인상폭, 가격인상률이 상이한 경우에도 외형상 일치가 인정되었다.

90) 한보사건, 인상기간에서 6~15일 차이가 있었고, 규격별 가격도 100~1,500원 차이가 있었으나, 톤당 철근가격은 약 30~40만 원이었다. 상고기각(대법원 2008. 9. 25. 선고 2006두13046 판결).

91) 동국제강 사건, 인상기간에서 3~15일 차이가 있고, 판매가격도 톤당 100~4000원

비균질재인 경우는 개별 특성을 배제한 후 실질적 일치가 있는지를 보아야 한다(대법원 2009. 4. 9. 선고 2007두6892 판결 등). 특정 가격이 아니라 가격변동률이 일치하는지가 쟁점이 되고, 가격에 영향을 미치는 요소가 다양한 경우에는 가격 변동의 흐름이 통계적, 실증적으로 일치하는지를 분석하는 것이 외형상 일치의 판단에 도움이 될 수 있다. 대법원 2016. 12. 29. 선고 2016두31098 판결(만트럭버스코리아 사건), 서울고등법원 2016. 8. 17. 선고 2014누41239 판결(볼보그룹 사건)[92] 등 일련의 화물상용차 담합 사건에서 가격변동률에서 외형상 일치가 인정되는지에 관하여 공정위와 사업자가 서로 다른 경제분석 자료를 제출하였으나, 결국 외형상 일치가 부정되었다.

[비가격담합과 외형상 일치 판단]

입찰담합, 사업활동방해의 유형에서는 행위의 성격상 외형상 일치가 비교적 넓게 인정될 수 있다. 입찰담합에서 외형상 일치가 인정된 사례로는 대법원 2006. 12. 7. 선고 2004두3045 판결, 대법원 2006. 12. 8. 선고 2004두9661 판결(두산산업개발 사건)[93] 등이 있고, 사업활동방해의 공동행위에서 외형상 일치가 인정된 사례로는 대법원 2008. 1. 31. 선고 2006두10764 판결, 대법원 2008. 2. 15. 선고 2006두11583 판결 등이 있다.

라. 행정지도와 합의 인정의 문제

부당한 공동행위 등 공정거래법 위반행위에 있어서 규제당국의 행정지도가 개입된 경우 경쟁정책과 규제정책의 관점에서 이를 어떻게 다룰지가 쟁점이 되고 있다. 원칙적으로 규제당국의 행정지도가 있었다고 하여 부당한 공동행위를 용인할 수는 없겠지만, 구체적인 사정에 따라서는 사업자에게

차이가 있으나, 외형상 일치가 인정되었다.

92) 심리불속행 기각. 장기간 정보교환은 인정하면서 묵시적 합의는 부정한 사건이다. 다만, 이 판결은 외형상 일치도 부정하였다.

93) 입찰담합 사건에서 원심은 외형상 일치를 부정하였으나, 대법원은 이를 인정하였다. 즉 원고와 현대산업개발은 그 행위의 외형상 이 사건 각 입찰이 유찰되는 것을 방지하고 909공구 입찰에서는 원고가 응찰한 가격이, 903공구 입찰에서는 현대산업개발이 응찰한 가격이, 그 낙찰가격으로 결정되도록 하는 행위를 함으로써 법 제40조 제1항 제1호의 가격결정행위를 한 경우에 해당한다고 볼 여지가 있으므로, 외형상 일치를 부정한 원심이 부당하다고 판단하였다.

과징금 등을 부과하는 것이 가혹한 경우도 있다. 이러한 경우 구제방안으로 합의를 부정하는 방안, 부당성을 부정하는 방안, 적용제외의 범위에 포함하는 방안, 과징금 부과를 재량권 일탈·남용으로 보는 방안 등이 논의되었다.

(1) 공정거래법 제40조 제5항과 행정지도

2007. 8. 3. 공정거래법 개정 후 공정거래법 제40조 제5항(구 법 제19조 제5항)의 법률상 추정조항이 적용되는 사례가 드물어지면서,[94] 행정지도가 추정번복의 사유로 주장되는 사례도 찾기 어려워졌다. 그러나 법 개정에도 불구하고 공정거래법 제40조 제1항의 명시적 합의 또는 묵시적 합의를 심리함에 있어 행정지도의 존부는 중요한 쟁점이 되고 있다. 따라서 법률상 추정의 번복 여부에 관한 구 공정거래법상 행정지도의 판례는 공정거래법 제40조 제1항을 적용함에 있어서 중요한 선례로 참조될 수 있다.

[2007. 8. 3. 개정 전 공정거래법의 추정조항과 행정지도]

행정지도의 문제는 '합의의 사실인정'과 밀접한 연관성을 가지고 있다. 특히 공정거래법 집행에 있어 행정지도의 문제는 구 공정거래법(2007. 8. 3. 법률 제8631호로 개정되기 전의 것)상 법률상 추정조항과 연계되어 논의되었다. 즉 구 공정거래법 제19조 제5항(현 공정거래법 제40조 제5항)의 추정조항이 적용되어 외형상 일치가 있는 경우 대부분 합의가 법률상 추정되고, 사업자가 이를 번복할 증명책임을 지게 되어 행정지도에 기하여 외형상 일치가 발생하였음을 증명하는 방식으로 증거조사가 진행되었다.[95]

구 공정거래법이 적용된 사건에서 대법원은 "부당한 공동행위의 합의 사실에 대해서 추정을 받는 사업자들로서는 외부적으로 드러난 동일 또는 유사한 행위가 실제로는 아무런 합의 없이 각자의 경영판단에 따라 독자적으

94) 소위 '4대강 담합 사건'에서 부당한 공동행위의 합의는 건설사들의 전체 지분 합의와 공구 배분 합의로 구성되어 있는데, 그중 공구 배분 합의에 관하여 예비적으로 공정거래법 제40조 제5항이 적용되었다(공정위 2012. 8. 31. 의결 제2012-199호 및 서울고등법원 2014. 6. 13. 선고 2012누29303 판결 등).

95) 의식적 병행행위에 있어 의식적 병행행위에 기하여 외형상 일치가 발생하였음을 사업자가 증명하는 방식으로 증거조사가 진행된 것과 같은 연장선에 있다. 정재훈, "부당한 공동행위 성립요건으로서 '합의'에 관한 사실인정의 한계", 「경쟁저널」 제175호 2014. 129면.

로 이루어졌음에도 마침 우연한 일치를 보게 되는 등 공동행위의 합의가 없었다는 사실을 증명하거나, 또는 외부적으로 드러난 동일 또는 유사한 행위가 합의에 따른 공동행위가 아니라는 점을 수긍할 수 있는 정황을 증명하여 그 추정을 복멸시킬 수 있다"는 법리를 적용하면서,[96] 행위의 일치가 국세청의 가격인상률에 대한 행정지도에 따른 것이라는 사정(대법원 2003. 2. 28. 선고 2001두1239 판결), 금융감독원장이 행정지도를 통하여 사실상 자동차보험료 변경에 관여하였고 그 결과 보험료가 동일하게 유지된 사정(대법원 2005. 1. 28. 선고 2002두12052 판결) 등을 추정의 번복사유로 판시함으로써 행정지도가 추정번복의 유력한 사정임을 명시하였다.[97]

특히 대법원 2003. 2. 28. 선고 2001두1239 판결(맥주 판결)[98]은 행정지도에 의한 추정번복의 대표적인 사건이다. 행위의 외형상 일치가 있었더라도 관계 당국의 행정지도에 의한 결과라면 합의의 추정이 번복된다. 당시 이 사안에서는 합의의 직접증거가 없어 개정 전 공정거래법 제19조 제5항(현 공정거래법 제40조 제5항)에 의한 합의의 추정과 그 복멸이 문제되었지만, 이후 행정지도가 관련된 경우 현 공정거래법 제40조 제1항의 합의가 존재하는지가 문제된 대법원 2014. 2. 13. 선고 2011두16049 판결(소주 사건) 등에서 중요한 선례로 논의되었다.

▣ 리딩케이스 : 대법원 2003. 2. 28. 선고 2001두1239 판결(맥주 사건)

■ 판시사항

① 구 공정거래법(1999. 2. 5. 법률 제5813호로 개정되기 전의 것) 제19조 제5항에 따라, 공정위가 '2 이상의 사업자가 법 제19조 제1항 각 호의 1에 해당하는 행위를 하고 있다.'는 사실과 그것이 '일정한 거래분야에서 경쟁을 실질적으로 제한하는 행위'라는 사실을 증명하면, 이에 추가하여 사업자들의 명시적이거나 묵시적인 합의 또는 양해를 추정하게 할 정황사실을 증명할 필요 없이, 그 사업자들이 그러한 공동행위를 할 것을 합의한 것으

---

96) 대법원 2003. 2. 28. 선고 2001두1239 판결, 대법원 2003. 5. 27. 선고 2002두4648 판결, 대법원 2003. 5. 30. 선고 2002두4433 판결, 대법원 2003. 12. 12. 선고 2001두5552 판결, 대법원 2004. 10. 28. 선고 2002두7456 판결 등.

97) 사법연수원, 「공정거래법」, 2014. 169면.

98) 행정지도에 따른 외형상 일치임이 인정되어 추정이 번복된 사례.

로 추정되지만, 그러한 추정을 받는 사업자들로서는 공동행위의 합의가 없었다는 사실을 증명하거나 위 일치된 행위가 합의에 따른 공동행위가 아니라는 점을 수긍할 수 있는 정황을 증명하여 그 추정을 복멸시킬 수 있다.

② 대법원은 아래 원심 판단이 정당하다고 보았다.

원심은, 그 채택한 증거에 의하여 그 판시 사실을 인정한 다음, 1997.말 국내 맥주 공급시장의 99.9%를 점유하고 있는 하이트맥주 주식회사, 오비맥주 주식회사, 진로쿠어스맥주 주식회사가 1998. 2. 21.과 같은 달 23. 및 같은 달 24. 맥주의 종류별, 규격별 가격을 동일한 비율로 순차 인상하여 유지한 것은 법 제19조 제1항 제1호의 '가격을 결정·유지 또는 변경하는 행위'에 해당할 뿐만 아니라, 국내 맥주 공급시장에서 경쟁을 실질적으로 제한하는 행위에 해당하므로, 법 제19조 제5항에 따라 부당한 공동행위를 한 것으로 추정되지만, ㉮ 맥주회사가 맥주가격을 인상하는 경우 재정경제원이나 국세청과 사전협의를 하거나 사전승인을 받도록 하는 법령상의 명문의 규정은 없으나, 재정경제원은 물가지수에 미치는 영향이 크다는 이유로, 국세청은 주세법 제38조, 주세사무처리규정 제70조 등에 따른 국세청장의 가격에 관한 명령권 등에 의하여 각 행정지도를 함으로써 사실상 맥주가격의 인상에 관여하여 왔는데, 재정경제원과 국세청은 맥주 3사의 가격인상 요구에 훨씬 미치지 못하는 인상률만을 허용함으로써 맥주 3사는 허용된 인상률 전부를 가격인상에 반영할 수밖에 없게 되어 맥주 3사의 맥주가격인상률이 동일해질 수밖에 없는 점, ㉯ 국세청은 가격 선도업체와 협의된 종류별, 용량별 구체적인 가격인상 내역을 다른 맥주 제조업체에게 제공하고, 다른 업체가 이를 모방한 인상안을 제시하면 그대로 승인하여 왔고, 그 인상시점 또한 국세청의 지도에 따라 결정되는데, 이 사건 가격인상도 마찬가지 방식으로 이루어진 점, ㉰ 이 사건 가격인상과 관련하여 국세청과 협의를 앞두고, 맥주 3사 간에 인상률에 대한 별도의 합의를 한 후 국세청과 협의에 임하였다거나, 또는 국세청과의 인상률에 대한 협의를 기화로 그 행정지도에 따른 인상률을 동일하게 유지하기로 하는 별도의 합의를 한 것으로는 인정되지 않는 점 등을 종합하여 볼 때, 맥주 3사의 이 사건 가격인상은 결과적으로 맥주 3사의 가격인상률이 동일하게 되었다고 하더라도 맥주 3사 간의 의사의 연락에 의한 것이 아니므로 맥주 3사 사이에 부당한 공동행위의 합의가 있었다는 추정은 복멸된다고 판단하였다.

■ 해 설

이 사건은 행정지도에 의한 추정번복의 대표적인 사건이다. 행위의 외형상 일치가 있었더라도 관계당국의 행정지도에 의한 결과라면 합의의 추정이 번복된다. 이 사안에서는 합의의 직접증거가 없어 개정 전 공정거래법 제19조 제5항에 의한 합의의 추정과 그 복멸이 문제되었으나, 행정지도가 관련된 경우 개정 전 공정거래법 제19조 제1항의 합의가 존재하였는가 문제된 대법원 2014. 2. 13. 선고 2011두16049 판결(소주 사건) 등에서 중요한 선례로 논의되었다.

(2) 공정거래법 제40조 제1항과 행정지도

위에서 본 바와 같이 2007. 8. 3. 구 공정거래법 제19조 제5항(현 공정거래법 제40조 제5항)의 추정조항이 개정되면서, 행정지도는 공정거래법 제40조 제1항이 적용된 사건에서 쟁점이 되었다. 참고 판례로 서울고등법원 2014. 10. 31. 선고 2013누45128 판결(변액보험 사건),[99] 서울고등법원 2015. 6. 10. 선고 2013누45876 판결(농기계 사건)[100] 등이 있다.

[행정지도와 합의에 관한 판례 동향]

대법원 2014. 2. 13. 선고 2011두16049 판결(소주 사건), 서울고등법원 2014. 10. 31. 선고 2013누45128 판결(변액보험 사건), 서울고등법원 2015. 6. 10. 선고 2013누45876 판결(농기계 사건)은 '행정지도와 합의 존부'에 관한 대표적인 유형의 사건이다. 위 사건은 모두 명시적 또는 묵시적 합의로 볼 수 있는 증거가 제출된 경우 행정지도에 따라 의사연결의 상호성이 존재

---

99) 합의로 보이는 외형이 있더라도 행정지도에 따른 행위인 경우에 합의를 부정한 사례. 심리불속행 기각되었다(대법원 2015. 3. 12. 선고 2014두45802 판결). 변액보험 사건으로는 서울고등법원 2014. 10. 31. 선고 2013누45135 판결, 서울고등법원 2014. 10. 31. 선고 2013누11804 판결(이상 행정 2부), 서울고등법원 2014. 11. 19. 선고 2013누12098 판결, 서울고등법원 2014. 11. 19. 선고 2013누45104 판결, 서울고등법원 2014. 11. 19. 선고 2013누45111 판결(이상 행정 6부), 서울고등법원 2015. 4. 16. 선고 2013누11903 판결(행정 7부)이 있다. 모두 합의가 인정되지 않는다는 이유로 원고 승소 판결이 선고되었고, 대법원에서 상고기각되거나 공정위가 상고하지 않아 확정되었다.

100) 확정. 행정지도 외에 별도의 합의가 인정된 사례.

하는지에 관한 판단이 달라질 수 있음을 보여주었다는 점에서 의미가 있다.

첫째, 대법원 2014. 2. 13. 선고 2011두16049 판결(소주 사건)은 명시적 합의로 볼 수 있는 증거가 제출되었더라도 강력한 행정지도에 의하여 의사연결의 상호성이 부정될 수 있는 경우가 있음을 보여준 사건이다. 둘째, 서울고등법원 2014. 10. 31. 선고 2013누45128 판결(변액보험 사건)은 명시적 또는 묵시적 합의의 증거가 제출되었고 외형상 일치도 발생하였지만, 그 실질이 행정지도에 따른 작업반 회의에서의 논의에 불과할 뿐 이를 넘어선 합의의 증거가 부족하고 외형상 일치도 행정지도 또는 사업자들 사이의 모방·추종으로 발생할 수 있다고 보아 합의를 부정한 사건이다. 위 두 사건은 결과적으로 합의를 부정하였지만, 의사연결의 상호성을 부정하는 논리에 있어서는 상당한 차이가 있다. 셋째, 서울고등법원 2015. 6. 10. 선고 2013누45876 판결(농기계 사건)은 행정지도가 있었다는 사정만으로 합의가 부정되기 어렵다는 판단을 한 사건이다. 세 사건은 서로 다른 결론과 이유를 제시하고 있지만, 행정지도가 존재하는 경우 합의의 사실인정에 있어 구체적인 기준을 제시한 것으로 보인다.

[행정지도와 합의 인정 과정]

① 합의에 필요한 의사연결의 상호성이 분명하지 않은 경우 행정지도는 합의의 존부를 판단함에 있어 중요한 간접사실이 될 수 있다.[101] 명시적 합의이든 묵시적 합의이든, 합의의 존부가 쟁점이 되는 사건에서는 '합의'라는 요건을 두고 '평가근거 사실'과 '평가장애 사실'을 찾아야 하고, 이를 위하여 '평가근거 사실'에 부합하는 증거와 '평가장애 사실'에 부합하는 증거를 통틀어 비교해야 한다. 합의에 부합하는 증거가 있더라도 행정지도 등 합의에 배치되는 증거를 통하여 그 증거력이 상쇄될 수 있다. 서울고등법원 2014. 10. 31. 선고 2013누45128 판결(변액보험 사건)은 행정지도가 뚜렷하게 인정되는 반면 합의에 관한 증거는 취약하였고, 서울고등법원 2015. 6. 10. 선고 2013누45876 판결(농기계 사건)은 행정지도가 있었더라도 합의에 관한 증거가 상대적으로 강력하였다는 점에서 차이가 있고, 증거 평가의 차이에

101) 명시적 합의는 직접 증거에 의하여 증명되는 경우가 빈번하고, 묵시적 합의는 통상 간접사실에 의하여 의사연결의 상호성이 증명된다[村上政博, 「獨占禁止法(第4版)」, 弘文堂 2011. 228면]. 간접사실에 의하여 명시적 합의가 증명될 수도 있는데, 이때 묵시적 합의와 유사한 방식으로 증거조사가 이루어지는 것으로 보인다.

서 결론이 달라진 것으로 볼 수 있다.[102)]

② 대법원 2014. 2. 13. 선고 2011두16049 판결(소주 사건)은 합의에 부합하는 것처럼 보이는 유력한 증거가 있더라도 강력한 행정지도가 존재하는 경우에는 의사연결의 상호성이나 의사구속의 상태가 결과적으로 부정될 수 있음을 보여주었다. 이러한 접근방식은 구 공정거래법상 추정조항에서 행정지도가 합의추정을 번복하는 요소로 작용하였던 것과 비슷한 측면이 있고, 위 사건에서 법원도 행정지도에 의한 추정번복의 대표적인 사건인 대법원 2003. 2. 28. 선고 2001두1239 판결(맥주 판결)을 선례로 참조한 것으로 보인다. 다만, 위 판결은 국세청의 강력한 행정지도가 존재하는 등 특수한 사실관계에 기한 것으로, 사실관계가 다른 사건에 일반적으로 적용되기는 어려울 것으로 보인다. 위 판결 이후에 선고된 서울고등법원 2015. 6. 10. 선고 2013누45876 판결(농기계 사건)에서 행정지도가 있었음에도 합의를 인정하였음에 주목할 필요가 있다.

③ 묵시적 합의가 쟁점이 된 경우 행정지도는 사실심리 과정에서 상대적으로 더 큰 의미가 있을 수 있다. 묵시적 합의가 쟁점이 된 경우에는 통상 외형상 일치가 존재하는지를 먼저 심리하는 경향이 있다. 외형상 일치가 증명되지 않는다면 공정위로서는 의사연결의 상호성을 증명하기가 어렵게 되어 추가적인 심리의 의미가 없을 수 있다.[103)] 일단 외형상 일치가 인정되는 것으로 결론이 내려졌다면, 다음 단계로 외형상 일치의 원인이 무엇인지, 특히 합의가 아닌 다른 원인에 의하여 외형상 일치가 발생하였을 가능성이 있

102) 백신담합 사건에 관하여, 서울고등법원 2012. 12. 13. 선고 2011누23902 판결(행정7부)은 2005년과 2006년 합의를 부정하며 "질병관리본부가 원고 등 8개 사와 개별적으로 협의한 것이 아니라 전부를 모아 놓고 회의를 거쳐 가격을 조율한 사정을 고려하면 질병관리본부가 위 회의에서 각 제조사들의 가격에 관한 의견을 수렴한 것으로 볼 수 있고, 그와 같은 회의 전후에 원고 등 8개 사가 가격에 관한 의견을 나누었다고 하더라도 이는 질병관리본부와의 집단적 협의의 연장선상에 있는 것으로 볼 수 있다"는 이유로 합의를 부정하였다. 반면, 동일한 백신담합 사건에 관하여 서울고등법원 2013. 3. 20. 선고 2011누24189 판결(행정 6부)은 2005년과 2006년 합의가 인정된다고 판단하였다. 이 두 판결은 행정지도와 합의에 관한 증거 평가에서 결론이 달라진 것으로 볼 수 있다.

103) 서울고등법원 2013. 7. 17. 선고 2012누2186 판결(이자율담합 사건, 대법원 2014. 7. 24. 선고 2013두16944 판결로 상고기각)은 합의의 존부 판단에 있어 외형상 일치가 없었음을 중요한 요소로 고려하고 있다.

는지를 심리해야 한다. 이와 관련하여 묵시적 합의로 외형상 일치가 발생하였다고 볼 여지가 있더라도 행정지도가 개입된 경우에는 예단을 피하고 외형상 일치의 원인이 무엇인지를 면밀하게 심리해야 할 것이다.[104] 마지막으로 묵시적 합의의 다른 정황까지 종합적으로 고려할 필요가 있다.[105] 이러한 증거평가과정을 거쳐 합의가 인정된 후에는 행정지도는 사실인정의 단계를 지나 부당성 평가, 적용제외, 과징금 산정의 적정성 등에서 문제가 된다.

④ 합의와 행정지도의 구체적인 관계에 대하여, ㉮ 시간적 선후의 문제, 즉 행정지도가 먼저 이루어진 후에 합의가 이루어진 경우, 합의가 이루어진 후 이를 뒷받침하는 행정지도가 이루어진 경우, 합의과정에 행정지도가 개입한 경우를 고려할 수 있고, ㉯ 행정지도와 합의 사이의 인과관계의 문제, 즉 행정지도가 합의에 절대적인 영향을 미친 경우부터 행정지도가 합의에 별다른 영향을 미치지 못한 경우까지 다양한 유형을 고려할 수 있으며, ㉰ 행정지도와 합의의 범위의 문제, 즉 합의가 행정지도를 넘어서 이루어진 경우, 합의가 행정지도의 내용 중 일부에 대해서만 이루어진 경우, 행정지도와 합의가 일치하는 경우 등을 고려할 수 있다.

---

104) 서울고등법원 2014. 10. 31. 선고 2013누45128 판결(변액보험 사건)에서 '동일한 수준의 수수료율 결정'이라는 외형상 일치가 발생하였지만, 수수료율이 결정된 구체적인 과정, 독자적으로 수수료율을 산출할 수 있는 여건이 되지 않는 나머지 업체들은 금융감독원이 인가한 GMDB 수수료율 0.05%와 GMAB 수수료율 0.5%보다 낮은 수수료율을 정할 경우 수익률 등 재무안전성을 기하기 어렵다는 판단에서 위 수수료율을 추종하였을 가능성이 있는 점 등을 종합하면 외형상 일치는 행정지도 및 사업자들의 추종이나 모방 등 합의 외의 다른 원인에 의하여 발생하였을 가능성이 있으므로, 수수료율에 관한 외형상 일치만으로 부당한 공동행위가 있었다고 보기 어렵다고 판단하였다.

105) 서울고등법원 2014. 10. 31. 선고 2013누45128 판결(변액보험 사건)에서 "관련 작업반 회의는 2002년 1월 29일부터 열렸는데, 원고는 당시 변액보험을 출시하지 않기로 내부적으로 결정하였으므로 2002년 1월 29일, 2002년 2월 6일, 2002년 2월 20일에 열린 초기 작업반 회의에는 모두 참석하지 않았고, 2002년 3월 6일 작업반에 처음으로 참석을 하였지만 그 후 2002년 3월 27일과 2002년 4월 4일 작업반 회의에 참석하지 않는 등 작업반 회의에 적극적이지 않았으며, 이러한 이유로 작업반에서 특별한 의견을 개진하지 않았던 것으로 보이는 점, 이러한 경위로 작업반 회의 내용이 원고 내부에서 수수료율에 대한 결정권이 있는 상급자에게 전달되었다고 보기 어려운 점" 등을 기타 정황으로 고려하였다.

▣ 리딩케이스 : 서울고등법원 2014. 10. 31. 선고 2013누45128 판결(변액보험 사건)[106]

■ 해 설

① 이 사건은 보험회사들이 2002년 8월 30일경 변액연금보험 최저사망보험금보증 수수료율, 변액연금보험 최저연금적립금보증 수수료율에 관하여 합의한 후 이를 실행하였고, 2005년 1월 27일경 변액보험 특별계정운용 수수료율 상한에 관하여 합의하고 이를 실행하였는지가 쟁점이 된 사건이다.

② 변액연금 도입과 관련하여 보험개발원에서 2002년 5월 2일 및 2002년 6월 14일 각 보험사 담당자가 참여한 작업반 회의가 열렸고, 그 이후에 2002년 6월 25일에는 실무과장 회의, 2002년 8월 30일에는 상품 담당 부서장 회의가 열렸으며, 원고 등 9개사가 위 4회의 회의에 참석한 것과 별도로 부당한 공동행위로 의심될 만한 의사연결의 기회를 가진 사실이 없음은 당사자 사이에 다툼이 없었다. 공정위는 위 4회의 회의를 통하여 부당한 공동행위의 합의가 이루어졌고, 위 회의에 관하여 작성된 각 회의자료 등 문서도 이를 뒷받침한다고 주장하였지만, 원고는 위 2회의 작업반 회의에서는 금융감독원 및 보험개발원의 요청에 따라 새로운 상품 개발을 위한 협의가 있었을 뿐 위와 같은 합의가 이루어진 바 없고, 나머지 2회의 회의에서도 수수료율에 관한 논의가 없었으며, 위 각 회의 자료 기재에 의하더라도 부당한 공동행위가 있었던 것으로 보기 어렵다고 주장하였다.

③ 위 법원은 문제가 된 각 논의가 사업자들의 자발적인 모임이 아니라 규제당국의 주도 하에 구성된 상품 개발을 위한 작업반에서 이루어졌고, 작업반의 성격상 상품 개발을 위하여 수수료율에 관한 언급이 이루어지는 것이 불가피한 경우에, 회의의 내용이 상품 개발을 위하여 필요한 논의에 그치고 회의를 이용하여 가격을 사실상 결정한 것으로 볼 특별한 사정이 없다

---

106) 심리불속행 기각되었다(대법원 2015. 3. 12. 선고 2014두45802 판결). 변액보험 사건으로는 서울고등법원 2014. 10. 31. 선고 2013누45135 판결, 서울고등법원 2014. 10. 31. 선고 2013누11804 판결(이상 행정 2부), 서울고등법원 2014. 11. 19. 선고 2013누12098 판결, 서울고등법원 2014. 11. 19. 선고 2013누45104 판결, 서울고등법원 2014. 11. 19. 선고 2013누45111 판결(이상 행정 6부), 서울고등법원 2015. 4. 16. 선고 2013누11903 판결(행정 7부)이 있다. 모두 합의가 인정되지 않는다는 이유로 원고 승소 판결이 선고되었고, 대법원에서 상고기각되거나 공정위가 상고하지 않아 확정되었다.

면 위와 같은 논의를 합의로 단정할 수 없다고 판단하였다. 설령 위 각 회의 자료에 부당한 공동행위 합의가 있었던 것으로 보이는 부분이 있더라도 이러한 부분이 부당한 공동행위의 증거가 될 수 있는지를 판단함에 있어서는 그 회의의 목적 및 성격, 회의가 열린 장소, 참가자들의 참가 경위, 구체적인 발언의 배경 등 전후의 경위를 충분히 고려해야 할 것이며, 문서의 부분적인 내용이나 참가자들의 부분적인 진술만을 발췌하거나 모임에 참석하였다는 사정만을 들어 부당한 공동행위의 합의가 있었다고 단정하기 어려움을 지적함으로써, 공정위가 제출한 증거만으로는 합의가 인정되지 않는다고 판단하였다. 즉 행정지도 등이 행해진 경우 행정지도와 별도의 합의가 존재하였거나 행정지도를 기화로 별도의 합의가 이루어졌다는 사정이 밝혀져야 한다고 판시함으로써, 합의로 보이는 외형이 있더라도 사실상 행정지도를 따른 행위에 불과한 경우에는 합의를 인정할 수 없다는 점을 명시하였다.

3. 부당한 공동행위의 수와 기간

가. 부당한 공동행위의 수

사업자들이 일정한 기간에 걸쳐 수차례의 합의를 하는 경우 부당한 공동행위의 수는 그 개별적인 합의들의 기본원칙을 담거나 토대가 되는 기본합의가 있었는지의 여부 또는 그 개별합의들이 사실상 동일한 목적을 위해 단절됨 없이 계속 실행되어 왔는지의 여부 등을 종합적으로 살펴서 판단하여야 한다. 사업자들이 부당한 공동행위의 기본적 원칙에 관한 합의를 하고, 이에 따라 그 합의를 실행하는 과정에서 수차례의 합의를 계속하여 온 경우에는 그와 같은 일련의 합의는 전체적으로 하나의 부당한 공동행위로 본다. 기본원칙에 관한 합의 또는 각 합의의 구체적 내용이나 구성원 등에 일부 변동이 있었다고 하더라도 또한 같다. 사업자들이 부당한 공동행위의 기본적 원칙에 관한 합의 없이 장기간에 걸쳐 여러 차례의 합의를 해 온 경우에도 그 각 합의가 단일한 의사에 기하여 동일한 목적을 수행하기 위한 것으로서 단절됨이 없이 계속 실행되어 왔다면 특별한 사정이 없는 한 그와 같은 일련의 합의는 전체적으로 하나의 부당한 공동행위로 본다. 그

각 합의의 구체적 내용이나 구성원 등에 일부 변동이 있었더라도 같다.[107)]

[기본합의의 공정거래법상 함의]

① 기본합의와 공동행위의 수

기본합의가 없어도 하나의 공동행위로 볼 수는 있으나, 기본적 합의가 있는 경우에 하나의 공동행위로 인정될 가능성이 높다. 이 점에서 기본합의는 공동행위의 수를 평가함에 있어 중요한 고려 요소이다.

② 기본합의와 공동행위의 유형

기본합의는 합의의 성격을 전체적으로 평가할 수 있는 기준이 될 수 있다. 예를 들면, 별개의 입찰담합에 대하여 기본합의가 있는 경우에는 기본합의를 매개로 전체적으로 물량배분 합의로 이해할 수 있다.

③ 기본합의와 공동행위의 종기

기본합의가 없는 경우에는 공동행위의 종기가 달라질 가능성이 높다. 수개의 합의에 따른 일련의 행위가 1개의 부당한 공동행위로 인정될 수 있다는 이유만으로 기본 합의의 존재가 증명되지 않은 상태에서 원고가 가담하지도 않은 합의에 따른 실행행위의 종료 시점까지 원고에게 행위 가담의 책임을 지운다면, 원고의 책임과 무관하게 공동행위의 종기가 장기간에 걸쳐 연장될 수 있는 불합리한 결과가 초래된다. 그 결과 사업자별 종기가 달라질 수 있다[3.나. 부당한 공동행위의 기간 중 (3) 관련 문제 (마) 사업자별 종기의 특정 문제 참조].

[행위의 수 관련 쟁점 : 불공정거래행위의 수]

부당한 공동행위의 경우 행위의 수 문제에 중요한 실무적 의미가 있음은 전술한 바와 같다. 행위의 수 문제는 단독행위와 공동행위 모두에 적용되는 문제이고, 그 점에서 단독행위인 불공정거래행위나 시장지배적 지위 남용행위에서 행위의 수 문제가 발생한다(현실적으로는 행위가 연속적 반복적으로 이루어지는 불공정거래행위에서 쟁점화될 가능성이 높다). 다만, 공동행위의 경우에는 복수의 사업자를 전제로 하는데 비하여, 단독행위의 경우에는 단일사업자라서 행위의 수 기준이 서로 달라질 수 있다. 예를 들면 사업자가 일부 변경된 경우에도 하나의 공동행위로 인정되는 법리는 단일 사업자를 전제로 한 불공정거래행위에는 적용되기 어렵다.

107) 공동행위 심사기준 III.

행위의 수 문제와 관련매출액의 문제는 구별하여야 한다. 행위의 수는 객관적 구성요건의 차원에서 위반이 있었는지의 문제이지만, 관련매출액은 영향을 받았는지의 문제라서 전자에 비하여 더 넓게 인정될 여지가 있다.

(1) 판단의 필요성

(가) 공동행위의 수와 제척기간(처분시효, 처분시한)

공동행위의 수는 실무상 중요한 의미가 있다. 먼저 시간의 경과에 따라 종적(縱的)으로 하나인지의 문제는 처분시효 완성의 판단에 있어 중요하다. 장기간에 걸쳐 수차례에 걸친 담합행위가 있었던 경우 이를 하나의 행위로 볼 것인가 아니면 수개의 행위로 볼 것인지의 문제이다.

구 공정거래법 제49조 제4항은 처분시효를 5년으로 규정하고 있고, 2012. 3. 21. 개정법은 조사개시일로부터 5년, 종기로부터 7년으로 규정하고 있었으나, 현행 공정거래법 제80조 제4항은 처분시효를 7년으로 규정하고 있고, 부당한 공동행위에 대하여는 동조 제5항에서 조사개시일로부터 5년, 종기로부터 7년으로 각 규정하고 있다.

이에 따라 장기간 수회의 담합행위가 이루어진 경우 하나의 행위로 본다면 처분시효가 완성되는 부분이 없이 전 기간의 관련매출액에 대하여 과징금이 산정될 수 있고, 이와 달리 수개의 행위가 된다면 먼저 발생한 일부 행위에 대하여 처분시효가 완성되어 일부 기간의 관련매출액만 산정된다(대법원 2006. 3. 24. 선고 2004두11275 판결).[108]

(나) 공동행위의 수와 중복제재

공동행위가 하나인지는 중복제재의 판단에 있어서도 의미가 있다. 예를 들면, 입찰담합에 있어서 A, B 입찰담합으로 과징금을 부과받은 후, 다시 C, D 입찰담합으로 과징금을 부과하는 경우, 두 부류의 입찰담합이 별개라면 중복제재가 아니겠지만, 이를 하나의 공동행위로 본다면, 설령 선행 처분에서 C, D 부분이 드러나지 않아 관련매출액에 포함되지 않았다고 하더

108) 사업자들이 장기간에 걸쳐 수회의 합의를 한 경우 하나의 부당한 공동행위로 보아 처분시효가 전체에 대하여 도과하지 않았다고 판단한 대표적인 사례로는 대법원 2019. 7. 25. 선고 2017두55077 판결(대림산업 사건).

라도 하나의 공동행위에 대하여 다시 제재를 하는 것이 되어 위법할 소지가 있다. 이는 형사소송법상 기판력의 범위의 문제가 공정거래법상 제재 처분에 적용되는지의 문제와 비슷한 측면이 있다. 참고로 법위반 행위자가 동일한 행위로 다른 국가에서 행정상 제재를 받았다는 사정으로 공정거래법상 제재를 중복제재로 보기 어렵다[서울고등법원 2018. 6. 27. 선고 2017누74018 판결(카와사키키센 사건)[109]]. 참고 판결로 서울고등법원 2018. 1. 19. 선고 2017누45157 판결(고려공업검사 등, 비파괴검사용역 담합 사건)[110] 등이 있다.

(다) 공동행위의 수와 자진신고 요건

부당한 공동행위 집행상 흔히 문제되는 공동행위의 수의 문제 등은 자진신고의 범위를 정함에 있어 복잡한 문제를 야기하고 있다. 특히 1순위 조사협조자가 별개의 공동행위로 판단하여 신고하지 않은 공동행위가 하나의 공동행위로 판단될 경우 필요한 증거의 요건 및 성실한 협조의 요건을 흠결하여 그 지위를 박탈당할 가능성이 있다. 이러한 점에서 자진신고 감면제도 운영에 있어서 공동행위의 수의 판단에서는 유연하고 실용적인 접근을 할 필요가 있을 것이다.

(라) 공동행위의 수와 관련시장

공동행위의 대상이 어느 범위로 제한되는지의 횡적(橫的) 문제에서도 중요하다.[111] 이때 공동행위 숫자의 산정을 위하여 관련시장의 획정이 필요한

109) 심리불속행 기각.

110) 대법원 2018. 5. 30.자 2018두35223 판결로 심리불속행 기각. 이 판결과 같이 별개의 공동행위임을 전제로 한다면 당연히 중복제재가 되지 않겠지만, 하나의 공동행위 중 선행처분에 포함되지 않은 매출액에 대하여 과징금을 부과할 수 있는지는 아직 명시적인 법원의 판단이 없는 것으로 보인다.

111) 종래 대법원 판례의 법리의 판단기준은 단일한 의사와 동일한 목적에 기한 것으로 종적인 문제에 관한 부분이지 횡적인 문제에 관한 부분은 아니었던 것으로 보인다. 대법원 2008. 9. 25. 선고 2007두3756 판결의 사안에서 공정위는 합의가 단수였음에도 '굴삭기와 휠로다'에 대하여 별도로 과징금을 산정하였다. 다만 이는 공정위의 의결에 따른 것으로 관련시장과 공동행위의 수에 관하여 명시적인 판시를 한 것으로 보기는 어렵다.

지의 문제가 중심이 된다. 관련시장의 획정이 필요하지 않다면 문제가 되지 않지만, 관련시장의 획정이 반드시 필요하다고 본다면 관련시장의 획정은 공동행위의 수를 결정하는 기준이 되어, 복수의 관련시장에 속하는 복수의 상품에 대하여 하나의 공동행위를 하였다면 관련시장의 수만큼 공동행위의 수가 늘어난다고 볼 수 있다.112) 그 동안 판례는 주로 기간의 측면(종적인 측면)에서 공동행위의 수를 판단하였지만,113) 관련시장과 같은 횡적인 측면에서 공동행위의 수를 파악할 경우 관련시장의 획정은 공동행위의 수에도 영향을 미치게 되고,114) 특히 장기간 공동행위가 이루어진 경우 관련시장에 따라 공동행위가 복수로 인정된다면 공동행위별로 기본과징금 부과율, 자진신고자 감면의 판단이 달라질 수 있다. 이 점에서 관련시장과 공동행위의 수는 직결된다(공동행위 복수설). 반면 관련시장이 복수이더라도 합의가 단수이면 단수의 공동행위가 성립한다고 볼 수 있다. 복수의 관련시장에 속한 상품 등에 대하여 단수의 합의를 한 경우 복수의 공동행위로 볼 경우 위반자에게 이익을 주는 것으로 부당하다고 볼 여지도 있다(공동행위 단수설). 하나의 공동행위로 볼 경우보다, 복수의 공동행위로 볼 경우 자진신고자 또는 조사협력자가 많이 인정될 수 있다.

[처분시효와 자진신고자 감면]

공동행위의 수 평가에 있어, 종적인 문제는 처분시효에서, 횡적인 문제는 자진신고자 감면에서 주로 문제가 된다. 다만, 종적인 문제와 횡적인 문제가 교차하는 경우도 발생할 수 있다. 아래와 같이 유형화할 수 있다.

---

112) 관련시장의 획정을 어떻게 하더라도 공동행위 참가자들의 시장점유율이 100%에 근접하여 경쟁제한성 판단을 위하여 관련시장의 획정이 굳이 필요하지 않더라도, 과징금 산정을 위하여 관련시장 획정이 필요하다는 전제에 선다면 관련시장 획정이 필요할 수 있게 된다. 이는 과징금 사건뿐 아니라 형사사건에서도 동일하게 적용된다. 다만 굳이 공동행위의 수를 매개시키지 않더라도 과징금에 관한 법령 및 고시의 취지에 비추어 관련시장별로 별도로 과징금을 계산하는 것이 타당하다고 볼 수도 있다.

113) 대법원 2009. 6. 25. 선고 2008두16339 판결 등 참조.

114) 이는 마치 형법상 상상적 경합(형법 제40조)이 성립하는 것과 유사하며, 형법에서 논의되어 온 경합범, 상상적 경합범, 포괄일죄 등의 판단기준이 과징금 산정에 그대로 적용될 수 있는지 검토가 필요하다.

첫째, A상품과 B상품에 관하여 동일한 기회에 합의가 이루어진 경우(두 상품의 관련시장이 서로 다르다고 볼 경우), 하나의 공동행위로 본다면 A, B를 포괄하여 1순위로 신고한 자가 1순위가 된다. 이를 별개의 공동행위로 본다면 상품별로 1순위 자진신고자가 달라질 수 있다. 이와 같이 공동행위의 수 판단에 있어 횡적인 문제는 자진신고자 감면에 영향을 미친다. 둘째, 1995년 발생한 B상품에 대한 공동행위는 그 자체로만 국한하여 본다면 처분시효가 완성될 수 있다. 그러나 그 이후 발생한 B상품에 대한 공동행위와 하나의 공동행위로 인정된다면 처분시효가 완성되지 않을 수 있다. 이와 같이 공동행위의 수 판단에 있어 종적인 문제는 처분시효에 영향을 미친다. 셋째, 1995년 발생한 A상품에 대한 공동행위는 그 자체로는 처분시효가 완성되었지만, 1995년도 발생한 B상품에 대한 공동행위와 A상품에 대한 공동행위를 하나로 보고, B상품에 대한 공동행위가 지속된 경우, 결국 A상품과 B상품을 포함하여 하나의 공동행위가 지속된 것으로 볼 수 있어 A상품에 대한 부분도 처분시효가 완성되지 않는다. 이는 종적인 문제와 횡적인 문제가 교차하는 사례이다.

(2) 판단 기준

(가) 동일성 기준

개별적 합의에 서로 동일성이 없다면 하나로 인정할 수 없다. 이때 고려할 요소로는 다음과 같은 사항들이 있다. 첫째, 단일한 의사와 단일한 목적이 있는지이다(단일한 의사 및 동일한 목적 요건). 다만 주체, 의사 목적, 내용에서 근소한 변경이 있더라도 동일성은 인정될 수 있다.[115] 둘째, 합의의 동일성을 판단함에 있어 관련시장을 고려할 것인지, 고려한다면 어느 수준까지 고려할 것인지이다. 관련시장별로 별도의 공동행위가 성립한다면 같은 관련시장을 전제로 하여야 동일성이 인정된다는 결론에 이르게 될 것이다. 이 경우에도 관련시장은 필요조건이지만 충분조건은 아니다. 즉 관련시장이 동일하더라도 개별적 합의의 성격은 다를 수 있다. 셋째, 기본적 합의의 유무이다. 기본적 합의가 있을 경우 동일성이 인정될 가능성이 더 높겠

115) 주체가 일부 변경되는 경우로, 일부 사업자가 퇴출되거나, 일부 사업자가 시장에 진입해도 종전의 합의에 편승하는 경향이 있다. 또한 사업자단체가 있어 일부 주체가 변경되어도 합의는 용의하게 이행되는 경향이 있다.

으나, 기본적 합의가 없어도 동일한 합의로 볼 수 있다. 대법원 2006. 3. 24. 선고 2004두11275 판결에서 하나의 공동행위가 되기 위하여 기본적 합의가 필요한지를 명시하지 않아서 논란이 있었으나, 이후 대법원 2008. 9. 25. 선고 2007두3756 판결, 대법원 2009. 1. 30. 선고 2008두16179 판결 및 대법원 2009. 6. 25. 선고 2008두16339 판결에서 하나의 공동행위로 보기 위하여 기본적 합의가 필요하지 않다는 점을 명시하였다. 참고 판결로, 서울고등법원 2017. 9. 15. 선고 2016누75359 판결(현대건설 사건),[116] 대법원 2009. 6. 25. 선고 2008두16339 판결(애경산업 사건)[117] 등이 있다.

[수(數)에서 동일성의 판단 방법[118]]

동질적인 요소와 차별적인 요소를 비교하여 차별적인 요소가 많거나, 본질적인 요소가 차별적일 때는 서로 다른 공동행위로 볼 수 있다. 다음과 같은 요소를 제시해 본다.

① 기본 구조 : 합의의 기본 구조에서 상당한 차이를 보인다면 별개로 볼 수 있다. 합의의 세부적인 방식(예를 들면 합의서 작성 여부) 등에 차이가 있었다고 하여 별개의 공동행위로 구별하는 요소로 보기 어렵다.

② 참가자 : 시장점유율에서 우위에 있거나 가격선도자의 지위에 있는 기업이 공동행위에 계속 참여하고 그 합의 상대방이 변경된 경우에는 하나로 볼 여지가 있다. 이때 공동행위를 지속하게 한 요인을 제공한 핵심 사업자는 합의 촉진의 역할을 한 것으로(facilitator) 볼 수 있다. 수요자가 거래참가자를 지명하고 그 지명된 범위 내에서 경쟁을 하는 구도가 이루어진 상태에서 경쟁 공급자의 공동행위가 발생한 경우, 공동행위 참가 사업자의 변경은 중요한 요소로 보기 어렵다.

③ 기간, 대상 : 시기적으로 중첩되고, 상품 또는 용역, 발주처 등이 일치

---

116) 대법원 2019. 8. 14. 선고 2017두68509 판결로 상고 기각. 위 법원은 합의의 기본 목적, 합의의 실행방식, 사업자의 범위 등을 종합하여 동일성을 인정하고, 각 합의 사이가 연결되었던 사정을 종합하여 연속성을 인정하였다.

117) 기본적 원칙에 관한 합의가 없는 경우에도 전체적으로 1개의 공동행위라고 판시한 사례.

118) 부당한 공동행위의 동질성은 건축물의 구조와 비슷하다. 구조가 비슷하면 하나로 볼 수 있다. 건축물 내에 출입을 누가 하는가는 반드시 중요한 것은 아니다. 수선이나 보수가 있어도 동질성이 변하지 않는다.

하는 것은 동질적인 요소로 볼 수 있다.

④ 의사 : 의사의 문제가 중요하지만, 공동행위의 수 판단에 있어서 단일한 의사를 개별 사업자의 주관적 의사로 이해하면 지나치게 좁게 공동행위의 수가 산정될 우려가 있다. 그에 대한 대안으로, 계통적 합의로 단일 의사의 증명을 대체하는 방안 등 유연성을 기할 필요가 있다.

(나) 연속성 기준

장기간에 걸쳐서 다수의 합의가 이루어진 경우, 합의의 동일성이 인정되어야 한다. 따라서 하나의 공동행위가 되기 위하여 계속 실행되어 연속성이 있어야 하므로, 중단이 되었다면 하나의 공동행위로 보기 어렵다(연속성 요건). 즉 동일성이 있는 합의이더라도 연속되어야 하나의 공동행위가 된다.[119] 합의를 위반한 사정이 있는 경우 연속성이 인정되는지가 문제된다.[120] 합의가 단절되거나 파기됨이 없다면 중간에 공백기간이 있더라도 하나의 행위로 본다.[121]

중단에 관하여도 종료에 관한 판례를 참조할 수 있을 것인데, 예를 들면 가격의 일부 인하를 종료사유로 보기 어렵다고 한 대법원 2008. 10. 23. 선고 2007두12774 판결 등이다. 이에 대하여 중단은 종료의 엄격한 기준보다 완화된 기준이 적용되어야 한다는 전제하에 기존의 합의가 더 이상 유지되는 것으로 볼 수 없는 상황에 관한 기준은 부당한 공동행위의 종기의 기준과 같은 엄격한 요건에서만 수개의 공동행위로 볼 이유는 없다는 견해가 있다.[122] 종료와 중단을 비교할 때 어느 정도 양적, 질적 차이가 있을 수 있으므로, 종료에 비하여 중단에 관하여 완화된 기준을 적용하는 것이 타당

119) 공동행위의 종료에 대한 판례는 축적되어 있으나, 공동행위의 중단에 관한 판례는 아직 축적되어 있지 않다.

120) 긍정한 사례로는 서울고등법원 2013. 10. 18. 선고 2012누15632 판결(대법원 2014. 11. 27. 선고 2012누15632 판결로 상고기각)이 있다.

121) 서울고등법원 2010. 6. 3. 선고 2009누2490 판결(심리불속행 기각). 이와 같이 1개로 본 사례는 다수인데, 서울고등법원 2004. 11. 24. 선고 2003누9000 판결(확정), 대법원 2008. 9. 25. 선고 2007두3756 판결 등이 있다.

122) 강우찬, "부당한 공동행위의 수와 기본합의", 「공정거래법 판례선집」, 사법발전재단 2011. 255면.

하다.[123] 참고 판결로, 서울고등법원 2015. 7. 24. 선고 2014누55412 판결(귀뚜라미 사건),[124] 대법원 2015. 2. 12. 선고 2013두6169 판결(넥상스코리아 등, 한전전력선 담합 사건)[125] 등이 있다.

[공동행위의 중단 사례]

공동행위의 종료에 관하여 다수의 대법원 판결은 있었으나, 부당한 공동행위가 중간에 중단되는 경우에 관하여 기준을 제시한 대법원 판결은 드물었다. 대표적인 유형은 다음과 같다.

첫째, 가격인하이다. 가격인하가 중단의 사유가 되는지에 관하여 명시적인 판결은 없다. 다만 대법원 2008. 10. 23. 선고 2007두12774 판결(엘지화학 사건)에서 가격하락에 따른 공동행위의 종료가 인정되었고, 이 판례는 공동행위의 중단에 있어서도 참조가 가능할 것이다.

둘째, 입찰담합 등에서 경쟁입찰이다. 대법원 2015. 2. 12. 선고 2013두6169 판결에서 동일한 사실관계를 두고 경쟁입찰이 부당한 공동행위의 중단 사유가 되는지에 관하여 하급심이 엇갈렸는데 대법원은 경쟁입찰로 부당한 공동행위가 중단되었다는 결론을 내림으로써 기준을 제시하였다. 다만 경쟁입찰이 공동행위 중간에 있었던 경우 중단사유가 되는지는 일률적으로 판단할 문제는 아니므로, 구체적 사실관계에 따라 달라질 수 있는 문제로 보인다. 예를 들면, 서울고등법원 2019. 8. 29. 선고 2019누34403 판결(동보장치 구매설치 입찰관련 공동행위)[126]은 장기간에 걸친 공동행위 중 일부 경쟁입찰이 있었다고 하더라도 합의의 단절이나 파기를 인정하기 어렵다고 판단하였다.

나. 부당한 공동행위의 기간

(1) 개시일

법 제40조 제1항을 적용하는 경우, 참가사업자 전부에 대하여 법 제40조 제1항 각호의 어느 하나에 해당하는 행위를 할 것을 합의한 날을 위반행위의 개시일로 본다. 추정조항이 적용되는 경우 등 합의일을 특정하기 어려운

123) 진행을 일시적으로 멈추는 '정지'와 진행에 장애가 있는 '중지'에 비교할 수 있다.

124) 심리불속행 기각. '경쟁입찰과 공동행위의 중단'을 쟁점으로 다룬 사례.

125) 경쟁입찰을 부당한 공동행위의 중단 사유로 인정한 사례.

126) 확정.

경우에는 사업자별로 실행개시일을 위반행위의 개시일로 본다.[127] 추정사건의 시기에 관하여 추정조항의 개정 전 사안에 관한 대법원 2008. 1. 31. 선고 2006두10764 판결은 행위의 외형상 일치와 경쟁제한성이 갖추어진 때를 시기로 보고 있다. 대법원 2003. 5. 27. 선고 2002두4648 판결은 구 법 추정사건의 실행개시일을 가격을 결정하는 행위와 경쟁을 실질적으로 제한하는 행위 요건을 갖추었을 때로 보고 있다. 이러한 취지에 비추어 보면 개정법에서는 공동행위의 상당한 개연성이 있는 때를 시기로 볼 수 있다.

(2) 종료일(종기)

부당한 공동행위의 종료일은 실무상 대단히 중요한 의미가 있다. 종료일을 기준으로 적용법령 및 과징금 고시 등을 정하고, 종료일로부터 처분시효를 기산하며, 관련매출액 산정의 기준이 된다. 부당한 공동행위가 종료한 날은 원칙적으로 그 합의에 기한 실행행위가 종료한 날을 의미한다(대법원 2011. 9. 8. 선고 2009두15005 판결). '공동행위의 종료일'이라 함은, 부당한 공동행위에 해당하는 합의의 내용을 기초로 하여 그에 따라 예정된 실행행위의 구체적 범위 및 태양, 합의 등에 따른 경쟁제한효과의 확정적 발생 여부 등을 종합적으로 고려하여 사안에 따라 개별적·구체적으로 판단하여야 한다(대법원 2015. 5. 28. 선고 2015두37396 판결 참조). 참고 판례로 대법원 2014. 12. 24. 선고 2012두6216 판결(에어프랑스 사건, 유류할증료 사건),[128] 대법원 2015. 10. 29. 선고 2012두28827 판결(자동차운전전문학원 사건)[129] 등이 있다.

[종료의 사례]

① 합의에 정해진 조건이나 기한이 있는 경우로서 그 조건이 충족되거나 기한이 종료한 경우, ② 공동행위의 구성사업자가 합의 탈퇴의사를 명시적 내지 묵시적으로 표시하고 실제 그 합의에 반하는 행위를 한 경우 등에는 합의에 기한 실행행위가 종료한 것으로 볼 수 있다. 다만, 합의에 반하는 행

127) 공동행위 심사기준 Ⅲ.

128) 영업양도를 하고 더 이상 관련 영업을 하지 않는 경우 종기에 이른다고 본 사례.

129) 종기가 다투어진 전형적인 사례.

위를 하는 것이 현저히 곤란한 객관적이고 구체적인 사유가 인정되는 경우에는 합의 탈퇴의 의사표시로 부당한 공동행위가 종료한 것으로 볼 수 있다.[130] 합의 탈퇴의사 표시를 하였으나, 가격인하 등 합의에 반하는 행위를 할 수 있었음에도 불구하고 하지 않은 경우에는 합의 탈퇴의사 표시만으로 공동행위가 종료한 것으로 볼 수 없다. 합의에 참가한 각 사업자가 각자의 독자적인 판단에 따라 담합이 없었더라면 존재하였을 가격 수준으로 인하하는 경우 그 독자적인 가격 결정일을 합의에 기한 실행행위가 종료한 날로 본다. 합의에 참가한 사업자들 사이에 반복적인 가격 경쟁이 있는 등 담합이 사실상 파기되었다고 인정할 수 있을 만한 행위가 일정 기간 계속되는 경우 그 행위가 발생한 날이 속한 달의 전월의 마지막 날에 합의에 기한 실행행위가 종료한 것으로 본다. 공동행위가 심의일까지 지속되는 경우에는 심의일에 그 공동행위가 종료된 것으로 본다.[131][132]

실행행위의 종료일에 관하여 묵시적 합의의 경우에는 합의일이 명확하지 않을 수 있지만 명시적 합의의 경우 합의일은 특정이 되는 반면, 실행행위일은 다양한 형태가 있을 수 있으므로 그 특정이 어렵다. 특히 합의와 가격인상으로 이루어지는 가격인상 합의에 비하여 입찰담합에서 종기는 판단이 용이하지 않다. 즉 합의, 입찰, 계약, 물량배분 등 단계적 구조가 복잡하여 실행행위의 종료시점을 두고 논란이 있을 여지가 많고, 들러리 입찰에서 문제가 된다.

(3) 관련 문제

(가) 사업자 탈퇴와 종기

판례는 일부 사업자의 탈퇴와 전체적인 합의 종료의 기준을 별도로 판시하고 있다. 첫째, 일부 사업자가 독자적으로 카르텔에서 탈퇴할 수 있으나, 일부 사업자에 대하여 종료되기 위하여 다른 사업자에 대하여 명시적 내지 묵

---

130) 이는 형법에서 기수 시기와 중지미수 시기와 비슷한 측면이다.

131) 실행의 착수가 기수시점인 것과 달리 실질적 종료는 공소시효의 기산점이 된다. 실질적 종료는 법익의 침해가 행위자가 의욕한 의도대로 발생할 때에 발생하고, 이때 공소시효는 기산된다. 이와 같이 형사상 범죄행위의 실질적 종료시점이 공소시효의 기산점이 되므로, 처분시효의 기산점인 종료시점은 형사법상 실질적 종료시점에 비견된다.

132) 공동행위 심사기준 Ⅲ.

시적인 의사표시와 합의에 반하는 행위를 한 경우 중단된다(탈퇴의사+합의에 반하는 행위). 둘째, 전체 사업자에 대하여 종료되기 위하여 명시적으로 합의를 파기하고 합의에 반하는 행위를 하거나(탈퇴의사+합의에 반하는 행위), 일정기간 합의가 사실상 파기되었다고 볼 만한 사정(사실상 파기 요건)이 있어야 한다. 일부 사업자 종료 요건과 전체 사업자 종료 요건은 기본적으로 동일하지만, 전체 사업자 종료의 경우에는 사실상 파기 요건이 구비된 경우 가능하고, 탈퇴로 1인의 사업자만 남게 된 경우에는 복수의 당사자를 요건으로 하는 공동행위의 개념상 종료된다는 점에서 차이가 있다.

참고 판례로 대법원 2008. 10. 23. 선고 2007두12774 판결(엘지화학, 가성소다 사건),[133] 대법원 2010. 3. 11. 선고 2008두15176 판결(대한제당 사건),[134] 대법원 2014. 5. 16. 선고 2012두18165 판결(싱가포르 에어라인즈 사건, 유류할증료 사건),[135] 대법원 2016. 10. 27. 선고 2015두49832 판결(포스코 사건),[136] 대법원 2019. 1. 31. 선고 2016두46687 판결(한화 사건)[137] 등이 있다.

[탈퇴요건 – 합의에 반하는 행위 개념]

합의에 반하는 행위가 무엇을 의미하는지 문제가 된다. 판례는 독자적 판단으로 담합이 없을 경우 가격 수준으로 인하하는 행위를 그 예로 들고 있다(대법원 2008. 10. 23. 선고 2007두12774 판결). 이와 달리 신용등급별로 수수료율을 차별화하고 인터넷 홈페이지에 공개한 것으로는 합의 탈퇴를 인정할 수 없다고 본 사례(대법원 2011. 4. 28. 선고 2009두4661 판결), 실제 입찰에서 합의와 달리 저가입찰을 한 것만으로 탈퇴한 것으로 볼 수 없다고 본 사례

---

133) 공동행위에서 탈퇴함으로 공동행위가 종료되었는지에 관한 리딩케이스이다.

134) 탈퇴로 1개 사업자가 잔존한 사례.

135) 원고가 한국발 전세계행 항공화물운송과 관련하여 다른 공동행위자들에게 합의에서 탈퇴하였음을 알리는 의사표시를 하였다거나 유류할증료를 폐지하였다거나 이에 관한 가격경쟁을 하는 등으로 합의에 반하는 행위를 하였다고 볼 수 있는 사정이 인정되지 아니한다고 판단하였다.

136) 묵시적 탈퇴를 부정한 사례.

137) 이 판결은 묵시적 탈퇴를 인정한 것은 적절하지 않다고 보면서 합의의 사실상 파기를 인정하였다.

(서울고등법원 2012. 4. 25. 선고 2011누31002 판결),[138] 단순히 원고가 위 합의를 이행하지 아니하였다는 사정만으로 합의가 존속하지 않게 되었다고 볼 수 없는데다가, 원고가 위 합의를 파기하였다는 점 등을 인정할 자료가 없는 이상, 합의가 더 이상 존속하지 않게 되었다거나 합의의 성립 후 파기된 것이라고 할 수도 없다고 판단한 원심을 정당하고 본 사례(대법원 2008. 9. 25. 선고 2007두3756 판결) 등이 있다.

[탈퇴요건－합의에 반하는 행위－경쟁가격 회복]

경쟁가격 등의 입증이 필요한지의 문제이다. 담합이 없을 경우 가격 수준은 통상 경쟁가격을 의미한다고 볼 수 있다. 물론 사업자가 경쟁가격을 입증한 경우 종료를 인정하는 것은 타당하다. 그러나 경쟁가격의 입증은 통상 용이하지 않으므로, 입증의 정도를 완화하여 상당한 수준의 가격인하가 있고, 이 가격 인하가 시장의 여건에 따른 불가피한 사정이 아니라는 정도만 입증되면 종료를 인정할 것인지 문제된다. 시장지배적 지위 남용 행위 중 가격남용 행위, 부당한 공동행위로 인한 손해배상액 산정에서 경쟁가격과의 차이에서 요하는 고도의 입증을 과징금 산정을 위한 공동행위의 종료에 그대로 적용하는 것은 이론상으로는 고려할 수 있으나, 실무상 공동행위 종료의 입증이 사실상 어려워지는 문제가 있게 된다. 입증의 수준에 관한 구체적인 판례는 아직 없으나, 이 부분은 경쟁가격에 비하여 완화된 기준을 적용하는 것이 타당할 것으로 보인다.[139] 가격이 인하된 것인지를 판단함에 있어 경쟁가격을 직접 증명하지 못하더라도 원가를 통하여 순이익이 변화한 추이를 통하여 간접적으로 가격인하 여부를 판단할 수도 있을 것이다.

공정위는 경쟁가격보다 탈퇴의사에 중심을 두는 경향을 보이고 있다. 저가입찰 자체는 탈퇴로 보지 않지만, 그뿐만 아니라 명시적 합의 탈퇴의사표시가 있다면 탈퇴로 인정하고 있다.[140]

[탈퇴요건－합의에 반하는 행위－가격 인하 외(外) 사유]

형평상 가격 인하에 비견될 수 있는 사정도 종료사유에 포함할 것인지의

138) 심리불속행 기각.

139) 공정위도 가격인하의 수준이 일정기간 지속되면 합의파기를 인정하였던 것으로 보인다.

140) 공정위 2021. 1. 26. 의결 제2021-023호(주한미군 유류공급 담합 사건).

문제이다. 장기간 지속된 입찰담합에서 경쟁입찰을 통하여 가격경쟁이 이루어진 사정 등이 이에 포함되는지이다. 종료에 대한 사안은 아니지만 일련의 공동행위가 중단되었는지에 관한 사례에서 경쟁입찰을 중단 사유로 본 사례로는 서울고등법원 2013. 12. 20. 선고 2012누36868 판결[141] 등이 있다(상세한 설명은 '부당한 공동행위의 수 중 연속성 기준' 참조).

이와 같이 '합의에 반하는 행위' 요건을 증명하기가 어렵다. 이와 같이 '가격 인하'만으로 합의에 반하는 행위임을 증명하기 어려운 상태에서, 실무상 등장한 관행이 공동행위에 참여한 다른 사업자에게 '합의파기 공문'을 보내는 것이다. 이러한 공문은 '합의에 반하는 행위'라기 보다 '탈퇴의 의사표시'에 가까운 것임에도 달리 증명할 방법이 없어 시행되었고, 공정위도 의결과정에서 이 시점을 종기로 인정해주기도 하였다.

[탈퇴요건－탈퇴의사－묵시적 탈퇴의사]

탈퇴의사에 명시적 탈퇴의사 외에 묵시적 탈퇴의사도 포함되는지의 문제이다. 대법원 2008. 10. 23. 선고 2007두12774 판결 등은 합의에 참가한 일부 사업자가 부당한 공동행위를 종료하기 위해서는 다른 사업자에 대하여 합의에서 탈퇴하였음을 알리는 명시적 내지 묵시적인 의사표시를 하고 독자적인 판단에 따라 담합이 없었더라면 존재하였을 가격 수준으로 인하하는 등 합의에 반하는 행위를 하여야 한다고 판시하여 묵시적 탈퇴의사도 포함됨을 명시하고 있으나, 실제 사례에서 묵시적 탈퇴는 엄격하게 인정되는 경향을 보이고 있다. 대법원 2016. 10. 27. 선고 2015두49832 판결(포스코 사건)은 묵시적 탈퇴가 인정되지 않는다고 판단하였다. 반면, 서울고등법원 2015. 1. 9. 선고 2013누30850 판결 등(폐기물 사건)[142]에서 묵시적 탈퇴를 인정하였다.

서울고등법원 2015. 1. 9. 선고 2013누30942 판결의 상고심인 대법원 2017. 11. 23. 선고 2015두37433 판결에서 묵시적 탈퇴를 인정한 것은 적절하지 않다고 보면서 합의의 사실상 파기를 인정하여 원심을 유지하였다. 민사법적 논리에 따르면 의사표시가 요건인 경우 명시적 의사표시와 함께 묵시적 의사표시를 인정할 여지가 있으나, 부당한 공동행위 종료에 있어 묵시적 탈퇴의사를 넓게 인정할 경우 사실상 탈퇴의 요건으로서 의사가 형해화

141) 대법원 2015. 1. 29. 선고 2014두1819 판결로 상고기각.

142) 심리불속행 기각.

될 우려도 있으므로 이를 좁게 인정하는 대법원의 판단은 적절한 것으로 보인다.[143)]

또한, 서울고등법원 2016. 6. 23. 선고 2015누39240 판결(한화 사건)[144)]에서 가격인하를 합의에 반하는 행위로 보고, 묵시적 탈퇴의 의사표시를 인정하여 탈퇴를 인정하였으나, 대법원 2019. 1. 31. 선고 2016두46687 판결은 묵시적 탈퇴를 인정한 것은 적절하지 않다고 보면서 합의의 사실상 파기를 인정하였다.

(나) 합의의 사실상 파기와 종기

가격을 일부 인하한 것만으로는 합의를 사실상 파기한 것으로 보기 어렵다고 본 사례로는 대법원 2008. 10. 23. 선고 2007두12774 판결(엘지화학 사건)이 있는 반면, 사업자들의 가격인하를 통하여 묵시적 탈퇴를 통한 종료를 인정한 사례로는 대법원 2015. 10. 29. 선고 2013두8233 판결, 대법원 2015. 10. 29. 선고 2012두28827 판결(자동차운전학원 사건) 등이 있다. 서울고등법원 2016. 11. 11. 선고 2015누55327 판결(삼환기업)[145)]에서 원고는 회생절차가 개시되었으므로 이후 담합에 가담할 의사와 능력이 없어 담합에서 탈퇴하였다고 보아야 하거나 다른 사업자들로부터 담합에서 배제되었다고 주장하였으나, 위 법원은 회생절차개시결정만으로 원고가 공동행위에서 이탈한 것으로 볼 수 없다고 판단하였다. 참고 판례로 대법원 2015. 6. 23. 선고 2012두997 판결(현대오일뱅크, 경질유 담합 사건),[146)] 대법원 2017. 11. 23. 선고 2015두37433 판결(폐기물 사건),[147)] 대법원 2019. 3. 14. 선고

---

143) 다만 동일한 사건에서 같은 서울고등법원 2015. 1. 9. 선고 2013누30850 판결은 심리불속행 기각되고, 서울고등법원 2016. 6. 23. 선고 2015누39240 판결은 묵시적 탈퇴를 인정한 것은 부당하다는 판시가 나온 것은 심리불속행 판결의 특성을 고려하더라도 적절하지 않다. 동일한 내용의 관련사건이 있는 경우 심리불속행 판결이 신중하게 이루어져야 할 필요가 있다.

144) 대법원 2019. 1. 31. 선고 2016두46687 판결로 파기되었다.

145) 대법원 2018. 6. 15. 선고 2016두65688 판결로 파기환송.

146) 가격하락 시점을 종기로 본 사례.

147) 대법원은 원심이 원고가 2009. 11.경 이 사건 공동행위에서 탈퇴하였다고 본 점은 적절하지 아니하나, 원고를 포함한 다수의 사업자들은 적어도 2009. 9. 내지 11.

2016두46113 판결(셰플러코리아 사건)[148] 등이 있다.

(다) 입찰담합과 종기

입찰담합에서 종기로 인정된 유형은 입찰일, 계약일, 물량배분일, 계약종료일 등 다양하다.

첫째, 대법원 2015. 5. 28. 선고 2015두37396 판결은 종기를 그보다 앞선 입찰일로 보았다. 원칙적으로 대법원 2015. 5. 28. 선고 2015두37396 판결에 따라 입찰담합 사건에서는 입찰일을 종기로 보아야 할 것이다.[149]

둘째, 대법원 2015. 2. 12. 선고 2013두6169 판결에서 종기를 계약일로 보았다. 이 판결은 계약체결 후 구체적인 물량배분까지 합의에 포함되어 있는 등 특수한 사실관계로 인하여 계약체결일과 물량배분일 중 어떤 것이 종기인지 쟁점이 된 경우에 계약체결일을 종기로 본 것으로 이해할 수 있다.

대법원 2015. 5. 28. 선고 2015두37396 판결도 "추가적으로 경쟁을 제한할 우려가 있는 다른 행위를 예정하고 있지 않으므로 입찰참여일 종료된 것으로 본다."고 판시하여 물량배분 등 추가적인 행위가 예정되어 있는 경우에는 입찰일 이후로 종기가 늦추어질 수 있음을 간접적으로 시사하였다고 볼 수 있다.[150]

셋째, 공정위 실무례 중에는 입찰일 이후 계약이 단가계약 방식으로 체결되어 지속된 경우 계약 종료일을 종기로 판단한 사례가 다수 있다.

이후부터 상당히 오랜 기간 동안 기준가격에 비하여 큰 폭으로 가격을 인하하였고, 각 시기별로 업체별 가격차이 역시 상당히 컸으므로, 원고 등의 이 사건 합의는 적어도 2009. 11.경에 이르러서는 사업자들 사이에 반복적인 가격 경쟁 등을 통하여 사실상 파기되었다고 보았다.

148) 원고 등 3개사의 이 사건 제1 공동행위는 늦어도 2007. 6. 22. 전에는 원고 등 3개사 사이에 반복적인 가격경쟁 등을 통하여 사실상 파기되었다고 봄이 타당하다.

149) 수주예정자를 결정한 후에 최초로 입찰한 날에 입찰담합이 실행되었다는 견해로는 村上政博, 「獨占禁止法(第4版)」, 弘文堂 2011. 383면.

150) 실행기간은 위반행위의 대상이 된 상품 또는 용역에 관계된 관련매출액을 산정하기 위한 기준이 된다는 점에 비추어 계약체결일을 실행기간의 종기로 보는 것이 타당하다는 견해로는 村上政博 外, 「條解 獨占禁止法」, 弘文堂 2014. 332면.

참고 판례로, 대법원 2015. 2. 12. 선고 2013두6169 판결(넥상스코리아 사건, 한전전력선 담합 사건),[151] 서울고등법원 2016. 11. 11. 선고 2015누55327 판결(삼환기업),[152] 대법원 2015. 5. 28. 선고 2015두37396 판결(포스코아이씨티 사건)[153] 등이 있다.

(라) 자진신고와 종기

자진신고가 있는 경우 공동행위가 종료되는지가 문제된다. 공동행위의 종료와 자진신고자 감면 요건은 다르다. 공동행위의 종료의 요건은 '다른 사업자에 대하여 합의에서 탈퇴하였음을 알리는 명시적 내지 묵시적인 의사표시를 하고 독자적인 판단에 따라 담합이 없었더라면 존재하였을 가격 수준으로 인하하는 등 합의에 반하는 행위를 할 것'인데, 자진신고에 따른 감면의 요건은 '당해 부당한 공동행위를 중단할 것'이다.

한편 자진신고자 고시 제6조는 '합의탈퇴의 의사표시로 부당한 공동행위를 중단한 것으로 볼 수 있다'고 규정하고 있고, 공정위의 조사 착수가 있는 경우 공동행위의 종료를 위하여 담합에 관여한 다른 사업자에게 공동행위 중단의 의사표시를 담은 서면을 발송하는 경우가 흔히 있다.

자진신고를 한 경우 공동행위가 종료되었다고 볼 수 있는지는 그 이후의 행위와 연결하여 보아야 한다. 첫째, 공동행위 규제를 회피하기 위하여 자진신고한 것으로 볼 수 있는 경우, 입찰담합에서 자진신고 후에도 물량을 배분받는 등 실행행위를 한 경우 등 자진신고에 반하는 행위를 적극적으로 한 경우에는 종료를 부정해야 할 것이다. 둘째, 자진신고 후 가격인하 등 합의에 반하는 행위를 한 경우에는 종료를 인정해야 할 것이다. 셋째, 자진신고 후 사정변경이 없는 경우는 일률적으로 판단할 수 없다. 특히 종전의 인상된 합의의 가격대로 매출을 계속한 경우 등에는 문제이다. 넷째, 외국 자진신고와 공동행위의 종기 문제에서, 대법원 2022. 7. 28. 선고 2020두

151) 대법원은 입찰계약 체결일을 종기로 보는 입장을 취하였다.

152) 대법원 2018. 6. 15. 선고 2016두65688 판결로 파기환송. 이 사건에서 공정위는 최종 입찰일을 종기로 본 반면, 위 법원은 최종 계약체결일을 종기로 보았다.

153) 종기를 입찰일로 봄에 따라 제척기간이 완성된 사례.

48505 판결(미쓰비시 전기 사건)[154]은 부당한 공동행위에 가담한 사업자가 외국 경쟁당국에 자진신고를 한 경우에 그 자진신고를 부당한 공동행위에서 탈퇴하는 의사표시와 함께 합의에 반하는 행위가 있었던 경우에 준하는 것으로 보아 자진신고일 시점을 곧바로 공동행위의 종기로 볼 수 없다고 판단하였다. 이는 종래 서울고등법원 2014. 2. 13. 선고 2011누46417 판결(엘지디스플레이, LCD 담합 사건)[155]에서 외국 경쟁당국에 대한 자진신고에 따라 공동행위가 종료된 것으로 본 것과 대조된다.

참고 판례로 서울고등법원 2014. 2. 13. 선고 2011누46417 판결(엘지디스플레이, LCD 담합 사건),[156] 대법원 2015. 2. 12. 선고 2013두987 판결(정식품 사건),[157] 대법원 2015. 2. 12. 선고 2013두6169 판결(넥상스코리아 사건, 한전 전력선 담합 사건),[158] 서울고등법원 2016. 6. 17. 선고 2015누42529 판결(고려노벨화학 사건)[159] 등이 있다.

---

154) 자동차 부품인 얼터네이터(자동차용 발전기)의 제조·판매업을 영위하는 사업자들인 원고 등이 전 세계의 자동차 얼터네이터 시장을 대상으로 한 부당한 공동행위에 대하여 피고가 시정명령 및 과징금납부명령을 하자 원고가 취소를 구한 사안에서, 외국 경쟁당국에 자진신고한 시점을 부당한 공동행위의 종기로 보아 처분시효가 완성되었다고 판단한 원심을 파기한 사안이다. 이 사건에서 공정위는 EU·미국·일본 등 외국 경쟁당국은 기본적으로 자신의 관할 지역과 관련이 있는 공동행위에 대해 조사를 한 것이므로 조사 대상 및 내용이 이 사건과 동일하지 않아 외국 경쟁당국의 현장조사로 인해 이 사건 공동행위까지 중단된 것으로 인정하기 어렵다는 논리를 제시하였다. 원심인 서울고등법원 2020. 8. 19. 선고 2019누58911 판결은 부당한 공동행위의 종료 여부 판단에 있어서는 경쟁당국에 자진신고를 함으로써 해당 카르텔이 계속할 수 없게 되었는지가 중요한데 유럽 경쟁당국에게 자진신고를 한 경우에도 그 자진신고일에 대한민국에서 행해진 부당한 공동행위가 종료되었다고 볼 수 있다는 입장이었다.

155) 심리불속행 기각. 자진신고에 따라 종기가 인정된 초기의 사례.

156) 심리불속행 기각. 자진신고에 따라 종기가 인정된 초기의 사례.

157) 자진신고로 종기에 도달한다고 본 대표적 선례.

158) 공동행위가 이미 종료한 이후에 자진신고를 한 경우에는 종기에 영향을 미치지 않음을 지적한 판결.

159) 대법원 2018. 7. 11. 선고 2016두46458 판결로 상고 기각. 성실한 협조가 인정되지 않아서 자진신고자 지위가 인정되지 않는 경우에도 그 정도에 따라 자진신고일을 종기로 볼 수 있다고 판단하였다.

[자진신고와 종기에 대한 판례 동향]

대법원 2015. 2. 12. 선고 2013두6169 판결에서 대법원은 공동행위가 지속되는 중간에 자진신고를 한 경우에는 자진신고 시점을 종기로 보아야 하겠지만, 공동행위가 이미 종료한 이후에 자진신고를 한 경우에는 종기에 영향을 미치지 않음을 지적하였다. 이러한 이유로 원고 19개사 전부에 대하여 입찰계약 체결일 공동행위가 종료되었고, 그 이후 원고 넥상스코리아, 극동전선이 자진신고를 한 것은 종기에 영향을 미치지 않게 되었다. 이러한 판단은 공동행위가 지속되는 중에 자진신고를 한 경우에는 종기에 이른다는 점을 전제로 하고 있다.

이러한 대법원의 '자진신고와 종기'에 관한 판단은 같은 날 선고된 대법원 2015. 2. 12. 선고 2013두987 판결(정식품 사건)에도 일관되고 있다. 즉 이 사건에서도 "부당한 공동행위에 가담한 사업자가 구 공정거래법(2013. 7. 16. 법률 제11937호로 개정되기 전의 것) 제22조의2에서 정한 자진신고자 등에 대한 감면조치를 받기 위하여 공정위에 적법하게 자진신고를 하였다면, 신고 후 정당한 사유 없이 공동행위를 중단하지 않거나 조사에 성실하게 협조하지 않는 등으로 인하여 자진신고자 지위확인이 취소되는 등의 특별한 사정이 없는 이상, 자진신고를 부당한 공동행위에서 탈퇴하는 의사표시와 함께 합의에 반하는 행위가 있었던 경우에 준하여 볼 수 있다."고 판단하였다.

이러한 취지에서 위 판결은 적법한 자진신고 사업자에 대하여는 감면대상 순위에 해당하는지 여부와 상관없이 자진신고일이 공동행위의 종기가 된다고 판시하였다. 이러한 대법원 판결은 자진신고 제도의 취지에 비추어 타당한 것으로 볼 수 있다. 자진신고 후 이를 비밀로 유지해야 제도의 특성상 신고사업자가 합의에 반하는 행위를 할 것을 기대하기 어렵다. 그 점에서 자진신고자로서 비밀유지의무(성실한 협조 의무)와 공동행위 중단을 위한 명시적, 묵시적 탈퇴의사 표시의무가 상충되는 상황에서 자진신고 제도의 특성상 비밀유지의무가 우선한다고 본 것이다. 그 결과 복수의 당사자 중 자진신고를 한 당사자에 대하여만 종기에 이르고, 그 밖의 당사자에 대하여는 실제 공동행위를 마친 시점에 종기에 이르렀다고 볼 수 있다.

[자진신고 사안에서 종기를 부정할 특별한 사정]

자진신고로도 공동행위가 종기에 이르지 않았다고 볼 특별한 사정이 무엇인지가 문제된다. 자진신고를 한 경우 '부당한 공동행위에서 탈퇴하는 의사표시(탈퇴의 제1요건)'와 '합의에 반하는 행위(탈퇴의 제2요건)'가 있었던 것으로 보아 종기에 도달한다[대법원 2015. 2. 12. 선고 2013두987 판결(정식품 사건)]. 따라서 사업자가 '합의에 반하는 행위'의 수준의 행위를 이행하지 않았다는 사유만으로 위와 같은 특별한 사정에 해당하여 종기에 이르지 않았다고 볼 수는 없을 것이다. 다만, 자진신고의 진정성에 의심이 들 정도로 공동행위를 정당한 사유 없이 지속한 경우에는 특별한 사정이 있는 것으로 볼 여지가 있을 것이다.

(마) 사업자별 종기의 특정 문제

[행위자 기준과 전체 사업자 기준]

① 복수의 사업자들이 하나의 공동행위에 참여하여 공동행위를 실행한 경우 그 종기는 동일할 가능성이 높다. 이에 대한 예외로는 일부 사업자가 탈퇴한 경우가 있을 수 있다. 복수의 당사자 중 일부가 자진신고를 한 경우에는 그 자진신고자(조사협조자)에 대하여만 종기에 이른 것으로 볼 수 있다. 그 결과 복수의 당사자 중 탈퇴나 자진신고를 한 당사자에 대하여만 종기에 이르고, 그 밖의 당사자에 대하여는 실제 공동행위를 마친 시점에 종기에 이르렀다고 볼 수 있다.

② 이러한 탈퇴나 자진신고가 없는 경우에도 일부 사업자의 종기가 더 빠를 수 있는지가 문제된다. 이러한 사례는 주로 일부 사업자가 전체 공동행위 중 일부의 실행에만 관여한 경우 쟁점이 된다. 예들 들면, 부당한 공동행위의 합의 대상이 복수의 입찰인 경우, 종기를 행위자의 행위가 종료된 때로 보아야 하는지(행위자 기준), 모든 참여자들의 행위가 종료된 때로 보아야 하는지(전체 사업자 기준)가 쟁점이 된다.

③ 형사법상 공동정범의 법리를 참조할 경우 당해 사업자에 대한 부당한 공동행위의 종료를 위하여 전체 참가자의 행위가 종료되어야 한다고 볼 여지도 있다. 반면 기본합의에 따라 행위분담이 명확한 경우에는 전체 참가자의 행위가 종료되어야 하겠지만, 기본합의가 불명확한 경우는 당해 행위자의 행위가 종료한 경우로도 충분하다고 볼 여지도 있다. 특히 기본합의에 따른 행위 중간에 사정변경이 발생하여 더 이상의 입찰참가가 불가능하게 된 경우(행위자가 회생절차개시결정으로 입찰참가 적격을 상실한 경우 등)에는 당해사업자에 대하여 종기를 인정할 수 있다.

④ 전체적으로 하나의 기본합의가 있었고 이에 따라 공동행위가 이루어진 경우에는 사업자별로 차등을 두지 않고 동일한 시점에 종기에 이르렀다고 볼 가능성이 높다. 서울고등법원 2013. 12. 20. 선고 2012누36868 판결(일진홀딩스 사건)[160]에서는 전체적으로 행위가 종료한 날을 종기로 보았고, 이에 따르면 원고의 입찰일뿐 아니라 전체적으로 최후의 입찰일이 종기가 된다. 한편 대법원 2015. 2. 12. 선고 2013두6169 판결(넥상스 사건)은 결론적으로 모든 참여자들의 최후의 계약체결일을 종기로 보았으나, 판시사항만으로는 이 쟁점에 관하여 명시적인 판단을 한 것으로 단정하기는 어렵다.

⑤ 기본합의가 없는 경우에는 공동행위의 종기가 달라질 가능성이 있다. 수 개의 합의에 따른 일련의 행위가 1개의 부당한 공동행위로 인정될 수 있다는 이유만으로 기본 합의의 존재가 증명되지 않은 상태에서 원고가 가담하지도 않은 합의에 따른 실행행위의 종료 시점까지 원고에게 행위 가담의 책임을 지운다면, 원고의 책임과 무관하게 공동행위의 종기가 장기간에 걸쳐 연장될 수 있는 불합리한 결과가 초래된다. 그 결과 사업자별 종기가 달라질 수 있다[서울고등법원 2016. 6. 29. 선고 2014누43020 판결(신신기계 사건)].[161]

(바) 공동행위 종기와 증명책임

행정소송에서 공동행위 종기의 증명책임이 공정위와 사업자 중 누구에게 있는지 문제된다.

첫째, 공정위의 처분을 다투는 행정소송에서 종기의 증명책임은 원칙적으로 공정위에 있게 된다. 부당한 공동행위의 종기는 과징금의 범위 등 처분의 적법성을 구성하는 요소가 된다. 따라서 행정소송의 방식을 취하는 우리의 소송구조에 있어서 행정청에 해당하는 공정위에 종기에 대한 증명책임이 있는 것으로 보는 것이 상당하다. 다만, 탈퇴 등으로 공동행위가 그 피심인에 대하여 조기에 종료되었음에 대한 증명책임은 피심인에게 있는 것

---

160) 대법원 2015. 1. 29. 선고 2014두1819 판결로 상고기각.

161) 심리불속행 기각. 원고는 탈퇴를 하였다고 주장하지만, 법리적으로는 탈퇴가 아니라 후자의 공동행위에 참여하지 않은 것으로 볼 수 있다는 취지이다. 결론적으로 사업자별 종기가 달라질 수 있음을 시사한 판결로 볼 수 있다. 합의 방식이 다른 공동행위를 별개의 공동행위로 판단한 사례이다.

으로 볼 수 있을 것이다.[162)]

다만, 실무상으로는 피심인 또는 원고가 공정위가 의결서에 기재한 종기보다 실제 종기가 앞선다는 점을 적극적으로 주장하고 증명하는 방식으로 소송이 진행되고 있다. 이때 증명은 반증의 성격을 가지고 있게 된다. 이에 대하여 공정위도 종기에 대한 증명을 적극적으로 하게 됨에 따라 최종적으로 법원이 적정한 종기를 판단하는 방식으로 소송이 진행되어, 증명책임의 존부에 따라 결론이 내려지는 사례는 드문 것으로 보인다.

둘째, 제척기간의 기산점으로서 종기에 대한 증명책임은 누구에게 있는가? 제척기간도 피심인이나 원고가 이를 제기하면서 심리가 되는 것이 통상적이지만, 제척기간은 직권조사사항이므로 증명책임이 문제되지 않을 것으로 보인다. 다만, 그 경우에도 직권탐지의무가 있는 것은 아니라서 판단의 기초될 사실과 증거는 당사자가 적극적으로 현출해야 한다.

제 3 절 공동행위의 위법성 심사

1. 경쟁제한성 개관

가. 개 념

공정거래법 제2조 제5호 외에 경쟁제한성의 판단 요소에 관한 다른 명문의 규정이 없는 상태에서 법원의 역할은 경쟁제한성의 판단요소로 명문의 규정에 드러난 요소 외에 무엇을 채택하고, 무엇을 채택하지 않을 것인지에 있는 것으로 보인다. 그 동안 우리 대법원은 경쟁제한성의 개념에 여러 기

162) 공정거래소송의 집행이 민사소송의 형식을 취할 경우에는 공동행위가 탈퇴(withdrawal) 등으로 종료되었음에 대한 증명책임은 이를 주장하는 당사자가 지게 된다. ABA, Antitrust Law Development, 2017. p. 28.

준을 사건의 필요에 따라 다양하게 포함하는 태도를 취하였다. 그러나 경쟁제한성과 관련하여 논의되는 다양한 개념을 판시사항에 넣음에 있어서, 전체적인 정합성을 고려하여 신중하고 일관성 있게 적용하여야 한다.

나. 경쟁제한의 의도 및 목적[163)]

비교법적인 검토를 하더라도 공동행위의 위법성 판단에 있어서 의도나 목적 등 주관적 요건을 독립적 요건으로 이해하는 법리는 찾아보기 어렵다.[164)] 대법원 판결 중에서도 부당한 공동행위 규제에 있어 의도나 목적이 필수적이라는 취지는 발견되지 않는다.

2. 경성카르텔과 관련시장, 경쟁제한성[165)]

가. 배 경

관련시장의 획정 및 이를 통한 시장점유율의 파악은 경쟁제한성과 밀접한 관련성을 가지고 있다. 경쟁제한성을 가격, 생산량, 품질의 측면에서 입증하기는 어렵기 때문에 관련시장 및 시장점유율을 통한 간접적인 입증이 선호된다. 다만 이러한 방법이 경쟁법상 모든 규제 유형에 동일하게 적용되어야 하는지 근본적으로 고려할 필요가 있다. 시장지배적 지위 남용 규제 및 기업결합 규제에서 경쟁제한성 판단을 위하여 관련시장 획정에 대한 깊은 심리가 이루어지는 것은 자연스럽다. 기업결합은 이미 발생한 남용행위를 대상으로 하는 것이 아니라 장래 발생할 폐해에 대한 사전적인 판단이 필요하므로 경제분석이 필요할 수 있고, 시장지배적 지위 남용행위는 남용행위에 대한 사후적인 평가이더라도 행위자 요건으로 시장지배적 사업자의 요건이 필수적이므로, 불가피하게 관련시장의 획정과 시장점유율 평가가 필요할 뿐 아니라 경쟁제한성 평가에도 활용할 수 있다.

---

163) 공동행위에서 경쟁제한의 의도 및 목적 문제는 제2판 제132, 133면 참조.

164) 홍명수, "독점규제법 위반행위에 있어서 주관적 요건의 검토", 경쟁법연구 제29권 (2014), 34면.

165) 경성카르텔과 관련시장의 문제에 대한 상세한 논점은 제2판 제133~154면 참조.

문제가 되는 부당한 공동행위, 특히 실무상 대부분을 차지하는 경성카르텔과 관련시장의 문제는 기업결합 및 시장지배적 지위 남용행위에서 볼 수 있는 특수성이 없어 그 동안 소송실무에서 문제가 되지 않거나, 문제가 된 경우에도 여러 간접사실에 기초하여 판단을 하는 경향이 있었다. 그런데 2012, 2013년 대법원은 '경성카르텔'의 경우 당연위법의 원칙을 적용하는 미국이나, 경쟁제한적 목적이 있는 합의는 그 성질상 경쟁제한성이 명백하다고 보아 이를 금지하고 있는 유럽연합과 달리(object restrictions) 부당한 공동행위의 경쟁제한성 판단에 있어서 관련시장의 획정이 선행되어야 하고 그 획정의 기준도 기업결합 등과 본질적으로 다르지 않다고 판단함으로써 이 문제는 한때 소송실무의 핵심적인 쟁점으로 대두되었다.

관련시장은 경쟁관계를 전제로 하므로 관련시장을 획정하는 것은 경쟁관계에 있는 사업자의 범위를 정하는 작업이다. 경쟁관계가 성립할 수 있는 분야, 즉 합리적 대체가능성이 있는 범위도 관련시장에 포함될 수 있다. 이와 같이 관련시장은 경쟁제한성 판단의 전제가 된다. 그러나 이를 어떤 방법으로, 어떤 수준으로 획정할지에 관하여는 다양한 견해가 있을 수 있다. 획정을 간편한 방법으로 할 수 있다면, 획정에 큰 부담이 되지 않는 수준이 될 것이다. 시장획정을 위하여 경제분석 등 엄밀한 방법이 요구된다면, 관련시장 획정에 비용과 시간이 소요될 수 있다. 이러한 의미에서 논쟁의 실익은 관련시장 획정의 방법론에 있다.

나. 수입차 및 음료수 사건

2012년 선고된 렉서스 사건[166]에서 "관련상품시장은 경쟁관계에 있는 상품들의 범위를 말하는 것으로서, 구체적으로는 거래되는 상품의 가격이 상당기간 어느 정도 의미 있는 수준으로 인상 또는 인하될 경우 그 상품의 대표적 구매자 또는 판매자가 이에 대응하여 구매 또는 판매를 전환할 수 있는 상품의 집합을 의미하고, 그 시장의 범위는 거래에 관련된 상품의 가격, 기능 및 효용의 유사성, 구매자들의 대체가능성에 대한 인식 및 그와

166) 대법원 2012. 4. 26. 선고 2010두11757 판결.

관련한 구매행태는 물론 판매자들의 대체가능성에 대한 인식 및 그와 관련한 경영의사결정형태, 사회적 · 경제적으로 인정되는 업종의 동질성 및 유사성 등을 종합적으로 고려하여야 한다."라고 판시하고 있다. 이러한 관련시장에 대한 판시는 포스코 판결의 판시내용[167]을 그대로 수용한 것으로 대법원이 부당한 공동행위에서도 시장지배적 지위 남용행위 사건에서 명시한 관련시장 획정의 방법을 수용한 것으로 볼 수 있다.

수입차[168] 및 음료수[169] 판결은 모두 '경성카르텔'의 전형인 가격협정(price fixing)에 관한 사례이다. 공동행위 심사기준[170]은 공동행위의 성격상 경쟁제한 효과와 효율성 증대효과를 함께 발생시킬 수 있는 경우 경쟁제한 효과 분석의 1단계로 관련시장의 획정을 규정하고 있다. 따라서 경성카르텔이 아닌 경우 경쟁제한성 평가와 관련시장 획정의 관계에 대하여는 논란이 없다.

다. 후속 판결[171]

경쟁제한성 판단과 무관하게 관련시장이 획정되어야 한다고 한 음료수 판결 이후, 다수의 하급심에서 관련시장이 쟁점으로 심리되었다. 그런데 음료수 판결 이후에도 서울고등법원 2013. 10. 18. 선고 2012누15632 판결, 서울고등법원 2013. 12. 11. 선고 2011누39372 판결[172] 등 하급심은 경제분석

---

167) 대법원 2007. 11. 22. 선고 2002두8626 전원합의체 판결.

168) 대법원 2012. 4. 26. 선고 2010두11757 판결(렉서스 판결), 대법원 2012. 4. 26. 선고 2010두18703 판결(BMW 판결).

169) 대법원 2013. 2. 14. 선고 2010두28939 판결(웅진식품 판결), 대법원 2013. 2. 14. 선고 2011두204 판결(해태음료 판결), 대법원 2013. 4. 11. 선고 2012두11829 판결(롯데칠성음료 판결).

170) 2021. 12. 30. 공정위 예규 제390호.

171) 경성카르텔과 관련시장의 문제를 크게 분류하면 다음과 같은 의견이 있을 수 있다. ① 경제분석을 통한 엄밀한 시장획정이 필요하다. ② 간이한 방법의 시장획정으로 충분하다. ③ 결론에 영향이 없으면 시장은 특정만 되면 충분하다. ④ 시장획정이 불필요하다. 음료수판결과 수입차판결은 ①에 가깝고, 비료판결 이후는 ②를 주로 하되 ③으로 일부 이동하는 경향도 보인다.

172) 상고기각(대법원 2014. 11. 27. 선고 2013두24471 판결).

등에 의한 엄밀한 시장획정 없이 판단하였고, 대법원도 관련시장이 문제된 사안에서 동일한 태도를 취하였다. 관련 판결로는 대법원 2014. 11. 27. 선고 2013두24471 판결(남해화학 사건), 대법원 2015. 10. 29. 선고 2013두8233 판결, 대법원 2015. 10. 29. 선고 2012두28827 판결(자동차운전학원 사건),[173] 대법원 2019. 3. 14. 선고 2018두59663 판결(수입차 딜러 사건)[174] 등이 있다.

▣ 리딩케이스: 대법원 2014. 11. 27. 선고 2013두24471 판결(남해화학 사건)

비료 사건의 상고심인 대법원 2014. 11. 27. 선고 2013두24471 판결 등은 종래의 음료수 판결(대법원 2013. 4. 11. 선고 2012두11829 판결)을 원용하면서도 부당한 공동행위의 다양성과 그 규제의 효율성 및 합리성 등을 고려하면 피고가 어느 공동행위의 관련상품시장을 획정할 때 반드시 실증적인 경제 분석을 거쳐야만 한다고 요구할 수는 없고, 피고가 이를 거치지 아니한 채 관련상품시장을 획정하였더라도 문제가 된 공동행위의 유형과 구체적 내용, 그 내용 자체에서 추론할 수 있는 경제적 효과, 공동행위의 대상인 상품이나 용역의 일반적인 거래현실 등에 근거하여 그 시장 획정의 타당성을 인정할 수 있다고 보아야 한다고 판시하였다. 이 판결은 종래의 수입차 및 음료수 판결에 비하여 훨씬 유연한 접근을 함으로써 관련시장 획정에 있어 불필요한 시간 및 비용이 초래되는 것을 피하려고 한 원심의 판단을 대법원이 수용한 것으로 볼 수 있다.[175]

라. 소결론

---

173) 지역시장 획정에 오류가 있어도 경쟁제한성 판단에 영향이 없으면 공정위의 처분은 적법하다고 판단.

174) 지역시장 획정에 있어 실증적인 경제분석을 반드시 거칠 필요가 없다는 전제에서, SSNIP 테스트가 아니라 승용차 사용자 거주지, 서비스센터 위치의 상관관계를 분석하여 경쟁관계의 존재를 판단하는 것이 가능하다고 보았다.

175) 관련시장에 관한 이러한 판시는 비료 사건 중 관련시장이 쟁점이 된 대법원 2014두1871 판결, 대법원 2014두6654 판결에도 나오고 있다. 다만 비료 사건 중 대법원 2014두1284 판결, 대법원 2014두1291 판결, 대법원 2014두1888 판결에는 원고가 관련시장을 다투지 않아 이 부분 판시가 없다.

종래 경쟁제한성이 실증된 경성카르텔의 경우에는 관련시장의 당부를 가릴 필요는 없을 것이다. 다만, 예외적으로 다음과 같은 경우에는 관련시장이 문제될 여지가 있다.

첫째, 종래 경험으로 검증이 되지 아니한 새로운 유형의 거래나 시장이 등장하여 심사의 대상이 될 경우이다. 예를 들면, U.S. v. Microsoft Corp., 253 F.3d 34(D.C.Cir. 2001) 사건에서 당연위법의 법리를 적용하지 않으면서, 이 사건의 특수성에 비추어 당연위법을 적용하기에는 산업의 특성상 너무 부담이 크다고 보았다. 당연위법의 법리는 경험의 산물인데, 이 분야는 경험이 누적되어 있지 않음을 강조하였던 것과 비슷한 맥락이다. 또한, BMI v. Columbia Broadcasting Systems, 441 U.S. 1(1979) 사건에서 가격에 관한 사안임에도 당연위법을 적용하지 않았다. 당연위법으로 보이는 사안이라도 경험이 누적되어 있지 않은 새로운 유형에서는 신중한 심리가 필요하다는 취지이다. 한편 유럽연합 사법법원의 Groupement des cartes bancaires (CB) v. Commission, C-67/13 P (2014) 판결도 양면시장이 관련된 사안이어서 경쟁제한 효과에 대하여 신중한 심리가 필요하다고 보아서, 일반법원과 달리 목적위법을 부정하였다. 이러한 태도도 결국 이 사건이 경험이 축적되지 아니한 분야라는 점을 전제로 하고 있다. 목적위법도 과거의 집행 경험의 누적에 따른 것이라는 점(Experience shows)에서 미국의 당연위법 법리와 유사한 측면이 있다.

둘째, 시장에 영향을 미치기 어려운 미미한 수준의 사업자들이 담합에 이른 유형을 생각해 볼 수 있다.[176]

이런 측면에서 비료판결(대법원 2014. 11. 27. 선고 2013두24471 판결)의 '경제분석을 통한 정밀한 시장획정이 제한적으로 필요하다'는 부분은 일시적인 대안으로 평가할 여지도 있다. 일단 경성카르텔에서 경제분석이 문제되는 범위를 현저히 줄인 후, 그 다음 단계로 경험의 누적에 따라 경성카르텔에서 경제분석을 실질적으로 배제하는 단계로 나아가기 위한 단계로 볼 가능성도 있다. 이상적(理想的)으로는 수입차, 음료수 판결로 시작된 '경성카르

176) 굳이 비교하자면 '형법상 불능범'에 가깝다. 실제 이런 경우가 사법심사의 대상이 되는 일은 드물 것이다.

텔과 관련시장'의 문제를 일시에 정리하는 것이 바람직하지만, 현실적으로는 충분한 경험과 사례의 축적을 거친 후 미국의 당연위법이나 유럽연합의 목적위법이 수용될 수 있을지를 검토하는 방안이 바람직할 수 있다.

3. 연성카르텔과 관련시장, 경쟁제한성

위에서 본 비료판결 이래 관련시장의 법리는 경성카르텔에 적용될 뿐 연성카르텔에 적용되기 어렵다. 그 결과 연성카르텔 사안에서 관련시장 획정과 경쟁제한성 심사는 심도 있게 이루어져야 한다. 이는 소위 1종 오류(과잉규제)를 막기 위해서 불가피한다. 연성카르텔 사안에서 관련시장 획정을 생략하거나 충실하게 하지 않을 경우 경쟁제한 효과가 과도하게 평가되어, 결과적으로 효율성을 증진하는 행위에 대하여 제재를 가할 우려가 높게 된다.

공정위 심사기준도 연성카르텔에 보다 신중한 경쟁제한성 심사가 이루어져야 함을 전제로 하고 있다. 이는 관련시장에 대한 정확한 획정을 전제로 한다. 즉 심사기준에 따르면, 공동행위의 성격상 경쟁제한 효과와 효율성증대 효과를 함께 발생시킬 수 있는 경우(예컨대 공동마케팅, 공동생산, 공동구매, 공동연구·개발, 공동표준개발 등)에는 당해 공동행위의 위법성을 판단하기 위해 경쟁제한 효과와 효율성증대 효과를 종합적으로 심사함을 원칙으로 하고 있다.

결국, 연성카르텔의 경우 시장획정 방식은 경성카르텔의 시장획정 방식과 다르며, 기업결합이나 시장지배적 지위 남용행위에 사용되는 방식과 동일한 방식이어야 한다. 즉 대법원 2007. 11. 22. 선고 2002두8626 전원합의체 판결(포스코 사건) 이래 '관련 상품에 따른 시장'은 일반적으로 시장지배적 사업자가 시장지배력을 행사하는 것을 억제하여 줄 경쟁관계에 있는 상품들의 범위를 말하는 것으로서, 구체적으로는 거래되는 상품의 가격이 상당기간 어느 정도 의미 있는 수준으로 인상 또는 인하될 경우 그 상품의 대표적 구매자 또는 판매자가 이에 대응하여 구매 또는 판매를 전환할 수 있는 상품의 집합을 의미한다는 내용의 기본적인 시장획정 법리는 시장지배적 지위 남용, 기업결합, 연성카르텔에서 동일한 수준과 방식으로 적용되어야 한다. 이는 연성카르텔이 효율성, 기술발전, 혁신이 함께 문제되는 사안에서 자주 발생함에도 관련시장과 경쟁제한성에 대한 엄밀한 심사 없이 위법성을 인정할 경우 산업의 특성을 도외시하고 효율성을 저해하며 장기적으로 소비자의 손실(consumer harm)로 귀속될 위험 부담이 있고, 사회 전체의 비효율로 연결될 우려가 있음에 비추어 당연한 것이다.[177)]

그 동안 문제된 부당한 공동행위 사례는 대부분 경성카르텔이었다. 따라서 연성카르텔에 대한 관련시장 획정 사례는 상대적으로 적은 편이다. 그렇지만 대법원은 글락소 그룹 리미티드의 역지불 합의 사건 판결(대법원 2014. 2. 27. 선고 2012두24498 판결)을 통하여 연성카르텔 사안에서 관련시장 획정과 경쟁제한성 분석이 엄밀하게 이루어져야 한다고 보았다.

이 판결은 다음과 같이 판시하였다. "이 사건 합의 중 '발트렉스'의 경쟁제품에 관한 부분이 공정거래법에 정한 '부당한 공동행위'에 해당하기 위하여는 그 합의의 경쟁제한성이 인정되어야 하고, 경쟁제한성은 관련상품시장의 획정을 거쳐 당해 합의로 인하여 경쟁에 영향을 미치거나 미칠 우려가 발생하였는지를 기준으로 판단하여야 한다. 그러나 피고(공정거래위원회)는 '발트렉스'의 관련상품시장을 획정하지 아니하였을 뿐만 아니라 이 사건 합의 중 '발트렉스'의 경쟁제품에 관한 부분이 경쟁에 미치는 영향 등에 대하여 아무런 근거를 제시하지 아니한 채 그 부분 합의의 경쟁제한성을 인정하여 이것이 공정거래법에 정한 '부당한 공동행위'에 해당함을 전제로 위와 같은 시정명령과 과징금 납부명령을 하였다. 그럼에도 원심은 그 판시와 같은 사정만으로 이 사건 합의 중 '발트렉스'의 경쟁제품에 관한 부분까지 공정거래법에 정한 '부당한 공동행위'에 해당한다고 판단하였으므로, 이러한

177) Broadcast Music, Inc.(BMI) v. Columbia Broadcasting System, Inc., 441 U.S. 1 (1979)에서 수평적 가격협정으로 볼 수 있는 사안임에도 연방대법원이 당연위법의 법리를 적용하지 않고, 당연위법으로 보이는 사안이라도 경험이 누적되어 있지 않은 새로운 유형의 거래형태에서는 신중한 심리가 필요하다는 취지의 판결을 하였고, U.S. v. Microsoft Corp., 253 F.3d 34(D.C.Cir. 2001) 사건에서 당연위법의 법리를 적용하지 않으면서, 사건의 특수성에 비추어 당연위법을 적용하기에는 산업의 특성상 너무 부담이 크다고 본 점에 주목할 필요가 있다.

원심판결에는 공정거래법에 정한 '부당한 공동행위'에 관한 법리를 오해하여 판결에 영향을 미친 위법이 있다."

이 부분 합의는 공정거래위원회가 구 공정거래법 제19조(현 공정거래법 제40조) 제1항 제4호, 제9호를 모두 적용하였으나, 대법원이 경성카르텔 조항인 제4호 부분을 받아들이지 않음에 따라 제9호만이 문제된 사안이다.[178] 위 사건에서 피고(공정거래위원회)는 '발트렉스'의 관련상품시장을 획정하지 아니하였을 뿐만 아니라 이 사건 합의 중 '발트렉스'의 경쟁제품에 관한 부분이 경쟁에 미치는 영향 등에 대하여 아무런 근거를 제시하지 아니한 채 그 부분 합의의 경쟁제한성을 인정하여 이것이 공정거래법에 정한 '부당한 공동행위'에 해당함을 전제로 시정명령과 과징금 납부명령을 하였다. 이에 공정거래위원회가 항구토제 시장(조프란, 온다론 등 제품)에 대한 관련시장을 획정하고 경쟁제한성을 증명한 상태에서, 관련시장과 경쟁제한성이 증명되지 않은 바이러스 피부제 시장(발트렉스 시장)에 대하여 시정명령과 과징금 납부명령을 할 수 있는지 문제가 되었다. 즉 대상 사건에서 문제되는 A 시장에 대한 관련시장과 경쟁제한성에 대한 증거가 제출되었을 뿐, 관련시장과 경쟁제한성에 대한 증거가 제출되지 않은 B 시장에 대하여 제재를 할

178) 공정위는 동아제약이 온다론을 퇴출시키고 그 대가로 조프란과 발트렉스의 (독점)판매권을 원고들로부터 받은 것이 시장분할 합의(제4호)에 해당하고, 동시에 조프란과 발트렉스 독점공급계약이 경쟁제품 취급금지조항에 의하여 사업활동방해 합의(제9호)에 해당한다는 전제에서 구 공정거래법 제19조 제1항 제4호, 제9호를 적용하였다. 먼저, 조프란에 관한 경쟁제품 취급금지조항은 항구토제 시장에서 동아제약이 철수함과 동시에 그와 경쟁할 수 있는 제품에 관한 연구개발을 비롯한 일체의 행위를 금지한 것이므로 사업활동 방해담합뿐 아니라 시장분할 담합에도 해당함이 명백하다. 반면 발트렉스에 관한 경쟁제품 취급금지조항의 경우 동아제약에 독점판매권을 부여한 계약이 조프란과 관련된 시장분할 담합의 대가성을 띤다는 점 외에 위 조항 자체가 위 시장분할 담합에 해당한다고 보기는 어렵고 사업활동 방해 담합(제9호)의 성립 여부만 문제된다는 것이 대법원의 판단이었다. 따라서 경성카르텔 유형이 아닌 발트렉스 경쟁제품취급 금지조항이 사업활동방해 담합(제9호)에 해당하려면 경쟁제한성이 심사되어야 하는데, 이를 인정하려면 관련시장과 시정점유율이 엄밀하게 심사되어야 한다. 그런데 공정위 단계에서 관련시장 획정이나 경쟁제한성에 관한 충실한 심의가 없었으므로, 이 부분에 대하여 경쟁제한성을 인정할 수 없다는 것이 대법원의 판단취지이다.

수 있는지가 쟁점이었던 것이다.

이에 대해 대법원은 '발트렉스'의 경쟁제품에 관한 부분이 공정거래법에 정한 '부당한 공동행위'에 해당하기 위하여 그 합의의 경쟁제한성이 인정되어야 하고, 경쟁제한성은 관련상품시장의 획정을 거쳐 당해 합의로 인하여 경쟁에 영향을 미치거나 미칠 우려가 발생하였는지를 기준으로 판단하여야 한다고 판시한 것이다. 즉, 대법원은 B 시장에 대한 관련시장과 경쟁제한성이 증명되지 않은 상태에서 이를 부당한 공동행위에 해당함을 전제로 시정명령과 과징금 납부명령을 하는 것은 위법하다고 판시하였다.

4. 경쟁제한성의 개별 쟁점

부당한 공동행위의 경쟁제한성에 관하여, 대법원 2006. 11. 9. 선고 2004두14564 판결(학생복 사건)이 "구체적으로 당해 공동행위가 '경쟁제한성'을 가지는지 여부는 당해 상품의 특성, 소비자의 제품선택 기준, 당해 행위가 시장 및 사업자들의 경쟁에 미치는 영향 등 여러 사정을 고려하여, 당해 공동행위로 인하여 일정한 거래분야에서의 경쟁이 감소하여 가격·수량·품질 기타 거래조건 등의 결정에 영향을 미치거나 미칠 우려가 있는지를 살펴, 개별적으로 판단하여야 할 것이다"라고 판시하였고, 그 근간(根幹)은 이후의 판결에도 유지되고 있다.

가. 시장점유율과 경쟁제한성

공동행위에 참가한 사업자들의 시장점유율이 어느 정도에 이르러야 경쟁제한성이 인정될지가 문제된다. 시장점유율만으로 경쟁제한성을 단정할 수는 없으므로 시장점유율과 경쟁제한성은 유연하게 보아야 한다. 다만, 이 경우에도 시장점유율이 객관적인 지표이고 1차적인 자료로서 의미를 가진다는 점을 부정하기는 어려울 것으로 보인다. 관련시장과 시장점유율을 통한 평가의 문제점이 지적되면서도 이를 대체할 객관적인 지표가 마련되지 못하는 것도 실정이다. 이런 의미에서 시장점유율은 경쟁제한성에 대한 합리적인 의심을 유발하는 기준이 될 수 있을 것이다. 관련 판결로 대법원 2015. 10. 29. 선고 2012두28827판결(자동차운전전문학원사건),[179] 서울고등법원 2017. 11. 9. 선고 2017누62831 판결(현대건설 사건),[180] 대법원 2002. 5. 28. 선고 2000두1386 판결(화장지 사건),[181] 대법원 2015. 6. 11. 선고 2013두1676 판결(청십자약품, 의약품입찰담합 사건)[182] 등이 있다.

[공정거래법과 시장점유율 기준]

공정거래법은 시장점유율에 따라 판단기준을 제시하고 있는데, 그 예로 75%, 50%, 20%, 10% 등이 제시되고 있다. 즉, 시장지배적 지위 남용 및 기업결합 규제의 경우 공정거래법 제4조의 추정조항이 적용되어 50%, 75%가 그 기준이 된다. 연성카르텔의 경우 20%가 기준이고, 경쟁제한성 심사가 필요한 불공정거래행위의 경우 10%가 기준이다. 그런데 연성카르텔의 20% 점유율 기준이 경성카르텔에도 원용될 수 있을지 문제된다. 경성카르텔은 연성카르텔과 성격이 다르므로 더 낮은 점유율에서도 경쟁제한성이 인정될 수 있다고 보는 견해가 있을 수 있고, 반면 경성카르텔과 연성카르텔은 경쟁제한효과에서는 차이가 없고 경쟁촉진효과의 존부에서 차이가 있는 것이어서 같은 기준이 적용될 수 있다고 보는 견해도 있을 수 있다.

[구체적인 시장점유율과 경쟁제한성 판단]

공동행위에 참가한 개별사업자들의 시장점유율을 단순 합산함으로써 경쟁제한성을 속단하는 것은 바람직하지 않다.[183] 예를 들면, 공동행위에 참가한

179) 원심이 참가자들의 시장점유율이 7.4%에 불과하다는 점 등을 들어 경쟁제한성을 부정한 상태에서, 대법원도 시장점유율이 미미할 경우에는 경쟁제한성을 부정할 수 있음을 시사하면서 부당한 공동행위에 관여한 사업자들의 시장점유율을 어떤 방식으로 평가할 것인지에 관하여 기준을 제시하지 않은 사례

180) 대법원 2018. 3. 29.자 2017두73785 판결로 심리불속행 기각. 경성카르텔의 범주에 속하는 경우 시장점유율을 고려함이 없이 경쟁제한성을 인정할 수 있다는 취지이다.

181) 공동행위 참여자의 시장점유율 합계가 23%인 경우 경쟁제한성을 부정한 사례

182) 경성카르텔의 전형적인 유형이 아닌 사업활동방해에서 경쟁제한성을 판단하기 위한 전제로 시장점유율이 문제된 사례

183) 기업결합의 경우에는 각 시장점유율의 제곱을 합하여 경쟁제한성을 판단하는 '허핀달-허쉬만 지수(HHI)'를 사용하고 있다.

사업자의 시장점유율 합계가 60%인 경우에도, 10%인 6개 사업자로 구성되는 경우, 20%인 3개 사업자로 구성되는 경우, 40%인 하나의 사업자와 10%인 2개 사업자로 구성되는 경우는 경쟁제한성의 측면에서 차이가 있을 수밖에 없다. 관련시장 내 경쟁사업자의 상품사이에서 교차탄력성이 높은지 여부도 고려할 수 있다. 교차탄력성이 높으면 밀접한 대체제로 구매대체성이 높아 긴밀한 경쟁관계에 있게 된다. 대체성이 높으면 일방의 구매중단이 상대방의 구매로 연결된다. 이러한 이유에서 상품간 교차탄력성이 높은 경우와 그렇지 않은 경우는 같은 시장점유율을 가정하더라도 서로 다른 평가를 할 수 있다.[184)]

그 동안 선고된 판례를 보면, 구 법에서 합의의 추정요건으로 경쟁제한성이 문제된 사례에서 23%의 시장점유율인 경우 경쟁제한성을 부정한 사례(대법원 2002. 5. 28. 선고 2000두1386 판결), 44.6% 또는 33.2%인 경우 경쟁제한성을 부정한 사례(대법원 2006. 9. 22. 선고 2004두7184 판결) 등이 있으나, 이러한 사례는 시장점유율과 경쟁제한성의 문제에 대하여 깊이 있는 고민을 한 결과라고 보기 어렵다. 대법원 2015. 10. 29. 선고 2012두28827 판결(자동차운전전문학원사건)의 원심인 서울고등법원 2012. 12. 6. 선고 2012누18402 판결은 참가자들의 시장점유율이 7.4%에 불과하다는 점 등을 들어 경쟁제한성을 부정하였다. 헌법재판소 2011. 11. 24. 결정 2010헌마83 결정은 투찰이 종료되어야만 낙찰자 결정의 기준이 되는 예정가격을 결정할 수 있고 투찰 시에는 입찰참가업체들이 예정가격을 전혀 알 수 없도록 되어 있는 전자입찰에서 10개의 입찰참가업체 중 2개 사업자의 합의만으로는 낙찰자의 결정에 영향을 미칠 수 없어 경쟁제한성이 인정되지 않으므로 부당한 공동행위로서의 입찰담합이 성립할 여지가 없다는 전제에서 공정거래위원회의 무혐의처분(인천국제공항공사 탑승3기의 운영용역 사건)은 정당하다고 판단하였다.

나. 수요독점, 수요자 공동행위와 경쟁제한성

수요독점사업자를 대상으로 한 경우 경쟁제한성을 인정한 사례로 서울고

---

184) 유럽연합 horizontal merger guideline(2004)가 'close competitors'를 심사하고, 실제 기업결합 사건에서 'closeness of competition'을 판단하는 것과 비슷한 맥락이다.

등법원 2007. 11. 8. 선고 2005누19759 판결(한전 발주 컷아웃스위치 구매에 관한 입찰 담합)[185] 및 서울고등법원 2012. 4. 25. 선고 2011누31002 판결(케이티발주 광케이블 구매입찰 사건),[186] 서울고등법원 2017. 12. 15. 선고 2016누59531 판결(아세아제지 사건)[187] 등이 있다.

다. 입찰담합과 경쟁제한성

참고 판결로, 대법원 2005. 3. 25. 선고 2004도5731 판결,[188] 대법원 2015. 6. 11. 선고 2013두1690 판결(복산약품 사건),[189] 대법원 2015. 7. 9. 선고 2013두20493 판결(한화 사건),[190] 대법원 2016. 4. 12. 선고 2015두50061 판결(엘아이알 사건),[191] 서울고등법원 2020. 9. 9. 선고 2019누60846 판결[192]

---

185) 확정.

186) 심리불속행 기각.

187) 확정. 생산요소 시장에서 구매담합에 참가한 사업자가 판매시장에서 시장지배력을 갖는 경우, 구매담합이 발생하면 더 적은 생산요소가 구매되기 때문에 생산량이 감소하고 이는 판매시장에서의 거래량 감소를 야기하여 결국 판매가격의 상승이 일어나 판매시장의 시장성과 악화로 소비자 잉여가 감소하게 된다는 경제학적 설명을 부가하였다.

188) 실제로는 수의계약을 체결하면서 정당한 입찰절차를 거친 것처럼 외형상의 형식을 갖추기 위하여 입찰이 있었던 것처럼 조작하였을 뿐이고, 건설공사의 입찰이 현실적으로 실시되었다고 볼 수는 없으며, 같은 피고인들이 건설공사의 입찰에 있어 부당한 이득을 취득하거나 공정한 가격결정을 저해할 목적으로 입찰자들이 공모하여 미리 조작한 가격으로 입찰하는 행위를 하였다고 인정할 증거가 없다는 이유로 건설산업기본법 제95조 제1호 위반의 공소사실에 대하여 무죄를 선고한 제1심 판결을 유지하였다.

189) 대법원은 이미 거래가 이루어진 이후 이루어진 담합의 경우 경쟁제한성이나 경쟁제한의 우려를 인정하기 어렵다고 판단한 것으로 볼 수 있다. 합의가 2006년 입찰실시 다음날에 이루어진 점 등을 들어 입찰에서 가격경쟁 등을 감소시켜 낙찰가 등의 결정에 영향을 미치거나 미칠 우려가 발생하였다고 보기 어렵다고 판단하였다.

190) 입찰담합에서 경쟁제한성 판단의 기준을 정리한 판결로 입찰절차의 적정성에 대한 법리를 새로 추가한 것으로 평가할 수 있다.

191) 원심은 서울고등법원 2015. 7. 16. 선고 2014누70367 판결이다. 담합에 관여한 두 회사가 모자회사 관계에 있고, 유찰을 막기 위하여 자회사로 하여금 입찰에 참여하도록 하는 등 특수한 사실관계가 있더라도 경쟁제한의 우려를 인정한 사례

192) 원고의 다음과 같은 주장을 배척하고, 경쟁제한성을 인정하였다. 이 사건 입찰은

등이 있다.

[입찰담합에서 '과정에서의 경쟁 저해' 기준]

입찰담합의 경쟁제한성 판단 기준은 다른 공동행위와 다소 차이가 있다. 대법원 2015. 7. 9. 선고 2013두20493 판결(한화 사건) 이래 '입찰에 이른 과정에서의 경쟁'이 경쟁제한성 판단에 고려되는 점이 그 대표적인 예이다. 이는 경쟁제한성 판단 기준이 달라진 것이 아니라 입찰담합의 특성이 반영된 것으로 이해할 수 있다. 다만, 다음과 같은 사항에 유의할 필요가 있다.

첫째, '입찰에 이른 과정에서의 경쟁' 기준을 입찰절차의 공정성(fairness) 등으로 확대 해석하여 입찰의 형식이 객관적으로 존재하는 모든 경우에 경쟁제한성을 인정하는 것은 바람직하지 않다. 오히려 경쟁제한성 판단에서 논의되는 '경쟁과정(competition process)' 기준이 입찰담합 사건에 투영된 것으로 이해하는 것이 바람직하다.

둘째, 경쟁제한성은 실제로 경쟁제한 효과가 발생한 경우뿐 아니라 경쟁제한 효과 발생의 우려가 있는 경우에도 인정된다(공정거래법 제2조 제5호). 다만 이때 경쟁제한 효과 발생의 우려(憂慮)가 단순한 염려나 가능성을 의미하는 것이 아니라, 개연성(likely)이나 이에 준하여 실현될 가능성을 의미하는 것으로 해석해야 한다. 경쟁제한 효과의 발생 가능성이 존재하더라도 그 가능성이 미미하다면 경쟁제한성을 인정하기 어렵다. 이 점에서 입찰담합의 경우 '과정에서의 경쟁 저해' 기준을 지나치게 확대하여 경쟁제한성을 인정하는 것은 신중할 필요가 있다.

참가할 수 있는 사업자가 사실상 원고 등 4개 사업자로 한정되어 있어서 다른 경쟁사업자를 배제하는 효과가 크지 않고, 공급의 대체가능성이나 신규 시장진입 가능성이 거의 없으므로 처음부터 경쟁 자체가 제한적이었다. 특히 2014년은 각종 규제가 강화되어 선박운송비용이 증가하고 수익을 내기 어려울 것으로 예상되어서 다른 사업자들이 낙찰받기를 꺼리는 상황이었는바, 원고만이 낙찰받을 의사가 있었으므로 낙찰자가 원고로 사실상 정해져 있었다. 게다가 이 사건 입찰은 입찰에 참가한 사업자들이 예정가격을 알 수 없어 낙찰이 운에 따라 좌우되는 '운찰제 성격'이 있으므로, 참가자들이 사전에 합의하더라도 낙찰가격이나 낙찰자 결정에 영향을 미치기 어렵고, 2015년, 2016년의 경우 각 예정가격 대비 낙찰율(90.044%, 87.476%)이 낙찰하한율(85.5%)과 큰 차이가 없어서 이 사건 공동행위가 낙찰가격에 상당한 영향을 미쳤다고 보기도 어렵다. 따라서 이 사건 공동행위는 경쟁제한성이 없거나 별로 크지 않다.

[입찰의 효력과 경쟁제한성 판단]

입찰이 부존재하거나 무효인 경우 그 입찰에 관한 합의에 경쟁제한성이 인정되는가? 그 경우에는 경쟁제한의 우려가 없다고 보는 견해가 있을 수 있는 반면, 입찰이 무효이거나 부존재인 경우에도 입찰 과정의 공정성이 저해됨으로써 과정에서의 경쟁이 저해되었으므로 경쟁제한성이 인정된다는 견해가 있을 수 있다.

입찰의 효력과 경쟁제한성 판단은 반드시 일치하지 않는다. 입찰이 무효가 되는 사례는 다양할 수 있다. 입찰이 결과적으로 무효로 평가받더라도 경쟁제한성이 반드시 부정되는 것은 아니다. 특히 절차상 하자로 무효가 된 경우에는 경쟁제한성이 없다고 단정할 수 없다. 다만, 입찰이 부존재하거나 부존재에 근접하는지, 입찰의 하자가 중대·명백한지, 입찰 절차가 실질적으로 형해화되었는지 등의 사유와 함께 입찰시행자가 알거나 적극적으로 관여하였는지, 담합에 무관한 제3자가 입찰에 참여하였는지 여부 등을 종합적으로 고려하여 경쟁제한효과는 물론 경쟁제한의 우려도 인정되기 어려운 경우에는 경쟁제한성을 부정할 수 있을 것이다.

참고로, 일부 국가는 입찰시행자가 안 경우 입찰담합이 성립하지 않는다는 규정을 두고 있다. 이는 입찰시행자가 관여한 경우에는 입찰이 부존재하는 것과 다름없어 입찰담합으로 규제할 필요가 없다는 정책적 고려에서 비롯된 것으로 볼 수 있다.

[입찰시행자와 입찰참가자의 합의]

입찰시행자인 법인의 행위로 볼 수 있는지를 평가해야 한다. 입찰시행자인 법인의 의사와 무관하게 소속 직원이 일탈하여 입찰 관련 정보를 입찰참가자에게 알려준 사안이라면 입찰시행자인 법인이 관여한 것으로는 볼 수 없어, 수직적 합의 등 문제를 논할 실익이 없다.

그 동안 입찰에서 문제된 선례는 대부분 입찰담합에 참여한 경쟁자 사이에 경쟁관계가 존재하는지의 문제로서 대법원 2016. 2. 18. 선고 2013두19004 판결, 대법원 2015. 7. 9. 선고 2013두20493 판결(잠수함 담합 사건) 등에서는 기술적인 측면에서 경쟁관계의 존부가, 대법원 2016. 4. 12. 선고 2015두50061 판결(엘아이알 사건)에서는 모회사와 자회사의 경쟁관계의 존부가 문제되었고, 대법원은 이러한 사안에서 잠재적 경쟁관계를 고려하여 경쟁제한성을 인정하고 있었다. 이와 달리 입찰시행자인 법인의 행위로 평가할 수 있다면[193] 수직적 합의의 경쟁제한성 문제와 관련성이 있어 차이가 있다.

유형별로 검토하면, 먼저 입찰시행자와 복수의 입찰참가자가 합의한 경우라면 입찰참가자들 사이의 수평적 합의에 입찰주재자가 개입한 소위 'hub and spoke' 유형(수레바퀴형 카르텔)으로 검토할 수 있거나, 일본에서 논의되는 관제담합(발주자가 주도하여 낙찰예정자를 결정한다)의 유형과 유사하다.

다음으로, 입찰시행자 1인과 입찰참가자 1인이 합의한 경우라면 순수한 수직적 합의의 경쟁제한성 평가가 문제된다. 경쟁제한성 인정의 논거로는 경쟁과정 보호의 법리(대법원 2015. 7. 9. 선고 2013두20493 판결)를 들 수 있다. 또한, 입찰시행자와 입찰참가자 사이의 수직적 합의는 배타적인 성격을 가지고 있으므로, 배타조건부거래에 가까운 취지에서 경쟁제한성을 논할 수 있다. 반면, 경쟁제한성 부정의 논거로는, 입찰시행자가 관여한 경우에는 입찰 자체의 하자가 중대하여 입찰의 부존재에 가까워서 경쟁제한의 우려가 없다는 점을 들 수 있다.

[입찰 가장 행위와 경쟁제한성 판단]

계약이 이미 성립한 후에 내부 규정이나 법령을 준수하기 위하여 입찰을 가장하는 사례 등에서 경쟁제한성이 인정되는지가 문제된다. 이는 계약이 확정적으로 성립되어 구속력이 있는 경우에 주로 문제가 된다. 계약이 성립한 것이 아니라 예약에 불과하거나 잠정적이고 유동적인 합의에 그친다면 그 이후의 입찰담합은 성립할 가능성이 높게 된다.

입찰의 효력과 경쟁제한성 판단이 반드시 일치하지 않는 것처럼 계약의 성립 여부와 경쟁제한성 판단도 반드시 일치하지 않는다. 그러나 계약이 성립된 경우에는 실질적인 경쟁이 존재하지 않을 가능성이 있으므로, 계약성립 여부는 그 이후 실질적인 경쟁이 존재하였는지를 판단함에 있어 중요한 요소로 평가할 수 있다.

선행하는 합의 당시 정황, 당사자의 의사, 합의 이후 진행된 절차, 합의와 그 이후 입찰과정에서 작성된 문서와 그 문언 등 다양한 사정을 종합적으로

---

193) 입찰시행자인 법인의 대표자가 특정인과 공모하여 예정가격을 알려 준 경우에는 입찰방해죄가 성립한다(대법원 2007. 5. 31. 선고 2006도8070 판결). 그러나 경쟁제한성은 입찰방해죄와 별도로 검토해야 한다.

고려해야 한다.[194] 계약이 법령 등에 위반되는 경우 효력규정 또는 단속규정에 위반되는지 여부, 계약이 무효인 경우에는 무효의 사유가 고려될 수 있다. 대법원 2015. 6. 11. 선고 2013두1690 판결(복산약품 사건)도 이러한 종합적인 판단을 거쳐 '거래가 이루어진 이후 성립한 입찰합의'의 경우 경쟁제한성이나 경쟁제한의 우려를 인정하기 어렵다고 판단한 것으로 이해할 수 있다. 대법원 2005. 3. 25. 선고 2004도5731 판결 등 입찰방해죄 사안에서는 범죄의 성립을 부정한 바 있다.

계약이 성립하여 유효한 경우에는 그 이후 입찰이 형식적으로 진행되었을 가능성이 높지만, 이 경우에도 입찰이 부존재하거나 부존재에 근접할 정도인지, 입찰의 하자가 중대・명백한지, 입찰 절차가 실질적으로 형해화되었는지 등의 사유와 함께 입찰시행자가 알거나 적극적으로 관여하였는지, 담합에 무관한 제3자가 입찰에 참여하였는지 여부 등을 종합적으로 고려하여 계약으로 경쟁이 사라지고, 입찰이 형식에 그친 특수한 경우에 경쟁제한성을 부정할 수 있을 것이다. 이 쟁점을 다룬 사례로 서울고등법원 2021. 5. 13. 선고 2020누40633 판결(제이피모간체이스 은행 사건)[195] 등이 있다.

▣ 리딩케이스 : 대법원 2015. 7. 9. 선고 2013두20493 판결(한화 사건)

■ 판시사항

① 당해 공동행위가 '경쟁제한성'을 갖는지는 당해 상품이나 용역의 특성, 소비자의 제품선택 기준, 시장 및 사업자들의 경쟁에 미치는 영향 등 여러 사정을 고려하여, 당해 공동행위로 인하여 일정한 거래분야에서의 경쟁이 감소하여 가격・수량・품질 기타 거래조건 등의 결정에 영향을 미치거나 미칠 우려가 있는지를 살펴서 개별적으로 판단하여야 한다(대법원 2013. 11. 14.

194) 계약이 성립하기 위하여는 당사자의 서로 대립하는 수개의 의사표시의 객관적 합치가 필요하고 객관적 합치가 있다고 하기 위하여는 당사자의 의사표시에 나타나 있는 사항에 관하여는 모두 일치하고 있어야 하는 한편, 계약 내용의 '중요한 점' 및 계약의 객관적 요소는 아니더라도 특히 당사자가 그것에 중대한 의의를 두고 계약성립의 요건으로 할 의사를 표시한 때에는 이에 관하여 합치가 있어야 계약이 적법・유효하게 성립하는 것이다. 그리고 계약이 성립하기 위한 법률요건인 청약은 그에 응하는 승낙만 있으면 곧 계약이 성립하는 구체적, 확정적 의사표시여야 한다(대법원 2003. 4. 11. 선고 2001다53059 판결).

195) 대법원 2021두41662 사건으로 상고 중.

선고 2012두19298 판결 등 참조). ② 여기에서 실제로 합의에 가담한 사업자들이 합의가 없었더라면 서로 유효하게 경쟁할 수 있었는지 여부는 사업자들 사이의 경쟁의사의 존부, 각 사업자들의 존재나 그들의 시장성과가 서로에게 경쟁압력 내지 경쟁상 제약으로 작용하는지 여부를 중심으로 판단하되, 각 사업자가 보유한 생산능력 및 기술력, 공급의 대체가능성 및 신규 시장진입 가능성, 시장의 구체적 현황 등의 사정까지 종합적으로 고려하여야 할 것이다. ③ 한편 입찰담합에 관한 구 공정거래법 제19조 제1항 제8호는 입찰 자체의 경쟁뿐 아니라 입찰에 이르는 과정에서의 경쟁도 함께 보호하려는 데 그 취지가 있다. 따라서 사업자들 사이의 합의에 의하여 낙찰예정자를 사전에 결정한 결과 낙찰예정자가 아닌 사업자들이 입찰참가 자체를 포기하게 되었다면, 경쟁이 기능할 가능성을 사전에 전면적으로 없앤 것이 되어 입찰과정에서의 경쟁의 주요한 부분이 제한된 것으로 보아야 하므로, 그와 같은 공동행위는 특별한 사정이 없는 한 부당하다고 볼 수밖에 없다.

■ 해 설

입찰담합에서 경쟁제한성 판단의 기준을 정리한 판결로 볼 수 있다. 위 판시사항 중 ①부분은 부당한 공동행위에서 일반적으로 적용되던 법리였으나, 이 판결을 통하여 ②, ③ 기준이 추가되었다. ②부분은 경쟁제한성과 관련된 종래의 법리를 수용하여 구체적인 판단기준을 정리한 것으로 볼 수 있으나, ③은 입찰절차의 적정성에 대한 법리를 새로 추가한 것으로 평가할 수 있다. 원심에서 부당성 판단을 하면서 언급한 입찰과정의 적법성을 수용한 것으로 보인다. 이는 경쟁제한성 판단에 있어 경쟁과정의 문제를 수용한 것으로 해석될 여지가 있다. 대법원이 이러한 경쟁과정의 문제를 전반적으로 수용할 것인지, 또는 이 사건과 같이 입찰담합 사건에 국한하여 고려할 것인지 주목할 필요가 있다.

▣ 리딩케이스 : 대법원 2016. 4. 12. 선고 2015두50061 판결(엘아이알 사건)[196]

■ 해 설

① 원심은 다음과 같은 이유로 경쟁관계를 부정하여 경쟁제한성을 부정하였다. 담합에 관여한 두 회사가 모자회사 관계에 있고, 유찰을 막기 위하여

196) 원심은 서울고등법원 2015. 7. 16. 선고 2014누70367 판결이다.

자회사로 하여금 입찰에 참여하도록 하는 등 특수한 사실관계에 비추어 경쟁관계가 처음부터 성립할 여지가 없다고 보았다.

② 반면, 대법원은 다음과 같은 사정을 들어 경쟁제한성을 인정하였다. ㉮ 원고와 자스텍의 이 사건 공동행위가 없었더라면 이 사건 각 입찰 중 상당수가 '입찰참가자격이 있는 자 2인 이상이 입찰하지 아니하여 입찰이 성립하지 않은 경우'에 해당하여 재입찰이 이루어질 수 있었고, 재입찰이 이루어질 경우 원고 또는 자스텍 외의 다른 사업자들도 재입찰 절차에 참가하여 가격 경쟁을 할 수 있었을 것으로 보이는 점, ㉯ 이 사건 각 입찰에서 입찰참가자가 옥외자동검침시스템을 직접 생산할 것이 입찰참가자격으로 정해지지 아니하였으므로 낙찰자로 결정된 사업자가 낙찰받은 옥외자동검침시스템 물량을 생산자인 원고로부터 구매하여 계약을 이행할 수 있고, 실제로 온누리넷 등 7개사는 낙찰받은 후 이와 같이 원고로부터 구매하여 계약의 이행을 완료하였으므로, 단순히 온누리넷 등 7개사가 생산능력을 갖추지 못하였다는 사정만으로 원고 또는 자스텍과 유효한 경쟁관계에 있지 아니하다고 단정하기 어려운 점, ㉰ 온누리넷 등 7개사와 엠앤에스가 입찰에 참가하여 낙찰을 받은 사안에서 이들의 투찰률은 원고와 자스텍이 이 사건 공동행위를 통해 합의한 투찰률에 비해 낮았고, 실제로 엠앤에스가 입찰에 참가하여 낙찰을 받은 이후 원고와 자스텍이 이 사건 64, 65, 66번 입찰에 참가하면서 기존의 투찰률보다 낮추어 투찰하였으므로, 원고와 자스텍이 이 사건 공동행위를 통해 경쟁 입찰의 외형을 작출함으로써 유찰을 방지하지 않았더라면 유찰 후 재입찰, 재공고입찰 또는 수의계약 과정에서 계약금액이 낮아졌을 가능성을 배제할 수 없는 점 등을 종합하면, 이 사건 공동행위를 통해 원고 또는 자스텍이 실질적인 경쟁 없이 투찰금액으로 낙찰을 받은 반면, 다른 사업자들은 유찰 후 재입찰 등의 절차에 참가하여 경쟁을 할 기회를 제한받은 것이므로, 결국 이 사건 각 입찰에서의 경쟁이 감소하여 가격·수량·품질 기타 거래조건 등의 결정에 영향을 미치거나 미칠 우려가 있었고, 나아가 입찰에 이르는 과정에서의 경쟁 자체도 제한되었다고 봄이 상당하다.

③ 원심의 판단은 다음과 같은 점에서 수긍하기 어려우므로, 이와 견해를 달리한 대법원의 판단은 정당한 것으로 보인다.

첫째, 경쟁제한성은 경쟁제한의 우려만으로 인정되는데, 이 사건에서 경쟁제한의 우려가 없는 것으로 단정할 수 있는지 의문이다. 둘째, 비진의표시의 경우에도 부당한 공동행위의 합의가 인정되는 것과 비교해 볼 때 진정한 경쟁의사가 없다는 사정만으로 경쟁제한성을 부정하는 것이 다른 사례와 균형에 맞는지 검토가 필요하다. 셋째, 대법원 2015. 7. 9. 선고 2013두20493 판결(한화 사건)에서 제시된 입찰담합의 경쟁제한성 판단 기준에 비추어도 원심의 판단은 수긍하기 어렵다.[197]

라. 이윤압착과 경쟁제한성

이윤압착은 통상 시장지배적 사업자의 남용행위로서 논의되고 있다. 그런데 시장지배적 사업자의 정책으로 군소사업자들이 가격 공동행위를 한 경우 경쟁제한성이 부정될 수 있는지가 논의되었으나, 서울고등법원은 이를 부정하였다. 관련 판결로 서울고등법원 2008. 7. 16. 선고 2007누24441 판결(씨제이 제일제당 사건),[198] 서울고등법원 2014. 11. 28. 선고 2013누7126 판결(현대하이스코 사건)[199] 등이 있다.

마. 판 례

부당한 공동행위에 참여한 사업자들의 시장점유율 합계가 높은 경우 경쟁제한성이 인정될 여지가 높다. 국내 철근공급시장에서 100%의 시장점유율을 가지는 경우 경쟁제한성을 인정한 사례로 대법원 2003. 5. 27. 선고 2002두4648 판결이 있다. 커피시장의 특수성을 고려하여 경쟁제한성을 부정한 사례로 대법원 2002. 3. 15. 선고 99두6514, 6521 판결(커피 사건),[200] 전자입찰시스템은 예정가격 등이 공개되지 않는다는 이유로 경쟁제한성을 부정한 사례로 서울고등법원 2008. 10. 23. 선고 2008누3465 판결,[201] 공동수급체의 경쟁제한성을 부정한 사례로 대법원 2011. 5. 26. 선고 2008도6341 판결[202] 등이 있다.

---

197) 유사한 사례인 대법원 2016. 2. 18. 선고 2013두19004 판결(삼성탈레스, 잠수함 사건)도 경쟁관계를 부정한 원심과 달리 경쟁제한성을 인정하였다.

198) 대법원 2010. 3. 11. 선고 2008두15169 판결로 상고기각.

199) 대법원 2016. 10. 27. 선고 2015두35864 판결로 상고기각.

200) 구 법하 추정 요건의 일부로 경쟁제한성을 판단한 사례.

201) 심리불속행 기각. 입찰담합의 경쟁제한성을 부정한 사례.

202) 위 판결은 공동수급체의 경쟁제한성에 대한 심사가 필요하다는 취지로 판시하였

참고 판결로, 대법원 2014. 2. 27. 선고 2012두24498 판결(글락소 그룹 리미티드, 역지불 합의 사건),[203] 대법원 2021. 12. 30. 선고 2020두34797 판결(한국청과 사건)[204] 등이 있다.

▣ 대법원 2021. 12. 30. 선고 2020두34797 판결(한국청과 사건)

■ 판시사항

원고와 같은 도매시장법인이 출하자로부터 징수할 수 있는 위탁수수료는 도매시장법인이 출하자로부터 위탁을 받아 행하는 매매에 대한 대가로서 공정거래법 제40조(구 공정거래법 제19조) 제1항 제1호에서 말하는 '가격'에 해당한다. 설령 출하자가 도매시장법인을 선택할 때 도매시장법인의 가격형성능력을 중요하게 고려한다고 하더라도 위탁수수료율이 도매시장법인들 사이에서 가장 기본적인 경쟁 요소라는 점은 분명하다. 도매시장법인 입장에서도 위탁수수료는 위탁매매에 따른 주된 수입원이 되므로 출하자로부터 더 많은 판매위탁을 받기 위해서는 도매시장법인들 사이에서 위탁수수료에 대한 경쟁이 가능하다고 할 것이어서 위탁수수료율 또한 도매시장법인들 상호간에 중요한 경쟁 요소가 된다.

농수산물유통법 제42조 제1항 제3호, 제2항, 구 「농수산물 유통 및 가격

고, 이에 따라 파기환송 후 서울고등법원이 경쟁제한성을 부정하였다.

203) 공정거래법 제40조 제1항 제4, 9호가 문제된 사례.

204) 과거 대법원은 제주도관광협회 사건, 화물연대 사건 등에서 경쟁제한성이 아니라 부당성을 부정한 바 있다. 이 사건은 원심이 경쟁제한성을 부당한 사건이지만, 전형적인 경성카르텔 유형인 가격합의 사건에서 경쟁제한성을 부정하기는 어려울 것이다. 원심은 농수산물 유통시장의 특성, 원고들과 거래상대방인 출하자 및 중도매자와 관계, 그리고 위탁수수료 책정 과정에서 함께 문제된 표준하역비 등 산업의 특성을 진지하게 고려하였다. 이러한 사정으로 경쟁제한성을 부정하였지만, 그 실질은 오히려 부당성을 부정한 것에 가까운 것으로 평가할 수 있다. 대법원도 산업의 특성을 인정하면서도 경성카르텔인 가격담합의 경쟁제한성을 인정함으로써 일반적인 법리에 부합하는 결론을 내렸다. 다만 그 경우에도 우리 대법원이 경성카르텔 유형에서 부당성을 부정하는 선례를 남겼고, 그 선례와 비교하여 이 사안이 부당성을 부정할 특수성을 가지고 있는지 비교해야 하는 문제는 여전히 남아 있다. 같은 날 선고된 대법원 2021. 12. 30. 선고 2020두36182 판결도 같은 취지이다.

안정에 관한 법률 시행규칙」(2007. 7. 6. 농림부령 제1564호로 개정되기 전의 것) 제39조 제3항 제2호 등 관계 법령에 의하면 이 사건 합의 당시 가락동 농수산물도매시장의 청과부류 위탁수수료 최고한도는 '거래금액의 1천분의 70'으로 규정되어 있었으므로 관계 법령상 도매시장법인인 원고 등은 그 범위 내에서 자율적으로 위탁수수료를 결정할 수 있었다. 그럼에도 이 사건 합의를 통해서 출하자로부터 지급받을 전체 위탁수수료를 서로 동일 또는 유사한 수준으로 유지하기로 합의하고 실행한 원고의 위탁수수료율 관련 공동행위는 그 범위 내에서 도매시장법인인 원고 등 사이의 가격 경쟁을 직접적으로 감소시킨 것이 분명하므로 경쟁제한성을 인정할 수 있고, 특별한 사정이 없는 한 원칙적으로 부당하다고 할 것이다.

■ 해 설

① 원고 등은 출하자로부터 농산물 판매를 위탁받아 중도매인에게 도매하는 사업자이다. 원고 등은 출하자가 도매시장법인에게 지급하는 위탁수수료를 특정 금액으로 합의하였고, 도매시장법인이 중도매인에게 지급하는 판매장려금 요율을 특정 금액으로 합의하였다. 공정위는 위탁수수료에 대하여 공정거래법 제40조 제1항 제1호를, 판매장려금 요율에 대하여 공정거래법 제40조 제2항 제2호를 적용하였다.

② 위 처분의 취소 소송에서, 원심인 서울고등법원은 위탁수수료 합의에 대하여 일부 합의사실을 부정하고, 나아가 경쟁제한성을 부정하였다. 이와 달리 판매장려금 합의에 대하여 합의사실 및 경쟁제한성을 모두 인정하였다. 합의사실 인정은 사실인정의 문제이지만, 경성카르텔 유형인 가격합의에 대하여 경쟁제한성을 부정하고, 경성카르텔이 아닌 거래조건 합의에 대하여 경쟁제한성을 인정한 점에서 특징적이다. 표준하역비 도입 경위, 출하자에 미치는 영향, 위탁수수료가 경쟁에 미치는 영향, 출하자와 중도매인의 관계 등 농수산물 도매시장의 특수성과 산업의 특성을 고려하여 경쟁제한성을 부정한 것으로 이해할 수 있다.

③ 이에 대하여 대법원은 경쟁제한성을 인정하였다.

원심은 그 전제로 이 사건 합의가 가격합의가 아닐 가능성을 제시하였다. 그러나 합의가 인정되고, 그 대상인 위탁수수료가 가격 그 자체이거나, 가격에 영향을 미치는 요소인 이상 가격합의임을 부정할 수 없다. 원심은 가격 개념을 좁게, 합의의 개념을 좁게 인정하였으나, 대법원은 이보다 가격 개념을 넓게, 합의의 개념을 넓게 인정하였고, 최소한 부당한 공동행위의 가격 합의 개념에 있어 원심보다 대법원이 보편성을 가지고 있음은 부정하기 어렵다.

그렇다면 가격합의의 경쟁제한성을 부정할 수 있는가? 전형적인 경성카르텔 유형인 가격합의 사건에서 경쟁제한성을 부정하기는 어려울 것이다. 원심은 농수산물 유통시장의 특성, 원고들과 거래상대방인 출하자 및 중도매자와 관계, 그리고 위탁수수료 책정 과정에서 함께 문제된 표준하역비 등 산업의 특성을 진지하게 고려하였다. 이러한 사정으로 경쟁제한성을 부정하였지만, 그 실질은 오히려 부당성을 부정한 것에 가까운 것으로 평가할 수 있다.[205)]

대법원도 산업의 특성을 인정하면서도 경성카르텔인 가격담합의 경쟁제한성을 인정함으로써 일반적인 법리에 부합하는 결론을 내렸다. 다만 그 경우에도 우리 대법원이 경성카르텔 유형에서 부당성을 부정하는 선례를 남겼고, 그 선례와 비교하여 이 사안이 부당성을 부정할 특수성을 가지고 있는지 비교해야 하는 문제는 여전히 남아 있다.

4. 부당성

대법원 2013. 2. 15. 선고 2012두21413 판결(남양유업 사건)은 "어떠한 공동행위가 공정거래법 제40조 제1항의 경쟁제한성을 가지는지 여부는 당해 상품의 특성, 소비자의 제품선택 기준, 당해 행위가 시장 및 사업자들의 경쟁에 미치는 영향 등 여러 사정을 고려하여, 당해 공동행위로 인하여 가격·수량·품질 기타 거래조건 등의 결정에 영향을 미치거나 미칠 우려가 있는지를 살펴 개별적으로 판단하여야 한다. 한편 사업자들이 공동으로 가격을 결정하거나 변경하는 행위는 그 범위 내에서 가격경쟁을 감소시킴으로써 그들의 의사에 따라 어느 정도 자유로이 가격결정에 영향을 미치거나 미칠 우려가 있는 상태를 초래하게 되므로 그와 같은 사업자의 공동행위는 특별한 사정이 없는 한 부당하다고 볼 수밖에 없다."라고 판시하여 부당성 판단의 기준을 제시하였다.

---

205) 과거 대법원은 제주도관광협회 사건, 화물연대 사건 등에서 경쟁제한성이 아니라 부당성을 부정한 바 있다.

가. 경쟁제한성과 부당성

시장지배적 지위 남용 규제에서 경쟁제한성과 부당성은 일치하고, 불공정거래행위에서 공정거래저해성과 부당성은 일치하는 반면, 부당한 공동행위에서 경쟁제한성과 부당성은 법문에 모두 규정되어 있어 이들이 별개인지 문제된다. 대법원 판례는 경쟁제한성과 부당성은 별개이되, 가격결정행위 등에 대한 합의에 관하여는 경쟁제한성이 인정될 경우 원칙적으로 부당하고 예외적인 경우이거나 특별한 사정이 있는 경우에만 부당성을 부정하는 입장인 것으로 보인다(대법원 2013. 2. 15. 선고 2012두21413 판결).

이 문제는 '당연위법의 원칙'이 공정거래법에 수용되었는지와 관련성이 있다. 당연위법 원칙이 수용되어 있다면 경쟁제한성이 인정됨에도 부당성이 부정되는 경우는 생각하기 어렵다. 대법원이 경쟁제한성과 부당성을 별개의 요건으로 본 것은, 경쟁제한성이 인정되는 경우에도 부당하지 않을 수 있다는 것이어서 '당연위법 원칙'을 명시적으로 수용하지 않은 것으로 볼 수 있다. 다만 경성카르텔에서 부당성이 부정되는 사건은 극히 예외적인 경우일 것이어서, 큰 의미가 있지는 않다.

나. 경쟁촉진효과와 경쟁제한성, 부당성

높은 경쟁촉진효과가 인정되는 경우 경쟁제한성을 부정할 것인지, 부당성을 부정할 것인지 문제된다. 경쟁제한성과 부당성이 일원화되어 있는 법제에서는 문제가 되지 않지만, 경쟁제한성과 부당성이 별도로 심사가 되고 있는 공정거래법에서는 논의의 실익이 있다. 결론적으로 경쟁촉진효과는 경쟁제한성 판단에서 반영되는 것이 바람직하다.

다. 판 례

부당성에 관한 판례는 사업자단체 사건에서 먼저 선고되고, 그 판시사항이 부당한 공동행위 사건에 수용되었다. 사업자단체의 가격담합 행위에 관한 부당성이 다투어진 사건에서 대법원 2005. 8. 19. 선고 2003두9251 판결은 부당성을 인정한 반면, 대법원 2005. 9. 9. 선고 2003두11841 판결(제주도관광협회 사건)[206]은 부당성을 부정하였다. 그 후 부당한 공동행위에 관한 대법원 2008. 12. 24. 선고 2007두19584 판결(케이티 사건)에서 부당성을 인정하며 사업자단체에 관한 위 판결을 원용하였고, 부당성에 대한 추가적인 심리를 명한 대법원 2009. 7. 9. 선고 2007두26117 판결(화물연대 사건)[207]에서 부당한 공동행위의 부당성에 관하여 상세한 판시를 하였다. 한편 참고 판례로 국방산업에서 부당성이 문제된 사례로는 서울고등법원 2013. 8. 30. 선고 2012누14325 판결,[208] 대법원 2005. 8. 19. 선고 2003두9251 판결(부산광역시 치과의사회 사건),[209] 등이 있다.

▣ 리딩케이스 : 대법원 2009. 7. 9. 선고 2007두26117 판결(화물연대 사건)

▪ 판시사항

사업자들이 공동으로 가격을 결정하거나 변경하는 행위는 그 범위 내에서 가격경쟁을 감소시킴으로써 그들의 의사에 따라 어느 정도 자유로이 가격결정에 영향을 미치거나 미칠 우려가 있는 상태를 초래하게 되므로 원칙적으로 부당하고, 다만 그 공동행위가 법령에 근거한 정부기관의 행정지도에 따라 적합하게 이루어진 경우라든지 또는 경제 전반의 효율성 증대로 인하여 친경쟁적 효과가 매우 큰 경우와 같이 특별한 사정이 있는 경우에는 부당하다고 할 수 없다.

▪ 해 설

① 대법원 판결이 지적한 소비자후생에서 소비자의 실체가 문제된다. 소비자의 범위를 어느 범위까지 인정할지의 문제로 관련시장의 소비자만 보면 화주가 될 여지가 있으나, 대법원이 파업으로 인한 국가전체의 비용을 언급한 것으로 보아 더 넓은 범위, 나아가 국민 전체로 볼 수도 있다. 후속판결에서 경쟁촉진효과를 경쟁제한성의 판단요소로 언급한 것처럼 경쟁촉진효과로 부당성이 부정되는 경우는 생각하기 어렵다. 이 사건도 화물연대 파업이라는 국가적 위기상황을 고려한 것으로 국민경제를 고려하여 부당성에 대한

---

206) 부당성을 부정한 사례.

207) 부당성을 부정한 사례.

208) 상고 기각(대법원 2015. 7. 9. 선고 2012누14325 판결).

209) 부당성을 인정한 사례.

재심사가 필요할 수도 있다는 취지로 이해하여야 할 것이다.

② 환송 후 서울고등법원은 환송 전 원심과 동일하게 부당성을 인정하였으나, 대법원 판결도 심리미진을 지적하며 사실심리의 추가가 필요하다는 취지여서 환송 후 판결이 대법원 판결과 상충되는 것은 아니다. 환송 후 판결은 각 회사에 인상필요성이 있어도 그 인상을 개별적으로 결정할 수 있었던 점, 실제로 인상한 범위도 합의된 13%에 못 미치는 5~7% 정도였던 점, 소비자 후생정도의 입증이 어려운 점 등을 고려하여 부당성을 인정하였다.

5. 부당한 공동행위의 인가

가. 인가제도

공정거래법 제40조 제2항은 '제1항은 부당한 공동행위가 다음 각 호의 어느 하나에 해당하는 목적을 위하여 하는 경우로서 대통령령으로 정하는 요건에 해당하고 공정거래위원회의 인가를 받은 경우에는 적용하지 아니한다' 하고 규정하며, 그 예외 사유로 '1. 불황극복을 위한 산업구조조정, 2. 연구·기술개발, 3. 거래조건의 합리화, 4. 중소기업의 경쟁력향상' 등을 들고 있다.

공정거래법 제40조 제2항은 경쟁의 보호와는 거리가 있는 산업정책적인 사유를 들고 있다. 공정거래법 제1조도 공정하고 자유로운 경쟁을 촉진함으로써 창의적인 기업활동을 조장하고 소비자를 보호함과 아울러 국민경제의 균형있는 발전을 도모함을 목적으로 한다고 규정하여 다양한 가치를 추구하고 있다. 이러한 각 조항에 기하여 공정거래법은 경쟁보호만을 목적으로 하는 법이 아니라고 볼 수 있다. 경쟁제한성이 인정되는 경우라도 산업정책적인 사유 등 폭넓은 사유로 그 부당성을 부정하는 것이 허용될 수 있는지 문제될 수 있으나, 위 각 규정에 비추어 산업정책적인 이유로 부당성을 부정하는 것도 가능할 것으로 보인다.

나. 노어 페닝톤(Noerr-Pennington) 법리

사업자가 반경쟁적인 효과를 가져오는 법률, 정책, 판결을 얻기 위하여 그에 영향을 주기 위한 행위를 하였다고 하더라도 당해 사업자에게 경쟁법

위반의 책임을 물을 수 없다는 법리이다. 이러한 이론이 한국에서도 수용될 수 있는지 문제된다. 대법원 2003. 2. 20. 선고 2001두5347 판결(의사협회 사건)에서 부정된 것으로 보이고, 대법원 2012. 5. 24. 선고 2010두375 판결에서도 보험사들이 단체상해보험상품의 영업보험료 할인 등을 합의한 것이 가격결정 등에 관한 부당한 공동행위에 해당한다는 이유로 공정위가 시정명령 등을 한 사안에서, 위 합의가 구 공정거래법 제58조(현 공정거래법 제116조)에서 정한 '법령에 따른 정당한 행위'에 해당하지 않는다는 등의 이유로 부당한 공동행위에 해당한다고 본 원심판단이 정당하다고 판단하였다.

제 4 절 부당한 공동행위의 유형

공정거래법 제40조 제1항의 각 유형이 열거규정인지, 예시규정인지 문제가 되지만, 입법형식상 공정거래법 제1호 내지 제9호는 열거규정에 해당한다. 과거에 정보교환 등은 별도의 입법이 없는 한 독자적인 규제유형이 되지 못하였으나, 공정거래법 개정을 통하여 새로운 유형으로 편입되었다.

1. 가격 협정

가. 개 념

가격을 결정·유지 또는 변경하는 행위(법 제40조 제1항 제1호)에서 '가격'이란 사업자가 거래의 상대방에게 상품 또는 용역을 제공하고 반대급부로 받는 일체의 경제적 대가를 의미하며, 권고가격, 기준가격, 표준가격, 수수료, 임대료, 이자 등 명칭 여하를 불문한다. 가격을 '결정·유지 또는 변경'하는 행위에는 가격을 인상하는 행위뿐만 아니라 가격을 인하하거나 현행가격을 유지하는 행위, 최고가격이나 최저가격범위를 설정하는 행위도 포함된다.

인상률, 할인율, 할증률, 이윤율 등과 같이 가격에 영향을 미치는 요소를 결정·유지·변경하는 행위, 일률적인 원가계산 방법을 따르도록 함으로써 실질적으로 가격을 결정·유지·변경하는 행위 등과 같이 가격에 영향을 미치는 행위도 포함된다.[210]

나. 판 례

판례에 따르면, '가격'은 사업자가 제공하는 상품 또는 용역의 대가, 즉 사업자가 거래의 상대방으로부터 반대급부로 받는 일체의 경제적 이익을 가리키는 것으로, 당해 상품의 특성, 거래내용 및 방식 등에 비추어 거래의 상대방이 상품 또는 용역의 대가로서 사업자에게 현실적으로 지불하여야 하는 것이라면 그 명칭에 구애됨이 없이 당해 상품 또는 용역의 가격에 포함된다(대법원 2001. 5. 8. 선고 2000두10212 판결). 실제 가격에 해당하는지 판단이 용이하지 않은 경우가 있고, 부당한 공동행위의 한 유형으로서 가격협정에는 어느 범위까지가 가격의 개념에 포섭될 수 있는지에 관한 사례가 많다. 이러한 사례는 다른 유형의 남용행위, 시장지배적 지위 남용행위로서 초과가격, 시장지배적 지위 남용행위 및 불공정거래행위로서 부당염매, 재판매가격유지행위 등은 물론이고 하도급거래공정화에 관한 법률 제4조 제2항 제5호의 '단가(單價)'에 해당하는지가 문제된 '시수[211]' 등에서도 참조될 수 있다.[212] 참고 판례로, 대법원 2001. 5. 8. 선고 2000두10212 판결(포스틸 사건),[213] 대법원 2006. 11. 9. 선고 2004두14564 판결(제일모직 사건),[214] 대법원 2013. 11. 28. 선고 2012두17773 판결(에스케이텔레콤 사건)[215] 등이 있다.

---

210) 공동행위 심사기준 Ⅳ.

211) 위탁 대상 작업을 수행하기 위하여 예정된 '일량'으로 주로 조선업 등에서 사용된다.

212) 공정위 2012. 10. 30. 의결 제2012-45호(성동조선해양 사건), 공정위 2012. 12. 3. 의결 제2013-195호(대우조선해양 사건) 등.

213) 석도강판의 운송비 합의를 가격 공동행위로 본 사례.

214) 교복제조업자들이 공동으로 교복대리점에 대하여 가격을 통보한 경우 가격 공동행위가 적용된 사례.

215) 1곡당 가격(상품에 제공되는 곡수)을 가격으로 본 사례.

[가격 공동행위에서 가격 사례]

가격으로 본 사례로 신용카드 가맹점수수료율, 카드회사의 현금서비스 수수료율, 연체이자율, 소비자 가격, 공장도 가격(대법원 2002. 5. 28. 선고 2000두1386 판결), 운송비(대법원 2001. 5. 8. 선고 2000두10212 판결) 등이 있다. 나아가 공장도 가격(대법원 2002. 5. 28. 선고 2000두1386 판결), 신용카드 연체이자율(대법원 2006. 9. 22. 선고 2004두7184 판결), 할인율이 적용되기 이전의 기준가격(대법원 2008. 4. 24. 선고 2007두2944 판결), 가격 가이드라인(대법원 2002. 7. 12. 선고 2000두10311 판결)도 가격에 해당한다. Non-DRM 월정액 다운로드 상품 가격인 5,000원과 9,000원은 물론이고, 소비자들이 실제 거래에서 주요한 판단요소로 고려하는 1곡당 가격 역시 위 가격에 포함된다고 본 사례로는 대법원 2013. 11. 28. 선고 2012두17773 판결(에스케이텔레콤 사건)이 있다.

[수요자의 가격 공동행위]

공정거래법 제40조 제1항 제1호는 수요 공동행위에도 동일하게 적용된다.[216] 사업자가 소비자나 다른 사업자에게 공급하는 상품·용역의 대가에 관하여 성립할 수 있음은 물론 사업자가 다른 사업자로부터 공급받는 상품·용역의 대가에 관하여도 성립할 수 있다(대법원 2005. 8. 19. 선고 2003두9251 판결). 수직적 관계에 있는 사업자의 개입으로 수평적 관계의 경쟁자들이 공동으로 가격을 결정한 경우도 적용되지만, 이는 수직적 공동행위와는 구별된다. 예를 들면 제조업자들이 유통업자들의 판매가격을 합의한 경우에도 가격협정에 해당하고(대법원 2011. 9. 8. 선고 2010두344 판결), 교복제조업자들이 교복대리점들에 대하여 교복소비자 가격을 통보한 경우에도 가격협정으로 규제된다(대법원 2006. 11. 9. 선고 2004두14564 판결).[217]

2. 거래조건 협정

가. 개 념

상품 또는 용역의 거래조건이나, 그 대금 또는 대가의 지급조건을 정하는

216) 대표적인 수요자 공동행위로 원재료인 골판지 고지 구매가격을 공동으로 결정한 서울고등법원 2017. 12. 13. 선고 2016누59524 판결(골판지 담합 사건)을 들 수 있다.

217) 개별 제조업자와 유통업자의 관계에서는 재판매가격유지행위가 문제되지만, 교복제조업자들의 관계에서는 공동행위가 성립할 수 있다.

행위(법 제40조 제1항 제2호)에서 '거래조건'이란 상품 또는 용역의 품질, 거래의 장소, 거래의 방법, 운송조건 등과 같이 상품 또는 용역의 거래와 관련된 조건을 의미한다. '대금 또는 대가의 지급 조건'이란 지급 수단, 지급 방법, 지급 기간 등과 같이 대금 또는 대가의 지급과 관련된 조건을 의미한다.[218]

나. 판 례

무료긴급출동서비스 폐지를 합의한 사례(대법원 2006. 11. 23. 선고 2004두8323 판결), 세제 제조업자가 판촉물이나 샘플의 제공을 공동으로 금지한 사례(대법원 2009. 6. 25. 선고 2008두17035 판결), 덤 증정행사 중단을 합의한 사례(서울고등법원 2012. 4. 12. 선고 2011누27584 판결),[219] 추가장려금의 상한을 합의한 사례(서울고등법원 2012. 9. 13. 선고 2011누36298 판결),[220] 판매장려금 요율, 위탁상장수수료 요율 등을 거래조건, 지급조건 합의로 본 사례(서울고등법원 2004. 5. 12. 선고 2003누5817 판결),[221] 페트병 소주 경품제공 기준 및 지역행사 지원을 합의한 사례〔대법원 2014. 2. 13. 선고 2011두16049 판결(소주 사건)〕 등이 있다.

3. 공급제한 협정

가. 개 념

상품의 생산·출고·수송 또는 거래의 제한이나 용역의 거래를 제한하는 행위(법 제40조 제1항 제3호)에서 상품 또는 용역의 거래에서 생산량, 판매량, 출고량, 거래량, 수송량 등을 일정한 수준 또는 비율로 제한하거나 사업자별로 할당하는 행위가 포함된다. 가동률, 가동시간, 원료구입 여부 또는 비율 등을 제한함으로써 실질적으로 생산·출고·수송을 제한하는 행위도 포함된다.[222]

---

218) 공동행위 심사기준 Ⅳ.
219) 심리불속행 기각.
220) 심리불속행 기각.
221) 확정.
222) 공동행위 심사기준 Ⅳ.

나. 판 례

학습부교재의 생산, 운송, 판매에 관한 공동사업약정 사례(대법원 1992. 11. 13. 선고 92누8040 판결), 석도강판의 시장점유율을 합의한 사례(대법원 2001. 5. 8. 선고 2000두10212 판결), 한국철강협회와 제강4사가 국내고철구매비율을 합의한 사례(대법원 2002. 7. 12. 선고 2000두10311 판결), 닭고기 도계육 사업자들이 수급 조절을 위하여 일정 수량의 비축을 합의한 사례(서울고등법원 2008. 7. 24. 선고 2006누26563 판결),[223] 2개 시외전화 사업자들이 시외전화 사전선택제 가입자 수 분할 및 상호협조 행위를 한 사례(대법원 2008. 10. 23. 선고 2007두2586 판결), 응찰수량을 사전에 합의한 사례(서울고등법원 2011. 6. 9. 선고 2010누40061 판결),[224] 경쟁사와 시장점유율을 일정 비율로 유지하기로 합의한 사례(서울고등법원 2016. 12. 1. 선고 2015누42161 판결),[225] 서울고등법원 2017. 10. 25. 선고 2016누53441 판결(현대시멘트 사건)[226] 등이 있다. 특히 대법원 2022. 9. 29. 선고 2021두33722 판결(한국감정평가사협회 사건)[227]은 거래를 전부 제한하는 행위뿐 아니라 일부 제한하는 행위(특정한 거래의 방식이나 용역의 종류를 제한하는 행위)도 법 제40조 제1항 제3호에 포함된다고 판시하였다. 이는 부당한 공동행위에 관한 공정거래법 제40조 제1항의 각 유형이 배타적이 아니라 중첩적일 수 있음을 고려한 것으로 보인다.

---

223) 확정.

224) 확정.

225) 대법원 2018. 7. 20. 선고 2017두30788 판결로 상고 기각.

226) 대법원 2018. 3. 15.자 2017두71987 판결로 심리불속행 기각. 출하량을 기준으로 시장점유율을 조정하기로 합의한 사례이다.

227) 한국감정평가사협회가 문서탁상자문을 제한하고 구두탁상자문만을 허용한 행위가 문제되었다. 원심(서울고등법원 2021. 1. 14. 선고 2019누65643 판결)은 구 공정거래법 제19조 제1항 제3호(현 공정거래법 제40조 제1항 제3호)는 공동행위자들이 정한 범위 내에서 관련시장의 용역 거래 자체를 전면적으로 제한함으로써 용역의 공급량에 직접 영향을 미치는 행위를 의미하며, 그 결과 특정한 거래의 방식이나 용역의 종류만을 제한하는 경우 등 공동행위자들이 정한 범위 내에서 제한되는 용역과 대체 가능한 용역의 공급이 가능한 경우는 제외된다고 판단하였다. 그러나 대법원은 문서탁상자문을 제한한 행위도 이 조항에 해당한다고 판단하였다.

4. 시장분할 또는 거래상대방 제한 협정

가. 개 념

거래지역 또는 거래상대방을 제한하는 행위(법 제40조 제1항 제4호)에서 사업자별로 거래지역을 정하는 행위, 특정 지역에서는 거래하지 않도록 하거나 특정 지역에서만 거래하도록 하는 행위 등과 같이 거래지역을 제한하는 행위가 포함된다. 사업자별로 거래상대방을 정하는 행위, 특정사업자와는 거래하지 않도록 하거나 특정사업자와만 거래하도록 하는 행위 등과 같이 거래상대방을 제한하는 행위가 포함된다.[228]

나. 판 례

수도용 도복장강관 회사가 낙찰자를 사전에 선정하는 협의를 하거나 입찰가격을 상향조정하기 위하여 유찰시키는 방안을 협의한 사례(서울고등법원 1998. 7. 21. 선고 97구26861 판결), 에스엠엔터테인먼트 외 6개 음반판매사 가 종래 도·소매상 등에게 판매하고 있던 음반을 이후 특정 업체를 통해서만 판매하기로 합의하고 공동으로 판매회사를 설립하여 독점판매대행 계약을 체결한 사례(서울고등법원 2003. 6. 3. 선고 2002누13903 판결),[229] 아파트관리 전산업무 사업자가 지역을 분할하고 그 지역에서만 영업하기로 합의한 사례(서울고등법원 2008. 10. 8. 선고 2008누8514 판결),[230] 건설회사가 공구를 분할하여 1개 공구에만 참여하기로 합의한 사례(서울고등법원 2008. 10. 22. 선고 2007누21893 판결),[231] 차고지 이전을 통한 노선연장 제한 등을 합의한 사례(대법원 2010. 8. 26. 선고 2010두13029 판결), 7개 의류폐기물 중간처리사업자가 서로 상대방의 거래처를 침범하지 말고 기존 거래처를 최대한 유지하자는 합의를 한 사례(대법원 2011. 2. 14. 선고 2010두26636 판결) 등이 있다. 시장분할 합

---

228) 공동행위 심사기준 Ⅳ.

229) 확정.

230) 확정.

231) 심리불속행 기각.

의에서 사업자와 거래하기로 한 지정업체의 경우 시장분할 합의가 실질적으로 가능하지만, 비지정업체의 경우 시장분할 합의가 실행될 수 있는지 의문이 있을 수 있다. 비지정업체에 대하여도 시장분할 합의를 인정하고, 이 부분 매출도 관련매출액에 포함한 사례로는 서울고등법원 2016. 5. 27. 선고 2015누50797 판결(심팩메탈로이 사건)[232]이 있다.

5. 설비제한 협정

생산 또는 용역의 거래를 위한 설비의 신설 또는 증설이나 장비의 도입을 방해하거나 제한하는 행위(법 제40조 제1항 제5호)에는 업계 전체 또는 개별 사업자별로 설비 총량 또는 신·증설 규모를 정하는 행위, 특정한 장비 도입을 제한하거나 또는 유도하는 행위 등이 포함된다.[233]

6. 종류·규격 제한 협정

가. 개 념

상품 또는 용역의 생산·거래 시에 그 상품 또는 용역의 종류·규격을 제한하는 행위(법 제40조 제1항 제6호)에는 특정 종류 또는 규격의 상품 또는 용역을 생산 또는 거래하지 않도록 하는 행위, 사업자별로 상품 또는 용역의 종류 또는 규격을 할당하는 행위, 새로운 종류 또는 규격의 상품 또는 용역의 생산 또는 공급을 제한하는 행위가 포함된다.

나. 판 례

공정거래법 제40조 제1항 제6호는 상품 또는 용역의 생산·거래 시에 그 상품 또는 용역의 종류·규격을 제한하는 행위를 할 것을 합의하고, 그 합의가 부당하게 경쟁을 제한할 경우 이를 금지하고 있다. 상품 또는 용역의

232) 심리불속행 기각.

233) 공동행위 심사기준 Ⅳ.

생산·거래 시에 그 상품 또는 용역의 종류·규격을 제한하는 행위에는 특정 종류 또는 규격의 상품 또는 용역을 생산 또는 거래하지 않도록 하는 행위, 사업자별로 상품 또는 용역의 종류 또는 규격을 할당하는 행위, 새로운 종류 또는 규격의 상품 또는 용역의 생산 또는 공급을 제한하는 행위가 포함된다.

그 동안 누적된 판례를 보면, 상품 또는 용역의 생산·거래 시에 그 상품 또는 용역의 종류·규격을 제한하는 행위에 특정 공법 및 설비를 기본설계에서 제외 또는 포함하기로 합의한 사례(대법원 2007. 9. 20. 선고 2005두15137 판결), 학습부교재의 생산규격, 판매조건을 합의한 사례(대법원 1992. 11. 13. 선고 92누8040 판결), 번들상품 출시를 금지하기로 합의한 사례(대법원 2008. 10. 23. 선고 2007두2586 판결) 등이 공정거래법 제40조 제1항 제6호의 담합 유형에 포함된 바 있다.

7. 새로운 회사 설립

영업의 주요부문을 공동으로 수행·관리하거나 수행·관리하기 위한 회사 등을 설립하는 행위(법 제40조 제1항 제7호)에는 상품 또는 용역의 생산, 판매, 거래, 원자재의 구매, 기타 영업의 주요 부분을 공동으로 수행하거나 관리하는 행위, 이를 위해 회사 등을 설립하는 행위가 포함된다.[234] 그 대표적인 사례는 조인트벤처('합작회사')인데, 별개의 실체들 사이의 결합이므로 부당한 공동행위 규제가 적용되지만, 이와 달리 완전히 통합된 정도에 이르는 경우(fully integrated)에는 그 과정에 기업결합 규제가 적용되고, 통합 이후에는 시장지배적 지위 남용 규제가 적용될 수 있다.

8. 입찰담합 협정

가. 개 념

234) 공동행위 심사기준 Ⅳ.

입찰 또는 경매를 할 때 낙찰자, 경락자, 입찰가격, 낙찰가격 또는 경락가격, 그 밖에 대통령령으로 정하는 사항을 결정하는 행위(법 제40조 제1항 제8호)에는 낙찰예정자 또는 경락예정자를 사전에 결정하고 그 사업자가 낙찰 또는 경락받을 수 있도록 투찰여부나 투찰가격 등을 결정하는 행위, 낙찰가격 또는 경락가격을 높이거나 낮추기 위하여 사전에 투찰여부나 투찰가격 등을 결정하는 행위가 포함된다. '대통령령으로 정하는 사항'에 관하여 시행령 제44조는 다수의 입찰 또는 경매에서 사업자들이 낙찰 또는 경락받을 비율을 결정하는 행위, 입찰 또는 경매에서 사전에 설계 또는 시공의 방법을 결정하는 행위, 그 밖에 입찰 또는 경매의 경쟁요소를 결정하는 행위를 포함하고 있다.[235]

나. 입찰담합과 공동행위 유형

입찰담합의 경우 규정의 신설 이후에도 공정거래법 제40조 제1항 제1, 3, 4호가 적용되는 경우가 다수 있고, 특히 제3, 4호는 구별이 용이하지 않다.

하나의 담합 행위에 다수의 입찰이 관련된 경우에 전체적인 법적용을 위하여 공정거래법 제40조 제1항 제1, 3, 4호를 적용하는 경향이 있다. 생산량의 문제인 경우 제3호를, 거래상대방의 문제인 경우 제4호를 적용하고 있다. 따라서 낙찰대상자를 선정하는 합의인 경우 제4호가 적용되는 반면, 응찰수량 합의[서울고등법원 2011. 6. 9. 선고 2010누40061 판결(확정)], 지분율을 정한 뒤 공급물량을 할당한 경우[서울고등법원 2014. 6. 13. 선고 2012누27994 판결(심리불속행 기각)], 낙찰비율을 합의한 경우[서울고등법원 2013. 10. 18. 선고 2012누15632 판결(대법원 2014. 11. 27. 선고 2013두24471 판결로 상고기각)] 등에 제3호가 적용되고 있다.

다. 입찰담합의 유형

공정거래법은 부당한 공동행위를 9개 유형으로 유형화하고 있다. 그런데 부당한 공동행위의 객관적 행위 유형은 서로 중첩될 가능성이 있고, 그 경

---

235) 공동행위 심사기준 Ⅳ.

우 입찰담합과 그 외의 일반담합 사이에서 다음과 같은 유형적 분류가 가능할 수 있다.

(1) 전형적 입찰담합

전형적이고 흔히 찾아볼 수 있는 입찰담합은 하나의 입찰에 대해서 복수의 사업자가 낙찰자, 탈락자, 투찰가격, 낙찰가격 등을 합의하는 경우이다. 이와 관련하여 공정거래법 시행령 제13조 제1항 단서는 관련매출액은 위반행위가 상품이나 용역의 구매와 관련하여 이루어진 경우에는 관련 상품이나 용역의 매입액을 말한다고 규정하고, 공정거래법 시행령 제50조 후문은 위반행위가 입찰담합 및 이와 유사한 행위인 경우에는 계약금액을 매출액으로 본다고 규정하고 있다. 과징금 부과고시 IV. 1. 라는 계약금액의 의미를 구체화하고 있다. 따라서 전형적인 입찰담합에서는 계약금액을 관련매출액으로 산정하고 있다.

(2) 혼합형 입찰담합

일반담합(가격, 수량, 거래지역 상대방 담합 등)과 입찰담합이 혼합된 사례이다. 입찰담합의 경우 입찰담합에 관한 공정거래법 제40조 제1항 제8호가 신설되었으나, 공정위는 혼합형 입찰담합에 대하여 공정거래법 제40조 제1항 제1, 3, 4호를 적용한 사례도 있다. 공정위의 집행 사례를 보면, 법 제40조 제1항 제1, 3, 4호를 적용하는 경우는 다음과 같은 유형 중 병존형 모델과 실질적 일반담합형 모델로 보인다.

① 병존(竝存)형

입찰담합과 일반담합이 서로 병존하는 경우이다. 일반담합과 입찰담합이 유기적으로 연계되어 있으나, 구분된 별도의 합의가 존재하고 경쟁제한성도 별도로 평가할 수 있는 경우가 이에 해당할 것으로 보인다. 병존형 모델과 같이, 하나의 담합 행위에 다수의 입찰이 관련된 경우에 전체적인 법적용을 위하여 공정거래법 제40조 제1항 1, 3, 4호를 적용하는 경향이 있다.

② 실질적 일반담합형

담합의 본질은 공정거래법 제40조 제1, 3, 4호임에도 그 수단으로서 입찰이 부수적으로 사용되어 본질상 입찰담합보다는 가격, 생산량, 시장분할 등 일반담합의 성격이 강한 경우이다. 이 경우는 합의의 목적, 합의의 내용 등이 실질적으로 일반담합임에도 그 수단으로 입찰담합이 매개하는 경우이다. 이 경우에도 공정거래법 제40조 제1항 제1, 3, 4호를 적용하는 사례가 있다.

③ 실질적 입찰담합형

담합의 본질이 입찰담합에 근접하는 경우이다. 구체적인 입찰담합이 개별적으로 발생하였고, 그 과정에서 전체적인 의사연락의 상호성은 발견할 수 있으나 담합 자체는 개별 입찰 담합을 통하여 독립적으로 수행된 경우이다. 서울고등법원 2018. 7. 25. 선고 2017누68457 판결(동일고무벨트 사건)[236]은 실질상 입찰담합에 해당하는 이상 들러리 역할에 대한 대가로 물량배분에 관한 합의가 있었더라도 입찰담합의 성질이 유지된다는 취지로 판단하였다.

라. 판 례

2007. 8. 법 개정 이전에는 입찰담합이 법 제40조 제1항 각호에 따로 명시되어 있지 않았기 때문에, 공정위 실무에서는 입찰과정에서의 가격담합, 거래조건담합, 시장분할협정 등의 유형으로 규제되었다. 사업부문별로 입찰에 참여하기로 한 행위도 입찰담합에 해당한다(서울고등법원 2006. 9. 14. 선고 2005누25587 판결).[237] 참고로, 입찰담합의 경우 법 제40조 제1항 제8호와 함께 제1, 3, 4호가 선택적으로 적용될 수 있고, 이는 들러리 입찰담합의 경우도 동일한 것으로 보인다[대법원 2017. 4. 26. 선고 2016두32688 판결(대우건설 사건)].

9. 사업활동방해 협정

공정거래법 제40조 제1항 제1호부터 제8호까지 외의 행위로서 다른 사업자(그 행위를 한 사업자를 포함한다)의 사업활동 또는 사업내용을 방해하거나 제한함으로써 일정한 거래분야에서 경쟁을 실질적으로 제한하는 행위(법 제40조 제1항 제9호)에는 영업장소의 수 또는 위치를 제한하는 행위, 특정한

236) 확정.

237) 확정. 구 법 사건으로 가격협정이 적용되었다.

원료의 사용비율을 정하거나 직원의 채용을 제한하는 행위, 자유로운 연구·기술개발을 제한하는 행위 등과 같이 제1호부터 제8호까지에 해당하지 않는 행위로서 다른 사업자의 사업활동 또는 사업내용을 방해하거나 제한하는 행위가 포함된다. 공동행위 참여 사업자들이 공동행위에 참여하지 않은 다른 사업자의 사업활동 또는 사업내용을 방해하거나 제한하는 경우뿐만 아니라, 공동행위에 참여한 사업자 자신들의 사업활동 또는 사업내용을 제한하는 경우도 포함된다.[238]

제1호부터 제8호까지 외의 행위로서 다른 사업자(그 행위를 한 사업자를 포함한다)의 사업활동 또는 사업내용을 방해하거나 제한함으로써 일정한 거래분야에서 경쟁을 실질적으로 제한하는 행위이다. 2007. 8. 법 개정으로 "그 행위를 한 사업자를 포함한다"는 규정을 괄호 안에 삽입함으로써 해석상 문제를 입법적으로 해결하였다. 일정한 거래분야에서 경쟁을 실질적으로 제한하는 행위를 규정하고 있어서 본문의 "부당하게 경쟁을 제한하는 행위"와 부합하지 않는다.

제약회사의 역지불합의 사건(대법원 2014. 2. 27. 선고 2012두24498 판결, 대법원 2014. 2. 27. 선고 2012두27794 판결)에서도 시장분할 합의와 함께 사업활동방해가 적용되었다. 최근 사례로는 원고 등이 경쟁사업자의 국내 산업용 화약시장 진입에 대하여 공동으로 대응하기로 합의한 후 경쟁사업자의 거래처를 공동으로 파악하여 그 거래처에 대한 판매가격을 도매가격의 85% 정도로 하는 한편, 경쟁사업자의 제품을 취급하는 대리점이나 건설업체에 대하여 현금결제를 요구하거나 할인율을 낮추는 등의 불이익을 제공한 사례(서울고등법원 2016. 12. 1. 선고 2015누42161 판결, 한화사건[239]), 서울고등법원 2017. 6. 15. 선고 2016누42472 판결(한국원심력콘크리트 공업협동조합 사건)[240] 등

238) 공동행위 심사기준 Ⅳ.

239) 대법원 2018. 7. 20. 선고 2017두30788 판결로 상고 기각.

240) 대법원 2017. 10. 26.자 2017두52535 판결로 심리불속행 기각. 이 사건은 사업자단체 금지행위 사건이지만, 그 실질은 공동행위로서 사업활동방해를 다루고 있다. 서울고등법원은 PHC파일 공급제한 행위에 대하여는 법위반을 인정한 반면, PHC파일 단부 폐쇄조치 행위에 대하여는 위법성을 부정한 점에 의의가 있다. 위 법원이 경쟁제한성과 부당성 중 어느 것을 부정하였는지를 명시하지는 않았으나,

이 있다.

[사업활동방해로서 공동의 거래거절 유형]

공동의 거래거절 사례가 대표적인 유형이다. 시멘트 제조판매업 사업자가 레미콘 업체의 슬래그분말 제조사업 진출을 알고 공급제한 행위를 하는 등 사업활동방해협정을 한 경우(잠재적 경쟁자에 대한 사업활동방해 사건, 대법원 2008. 2. 15. 선고 2006두11583 판결), 교복제조업자들이 대리점의 공동구매 참여를 방해한 사례(대법원 2006. 11. 9. 선고 2004두14564 판결), 병마개 가격 인상 시기의 연기를 병마개 공급자에게 요청한 사례〔대법원 2014. 2. 13. 선고 2011두16049 판결(소주 사건)〕 등이 이에 해당한다.

10. 정보교환 협정

구 공정거래법상으로는 정보교환행위와 같이 공동행위를 조장하는(facili-tating) 행위는 구 공정거래법 제19조 제1호 내지 제9호에 포함되어 있지 않았고, 대법원도 정보교환만으로 합의가 있었다고 볼 수 없다고 판단하였으며,[241] 장기간의 가격정보교환에 따라 외형상 일치가 일부 발생한 사안에서 합의를 부정하였다.[242] 다수의 학설은 가격결정 전 정보교환은 구 공정거래법 제19조 제1항의 유력한 간접사실이 될 것이고, 구 공정거래법 제19조 제5항의 정황적인 요소의 하나로 평가되어, 합의가 인정될 가능성이 높다는 입장이었다. 이러한 논란 끝에 법 개정으로 2021. 12. 30.부터 정보교환이 합의의 유형으로 명시되었다.

개별 문언상으로는 경쟁제한성을 부정한 것으로 보인다.

241) 대법원 2014. 7. 24. 선고 2013두16395 판결(케이디비생명보험, 이자율담합 사건).

242) 대법원 2015. 12. 24. 선고 2013두25924 판결(라면 사건).

제 5 절 공동행위와 자진신고

Ⅰ. 개 념

공정거래법 제44조에 의하면, "부당한 공동행위의 사실을 자진신고한 자" 및 "증거제공 등의 방법으로 조사에 협조한 자"에 해당하는 자에 대하여는 제42조(시정조치)의 규정에 의한 시정조치 또는 제43조(과징금)의 규정에 의한 과징금을 감경 또는 면제할 수 있고, 제129조(고발)에 따른 고발을 면제할 수 있다.

구 공정거래법 제22조의2 제3항(현 공정거래법 제44조 제5항)이 과징금 등의 감면 혜택을 받는 자진신고자 등의 범위를 직접 정하지 않은 채 이를 대통령령에 위임한 것이 포괄위임금지의 원칙에 위반되지 않으며, 감면혜택을 받을 수 없는 소극적 자격에 관한 구 공정거래법 시행령 제35조 제1항 제6호는 그 내용이 자의적이라고 할 수 없고 모법인 구 공정거래법 제22조의 제3항에 부합하여 합리적이므로 위헌·위법이라고 볼 수 없다(대법원 2017. 1. 12. 선고 2016두35199 판결).

1. 자진신고자와 조사협조자의 구별

자진신고자와 조사협조자는 구별된다. "자진신고자"라 함은 공동행위에 참여한 사업자로서 당해 공동행위에 대한 공정위의 조사 개시 이전에 당해 공동행위를 입증하는데 필요한 증거를 공정위에 제공하는 사업자를 말한다. "조사협조자"라 함은 공동행위에 참여한 사업자로서 당해 공동행위에 대한 공정위의 조사 개시 이후에 당해 공동행위를 입증하는데 필요한 증거를 공정위에 제공하는 사업자를 말한다.

자진신고자와 조사협조자를 구별하는 기준은 조사개시시점이다. "당해 공동행위"라 함은 자진신고자 등이 그 자진신고 또는 조사협조를 할 당시 그 자진신고 등의 대상이 되는 공동행위를 말하며, "다른 공동행위"라 함은 그 외의 공동행위를 말한다.[243]

자진신고자와 조사협조자는 차이가 있다. 공정거래법 시행령 제51조에 의하면, 1순위 자진신고자의 경우 과징금 및 시정조치를 필수적으로 면제하도록 규정하고 있고, 1순위 조사협조자의 경우 과징금은 필수적으로 면제하고, 시정조치는 감경과 면제 중 선택할 수 있도록 규정하고 있다.

[표] 자진신고 또는 조사협조와 과징금, 시정조치, 형사고발

	과징금	시정조치	형사고발
1순위 자진신고자	면제한다.	면제한다.	면제할 수 있다.
1순위 조사협조자	면제한다.	감경하거나 면제한다.	
2순위 자진신고, 조사협조자	50% 감경한다.	감경할 수 있다.	

2. 자진신고의 대상

현행 공정거래법 제44조 제1항은 '부당한 공동행위의 사실을 자진신고한 자'라고 규정하고 있는데, 이때 자진신고의 대상이 구체적인 사실의 진술과 증거의 제공만으로 충분한가, 그렇지 않으면 규범적인 평가를 포함한 위법성까지 인정하여야 하는가의 문제이다.

자진신고자, 특히 2순위 자진신고자가 사실의 진술에는 변화가 없지만, 이를 기초로 한 행위의 위법성 평가에 관하여 소송과정에서 다툰 경우 자진신고자 지위 취소를 할 수 있는지의 문제와 밀접한 관련이 있다.

---

243) 부당한 공동행위 자진신고자 등에 대한 시정조치 등 감면제도 운영고시(2021. 12. 30. 공정위 고시 제2021-36호, 이하 같다) 제2조.

공정거래법 위반 행위는 그 위법성 평가에 고도의 판단이 필요하다는 점에서 통상적인 사건의 경우 위법성 평가가 문제되지 않는 형사법과 차이가 있다. 경성카르텔의 경우 경쟁제한성 및 부당성 평가는 다른 공정거래법 위반 유형에 비하여 비교적 쉽게 이루어질 수 있지만, 그 행위가 합의에 해당하는지, 묵시적 합의의 경우 의사연결 또는 의사연락의 상호성이 있는지 판단은 쉽지 않다. 이 점에서 자진신고자에 대하여 위반행위의 근거가 된 사실을 성실하게 진술하는 것 이상의 규범적 평가에 대한 시인까지 요구하는 것은 무리일 수 있다. 특히 자진신고 감면 제도에서 요구되는 조사협조의 가장 핵심적인 요건은 카르텔 증명에 필요한 '필요한 증거의 제공'이지, '법리적인 판단에 필요한 진술의 제공'이 아니라는 측면에서도 규범적 평가에 대한 진술까지 요구하는 것은 무리가 있다. 이와 같이 사실인정(fact finding)에 협력하면 요건을 구비한다는 것은 조사협력 감경의 측면에서도 다르지 않을 것으로 보인다.

참고로, 형법상 자수(형법 제52조 제1항)는 사실, 즉 범죄사실을 신고하는 것으로 통상 이해하고 있다. 대법원도 죄를 범한 후 수사책임이 있는 관서에 자기의 범죄사실을 신고함을 말하는 것이므로, 자기의 범죄사실을 신고한 이상 그 신고에 있어 범죄사실의 세부적인 형태에 있어 다소의 차이가 있다 하여도 이를 자수로 보았음에 위법이 있다고 할 수 없다고 판단하였다(대법원 1969. 4. 29. 선고 68도1780 판결). 미국의 경우 Type A leniency 요건에는 'report the wrongdoing with candour and completeness and provides full, continuing and complete cooperation'이 포함되어 있다. 일반적으로 리니언시 제도는 행위를 보고하고, 이에 대한 정보와 증거를 제공하는(report illegal conduct and provide information and evidence of the infringement) 사실인정의 측면에서 설명되고 있다[OECD, "Challenges and Coordination of Leniency Programmes", Background Note by the Secretariat, DAF/ COMP/WP3(2018), at 4(2018)].

Ⅱ. 자진신고자 감면의 요건

1. 자진신고자 등의 분류

2015. 1. 2. 공정위 고시 제2014-19호로 고시가 개정되면서 2개 기업만의 담합인지 여부를 판단하는 시점은 공동행위 종료일이고, 1순위 자진신고·조사협조일 판단기준은 감면신청서 접수 시점이 되었다.[244]

가. 1순위 자진신고자

1순위 자진신고자는 과징금 및 시정조치가 면제된다. 그 요건은 ① 부당한 공동행위임을 입증하는데 필요한 증거를 단독으로 제공한 최초의 자일 것, ② 공정위가 부당한 공동행위에 대한 정보를 입수하지 못하였거나 부당한 공동행위임을 입증하는데 필요한 증거를 충분히 확보하지 못한 상태에서 자진신고하였을 것, ③ 부당한 공동행위와 관련된 사실을 모두 진술하고, 관련 자료를 제출하는 등 조사가 끝날 때까지 성실하게 협조하였을 것, ④ 그 부당한 공동행위를 중단하였을 것 등이다.

나. 1순위 조사협조자

1순위 조사협조자는 과징금이 면제되고, 시정조치가 감경되거나 면제된다. 그 요건은 ① 부당한 공동행위임을 입증하는데 필요한 증거를 단독으로 제공한 최초의 자일 것, ② 공정위가 부당한 공동행위에 대한 정보를 입수하지 못하였거나 부당한 공동행위임을 입증하는데 필요한 증거를 충분히 확보하지 못한 상태에서 조사에 협조하였을 것. ③ 부당한 공동행위와 관련된 사실을 모두 진술하고, 관련 자료를 제출하는 등 조사가 끝날 때까지 성실하게 협조하였을 것, ④ 그 부당한 공동행위를 중단하였을 것 등이다.

다. 2순위 자진신고자, 2순위 조사협조자

244) 제6조의4(2순위자에 대한 감면 제한 판단기준).

2순위 자진신고자, 2순위 조사협조자는 과징금의 100분의 50이 감경되고, 시정조치를 감경할 수 있다. 그 요건은 ① 부당한 공동행위임을 입증하는데 필요한 증거를 단독으로 제공한 두 번째의 자일 것, ② 부당한 공동행위와 관련된 사실을 모두 진술하고, 관련 자료를 제출하는 등 조사가 끝날 때까지 성실하게 협조하였을 것, ③ 그 부당한 공동행위를 중단하였을 것 등이다.

2. 감면 요건

가. 최초 제공

하나의 공동행위로 볼 수 있는 경우에는 전체에 대하여 1순위자를 결정한다. 하나의 공동행위 중 일부만 제공한 경우 일부에 대하여만 감면할 수 없다. 판례의 입장도 같은 취지이다. 수회에 걸친 일련의 합의가 전체적으로 1개의 부당한 공동행위가 성립하는 경우 부당한 공동행위임을 증명하는데 필요한 증거를 최초로 제공한 참여사업자만이 그 참여시기와 관계없이 부당한 공동행위 전체에 대한 감면대상자의 지위를 취득한다. 이후 다른 참여사업자가 최초 참여사업자가 참여하거나 신고하지 아니한 기간의 행위에 대하여 조사에 협력하였다고 하더라도 그 일부 기간에 대하여만 별도로 최초 조사협조자로서의 지위를 취득한다고 볼 수는 없다.[서울고등법원 2017. 7. 6. 선고 2016누75342 판결(한양 사건)[245]]

[감면신청일의 판단]

특정 공동행위에 대하여 감면신청일을 언제로 보는가에 따라 부여되는 자진신고 순위가 달라진다. 다음과 같은 쟁점이 있다.

① 감면신청일 특정의 문제로, 신고시 또는 보정시 중 언제인지 문제이다.

---

245) 대법원 2019. 7. 25. 선고 2017두55060 판결로 상고기각. 원고가 자진신고자 감면신청을 하였고, 심사관은 원고가 2순위 조사협조자라고 판단하였으나, 위원회는 원고가 3순위 조사협조자라고 판단하여 감면신청을 기각하였다. 이에 대하여 원고는 1, 2순위자가 자진신고자로서 요건을 갖추지 못하였다고 주장하고, 예비적으로 선순위자가 자진신고하지 않은 기간에 대하여는 부분적으로 자진신고자 지위를 인정해야 한다고 주장하였으나, 그 주장이 배척되었다.

자진신고 당시에 일부 기재가 불명확하더라도 특정 합의를 언급한 것으로 볼 수 있다면 그 경우에는 신고시를 감면신청일로 볼 수 있다. 자진신고 당시 합의에 대한 기재가 없는 상태에서 추후에 보정을 하면서 합의가 명시된 경우에는 그 합의에 대하여는 보정시를 감면신청일로 볼 수 있다.

이는 특히 공동행위의 수가 복수인 경우 문제된다. 복수의 공동행위 중 일부만이 신청시 또는 보정시에 기재된 것이라면 그 부분에 한하여 감면신청한 것으로 볼 수 있다. 이점에서 최초 신고와 보정시의 판단에도 공동행위의 수는 관련되어 있다.

② 신청서와 보정자료의 동일성 문제이다. 자진신고 신청서와 보정자료가 다른 경우에는 자료의 동일성 여부에 따라 감면신청일이 달라질 수 있다. 보정자료가 신고와 실질적으로 동일하다면 신청시를 감면신청일로 볼 수 있다. 반면 보정자료가 이질적이라면 보정시를 감면신청일로 봄이 상당하다.

[자진신고시와 보정시의 동일성 판단 기준]

① 자진신고 자료와 보정 자료의 동일성

자진신고 자료와 보정 자료에 동일성이 인정되는 경우에만, 자진신고시를 기준으로 순위가 인정된다. 이를 명시한 별도 규정은 없으나, 자진신고자 감면고시 제8조 1, 5항도 신고와 보정이 동일함을 전제하고 있다.

서울고등법원 판례의 다음과 같은 판시내용도 동일한 취지로 보인다. 이 사건 감면신청과 관련하여 원고가 보정기간 내 최초에 신고한 공동행위와 동일성이 인정되는 범위에서 보정 자료를 제출하였다면 최초 감면신청일에 자료가 제출된 것으로 볼 여지가 있으나, 보정하려 제출한 자료가 최초에 신고한 공동행위와 동일성이 인정되지 않는 경우에도 최초 감면신청일에 보정 자료가 제출된 것으로 보아 그 공동행위의 단위를 넘어 조사협조자 순위 판단을 위한 기준일시를 소급할 수는 없다[서울고등법원 2019. 8. 29. 선고 2018누39173 판결(이레하이테크이앤씨 사건, 한국도로공사 발주 콘크리트 도로유지보수공사 입찰 관련 9개사 공동행위 사건)[246]]

---

246) 확정. 같은 날 오전에 A회사가 감면신청서를 제출하고, 오후에 B회사가 감면신청서를 제출하고, 그 이후 A의 보정이 이루어진 사안이다. 심사관은 A회사를 1순위, B회사를 2순위로 보았다. 위원회는 A가 감면신청할 당시 2014년, 2015년 공동행위를 기재하지 않았고, 합의를 주도하는 등 이를 제출하지 못할 사정이 없었던 반면, B는 2014년, 2015년 공동행위를 모두 기재하였으므로 B를 1순위로, A를 2순위로 보았다.

② 공동행위의 특정

신청시에 특정 공동행위에 대한 기재가 없고 보정시에 특정 공동행위에 대한 자료가 제출된 경우에는 보정시에 그 공동행위를 신고한 것으로 보아야 한다. 신청시에 특정 공동행위가 명확하게 기재되어 있고, 보정시에 자료만 제출되었다면 신청시에 신고한 것으로 볼 수 있다.

신고시에 공동행위를 특정한 것인지를 두고 다툼이 있는 실무 사례가 있다. 참고될 수 있는 판단 기준을 다음과 같이 제시해본다. 첫째, 당사자의 의사보다 객관적인 표시를 기준으로 해야 한다. 자진신고 제도의 운영과정에서 이해가 상충되는 이해관계인(후순위자 등)이 존재하므로 주관적 의사보다 객관적인 표시에 따라 순위를 인정하는 것이 타당하다. 객관적인 표시를 기준으로 해야 제3자의 신뢰보호가 가능하게 된다. 이와 달리 자진신고자의 의사를 기준으로 하게 되면 다른 자진신고자 등 이해관계인의 이익과 상충될 수 있다.

둘째, 추가적 식별 작업의 요부를 기준으로 할 수 있다. 신청서나 첨부된 자료에 특정 공동행위 기재는 없으나, 특정 공동행위를 연상하는 단서(성명 등)가 기재된 경우, 이를 토대로 특정 공동행위를 식별하는데 추가적인 작업이 필요하다면 특정 공동행위가 기재되었다고 보기 어렵다. 특히 특정 공동행위를 연상하는 단서가 있더라도 이러한 단서가 다른 객관적인 표시(공동행위 기간)와 상충된다면, 공동행위가 특정되었다고 보기 어렵다.

③ 보정 범위의 제한

2021. 6. 10. 자진신고자 감면고시 개정을 통하여 감면신청 보정 범위의 제한을 하였다(제8조 개정). 공동감면으로의 보정에 대하여, 단독 감면신청의 공동 감면신청으로의 보정은 감면신청서 제출 후 75일 이내에만 가능하도록 제한하였다. 별개 공동행위 보정 여부에 대하여 당초 감면신청의 보정 형식으로의 별개 공동행위 관련 자료제출은 불허하고, 별개의 감면신청으로 처리하였다.[247] 당초 신고되었던 담합의 범위를 넘어서는 내용의 자료제출이

---

247) 제8조 ⑤ 제2항의 보정기한 내에는 당초의 신청시 기재하였던 공동행위의 개요에 관한 사항도 이를 보완할 수 있다. 다만, 다음 각 호 중 어느 하나에 해당하는 경우에는 보완을 허용하지 아니한다. 1. 당초 신고시 고의 또는 중과실로 사실과 다르게 공동행위를 신고하며 감면신청한 경우 2. 감면신청 후, 감면신청인을 추가하는 내용의 보완을 하려는 경우. 다만, 그러한 보완이 제8조 제3항의 기간 내에 이루어진 경우는 그러하지 아니하다. 3. 당초 감면신청된 공동행위의 내용과 동일성

보정이라는 형태로 이루어지는 경우 그러한 자료제출까지 당초 신고의 보정으로 볼 수는 없다는 판례[248]를 반영한 것으로 볼 수 있다.

[1개의 공동행위 중 일부 기간별 자진신고의 문제]

① 공동행위가 지속된 경우 기간별 자진신고가 인정되는지가 문제된다. 장기간 공동행위가 지속되었고, 이를 하나의 공동행위로 볼 수 있으며, 그 일부기간에 대하여만 증거를 제공한 경우에는 일부에 대하여만 최초 제공자의 요건을 인정하여 감면할 수 없다(대법원 2011. 6. 30. 선고 2010두28915 판결).[249] 대법원 2011. 9. 8. 선고 2009두15005 판결도 공동행위 중 일부 관여한 경우 최초 자진신고자가 있다면, 나머지 기간에 대하여 자료를 제출해도 최초 자진신고자가 될 수 없다고 판시하였다. 다만, 이 사건은 공동행위의 일부에만 가담한 사업자가 전체 공동행위에 대하여 자진신고를 하면서 자료를 제출한 사안으로, 나머지 기간에 대하여 자진신고자가 나올 여지가 없는 사건이었음에 유의할 필요가 있다.

② 일부의 공동행위에 대하여 자진신고를 인정하는 것은 정책적으로 제도화하여 해결해야 한다.[250] 한편, 이 문제가 제기되는 이유는, 1개의 공동행위 중 일부에 대하여 자료를 낸 경우에 기여도를 평가해 주는 방법이 마땅히 없기 때문이다. 조사협력 감경은 20% 내에서 가능하여 일반적인 사건에서 추가로 감경할 재량이 부족하다. 이 점에서도 조사협력에 대한 감경의 폭을 확대할 필요가 있다.

[관련시장별 자진신고의 문제]

여러 상품(관련시장이 다른 경우)에 대하여 같은 기회에 공동행위의 합의

이 없는 별개의 공동행위 내용을 추가로 제출하는 경우. 이러한 제출은 당초 감면신청의 보완이 아닌 별개의 공동행위와 관련된 새로운 감면신청으로 본다.

248) 서울고법 2018누39817 판결(확정) 이 사건 감면신청과 관련하여… 보정하여 제출한 자료가 최초에 신고한 공동행위와 동일성이 인정되지 않는 경우에도 최초 감면신청일에 보정 자료가 제출된 것으로 보아 그 공동행위의 단위를 넘어 조사협조자 순위 판단을 위한 기준일시를 소급할 수는 없다.

249) 관련사건으로 서울고등법원 2013. 8. 23. 선고 2013누1104 판결(한국삼공 사건, 확정).

250) 일부의 공동행위에 대하여 자진신고를 인정할 경우에도 신고자는 다투지 아니할 것이고, 승계할 후순자가 없는 경우에는 제3자가 다투지 않게 되므로 공정위의 판단이 최종적 판단이 될 가능성이 높다.

가 이루어진 경우, 이를 하나로 본다면 그 중 일부 제품에 대한 자진신고가 인정되지 않을 것이고, 상품별로 관련시장이 달라서 별개의 공동행위가 성립한다고 본다면[251] 상품별로 자진신고가 인정될 수 있다. 후자와 같은 견해를 취한다면 자진신고 제도의 활용도가 높은 현 상황에서 관련시장의 문제가 경쟁제한성이 아니라 자진신고 등에 있어 핵심적인 문제가 될 수 있다. 그러나 이는 관련시장이 경쟁법에 도입된 연혁이나 카르텔 집행에 많은 비용과 시간이 소요된다는 점에서 바람직하지 않다.[252] '제3절 공동행위의 위법성' 부분에서 살펴본 바와 같이 경쟁제한성에 영향이 없고 자진신고자의 결정에만 유의미함에도 관련시장 획정이 필요하다고 본 대법원 2013. 4. 11. 선고 2012두11829 판결(롯데칠성음료, 음료수 사건)을 일반적인 선례로 보기에는 난점이 있다. 이 사건에서 음료시장 전체를 하나의 상품시장으로 본 최초 공정위 처분에서 롯데는 3순위로 감면을 받지 못하였으나, 이후 공정위의 변경처분을 통하여 상품시장이 세분화됨에 따라 과실음료시장에서 롯데는 2순위 자진신고자가 되어 과징금 50%가 감경되었다.

나. 증 거

공정거래법 시행령 제51조 제1항 제1호 나목은 "공정거래위원회가 부당한 공동행위에 대한 정보를 입수하지 못했거나 부당한 공동행위임을 입증하는 증거를 충분히 확보하지 못한 상태에서 자진신고했을 것"의 요건을 규정하고 있다. 관련 판례로, 문서 외에 진술도 필요한 증거에 포함된다는 사례(대법원 2008. 9. 25. 선고 2007두3756 판결), 자진신고자, 조사협조자 요건으로 기술자료, 추가자료의 적격성에 관하여 판단한 사례(대법원 2013. 5. 23. 선

251) 형법상 상상적 경합과 비교될 수 있다. 자진신고는 기본적으로 면책(immunity)의 성격을 갖는 것이라는 점을 중시하게 되면 원칙적으로 자진신고한 사람을 대상으로 혜택을 부여하는 것으로 볼 수 있을 것이고(= 대상자기준설), 개별행위에 대하여 그 혜택을 주는 것이라는 견해(= 행위기준설), 죄수를 기준으로 혜택이 부여되는 것이라는 견해(= 죄수기준설)도 가능하다는 설명으로는 강우찬, "입찰 관련 부당공동행위의 관련시장획정 및 관련 매출액 산정", 「사법」 제32호 2015. 312면.

252) 자진신고 제도가 활성화된 미국의 경우 형사책임의 면책을 의미하므로 대상자를 기준으로 혜택이 부여된다. 우리 제도상으로도 고발을 면제함으로써 형사책임의 면책이 실질적으로 이루어지는 점 등을 감안하여 대상자를 기준으로 판단하는 것이 바람직할 것이다.

고 2012두8724 판결) 등이 있다. 대법원 2013. 6. 13. 선고 2012두26449 판결(혜영건설 사건)은 자진신고자 요건으로 공동행위 입증에 필요한 증거에 관하여 판시하고 있다.

그 밖의 참고 판결로, 대법원 2013. 6. 13. 선고 2012두26449 판결,[253] 대법원 2018. 7. 20. 선고 2017두30788 판결(한화 사건),[254] 서울고등법원 2016. 1. 28. 선고 2014누65891 판결(태영건설 사건),[255] 서울고등법원 2017. 9. 15. 선고 2016누75588 판결(한화건설 사건),[256] 서울고등법원 2020. 8. 20. 선고 2019누55189 판결,[257] 서울고등법원 2021. 4. 15. 선고 2020누44451 판결(성암 사건)[258] 등이 있다.

---

253) 원심은 서울고등법원 2012. 10. 26. 선고 2012누7563 판결. 입찰공고문, 입찰조서, 개찰조서, 1단계 심사결과, 업체별 공종별 투찰금액, 업체별 기준금액 대비율 등 자료 이후에 감면신청을 한 사업자의 1순위 조사협조자 지위를 유지하였다.

254) 이 사건에서 다른 사업자의 자신신고로 공정위가 확보하고 있는 자료와 원고가 제출한 자료는 대부분 중복되고, 원고가 주장하고 있는 사업활동방해 합의에 대한 증거도 전체적으로 하나의 공동행위의 일부에 해당하는 점 등을 들어서 공정위가 부당한 공동행위임을 증명하는데 충분한 증거를 확보하지 못한 상태였던 것으로 보기 어렵다고 판단하였다.

255) 공정위가 부당한 공동행위를 증명하는데 필요한 증거를 이미 확보한 상태라고 본 후, 설령 1순위로 감면신청을 한 조사협조자가 공동행위에 관한 사실을 모두 진술하지 않았다는 이유로 그 지위확인이 취소되더라도 공정위가 필요한 증거를 확보하였다는 사실은 변함이 없다고 본 사례이다.

256) 대법원 2019. 7. 25 선고 2017두65708 판결로 상고 기각. 부당한 공동행위를 자진신고한 사업자에 대해 과징금을 감면하는 것이 카르텔의 형성과 유지를 방지하고 적발을 용이하게 하기 위한 정책적 이유에 기인한 것으로서 최초 정보제공자에 대해 면책하는 것이 원칙인 점에 비추어 볼 때, 하나의 공동행위를 기준으로 증거를 제공한 순서에 따라 전체 행위에 대한 1순위, 2순위 협조자 지위를 인정하여야 하는 것이고, 이와 달리 전체 행위 기간에 대하여 최초로 증거를 제공하여야 자진신고자 지위를 인정할 수 있다거나, 하나의 공동행위를 수개의 부분으로 구분하여 기간별로 자진신고자 지위를 독립적으로 달리 인정하여야 한다고 볼 근거가 없다고 판시한 점에 주목할 필요가 있다.

257) 특정 사업자의 들러리 입찰 참여 여부에 관한 증거 확보 여부는 공정위가 공동행위 증명에 필요한 증거를 충분히 확보하였는지에 관한 판단에 영향을 주는 것이라고 할 수 없다.

258) 대법원 2021. 8. 26.자 2021두38499 판결로 심리불속행 기각. 공정위 현장조사를 통하여 입찰담합의 내용과 배경이 기재된 증거들이 확보되었고, 검찰이 수사 후

[정보 미입수와 증거 미확보]

공정거래법 시행령 제51조 제1항 제1호 나목의 요건에는 '정보를 입수하지 못한 경우'와 '증거를 충분히 확보하지 못한 경우'가 모두 규정되어 있다. 정보를 입수하지 못한 경우는 미국의 type A leniency의 요건(has not received information about the activity)에 대응한다. 필요한 증거를 충분히 확보하지 못한 상태는 미국의 type B leniency의 요건(does not have evidence)에 대응한다.

필요한 증거는 단계별로 달라질 수 있다. 즉, 정보를 입수하지 못한 경우는 공동행위 자체를 인지하지 못하여 조사에 착수하지 못한 경우를 의미하고, 필요한 증거를 충분히 확보하지 못한 경우는 조사에 착수하였으나 증거 확보를 하지 못한 경우이다. 어떤 경우이든 자진신고자는 정보제공에 그치지 않고 필요한 증거를 제출해야 한다(공정거래법 시행령 제51조 제1항 제1호 가목).

[필요한 증거의 정도]

① "부당한 공동행위에 대한 정보를 입수하지 못한 상태"의 의미에 대한 판단은 비교적 명백하지만, "부당한 공동행위임을 입증하는데 필요한 증거를 충분히 확보하지 못한 상태"에 대하여는 구체적 사안에 따라 판단이 어려운 경우가 있다. 공정위가 부당한 공동행위가 있었는지에 관하여 증명할 수 있는 증거를 확보하지 못한 상태에서 조사협조자가 중요 증거를 제출하거나, 간접증거만을 가지고 있는 상태에서 조사협조자가 직접적인 증거를 제출한 경우는 위 요건에 해당할 가능성이 높다.

② 공정위가 현장조사 등으로 증거를 확보하였으나, 전체 공동행위 기간 중 일부 기간에 대하여 증거를 확보하지 못한 상태에서 이 부분 증거를 제출하며 자진신고자 감면신청을 한 경우 공정거래법 시행령 제51조 제1항의 '공정위가 부당한 공동행위임을 입증하는데 필요한 충분한 증거를 확보하지 못한 경우'에 해당하는지 등이 쟁점이 될 수 있다. 공정위가 전체 공동행위

기소하여 공소장이 공정위에 송달되었으며, 그 후에야 PHC 파일 제조·판매 사업자들이 감면 신청한 사건이다. 원고들의 감면신청 및 자료 제출이 없었더라도 구체적인 입찰 건을 확인하거나 검찰에 협조를 요청하여 수사 기록을 취득하는 방법을 통하여 이 사건 공동행위를 증명할 수 있었으므로, 공정위가 '필요한 증거를 충분히 확보하지 못한 상태에서 필요한 증거를 제공한 것으로 보기 어렵다'고 판단하였다.

기간 중 극히 일부에 대하여만 증거를 확보하고 있었는데, 대부분의 기간에 대하여 증거를 제출하는 등 기여도가 높은 경우도 인정될 여지가 있다. 그러나 전체 공동행위 기간 중 대부분에 대하여 증거가 확보된 상태에서 일부 기간에 대하여 증거를 제출하는 등 기여도가 낮은 경우는 과징금 산정에 있어서 조사협조자로 감경으로 충분할 뿐 자진신고자 등으로 인정하기는 어려울 것이다.[259]

이때 양적 기준(quantitative standard)과 질적 기준(qualitative standard)을 모두 고려해야 한다. 양적 기준의 예로 전체 입찰담합 중 자진신고 이전에 공정위가 증거를 확보한 입찰담합의 비율 등을 고려할 수 있다. 질적 기준의 예로 개별 증거의 중요성, 증명에 대한 기여도, 물적 증거와 구술 증거의 차이 등을 고려할 수 있다.

공정위가 현재 확보하지 못하였으나 자연적인 조사 진행에 따라 확보가 예상되었던 증거도 '필요한 증거'에 포함되는지 문제된다. 서울고등법원 2012. 1. 26. 선고 2012누7563 판결은 '공정위가 감면신청 당시 수사기록을 확보하지 않은 이상 확보할 가능성이 있다는 이유만으로 필요한 증거를 충분히 확보하였다고 할 수 없다'고 판시한 반면, 서울고등법원 2016. 5. 13. 선고 2015누38418 판결은 '공정위가 부당한 공동행위를 증명할 수 있는 객관적 자료를 충분히 확보하고 있거나, 그러한 자료의 취득이 예정되어 있는 경우에는 적발가능성에 대한 기여도가 높다고 할 수 없다'라고 판시하였다. 이는 일률적으로 판단할 수 없고, 확보가능성과 함께 자진신고자의 조기 증거 제출로 가능하게 된 조사기간 단축 등 실질적인 기여를 함께 평가해야 한다. 사후적 고찰을 통하여 자진신고자의 증거제출이 없어도 확보가능하였던 증거를 넓게 인정하는 것은 바람직하지 않으므로, 증거확보의 개연성이 높았던 경우로 제한할 필요가 있다.

③ 하나의 공동행위가 복수의 행위로 구성되어 있는 경우(복수의 행위가 하나로 평가되는 경우) 자진신고자가 자신이 관여하지 않은 행위 등에 대한 진술을 하는 것은 기대하기 어려울 수 있다. 이와 같이 복수의 행위가 하나의 공동행위가 되는 사건에서는 신고자가 인지하고 협력할 수 있는 범위 내

259) 전체 기간 중 단기간에 대하여 증거를 제출한 경우까지 과징금의 전부를 면제하거나 1/2을 감경할 경우 다른 위반자와 형평에 반하고, 일부 기간에 대하여 최초 자진신고자 지위를 부정한 대법원 2011. 6. 30. 선고 2010두28915 판결, 대법원 2011. 9. 8. 선고 2009두15005 판결과 균형이 맞지 않게 된다.

에서 기여를 하면 필요한 증거를 제출한 것으로 평가해 줄 필요가 있다. 다만, 자진신고자 자신이 참여하지 않은 행위도 자진신고자가 어떤 경위로든 알게 되었다면 이를 공정위에 진술할 때 필요한 증거를 제출하여 기여한 행위로 평가될 수 있다.

[2순위 자진신고자와 필요한 증거]

2순위 자진신고자(조사협조자)에 있어 “부당한 공동행위임을 입증하는데 필요한 증거를 단독으로 제공한 두 번째의 자일 것” 요건과 관련하여 필요한 증거의 의미가 무엇인지, 1순위 자진신고자(조사협조자)의 요건과 동일한지가 문제된다.

서울고등법원 2017. 7. 6. 선고 2017누31431 판결(한국스택 사건)[260]은 1순위 조사협조자와 달리 2순위 조사협조자에는 ‘공정위가 부당한 공동행위에 대한 정보를 충분히 입수하지 못하였거나 부당한 공동행위를 입증하는데 필요한 증거를 충분히 확보하지 못한 상태에서 조사에 협조하였을 것’이 요구되지 아니한다고 판단하였다. 공정거래법 시행령 제51조 제1항 제3호는 2순위 자진신고자나 조사협조자의 경우 ‘공정위가 부당한 공동행위에 대한 정보를 충분히 입수하지 못하였거나 부당한 공동행위를 입증하는데 필요한 증거를 충분히 확보하지 못한 상태에서 자진신고하거나 조사협조하였을 것’ 요건을 요구하지 않음에 비추어 위 판단은 정당하다.

2순위 자진신고자(조사협조자)의 경우에도 공정거래법 시행령 제51조 제1항 제3호 가목에 따라 ‘필요한 증거를 단독으로 제공할 것’은 요구된다. 이때 1순위 자진신고자(조사협조자)의 필요한 증거 제출로 공정위가 증거를 확보한 상태에서 신고를 하였으므로, 1순위 자진신고자(조사협조자)에 비하여 필요한 증거의 요건이 완화되는 것은 자연스럽다.

공정위가 자진신고를 한 사업자에 대하여 1순위 자진신고자(조사협조자)에 해당하지 않는다고 판단하더라도 2순위 자진신고자(조사협조자)에 해당하는지까지도 판단할 필요가 있게 된다. 다만, 2순위 자진신고자(조사협조자)가 1순위 자진신고자(조사협조자) 지위를 승계하기 위하여 독자적으로 필요한 증거의 요건을 구비해야 하며, 그렇지 못할 경우에는 2순위 자진신고자(조사협조자)의 지위만 인정되는 것으로 보는 것이 타당하다(V. 자진신고 지위의 승계 부분 참조).

---

260) 대법원 2017두54746 사건으로 상고 중(심리불속행 기간 도과).

▣ 대법원 2020. 10. 29. 선고 2017두54746 판결(한국스택 사건)

■ 판시사항

구 공정거래법(2014. 1. 24. 법률 제12334호로 개정되기 전의 것) 제22조의2 제1항 제2호, 제3항, 구 공정거래법 시행령(2014. 7. 21. 대통령령 제25503호로 개정되기 전의 것) 제35조 제1항의 문언, 체계 및 취지 등을 종합하면, 공정거래위원회가 공동행위 외부자의 제보에 따라 필요한 증거를 충분히 확보한 이후 증거를 제공한 공동행위 참여자는 1순위 조사협조자는 물론 2순위 조사협조자도 될 수 없다.

■ 해 설

공정위가 이미 부당한 공동행위에 대한 정보를 입수하고 이를 증명하는데 필요한 증거를 충분히 확보한 이후에는 조사협조자가 성립할 수 없고, 이는 1순위는 물론 2순위로 동일하다는 취지의 판결이다. 이 사건은 외부자의 제보에 따라 필요한 증거를 확보한 경우 1, 2순위 지위를 모두 인정하지 아니한 사안이다. 다만, 이 판례가 1순위자가 성실협조의무 위반 등으로 그 지위를 상실한 경우 2순위자의 지위에 대한 판단에 적용된다고 보기 어렵다.

다. 성실한 협조

지속적이고 성실한 협조 여부의 판단에 관하여, 공정거래법 시행령 제51조 제1항 각 호의 요건 중 "조사가 끝날 때까지"라 함은 "공정위 심의가 끝날 때까지"를 의미하며, "성실하게 협조"하였는지 여부는 ① 자진신고자 등이 알고 있는 당해 공동행위와 관련된 사실을 지체없이 모두 진술하였는지 여부, ② 당해 공동행위와 관련하여 자진신고자 등이 보유하고 있거나 수집할 수 있는 모든 자료를 신속하게 제출하였는지 여부, ③ 사실 확인에 필요한 공정위의 요구에 신속하게 답변하고 협조하였는지 여부, ④ 임직원(가능하다면 전직 임직원 포함)이 위원회의 조사, 심의(심판정 출석 포함) 등에서 지속적이고 진실하게 협조할 수 있도록 최선을 다하였는지 여부, ⑤ 공동행위와 관련된 증거와 정보를 파기, 조작, 훼손, 은폐하였는지 여부 등을 종합적으로 고려하여 판단한다. 자진신고자 등이 위원회 심의종료 이전에 위원회의 동의 없이 감면신청 및 행위사실을 제3자에게 누설한 경우에는 성실하게 협조하지 않은 것으로 본다. 다만, 자진신고자 등이 감면신청 및 행위사실을 법령에 따라 공개해야 하거나 외국정부에 알리는 경우에는 그러하지 아니하다.[261)]

이러한 감면고시의 규정은 그 형식 및 내용에 비추어 재량권 행사의 기준으로 마련된 행정청 내부의 사무처리준칙 즉 재량준칙이라 할 것이고, 위임의 범위를 벗어나지 않는 범위 내에서 그에 필요한 기준을 정하는 것은 행정청의 재량에 속하므로 그 기준이 객관적으로 보아 합리적이 아니라든가 타당하지 아니하여 재량권을 남용한 것이라고 인정되지 아니하는 이상 행정청의 의사는 가능한 한 존중되어야 한다[서울고등법원 2017. 9. 20. 선고 2016누31908 판결(대보건설 사건)[262)]].

참고 판결로, 서울고등법원 2016. 12. 14. 선고 2015누39363 판결(코오롱글로벌 사건),[263)] 서울고등법원 2017. 6. 21. 선고 2016누59296 판결(아세아제지 사건),[264)] 대법원 2018. 7. 11. 선고 2016두46458 판결(고려노벨화학 사건),[265)] 대법원 2018. 7. 20. 선고 2017두30788 판결(한화 사건),[266)] 대법

---

261) 제5조.

262) 대법원 2019. 1. 31. 선고 2017두67605 판결로 상고기각.

263) 대법원 2017. 4. 13.자 2017두31279 판결로 심리불속행 기각.

264) 대법원 2017. 11. 9.자 2017두54227 판결로 심리불속행 기각. 법원은 공정위의 감면신청 기각 처분이 정당하다고 보면서, 첫째, 원고가 자발적으로 제출한 증거자료로 충분히 공동행위 사실이 입증되었다고 보기는 어렵고, 둘째, 원고가 2011년 말경 이후에 다른 사업자에 대하여 합의에서 탈퇴하였음을 알리는 명시적 내지 묵시적인 의사표시를 하고 독자적인 판단에 따라 담합이 없었더라면 존재하였을 가격 수준으로 회복하는 등 합의에 반하는 행위를 하였다고 할 수 없어 공동행위를 종료하였다고 인정되지 않으며, 셋째, 원고가 공정위에 성실히 협조하지 않았다는 점을 들었다.

265) 자진신고 또는 조사협조 이전에 증거인멸 행위 등이 이루어졌다고 하더라도 그로 인하여 자진신고 또는 조사협조 개시 시점에 불충분한 증거를 제출한 것으로 평가할 수 있다면, 자진신고 또는 조사협조 그 자체가 불성실한 것으로 판단될 수 있다. 대법원 2018. 7. 11. 선고 2016두46458 판결(고려노벨화학 사건).

266) 대법원은, ① 피고가 현장조사를 실시한 이후 이 사건 합의를 증명할 만한 충분한 증거를 확보한 상태에서 원고가 비자발적으로 조사에 협조한 것으로 보이는 점, ② 원고는 주식회사 세홍화약에 대한 사업활동방해 합의에 대해서는 적극적으로 진술하지 않다가 2014. 6. 26.경에 이르러 2005년 합의서 초안에 기재된 제3

원 2018. 7. 26. 선고 2017두46912 판결(태영건설 사건),[267] 대법원 2018. 7. 26. 선고 2016두45783 판결(대보건설 사건),[268] 대법원 2018. 7. 26. 선고 2016두48010 판결(태영건설 사건)[269] 등이 있다.

[성실한 협조의무의 시기(始期)]

'성실한 협조' 요건에 관하여 자진신고자 등이 '자진신고 이전(以前)에' 자료파기 등을 한 경우 성실협조 요건을 충족하는지가 문제된다. 공정거래법 시행령 제51조 제1항 제1호 다목은 "조사 및 심의・의결(이하 "조사등"이라 한다. 이하 이 조에서 같다)이 끝날 때까지"을 규정하고 있을 뿐 이러한 성실협조 의무가 언제부터 시작되는지를 명시적으로 규정하고 있지 않다. 자진신고 이전에도 성실한 협조의무가 존재한다고 보는 견해, 위 공정거래법 시행령 제51조 제1항 제1호 다목은 자진신고 이후의 성실한 협조의무만을

자가 위 회사를 의미하는 것이라고 뒤늦게 시인한 점 등의 사정을 종합하여, 원고가 공동행위와 관련된 사실을 모두 진술하고 관련 증거를 제출하는 등 조사가 끝날 때까지 성실하게 협조하였다고 보기 어렵다고 판단한 원심이 정당하다고 보았다.

267) 감면신청 사실 누설행위가 존재한다는 사정을 중요한 고려요소로 보아, 자진신고자의 '성실협조의무' 위반을 인정할 수도 있고, 공정위의 그와 같은 평가에 합리성의 결여, 비례・평등 원칙 위반 등이 있거나, 그 평가의 전제가 되는 사실을 오인하는 등의 사유가 있는 것이 아니라면, 그에 따른 감면신청을 기각한 처분에 재량권 일탈・남용 등의 위법이 있다고 볼 수는 없다.

268) 원고가 자진신고 직후에 피고의 현장조사가 시작도 되기 전에 이 사건 공동행위 가담자들에게 자진신고 사실을 누설한 사안에서, 위와 같은 원고의 누설 시기, 누설 상대방, 누설 경위 등을 종합하면, 피고가 다른 사정을 종합적으로 고려하면서도 이와 같은 누설행위를 중요한 부정적 고려요소로 보아 원고에 대하여 성실하게 협조하지 않았다고 판단하여 한 감면불인정처분에 합리성이 결여되거나 비례・평등 원칙 위반 등이 있다고 보기 어렵다고 보아 상고기각한 사례이다.

269) 서울고등법원은 조사협조자 감면요건이 충족되지 못한 것에 대하여 원고의 책임을 묻는 것이 부당하다고 인정될 만한 정당한 사정이 있는 경우에 한하여 예외적으로 조사협조자 감면요건 미성취의 책임을 원고에게 돌릴 수 없다고 할 것이라고 본 후, 이 사건에서 해당 직원의 위와 같은 행위는 원고의 업무와 외견상 관련이 있는 행위이고, 그러한 누설행위에 원고의 지휘감독책임이 없다거나 원고의 의무해태를 탓할 수 없는 정당한 사정이 있다고 할 수 없다는 이유로 원고의 주장을 배척하였다. 이에 대하여 대법원 2018. 7. 26. 선고 2016두48010 판결은 원심의 판단이 정당하다고 보았다.

전제로 하고 있다고 보는 견해, 자진신고 이후의 성실한 협조의무를 전제로 하고 있으나 자진신고 직전에 중요한 증거를 파기하는 등 자진신고 제도를 악용한 경우는 의무위반을 인정할 수도 있다는 견해 등을 고려할 수 있다.

[성실협조의무의 주체]

사업자가 법인인 경우 등에서 성실한 협조를 해야 하는 주체가 어디까지인지가 문제된다. 특히 증거를 파기하거나 은폐한 경우, 심사보고서가 통보되기 전에 공정위의 동의 없이 제3자에게 행위사실 및 감면신청 사실을 누설한 경우 등에서 문제된다. 증거 파기 및 감면신청 사실 누설 등은 그 자체만으로도 공정위 조사에 영향을 미친 것으로 보아야 할 것이다. 임원 등이 누설한 경우에는 성실한 협조를 부정하여야 할 것이다. 피용자가 동일한 행위를 한 경우에도 특별한 사정이 없는 한 원칙적으로 성실한 협조를 부정하는 것이 타당하다.

라. 공동행위 중단

복수의 당사자 중 자진신고를 한 당사자에 대하여만 종기에 이르고, 그 밖의 당사자에 대하여는 실제 공동행위를 마친 시점에 종기에 이르렀다고 볼 수 있다(대법원 2015. 2. 12. 선고 2013두987 판결). 원고가 평소 임직원에 대한 윤리 교육을 실시하여 왔다는 등의 사정만으로 원고가 직원에 대한 관리·감독상 의무를 다하여 원고의 의무 해태를 탓할 수 없는 정당한 사유가 존재한다고 보기 어렵다(서울고등법원 2016. 7. 20. 선고 2014누46228 판결 등 참조).

[공동행위 중단 요건]

연속된 입찰담합에서 1번 입찰담합 후 자진신고를 하고, 2번 입찰담합을 한 사례를 예로 들 수 있다.

자진신고로 통상 부당한 공동행위는 종기에 이른다. 자진신고 이후 2번 행위를 한 것은 자진신고 요건 중 공동행위 중단 요건의 위반으로 볼 수 있다(지위부정설). 반면, 2번 행위는 자진신고를 통해서 별개의 공동행위이므로, 자진신고의 요건 중 공동행위 중단 사유 위반이 아니라고 볼 수도 있다(지위인정설).

첫째, 자진신고 후 공동행위가 종료되므로 새로운 행위라고 보고, 이에 따라서 중단 요건 위반이 아니라고 하면 실제 중단요건을 흠결한 경우는 발생하기 어렵게 되는 모순에 빠진다. 오히려 위 사례는 중단 요건 위반의 전형적인 경우로 보아야 한다.

둘째, 가격을 유지하는 것과 새로 입찰담합을 한 것은 달리 평가해야 한다(LCD 담합 사건 등). 후자는 새로운 법익 침해를 하였다. 가격담합에서 담합가격을 유지하는 것은 소극적 행위이므로, 중단 요건 위반이 아니라고 볼 여지가 있다. 그러나 새로 입찰담합한 경우는 적극적 행위로 중단 요건 위반으로 보아야 한다.

[공동행위의 파기와 공동행위의 중단]

① 공동행위의 종료와 자진신고자 감면 요건은 다르다. 공동행위 파기의 요건은 '다른 사업자에 대하여 합의에서 탈퇴하였음을 알리는 명시적 내지 묵시적인 의사표시를 하고 독자적인 판단에 따라 담합이 없었더라면 존재하였을 가격 수준으로 인하하는 등 합의에 반하는 행위를 할 것'인데, 자진신고에 따른 감면의 요건은 '당해 부당한 공동행위를 중단할 것'이다.

② 자진신고자 감면에서 중단 요건은 파기 요건에서 합의에 반하는 행위 수준을 요하지 않고, 공정위 실무도 동일한 것으로 보인다.

자진신고 후 다른 공동행위자에 대한 탈퇴의사 표시를 하거나 합의에 반하는 행위를 할 경우 자진신고 사실을 외부에 유출하여 조사에 방해가 되고, 성실한 협조 요건에 위반될 우려가 있다. 이 점에서 새로운 위반행위 등 진정성을 의심하게 할 행위를 하지 않는다면 자진신고만으로 중단 요건을 충족하는 것으로 보고 있다.

이 점에서 자진신고의 요건으로 중단요건은 적극적인 요건보다는 소극적인 요건으로 기능을 하는 경향이 있다. 한편, 자진신고자 고시 제6조는 '합의탈퇴의 의사표시로 부당한 공동행위를 중단한 것으로 볼 수 있다'고 규정하고 있다.[270] 이에 따라 공정위의 조사 착수가 있는 경우 공동행위의 종료

---

270) 제6조(공동행위 중단 여부의 판단) ① 시행령 제51조 제1항 각호의 요건 중 "그 부당한 공동행위를 중단"하였는지 여부는 그 합의에 기한 실행행위가 종료하였는지 여부에 따라 판단하되, 합의탈퇴의 의사표시로 부당한 공동행위를 중단한 것으로 볼 수 있다. 다만, 입찰담합의 경우 당해 입찰이 종료되면 실행행위가 종료된 것으로 볼 수 있다. ② 공동행위는 감면신청 후 즉시 중단하여야 한다. 다만, 심사관이 조사상 필요에 의하여 일정한 기간을 정하는 경우 그 기간이 종료한 후 즉시 중단하여야 한다.

를 위하여 담합에 관여한 다른 사업자에게 공동행위 중단의 의사표시를 담은 서면을 발송하는 경우가 흔히 있다.

③ 자진신고 이후 새로운 공동행위를 한 경우에는 '공동행위의 중단' 요건에 위반된다. 실행행위에 나아가지 않더라도 합의만 하더라도 중단 요건에 위반되는 것으로 해석하는 것이, 공동행위가 합의만으로 성립하는 것과 균형이 맞는다.

④ 일탈행위로 공동행위 중단 요건이나 성실협조 요건이 흠결된 경우 피심인의 지휘감독책임이 없다거나 피심인의 의무해태를 탓할 수 없는 정당한 사정이 있어야 한다. 피심인이 예상할 수 없었다는 점, 평소에 준법교육을 하였다는 점, 자진신고 사실을 직원들에게 알릴 수 없었다는 사정은 정당한 사유로 보기 어렵다.

3. 감면 제외 사유

(1) 감경 또는 면제일로부터 5년 이내인 경우(감경, 면제 모두 적용)

부당한 공동행위를 자진신고하여 시정조치 또는 과징금을 감경 또는 면제받은 자가 새로운 위반행위를 하는 경우 담합 등을 자진신고하더라도 감면받은 날부터 5년 이내에는 시정조치 또는 과징금의 감경 또는 면제를 하지 않도록 하였다(공정거래법 제44조 제2항). 부당한 공동행위를 자진신고한 사업자가 시정조치 및 과징금을 면제 또는 감경을 받은 이후에 반복적으로 부당한 공동행위를 하는 문제를 개선하고자 입법된 것으로 보이지만, 이에 따라 자진신고 제도가 위축될 수 있다.

(2) 강요한 경우(감경, 면제 모두 적용)

2007. 11. 2. 시행령 개정으로 다시 "다른 사업자에게 그 의사에 반하여 해당 부당한 공동행위에 참여하도록 강요하거나 이를 중단하지 못하도록 강요한 사실이 있는 경우에는 시정조치와 과징금의 감면을 하지 아니하다"는 규정을 신설하여(구 공정거래법 시행령 제35조 제1항 제5호 전단, 현 공정거래법 시행령 제51조 제2항 제1호 전단), 공동행위 강요자에 대하여 자진신고 감면으로 인한 혜택을 배제하였다. 2005. 4. 1. 공정거래법 시행령 개정 전에는 강

요자는 물론 주도자의 경우에도 자진신고자의 지위를 박탈하였으나 현재는 주도자도 자진신고가 허용된다. 개정 전 공정거래법이 적용된 대법원 2010. 3. 11. 선고 2008두15169 판결은 주도적 역할을 인정하여 자진신고 지위를 부여하지 않은 것이 적법하다고 보았다.

(3) 반복적 위반(감경, 면제 모두 적용)

공정거래법 시행령 제51조 제2항 제2호는 "반복적으로 법 제40조 제1항을 위반하여 부당한 공동행위를 한 경우"를 감면 제외 사유로 규정하고 있을 뿐 구체적인 기준은 공정위 고시에 위임하고 있다. 공정위 고시는 "반복하여 위반한 경우"를 공정거래법 제40조 제1항을 위반하여 시정조치와 과징금납부명령을 받은 자가 시정조치를 받은 날로부터 5년 이내에 다시 당해 시정조치에 위반되는 부당한 공동행위를 한 경우로 규정하고 있다.[271)]

(4) 2개 사업자, 자진신고 후 2년 경과(2순위 감경에만 적용)

2개 사업자가 부당한 공동행위에 참여하고 그 중의 한 사업자인 경우, 또는 1순위 자진신고자 또는 1순위 조사협조자에 해당하는 자가 자진신고하거나 조사에 협조한 날부터 2년이 지나 자진신고하거나 조사에 협조하여 2순위 자진신고자 또는 조사협조자에 해당하는 경우 과징금 및 시정조치를 감경하지 않는다(공정거래법 시행령 제51조 제1항 제3호 다목). 참고 판결로, 서울고등법원 2015. 9. 11. 선고 2014누49189 판결(대보건설 사건)[272)] 등이 있다.

[제외사유로서 2년 경과 요건의 판단]

공정거래법 시행령 제51조 제1항 제3호 다목에 따라 1순위 자진신고자

271) 제6조의3.

272) 대법원 2016. 10. 27. 선고 2015두55042 판결로 상고기각되었다. 개정 공정거래법 시행령 부칙(2012. 6. 19. 대통령령 제23864호) 제2조에서 '시행령 제35조 제1항 제6호의 개정규정은 이 영 시행 후 자진신고하거나 조사에 협조하는 경우부터 적용한다.'고 규정하고 있으므로 위 시행령의 시행일인 2012. 6. 22. 이전에 종료된 공동행위이더라도 시행일 이후에 자진신고를 한 이 사건에서 제외사유가 적용되어 자진신고자 요건을 갖추지 못하였다고 판단하였다.

또는 조사협조자가 자진신고하거나 조사에 협조한 날부터 2년이 지나면 2순위 자진신고자 지위가 인정되지 않는다. 이 조항의 해석 · 적용에 있어 몇 가지 실무상 쟁점이 제기된다. 이 경우 필요한 증거 제출이 있어 공동행위의 실체가 규명된 이후 2년 경과 후 자진신고는 2순위 지위를 인정하기 어렵다는 점을 기준으로 판단해야 한다.

첫째, 1순위 신고자가 그 지위를 인정받은 경우에 위 조항이 적용됨은 당연하다. 따라서 감면신청서를 제출하여 1순위로 인정받은 경우는 그 신청일을 기산일로 할 수 있다.

둘째, 감면신청서를 제출하였으나 1순위로 인정받지 못한 경우는 그 신청일을 기산일로 하기 어렵다.

셋째, 1순위 신고자가 그 지위를 상실한 경우에도, 위 조항이 적용되어 1순위 신청일로부터 2년이 지나면 요건을 흠결하는가? 위 조항은 1순위자가 증거를 제출한 후에 2년이 지나면 증거제출에 실기하였다는 취지이며, 1순위자가 박탈되더라도 증거를 제출하였다는 점에서는 차이가 없다. 따라서 감면신청서를 제출하여 1순위로 인정받았으나, 성실한 협조를 하지 않아 지위가 박탈된 경우는 신청일을 기산일로 할 수 있을 것이다.

넷째, 최초 감면신청서를 제출한 사업자와 1순위로 인정받은 사업자가 다른 경우에 문제된다. 최초 감면신청서를 제출한 사업자의 감면신청일을 기준으로 2년을 기산할지, 1순위로 인정받은 사업자의 감면신청일을 기준으로 2년을 기산할지에 따라 결론이 달라질 수 있다. 1순위로 인정받은 사업자의 감면신청일을 기준으로 함이 타당하다.[273] 간단히 사례를 제시해 본다. 갑이 2020. 3. 1. 자진신고를 하였으나 자진신고자로 인정되지 못하였다. 을이 2020. 5. 1. 자진신고를 하였고 자진신고자로 인정되었다. 병이 2022. 4. 1. 조사협조를 한 경우, 갑의 신고일로부터 2년이 경과하였으나, 을의 신고일로부터 2년이 경과하지 않아서 2순위 조사협조자가 될 수 있다.

4. 자진신고 진술의 신빙성

자진신고 진술의 신빙성을 배척한 사례로는 서울고등법원 2012. 8. 30.

273) 이동규 · 윤진하, "공정거래법상 자진신고자 감면제도 중 순위 인정을 둘러싼 쟁점", 경쟁저널 제206호, 2021. 51, 52면.

선고 2011누35608 판결, 서울고등법원 2013. 8. 21. 선고 2011누46400 판결 등이 있는데, 원적 관리를 통하여 주유소 유치 경쟁을 제한하는 합의를 한 사례이다. 관련 판례로 서울고등법원 2012. 8. 30. 선고 2011누35608 판결(에쓰대시오일 사건),[274] 서울고등법원 2013. 8. 21. 선고 2011누46400 판결(현대오일뱅크 사건)[275] 등이 있다.

▣ 리딩케이스 : 서울고등법원 2013. 8. 21. 선고 2011누46400 판결(현대오일뱅크사건)[276]

■ 판시사항

갑은 이 사건 모임 당시 G본사 소매지원팀장(후에 '영업지원팀장'으로 명칭이 변경되었다)으로서 정유사 간 조정업무에 관한 권한이 있었을 뿐, 경질유 주요 판매망인 주유소의 확보와 관련하여 G본사 기본영업방침을 최종적으로 결정할 지위나 권한이 있지 않았는데도, 이 사건 모임 전에 이 사건 합의에 관하여 G내부에서 논의나 보고를 하거나 윗선의 지시를 받은 바가 없었을 뿐 아니라 자신의 어떤 계획 또는 기획 등을 윗선에 알린 적도 없었고, 이 사건 모임 후에도 이 사건 합의의 성립과 내용을 자신의 바로 위 상급자인 영업담당상무를 비롯하여 상급자에게 직간접으로 보고하여 그에 관한 승인 또는 지시 등을 받은 적이 없다. 또한, 이 사건 모임의 다른 참석자들 역시 본사 차원의 주유소 확보 관련 기본영업방침을 결정할 수 있는 지위나 권한이 있지 않았다. 그리고 이 사건 모임의 참석자들은 모임 전에 이 사건 합의의 내용을 서로 논의하거나 이 사건 모임에서 최종 합의를 하기로 이야기한 바가 없었다. 더구나 이 사건 진술서에서 갑은 이 사건 모임에서 원적 관리 기간으로 S는 5년, H는 2년을 주장하였으나 최종적으로 3년으로 정해졌다고 진술하였는데, 그와 같은 합의 과정이 실제로 존재하였다면 갑으로서는 이 사건 합의를 G본사 차원의 기본영업방침으로 정하여 발표하기

274) 상고기각(대법원 2015. 1. 29. 선고 2012두21840 판결). 자진신고 진술의 신빙성이 부정된 사례.

275) 상고기각(대법원 2015. 1. 29. 선고 2013두18759 판결). 자진신고 진술의 신빙성이 부정된 사례.

276) 상고기각(대법원 2015. 1. 29. 선고 2013두18759 판결).

에 앞서 다른 정유사가 이 사건 합의를 최종적으로 자신의 기본영업방침으로 적어도 묵시적으로나마 정하거나 수용하였는지를 확인하였어야 하는데도, 이러한 확인절차를 거치지 않았다. 위와 같이 자신이 상급자에게 사전・사후 보고 없이 독자적으로 이 사건 합의를 하였다는 갑 진술은 경험칙에 비추어 쉽게 수긍이 가지 않는다.

■ 해 설

이 사건은 '원적지' 담합 사건으로 자진신고자 진술의 신빙성이 쟁점이 되었고, 원심 및 대법원은 모두 진술의 신빙성을 부정하여 원고 승소 판결을 선고하였다. 묵시적 합의가 쟁점이 된 엘피지 담합에 관한 대법원 2014. 5. 29. 선고 2011두23085 판결(현대오일뱅크 사건)의 경우 원심에서는 원고 청구가 기각되었으나, 대법원에서는 합의가 인정되기 어렵다는 취지로 파기하였다.

Ⅲ. 감면신청

신청인이 공정위에 서면으로 감면신청을 하기 곤란한 사유가 있는 경우에는 구두로 제7조 또는 전조의 감면신청을 할 수 있다. 이 경우 전화에 의한 감면신청은 포함되지 아니한다. 구두 감면신청을 하는 경우 조사공무원은 구술에 의하여 질문하고 그 답변을 녹음 또는 녹화하여 보존하여야 한다.[277] 과거 감면신청 방법, 접수 시점 등이 명확하지 않아 불필요한 분쟁의 소지가 존재하였다. 2016. 9. 30. 고시 개정을 통하여 감면신청 방법과 접수 시점 판단기준을 명확하게 규정하였다.

간이신청제도(marker system)로서, 간이신청을 한 경우 우선순위를 보장해 주되, 추가적인 정보를 수집할 수 있는 기간을 부여하고, 이 기간이 지나도 충분한 증거를 제공하지 못하는 경우 순위보장의 혜택을 철회하는 제도도 도입되어 있다. 신청인은 증거자료의 수집 등에 상당한 시간을 요하거나 기타 신청서와 동시에 증거자료를 제출할 수 없는 특별한 사정이 있는 경우 기재사항 중 일부를 생략한 신청서를 제출한 후, 이를 보정기간 내에

277) 제8조의2.

보정할 수 있다(자진신고자 감면제도 운영고시 제8조).

1. 공동 감면신청

공정거래법 시행령 제51조에 의하면, 공동행위에 참여한 2 이상의 사업자가 공동으로 증거를 제공하는 경우에도 이들이 실질적 지배관계에 있는 계열회사이거나 회사의 분할 또는 영업양도의 당사회사로서 공정위가 정하는 요건에 해당하면 단독으로 제공한 것으로 본다. 이때 "실질적 지배관계"라 함은 사업자가 다른 사업자의 주식을 모두 소유한 경우(동일인 또는 동일인 관련자가 소유한 주식을 포함한다) 및 사업자가 다른 사업자의 주식을 모두 소유하지 아니한 경우라도 주식소유비율, 당해 사업자의 인식, 임원겸임 여부, 회계의 통합 여부, 일상적 지시 여부, 판매조건 등에 대한 독자적 결정 가능성, 당해 사안의 성격 등 제반사정을 고려할 때, 사업자가 다른 사업자를 실질적으로 지배함으로써 이들이 상호 독립적으로 운영된다고 볼 수 없는 경우에 해당하는 사업자들의 관계를 의미한다. 다만, 관련시장의 현황, 경쟁사업자의 인식, 당해 사업자의 활동 등을 고려할 때 경쟁관계에 있다고 인정되는 경우는 제외한다. 위 시행령의 "공정위가 정하는 요건"은 공동으로 증거를 제공하는 사업자가 분할 또는 영업양도의 당사회사인 경우 그들이 함께 당해 공동행위에 참여한 사실이 없어야 한다는 것을 의미한다.[278]

공동감면신청에 관하여 실질적 지배관계를 부정한 사례로 서울고등법원 2012. 5. 24. 선고 2010누32091 판결[279] 및 영업양도 회사 사이의 공동신고를 부정한 사례로 대법원 2010. 9. 9. 선고 2010두2548 판결 등이 있다. 참고판결로, 대법원 2010. 9. 9. 선고 2010두2548 판결(디와이홀딩스 사건),[280] 대법원 2015. 9. 24. 선고 2012두13962 판결(에스케이가스 사건), 대법원 2016.

---

278) 제4조의2 (공동 감면신청).

279) 대법원 2015. 9. 24. 선고 2012두13962 판결로 상고기각되었다.

280) 공동자진신고를 부정한 사례.

10. 27. 선고 2014두6333 판결(씨텍 사건),[281] 서울고등법원 2017. 5. 18. 선고 2015누60756 판결(팜스코 사건)[282] 등과 공정위 2017. 4. 17. 의결 제2017-146호[283] 등이 있다.

2. 대리신고

대리신고가 허용되는지는 사실관계에 따라 달라질 수 있는 문제이므로 일률적으로 결정할 문제는 아니다. 대리신고를 허용한 사례로는 대법원 2010. 9. 9. 선고 2009두8939 판결, 대법원 2013. 7. 25. 선고 2012두29042 판결 등이 있다. 대법원 2013. 7. 25. 선고 2012두29042 판결(씨텍 사건)[284]에서는 원심이 대리신고를 부정하였으나, 대법원은 원고와 신고한 호남석유화학이 동일 법인에서 분리되어 원고가 과징금 납부의무를 부담하게 된 점, 자료가 공통된 점, 호남석유화학이 원고의 지분을 보유하고 있어서 그 효과를 원고에게 귀속시키려고 하는 의사가 있었던 점 등을 종합하여 대리신고를 인정하였다. 대리신고를 불허한 사례로는 대법원 2010. 9. 9. 선고 2010두2548 판결 등이 있는데, 이 사건에서 영업양도의 당사회사라는 사정만으로 대리신고를 할 수 없다고 보았다.

---

281) 대법원은 지분에 비추어 실질적 지배관계는 인정되지 않아 공동의 자진신고도 가능하지만, 대리신고도 가능하다고 보았다.

282) 대법원 2017두47229 사건으로 상고 중이다(심리불속행 기간 도과). 실질적 경쟁관계에 있는 복수의 사업자로 보아 공동감면 신청을 부정한 사례이다.

283) 면세점 담합 사건에서 호텔롯데, 부산롯데, 롯데디에프글로벌, 롯데디에프리테일을 사실상 하나의 사업자로 보아 감면신청을 인정하였다. 공동감면신청을 한 신청회사는 모두 롯데 기업집단 계열회사이다. 신청인간 임원겸임이 이루어졌다. 신청인이 'Lottte Duty Free', '롯데면세점' 등 면세점 로고를 공통으로 사용하였다. 호텔 롯데가 나머지 신청인들과 '경영컨설팅 계약' 및 '공통경비 처리기준에 관한 약정'을 체결한 후, 전산시스템, 회계업무 등을 통합하여 운영하고, 면세점 운영에 필수적인 업무를 실질적으로 운영하였다. 이를 종합하여 실질적인 지배관계를 인정하였다.

284) 대리신고가 인정된 사례.

Ⅳ. 감면여부의 결정

1. 감면 여부 결정

관련 판례 중 당시 법령상 조사착수 후 1순위 협조자에 대하여는 감경만 할 수도 있으나, 면제하겠다는 취지를 공표한 경우 1순위 조사협조자에 대하여 과징금을 전액면제하지 않는 것이 위법하다고 본 사례(대법원 2011. 7. 28. 선고 2010두23989 판결), 자진신고자에 해당하는 경우에도 먼저 부과과징금을 산정한 후 감면해야 한다고 본 사례(대법원 2010. 1. 14. 선고 2009두15043 판결) 등이 있다.

경과규정상 과징금 부과율은 자진신고자에 대한 감면에도 적용된다고 본 사례로는 서울고등법원 2009. 12. 2. 선고 2009누9668 판결,[285] 대법원 2012. 1. 27. 선고 2010두24852 판결 등이 있다. 감면불인정 통지는 처분에 해당하고(대법원 2012. 9. 27. 선고 2010두3541 판결), 감면불인정 통지와 시정명령 및 과징금 등 처분은 선행처분과 후행처분의 관계에 있다(대법원 2013. 6. 13. 선고 2012두26449 판결). 공정위 사무처장에 의한 지위확인제도는 2015. 1. 2. 공정위 고시 제2014-19호로 폐지되었다. 이에 따라 사무처는 감면신청자의 제출 자료와 협조상황 등 제반 상황을 위원회에 보고하고 위원회가 자진신고 지위를 결정하도록 변경되었다. 참고 판결로, 서울고등법원 2019. 8. 28. 선고 2018누73975 판결(한화시스템 사건)[286] 등이 있다.

[다른 사업자의 자진신고 지위 취소의 소구(訴求)]

다른 사업자의 자진신고자 지위를 다툴 수 있는지는 개별 사안에 따라 달

---

285) 심리불속행 기각.

286) 대법원 2019. 12. 27.자 2019두54504 판결로 심리불속행 기각. 법원은 원고의 자진신고 당시 공정위 확보 자료, 1순위 자진신고 이후 공정위의 조사 경위, 원고의 증거 제공을 통한 기여도 등을 고려하면, 공정위가 공동행위와 관련된 주요 증거를 취득하기 전에 원고가 공동행위를 증명하는데 필요한 증거를 제공하여 기여하였다고 판단하였다. 이 판결은 2순위 자진신고자가 1순위 지위를 승계하는 경우에 그 기여도를 유연하게 인정한 사례로 볼 수 있다.

리 보아야 한다. 1순위로 접수한 사업자가 자진신고자로 인정을 받지 못한 경우 자신에 대한 자진신고자 지위 불인정 의결을 다투면 충분하므로 다른 사업자의 자진신고 지위를 다툴 법률상 이익이 없다. 2순위로 접수한 사업자의 경우에는 1순위로 접수한 사업자의 자진신고자 지위 인정 의결의 취소를 구함으로써 1순위 자진신고자로 그 지위가 변경될 수 있으므로 다른 사업자의 자진신고자 지위를 다툴 법률상 이익이 있을 것으로 보인다.

2. 감면 결정 취소

공정거래위원회는 법 제44조 제3항에 따라 공정거래위원회의 조사등의 과정에서 한 진술이나 제출했던 자료의 중요한 내용을 재판에서 전부 또는 일부 부정하는 경우, 공정거래위원회의 조사등의 과정에서 진술한 내용이나 제출했던 자료가 재판에서 거짓인 것으로 밝혀진 경우, 정당한 이유 없이 재판에서 공동행위 사실에 대한 진술을 하지 않는 경우, 정당한 이유 없이 재판에 출석하지 않는 경우의 어느 하나에 해당하는 경우 같은 조 제1항에 따른 시정조치나 과징금의 감경 또는 면제를 취소할 수 있다(공정거래법 시행령 제51조 제3항).

Ⅴ. 자진신고 지위의 승계

참고 판결로, 대법원 2012. 9. 27. 선고 2010두3541 판결(한국유리공업 사건),[287] 서울고등법원 2017. 8. 18. 선고 2017누32236 판결(에이앤디엔지니어링 사건),[288] 대법원 2018. 7. 11. 선고 2016두46458 판결, 서울고등법원

287) 1순위로 감면신청을 하였으나, 이를 인정받지 못한 경우 그 취소를 구한 사건.

288) 확정. 관련 법령에서 선행 시정명령을 전제로 한 감면처분의 존재를 후행 처분의 전제 또는 가중사유로 정하고 있고 행정청은 그 법령에 정해진 바에 따라 행정작용을 할 것이 당연히 예견되므로, 이 사건 선행처분을 전제로 한 이 사건 감면처분의 존재로 인하여 원고가 장래에 받을 불이익이 현실적으로 존재한다. 따라서 원고는 이 사건 감면처분의 취소소송을 통하여 그러한 불이익을 제거할 권리보호의 필요성이 충분히 인정되므로, 이 사건 감면처분의 취소를 구할 법률상 이익이

2016. 6. 17. 선고 2015누42529 판결(고려노벨화학 사건)[289] 등이 있다.

[승계와 필요한 증거]

① 충분한 증거 미확보 요건의 구비 여부

2016. 9. 30. 자진신고 고시 개정을 통하여 순위를 승계하는 경우에도 승계되는 순위에 상응하는 감면요건을 충족하고 있어야만 감면 지위를 인정할 수 있도록 개정하였다.[290] 이러한 개정으로 1순위 승계자에게도 당초 1순위 신청인과 동일하게 "공정위가 충분한 증거를 확보하지 못한 상태"여야 한다는 요건을 적용하여야 하는 결과, 공정위가 이미 1순위자를 통해 충분한 증거를 확보한 경우에는 1순위자의 지위가 취소되더라도 2순위자는 순위 승계가 어렵게 된 것으로 보인다.

② 2순위자의 1순위 승계

1순위자의 자진신고 지위가 박탈된 경우에도 공정위가 박탈된 1순위자로부터 증명에 충분한 증거를 제출받아 확보하고 있고, 이러한 증거는 특별한 사정이 없는 한 증거적격이 있으므로, 2순위자의 1순위 승계가 어렵게 된다. 예를 들어, 2순위자가 1순위 지위를 승계하는 경우에도 2순위자는 1순위로서 혜택을 받을 만한 기여를 해야 하며, 박탈된 종전 1순위자가 기여한 부분을 2순위자가 승계할 근거가 없다. 따라서 종전 1순위자가 대부분의 증거를 제출한 경우에는 2순위자가 1순위 지위를 승계할 가능성이 낮아진다.

이에 대하여 승계 취지에 비추어 필요한 증거 요건을 완화하여 해석하여야 하며, 승계하여 1순위가 되는 경우에도 엄격하게 '충분한 증거 미확보'

있다고 판단하였다.

289) 이 사건에서 원고는 1순위 자진신고자 지위 승계를 주장하였다. 이에 대하여 원심은 원고의 주장을 배척하면서 "공정위는 원고의 감면신청 당시 이미 현장조사와 주식회사 한화의 증거제출을 통해 이 사건 공동행위를 증명하는 데 필요한 증거를 충분히 확보한 상태였을 뿐만 아니라 원고가 조사에 성실하게 협조하였다고 볼 수도 없으므로, 원고가 1순위 조사협조자에 해당하지 않는다"고 판단하였다.

290) 제12조 ④ 2인 이상의 신청이 있는 경우 그 중 일부의 신청이 감면신청 취하, 제2항 각 호 또는 시행령 제51조 제1항 각호 및 제2항 각호의 요건 중 어느 하나를 충족하지 못하는 사유로 자진신고자 등의 지위가 인정되지 않는 경우에는 그 다음 신청인이 이전 신청인의 접수 순서를 승계하고, 위원회는 그 접수순위를 승계하는 신청인이 승계되는 순서에 상응하는 시행령 제51조 제1항 각호의 요건을 충족하는지 여부를 판단하여야 한다. 이 경우 시행령 제51조 제1항 제1호 가목 및 동항 제3호 가목의 증거제공 순서는 승계되는 순서를 기준으로 판단한다.

요건을 요하면 승계제도가 운영되기 어렵다는 견해도 있을 수 있다.

③ 승계 부정시 2순위자의 지위

1순위 지위가 박탈되고, 2순위자가 1순위를 승계할 만한 요건을 구비하지 못한 경우는 어떻게 처리되어야 하는가? 이 경우 과거 공정위는 과거 1순위 지위를 승계하지 못하게 됨에 따라 2순위 지위도 유지할 수 없으므로 2순위 지위자의 지위도 인정되지 않는다고 판단하였다. 그러나 1순위가 박탈되었다는 별개의 사정으로 2순위 지위자가 이미 취득한 2순위 지위도 상실한다고 보기는 어렵다. 2순위 지위는 그대로 유지하고, 다만 1순위 지위만 부존재하는 것으로 보는 것이 정당하다. 이러한 문제점을 인식하여, 2021. 6. 10. 자진신고자 감면고시 개정을 통하여 선순위 감면신청 기각 시 후순위 신청인이 선순위를 승계하는 것을 원칙으로 하면서도, 후순위 신청인이 "공정거래위원회가 충분한 증거를 확보하지 못한 상태에서 감면신청하였을 것"(불충분성 요건)이라는 요건을 충족시키지 못하는 경우는 예외적으로 승계하지 않도록 하되, 1순위 감면신청인이 위 '불충분성' 요건을 충족시키지 못하는 경우는 위 예외를 배제해 승계하도록 하고 있다(제12조 제5항)[291]. 이러한 개정은 2순위자가 1순위를 승계하지 못하는 경우, 부당하게 2순위 지위를 박탈당하는 문제를 해결하기 위함이다.

④ 3순위자의 2순위 승계

3순위자는 자진신고(조사협조)자로서 혜택을 받지 못하고, 과징금 산정 과정에서 조사협력 감경만 가능하다. 2순위 지위가 박탈되는 경우 3순위자는 2순위를 승계하게 된다. 2순위의 경우에는 '충분한 증거 미확보'의 요건이 없으므로, 필요한 증거만 제공하면 2순위 지위를 승계할 수 있다. 한편, 3순위 신청인이 2순위를 승계하는 경우에도 예외적 미승계 규정이 적용되는지에 대한 해석상 혼란이 있어, 2021. 12. 30. 고시 개정을 통하여 예외적 미승계 규정은 2순위 신청인이 1순위를 승계하는 경우에만 적용되는 것임을

291) ⑤ 제4항에도 불구하고, 다음 각 호의 모두에 해당하는 경우 시행령 제51조 제1항 제3호 가목(승계한 접수 순서가 시행령 제51조 제1항 제3호 가목에 해당하는 경우를 포함한다. 이하 이 항에서 같다)에 해당하는 자는 이전 신청인의 접수 순서를 승계하지 아니한다. 1. 최초에(불인정된 감면신청 포함) 이루어진 감면신청 시점 기준 위원회가 당해 공동행위를 입증하는데 충분한 증거를 확보하지 못한 경우 2. 시행령 제51조 제1항 제3호 가목에 해당하는 자가 시행령 제51조 제1항 제1호 나목 또는 제2호 가목의 요건을 충족하지 못할 것.

명확히 하였다.

Ⅵ. 추가적 자진신고 감면

공정거래법 시행령 제51조 제1항 제4호에 의하면 부당한 공동행위로 인하여 과징금 부과 또는 시정조치의 대상이 된 자가 그 부당한 공동행위 외에 그 자가 관련되어 있는 다른 부당한 공동행위에 대하여 요건을 충족하는 경우에는 그 부당한 공동행위에 대하여 다시 과징금을 감경 또는 면제하고, 시정조치를 감경할 수 있다. 이를 추가적 자진신고 감면(Leniency Plus, Amnesty Plus Program)라고 한다.

이 경우 당해 공동 행위에 대한 감면 정도는 다른 공동 행위의 규모에 따라 결정된다. 그러나 당해 또는 다른 공동 행위가 복수인 경우 양자의 규모를 비교할 구체적인 기준이 마련되어 있지 않았다. 그 결과 감경률 결정을 위해 공동 행위별 합산 규모를 비교할지 또는 개별 규모를 비교할지 등이 문제되었다. 2016. 9. 30. 개정을 통하여 당해 또는 다른 공동 행위가 복수인 경우 감면 기준을 구체화하였다. 당해 공동 행위 규모 합산액 및 다른 공동 행위 규모 합산액을 비교하여 감경률을 결정한 뒤, 해당 감경률을 당해 공동 행위 모두에 일률 적용하게 되었다. 대법원 2013. 11. 14. 선고 2011두28783 판결(서희건설 사건)이 공정위가 추가 감경률 결정 방식 및 감경 대상 판단에 재량을 가지므로, 위 방식에 따른 추가 감면은 적법하다고 판시한 점을 고려한 것으로 보인다. 관련 판결로, 대법원 2013. 11. 14. 선고 2011두28783 판결(서희건설 사건),[292] 서울고등법원 2017. 12. 15. 선고 2016누60739 판결(아세아제지 사건)[293] 등이 있다.

---

292) 당해 공동행위에 대한 감경요건과 함께 복수의 다른 공동행위를 자진신고하여 감경요건을 갖춘 경우 감경률을 어떻게 정할 것인지에 대하여 구체적인 규정이 없는 경우, 공정위가 적용한 기준이 적법한지가 문제된 사례이다.

293) 법원은 해당 사건에서 구 공정거래법 시행령 제35조 제1항 제1호의 요건 중 다목을 모두 충족하지 못하였다는 이유로 위 조항에 따른 자진신고자의 지위를 인정받지 못하였으므로 구 공정거래법 제35조 제1항 제4호의 추가감면 요건을 충족

[추가적 자진신고 감면에서 공동행위의 규모 평가]

추가적 자진신고 감면에서 감면의 기준이 되는 공동행위의 규모를 어떻게 산정할 것인지가 종래에 문제되었다. 신청인의 관련매출액인가, 모든 피심인의 관련매출액 합계인지, 특히, 입찰담합 사건에서 낙찰된 계약금액만 포함되는가, 낙찰된 계약금액과 들러리 참가 계약금액을 모두 합산할 것인지가 문제되었다.

추가적 자진신고 감면 제도는 법률에 직접 근거 규정은 없고, 시행령 제51조 제1항 제4호와 자진신고자 감면고시 제13조에 규정이 있다. 시행령에 '그 자가 관련되어 있는 다른 부당한 공동행위'라고 기재되어 있고, 감면고시에 '공동행위의 규모'라고 기재되어 있으며, '관련 상품 또는 용역의 매출액'으로 판단하도록 되어 있다. 당해 공동행위와 다른 공동행위를 비교함에 있어 '공동행위의 규모'를 평가하는 기준은 동일해야 한다.

이러한 집행상 문제를 고려하여, 2021. 6. 10. 감면고시 개정을 통하여 신청기간에 대하여, 다른 공동행위의 감면신청 기간을 당해 공동행위의 조사개시일 또는 자진신고일 중 빠른날부터 심의일 사이로 명확하게 규정하였다. 규모기준에 대하여, 추가감면율 결정 요소인 당해·다른 공동행위 규모의 판단기준을 '관련매출액'으로 하고, 입찰담합의 경우 들러리 매출액은 포함하지 않았다.

[추가적 감면제도와 선행 공동행위]

추가적 감면제도는 당해 공동행위와 다른 공동행위라는 2개의 공동행위를 전제로 하고 있다.

① 다른 공동행위에 대하여 1순위 요건이 필요한지 문제이다. 추가적 감면제도는 다른 공동행위의 1순위에 한하여 인정된다. 시행령 제51조 제1항 제4호가 다른 부당한 공동행위에 대하여 '1호 각목 또는 2호 각목의 요건을 충족하는 경우'라고 기재되어 있다. 따라서 다른 공동행위에 대하여 2순위로 신고하는 경우는 포함되지 않는다.

② 다른 공동행위에는 1순위 감면신청이 있어야 한다. 당해 공동행위에 감면신청이 있어야 하는지 문제이다. 공정거래법 시행령 제51조 제1항 제4호에는 '부당한 공동행위로 인하여 과징금 또는 시정조치의 부과대상이 된 자'라고만 되어 있어 당해 공동행위에 감면신청이 있어야 한다고 볼 근거는

하지 못한다고 판단하였다.

없다.

자진신고자 감면 고시 제2조 제3호는 당해 공동행위라고 함은 '자진신고자 등 또는 조사에 협력(과징금고시의 조사협력을 의미한다)한 자'라고 규정되어 있다. 문언에 따르면 당해 공동행위에 대하여 자진신고를 한 자, 조사협조신청을 한 자, 이러한 신청을 하지 않아도 조사에 협력만 한 자가 모두 포함된다. 즉, 감면신청을 한 자에 대하여 한정되지 않는다.

자진신고자 감면고시는 법규성이 없으나 이를 가능한 존중할 필요가 있다. 추가적 감면신고를 하는 경우 대부분 당해 공동행위에 협력하는 것이 통상적이다. 당해 공동행위에 대하여 감면신청을 하였는지라는 형식적 요건에 따라 추가적 감면 여부를 달리할 실익이 적다. 당해 공동행위에 대하여 자진신고 신청을 하였으나 면책을 받지 못한 자가 다른 공동행위를 신고하는 경우와 당해 공동행위에 대하여 자진신고 신청을 하지 않고 조사를 받는 자가 다른 공동행위를 신고하는 경우에 있어서, 다른 공동행위에 대한 제보라는 기여도는 다르지 않다. 감면신청서를 제출하였는가에 따라 차이를 둘 이유가 없다.[294]

③ 다른 공동행위에 대하여 이미 조사가 이루어지는 경우에 추가적 신청이 가능할지 문제된다.[295] 첫째, 추가적 감면제도는 당해 공동행위에 대하여 조사를 받는 과정에서 다른 공동행위 신고로 기여한 자를 전제로 하고 있다. 이미 공정위가 조사한 다른 공동행위에 대하여 추가적 감면 혜택을 소급적으로 부여하는 것은 자연스럽지 않다.

둘째, 추가적 감면제도는 다른 공동행위에 대하여는 1순위로 전부 면제되고, 나아가 조사가 진행 중인 당해 공동행위에도 감경 혜택을 주어 이중의 혜택을 통하여 신고를 유도하는데에 있다. 당해 공동행위 중에 다른 공동행

294) 미국의 경우 당해 공동행위에 대한 자진신고를 요하지 않는 것으로 보인다. 미국의 경우 A공동행위에 대하여 리니언시를 주장할 수 없는 사업자가 신청한다(a company that cannot claim leniency for a conspiracy). 이때 B행위와 A행위에 대하여 모두 혜택을 받는다. B행위에 대하여는 면책을, A행위에 대하여는 감경요소(a mitigating factor)로 사용하고 있다. 첫 번째 행위에 대하여 자진신고를 할 것을 요한다는 언급이 없다. Buretta, Cartels and leniency review, 2018, p. 361. ABA, Antitrust Law Development, 2017. 974, 975

295) 1 공동행위에 대하여 공정위가 이미 조사를 진행하였다. 사업자가 2 공동행위에 대하여 자진신고를 하여 1순위가 인정되는 경우, 1 공동행위에 대하여 2 공동행위 신고를 이유로 추가적 감면이 가능한지 등 사안이다.

위를 신고한 경우, 다른 공동행위를 분리하여 신고한 경우 중에 전자의 경우에 더 많은 혜택을 주는 것이 제도의 취지이다. 조사 중에 공정위에 알려지지 않은 다른 공동행위에 대하여 밝히는 경우 더 많은 혜택을 준다. 그 점에 비추어도 이미 공정위가 조사한 공동행위에 대하여 혜택을 주기는 어렵다.

[추가적 감면 판단과 재량권 행사]

추가적 자진신고 감면 제도는 당해 사건과 다른 사건에 대하여 모두 감면 혜택을 주는 제도이다. 다른 사건에 대하여 감면이 되어도 당해 사건에 감면이 되지 않으면 처분의 취소사유로 주장할 수 있다.

첫째, 그 적법성은 처분시인 의결시를 기준으로 해야 한다. A사건의 의결 당시 B사건에 대하여 추가적 감면신고를 하였다면 이를 반영하여 처분을 하는 것이 타당하다. 다만 A의결 당시 B사건에 대한 추가적 감면신고를 고려하는 것이 실질적으로 어려운 경우까지 처분이 위법하다고 보기 어렵다.

둘째, A사건에서 추가적 감면신청이 있었는지라는 형식적인 기준으로 하는 것에는 동의하기 어렵다. 공정위는 적법한 법 집행을 할 의무가 있으므로, 형식적 신청 여부와 관계 없이 A사건과 B사건을 함께 고려하는 것이 가능하였다면 고려하여 감면을 할 의무가 있다. 이는 재량권일탈남용의 심사 대상이 될 것으로 보인다.

추가적 감면제도는 B사건에 대한 신고로 B사건에 감면을 받는 것에 그치지 않고 A사건에까지 혜택을 주는 제도이고, 이때 A와 B규모를 모두 고려해서 감경률을 정하게 된다. 따라서 의결 당시 A와 B 모두를 고려할 수 있었다면, 추가적 감면신청을 하지 않았음에도 이를 심사해야 할 것으로 보인다. 법집행권한이 있는 전문 기관이 형평에 어긋나지 않도록 법집행을 하는 것이 타당하기 때문이다.

제 6 절 사업자단체 규제

1. 개 념

"사업자단체"라 함은 그 형태 여하를 불문하고 2 이상의 사업자가 공동의 이익을 증진할 목적으로 조직한 결합체 또는 그 연합체를 말한다(공정거래법 제2조 제2호). 사업자단체는 사업의 종류를 불문하고 공정거래법 제2조 제1호 규정의 "사업자"들이 조직한 모든 단체를 포함한다. 단체를 조직한 자들이 사업자이기만 하면 그 조직 구성원은 법인이든 조합이든 회사이든 법적 형태가 제한되지 않는다. 사업자의 이익을 위한 행위를 하는 임원·종업원·대리인 기타의 자는 사업자단체에 관한 규정에 있어서는 이를 사업자로 보고 이들이 조직한 단체도 포함한다.[296)]

2. 공동행위 규제와 사업자단체 규제

가. 사업자단체의 경우

입법론으로 사업자단체의 행위에 대하여 공정거래법 제40조와 별도로 공정거래법 제51조 제1항 제1호를 둘 필요가 있는지 논의가 있으나, 공정거래법은 별도의 규정을 두고 있다.

이에 따라 사업자단체의 부당한 공동행위에 대하여 공정거래법 제40조의 적용이 가능한지가 문제된다. 사업자단체의 경우 주로 공정거래법 제51조가 적용된 사례가 대부분이었고, 사업자단체가 직접 입찰의 당사자로서 참여한 경우 등에서 공정거래법 제40조가 적용되었다.

공정거래법 제40조가 적용된 경우 과징금을 법 제43조에 따라 정률과징

296) 사업자단체활동지침(2021. 12. 30. 공정위 고시 제2021-35호. 이하 같다) 2.

금으로 산정할지, 법 제53조 제1항에 따라 정액과징금으로 산정할지가 문제되었다. 공정거래법 제53조 제1항의 경우 과징금 상한이 10억 원인 반면, 공정거래법 제43조는 과징금 상한이 관련매출액의 20/100이어서 큰 차이가 있어 다툴 실익이 크다. 사업자단체에 대하여 공정거래법 제51조가 적용된 경우에는 공정거래법 제53조 제1항에 따라 과징금을 산정함에 의문이 없다. 그러나 사업자단체에 대하여 공정거래법 제40조 제1항을 적용하는 경우에도 사업자단체 규제에 대한 공정거래법 제53조 제1항을 적용하여 상대적으로 적은 과징금을 산정할 수 있는지 등이 문제된다.

정률과징금의 경우 관련매출액에 따라 과징금을 산정하게 되는데, 사업자단체의 이익 및 실행예산에 비추어 과징금 부과가 재량권 일탈·남용인지가 문제되고 있다.

[사업자단체에 대한 법 제40조, 법 제51조의 적용]

① 사업자단체가 단체적 의사결정에 따라 구성원 사업자로 하여금 경쟁제한행위를 하게 한 경우에는 공정거래법 제51조 제1항 제1호가 적용된다. 공정거래법 제51조 제1항 제1호의 전형적인 경우이며, 공정거래법 제40조 제1항이 적용되지 않는다. 따라서 사업자단체의 행위 태양이 공정거래법 제51조의 전형적인 사안임에도 법 제40조를 적용하는 것은 정당하지 않다.

② 사업자단체가 다른 사업자단체 또는 다른 사업자와 부당하게 경쟁을 제한하는 합의를 한 경우에는 어떤 법 규정이 적용되는가?

법문에 비추어 보면, 이 경우 공정거래법 제40조 제1항과 제51조 제1항 제1호의 적용이 모두 가능하며, 어떤 규정을 적용하더라도 그 적용에 위법이 있다고 보기 어려울 것이다. 다만, 실무적으로 두 규정을 모두 적용하는 사례는 드물고, 그 중 어느 한 규정을 선택하게 된다.

먼저, 공정거래법 제40조 제1항 요건에 관하여, 법 제40조 제1항의 주체는 사업자이다. 그런데 사업자단체가 사업자에 포함되는지가 문제될 수 있다. 그러나 사업자단체가 사업자의 지위로 행위한 경우에는 사업자로 보는 것이 타당하다[서울고등법원 2007. 7. 25. 선고 2007누2946 판결,[297] 서울고등법원 2018. 8. 23. 선고 2017누90188 판결(대전세종충남아스콘공업협동조합 사건),[298] 서울

297) 대법원 2007. 11. 15.자 2007두18079 판결로 심리불속행 기각.

298) 대법원 2018. 12. 27.자 2018두57070 판결로 심리불속행 기각.

고등법원 2019. 4. 25. 선고 2018누64803 판결(제주시 레미콘사업협동조합 사건)[299)]. 사업자와 사업자단체(an association of undertakings)는 모두 부당한 공동행위의 주체가 되는 것으로 보는 것이 보편적이다. 법 제40조 제1항의 다른 요건을 모두 충족함에는 의문이 없다.

다음으로, 공정거래법 제51조 제1항의 요건에 관하여, 사업자가 다른 사업자단체 또는 다른 사업자와 부당하게 경쟁을 제한하는 합의를 한 경우는 '사업자단체가 제40조 제1항 각호의 행위에 의하여 부당하게 경쟁을 제한하는 행위'의 요건에 해당되는 것으로 볼 수 있다.

③ 위 사안에서, 모두 적용이 가능하다는 전제에서, 어떤 조항의 적용이 행위의 실질에 적합한가?

위와 같은 사안은 사업자단체가 입찰담합 등 부당한 공동행위에 직접 단일의 사업자처럼 관여한 경우라서, 이러한 경우에는 공정거래법 제40조 제1항을 적용하고 그에 따라 상대적으로 높은 제재를 가하는 것이 행위의 실질에 비추어 더 적합한 법 적용으로 보인다.[300)]

④ 위와 같은 논의의 전제로, 공정거래법 제40조와 법 제51조의 관계가 문제된다. 이는 일반법과 특별법 등의 관계에 있는 법조경합이 아니라 경합규정으로 보는 것이 상당하다.

공정거래법 제40조 제1항과 제51조 제1항 제1호는 실질적으로 동일한 행위 태양을 규제하고 있는 것으로 보기 어렵다. 즉 공정거래법 제40조 제1항의 경우는 복수의 사업자의 합의의 구성요건이지만, 제51조 제1항 제1호의 경우 사업자단체가 결정을 해서 소속 사업자로 하여금 따르게 하는 것이라서 구성요건에서 차이가 있다.

종래 누적된 다수의 선례에 비추어 보면 법 제40조와 법 제51조를 법조경합으로 보기는 어렵고 실체적 경합으로 보고 있다. 사업자단체 규제와 부당한 공동행위 규제도 선택적으로 적용될 수 있다는 전제에서, 사업자단체

---

299) 대법원 2019. 9. 10.자 2019두41621 판결로 심리불속행 기각.

300) 사업자단체 규제를 두고 있는 일본의 경우(우리의 부당한 공동행위에 대응하는) 부당한 거래제한과 사업자단체 규정은 선택적이라는 견해가 다수이고, 일부가 중첩적용을 할 수 있다는 입장이며, 특별법과 일반법 관계라는 견해는 없는 것으로 보인다. 일본 최고재판소 판례도 두 규정은 선택적이며, 법 적용에 있어 경쟁당국에 재량권이 있다는 취지로 보인다. 다만, 선택적이라고 보는 일본에서도, 사업자단체의 형식을 취하였지만 실체가 카르텔인 경우에는 부당한 거래제한 규정을 적용하는 사례가 증가하고 있다(岩本章吾, 『獨占禁止法精義』, 悠悠社 2013. 409면).

에 대하여 사업자단체 규제와 함께 공정거래법 제40조 제1항을 적용한 사례도 있다(서울고등법원 2007. 7. 25. 선고 2007누2946 판결).[301] 사업자단체에 대하여 공정거래법 제40조 제1항이 적용된 서울고등법원 2007. 7. 25. 선고 2007누2946 판결은 사업자단체(한국제유공업협동조합)가 이와 별개인 회사(신양현미유 주식회사)와 입찰담합을 하였고, 사업자단체의 명의로 입찰에 참여하여 계약을 체결한 사건으로, 사업자단체의 계약금액을 관련매출액으로 보는데 문제가 없다. 이와 달리 사업자단체가 그 소속 사업자로 하여금 계약을 체결하도록 하였고, 그 사업자가 복수인 경우에 각각의 계약금액을 모두 합산할 것인지의 문제가 생기게 된다.

[사업자단체에 대한 과징금 산정]

① 사업자단체에 대하여 공정거래법 제40조 제1항을 적용하면서 과징금 산정에 있어서 공정거래법 제53조 제1항을 적용할 수 있는가? 결론은 부정적이다. 물론 공정거래법 제40조 제1항과 제51조 제1항 제1호를 법조경합으로 이해한다면, 사업자단체에 대하여 제40조 제1항을 적용하더라도 실질에 맞추어 과징금은 공정거래법 제53조 제1항을 적용해야 한다고 볼 여지가 있으나, 앞서 본 바와 같이 경합적용이 되는 규정으로 보는 것이 타당하다. 따라서 사업자단체에 대하여 공정거래법 제40조 제1항을 적용한다면 법 제43조에 따라 과징금을 산정하는 것이 입법취지에 부합할 것으로 보인다.

② 사업자단체의 경우 실행예산이 적음을 이유로 공정거래법 제53조 제1항을 적용해야 한다는 주장은 정당하지 않다. 이는 일반 사업자에 비하여 형평에 부합하지 않을 소지가 크다. 일반 사업자의 경우에도 자력이 없는 경우가 있음에도, 사업자단체의 경우 수입이 제한되어 있고 실행예산이 적다는 이유로 법 제40조에 따른 법 제43조의 적용을 배제하기 어렵다.

③ 공정거래법 제40조, 제43조가 적용되는 사안에서 과징금의 적정한 산정은 어려운 문제이다. 특히 사업자단체의 수입과 예산이 제한되어 있으므로, 과징금의 과중성과 관련된 문제가 제기된다. 지역별 아스콘, 레미콘 협동조합이 사업자의 지위로 입찰에 참여하면서 입찰담합을 한 사안에서 과징금이 적정하다고 본 사례[서울고등법원 2019. 4. 25. 선고 2018누64803 판결(제주시 레미콘사업협동조합 사건, 행정3부)[302]]와 실제 이득액의 2배 이상의 제재를

301) 대법원 2007. 11. 15.자 2007두18079 판결로 심리불속행 기각.

302) 대법원 2019. 9. 10.자 2019두41621 판결로 심리불속행 기각.

받는 것은 균형을 상실하여 위법하다고 본 사례[서울고등법원 2018. 8. 23. 선고 2017누90188 판결(대전세종충남아스콘공업협동조합 사건, 행정7부),[303] 서울고등법원 2019. 11. 13. 선고 2019누40811 판결(대전세종충청레미콘공업협동조합 사건, 행정6부),[304] 서울고등법원 2019. 9. 18. 선고 2018누79119 판결(광주전남레미콘공업협동조합 사건, 행정6부)[305]가 모두 존재한다.

④ 입찰담합에 참여하여 낙찰을 받은 자는 사업자단체인 조합이지만, 조합 소속 사업자가 적극적인 역할을 하여 조합으로 하여금 입찰에 참여하도록 한 경우에 적극적인 역할을 한 사업자에 대하여 과징금을 부과할 수 있는가?

공정거래법 제51조 위반의 경우에는 제53조 제2, 3항에 따라 사업자단체와 함께 행위에 참가한 사업자에 대하여 모두 과징금 부과가 가능하다. 그러나 사업자단체가 사업자로서 공동행위에 참여하여 공정거래법 제40조 제1항을 적용한 경우에는 사업자단체가 하나의 사업자로 평가받는 경우이므로 사업자단체 소속 사업자에 대하여 과징금을 부과할 근거가 없다. 따라서 조합이 사업자로서 공동행위를 한 것이므로 조합에 대하여 과징금을 부과할 수 있고, 조합 소속 사업자에 대하여 과징금을 부과하기 어려울 것으로 보인다.

다만, 형식적으로 조합이 입찰에 참여하였으나 실질적으로는 조합 소속 사업자들이 공동수급체를 형성하여 입찰에 참여하였다는 전제에서, 법인격 부인의 법리에 따라 조합의 법인격이 부정된다면 소속 사업자가 실질적으로 공동행위를 한 것으로 보아 과징금을 부과할 여지가 있으나, 이는 증명이 어려울 것으로 보인다.

결국, 사업자들이 조합을 이용하여 공동행위에 참가하고 실질적인 이득을 취하였음에도, 조합에 대하여만 과징금을 부과하고, 소속 사업자에 대하여 제재를 부과하지 못할 경우 집행의 측면에서 문제가 있을 수 있다. 특히 조합의 경우 과중한 과징금을 제한하는 판례의 추세에 비추어 남용의 소지가 있으나, 이는 입법으로 해결할 문제로 보인다.

303) 대법원 2018. 12. 27.자 2018두57070 판결로 심리불속행 기각.

304) 대법원 2020. 3. 12.자 2019두61595 판결로 심리불속행 기각.

305) 대법원 2020. 2. 13.자 2019두55620 판결로 심리불속행 기각.

나. 사업자단체 소속 사업자의 경우

실제 사건에서, 사업자의 경우에도 부당한 공동행위와 사업자단체 금지행위의 관계가 문제되는 경우가 흔히 있다. 두 규제 중 어디에 해당하는지 판단이 어려운 경우, 두 행위가 중복되는 경우 등 다양한 유형이 있다.

주로 실무에서 문제가 되었던 사례는 사업자단체 소속 사업자에 대하여 공정거래법 제53조 제2항의 사업자단체 규제와 함께 공정거래법 제40조 제1항 부당한 공동행위 규제가 모두 적용가능한지 문제이다. 과거 구 공정거래법 제28조 제2항(현 공정거래법 제53조 제2항)이 적용될 경우 과징금 상한이 낮아서 실익이 있었으나, 현재는 개별 사업자에 대하여 법 제40조이든 법 제51조이든 과징금 상한이 20/100이어서(법 제53조 제2항) 실익이 낮은 것으로 보인다. 참고 판결로, 서울고등법원 2017. 12. 6. 선고 2016누81248 판결(골판지 원단 담합 사건, 대영포장 등)[306] 등이 있다.

[소속 사업자에 대한 공정거래법 제40조, 제51조의 적용]

사업자단체 소속 사업자에 대하여도 공정거래법 제51조 제1항 제1호의 사업자단체 규제와 함께 공정거래법 제40조 제1항 부당한 공동행위 규제가 각각 적용가능하며, 이를 두고 특별법과 일반법의 관계에 있다고 보기 어렵다[서울고등법원 2010. 10. 27. 선고 2009누33920 판결(한국레미콘공업협회 사건),[307] 서울고등법원 2013. 12. 20. 선고 2012누36868 판결(일진홀딩스 사건)[308]]. 따라서, 모두 적용가능하다고 보는 것이 타당하다. 다만, 실무적으로 두 규정을 모두 적용하는 사례는 드물고, 그 중 어느 한 규정을 선택하게 된다.

일반적으로 개별사업자가 사업자단체의 결정을 단순 추종한 경우에는 공정거래법 제51조 제1항 제1호가 적용되고, 이와 달리 사업자가 경쟁제한행

---

306) 확정. 위 법원은 이 사건 상생협약 체결 이후 이 사건 각 조합이 각 회원사로부터 가격결정권한을 위임받아 상생협의체만이 가격결정의 주체가 되었다거나, 2차 행위 부분은 이 사건 원단업체들이 골판지조합에게 가격협상권한을 위임하면서 그 협상안에 관하여 내부적인 의견 조율을 한 것에 불과하다고 볼 수 없다는 이유로 원고들의 주장을 배척하면서, 원고들이 가격결정권을 행사하였음을 인정함으로써 부당한 공동행위를 인정하였다.

307) 확정.

308) 상고 기각(대법원 2015. 1. 29. 선고 2014두1819 판결).

위에 적극적으로 관여한 경우에는 공정거래법 제40조 제1항이 적용되는 경향이 있다. 공동행위의 실질이 사업자단체를 매개로 하였으나 경쟁사업자의 부당한 공동행위의 실질에 가까운 경우에는 공정거래법 제40조 제1항을 적용하는 것이 실질에 부합하는 법적용일 것이다.

3. 사업자단체활동에 관한 규제의 내용

가. 부당한 경쟁제한 행위

공정거래법 제51조 제1항 제1호는 제40조(부당한 공동행위의 금지) 제1항 각호의 행위에 의하여 부당하게 경쟁을 제한하는 행위를 금지하고 있다. 이 규정은 사업자단체의 행위를 규제하는 것이나, 그 실질은 단체조직에 의한 사업자의 부당한 공동행위를 규제하는 것이다. 대법원도 "원래 사업자단체는 구성사업자의 공동의 이익을 증진하는 것을 목적으로 하는 단체이므로 그 목적 달성을 위하여 단체의 의사결정에 의하여 구성사업자의 사업활동에 대하여 일정한 범위의 제한을 하는 것이 어느 정도 예정되어 있다고 하더라도 그 결의의 내용이 구성사업자의 사업내용이나 활동을 과도하게 제한하여 구성사업자 사이의 공정하고 자유로운 경쟁을 저해할 정도에 이른 경우에는 이를 허용하지 않겠다는 데에 있다."라는 전제에서 "사업자단체의 위와 같은 행위가 부당하게 경쟁을 제한하는 것인지 여부는 사업자단체의 시장점유율, 경쟁자의 수와 공급여력, 대체성 등 여러 사정을 종합하여 판단하여야 한다"라고 판시한 바 있다.[309]

'일정한 거래분야에서 경쟁을 실질적으로 제한하는 행위'의 개념에 대하여 대법원은 약사회사건(대법원 1995. 5. 12. 선고 94누13794 판결)에서, 사업자단체인 대한약사회가 약사법 개정에 반대하여 전국의 약국을 무기한 폐문하기로 결의하고 이를 실행하였는바, 내심으로나마 폐문에 반대하는 구성사업자들에게 결과적으로 자기의 의사에 반하여 집단폐문에 따를 수밖에 없도록 한 것은 공정거래법 제40조 제1항 제3호의 판매제한에 해당하고, 약국의 폐문을 강제하여 의약품의 판매를 제한한 결과 의약품판매시장인 약국업

309) 대법원 2005. 1. 27. 선고 2002다42605 판결, 사법연수원, 「공정거래법」, 2014. 371면.

분야에서 사업자단체가 그 의사대로 시장지배력을 형성한 것으로 보이므로 이런 행위는 약국업분야에서의 경쟁을 실질적으로 제한하는 행위에 해당하며, 아울러 이러한 행위는 단체적 구속으로서 개별 구성사업자의 사업활동을 부당하게 제한하는 행위에 해당한다고 판시하였다. 다만, 이 판결에 대하여 약사법개정에 대한 항의표시로서의 집단휴업을 약국업 분야에 있어서의 경쟁제한으로 파악하는 것은 부당하다는 비판이 있다.

공정거래법 제51조 제1항 제1호가 적용된 경우 부당성을 부정한 사건으로는 동양시멘트레미콘 개인사업자협의회가 개별적으로 동양시멘트와의 레미콘 운송계약 체결을 금지하는 결의를 한 사건에서 레미콘운송가격 기타 운송조건 등의 결정에 영향을 미치거나 미칠 우려가 있다고 볼 수 없다고 한 사례(대법원 2005. 1. 27. 선고 2002다42605 판결), 제주도관광협회가 구성사업자로 하여금 송객수수료율을 일정 부분 제한한 사례(대법원 2005. 9. 9. 선고 2003두11841 판결) 등이 있다.

(1) 가격을 결정·유지 또는 변경하는 행위

관련 판례로 대법원 2005. 1. 27. 선고 2002다42605 판결(동양시멘트레미콘 개인사업자협의회 사건),[310] 대법원 2005. 8. 19. 선고 2003두9251 판결(부산광역시치과의사회 사건), 대법원 2021. 9. 9. 선고 2016두36345 판결(대한의사협회 사건)과 서울고등법원 2000. 10. 10. 선고 2000누1180 판결(서울특별시 전세버스운송조합 사건),[311] 서울고등법원 2001. 12. 4. 선고 2001누6793 판결(부산시 가스판매업협동조합 사건),[312] 서울고등법원 2007. 4. 25. 선고 2006누21650 판결(한국아스콘공업 협동조합연합회 사건),[313] 서울고등법원 2019. 6. 5. 선고 2018누68041 판결(한국자동차해체재활용업협회

310) 사업자단체에 대하여 법 제51조 제1항 제1호, 제40조 제1항 제1호, 제2호의 적용을 부정한 민사판결례이다. 이 판결은 원고의 결의가 운송가격, 운송조건에 영향을 미치거나 미칠 우려가 없다는 점을 근거로 경쟁제한성을 부정한 사례로 볼 수 있으나, 경쟁제한성에 관한 충분한 검토가 있었는지는 의문이다.

311) 상고기각(대법원 2002. 6. 14. 선고 2000두8905 판결).

312) 상고기각(대법원 2002. 5. 31. 선고 2002두264 판결).

313) 확정.

사건),[314] 서울고등법원 2019. 8. 22. 선고 2018누63855 판결(한국공인회계사회 사건)[315] 등이 있다.

▣ 리딩케이스 : 대법원 2021. 9. 9. 선고 2016두36345 판결(대한의사협회 사건)[316]

■ 판시사항

원고가 결의한 이 사건 휴업은 의료수가의 인상 등 구성사업자들의 경제적인 이익을 직접적으로 추구하거나 상호 경쟁관계에 있는 구성사업자들 사이의 경쟁을 제한하여 의료서비스의 가격·수량·품질 기타 거래조건 등의 결정에 영향을 미치기 위한 목적에서 이루어진 것으로 보기 어렵다. 오히려, 이 사건 휴업은 원고와 보건복지부가 2014. 1. 17. 의료발전협의회를 구성하여 총 5차례에 걸쳐 원격의료 및 영리병원 허용정책에 관한 협상을 진행한 후 2014. 2. 18. 발표한 제1차 의·정 협의 결과에 대한 수용 여부에 관한 것인 점 등 앞서 본 사실관계와 원심판결 이유에 의하여 알 수 있는 이 사건 휴업의 경위나 태양 등 제반 사정에 비추어 보면, 이 사건 휴업은 헌법상 결사의 자유를 향유하는 원고가 구성사업자들을 대표하여 정부의 의료정책인 원격의료제나 영리병원제 도입과 관련하여 정부에 의견을 전달하고 교섭하는 과정에서 원고의 구성사업자들이 집단적으로 진료의 제공을 거부하

---

314) 대법원 2019. 10. 18.자 2019두44118 판결로 심리불속행기각되었다. 한국자동차해체재활용업협회가 이사회를 통하여 폐차매입가격을 결정하고 이를 신문광고하거나 구성 폐차사업자들에게 공문을 발송하여 가격을 공지하고 가격 준수를 감시한 행위에 대하여 법위반으로 판단하였다.

315) 대법원 2020. 1. 16.자 2019두52058 판결로 심리불속행 기각. 서울고등법원의 판단은 다음과 같다. 원고가 위와같이 최소감사시간을 결정·통지하는 행위를 하였다는 사실만으로 원고가 공동주택 외부회계감사의 가격결정의 기준을 제시하였다거나, 원고의 구성사업자들 사이에 원고가 정한 기준을 준수하여 가격을 결정하여야 한다는 공동인식이 형성되어 원고의 위 행위가 구성사업자들의 가격결정에 영향을 미쳤다고 단정하기 어렵고 달리 이를 인정할 증거가 없다. 따라서 원고가 구 공정거래법 제26조 제1항 제1호, 제19조 제1항 제1호에서 정한 사업자단체의 금지행위인 '가격을 결정하는 행위'를 하였다고 볼 수 없다.

316) 원심판결에 대한 평석으로 정재훈, "의료공급자에 대한 사업자단체 규제와 경쟁제한성 판단",「저스티스」제156호, 2016. 참조.

는 방식으로 정부 정책에 반대하기 위한 목적에서 이루어진 것으로 보는 것이 상당하다.

이 사건 휴업은 단 하루 동안만 진행되었고, 실제 휴업 참여율이 그다지 높지 않으며 응급실과 중환자실 등 필수 진료기관은 휴업에서 제외되었다. 이러한 휴업의 기간, 참여율, 구체적인 범위와 내용 등에 비추어 보면 비록 이 사건 휴업 당일 의료서비스의 공급량이 전체적으로 일부 감소하였다고 하더라도 이 사건 휴업으로 의료소비자의 의료서비스 이용에 있어서의 대체가능성에 영향을 미쳤다고 볼 정도에 이르지 아니하였고, 달리 의료서비스의 품질 기타 거래조건 등에 영향을 미쳐 의료서비스 시장에서 경쟁제한성이 인정될 정도라고 단정하기 어렵다.

나아가 앞서 본 이 사건 행위의 목적이나 경위, 경쟁제한성의 정도 등을 종합적으로 고려할 때 원고의 이 사건 행위가 소비자를 보호함과 아울러 국민경제의 균형 있는 발전을 도모한다는 공정거래법의 궁극적인 목적에 실질적으로 반하는 행위라고 볼 수 없으므로, 부당성이 인정된다고 보기도 어렵다.

■ 해 설

① 원고 의사협회는 2013. 10. 30. 원격진료제 반대 성명을 발표하고, 2013. 11. 13. 16개 시·도의사회장들로 구성된 '비상대책위원회'를 구성하여 2013. 12. 7. '전국의사대표자대회'를 개최하고 2013. 12. 15. '전국의사결의대회'를 개최하였으며, 2014. 2. 21.부터 2014. 2. 28.까지 구성사업자인 의사들을 대상으로 휴업에 대한 찬반 투표를 실시하였다. 위 투표에서는 전체 구성사업자 중 과반을 넘는 58.37%의 의사들이 투표에 참여하였는데, 그 중 76.69%가 휴업 실시에 찬성한 것으로 집계가 되었고, 이에 원고는 2014. 3. 10.자로 휴업을 실행하기로 결의한 뒤, 이러한 결의 내용을 문서 송부, 인터넷 홈페이지 게재 등의 방법으로 구성사업자인 의사들에게 통지함으로써, 구성사업자인 의사들이 2014. 3. 10. 휴업을 실행하였다. 공정위는, 원고의 위 행위가 구성사업자인 의사들의 의료서비스 거래를 제한하여 부당하게 경쟁을 제한하여 공정거래법 제51조 제1항 제1호에 해당되고, 구성원 사업자들로 하여금 휴업을 하도록 강요하는 방법으로 구성사업자의 사업내용 또는 활동을 부당하게 제한하여 공정거래법 제51조 제1항 제3호에 해당된다는 이유로 2014. 7. 7. 전원회의 의결 제2014-146호로 원고에게 시정명령 및 과징금납부명령을 내렸다. 서울고등법원은 공정위 처분을 취소하였다. 위 법원이 공정위의 처분

을 취소한 주된 사유는 대한의사협회의 행위에 대하여 경쟁제한성이 인정되기 어렵다는 것이다.[317] 대법원은 원심 결론을 유지하였다.

③ 이 판결의 의미를 요약하면 다음과 같다. 첫째, 이 판결은 헌법상 결사의 자유를 강조하는 등 미국의 노어 페닝턴 법리에 유사한 접근을 하고 있다. 둘째, 이 판결은 대법원 2003. 2. 20. 선고 2001두5347 전원합의체 판결과 사안이 본질적으로 다르지 않다는 점에서 실질적인 판례변경으로 이해될 여지도 있다. 셋째, 사업자단체 행위를 일률적으로 판단하지 않겠다는 접근방법으로 이해할 수 있다. 이는 비슷한 시기에 선고된 달빛소아과 병원 사건(대법원 2021. 9. 15. 선고 2018두41822 판결)에서 경쟁제한성을 인정한 것과 비교된다.

(2) 상품 또는 용역의 거래조건이나, 그 대금 또는 대가의 지급조건을 정하는 행위

(3) 상품의 생산·출고·수송 또는 거래의 제한이나 용역의 거래를 제한하는 행위

관련 판결로 대법원 1995. 5. 12. 선고 94누13909 판결(대한약사회 대구지부 사건), 서울고등법원 2000. 1. 27. 선고 98누12620 판결(12개 시도건축사회 사건)[318] 등이 있다.

(4) 거래지역 또는 거래상대방을 제한하는 행위

관련 판결로 대법원 2002. 6. 14. 선고 2000두8905 판결(서울특별시 전세버스운송사업조합 사건) 등이 있다.

(5) 생산 또는 용역의 거래를 위한 설비의 신설 또는 증설이나 장비의 도입을 방해하거나 제한하는 행위

(6) 상품의 생산 또는 거래시에 그 상품의 종류 또는 규격을 제한하는 행위

---

317) 대상판결 중 구 공정거래법 제26조 제1항 제3호(현 공정거래법 제51조 제1항 제3호) 부분에 대하여는 사업자단체인 원고가 구성사업자인 의사들의 휴업 여부 판단에 간섭하였다고 볼 수 없다는 점도 제시되어 있다.

318) 상고기각(대법원 2002. 9. 24. 선고 2000두1713 판결).

(7) 영업의 주요부문을 공동으로 수행・관리하거나 수행・관리하기 위한 회사 등을 설립하는 행위

(8) 입찰 또는 경매를 할 때 낙찰자, 경락자, 입찰가격, 낙찰가격 또는 경락가격, 그 밖에 대통령령으로 정하는 사항을 결정하는 행위

(9) 다른 사업자의 사업활동 또는 사업내용을 방해・제한하거나 가격, 생산량, 그 밖에 대통령령으로 정하는 정보를 주고받음으로써 일정한 거래분야에서 경쟁을 실질적으로 제한하는 행위

관련 판결로 대법원 1995. 5. 12. 선고 94누13909 판결(대한약사회 대구지부 사건), 대법원 2005. 8. 19. 선고 2003두5709 판결(한국여신전문금융업협회 사건), 대법원 2008. 2. 29. 선고 2006두10443 판결(한국양회공업협회 사건), 서울고등법원 1996. 7. 9. 선고 95구32169 판결(마주협회 사건)[319] 등이 있다.

나. 사업자수의 제한

공정거래법 제51조 제1항 제2호는 일정한 거래분야에 있어서 현재 또는 장래의 사업자수를 제한하는 행위를 금지하고 있는데, 구성사업자수 제한에서는 위법성 판단요소에 대한 명시적인 규정이 없다. ① 단체에 가입하지 않으면 사업수행이 곤란한 경우 일정한 영업기간 등 가입조건을 어렵게 하거나, 신규가입자에 대해 기존 회원의 동의를 받도록 함으로써 사실상 가입을 제한하는 행위, ② 신규 창업을 저지하거나 기존 사업자를 배제하는 등의 방법으로 당해 사업분야에 있어서 사업자 수의 증가를 제한하는 행위, ③ 신규가입시 일정한 거리제한을 두거나 특정한 장소 내에 또는 매매 후 일정한 기간 내에 신규 개설・이전・승계 등을 금지하는 행위, ④ 신규가입 또는 탈퇴를 제한할 목적으로 또는 그와 동일한 효과를 가질 정도로 높은 수준의 가입비를 징수하는 행위 등이 포함된다.

다. 구성사업자의 사업활동제한

---

319) 상고이유서 부제출로 상고기각.

공정거래법 제51조 제1항 제3호는 구성사업자(사업자단체의 구성원인 사업자를 말한다. 이하 같다)의 사업내용 또는 활동을 부당하게 제한하는 행위를 금지하고 있다.

(1) 유 형

① 각종 증명서의 교부나 추천을 거부하거나 지연함으로써 구성사업자의 사업활동을 부당하게 제한하는 행위, ② 영업장소의 수 또는 위치를 제한하거나 일정한 기간 동안 조업을 단축하도록 하거나 영업을 하지 못하도록 함으로써 구성사업자의 활동을 부당하게 제한하는 행위, ③ 구성사업자에게 공동사업의 이용을 강제하거나 부당하게 구성사업자를 차별적으로 취급하는 행위, ④ 구성사업자에게 특정한 원료의 사용비율을 정하여 강제하거나 직원의 채용 또는 자유로운 기술 개발・이용을 부당하게 제한하는 행위, ⑤ 구성사업자의 광고내용, 광고회수, 광고매체 등을 부당하게 제한하거나 공동으로 결정하게 하는 행위, ⑥ 단체로부터의 탈퇴를 강요하거나 거부함으로써 구성 사업자의 사업활동을 부당하게 제한하는 행위 등이다.[320)]

(2) 제 한

'구성사업자의 사업내용 또는 활동을 제한하는 행위', 즉, 사업활동 제한 행위는 모든 제한 행위에 대하여 일률적으로 적용되는 것으로 해석할 것이 아니라, 과도한 제한 행위에 대하여만 적용된다고 보는 것이 타당하다.

[구성원에 대한 제한 정도]

① 사업자단체가 구성원에 대하여 제한을 가하는 것은 원칙적으로 허용되고, 예외적으로 공익적 차원에서 공정위가 규제를 함이 상당하므로, 법문상 '제한'은 '과도한 제한'으로 엄격하게 해석하는 것이 바람직하다. 대법원도 "구성사업자의 사업활동제한 행위로, 단체가 목적달성을 위하여 의사결정에 의하여 구성사업자의 사업활동에 대하여 일정한 범위의 제한을 하는 것은 예정되어 있다고 할 것이나, 그 결의가 구성사업자의 사업내용이나 활동을

---

320) 사업자단체활동지침 3.

과도하게 제한하여 구성사업자 사이의 공정하고 자유로운 경쟁을 저해하는 경우에는 부당한 제한행위로서 금지된다."라고 판시하여 '과도한 제한행위'에 대하여 공정거래법 제51조 제1항 제3호가 적용됨을 전제하고 있는 것으로 보인다.[321]

② 사업활동 제한행위의 정도가 강제성이 인정되는 정도에 이르지 않더라도 구속의 정도가 일정한 수준에 이르면 법문상 문언인 '제한'에 포함될 수 있을 것이다.[322] 즉, 위 법 소정의 '제한'이 '과도한 제한'으로 제한되어야 할 것이지만, 그럼에도 불구하고 '제한'이 그보다 높은 정도의 구속력으로 평가될 수 있는 '강제성'을 반드시 수반한다고 단정하기 어렵다. 특히 시정명령이 강제성을 전제로 발령된 것인 경우, 증거에 기하여 강제성을 인정하기는 어렵지만, 최소한 '과도한 제한'이 인정된다면 시정명령 전체를 취소할 것이 아니라, 시정명령을 부분적으로 취소할 필요가 있다. 이 점에서 법원으로서는 강제성이 인정되지 않더라도 과도한 제한인지 여부를 추가적으로 심리해야 할 필요가 있을 수 있다.

(3) 위법성 판단 기준

공정거래법 제51조 제1항 제1호는 제40조 제1항 각호의 부당한 공동행위의 행위 요건을 객관적 구성요건으로 하고 있는 반면, 제51조 제1항 제3호는 '구성사업자의 사업내용 또는 활동을 부당하게 제한하는 행위'를 객관적 구성요건으로 하고 있어 두 조항의 객관적 행위 요건은 서로 다르다. 나아가 위법성 판단 기준에 관하여, 공정거래법 제51조 제1항 제1호, 제40조는 '부당하게 경쟁을 제한하는' 행위일 것을 요하므로 경쟁제한성이 판단기준이 되는 반면, 공정거래법 제51조 제1항 제3호는 '부당하게 제한하는' 행위일 것을 요함으로써 제1호와 달리 '경쟁제한' 등 위법성 판단 요소가 명시

---

321) 대법원 1997. 5. 16. 선고 96누150 판결(대한법무사협회 사건), 대법원 2001. 6. 15. 선고 2001두175 판결(한국관세사회 사건), 대법원 2002. 9. 24. 선고 2002두5672 판결(한국재생유지공업협동조합 사건), 대법원 2003. 2. 20. 선고 2001두5347판결(대한의사협회 사건).

322) 통상 '강제'는 '위력으로 자유의사를 억압하는 것'을, '제한'은 '일정한 한도를 설정하는 것'을 의미하므로, 강제가 제한보다 높은 강도의 의사결정의 자유 제한을 수반하게 된다. 이러한 강제는 경우에 따라 형법 제324조 강요죄에 해당할 수도 있다.

되어 있지 않음에도 '경쟁제한성'이 필요한지 문제되었다.

대한법무사회 사건[323]에서는 "그 결의가 구성사업자의 사업활동에 있어서 공정하고 자유로운 경쟁을 저해하는 경우에는 '구성사업자의 사업내용 또는 활동을 부당하게 제한하는 행위'에 해당한다."고 판시함으로써 '경쟁제한'이 필요하다는 취지로 판시하였고, 이러한 입장은 관세사회 사건[324]에서도 다시 확인되었다. 나아가 대한의사협회 사건[325]에서는 부당성의 의미에 관하여 다수의견, 반대의견과 별개의견이 일치하지 않았다. 다수의견 및 반대의견은 종전의 대법원 판결에 따라 '부당성'의 의미를 '경쟁을 저해'하는 것으로 본 후 사실관계에 비추어 경쟁제한성이 인정되는지에 관하여 결론을 달리 한 반면, 별개의견은 "공정거래법 제51조 제1항 제3호는 사업자단체가 경쟁과 직접적인 관계없이 구성사업자의 사업내용 또는 활동을 부당하게 제한하는 행위를 금지하는 내용으로 이해함이 자연스럽다."는 전제하에서 '부당성'을 '경쟁제한'으로 이해할 필요가 없다고 판시하였다.

(4) 관련 판례

관세사회가 관세보조자의 업무를 제한한 것은 정당한 행위라고 본 사례(대법원 2001. 6. 15. 선고 2001두175 판결), 경기도자동차매매사업조합이 비조합원에 대하여 역무제공 거부 등을 지시하였다고 볼 사정을 인정하지 아니하며, 회비미납회원에 대하여 전산사용 등을 제한한 것은 사업활동방해로 보기 어렵다고 본 사례(서울고등법원 2001. 8. 21. 선고 2000누8617 판결),[326] 대한건설기계협회가 강제가입 규정을 두고 비회원들로부터 회비를 징수한 경우에 부당성을 부정한 사례(대법원 2005. 6. 24. 선고 2004두8569 판결) 등이 있다. 기타 참고 판례로 대법원 2003. 3. 20. 선고 2001두5347 판결(대한의사협회 사건), 대법원 2005. 1. 27. 선고 2002다42605 판결(레미콘 협의회 사건),[327]

323) 대법원 1997. 5. 16. 선고 96누150 판결.
324) 대법원 2001. 6. 15. 선고 2001두175 판결.
325) 대법원 2003. 2. 20. 선고 2001두5347 판결.
326) 심리불속행 기각.
327) 부당성을 부정한 사례.

대법원 2005. 6. 24. 선고 2004두8569 판결(대한건설기계협회 사건), 서울고등법원 2013. 11. 29. 선고 2013누9573 판결(한국제약협회 사건),[328] 대법원 2014. 7. 24. 선고 2013두16906 판결(대한치과의사협회, 네트워크 치과 사건),[329] 대법원 2021. 9. 15. 선고 2018두41822 판결(달빛소아과 병원 사건)[330] 등이 있다.

라. 불공정거래행위의 교사·방조

공정거래법 제51조 제1항 제4호는 사업자에게 제45조 제1항에 따른 불공

---

328) 확정. 부당성을 부정한 사례.

329) 사업내용 또는 활동의 부당한 제한이 인정된 사례.

330) 대한소아청소년과의사회(원고)는 소아청소년과 전문의를 회원으로 하여 구성사업자들의 의료정보교환, 회원의 권익옹호 등의 목적으로 설립된 비법인사단으로서 구 공정거래법 제2조 제4호의 사업자단체이다. 보건복지부는 2014. 9.경 소아환자에게 양질의 의료서비스를 제공하기 위하여 평일 23시부터 24시까지, 주말·공휴일 기준 18시까지 운영하는 소아청소년과 병원을 공모하여 '달빛어린이병원'으로 지정하고, 그 운영비를 지원하는 달빛병원사업을 시행하였다. 이에 원고는 2015. 3. 14. 대의원총회에서 비상대책위원회를 구성하고, 2015. 3. 5.부터 2015. 5. 11.까지 4개 병원을 방문하여(달빛어린이병원) 사업지정신청을 취소하도록 요구하였다. 또한 원고는 위 사업에 참여하는 회원들이 소아청소년과 전문의를 위한 인터넷 사이트인 '페드넷'을 이용하지 못하도록 제한하였다. 공정위는, 원고의 위와 같은 행위(사업자지정취소 요구, 페드넷 이용 제한)가 구성사업자인 소아청소년과 의사들의 사업내용 또는 활동을 부당하게 제한하여 구 공정거래법 제26조 제1항 제3호(현 공정거래법 제51조 제1항 제3호)에 해당한다는 이유로, 2017. 5. 30. 전원회의 의결 제2017-189호로 원고에게 시정명령 및 과징금납부명령을 하였다. 이에 원고는 위 처분의 취소를 구하는 소를 서울고등법원에 제기하였고, 위 법원은 제한의 강제성이 인정되지 않고, 나아가 경쟁제한성이 인정되지 않는다는 이유로 공정위 처분을 취소하였다. 그러나 대법원은 원심과 결론을 달리하여 경쟁제한성을 인정하며, 다음과 같이 판단하였다. 이 사건 제한행위는 정부의 보건의료정책에 대한 반대를 목적으로 하는 활동의 일환으로 이루어진 것이기는 하지만, 이 사건 제한행위의 내용이나 태양, 방법 등에 비추어 볼 때 그 주된 목적이나 의도는 오히려 사업자단체인 원고가 상호 경쟁 관계에 있는 원고의 구성사업자로 하여금 위 사업에 참여하지 않도록 직접적으로 방해함으로써 야간·휴일 진료서비스의 공급에 관한 경쟁의 확대를 제한하기 위한 것으로 보는 것이 타당하다. 원심 판결에 대한 평석으로 정재훈, 의료공급자 단체에 대한 공정거래법상 사업활동제한 적용-달빛어린이 병원 사건을 중심으로, 「의료법학」, 2018. 참조.

정거래행위 또는 제46조에 따른 재판매가격유지행위를 하게 하거나 이를 방조하는 행위를 금지하고 있다. 참고 판례로 대법원 2007. 3. 30. 선고 2004두8514 판결(서울동부지역정보운영위원회 사건)[331] 등이 있다.

마. 재판매가격유지행위의 교사·방조

구성사업자 또는 다른 사업자에게 상품의 판매가격을 지정하여 주거나 일정률 이하 또는 그 이상으로 거래하지 못하게 하는 행위 등이다.

4. 집행 등

공정거래법 제52조(시정조치) 규정에 따라 공정위는 제51조(사업자단체의 금지행위)의 규정에 위반하는 행위가 있을 때에는 당해사업자단체(필요한 경우 관련 구성사업자를 포함한다)에 대하여 당해행위의 중지, 시정명령을 받은 사실의 공표 기타 시정을 위한 필요한 조치를 명할 수 있다.

공정거래법 제53조(과징금) 규정에 따라 ① 공정위는 제51조(사업자단체의 금지행위) 제1항을 위반하는 행위가 있을 때에는 당해사업자단체에 대하여 10억 원의 범위에서 과징금을 부과할 수 있다. ② 공정위는 제51조(사업자단체의 금지행위) 제1항 제1호를 위반하는 행위에 참가한 사업자에 대하여는 대통령령이 정하는 매출액에 100분의 20을 곱한 금액을 초과하지 아니하는 범위안에서 과징금을 부과할 수 있다. 다만, 매출액이 없는 경우 등에는 40억 원을 초과하지 아니하는 범위안에서 과징금을 부과할 수 있다. ③ 공정위는 제51조 제1항 제2호부터 제4호까지의 규정을 위반하는 행위에 참가한 사업자에 대하여는 대통령령으로 정하는 매출액에 100분의 10을 곱한 금액을 초과하지 아니하는 범위에서 과징금을 부과할 수 있다. 다만, 매출액이 없는 경우 등에는 20억 원을 초과하지 아니하는 범위에서 과징금을 부과할 수 있다. 사업자단체에 대한 과징금 산정의 기준이 되는 '연간예산액'은 해당 사업자단체의 연간예산액 중 위반행위가 발생한 상품이나 용역

331) 거래거절을 강요한 행위로 보기 어렵다고 판단한 사례.

을 다루는 구성사업자들과 관련된 예산액으로 국한되는 것이 아니라, 위반 행위의 종료일이 속한 연도의 해당 사업자단체의 연간예산액 전액을 의미한다(대법원 2020. 6. 25. 선고 2019두61601 판결).[332]

관련 판례로 조합의 편성예산액을 기준으로 부과한 과징금이 적법하다고 본 사례(서울고등법원 2012. 2. 9. 선고 2011누28990 판결[333]), 과징금 부과기준액의 2배에 해당하는 과징금을 일률적으로 부과한 경우 재량권 일탈남용을 인정한 사례(대법원 2002. 9. 24. 선고 2000두1713 판결) 등이 있다.

---

332) 이와 달리 원심은 과징금 산정의 기준이 되는 '연간예산액'도 해당 특정 상품이나 용역을 다루는 구성사업자와 관련된 예산액을 바탕으로 해야 한다고 보았다.

333) 확정.

ANTITRUSTLAW

제2장 단독행위 규제 I

불공정거래행위 및 재판매가격유지행위 규제

제1절 불공정거래행위 일반 원칙

1. 제도의 개관

공정거래법 제45조 제1항은 그 유형을 포괄적으로 규정하고, 구체적인 유형 또는 기준은 대통령령으로 정하도록 하며(공정거래법 제45조 제3항, 제1항),[1] 공정거래법 시행령 제52조는 9가지 유형의 세부 유형으로 29가지를 규정하고 있다. 이는 모든 사업분야에 공통적으로 적용되는 유형 및 기준으로서 흔히 '일반 불공정거래행위'라고 불린다.[2] 공정위는 일반 불공정거래행위의 유형 또는 기준을 특정분야 또는 특정행위에 적용하기 위하여 세부기준을 정하여 고시할 수 있는데(공정거래법 제45조 제4항), 이를 '특수 불공정거래행위'라고 한다.[3]

2. 위법성 심사기준

거래상의 합리성 내지 필요성 유무는 불공정거래행위의 성립에 영향을

---

1) 종전에는 공정위가 고시로서 지정하였으나 1997. 4.부터 규제의 투명성을 높이기 위하여 대통령령으로 규정하였다.

2) 사법연수원, 「공정거래법」, 2014. 245면.

3) 불공정거래행위 규제의 특징은 제3판 352~354면 참조.

미칠 수 없고,[4] 구 공정거래법 제23조 제1항 제8호(현 공정거래법 제45조 제1항 제10호)는 수권규정으로 시행령에 정하여져 있지 아니한 이상 위 제8호로 의율할 수 없다.[5] 불공정거래행위에서의 거래는 좁은 의미의 '계약관계'에 한정되는 것이 아니라 넓은 의미로서 사업활동을 위한 수단 일반 또는 거래질서를 의미한다(대법원 2010. 1. 14. 선고 2008두14739 판결).[6]

안전지대(Safety Zone)란 사업자의 시장점유율 등에 비추어 통상적으로 공정거래저해성이 미미할 것으로 인정되는 경우 불공정거래행위의 외형에 해당되는 행위가 있다고 하더라도 공정거래저해성이 없는 것으로 보아 공정위가 원칙적으로 심사절차를 개시하지 않는 '심사면제 대상'을 의미한다. 안전지대에 해당되는 사업자의 행위라도 공정위가 공정거래법의 적용을 위한 심사를 개시할 수 없는 것은 아니다. 안전지대에 해당되지 않는 사업자의 행위라고 하여 자동적으로 위법성이 추정되는 것은 아니다. 안전지대는 경쟁제한성 위주로 심사하는 불공정거래행위 유형에 대해서 적용되며, 불공정성(unfairness) 위주로 심사하는 행위유형에 대해서는 안전지대가 적용되지 아니한다.[7] 2015. 12. 31. 불공정거래행위 심사지침이 개정되면서 단독의 거래거절, 차별적 취급, 경쟁사업자배제 등 경쟁제한성 위주로 심사하는 유형에 대하여 경쟁제한성 판단기준을 추가하였다. 나아가 공정거래법이 전부개정됨에 따라 동 심사지침도 2021. 12. 22. 개정되었다.

제 2 절 거래거절

원칙적으로 사업자는 거래를 개시 또는 계속할 것인지 여부와 누구와 거

4) 대법원 2001. 2. 9. 선고 2000두6206 판결.

5) 대법원 2008. 2. 14. 선고 2005두1879 판결.

6) 불공정거래행위 사안에서 거래의 범위를 유연하게 결정한 사건이다.

7) 불공정거래행위 심사지침 Ⅲ. 2.

래할 것인지를 자유로이 결정할 수 있다고 할 것이다. 그러나 거래의 개시나 계속을 거절함으로써 다른 사업자의 사업활동을 현저히 곤란하게 하고 그 결과 당해 시장에서 경쟁의 정도가 감소하거나, 거래거절이 공정거래법상 금지된 행위의 실효성을 확보하기 위한 수단으로 활용될 경우 이는 관련 시장에서 경쟁을 제한하고 시장의 효율성 저하를 초래하게 되므로 금지된다.[8)]

1. 공동의 거래거절

정당한 이유 없이 자기와 경쟁관계에 있는 다른 사업자와 공동으로 특정사업자에 대하여 거래의 개시를 거절하거나 계속적인 거래관계에 있는 특정사업자에 대하여 거래를 중단하거나 거래하는 상품 또는 용역의 수량이나 내용을 현저히 제한하는 행위를 말한다(시행령 제52조 별표 2).

거래상대방에 대하여 공동으로 거래를 거절하는 행위가 대상이 된다. 거래거절에는 공급거절과 구입거절, 거래개시의 거절과 거래계속의 거절이 포함된다. 또한, 거래상대방에게 현저히 불리한 거래조건을 제시하거나 거래하는 상품·용역의 수량 또는 내용을 현저히 제한하여 사실상 거래를 거절하는 행위도 포함된다. 거래거절의 상대방은 특정사업자이다. 따라서 자기의 생산 또는 판매정책상 합리적 기준을 설정하여 그 기준에 맞지 않는 불특정다수의 사업자와 거래를 거절하는 행위는 원칙적으로 대상이 되지 아니한다. 사업자가 아닌 거래상대방, 즉 소비자에 대한 거래거절은 대상이 되지 아니한다.[9)] 관련 판례로 대법원 2006. 5. 12. 선고 2003두14253 판결[10)] 등이 있다.

---

8) 불공정거래행위 심사지침(2021. 12. 30. 공정위 예규 제387호, 이하 같다.) V. 1.

9) 불공정거래행위 심사지침 V. 1. 가. (1).

10) 공동의 거래거절에 정당한 이유를 인정한 사례.

2. 기타의 거래거절

> 부당하게 특정사업자에 대하여 거래의 개시를 거절하거나 계속적인 거래관계에 있는 특정사업자에 대하여 거래를 중단하거나 거래하는 상품 또는 용역의 수량이나 내용을 현저히 제한하는 행위를 말한다(시행령 제52조 별표 2).

(1) 대상행위

사업자가 단독으로 특정사업자와의 거래를 거절하는 행위가 대상이 된다. 거래거절에는 공급거절과 구입거절, 거래개시의 거절과 거래계속의 거절이 포함된다. 거래상대방에게 현저히 불리한 거래조건을 제시하거나 거래하는 상품·용역의 수량 또는 내용을 현저히 제한하여 사실상 거래를 거절하는 행위도 포함된다. 거래거절의 상대방은 특정사업자이다. 자기의 생산 또는 판매정책상 합리적 기준을 설정하여 그 기준에 맞지 않는 불특정다수의 사업자와의 거래를 거절하는 행위는 원칙적으로 대상이 되지 아니한다. 사업자가 아닌 거래상대방, 즉 소비자에 대한 거래거절은 대상이 되지 아니한다.[11]

[거래거절의 상대방]

서울고등법원 2018. 1. 19. 선고 2017누39862 판결(벨벳 사건)에서, 수의사 처방제가 2013. 8. 2. 시행됨에 따라 심장사상충 예방제는 수의사 처방 없이 소비자들이 동물약국이나 도매상에서 자유롭게 구입할 수 있는 약품으로 분류되었음에도, 원고는 동물약국에 대하여 심장사상충 예방제 공급을 거절하였다. 공정거래법 시행령은 '기타의 거래거절'을 특정사업자에 대하여 거래를 중단하는 행위 등을 규정하고 있는데, 동물약국이 특정사업자에 해당하는지가 쟁점이 되었다. 위 법원은 원고가 심장사상충 예방제인 애드보킷의 공급을 거절한 대상은 특정 동물약국이나 도매상에 한정되지 아니하는 모든 동물약국과 도매상 일반이므로, 원고의 거래거절의 대상을 '특정사업자'에 해당한다고 보기는 어렵다고 판단하였으나, 이에 대하여는 '특정성'의 개념을 지나치게 협소하게 이해한 것으로 볼 여지가 있다.

---

11) 불공정거래행위 심사지침 V. 1. 가. (1).

이러한 특정성은 기타의 거래거절과 다른 불공정거래행위, 예를 들면 차별적 취급 중 거래조건 차별을 구별하는 기준으로 작용하는 경향이 있다. 예를 들면, 골프존이 신제품을 가맹점에만 공급하고 비가맹점에는 공급하지 않은 사건에 대하여 공정위는 시정명령, 과징금을 부과하고, 고발을 하였다.[12] 행위의 본질은 골프존이 비가맹점에 대하여 제품 공급을 거절한 거래거절 행위에 있으나, 대상이 특정 사업자가 아니라 비가맹점 전체인 점에 착안하여 행위의 실질과는 다소 거리가 있는 거래조건 차별을 적용한 것으로 볼 수 있다.

이러한 법적용은 공정거래저해성 판단에 영향을 미친다. 즉, 거래거절을 적용할 경우에는 경쟁제한성보다는 상대적으로 낮은 부당성 판단 기준이 적용되지만, 거래조건 차별을 적용할 경우에는 상대적으로 높은 경쟁제한성 판단 기준이 적용된다.

[기타의 거래거절과 거래상 지위 남용형 거래거절]

심사지침에는 '기타의 거래거절'과 별도로 거래상 지위남용 중 불이익제공으로서 '거래상 지위남용형 거래거절'이 예시되어 있어, 기타의 거래거절보다 넓은 범위에서 거래거절이 규제될 수 있다고 볼 여지가 있다. 이에 대하여는 ① 단독의 거래거절 사안에서 '기타의 거래거절'의 부당성 요건을 충족하지 못하는 행위에 대하여 불이익제공으로서 부당성이 인정된다면, '기타의 거래거절'의 요건이 형해화될 수 있어, '기타의 거래거절'로서 부당성이 인정되지 않으면 불이익제공으로서 부당성도 원칙적으로 인정되기 어렵다고 보는 견해, ② 이와 달리 '기타의 거래거절'의 요건을 갖추지 못하지만 불공정한 거래거절의 경우에는 일반조항으로서 성격을 가진 불이익제공으로 규제할 수 있다는 견해 등이 가능하다. 후자의 견해를 취한 하급심 판결로는 서울고등법원 2016. 9. 2. 선고 2015누51547 판결(한국미니스톱 사건)[13]이 있다.

(2) 관련 판례[14]

---

12) 공정위 2018. 11. 15. 의결. 제2018-341호(제3판 370면에 상세한 내용).

13) 심리불속행 기각. 다만, 이 판결은 기타의 거래거절의 부당성 판단 기준은 '경쟁제한성'이라는 점에서 거래상 지위남용형 거래거절과 다르다고 판단하고 있다(판결문 17~18면). 그러나 불공정거래행위로서 단독의 거래거절의 부당성 판단기준은 경쟁제한성이라고 보기 어렵다.

14) 불공정거래행위로서의 거래거절에 관한 판례의 특징은 제2판 361~363면 참조.

판례에 의하면, 거래거절이 특정사업자의 거래기회를 배제하여 그 사업활동을 곤란하게 할 우려가 있거나 오로지 특정사업자의 사업활동을 곤란하게 할 의도를 가진 유력사업자에 의하여 그 지위 남용행위로서 행하여지거나(독점적 지위나 시장지배적 지위를 가지고 있는 사업자가 그 경제력을 남용하여 경쟁사업자를 시장에서 배제하는 등 공정거래법상의 부당한 목적을 달성하기 위한 수단으로 행해지는 경우로서, 이 경우에는 시장에서의 유력한 지위를 갖는 사업자가 거래를 거절하여 상대방이 쉽게 다른 거래처를 찾을 수 없거나 찾을 수 있다 하더라도 거래조건이 불리하여 통상의 사업활동이 곤란해질 우려가 있는 경우에 한정하여야 한다), 혹은 공정거래법이 금지하고 있는 위법행위(거래강제, 재판매가격유지, 구속조건부거래 등)의 목적 달성을 위하여 그 실효성을 확보하기 위한 수단으로 부당하게 행하여진 경우라야 공정한 거래를 저해할 우려가 있는 거래거절행위로서 법이 금지하는 불공정거래행위에 해당한다〔대법원 2001. 1. 5. 선고 98두17869 판결(코카콜라 사건)〕.[15] 한편, 2015. 12. 31. 불공정거래행위 심사지침이 개정되면서 단독의 거래거절에 대하여 경쟁제한성 판단기준을 별지로 추가하였다. 이에 따르면 단독의 거래거절은 행위주체가 원칙적으로 시장점유율이 30% 이상으로 시장력(market power)이 인정되는 경우에만 규제하는 것이 바람직하다.[16]

참고 판례[17]로 대법원 2001. 1. 5. 선고 98두17869 판결(한국코카콜라 사건), 대법원 2008. 2. 14. 선고 2004다39238 판결(현대오일뱅크 사건),[18] 대법원 2010. 8. 26. 선고 2010다28185 판결(동양전자 사건),[19] 대법원 2012. 5. 9. 선고 2010두24098 판결(코비디엔코리아 사건),[20] 대법원 2012. 6. 14.

---

15) 이와 같은 판시는 대법원 2005. 5. 26. 선고 2004두3038 판결 등 후속판결에도 이어지고 있다.

16) 불공정거래행위 심사지침 <별첨> 경쟁제한성 판단기준 3. 나.

17) 불공정거래행위로서 거래거절에 관한 판례의 특징은 제2판 358~361면 참조.

18) 민사사건에서 거래거절이 다루어진 사건으로 대법원과 헌법재판소가 모두 코카콜라 사건(대법원 2001. 1. 5. 선고 98두17869 판결)을 모델로 판단한 사건이다.

19) 거래거절의 경우 종래의 판례가 제시한 위법성 기준을 충족하지 못하였다고 보았고, 원고가 지출한 비용에 비추어 불이익제공이 인정되는지에 관하여도 일상적인 비용으로 불이익으로 보기 어렵다고 판단하였다.

선고 2010다26035 판결(주식회사 이야기 사건),[21] 서울고등법원 2018. 1. 19. 선고 2017누39862 판결(벨벳 사건)[22] 등이 있다.

▣ 리딩케이스: 대법원 2001. 1. 5. 선고 98두17869 판결(한국코카콜라 사건)

■ 판시사항

구 공정거래법(1999. 2. 5. 법률 제5813호로 개정되기 전의 것) 제45조 제1항 제1호 및 같은 법 시행령(1999. 3. 31. 대통령령 제16221호로 개정되기 전의 것) 제36조 제1항 [별표] 제1호 (나)목에서 불공정거래행위의 한 유형으로 규정하고 있는 '기타의 거래거절'은 개별 사업자가 그 거래 상대방에 대하여 하는 이른바 개별적 거래거절을 가리키는 것이나, 이러한 개별적 거래거절행위는 그 거래 상대방이 종래 계속적 거래관계에 있은 경우에도, 자유시장경제 체제하에서 일반적으로 인정되는 거래처 선택의 자유라는 원칙에서 볼 때, 또 다른 거래거절의 유형인 '공동의 거래거절'과는 달리, 거래거절이라는 행위 자체로 바로 불공정거래행위에 해당하는 것은 아니고, 그 거래거절이 특정 사업자의 거래기회를 배제하여 그 사업활동을 곤란하게 할 우려가 있거나 오로지 특정사업자의 사업활동을 곤란하게 할 의도를 가진 유력 사업자에 의하여 그 지위 남용행위로서 행하여지거나 혹은 같은 법이 금지하고 있는 거래강제 등의 목적 달성을 위하여 그 실효성을 확보하기 위한 수단으로 부당하게 행하여진 경우라야 공정한 거래를 저해할 우려가 있는 거래거절행위로서 같은 법이 금지하는 불공정거래행위에 해당한다.

■ 해 설

① 거래거절의 부당성을 부정한 사건은 이전에도 있었으나, 이 사건에서

20) 대체거래선이 쟁점이 된 사건.

21) 거래거절에 따른 손해배상이 문제된 사건.

22) 대법원 2018. 6. 15.자 2008두36080 판결로 심리불속행 기각. 대상판결은 종전의 거래거절 사건에 비하여 "특정사업자"에 "특정 유형의 사업자"가 포함되는지에 관하여 판시하였다. "원고 단독으로 동물약국이나 도매상들에 대하여 거래거절을 하는 경우 원칙적으로 이들은 원고 외의 상위 사업자들이나 이들 상위 3사를 제외한 20여개의 군소제약사로부터 심장사상충 예방제의 오리지널 제품이나 이를 카피한 복제약을 공급받을 수 있었는바, 이들이 원고의 거래거절로 인하여 동물병원에 비해 경쟁상 열위에 처하게 되었다고 보기 어렵다"는 점을 지적하고 있다.

구체적인 판단기준을 설시하였고, 그 기준은 후속판결에도 이어졌다.

② 범양식품의 자산인수과정에서 일방적으로 정한 인수가격과 조건을 관철시키려는 의도가 있었는지가 쟁점이 되었는데, 이 점에서 대법원과 원심의 판단은 서로 엇갈렸다. 대법원은 원고가 범양식품을 인수하려는 의도가 있었는지, 사업활동을 곤란하게 할 의도가 있었는지, 거래기회가 배제되었는지에 관하여 증거가 부족하다고 보았다.

③ 이 사건은 단독의 거래거절에 관한 리딩 케이스에 해당하지만, 묵시적 합의에 의한 연장에 관하여 지나치게 큰 비중을 두고, 선택의 자유 제한을 경쟁제한성으로 인식하는 등 문제점도 발견되고 있다.

(3) 공정거래법상 거래거절 규제의 전망

광범위한 불공정거래행위 제도를 두고 있는 한국에서는 거래거절에 대한 규율이 시장지배적 지위 남용 규제와 불공정거래행위 규제로 이원화되어 운영되고 있다. 거래거절에서는 그 동안 집적된 판례, 특히 포스코 사건과 그 직후 선고된 현대오일뱅크 사건으로 이러한 방향성이 확립되었다고 볼 수 있다. 가장 핵심적인 부당성 판단의 문제에 관하여 본다면 시장지배적 지위 남용행위로서 거래거절과 달리 불공정거래행위로서 거래거절에서는 경쟁제한성이 엄격하게 요구되는 것은 아니므로, 단일한 거래거절 행위에 대하여 시장지배적 지위 남용이 문제되는 경우에는 포스코 기준[23]이, 불공정거래행위가 문제되는 경우에는 한국코카콜라 기준[24]이 적용되게 되었다. 이러한 현상은 다른 행위유형에도 가속화되어 끼워팔기에 대하여는 토지공사 기준[25]이, 배타조건부 거래에 대하여는 농협 기준[26]과 에쓰대시오일 기준[27]이 판례를 통하여 정립되었다. 물론 이러한 현상은 전통적인 경쟁법 이론에서는 낯설 수도 있겠지만 공정거래법에 불공정거래행위 규제제도가 존재하는 이상 불공정거래행위로서 거래거절을 시장지배적 지위 남용행위로

23) 대법원 2007. 11. 22. 선고 2002두8626 전원합의체 판결.
24) 대법원 2001. 1. 5. 선고 98두17869 판결.
25) 대법원 2006. 5. 26. 선고 2004두3014 판결.
26) 대법원 2009. 7. 9. 선고 2007두22078 판결.
27) 대법원 2013. 4. 25. 선고 2010두25909 판결.

서 거래거절과 완전히 동일한 기준으로 해석하기는 어려울 것으로 보인다. 불공정거래행위 중 시장지배적지위남용이나 부당한 공동행위 등과 중복되는 행위유형을 대폭 축소하거나 불공정거래행위를 해체하는 등 기본적인 체제가 개편되지 않는 한 이러한 해석론은 당분간 불가피하게 되었다.

외형적인 기준의 차이에도 불구하고 실제 운영에 있어서는 법원이 불공정거래행위로서 거래거절을 엄격하게 인정함에 따라 불공정거래행위로서 거래거절이 시장지배적 지위 남용행위로서 거래거절에 접근하는 경향을 보이고 있다. 이러한 판례의 움직임은 지금까지 대법원이 여러 분야의 판례에서 보여준 고도의 형평감각을 거래거절 분야에서도 적용한 것으로 보인다. 앞서 지적한 바와 같이 현대오일뱅크 사건 외에는 동일한 거래거절 행위에 대하여 시장지배적 지위 남용 규제와 불공정거래행위 규제를 모두 적용할 수 있는 경우가 다수였던 것으로 보이는데, 이때 어떤 조항을 적용하는가에 따라 결론이 달라지는 것은 결과적으로 바람직하지 않으므로 불공정거래행위로서 거래거절을 가능한 엄격하게 인정할 때 이런 격차를 줄일 수 있다. 또한 거래거절에 대한 규제를 통하여 공정위 또는 법원이 계약관계에 직접 개입하게 되고, 거래거절이 위법하다고 판단될 경우 당사자에게 계약의 문언과 배치되는 구속력을 발생시키게 된다. 이러한 후발적인 사정이 계약 당시 고려하기 어려웠던 것이라면 법적 불안정성에 의한 사회적 비용과 위험을 야기할 수 있다.[28] 이런 측면에서 거래거절의 위법성을 넓게 인정하여 그 법률효과로 사법상 거래를 지속하도록 강제하는 것은 긍정적이든 부정적이든 법적 안정성을 해한다고 볼 여지가 있고, 법원은 이런 법적 안정성 문제에 체질적으로 민감한 경향이 있다.

불공정거래행위로서 거래거절이 민사소송에서 다루어지는 경우 신의칙, 불공정거래행위, 권리남용 등 전통적인 민사법적 쟁점과 동시에 판단된다. 예를 들면 현대오일뱅크 사건에서는 원고는 청구원인으로 계약존속을 주장하며 신의성실의 원칙 위반, 권리의 남용, 계약의 자동연장 등의 주장과 더불어 거래거절을 주장하였다. 동일한 사건에서 신의칙 위반 등은 좁게 인정

28) 거래거절 뿐 아니라 다른 불공정거래행위도 공통적으로 가지고 있는 문제점이다.

하는 반면,[29] 경쟁질서 또는 거래질서에 기초하여 거래거절의 위법성을 넓게 인정하는 것은 법원의 입장에서 자연스럽지 않을 수도 있는데 이러한 사정이 고려되었을 수도 있다. 결국 표면적인 기준의 차이에도 불구하고 거래거절 규제의 구체적인 운영을 살펴보면, 불공정거래행위로서 거래거절에서 그 부당성을 제한적으로 인정함에 따라 시장지배적 지위 남용행위로서 거래거절에 어느 정도 근접하는 경향을 보이고 있다. 장기적으로는 불공정거래행위로서 거래거절과 시장지배적 지위 남용행위로서 거래거절 사이의 격차가 완전히 좁혀지기는 어렵겠지만 어느 정도 범위에서는 양자가 수렴할 수 있을 것으로 예상한다. 이러한 측면에서 시장지배적 지위에 버금가는 유력한 지위, 사업활동을 곤란하게 할 의도 내지 목적, 거래기회가 배제되는 등 사업활동이 상당히 곤란하게 될 우려를 불공정거래행위로서 거래거절의 판단 기준으로 제시하는 견해[30]는 판례의 방향성을 적절하게 지적한 것으로 보인다. 한편, 서울고등법원 2015. 8. 19. 선고 2013누51086 판결(녹십자 사건),[31] 서울고등법원 2018. 1. 19. 선고 2017누39862 판결(벨벳 사건)은 불공정거래행위로서 단독의 거래거절의 위법성을 인정하며, 종래의 판례 기준에 비하여 경쟁제한성 판단을 중시하는 경향을 보이고 있다.

제 3 절 차별적 취급

원칙적으로 사업자는 가격 등 거래조건, 거래내용을 자유로이 설정할 수 있다. 그러나 사업자가 단독으로 또는 공동으로 거래지역이나 거래상대방에

---

29) 판례는 신의성실의 원칙 위반을 엄격하게 인정하는 경향이 있다. 예를 들면 대법원 2008. 9. 18. 선고 2007두2173 전원합의체 판결 등 참조.

30) 이황, "현대오일뱅크의 거래거절사건", 「공정거래법 판례선집」, 사법발전재단 2011. 517~518면.

31) 확정.

따라 가격 등 거래조건·거래내용을 차별적으로 설정함으로써 자기가 속한 시장 또는 거래상대방이 속한 시장에서의 정상적인 경쟁을 저해할 경우에는 시장의 효율성 저하를 초래할 수 있으므로 금지된다.[32] 가격차별, 거래조건 차별에 대한 논의는 경쟁법에서 오랫동안 진행되었다. 계열회사를 위한 차별은 한국의 특수한 시장환경이 반영된 규제 유형이고, 집단적 차별은 공동행위와 관계에서 검토할 필요가 있다.

2015. 12. 31. 불공정거래행위 심사지침이 개정되면서 차별적 취급에 대하여 경쟁제한성 판단기준을 별지로 추가하였다. 이에 따르면 차별취급은 자기 또는 계열사의 경쟁사업자를 차별하여 경쟁사업자가 배제되고 이로 인하여 시장의 가격 상승 등 경쟁제한효과가 발생하는 경우에 규제하는 것이므로 원칙적으로 행위주체가 시장점유율이 30% 이상으로 시장력(market power)이 인정되는 경우에만 규제하는 것이 바람직하다.[33]

1. 가격차별

부당하게 거래지역 또는 거래상대방에 따라 현저하게 유리하거나 불리한 가격으로 거래하는 행위를 말한다(시행령 제52조 별표 2).

(1) 대상행위

거래지역이나 거래상대방에 따른 가격차별이 대상이 된다. 이때, 가격이란 상품 또는 용역의 제공에 대하여 상대방이 실제 지불하는 모든 대가를 말한다. 여기에는 할인율 등 가격에 직접 영향을 미치는 거래조건이 포함된다. 거래의 대상인 상품 또는 용역은 실질적으로 동일한 것이어야 한다. 가격차별의 대상이 되는 거래상대방은 사업자 또는 소비자이다.[34]

(2) 관련 판례

32) 불공정거래행위 심사지침 V. 2.

33) 불공정거래행위 심사지침 <별첨> 경쟁제한성 판단기준 3. 다.

34) 불공정거래행위 심사지침 V. 2. 가. (1).

가격차별은 부당하게 거래지역 또는 거래상대방에 따라 현저하게 유리하거나 불리한 가격으로 거래하는 행위를 의미하므로 거래지역이나 거래상대방에 따라 현저한 가격의 차이가 존재하고 그러한 가격의 차이가 부당하여 시장에서의 공정한 거래를 저해할 우려가 있는 경우에 성립한다고 할 것인바, 가격차별을 규제하는 입법 취지와 규정을 종합하면, 가격차별이 부당성을 갖는지 여부를 판단함에 있어서는 가격차별의 정도, 가격차별이 경쟁사업자나 거래상대방의 사업활동 및 시장에 미치는 경쟁제한의 정도, 가격차별에 이른 경영정책상의 필요성, 가격차별의 경위 등 여러 사정을 종합적으로 고려하여 그와 같은 가격차별로 인하여 공정한 거래가 저해될 우려가 있는지 여부에 따라 판단하여야 한다(대법원 2006. 12. 7. 선고 2004두4703 판결).[35]

가격차별 사건으로는 대법원 2006. 12. 7. 선고 2004두4703 판결(외환신용카드 가격차별 사건)[36]이 대표적이고, 대법원 2006. 12. 8. 선고 2004두4697 판결(삼성카드 사건), 대법원 2012. 6. 14. 선고 2010다26035 판결(주식회사 이야기 사건)에서도 가격차별이 다루어졌는데 모두 부당성이 부정되었다.

2. 거래조건차별

> 부당하게 특정사업자에 대하여 수량·품질 등의 거래조건이나 거래내용에 관하여 현저하게 유리하거나 불리한 취급을 하는 행위를 말한다(시행령 제52조 별표 2).

(1) 대상행위

가격 이외의 거래조건을 차별하는 행위가 대상이 된다. 이는 가격이나 가격에 직접 영향을 미치는 조건(수량할인 등)을 제외한 계약의 이행방법, 대금의 결제조건 등 거래내용 면에서의 차별을 말한다. 거래조건 차별은 특

35) 신용카드사업자가 백화점 업종에 대한 수수료율을 할인점 업종에 비하여 1% 정도 높게 책정하여 차이를 둔 것이 공정한 경쟁을 저해하는 부당한 가격차별로서 불공정거래행위에 해당한다고 볼 수 없다.

36) 가격차별의 부당성 판단에 있어 경쟁제한의 정도를 고려해야 한다는 취지의 판결.

정사업자를 대상으로 하므로 소비자에 대한 차별은 포함되지 않는다. 다만, 차별대상 사업자가 엄격하게 특정될 것을 요하지 않으며, 특정기준을 충족하는 모든 사업자 또는 특정지역에 소재한 모든 사업자에 대한 차별도 특정성이 있는 것으로 본다.[37]

(2) 관련 판례

거래조건차별에 해당하기 위해서는 특정사업자에 대한 거래조건이나 거래내용이 다른 사업자에 대한 것보다 유리 또는 불리하여야 할 뿐만 아니라 그 유리 또는 불리한 정도가 현저하여야 하고, 또 그렇게 차별취급하는 것이 부당한 것이어야 한다(대법원 2006. 5. 26. 선고 2004두3014 판결). 가격도 거래조건의 하나이므로 가격차별의 부당성 판단 요건을 제시한 대법원 2012. 6. 14. 선고 2010다26035 판결의 부당성 요건을 적용할 수 있을 것이다. 위 판결의 부당성 판단 요건은 가격차별의 정도, 경쟁제한의 정도, 경영정책상 필요성, 가격차별의 경위 등이다. 그 중 '가격차별의 정도'는 이미 선행요건으로 현저성 요건이 있어 큰 의미가 없는 것으로 보인다. 정당화사유로 보이는 '경영정책상의 필요성'과 지나치게 포괄적이어서 기준으로 의미가 크지 않은 '가격차별의 경위'를 제외하면 '경쟁제한성'이 중요한 기준이 된다. 즉 거래조건 차별에서는 경쟁제한성만이 기준이 되는, 불공정거래행위로서 예외적인 판단기준이 적용된다. 따라서 시장지배적 사업자의 요건만 인정된다면, 거래조건 차별 사안에서 시장지배적 지위 남용 규제를 적용하는 경우나 불공정거래행위 규제를 적용하는 경우 그 부당성 판단에서 본질적인 차이가 없을 수 있다.

거래조건 차별에 대한 선례로 대법원 2006. 5. 26. 선고 2004두3014 판결(토지공사 사건),[38] 서울고등법원 2017. 2. 15. 선고 2015누39165 판결(롯데쇼핑 사건),[39] 서울고등법원 2017. 2. 15. 선고 2015누44280 판결(씨제이브

37) 불공정거래행위 심사지침 V. 2. 나. (1).

38) 거래조건 차별의 현저성이 부정된 사건.

39) 대법원 2017. 7. 11.자 2017두39372 판결로 심리불속행 기각되었다. 이 판결은 차별행위와 부당성을 부정한 사건이다.

이 사건),[40] 서울고등법원 2019. 10. 12. 선고 2018누76721 판결(골프존 사건),[41] 서울고등법원 2022. 12. 14. 선고 2021누36129 판결(네이버쇼핑 사건)[42] 등이 있다.

▣ 리딩케이스 : 서울고등법원 2017. 2. 15. 선고 2015누39165 판결(롯데쇼핑 사건)[43]

① 이 판결은 차별행위와 부당성을 부정한 사건이다.

공정위는 롯데시네마 부분이 상영회차 배정 차별, 상영관 배정 차별, 현장 마케팅 차별을 통하여 롯데엔터테인먼트와 다른 배급사를 차별하였다고 보아 불공정거래행위로서 거래조건 차별을 적용하였다. 또한 롯데시네마 부분이 할인권을 발행한 것은 배급사에 대한 거래상 지위의 남용으로서 불이익제공이라고 보았다. 롯데쇼핑은 사업부분으로 '영화배급을 하는 롯데엔터테인먼트'와 '영화상영을 하는 롯데시네마'를 두고 있다. 공정위는 배급을 하는 롯데엔터테인먼트와 영화상영업을 하는 롯데시네마가 모두 단일 법인 내의 사업부분이지만 별개의 주체로 보았다.

② 소송과정에서, 차별행위(차별하여 취급하는 행위)가 존재하는지 여부는 사실인정의 문제이므로, 거래조건 차별에 관하여 법원이 어떻게 부당성 판단기준을 구체화할지, 경쟁제한성 기준과 다른 기준을 제시할 것인지에 관심이 집중되었다. 이는 시장지배적 지위 남용 행위로서 차별행위와 불공정거래행위로서 차별행위가 그 주체(시장지배적 지위 존부) 외에 부당성 판단기준이 달라질 것인지의 문제이다. 이에 따라 불공정거래행위로서 차별적 취급을 별도로 존치할 필요가 있는지의 문제와 연결될 수 있다. 그런데 이 판결은 부당성의 내용에 대하여 아무런 언급을 하지 않은 채, 원고가 이익을 극대화하

---

40) 대법원 2017. 7. 11.자 2015누44280 판결로 심리불속행 기각되었다. 롯데쇼핑 사건과 달리 별개의 회사로서 법인격에 따른 불공정거래행위 가능성 문제는 발생하지 않았다. 롯데쇼핑사건은 거래조건 차별을 적용한 반면, 이 사건은 계열회사를 위한 차별이 적용되었으나, 그 논지에 있어서 근본적인 차이는 없다. 이 판결은 차별성을 인정하면서도 계열회사를 유리하게 할 목적은 부정하였다.

41) 대법원 2020. 2. 27.자 2019두57923 판결로 심리불속행 기각.

42) 상고 중

43) 대법원 2017. 7. 11.자 2017두39372 판결로 심리불속행 기각되었다.

기 위한 차원일 뿐 불리한 취급을 할 의도가 없었다는 주관적 의도만으로 부당성을 판단하였다(판결문 19면).

③ 하나의 회사 내에서 서로 다른 사업부분에 관하여 지원행위가 이루어진 경우 불공정거래행위로서 차별적 취급이 적용되는지는 또 다른 쟁점이었다. 그러나 대상판결은 독자적 거래상대방이 되지는 않는다고 판단하면서 그 논거를 상세히 제시하지 않고 있어, 경쟁법에서 법인격을 어떻게 볼 것인지에 대한 기준을 제시한 것으로 평가하기는 어렵다.

④ 관련사건인 서울고등법원 2017. 2. 15. 선고 2015누44280 판결(씨제이브이 사건)[44]은 롯데쇼핑 사건과 달리 별개의 회사로서 법인격에 따른 불공정거래행위 가능성 문제는 발생하지 않았다. 롯데쇼핑사건은 거래조건 차별을 적용한 반면, 이 사건은 계열회사를 위한 차별이 적용되었으나, 그 논지에 있어서 근본적인 차이는 없다. 이 판결은 차별성을 인정하면서도 계열회사를 유리하게 할 목적은 부정하였다. 그런데 계열회사를 위한 목적을 이 판결과 같이 '경제적 이익 극대화'라고 보아야 하는지는 의문이다.

▣ 서울고등법원 2019. 10. 12. 선고 2018누76721 판결(골프존 사건)[45]

① 골프존이 신제품을 가맹점에만 공급하고 비가맹점에는 공급하지 않은 사건에 대하여 공정위는 시정명령, 과징금을 부과하고, 고발을 하였다.[46] 행위의 본질은 골프존이 비가맹점에 대하여 제품 공급을 거절한 거래거절 행위에 있으나, 대상이 특정 사업자가 아니라 비가맹점 전체인 점에 착안하여 행위의 실질과는 다소 거리가 있는 거래조건 차별을 적용한 것으로 볼 수 있다. 이러한 법적용은 공정거래저해성 판단에 영향을 미친다. 즉, 거래거절을 적용할 경우에는 경쟁제한성보다는 상대적으로 낮은 부당성 판단 기준이 적용되지만, 거래조건 차별을 적용할 경우에는 경쟁제한성의 상대적으로 높은 부당성 판단 기준이 적용된다.

② 원고의 공정위 처분을 구하는 소송에서, 서울고등법원은 다음과 같은 이유로 차별적 취급행위에 해당하지 않는다고 보고, 경쟁제한성도 인정할 증

44) 대법원 2017. 7. 11.자 2015누44280 판결로 심리불속행 기각되었다.

45) 대법원 2020. 2. 27.자 2019두57923 판결로 심리불속행 기각. 공정위 2018. 11. 15. 의결 제2018-341호(골프존 사건).

46) 공정위 2018. 10. 12. 보도자료.

거가 부족하다고 보아 공정위 처분을 취소하였다.

거래조건차별에 해당하기 위하여 특정사업자에 대한 차별이 있어야 한다. 가맹계약을 체결하지 않은 사업자나 원고의 시스템을 이용하여 스크린골프 사업을 하고자 하는 잠재적 사업자는 특정사업자로 볼 수 없다. 기존 제품을 가맹점, 비가맹점 구별 없이 구매하였다고 하더라도 기존 제품과 신제품의 기능과 성능이 확연히 차이가 나므로 거래 방법, 대금 결제조건이 달라지는 것이 원칙적으로 허용된다.

3. 계열회사를 위한 차별

> 정당한 이유 없이 자기의 계열회사를 유리하게 하기 위하여 가격·수량·품질 등의 거래조건이나 거래내용에 관하여 현저하게 유리하거나 불리하게 하는 행위를 말한다(시행령 제52조 별표 2).

차별적 취급행위의 행위자 요건,[47] 차별적 취급행위, 차별의 현저성, 계열회사를 유리하게 할 목적, 공정거래저해성 등이 필요하다. 계열회사를 유리하게 하기 위한 주관적 요건인 '계열회사를 유리하게 할 목적'이 필요하다는 측면에서 일반적 거래조건 차별과 구별된다. 목적 요건이 가중되는 한편, 그 요건에 해당하면 원칙적으로 위법성이 인정된다. 경쟁제한성과 경제력 집중이 부당성 판단의 기준이 된다는 점에서 부당한 지원행위와 유사한 규제제도이다.[48]

(1) 대상행위

계열회사를 유리하게 하는 가격 등 거래조건·거래내용 등의 차별행위가 대상이 된다. 차별의 상대방에는 소비자도 포함된다.[49]

---

47) '기업집단에 속하는 계열회사가 그 스스로 내지는 다른 계열회사 또는 다른 사업자로 하여금' 부분.

48) 차별적 취급의 다수가 계열회사 차별 사건이다. 1986년 계열회사를 위한 차별이 입법되고, 1996년 부당한 지원행위가 입법되었다.

49) 불공정거래행위 심사지침 V. 2. 나. (1).

(2) 관련 판례

계열회사를 위한 차별의 요건으로서 계열회사를 유리하게 하기 위한 의도는, 특정 사업자가 자기의 이익을 위하여 영업활동을 한 결과가 계열회사에 유리하게 귀속되었다는 사실만으로는 인정하기에 부족하고, 차별행위의 동기, 그 효과의 귀속주체, 거래의 관행, 당시 계열회사의 상황 등을 종합적으로 고려하여 사업자의 주된 의도가 계열회사가 속한 일정한 거래분야에서 경쟁을 제한하고 기업집단의 경제력 집중을 강화하기 위한 것이라고 판단되는 경우에 한하여 인정된다고 할 것이다. 그리고 불공정거래행위의 한 유형인 '계열회사를 위한 차별'의 위법성을 평가함에 있어서 단순한 사업경영상 또는 거래상의 필요성 내지 합리성이 인정된다는 사정만으로 곧 그 위법성이 부인되는 것은 아니지만, 차별적 취급의 원인이 된 사업경영상의 필요성 등은 다른 사유와 아울러 공정한 거래질서의 관점에서 평가하여 공정거래저해성의 유무를 판단함에 있어서 고려되어야 하는 요인의 하나가 될 수 있다(대법원 2004. 12. 9. 선고 2002두12076 판결[50]). 계열회사를 위한 차별에 정당한 이유가 인정된 사례로 대법원 2001. 12. 11. 선고 2000두833 판결(대한주택공사 사건) 등이 있다.

4. 집단적 차별

> 집단으로 특정사업자를 부당하게 차별적으로 취급하여 그 사업자의 사업활동을 현저하게 유리하거나 불리하게 하는 행위를 말한다(시행령 제52조 별표 2).

여러 사업자가 공동으로 특정사업자에 대하여 행해지는 차별취급이 대상이 된다. 부당한 공동행위와 달리 집단적 차별취급은 합의가 없더라도 성립될 수 있으며 차별취급에 참가하는 사업자가 반드시 현실적 또는 잠재적 경쟁관계에 있을 필요는 없다. 또한 실제로 차별행위가 행해져야 한다. 차

50) 차별의 현저성은 인정되지만, 계열회사를 유리하게 할 의도와 공정거래저해성이 부정된 사례.

별취급에는 가격 등 거래조건, 거래내용 등의 차별이 포함된다. 차별취급의 상대방은 특정사업자이다. 따라서 불특정다수의 사업자와 소비자는 대상이 되지 아니한다.[51]

제 4 절 경쟁사업자 배제

사업자가 상품 또는 용역을 현저히 낮은 가격으로 공급함으로써 경쟁사업자를 시장에서 배제시킨 후 독점적 지위를 구축하여 독점가격 책정이 가능해질 경우, 이는 경쟁을 저해하고 궁극적으로 소비자후생 수준의 저하로 귀결될 수 있으므로 금지된다. 사업자가 경쟁사업자를 당해 시장에서 배제할 목적으로 경쟁사업자가 필요로 하는 상품·원재료의 상당량을 고가로 매입할 경우 이는 시장에서의 정상적인 경쟁을 저해하게 되므로 금지된다.[52] 시장지배적 지위 남용행위 규제에 있어 '부당염매'와 '배타조건부거래'가 모두 '경쟁사업자 배제' 유형에 포함되어 있으나, 불공정거래행위 규제에 있어 부당염매는 '경쟁사업자 배제' 유형에, 배타조건부 거래는 '구속조건부거래' 유형에 포함되어 있다.

1. 부당염매

> 자기의 상품 또는 용역을 공급함에 있어서 정당한 이유 없이 그 공급에 소요되는 비용보다 현저히 낮은 대가로 계속하여 공급하거나 기타 부당하게 상품 또는 용역을 낮은 대가로 공급함으로써 자기 또는 계열회사의 경쟁사업자를 배제시킬 우려가 있는 행위를 말한다(시행령 제52조 별표 2).

51) 불공정거래행위 심사지침 V. 2. 라. (1).

52) 불공정거래행위 심사지침 V. 3.

(1) 대상행위

부당염매에는 계속적 염매와 일시적 염매가 있다. 계속적 염매란 상당기간에 걸쳐 반복해서 공급비용 보다 현저히 낮은 수준으로 상품 또는 용역의 공급이 이루어짐을 말한다. 공급비용보다 현저히 낮은 수준인지 여부는 제조원가나 매입원가를 기준으로 한다. 제조원가는 재료비, 인건비, 기타 제조경비, 일반관리비를 포함하여 산정한다. 매입원가는 실제 구입가격을 기준으로 하되, 계열회사관계나 제휴관계와 같은 특수한 사정이 존재하는 경우에는 일반사업자간 거래가격을 고려하여 수정된 가격을 기준으로 할 수 있다. 일시적 염매란 일회 또는 단기간(1주일 이내)에 걸쳐 현저히 낮은 대가로 상품 또는 용역의 공급이 이루어짐을 의미한다. 현저히 낮은 대가에 해당되는지 여부는 계속적 염매의 경우와 마찬가지로 제조원가나 매입원가를 기준으로 한다. 염매의 상대방에는 사업자뿐만 아니라 소비자도 포함된다. 부당염매는 유인염매 또는 할인특매와 구별된다. 유인염매란 사업자가 자신이 취급하는 상품 또는 용역 중 소비자에게 잘 알려진 일부 품목에 대해서만 덤핑판매를 하고 나머지 품목에 대해서는 마진율을 종전과 같이 하거나 상향조정하여 판매하는 것을 말한다. 이는 판촉전략의 하나로 경쟁사업자 배제행위와는 구별된다. 한편, 할인특매는 공시의 방법으로 실시기간이 확정되는 등 기간이 확정적인 점, 할인특매는 경쟁사업자 배제의도 보다는 계절상품의 처리, 불경기 등 시장상황 변화에 대응하기 위한 경우가 많은 점 등에서 부당염매와 구별된다.[53]

(2) 관련 판례

계속거래상의 부당염매는 사업자가 채산성이 없는 낮은 가격으로 상품 또는 용역을 계속 공급하는 것을 가리키므로 그 행위의 외형상 그에 해당하는 행위가 있으면 '정당한 이유가 없는 한' 공정한 거래를 저해할 우려가 있다고 보아야 할 것이나, 후단의 기타 거래상의 부당염매는 그 행위 태양이 단순히 상품 또는 용역을 낮은 가격으로 공급하는 것이어서 그 자체로 공정한 거래를 저해할 우려가 있다고 보기 어려운 만큼 그것이 '부당하게'

53) 불공정거래행위 심사지침 V. 3. 가. (1).

행하여진 경우라야 공정한 거래를 저해할 우려가 있다고 보아야 할 것이며, 이 때 그 부당성의 유무는 당해 염매행위의 의도, 목적, 염가의 정도, 반복 가능성, 대상 상품 또는 용역의 특성과 시장상황, 행위자의 시장에서의 지위, 경쟁사업자에 대한 영향 등 여러 사정을 종합적으로 판단하여 공정한 거래를 저해할 우려가 있는지 여부에 따라 판단하여야 한다(대법원 2001. 6. 12. 선고 99두4686 판결). 참고 판례로 서울고등법원 1997. 7. 31. 선고 96구21388 판결(캐드랜드 사건),[54] 대법원 2001. 6. 12. 선고 99두4686 판결(현대정보기술 사건)[55] 등이 있다.

2. 부당고가매입

부당하게 상품 또는 용역을 통상거래가격에 비하여 높은 대가로 구입하여 자기 또는 계열회사의 경쟁사업자를 배제시킬 우려가 있는 행위를 말한다(시행령 제52조 별표 2).

통상 거래가격에 비하여 높은 가격으로 상품 또는 용역을 구입하는 행위가 대상이 된다. 통상 거래가격이라 함은 당시의 시장에서 사업자간에 정상적으로 이루어지는 거래에서 적용되는 가격수준을 말한다. 인위적으로 제품이나 원재료의 품귀를 발생시켜 경쟁사업자를 배제할 수 있기 위해서는 매점되는 상품 또는 용역의 물량이 전체 공급량에서 차지하는 비중이 중요하므로, 고가매입이 계속해서 이루어질 필요는 없다. 고가매입의 상대방은 사업자에 한하며 소비자는 포함되지 않는다.[56]

54) 한국전력공사의 배전지리정보시스템 구축용 컴퓨터소프트웨어 구매입찰에 응찰하면서 응찰가격 1원을 제시하여 낙찰받은 행위에 대하여 부당성이 인정되었다.

55) 원고가 이 사건 용역을 저가로 낙찰받았다고 하여 이로 말미암아 원고의 경쟁사업자들이 향후 위 신규시장에서 배제될 우려가 없었던 점 등을 들어 부당성을 부정한 사건.

56) 불공정거래행위 심사지침 V. 3. 나. (1).

제 5 절 부당한 고객유인

소비자가 만족도를 극대화할 수 있기 위해서는 정확한 정보를 바탕으로 저렴하고 품질 좋은 상품 또는 용역을 구입할 수 있어야 한다. 이를 위해 사업자는 자기가 제공하는 상품 또는 용역의 가격과 품질을 경쟁수단으로 삼아야 할 것이다. 사업자가 부당한 이익제공이나 위계, 거래방해 등의 방법으로 경쟁사업자의 고객을 유인하는 것은 그 경쟁수단이 불공정한 것으로서 시장에서의 바람직한 경쟁질서를 저해하고 소비자가 품질 좋고 저렴한 상품 또는 용역을 선택하는 것을 방해하므로 금지된다.[57]

[부당한 고객유인과 거래질서, 경쟁질서]

부당한 고객유인 조항의 적용에 있어 1차적으로 경쟁사업자, 경쟁수단 등을 고려하지만, 2차적으로는 소비자의 선택권 침해를 고려하게 된다.[58] 그러나 실제로 경쟁사업자에 대한 측면과 소비자보호에 대한 측면을 구별하기 어려운 경우도 많다.

부당한 고객유인은 경쟁보호보다는 경쟁자보호에 가깝다. 부당한 고객유인 조항의 적용에 있어 관련시장에서 경쟁제한성 여부를 고려하는 것도 아니다. 이 점에서 거래질서를 보호하려는 거래상 지위 남용과 공통점이 있다. 부당한 이익에 의한 고객유인의 공정거래저해성 판단기준이 시행령 제52조 별표 2에 '정상적인 거래관행'으로 규정되어 있고, 거래상 지위남용의 공정거래저해성 판단기준에 대하여 대법원도 '정상적인 거래관행'으로 보고 있다.

다만, 거래상 지위 남용이 수직적 관계에서 거래상대방이라는 특정사업자를 보호하는 것임에 비하여, 부당한 고객유인은 수평적 관계인 경쟁사업자를 보호하고 있다. 특정 경쟁사업자를 보호하는 것이 아니라 공정한 경쟁수단을

---

57) 불공정거래행위 심사지침 V. 4.

58) 부당한 이익에 의한 고객유인은 단기적으로는 소비자에게 이익을 제공한다는 측면이 있으나, 소비자가 합리적인 선택을 하는 것을 방해한다는 점에서 소비자 보호의 측면에서 부정적이다.

통하여 시장에서 바람직한 경쟁질서를 지향한다는 점에서 관련시장도 고려하게 된다. 이 점에서 부당한 고객유인은 거래질서와 함께 경쟁질서와도 관련성이 있다.

[부당한 고객유인과 사업활동방해]

부당한 고객유인과 후술하는 사업활동방해의 관계가 문제된다. 하나의 사안에서 두 유형이 모두 문제되는 경우가 있을 수 있다. 먼저, 일반조항과 개별조항으로 이해할 여지가 있다. 그러나 현행 공정거래법의 많은 유형은 서로 중첩되고 이 경우 경합적으로 적용하는 경우가 일반적이다. 다만, 부당한 고객유인이 사업활동방해에 비하여 더 구체적인 행위 유형을 규정하고 있음에 비추어 고객유인 규정을 우선 적용하는 것이 바람직할 것이다.[59]

1. 부당한 이익에 의한 고객유인

> 정상적인 거래관행에 비추어 부당하거나 과대한 이익을 제공 또는 제공할 제의를 하여 경쟁사업자의 고객을 자기와 거래하도록 유인하는 행위를 말한다(시행령 제52조 별표 2).

(1) 대상행위

자기와 거래하도록 하기 위해 경쟁사업자의 고객에게 이익을 제공하거나 제공할 제의를 하는 행위가 대상이 된다. 판례도 부당한 고객유인행위의 객체가 되는 상대방, 즉 경쟁사업자의 고객은 경쟁사업자와 기존의 거래관계가 유지되고 있는 상대방에 한정되지 아니하고, 새로운 거래관계를 형성하는 과정에서 경쟁사업자의 고객이 될 가능성이 있는 상대방도 포함된다고 보고 있다(대법원 2002. 12. 26. 선고 2001두4306 판결).

(2) 관련 판례

자유경쟁시장에 있어서 고객을 유인하여 확보하는 것은 거래의 실현을

---

59) 공동의 거래거절과 부당한 공동행위가 중첩되는 경우에 부당한 공동행위를 우선적용하거나, 거래거절과 거래상 지위 남용이 중첩되는 경우에 거래거절을 우선 적용하고 있다.

도모하기 위하여 필수적이고, 따라서 유인행위 그 자체는 경쟁체제의 유지 · 촉진을 목적으로 하는 공정거래법의 규제대상이 될 성질의 것은 아니다. 그러나 유인행위는 상품 또는 용역의 가격, 품질, 서비스 등 거래조건에 의하지 않고 부당하거나 과대한 이익제공에 의하여 소비자의 상품선택을 왜곡시키고 양질, 염가의 상품을 공급하는 경쟁자의 고객을 빼앗는 결과가 되므로 위법성이 인정된다. 행위의 위법성은 이익제공 또는 제의가 불공정한 경쟁수단인지 여부를 위주로 판단하는바, 정상적인 거래관행에 비추어 보아 부당하거나 과다한 이익의 제공이 해당되는지 여부가 우선적인 기준이 된다(대법원 2010. 11. 25. 선고 2009두9543 판결).

제약회사의 유통망 확보를 위하여 리베이트가 사용되는 경우가 많았고, 이로 인하여 제약회사와 관련된 부당한 고객유인 사건이 많았다. 이를 통하여 국민건강보험에서 약가가 차지하는 비중이 높은 한국 의료시장의 독특한 면모를 볼 수 있다. 대법원 2010. 11. 25. 선고 2009두9543 판결은 재판매가격유지행위에 대한 대표적인 사례인데, 부당한 고객유인도 다루고 있으며 정상적인 거래관행에 비추어 부당하거나 과다한 이익의 제공인지에 따라 위법성을 판단하고 있다.

대법원 2010. 11. 25. 선고 2009두9543 판결(한미약품 사건),[60] 대법원 2010. 12. 9. 선고 2009두3507 판결(녹십자 사건),[61] 대법원 2010. 12. 23. 선고 2008두22815 판결(동아제약 사건)[62]은 부당한 고객유인 행위의 관련

---

60) 이 사건은 최저 재판매가격유지행위에 관한 리딩 케이스로 널리 알려져 있으나, 부당한 이익에 의한 고객유인 행위에 있어 관련매출액에 관하여 의미있는 기준을 제시한 판결이다.

61) 영향을 받은 부분만 관련매출액에 포함하여야 한다는 취지로, 거래상 지위의 남용 중 구입강제에 관한 서울고등법원 2015. 1. 30. 선고 2014누1910 판결(남양유업 사건)에도 영향을 미쳤다.

62) 제약회사가 의료기관에게 현금이나 물품지원, 케이스 스터디 지원 등 다양한 판촉계획을 수립하고 이행한 지원행위에 대하여 부당한 이익에 의한 고객유인으로 규제한 사건이다. 원심 및 대법원은 구체적으로 확인된 원고의 이익제공행위는 본사 차원에서 수립된 거래처 일반에 대한 판촉계획의 실행행위로서 이루어진 것으로 볼 수 있으므로, 원고의 당해 의약품에 대한 거래처 전체의 매출액을 위반행위로 인하여 영향을 받는 관련 상품의 매출액, 즉 관련 매출액으로 봄이 상당하다고 봄

매출액 산정에 있어 대표적인 판결로, 같은 법리는 후속판결인 서울고등법원 2018. 9. 19. 선고 2017누45768 판결(파마킹 사건)[63]에 그대로 적용되고 있다. 이들은 다른 불공정거래행위(구입강제, 불이익제공 등)의 관련매출액 문제에도 선례로 검토되고 있다. 그 밖에 대법원 2018. 7. 12. 선고 2017두51365 판결(더리본주식회사 사건),[64] 대법원 2014. 3. 27. 선고 2013다212066 판결[65] 등이 있다.

[고객유인과 관련매출액]

제약회사의 부당한 이익에 의한 고객유인 사례에서 관련매출액을 개별적 고객유인행위와 관련한 매출액만으로 산정할 것인지, 거래처 전체의 매출액으로 할 것인지가 문제된다. 대법원은 "의약품을 제조·판매하는 사업자의 이익제공 행위를 본사 차원에서 수립된 거래처 일반에 대한 판촉계획의 실행행위로서 이루어진 것으로 평가할 수 없다면, 그 이익제공 행위로 인한 효과 역시 해당 의약품을 거래하는 거래처 전체에 미친다고 볼 수는 없으므로, 개별적 부당한 고객유인행위와 관련된 매출액만을 관련매출액으로 보아야 한다."라고 판단하였다(대법원 2010. 12. 9. 선고 2009두3507 판결). 같은 사건에서 제약회사의 이익제공 행위는 법위반행위로 인정된 현금, 상품권, 기자재 등의 지원행위, 세미나 참가자에 대한 지원행위 등과 동일한 유형의 행위로서 가까운 장래에 반복될 우려가 있다고 볼 수 있어, 시정명령으로서 이러한 유형의 행위 반복금지까지 명할 수 있다고 보았다.

으로써, 거래처 전체의 매출액을 관련매출액으로 본 대표적인 사례이다.

63) 심리불속행 기각.

64) 원심은 서울고등법원 2017. 5. 31. 선고 2015누56689 판결(더리본 주식회사 사건). 그동안 부당한 이익에 의한 고객유인 사건이 대부분 제약 분야에서 문제된 반면, 이 사건은 상조업의 이관할인계약을 다루었다는 점에서 의미가 있다. 첫째, 부당한 고객유인행위의 형사처벌에서 공정거래저해성에 대한 고의도 필요하고, 이를 어떻게 판단해야 할지에 대한 판단 기준을 제시하였다. 공정거래법 사건에서의 고의 판단과 형사법 사건에서의 고의 판단이 다를 수도 있다는 판시를 하였다. 둘째, 거래질서의 판단 기준에 대한 대법원의 고민이 보인다. 경쟁제한성 판단에 비하여 거래질서의 판단 기준은 일관되거나 특정되어 있지 못하다는 비판을 받았다. 이 사건에서 대법원은 거래질서는 객관적으로 고려되어야 하고, 효율성도 반영되어야 한다는 판단을 하였다.

65) 부당한 이익에 의한 고객유인이 부정된 민사사건이다.

2. 위계에 의한 고객유인

부당한 표시·광고 외의 방법으로 자기가 공급하는 상품 또는 용역의 내용이나 거래조건 기타 거래에 관한 사항에 관하여 실제보다 또는 경쟁사업자의 것보다 현저히 우량 또는 유리한 것으로 고객을 오인시키거나 경쟁사업자의 것이 실제보다 또는 자기의 것보다 현저히 불량 또는 불리한 것으로 고객을 오인시켜 경쟁사업자의 고객을 자기와 거래하도록 유인하는 행위를 말한다(시행령 제52조 별표 2).

(1) 대상행위

자기와 거래하도록 하기 위해 경쟁사업자의 고객을 기만 또는 위계의 방법으로 유인하는 행위가 대상이 된다. 이때, 경쟁사업자의 고객에는 경쟁사업자와 거래를 한 사실이 있거나 현재 거래관계를 유지하고 있는 고객뿐만 아니라 잠재적으로 경쟁사업자와 거래관계를 형성할 가능성이 있는 고객이 포함된다. 기만 또는 위계는 표시나 광고(표시·광고의 공정화에 관한 법률이 적용된다) 이외의 방법으로 고객을 오인시키거나 오인시킬 우려가 있는 행위를 말한다. 상품 또는 용역의 내용이나 거래조건 기타 거래에 관한 사항에 대해 기만 또는 위계의 방법을 사용한 행위가 대상이 된다. 상품 또는 용역의 내용에는 품질, 규격, 제조일자, 원산지, 제조방법, 유효기간 등이 포함된다. 거래조건에는 가격, 수량, 지급조건 등이 포함된다. 기타 거래에 관한 사항에는 국산품 혹은 수입품인지 여부, 신용조건, 업계에서의 지위, 거래은행, 명칭 등이 포함된다. 기만 또는 위계의 상대방은 소비자뿐만 아니라 사업자도 포함된다.[66] 위계에 의한 고객유인행위가 성립하기 위해서는 위계 또는 기만적인 유인행위로 인하여 고객이 오인될 우려가 있음으로 충분하고, 반드시 고객에게 오인의 결과가 발생하여야 하는 것은 아니다. 여기에서 오인이라 함은 고객의 상품 또는 용역에 대한 선택 및 결정에 영향을 미치는 것을 말하고, 오인의 우려라 함은 고객의 상품 또는 용역의 선택

66) 불공정거래행위 심사지침 V. 4. 나. (1).

에 영향을 미칠 가능성 또는 위험성을 말한다.[67]

[위계에 의한 고객유인과 표시광고법 위반에서 공정거래저해성]

위계에 의한 고객유인과 표시광고법상 규제에서 공정거래저해성의 차이가 있는지가 문제된다. 먼저 불공정거래행위로서 고객유인은 시장에 대한 공정거래저해성, 공정한 경쟁을 보게 된다. 표시광고법상 공정거래저해성에 대한 기준이 무엇인지 문제된다.

첫째, 표시광고 부분이 별도의 소비자보호법으로 분리되면서 공정거래저해성에 대한 고려는 사실상 필요하지 않다는 견해가 있을 수 있다. 표시광고가 부당한 고객유인에 포함되어 있을 때는 공정한 경쟁이라는 측면에서 공정거래저해성을 보아야 하지만, 별도의 법으로 분리되면서 소비자보호의 측면만 고려하면 되므로 공정거래저해성이 삭제되어야 함에도 유지되었다는 취지이다. 이 견해에 따르면 표시광고법은 거짓과장성 등 객관적 요건과 소비자오인성이 인정되면 충분하다.

둘째, 표시광고법에서도 소비자보호와 함께 경쟁자에 대한 공정경쟁을 판단해야 하는 이상 공정거래저해성에 독자적인 의미가 있으므로, 표시광고법의 취지, 표현의 자유와 거래질서의 관계를 고려하여 그 기준을 합리적으로 설정할 필요가 있다는 것이다. 표시광고법 사안에서 공정거래저해성을 부정한 대법원 2013. 6. 14. 선고 2011두82 판결의 입장이다.

셋째, 표시광고법은 객관적 구성요건에 해당하면 공정거래성은 당연히 인정되며, 예외적으로 정당한 사유가 있는 경우 공정거래저해성이 부정되는 형법상 위법성 조각사유와 비슷한 의미가 있다는 것이다. 그 경우 공정거래저해성을 요하지 않는 전자상거래법 제21조 제1호와 균형이 맞게 된다.

(2) 관련 판례

위계에 의한 고객유인에서 표시광고에 의한 행위가 별개의 법률로 규율됨에 따라 사례가 많지 않다. 대법원 2002. 12. 26. 선고 2001두4306 판결(오라클 사건)[68], 대법원 2019. 9. 26. 선고 2014두15047 판결(에스케이텔레

---

67) 대법원 2002. 12. 26. 선고 2001두4306 판결.

68) 원고(오라클 주식회사)가 계약의 상대방이 될 삼성 에스디에스(서울대학교 병원으로부터 통합의료정보시스템 재구축 사업의 개발자로 내정됨)에게 본인과 경쟁사업자의 비교자료를 제출하였다. 이 자료에 원고의 제품이 우량하고, 경쟁자의 제품이

콤 사건) 등 통신사 및 제조사의 보조금에 대하여 위계에 의한 유인이 적용된 사건, 서울고등법원 2022. 12. 14. 선고 2021누36129 판결(네이버 쇼핑 사건),[69] 서울고등법원 2023. 2. 9. 선고 2021누35218 판결(네이버 동영상 사건) 등이 있다.

['자기가 공급하는 상품 또는 용역'의 의미]

위계에 위한 고객유인에서 '자기가 공급하는 상품 또는 용역'에 대하여 위계를 통하여 고객을 유인한다. 이때 '자기가 공급하는 상품 또는 용역'의 범위가 문제된다.

대법원 2019. 9. 26. 선고 2014두15047 판결(에스케이텔레콤 사건) 등 휴대폰 보조금 사건에서 직접 판매한 상품이 아님에도 위계에 의한 고객유인을 인정하였다. 공급가 모델에서 통신사업자가 소비자에게 휴대폰을 판매하면서 보조금을 지급하였으며, 삼성전자 등 제조사는 거래의 상대방이 아니었다. 이때 제조사에 대하여 자기 상품의 요건이 충족되는지 판단에 있어, 엄격한 문언 해석을 할 것인가, 유연한 해석을 할 것인가 문제된다. 대법원 2019. 10. 18. 선고 2014두4801 판결[70]에서 제조사의 경우 직접 공급한 바 없음에도, 제조사가 이동통신사와 공모한 결과 이동통신사의 상품 공급에 제조사가 가담함으로써 제조사도 위계에 의한 고객유인을 인정하였다. 그러나 이 사건

불량하다는 내용이 포함되어 있었다. 대법원은 원고의 이러한 행위가 위계에 의한 고객유인에 해당한다고 보았다.

69) 상고 중

70) 불공정거래행위에 관한 공정거래법령의 관련 규정과 입법 취지 등에 의하면, 불공정거래행위에서의 '거래'란 통상의 매매와 같은 개별적인 계약 자체를 가리키는 것이 아니라 그보다 넓은 의미로서 사업활동을 위한 수단 일반 또는 거래질서를 뜻하는 것으로 보아야 한다(대법원 2010. 1. 14. 선고 2008두14739 판결 등 참조). 원심은, 원고가 이동통신 3사에 자신의 단말기(사업자모델)를 판매하면서 소비자에게 지급될 것을 전제로 하는 약정외 보조금의 재원이 되는 장려금의 책정 문제 및 약정외 보조금을 감안한 '소매가격(할부원금)'에 관하여도 구체적으로 협의하였고, 이러한 협의는 적어도 단말기 제조사인 원고의 사업활동을 위한 수단이라고 평가할 수 있다는 등의 이유를 들어, 원고가 이동통신사를 매개로 하여 단말기와 이동통신 서비스를 구입하는 소비자와 사이에 거래관계가 존재한다고 볼 수 있다고 판단하였다. 이러한 원심판단은 앞에서 본 법리에 기초한 것으로서, 거기에 상고이유 주장과 같이 '자기가 공급하는 상품 등의 거래조건'에 관한 법리를 오해하는 등의 잘못이 없다.

은 제조사와 이동통신사의 합의가 인정된 특수한 사건이므로, 이러한 선례는 다른 사건에서 일반화되기 어려울 가능성이 있다.

▣ 리딩케이스 : 대법원 2019. 9. 26. 선고 2014두15047 판결(에스케이텔레콤 사건)

① 위계에 의한 고객유인행위를 금지하는 취지는 위계 또는 기만행위로 소비자의 합리적인 상품선택을 침해하는 것을 방지하는 한편, 해당 업계 사업자 간의 가격 등에 관한 경쟁을 통하여 공정한 경쟁질서 내지 거래질서를 유지하기 위한 데에 있다. 따라서 사업자의 행위가 불공정거래행위로서 위계에 의한 고객유인행위에 해당하는지를 판단할 때에는, 그 행위로 보통의 거래 경험과 주의력을 가진 일반 소비자의 거래 여부에 관한 합리적인 선택이 저해되거나 다수 소비자들이 궁극적으로 피해를 볼 우려가 있게 되는 등 널리 업계 전체의 공정한 경쟁질서나 거래질서에 미치게 될 영향, 파급효과의 유무 및 정도, 문제된 행위를 영업전략으로 채택한 사업자의 수나 규모, 경쟁사업자들이 모방할 우려가 있는지 여부, 관련되는 거래의 규모, 통상적 거래의 형태, 사업자가 사용한 경쟁수단의 구체적 태양, 사업자가 해당 경쟁수단을 사용한 의도, 그와 같은 경쟁수단이 일반 상거래의 관행과 신의칙에 비추어 허용되는 정도를 넘는지, 계속적·반복적인지 여부 등을 종합적으로 살펴보아야 한다.

② 공정거래위원회가 이동통신사에 대하여 '2008~2010년 출시되어 갑 회사가 유통에 관여한 일부 모델의 단말기와 관련하여 위 회사가 이동전화 단말기를 제조하는 국내 3개 사업자와 협의하여 공급가 또는 출고가를 부풀려 소비자에게 지급할 약정외 보조금의 재원을 조성하고, 이를 대리점 등을 통해 소비자에게 지급함으로써 소비자로 하여금 고가의 단말기를 할인받아 저렴하게 구매하는 것으로 오인시켜 자신의 이동통신 서비스에 가입하도록 유인하였다'는 이유로, 구 공정거래법(2013. 8. 13. 법률 제12095호로 개정되기 전의 것) 제23조 제1항 제3호, 제2항, 구 공정거래법 시행령(2014. 2. 11. 대통령령 제25173호로 개정되기 전의 것) 제36조 제1항 [별표 1의2] 제4호 (나)목을 적용하여 시정명령(금지명령, 공개명령, 보고명령)과 과징금 납부명령을 한 사안에서, 위 회사와 제조 3사는 협의하여 사전 장려금을 단말기의 공급가 내지 출고가에 반영하여 출고가를 높인 후 유통망에 사전 장려금을

지급한 다음, 순차적으로 유통망을 통하여 소비자에게 이동통신 서비스 가입을 조건으로 사전 장려금을 재원으로 한 약정외 보조금이 지급되도록 한 점, 이러한 위반행위로 소비자는 실질적인 할인 혜택이 없음에도 할인을 받아 출고가가 높은 단말기를 저렴하게 구매하였고, 그와 같은 할인이 특정 이동통신 서비스에 가입하였기 때문에 이루어졌으며, 할인의 재원이 단말기 출고가 자체에 이미 포함되었던 것이 아니라 자신이 이동통신 서비스에 가입함에 따라 갑 회사가 얻게 되는 수익 중 일부였다고 오인할 우려가 큰 점 등을 종합하면, 갑 회사의 행위는 '상품 등의 거래조건 등에 관하여 실제보다 유리한 것으로 오인시켜 고객을 유인한 행위'에 해당한다고 한 사례이다.

③ 제조사에 대한 관련사건으로 대법원 2019. 10. 18. 선고 2014두4801 판결(삼성전자 사건),[71] 대법원 2019. 9. 26. 선고 2014두15740 판결 및 대법원 2019. 9. 26. 선고 2014두15740 판결(엘지전자 사건),[72] 대법원 2019. 10. 18. 선고 2015두370 판결(팬텍 사건)[73] 등이 있고, 통신사에 대한 관련사건으로 대법원 2019. 9. 26. 선고 2014두4702 판결(케이티 사건),[74] 대법원 2019. 9. 26. 선고 2014두15047 판결(에스케이텔레콤 사건),[75] 대법원 2019. 9. 26. 선고 2015두59 판결(엘지유플러스 사건)[76] 등이 있다. 한편, 대법원 2019. 12. 27. 선고 2016다224428 판결(에스케이텔레콤 사건)[77]은 이동통신사인 원고와 보험사인 피고 사이에서, 원고의 고객 중 폰세이프 부가서비스에 가입하는

71) 원심은 서울고등법원 2014. 2. 6. 선고 2012누24346 판결.

72) 원심은 서울고등법원 2014. 11. 21. 선고 2012누33869 판결.

73) 원심은 서울고등법원 2014. 12. 10. 선고 2012누24360 판결.

74) 원심은 서울고등법원 2014. 2. 6. 선고 2012누24735 판결.

75) 원심은 서울고등법원 2014. 10. 29. 선고 2012누22999 판결.

76) 원심은 서울고등법원 2014. 11. 21. 선고 2012누24513 판결.

77) 이 사건 보험계약의 피보험이익의 해석과 관련하여 보험금 산정기준으로 정한 '출고가'를 사전장려금 상당을 공제하여 해석해야 하는지 여부가 문제되었다. 대법원은, 이 사건 보험계약의 보상내용은 원고가 피보험자인 고객에게 단말기를 새로 구입하는 데에 소요되는 비용을 지급하고 피고로부터 피보험자인 고객을 대신하여 고객이 지급받아야 할 보험금을 지급받는 것이고, 피고가 지급할 보험금의 산정기준이 되는 '출고가'란 소비자를 비롯한 시장에 '출고가'라는 이름으로 공개되는 가격을 의미하며, 이 사건 각 보험계약의 피보험이익은 결국 피보험자인 고객이 단말기를 도난당하거나 분실하였을 경우 이를 새로 구입하는 데에 소요되는 비용 상당액을 의미하고, 이는 앞서 본 '출고가' 상당액이라고 본 원심의 판단이 타당하다고 하였다.

일부 고객을 피보험자로 하여 보험계약이 체결되었는데, 공정위가 원고를 포함한 이동통신사 3사와 제조사 3사에 대하여, "이동통신사와 제조사가 협의하여 단말기 공급가 또는 출고가를 부풀렸고, … 소비자로 하여금 고가의 단말기를 할인받아 저렴하게 구매하는 것으로 오인시켰다"는 이유로 과징금 등 처분을 하자, 피고가 보험계약을 해지하였다. 원고가 보험금 지급을 구하는 본소를 구하자, 이에 대해 피고가 기지급보험금 중 사전장려금이 포함된 '출고가'를 기준으로 지급된 부분은 부당이득이라고 주장하며 그 반환을 구한 사건이다.

▣ 서울고등법원 2023. 2. 9. 선고 2021누35218 판결(네이버 동영상 사건)

공정위는, 원고가 ① 2017. 8. 24.부터 2020. 9. 17.까지 개편된 검색 알고리즘과 관련된 중요한 정보를 자신의 광고기반 무료 동영상 서비스 담당부서와 검색제휴사업자 간에 차별적으로 제공하는 한편, 이와 관련된 정보를 검색제휴사업자에게 왜곡하여 전달하고, ② 2017. 8. 24. 검색 알고리즘을 개편하면서 검색 노출 순위를 결정하는 관련도를 구성하는 항목 중 부스팅 항목에서 네이버TV 테마관[78]에서 서비스하는 동영상의 경우에는 무조건 관련도 계산 시 가점이 부여되도록 알고리즘을 설계하여 2019. 8. 28.까지 이러한 알고리즘을 실행하는 방법을 통하여 고객[79]이 자신의 검색 포털 사이트에서 검색하는 광고기반 무료 동영상 서비스에 대한 검색결과에서 자신의 광고기반 무료 동영상 서비스 또는 동영상을 검색제휴사업자의 동영상 서비스 또는 동영상보다 상위에 노출시킴으로써 고객으로 하여금 자신의 광고기반 무료 동영상 서비스 또는 동영상을 거래(시청)하도록 유인하였으므로 위계에 의한 고객유인에 해당한다고 판단하였다.

서울고등법원은 일부 위반행위를 인정하였다. 먼저, 차별적 정보제공 행위에 대하여 원고는 동영상 검색 알고리즘 개편 이전 내부적으로만 동영상 검색 알고리즘 개편과 관련한 정보를 제공하여 자신과 검색제휴사업자들 사이

---

78) 원고의 광고기반 무료 동영상 서비스 중 하나인 '네이버TV'에서 제공하는 서비스로, 네이버TV의 동영상 중 원고가 내용이 우수하다고 판단한 동영상을 테마별(스포츠, 예능 교육 등)로 분류하여 놓은 것을 말한다.

79) 원고의 검색서비스를 통해 원고의 광고기반 무료 동영상 서비스를 이용하는 시청자를 말한다.

에 차별적으로 정보를 제공한 사실은 인정되지만, 원고가 위 정보를 이용하여 고객을 오인하게 할 만한 구체적인 후속 행위로 나아갔다고 보기에 부족하므로, 원고가 내부에 차별적으로 정보를 제공한 것만으로는 고객의 동영상 선택 및 결정에 영향을 미칠 가능성, 즉 고객이 원고의 동영상을 실제보다 또는 경쟁 검색제휴사업자의 동영상보다 우량 또는 유리하다고 오인할 우려를 발생시켰다고 보기는 어렵다고 판단하였다.

다음으로, 가점부여 행위에 대하여, 원고는 합리적 사유 없이 네이버TV 테마관 동영상에 대한 가점 부여를 하였다고 봄이 타당하므로, 고객 내지 소비자에 대한 위계 또는 기만행위가 존재하고, 원고의 합리적 사유 없는 네이버TV 테마관 동영상에 대한 가점 부여 행위의 현저성, 오인가능성 및 유인가능성은 충분히 증명되었다고 판단하였다. 다만, 불공정거래행위에서 부당성은 공정거래저해성을 의미한다는 점에서 대상판결이 공정거래저해성과 부당성을 별도로 판단한 것은 의문이다.

3. 기타의 부당한 고객유인

> 경쟁사업자와 그 고객의 거래에 대하여 계약성립의 저지, 계약불이행의 유인 등의 방법으로 거래를 부당하게 방해함으로써 경쟁사업자의 고객을 자기와 거래하도록 유인하는 행위를 말한다(시행령 제52조 별표 2).

경쟁사업자와 고객의 거래를 방해함으로써 자기와 거래하도록 유인하는 행위가 대상이 된다. 거래방해의 수단에는 제한이 없으며, 부당한 이익제공이나 위계를 제외한 모든 수단이 포함된다. 거래방해에는 거래성립의 방해와 거래계속의 방해가 있다. 거래방해의 상대방은 경쟁사업자 또는 경쟁사업자의 고객이며, 고객에는 사업자와 소비자가 포함된다. 이때 경쟁사업자의 고객에는 경쟁사업자와 거래를 한 사실이 있거나 현재 거래관계를 유지하고 있는 고객뿐만 아니라 잠재적으로 경쟁사업자와 거래관계를 형성할 가능성이 있는 고객이 포함된다.[80]

---

80) 불공정거래행위 심사지침 V. 4. 다. (1).

제 6 절 거래강제

사업자가 거래상대방 또는 자사 직원 등에게 본인의 의사에 반하여 자기 또는 자기가 지정하는 자의 상품 또는 용역을 구입(판매)하도록 강제하는 행위는 시장에서의 지위를 이용하여 고객을 확보하는 행위로서, 불합리한 수단으로 시장지배력의 확장을 도모하며 소비자의 자율적 선택권을 제약하므로 금지된다.[81] 끼워팔기 문제는 비교법적으로 논의가 많이 이루어진 쟁점인 반면, 신문판매, 자동차 판매 등에 관한 사원판매 사건은 한국의 시장상황에서 등장한 특유한 규제이다.

1. 끼워팔기

> 거래상대방에 대하여 자기의 상품 또는 용역을 공급하면서 정상적인 거래관행에 비추어 부당하게 다른 상품 또는 용역을 자기 또는 자기가 지정하는 사업자로부터 구입하도록 하는 행위를 말한다(시행령 제52조 별표 2).

(1) 대상행위

서로 다른 별개의 상품 또는 용역을 자기 또는 자기가 지정하는 사업자로부터 구입하도록 하는 행위가 대상이 된다. 이때 끼워팔기의 대상이 '서로 다른 별개의 상품 또는 용역'에 해당되는지 여부는 이들이 시장에서 통상 별도로 거래되는지 여부와 더불어 그 상업적 용도나 기능적 특성, 소비자 인식태도, 경우에 따라서는 제품통합과 기술혁신의 추세 등을 종합적으로 고려하여 판단한다. 끼워팔기를 행하는 주체는 주된 상품(또는 용역)과

---

81) 불공정거래행위 심사지침 V. 5.

종된 상품(또는 용역)을 동시에 공급할 수도 있고, 자기가 지정하는 제3자로 하여금 종된 상품(또는 용역)을 공급하게 할 수 있다. 끼워팔기에는 상품 또는 용역을 판매하는 경우 외에 임대하는 경우도 포함된다. 거래상대방에는 사업자뿐만 아니라 소비자가 포함된다.[82)]

(2) 관련 판례

부당성의 판단기준에 관하여 끼워팔기가 정상적인 거래관행에 비추어 부당한지 여부는 종된 상품을 구입하도록 한 결과가 상대방의 자유로운 선택의 자유를 제한하는 등 가격과 품질을 중심으로 한 공정한 거래질서를 저해할 우려가 있는지 여부에 따라 판단하여야 한다는 것이 대법원의 입장이다(대법원 2006. 5. 26. 선고 2004두3014 판결). 시장지배적 지위 남용으로서 끼워팔기에는 시장지배적 지위가 필요하고 유상성이 요구되지 않는 반면,[83)] 불공정거래행위로서 끼워팔기에는 시장지배적 지위에 이르지 않더라도 강제를 할 수 있는 우월한 지위로 충분한 반면, '구입'의 요건이 있어서 유상성이 필요하다.

참고 판례로 대법원 2006. 5. 26. 선고 2004두3014 판결(한국토지공사 사건),[84)] 서울고등법원 2009. 11. 12. 선고 2009누5635 판결(페르마에듀 사건),[85)] 서울고등법원 2016. 11. 23. 선고 2014누62052 판결(골프존 사건)[86)] 등이 있다.

---

82) 불공정거래행위 심사지침 V. 5. 가. (1).

83) 서울중앙지방법원 2009. 6. 11. 선고 2007가합90505 판결(마이크로소프트 손해배상 사건)에서 같은 취지로 판시하고 있다. "구 공정거래법 시행령 제36조 제1항 [별표 1] 5호 가.목 소정의 '끼워팔기'의 요건과는 달리, 종된 상품의 유상성은 시장지배적 지위 남용행위 성립에 필수적인 요건이 아닐 뿐만 아니라, 아래에서 보는 바와 같이 피고들은 메신저를 소비자들에게 유상으로 판매하고 있다고 봄이 상당하므로" 부분 참조.

84) 불공정거래행위 중 끼워팔기 뿐 아니라 거래상 지위남용 중 불이익제공, 거래조건 차별, 부당지원행위에 관하여 중요한 선례가 되고 있는 사건.

85) 확정. 온라인 강의와 오프라인 강의를 별개의 상품으로 본 사건.

86) 대법원 2017. 4. 13.자 2016두64999 판결로 심리불속행 기각.

▣ 리딩케이스 : 서울고등법원 2016. 11. 23. 선고 2014누62052 판결(골프존 사건)[87]

■ 해 설

① 원고는 스크린골프 관련 게임소프트웨어 개발 및 공급업 등을 영위하는 회사이다. 공정위는 원고가 2009. 6.부터 자신이 지정한 2~3개의 프로젝터를 포함한 묶음상품의 형태로 '골프 시뮬레이션 시스템(Golf Simulation System)' 또는 '골프 시뮬레이터(Golf Simulator)'를 판매한 행위가 불공정거래행위로서 끼워팔기에 해당한다고 보아 시정명령과 과징금을 부과하였다(원고에 대하여는 거래상 지위남용으로서 불이익제공 행위 규제도 적용되었다). 서울고등법원은 원고의 위 행위가 끼워팔기에 해당하지 않는다고 보아 공정위 처분을 취소하였다.

② 대상판결이 끼워팔기를 부정한 논거는 다음과 같다. 첫째, 대상판결은 "원고의 GS시스템 작동에 있어서 프로젝터는 밀접불가분한 구성요소에 해당한다고 할 것이므로, 프로젝터를 거래상대방이 구입하고자 하지 않거나 상대적으로 덜 필요로 하는 상품, 즉 종된 상품에 해당한다고 볼 수 없다."는 전제에서 별개상품성을 부정한 것으로 보인다. 실제 거래사례에서 별개상품인지 판단은 매우 어려운 문제이다. 별개상품을 판단함에 있어서는 기능상 또는 거래상 밀접불가분성, 거래단위, 수요자의 인식 등 다양한 요소를 보아야 한다. 대상판결은 그 중 기능상 밀접불가분성에 기하여 별개의 상품이 아니라고 판단하였다. 둘째, "원고가 GS시스템을 판매하면서 특정 프로젝터를 함께 구입하도록 하였다고 하여 프로젝터와 아무런 관련이 없는 훼밀리골프 등 GS시스템을 판매하는 원고의 경쟁사의 고객을 자기와 거래하도록 유인하거나 강제하였다고 볼 수 없다."라는 전제에서 원고의 행위가 경쟁자에 대한 영향이 없어 끼워팔기에 해당하지 않는다고 보았다. 특히 "원고는 프로젝터를 별도로 판매하거나 프로젝터 시장에 참여한 것도 아니므로, 원고가 지정하지 않은 다른 프로젝터 판매 업체를 원고의 경쟁자라고 볼 수도 없다." 부분에서 알 수 있듯이 원고가 프로젝터를 판매하지 않으므로 경쟁자 배제의 동기가 존재하기 어렵다는 취지로 보인다. 다만, 대상판결이 잠재적 경쟁자를 고려하였는지 여부에 대하여는 이견이 있을 수 있다. 셋째, 강제성을 부

87) 대법원 2017. 4. 13.자 2016두64999 판결로 심리불속행 기각.

정하였다("원고가 시중에 판매되는 모든 프로젝터에 관하여 위와 같은 정보를 점주들에게 제공하지 않았다고 하여 프로젝터의 구입을 강제하였다고 할 수 없다." 부분 등). 이는 거래상대방의 입장에서 서로 다른 상품을 구입하는 것이 자유로웠는지에 대한 사실인정의 문제이다. 대상판결은 "원고가 판매법인을 통하여 점주들과 작성한 '골프존 판매계약서'에 의하면 원고는 상품의 세부사양을 기재한 부속서에서 2~3개의 프로젝터 제품만을 기본 품목으로 지정하여 점주들이 GS시스템을 구입할 때 그중 하나의 프로젝터를 함께 구입하도록 하고 있는 사실" 등에 주목한 것으로 보인다. 넷째, 정상적인 거래관행에 어긋나지 않는다고 보았다. "원고 외에 다른 스크린골프 시뮬레이터 판매 업체인 지스윙, 캘러웨이, 티업, 비전프로, 찬스골프 등도 다른 하드웨어를 판매하면서 프로젝터를 기본 구성품으로 포함시키고 있다. 이는 프로젝터가 앞서 본 바와 같이 기능적인 면에서 GS시스템의 필수적인 구성품일 뿐만 아니라 관련업계의 인식 역시 GS시스템과 불가분의 관계에 있다고 보는 것임을 나타낸다."는 부분 등에 근거한 것이다.

2. 사원판매

> 부당하게 자기 또는 계열회사의 임직원으로 하여금 자기 또는 계열회사의 상품이나 용역을 구입 또는 판매하도록 강제하는 행위를 말한다(시행령 제52조 별표 2).

(1) 대상행위

자기 또는 계열회사의 임직원에게 자기 또는 계열회사의 상품이나 용역을 구입 또는 판매하도록 강제하는 행위가 대상이 된다. 임원이란 이사·대표이사·업무집행사원·감사나 이에 준하는 자 또는 지배인 등 본점이나 지점의 영업전반을 총괄적으로 처리하는 상업사용인을 말한다. 직원이란 계속하여 회사의 업무에 종사하는 자로서 임원 외의 자를 말한다. 임직원에는 정규직, 계약직, 임시직 등 고용의 형태를 묻지 않는다. 판매영업을 담당하는 임직원에게 판매를 강요하는 행위는 원칙적으로 적용대상이 되지 않는다. 어떤 임직원이 판매영업을 담당하는 자인지 여부는 당해 상품 또는 용역에 관하여 실질적으로 영업 및 그와 밀접하게 관련된 업무를 수행하는지를 기준으로 판단한다. 예컨대, 매장 기타 영업소에서 판매를 담당하는 자, 영업소 외의 장소에서 전기통신의 방법으로 판매를 권유하는 자는 원칙적으로 판매영업을 담당하는 자에 해당되는 것으로 본다.[88]

(2) 관련 판례

판례에 의하면, 사원판매행위는 회사가 임직원에 대하여 가지는 고용관계상의 지위를 이용하여 상품, 용역의 구입, 판매를 강제함으로써 거래상대방인 임직원의 선택의 자유를 제한하여 가격, 품질을 중심으로 한 공정한 거래질서를 침해할 우려가 있는 경우에 규제되며, 거래가 반드시 현실적으로 이루어져야 하거나 침해의 우려가 구체적일 것까지 요구되는 것은 아니다(대법원 2001. 2. 9. 선고 2000두6206 판결).

참고 판례로 대법원 1998. 3. 24. 선고 96누11280 판결(한국일보 사건),[89] 대법원 1998. 3. 27. 선고 96누18489 판결(조선일보 사건),[90] 대법원 2001. 2. 9. 선고 2000두6206 판결(대우자동차판매 사건)[91] 등이 있다.

3. 기타의 거래강제

> 정상적인 거래관행에 비추어 부당한 조건 등 불이익을 상대방에게 제시하여 자기 또는 자기가 지정하는 사업자와 거래하도록 강제하는 행위를 말한다(시행령 제52조 별표 2).

자기 또는 자기가 지정하는 사업자와 거래하도록 강요하는 행위가 대상이 된다. 이에는 명시적인 강요와 묵시적인 강요, 직접적 강요와 간접적 강

88) 불공정거래행위 심사지침 V. 5. 나. (1).

89) 사원판매의 강제성이 부정된 사건.

90) 사원판매의 강제성이 부정된 사건.

91) 사원판매가 인정된 사례.

요를 포함한다. 기타의 거래강제는 행위자와 상대방간 거래관계 없이도 성립할 수 있으나, 거래상 지위남용(구입강제)의 경우 행위자와 상대방간 거래관계가 있어야 성립할 수 있다는 점에서 구별된다. 거래상대방에는 사업자뿐만 아니라 소비자도 포함된다.[92]

참고 판례로 서울고등법원 2007. 9. 13. 선고 2006누27900 판결,[93] 서울고등법원 2016. 11. 30. 선고 2016누44744 판결(한국방송공사 사건)[94] 등이 있다.

제 7 절 거래상 지위의 남용

1. 개 념

공정거래법 제45조 제1항 제4호는 "사업자는 자기의 거래상의 지위를 부당하게 이용하여 상대방과 거래하는 행위로서 공정한 거래를 저해할 우려가 있는 행위를 하거나, 계열회사 또는 다른 사업자로 하여금 이를 행하도록 하여서는 아니 된다"라고 규정하여 거래상 지위의 남용 규제 제도를 두고 있다. 그 취지는 사업자가 거래상 우월적 지위가 있음을 이용하여 열등

92) 불공정거래행위 심사지침 Ⅴ. 5. 다. (1).

93) 심리불속행 기각. 건설사가 특정 법무사를 지정하여 등기업무를 위임할 것을 사실상 강제하였으나 이로 인하여 등기비용이 절감되었으며 다른 법무사의 등기신청도 가능하였으므로 부당성이 인정되기 어렵다고 본 사례이다.

94) 심리불속행 기각. 원고 한국교육방송공사가 수능 비연계 교재 매출 실적 회복을 도모한다는 목표하에 수능 연계 교재에 비하여 수능 비연계 교재 매출실적에 대하여 지나치게 높은 배점을 부여하는 방식으로 2013년도 평가지표를 설정한 후 그에 따라 2013. 10. 94개 총판에 대해 평가를 실시하였고, 평가결과 최하위 점수를 받은 4개 총판에 대해서 계약을 종료하고, 70점 미만인 28개 총판에 대하여 경고조치를 하면서 실적개선계획을 제출하도록 하였으며, '2차 평가에서 실적개선이 이루어지지 않을 경우 원고의 조치에 어떠한 이의도 제기하지 않겠다'는 확약서를 제출하도록 한 경우 기타의 거래강제를 인정한 사례이다.

한 지위에 있는 거래상대방에 대하여 일방적으로 불이익을 부과하거나 경영에 간섭하는 것은 경제적 약자를 착취하는 행위로서, 거래상대방의 자생적 발전 기반을 저해하고 공정한 거래 기반을 침해하므로 금지하는 것으로 볼 수 있다.[95] 거래상 지위 남용행위 규제는 부당한 공동행위, 부당한 지원행위와 함께 공정위가 집행을 한 주요 분야이고, 종합방송의 판매 목표 강제, 경영 간섭, 병원의 선택 진료 등 다양한 시장에서 문제되고 있으며, 손해배상 사건 등 사적 집행도 증가하는 등 공정거래법 집행에 있어서 중요한 분야이다.

거래상 지위 남용행위는 사업자가 거래상대방에 대해 거래상 지위를 가지고 있는지 여부, 거래내용의 공정성을 침해하는지 여부, 합리성이 있는 행위인지 여부를 종합적으로 고려하여 판단한다.[96] 이에 따르면 거래상 지위남용은 거래상 지위를 가진 자를 주체로 하여, 거래수단(거래절차, 거래형식, 합리성이 있는 행위), 거래내용(거래내용의 공정성)을 심사하는 제도이다. 실제 거래수단이 거래내용에 영향을 미치므로, 거래수단과 거래내용은 밀접불가분한 관련성을 가지고 있다.

가. 특 징

거래상 지위의 남용 규제를 적용함에 있어서 다음과 같은 특징을 고려할 필요가 있다. 첫째, 거래상 지위의 남용 규제와 사법이 추구하는 법률관계의 안정성의 관계이다. 거래상 지위의 남용 규제를 매개로 사법상 거래관계에 개입할 경우 긍정적이든, 부정적이든 법적 불안정성이 발생할 수 있다. 그 부당성 판단에 있어 경쟁제한성 대신 '정상적인 거래관행에 기한 거래질서 침해'가 기준이 된 것은 입법취지에 비추어 자연스럽지만, 정상적인 거래관행이 무엇인지는 구체적인 사안에 따라 달라질 수 있다. 다수의 판례가 나왔지만, 그 기준이 정립되어 있다고 보기 어렵다. 행위유형별 편차가 크지 않도록 합리적인 기준이 설정될 필요가 있다.

둘째, 거래상 지위의 남용 규제와 경쟁제한성의 관계이다. 거래상 지위의

---

95) 불공정거래행위 심사지침 V. 6. (1).

96) 불공정거래행위 심사지침 V. 6. (4). (가).

남용 규제에 기초하여 하도급법, 가맹사업법, 대규모유통업법 등 수직적 거래관계를 규율하는 특별법이 다수 입법되었다. 수평적 관계와 달리 수직적 관계에서 발생하는 행위에 대하여 그 효율성이 객관적으로 인식되며 위법성 판단의 기준이 달라졌다. 거래상 지위의 남용 규제의 기준이 되는 '거래질서'에는 저촉되더라도 경쟁촉진적인 행위가 있을 수 있다. 수직적 관계에서 거래질서와 경쟁질서를 조화롭게 고려하여야 할 것인데, 특히 그 대표적인 유형인 거래상 지위의 남용 규제를 집행함에 있어 이러한 필요성은 크다.[97] 또한 거래상 지위의 남용 규제만 확대할 경우 공정거래법의 중심이 경쟁보호로부터 약자의 선택권 보호로 이전될 수 있다.

셋째, 거래상 지위의 남용 규제와 수직적 관계를 규율하고 있는 규범, 특히 구속조건부 거래의 관계이다. 수직적 관계에서는 구속조건부거래 규제에 더하여 거래상 지위의 남용 규제가 적용될 수 있는 영역이 넓다. 구속조건부거래규제 제도를 통한 수직적 관계의 규율이 가능함에도 거래상 지위의 남용 규제를 적용하는 것은 바람직하지 않으므로, 거래상 지위의 남용 규제는 보충적이고 예외적으로 적용되어야 한다는 입장이 있을 수 있다. 이와 달리 구속조건부거래 규제와 거래상 지위의 남용 규제는 독립된 규제이므로, 그 집행도 독립적으로 이루어져야 한다는 입장도 있을 수 있다. 구속조건부거래 규제가 있음에도 수직적 관계에서 거래상 지위의 남용을 적극적으로 집행할 경우 과잉규제로 사적자치의 원칙에 대한 침해가 되거나, 거래관계의 예측가능성을 저하시켜 예기치 않은 비용을 초래할 것이라는 우려도 있다.

나. 기 능

거래상 지위 남용 제도는 어떤 기능을 하고 있고, 전통적인 경쟁법 집행과 어떤 연관성을 가지고 있는가? 경쟁의 기반을 강화하는 기능을 하고 있

97) 거래상 지위 남용 규제와 효율성의 상충은 대규모유통업법 사안에서 문제가 되고 있다. 효율성, 소비자후생의 측면에서는 긍정적인 행위가, 납품업체에 대한 불이익이라는 측면에서 대규모유통업법 위반이 될 여지가 있다. 거래상 지위 남용 규제에서 소비자후생은 일반적으로 고려되지 않았으나, 소비자후생을 증진하는 행위가 법위반이 되기 위해서는 소비자후생, 효율성과 납품업체에 대한 불이익의 정도를 비교형량해야 할 필요성도 있을 것이다.

다는 견해, 같은 연장선상에서 경쟁제한적인 행위를 방지하는 맹아적 규제로서 기능을 하고 있다는 견해 등이 있을 수 있다. 이에 따르면 거래상 지위 남용으로서 불이익제공은 시장지배적 지위 남용으로서 불이익강제에 이르기 전에 조기 개입을 함으로써 경쟁의 기반을 보호하는 역할을 하게 된다. 다른 시각에서, 거래상 지위 남용은 사실상 착취남용 규제의 기능을 한다는 견해도 있을 수 있다. 시장지배적 지위 남용으로서 착취남용(공정거래법 제5조 제1항 제1, 2호, 5호 후단)은 현실적으로 집행되지 못하지만, 그와 같은 역할을 거래상 지위 남용 규제를 통하여 실현한다는 취지이다. 물론 거래상 지위 남용 제도가 거래 상대방에 대한 불이익 내지 착취를 제어하는 기능을 하는 것은 부정하기 어렵고, 결과적으로 착취남용 규제를 집행하였을 때 거둘 수 있는 성과에 준하는 성과를 거둘 수 있음은 부정하기 어렵다. 그럼에도 거래상 지위 남용는 부당한 가격이나 공급량을 매개로 하지 않는 점에서 전통적인 의미의 착취남용과는 차원을 달리하는 것으로 보아야 한다.

거래상 지위 남용의 판단 기준이 '거래관행'이라는 점에서 이를 경쟁과 연관시키는 것은 무리한 것으로 보인다. 오히려 경쟁과 별개의 공정성 기준(fairness standard)을 구현하는 독자적인 제도로 이해하는 것이 간명하고 설득력이 있다고 본다. 이런 점에서 불공정거래행위 유형을 축소하더라도, 거래상 지위 남용 제도는 '공정성 집행'에 대한 수요가 있는 한 지속될 것으로 보인다.

2. 공통요건

가. 거래상 지위

(1) 개 념

(가) 거 래

거래상 지위 남용 규제를 구체적인 사례에 적용함에 있어서 먼저 고려해야 할 문제는 '거래'의 범위에 포함되는 지이다. 대법원은 피해차주와 보험회사 사이에서 대차료 등이 문제된 사건에서, '보험회사와 보험계약자' 사이와는 달리 '보험회사와 피해차주' 사이에 계약관계는 없지만 거래관계가 존재한다고 보았다(대법원 2010. 1. 14. 선고 2008두14739 판결).

(나) 거래상 지위(우월한 지위)

2015. 12. 31. 불공정거래행위 심사지침이 개정되면서 '거래상 지위'에 대한 기준도 변경되었다. 이에 따르면 거래상 지위가 인정되기 위해서는 첫째, 계속적인 거래관계가 존재하여야 한다. 계속적 거래를 하는 경우에는 통상 특화된 자본설비, 인적자원, 기술 등에 대한 투자가 이루어지게 된다. 이렇게 고착화(lock-in) 현상이 발생하면 상대방은 우월적 지위에 있게 되어 이를 이용하여 불이익한 거래조건을 제시하는 것이 가능해지고 그 상대방은 이미 투입한 투자 등을 고려하여 불이익한 거래조건 등을 수용할 수밖에 없는 상황이 된다. 둘째, 거래상 지위가 인정되기 위해서는 또한, 일방의 타방에 대한 거래의존도가 상당하여야 한다. 거래의존도가 상당하지 않은 경우에는 계속적 거래관계라 하더라도 거래처 등을 변경하여 불이익한 거래조건을 회피할 수 있으므로 거래상 지위가 인정되기 어렵다. 통상 거래의존도는 일방 사업자의 전체 매출액에서 타방 사업자에 대한 매출이 차지하는 비중을 중심으로 검토한다. 계속적 거래관계 및 거래의존도를 판단함에 있어 그 구체적인 수준이나 정도는 시장상황, 관련 상품 또는 서비스의 특성 등을 종합적으로 고려하여 판단한다.[98]

(다) 거래상대방

거래상 지위 남용행위의 '상대방'에 포함되는지도 고려해야 한다. 특히, 그 행위의 상대방에 사업자뿐만 아니라 소비자도 포함하는 것이 제도의 취지에 비추어 정당한지가 문제된다. 개정 전 불공정거래행위 심사지침은 대체로 소비자를 상대방에 포함하고 있었고, 대법원도 은행과 주택담보 대출자(대법원 2010. 3. 11. 선고 2008두4695 판결), 보험사와 보험상품 소비자(대법원 2010. 1. 14. 선고 2008두14739 판결), 대형병원과 환자(대법원 2013. 1. 10. 선고 2011두7854 판결) 등 일반소비자에 대한 관계에서 거래상 지위의 남용 중 불

98) 불공정거래행위 심사지침 Ⅴ. 6.

이익 제공을 적용하였고, 해상운송업체와 화주(貨主)(대법원 2002. 1. 25. 선고 2000두9359 판결)에 대하여 거래상 지위의 남용 중 구입 강제를 적용하는 등 거래상 지위 남용의 상대방에 소비자를 포함하는 경향을 보였다.

대법원 2015. 9. 10. 선고 2012두18325 판결(금보산업개발 사건)은 '거래'라는 문언이 거래질서를 포함하는 것으로 해석하는 것을 넘어 '거래질서와의 관련성'이라는 기준을 새로 제시하였고, 그 결과 거래상 지위의 남용행위의 주된 상대방이 사업자로 제한되기에 이르렀다. 또한, 거래상 지위 남용 규제가 소비자에 대해서는 거래질서를 매개로 하여 적용됨을 명확히 함으로서, 민사상 거래로 인한 분쟁 중 개입이 불가피한 영역에 한하여 거래상 지위 남용 규제가 적용될 것임을 시사하였다. 이는 해석을 통하여 규제의 적용 범위를 정하는 것이지만, 거래상 지위 남용 규제의 나아갈 방향에 관하여 대법원이 정책적인 결단을 내린 것으로 볼 수도 있다. 요컨대, 위 판결은 거래상 지위 남용의 주된 상대방을 사업자로 보아 그 범위를 한정하면서, 새로운 기준을 제시하여 선례와 조화를 도모하고, 소비자도 당분간 보호 대상에 포함하는 절충적인 해결을 모색하는 등 특유의 균형 감각을 보인 것으로 평가할 수 있다.

위 판결이 행위의 상대방을 제한한 법리는, 대상 판결의 행위 유형인 불이익 제공에 국한하지 않고 거래상 지위 남용의 다른 행위 유형에도 적용되는 것으로 보아야 할 것이다. 먼저, 대상 판결 중에서 "거래상 지위 남용행위의 상대방이 경쟁자 또는 사업자가 아니라 일반소비자인 경우에는 단순히 거래관계에서 문제될 수 있는 행태 그 자체가 아니라, 널리 거래질서에 미칠 수 있는 파급효과라는 측면에서 보아야 한다"는 부분(판결문 7면)은 거래상 지위 남용 규제 전체를 염두에 둔 것으로 이해할 수 있다. 또한, 판매 목표 강제, 경영 간섭은 개념상 소비자를 전제로 하지 않은 것이며, 불이익 제공은 거래상 지위 남용 규제에 대하여 일반조항으로서 성격을 가지므로 구입 강제, 이익 제공 강요의 경우도 행위 특성상 그 상대방에 있어서 불이익 제공과 차별을 두기는 어려울 것이다.

(2) 관련 판례

대법원도 이 규정은 현실의 거래관계에서 경제력에 차이가 있는 거래주체 간에도 상호 대등한 지위에서 같은 법이 보장하고자 하는 공정한 거래를 할 수 있게 하기 위하여 상대적으로 우월한 지위 또는 적어도 상대방의 거래활동에 상당한 영향을 미칠 수 있는 지위에 있는 사업자에 대하여 그 지위를 남용하여 상대방에게 거래상 불이익을 주는 행위를 금지하고자 하는 데 그 취지가 있는 것이라고 판시하여,[99] 거래상 지위는 우월한 지위 또는 적어도 상대방의 거래활동에 상당한 영향을 미칠 수 있는 지위를 의미함을 확인하고 있다.[100] 거래상 지위에 해당하는지 여부는 당사자가 처한 시장의 상황, 당사자 간의 전체적 사업능력의 격차, 거래의 대상인 상품의 특성 등을 모두 고려하여 판단하여야 한다.[101]

대법원 2000. 6. 9. 선고 97누19427 판결(파스퇴르 사건)에서 거래상 지위의 판단기준이 제시된 후 유지되고 있다.[102] 거래상 지위가 부정된 사례로는 대법원 1990. 11. 23. 선고 90다카3659 판결(현대정공 사건)[103], 대법원 1993. 7. 27. 선고 93누4984 판결(서울특별시 지하철공사 사건)[104], 대법원 2000. 12. 8. 선고 99다53483 판결(축협 사건),[105] 서울고등법원 2015. 1. 9. 선고 2013나74846 판결(무료입장권 사건)[106] 등이 있다. 한편, 대규모유통업

---

99) 대법원 1998. 9. 8. 선고 96누9003 판결, 대법원 2000. 6. 9. 선고 97누19427 판결, 대법원 2002. 1. 25. 선고 2000두9359 판결, 대법원 2002. 9. 27. 선고 2000두3801 판결.

100) 거래상 지위가 우월하지 않다는 점에서 거래상 지위의 남용에 해당하지 않는다고 본 사례로는 대법원 2000. 12. 8. 선고 99다53483 판결.

101) 대법원 1998. 3. 27. 선고 96누18489 판결, 대법원 1998. 9. 8. 선고 96누9003 판결, 대법원 2000. 6. 9. 선고 97누19427 판결.

102) 대법원 2009. 10. 29. 선고 2007두20812 판결.

103) 서울지하철공사와 전동차 납품계약을 맺은 주식회사(현대정공) 사이에 거래상 지위를 부정한 사건.

104) 이 사건에서 지하철공사와 한진중공업 사이에 거래상 지위가 부정되었다. 국내시장에 국한되지 않고, 독점적 수요자가 아닌 점, 한진의 규모 등이 고려되었다.

105) 이 사건에서 축협과 신림건설 사이에 거래상 지위가 부정되었다. 신축공사 발주에 있어서 독점적 지위가 아니라 경쟁입찰의 방식인 점 등이 고려되었다.

106) 대법원 2017. 5. 31. 선고 2015다17975 판결로 상고기각. 영화투자자 및 영화제작업자인 원고들은 영화상영업자인 피고들이 거래상 지위를 이용하여 임의로 무료

법 사례에서 대법원은 대형마트를 운영하는 원고들(홈플러스 등)의 시장점유율이 높고, 대형마트를 찾는 소비자들이 '원스톱 쇼핑'을 선호하는 경향이 있어 납품업자인 주식회사 농심 등 4개 납품업자로서는 원고들과의 거래유지를 희망할 수밖에 없으며, 주식회사 농심 등의 일부 제품이 상당한 인지도를 갖고 있기는 하지만, 원고들의 제품 판촉 행사 여부, 제품 진열 위치 선정 등에 따라 제품 판매량이 달라질 수 있을 뿐만 아니라 주식회사 농심 등이 대체거래선을 찾기도 쉽지 않아 전체적으로 납품업체인 주식회사 농심 등의 협상력이 열위에 있다고 볼 수 있는 점 등 제반 사정을 종합하여 원고들과 주식회사 농심 등 사이의 거래가 구 대규모유통업법 제3조의 적용제외 대상에 해당하지 않는다고 판단한 원심을 수긍하였다.[107)]

한편, 사업자가 거래상대방에게 '직접 거래상 지위남용행위를 한 경우'가 아닌 '계열회사 또는 다른 사업자로 하여금 이를 하도록 한 경우'는 과징금 부과 등 공정거래법이 정한 별도의 제재대상이 될 수 있음은 별론으로 하고, 이를 이유로 형사처벌의 대상이 되지는 않는다고 보아야 한다(대법원 2020. 2. 27. 선고 2016도9287 판결).

▣ 서울고등법원 2022. 9. 28. 선고 2021누60719 판결(한국토지공사 사건)[108)]

원고는 개발사업을 시행하는 과정에서 예정된 기한 내에 사업준공이 어려워지자 구역을 구분하여 단계별로 사업준공을 추진하는 것으로 사업계획을 변경하였다. 원고는 일부 구역 토지의 토지사용 가능시기가 지연되었음에도

입장권을 발행하여 원고들이 그 관객수에 해당하는 입장수입만큼 손해를 입었다고 주장하며 손해배상을 청구하였다. 1심은 피고들의 행위가 거래상 지위남용 중 불이익제공행위에 해당한다고 보아 손해배상청구를 인용하였으나, 항소심은 원고들과 피고들 사이에 거래상 지위가 존재하지 않는다고 보아 원고들의 청구를 기각하였다.

107) 대법원 2021. 11. 25. 선고 2018두65071 판결, 서울고등법원 2018. 11. 9. 선고 2016누60425 판결(홈플러스 사건). 대규모유통업법 제3조 제1항 제1호는 '대규모유통업자가 납품업자 또는 매장임차인(이하 "납품업자 등"이라 한다)에 대하여 거래상 우월적 지위에 있다고 인정되지 아니하는 거래'에 이 법을 적용하지 아니한다고 명시하고 있다.

108) 대법원 2022두61182 사건으로 상고 중.

매매계약에서 약정한 잔금납부일까지 매매대금 완납을 요구하고, 이를 이행하지 않은 경우 지연손해금을 받았으며, 원고가 납부한 재산세액을 매수인들에게 구상하였다. 공정위는 이 사건을 거래상 지위 남용 중 불이익제공으로 판단하여 시정명령 및 과징금을 부과하였다. 원고가 위 처분의 취소를 구하는 소를 제기하였으나 서울고등법원은 이를 기각하였다. 위 판결은 거래상 지위를 인정하기 위하여 반드시 계속적인 거래관계를 요하는 것은 아니라고 판단하였다.[109] '계속적 거래관계를 요하지 않는다'는 판시는 오해의 소지가 있다. 거래상 지위가 인정되기 위하여 계속적 거래관계가 원칙적으로 필요하고, 예외적으로 계속적 거래관계가 없음에도 지위의 우월성이 현저한 경우에는 계속적 거래관계를 요하지 않는다고 봄이 상당하다. 계속적 거래관계가 아닌 경우 거래상 지위 남용을 인정하는 것은 이 규정의 적용을 확대하여 사법상 거래관계의 안정성을 해할 소지가 있음에 유의해야 한다.

나. 부당성

불공정거래행위에는 다양한 유형이 있다. 이를 경쟁제한성 위주로 심사하는 행위 유형과 불공정성 위주로 심사하는 행위 유형으로 구분할 때, 거래상 지위 남용 규제는 후자에 속하는 것으로 보고 있다.[110] 이러한 취지에서 거래상 지위 남용 규제의 부당성의 판단 기준으로 "거래상 지위를 부당하게 이용하여 상대방에게 불이익을 준 행위인지 여부는 당해 행위의 의도와 목적, 효과와 영향 등과 같은 구체적 태양과 상품의 특성, 거래의 상황, 해당 사업자의 시장에서의 우월적 지위의 정도 및 상대방이 받게 되는 불이익의 내용과 정도 등에 비추어 볼 때 정상적인 거래관행을 벗어난 것으로서 공정한 거래를 저해할 우려가 있는지 여부를 판단하여 결정하여야 한다"라고 판시하는 등 정상적인 거래관행을 기준으로 제시하는 것이 다수이다(대법원 2013. 1. 10. 선고 2011두7854 판결 등, 이하 '1유형'이라 한다).

이와는 달리, 거래상 지위 남용 규제에 있어서 부당성의 판단 기준을 "일

---

109) 공정거래의 거래상 지위남용 행위에 해당하기 위해서 해당 사업자와 그 거래상대방 사이에 반드시 계속적인 거래관계가 존재하여야만 하는 것은 아니라고 봄이 상당하다.

110) 사법연수원, 「공정거래법」, 2012. 192면.

방 당사자가 자기의 거래상의 지위를 부당하게 이용하여 그 거래조건을 설정 또는 변경하거나 그 이행 과정에서 불이익을 준 것으로 인정되고, 그로써 정상적인 거래관행에 비추어 상대방에게 부당하게 불이익을 주어 공정거래를 저해할 우려가 있어야 하며, 또한 상대방에게 부당하게 불이익을 주는 행위인지 여부는, 당해 행위가 행하여진 당시를 기준으로 당해 행위의 의도와 목적, 당해 행위에 이른 경위, 당해 행위에 의하여 상대방에게 생길 수 있는 불이익의 내용과 정도, 당해 행위가 당사자 사이의 거래과정에 미치는 경쟁제약의 정도, 관련 업계의 거래관행, 일반경쟁질서에 미치는 영향 및 관계 법령의 규정 등 여러 요소를 종합하여 전체적인 관점에서 판단하여야 한다"라고 제시한 판례도 있다(대법원 2007. 3. 29. 선고 2005두3561 판결 등, 이하 '2유형'이라 한다).[111)]

3. 행위유형별 요건

가. 구입강제

거래상대방이 구입할 의사가 없는 상품 또는 용역을 구입하도록 강제하는 행위를 말한다(시행령 제52조 별표 2).

(1) 대상행위

사업자가 거래상대방에게 구입의사가 없는 상품 또는 용역을 구입하도록 강제하는 행위가 대상이 된다. 구입요청을 거부하여 불이익을 당하였거나 주위의 사정으로 보아 객관적으로 구입하지 않을 수 없는 사정이 인정되는 경우에는 구입강제가 있는 것으로 본다. 구입강제의 상대방은 원칙적으로 사업자에 한정되며, 소비자는 포함되지 않는다. 다만, 불특정 다수의 소비자에게 피해를 입힐 우려가 있거나 유사한 위반행위 유형이 계속적·반복적으로 발생하는 등 거래질서와의 관련성이 인정되는 경우에는 그러하지 아

111) 1유형과 2유형에 대한 상세한 검토는 제2판 412~416면 참조.

니하다. 구입이 강제되는 상품 또는 용역은 사업자 자신의 것일 수도 있고, 다른 사업자의 것일 수도 있다.[112] 구입강제에 있어서 '거래상대방이 구입할 의사가 없는 상품 또는 용역'이라 함은 행위자가 공급하는 상품이나 역무뿐만 아니라 행위자가 지정하는 사업자가 공급하는 상품이나 역무도 포함하고, '구입하도록 강제하는 행위'라 함은 상대방이 구입하지 않을 수 없는 객관적인 상황을 만들어 내는 것을 포함한다.[113]

(2) 관련 판례

대법원 1999. 12. 10. 선고 98다45687 판결(신진금속 사건),[114] 대법원 2002. 1. 25. 선고 2000두9359 판결(부관페리 사건),[115] 서울고등법원 2010. 12. 15. 선고 2009누39065 판결(메가박스),[116] 대법원 2013. 11. 28. 선고 2013두1188 판결(티브로드홀딩스 사건)[117] 등이 있다. 서울고등법원 2018. 8. 23. 선고 2018누38583 판결(건국대학교 건국유업 건국햄 사건)[118]에서 대리점이 주문하지 않은 신제품, 리뉴얼 제품, 비인기 제품, 단산을 앞둔 제품을 주문시스템에 일방적으로 입력하여 공급하고, 주문한 것으로 간주하여 정산한 행위가 구입강제로 인정되었다. 참고 판례로 대법원 2014. 2. 13. 선고 2012두10772 판결(씨앤엠 사건, 방송시간 구매 사건),[119] 대법원 2014. 3. 27. 선고 2012두5589 판결(씨제이헬로비전, 광고지면 구매 사건),[120] 서울고

---

112) 불공정거래행위 심사지침 Ⅴ. 6. 가. (1).

113) 대법원 2002. 1. 25. 선고 2000두9359 판결.

114) 구속성 예금이 구입강제에 해당하는지가 문제된 사건에서 이를 부정한 사건.

115) 해상운송업체인 원고(부관훼리 주식회사)가 거래상대방인 화주들에게 자기가 지정한 육상운송업체를 이용하도록 한 사례.

116) 심리불속행 기각.

117) 케이블방송사가 프로그램 공급자인 홈쇼핑 업체에 자신의 계열사 골프장 회원권을 구입하도록 요청한 행위를 구입강제로 본 사례.

118) 심리불속행 기각.

119) 종합유선방송사업자의 광고시간 및 지면 구입강제 사건(대법원 2014. 2. 13. 선고 2012두10772 판결, 대법원 2014. 3. 27. 선고 2012두5589 판결)에서 구입강제가 부정된 사건.

120) 구입강제가 문제된 상품이 잡지의 광고지면인 사건에서 구입강제가 부정된 사건.

등법원 2015. 1. 30. 선고 2014누1910 판결(남양유업 사건),[121] 대법원 2022. 5. 12. 선고 2022두31433 판결(에스케이브로드밴드 사건)[122] 등이 있다.

나. 이익제공강요

> 거래상대방에게 자기를 위하여 금전·물품·용역 기타의 경제상 이익을 제공하도록 강요하는 행위를 말한다(시행령 제52조 별표 2).

(1) 대상행위

거래상대방에게 금전·물품 등의 경제상 이익을 제공하도록 강요하는 행위가 대상이 된다. 경제상 이익에는 금전, 유가증권, 물품, 용역을 비롯하여 경제적 가치가 있는 모든 것이 포함된다. 계열회사의 거래상 지위를 이용하여 이익제공을 강요하는 행위도 포함된다. 이익제공강요에는 거래상대방에게 경제상 이익을 제공하도록 적극적으로 요구하는 행위뿐만 아니라 자신이 부담하여야 할 비용을 거래상대방에게 전가하여 소극적으로 경제적 이익을 누리는 행위도 포함된다. 이익제공 강요의 상대방은 원칙적으로 사업자에 한정되며, 소비자는 포함되지 않는다. 다만, 불특정 다수의 소비자에게 피해를 입힐 우려가 있거나 유사한 위반행위 유형이 계속적·반복적으로 발생하는 등 거래질서와의 관련성이 인정되는 경우에는 그러하지 아니하다.[123]

(2) 관련 판례

관련 판례로 대법원 2009. 7. 23. 선고 2008다40526 판결(한국까르푸 사

---

121) 심리불속행 기각. 원고의 구입강제 행위 및 이익제공강요 행위는 모두 인정되었으나, 공정위가 구입강제 행위에 대하여 산정한 과징금이 적정한지가 문제되었고, 법원은 이 부분 과징금의 산정이 위법하다고 판단한 사건.

122) 원고가 대리점에 대하여 업무용 개인휴대정보단말기를 자신이 판매하는 알뜰폰 전용단말기로 교체하도록 한 행위를 구입강제로 보았다.

123) 불공정거래행위 심사지침 Ⅴ. 6. 나. (1).

건),[124] 서울고등법원 2010. 12. 15. 선고 2011두1207 판결(메가박스 사건),[125] 서울고등법원 2015. 1. 30. 선고 2014누1910 판결(남양유업 사건),[126] 대법원 2022. 5. 12. 선고 2022두31433 판결(에스케이브로드밴드 사건)[127] 등이 있다.

다. 판매목표강제

> 자기가 공급하는 상품 또는 용역과 관련하여 거래상대방의 거래에 관한 목표를 제시하고 이를 달성하도록 강제하는 행위를 말한다(시행령 제52조 별표 2).

(1) 대상행위

사업자가 거래상대방에게 판매목표를 정해주고 이를 달성하도록 강제하는 행위가 대상이 된다. 대상상품 또는 용역은 사업자가 직접 공급하는 것이어야 한다. 대체로 상품의 경우 판매량의 할당이, 용역의 경우 일정 수의 가입자나 회원확보가 문제된다. 또한 판매목표 강제는 대리점계약서에 명시적으로 규정된 경우뿐만 아니라 계약체결 후 구두로 이루어지는 경우도 포함된다. 판매목표강제의 상대방은 사업자에 한정되며, 소비자는 포함되지 않는다.[128]

---

124) 원고가 파견한 협력사원 소외인을 1일 2시간 정도 피고의 매장에서 원고가 납품하지 아니한 상품의 판매업무에 종사하게 한 행위는 구 공정거래법 시행령 제36조 제1항[별표 1] 불공정거래행위의 유형 및 기준 제6호 (나)목 소정의 이익제공강요행위 또는 위 시행령 제36조 제2항에 근거하여 내부의 심사기준으로 고시한 구 대규모소매점업에 있어서의 특정불공정거래행위의 유형 및 기준(2005. 7. 1.자 공정거래위원회 고시 제2005-10호로 개정되기 전의 것, 이하 '이 사건 고시'라 한다) 제8조 제3항 소정의 불공정거래행위에 해당한다고 판단하였다.

125) 심리불속행기각.

126) 심리불속행기각.

127) 원고가 대리점(대리점을 운영하는 사업자)에 대하여 디지털방송 상품 30대 및 초고속인터넷서비스 상품 35회선을 인수하도록 한 행위를 경제상 이익제공강요로 보았다.

128) 불공정거래행위 심사지침 V. 6. 나. (1).

'목표를 제시하고 이를 달성하도록 강제하는 행위'에는 상대방이 목표를 달성하지 않을 수 없는 객관적인 상황을 만들어 내는 것을 포함하고, 사업자가 일방적으로 목표를 제시하고 이를 달성하도록 강제하는 경우뿐만 아니라 사업자와 상대방의 의사가 합치된 계약 형식으로 목표가 설정되는 경우도 포함한다.[129)]

(2) 관련 판례

관련 판례로, 대법원 2011. 5. 13. 선고 2009두24108 판결(씨제이헬로비전 사건),[130)] 대법원 2011. 6. 9. 선고 2008두13811 판결(쌍용자동차 사건)[131)] 등이 있다.

라. 불이익제공

> 구입강제, 이익제공강요, 판매목표강제 외의 방법으로 거래상대방에게 불이익이 되도록 거래조건을 설정 또는 변경하거나 그 이행과정에서 불이익을 주는 행위를 말한다(시행령 제52조 별표 2).

(1) 대상행위

첫째, 거래상대방에게 불이익이 되도록 거래조건을 설정 또는 변경하는 행위이다. 거래상대방에게 일방적으로 불리한 거래조건을 당초부터 설정하였거나 기존의 거래조건을 불리하게 변경하는 것을 말한다. 거래조건에는 각종의 구속사항, 저가매입 또는 고가판매, 가격(수수료 등 포함) 조건, 대금지급방법 및 시기, 반품, 제품검사방법, 계약해지조건 등 모든 조건이 포

---

129) 대법원 2011. 5. 13. 선고 2009두24108 판결.

130) 종합유선방송사업자의 판매목표강제를 인정한 사례.

131) 자동차를 제조·판매하는 회사가 대리점에 판매목표 달성을 촉구하거나 차량의 선출고를 요청하는 공문 또는 문자메시지를 보낸 행위에 대하여, 대법원은 위 행위가 대리점의 판매목표 달성을 독려한 것에 불과하고, 일부 대리점과 계약관계를 종료한 것은 판매목표 미달성에 대한 제재라기보다 경영상 필요에 따른 행위라고 본 원심판단이 정당하다고 보았다.

함된다. 둘째, 거래상대방에게 거래과정에서 불이익을 주는 행위이다. 거래조건을 불이행함은 물론 거래관계에 있어 사실행위를 강요하여 거래상대방에게 불이익이 되도록 하는 행위를 말한다. 불이익제공은 적극적으로 거래상대방에게 불이익이 되는 행위를 하는 작위뿐만 아니라 소극적으로 자기가 부담해야 할 비용이나 책임 등을 이행하지 않는 부작위에 의해서도 성립할 수 있다. 다만, 불이익이 금전상의 손해인 경우에는 법률상 책임 있는 손해의 존재는 물론 그 범위(손해액)까지 명확하게 확정될 수 있어야 하며 그렇지 않을 경우에는 민사절차에 의해 이 문제가 우선적으로 해결되어야 거래상 지위의 남용 규정을 적용할 수 있다. 거래상대방은 원칙적으로 사업자에 한정되며, 소비자는 포함되지 않는다. 다만, 불특정 다수의 소비자에게 피해를 입힐 우려가 있거나 유사한 위반행위 유형이 계속적·반복적으로 발생하는 등 거래질서와의 관련성이 인정되는 경우에는 그러하지 아니하다.[132)]

불이익제공은 그 행위내용이 상대방에게 다소 불이익하다는 점만으로는 부족하고 구입강제, 이익제공강요, 판매목표강제 등과 동일시 할 수 있을 정도로 일방당사자가 자기의 거래상의 지위를 부당하게 이용하여 거래조건을 설정, 변경하거나 그 이행과정에서 불이익을 준 것으로 인정되고 그로써 정상적인 거래관행에 비추어 상대방에게 부당하게 불이익을 주어 공정한 거래를 저해할 우려가 있어야 하며, 그러한 여부는 문제가 되는 거래조건 등에 의하여 상대방에게 생길 수 있는 불이익의 내용과 불이익발생의 개연성, 당사자사이의 일상거래과정에 미치는 경쟁제약의 정도, 관련업계의 거래관행과 거래형태, 일반경쟁질서에 미치는 영향, 관계법령의 규정 등 여러 요소를 종합하여 판단하여야 한다(대법원 1998. 3. 27. 선고 96누18489 판결, 대법원 2001. 12. 11. 선고 2000두833 판결, 대법원 2002. 5. 31. 선고 2000두6213 판결, 대법원 2005. 1. 28. 선고 2002두9940 판결).

[불이익제공에서 불이익 판단]

거래상대방에게 발생한 '불이익'의 내용은 객관적으로 명확하게 확정되어야 하고, 여기에서의 '불이익'이 금전상의 손해인 경우에는, 법률상 책임 있

132) 불공정거래행위 심사지침 V. 6. 다. (1).

는 손해의 존재는 물론 그 범위(손해액)까지 명확하게 확정되어야 한다(대법원 2002. 5. 31. 선고 2000두6213 판결). 불이익제공이 상대방의 동의, 즉 당사자 간의 합의에 의한 것인 경우 상대방의 동의가 자발적으로 이루어진 것인지, 그렇지 않고 상대방이 거래관계의 지속을 위하여 어쩔 수 없는 강요에 의하여 이루어진 것인지가 다투어지는 경우 법원으로서는 행위자의 상대방에 대한 거래상 우월적 지위의 정도, 상대방의 행위자에 대한 거래의존도, 거래관계의 지속성, 거래 상품의 특성과 시장상황, 거래 상대방의 변경가능성, 당초의 거래조건과 변경된 거래조건의 내용, 거래조건의 변경경위, 거래조건의 변경에 의하여 납품업자가 입은 불이익의 내용과 정도 등을 정상적인 거래관행이나 상관습 및 경험칙에 비추어 합리적으로 추단할 수밖에 없다(대법원 2003. 12. 26. 선고 2001두9646 판결). 판례는 불이익과 부당성을 명확하게 구별하지 않고, 제반 사정을 종합하여 부당한 불이익이 있었다는 취지로 함께 판단하는 경향이 있다.

아래에서 보는 바와 같이, 거래상 지위남용의 대표적 유형인 불이익제공에 관하여 불이익제공이 인정된 판례 및 부정된 판례가 상당히 많이 누적되어 있다. 그러나 법원이 어떤 기준에 따라 불이익을 판단하였는지는 사후적으로도 도출해내기 어렵고, 판시사항에서도 불이익인정 여부에 관하여 정성적인 판단요소만 열거되어 있을 뿐이다. 전형적인 불확정개념인 불이익 여부를 판단함에 있어 객관적인 기준과 함께 정성적인 요소도 고려되는 것이 바람직하다.[133] 객관적인 자료로 행위자와 상대방의 매출액, 순이익 등을 행위 전후를 통하여 비교하는 방법, 거래상대방이 다수인 경우 불이익을 입은 것으로 지목된 상대방과 그렇지 않은 상대방의 매출액 등을 수평적으로 비교하는 방법 등이 있을 수 있다.

산업의 발전과 상품・용역이 다양해지고, 계약방식이 변화함에 따라 불이익의 판단은 복잡해지고 어려워지고 있다. '생계매입대금'이 문제된 서울고등법원 2019. 11. 14. 선고 2019누34137 판결(하림 사건)[134]은 이러한 현상을 잘 보여주고 있다.

133) 경쟁제한성 판단이나 공정거래저해성 판단에 있어서도 정량적인 기준과 정성적인 기준이 모두 고려되는, 더 구체적으로는 정량적인 기준에 기반을 두고 정성적인 기준을 적용하는 방식이 바람직하다.

134) 대법원 2020. 3. 12.자 2019두60769 판결로 심리불속행 기각.

[과실 또는 주의의무 위반과 거래상 지위 남용 성부]

주의의무 위반(과실)에 기한 거래상 지위 남용이 인정되는지가 문제된다. 거래상 지위 남용에서 고의가 필요한지, 그에 따라 고의에 의한 거래상 지위 남용만 규제되는지, 과실에 의한 거래상 지위남용행위도 포함되는지의 문제이다.

첫째, 지금까지 고의가 아닌 과실에 의한 거래상 지위 남용을 적용한 선례는 없었던 것으로 보인다. 대법원 2018. 7. 12. 선고 2017두51365 판결(더리본주식회사 사건)은 고의가 필요한지에 대한 판단이 아니라 고의의 증명 수준에 대한 판단으로 이해하는 것이 타당하다.

둘째, 이는 고의뿐 아니라 과실에 의한 불공정거래행위가 인정되는지의 문제의 일부이다. 불공정거래행위는 행정제재와 형사제재가 모두 존재한다. 양자의 관계가 문제된다. 형벌은 고의를 전제로 하고, 과실은 별도의 규정이 있어야 처벌가능하다. 그렇다면 형벌에서 고의범과 과실범의 이분적 체계가 행정제재의 대상인 불공정거래행위에 그대로 적용될 수 있는지의 문제이다.

셋째, 고의에 대한 판단 기준이 형사처벌과 행정제재에서 달라질 수 있다. 그 점에서 거래상 지위 남용으로 인한 행정제재가 문제되는 사건에서 고의를 그 필수적 (증명) 요건으로 보기는 어렵다. 다만, 과실에 의한 거래상 지위 남용은 의도나 목적을 인정하기 어려워 결과적으로 공정거래저해성을 인정하기 어려울 것으로 보인다.

[불이익제공에서 '의도 · 목적'의 판단]

거래상 지위 남용 중 불이익제공에서 의도나 목적이 어떤 의미를 가지고 있는지 검토할 필요가 있다.

첫째, 의도나 목적이 독립적인 요건인지 문제이다. 의도나 목적이 독립적인 요소인지는 판례상 명확하지 않지만, 의도나 목적이 불이익제공 판단에 있어 고려요소 중의 하나인 것은 부정하기 어렵다. 의도와 목적이 필요하다고 판단한 사례로, 대법원 2006. 9. 8. 선고 2003두7859 판결, 대법원 2007. 3. 29. 선고 2005두3561 판결, 대법원 2013. 1. 10. 선고 2011두7854 판결 등이 있다. 서울고등법원 2018. 6. 29. 선고 2017누57464 판결도 같은 취지이다. 다만, 판례의 취지가 위반행위가 성립하기 위한 요건으로 의도와 목적이 필요하다는 취지인지, 단지 고려대상의 하나인지가 문제된다.

둘째, 의도나 목적이 시장지배적 지위 남용과 불공정거래행위에서 어떻게 다른지 문제이다. 의도나 목적의 판단 기준은 불공정거래행위로서 불이익제공과 시장지배적 지위 남용 유형이 서로 다르다. 시장지배적 지위 남용에서 의도나 목적은 경쟁제한효과가 인정되면 의도나 목적도 인정될 가능성이 높은 객관적 판단으로 이루어지는 것이 일반적이다. 이와 달리 불공정거래행위에서 의도나 목적은 다분히 주관적인, 개별적인 요소를 볼 필요가 있다. 특히 경쟁제한형 불공정거래행위가 아니라 거래공정화형 불공정거래행위(거래상 지위 남용) 등은 의도나 목적 판단에서 주관적, 개별적 요소가 중요하다.

셋째, 과실에 의한 행위 문제이다. 과실에 의한 행위는 의도와 목적이 인정되기 어렵다.

과실로 발생한 경우를 거래상 지위 남용으로 판단하기는 어렵다. 결과적으로 불이익이 발생하였다고 하더라도, 미필적 고의도 인정되지 않는 과실에 따른 행위라면 법위반을 인정하기 어렵다. 이를 위한 논거는 다음과 같이 구성할 수 있다.

먼저, 의도나 목적을 부정하는 방안이다. 사무처리 착오 등 과실에 의하여 불이익이 거래상대방에게 발생한 경우에 의도나 목적을 인정하기 어렵다는 이유로 거래상 지위 남용을 부정하는 방안이다. 다만, 이는 위반행위가 성립하기 위한 요건사실 중 하나로서 의도, 목적이 필요하다는 전제에서 가능한 방안이다.

다음으로, 종합적으로 판단하여 불이익을 부정하거나, 공정거래저해성을 부정하는 방안이다. (불이익을 종합적으로 판단하는) 판례 경향에 비추어 보면 과실에 따른 행위에서 불이익을 부정할 여지가 있다. 다만, 과실에 의한 행위도 불이익이 발생하였음은 부정하기 어렵다는 점에서, 불이익은 발생하였으나 공정거래저해성이 부정되는 것으로 구성하는 것이 보다 논리적이다.

넷째, 고의와 '의도나 목적'은 어떤 관계에 있는지 문제된다. 의도와 목적이 있었다면 고의도 인정될 것이다. 반면, 고의가 있다고 하여 의도와 목적이 인정된다고 단정하기 어렵다. 그 점에서 고의는 '의도나 목적'보다 넓은 개념이 된다.

[특허권에 대한 부쟁(不爭)조항]

특허권 부쟁조항 문제를 공정거래법상 어떤 방식으로 접근해야 하는가?

이 문제는 기본적으로 민사상 분쟁(계약의 유효성, 계약에 따른 해지의 적법성에서 다투어진다)의 성격을 가지고 있으나, 공정거래법상 불공정거래행위나 시장지배적 지위남용행위 등의 접근이 검토될 수 있다. 그에 따라 민사상 계약의 유효성에 관련된 쟁점이지만, 공정위는 거래상 지위 남용으로 접근하고 있다. 반면, 부쟁조항을 시장지배적 지위 남용으로 접근한 선례는 드문 것으로 보인다.

부쟁조항에 대하여 거래상 지위남용을 적용한 돌비 사건[공정위 2015. 8. 3. 의결(약) 제2015-125]이 대표적이다. 다만, 부쟁조항은 경쟁에 대한 영향을 고려하는 쟁점으로, 거래상 지위 남용에 따른 접근은 타당하다고 보기 어렵다.

(2) 관련 판례

(가) 유형별 분류

불이익제공은 거래상 지위의 남용 중 일반조항과 같은 의미가 있는데, 유형별로 분류하면 다음과 같다. 지방자치단체 등 공공기관 관련 사건으로, 대법원 1990. 11. 23. 선고 90다카3659 판결(서울특별시 사건), 대법원 1993. 7. 27. 선고 93누4984 판결(서울시 지하철공사 사건), 대법원 2002. 5. 31. 선고 2000두6213 판결(서울시 도시철도공사 사건), 대법원 2005. 1. 28. 선고 2002두9940 판결(농업기반공사 사건), 대법원 2005. 12. 8. 선고 2003두5327 판결(한국공항공사 사건), 대법원 2006. 12. 21. 선고 2004두5119 판결(한국토지공사 사건), 대법원 2007. 3. 29. 선고 2005두3561 판결(한국도로공사 사건) 등이 있다. 건설 관련 사건으로는 대법원 1997. 8. 26. 선고 96누20 판결, 대법원 2001. 12. 11. 선고 2000두833 판결(대한주택공사 사건) 등이 있다. 신문사 관련 사건으로, 대법원 1998. 3. 27. 선고 96누18489 판결(조선일보 사건) 등이 있다. 대리점 관련 사건으로는 대법원 2000. 6. 9. 선고 97누19427 판결(파스퇴르 사건), 대법원 2002. 10. 25. 선고 2001두1444 판결(나래앤컴퍼니 사건), 대법원 2010. 8. 26. 선고 2010다28185 판결(동양전자상사 사건) 등이 있다.

금융 관련 사건으로, 대법원 2002. 9. 27. 선고 2000두3801 판결, 대법원 2006. 9. 8. 선고 2003두7859 판결(외환신용카드 사건), 대법원 2009. 10. 29. 선고 2007두20812 판결(씨티은행 사건), 대법원 2010. 1. 14. 선고 2008두14739 판결(삼성화재해상보험 사건), 대법원 2010. 3. 11. 선고 2008두4695 판결(국민은행 사건) 등이 있다. 대형할인점 관련 사건으로, 대법원 2003.

12. 26. 선고 2001두9646 판결(한국까르푸 사건), 대법원 2007. 1. 12. 선고 2004두7146 판결(이랜드리테일 사건), 대법원 2009. 7. 23. 선고 2008다40526 판결 등이 있다. 병원 관련 사건으로, 대법원 2013. 1. 10. 선고 2011두7854 판결(서울대학교병원 사건) 등 다수가 있다. 주유소 관련 사건으로, 대법원 1998. 9. 8. 선고 96누9003 판결(쌍용정유, 우림석유 사건), 대법원 2013. 4. 25. 선고 2010두25909 판결(에쓰대시오일 사건) 등이 있다. 영화 관련 사건으로, 공정거래위원회 2015. 3. 6. 의결 제2015-070호(2014서감2848, 롯데쇼핑 사건)[135] 등이 있다.

[가격 등 거래조건과 불이익제공]

요금 인상 등 가격 문제는 기본적으로 계약의 문제이며, 계약의 해석과 적용의 문제이지만, 공정거래법상 거래상 지위 남용(공정거래법 제45조 제1항 제6호) 중 불이익제공 부분이 관련성이 있다. 수수료 등 변경을 불이익제공으로 본 사례가 있으나(대법원 2009. 10. 29. 선고 2007두20812 판결), 일반적으로 요금 인상 사례에서 불이익제공을 적용한 선례가 드물다.

특히 서울고등법원 2018. 6. 29. 선고 2017누57464 판결[리앤한(EXR) 사건, 공정위 의결 제2017-181호],[136] 서울고등법원 2018. 6. 29. 선고 2017누42646 판결(토니모리 사건, 공정위 의결 제2017-080호)[137]에서 수수료 차액

135) 관련판결인 서울고등법원 2015. 1. 9. 선고 2013나74846 판결은 2005~2008년까지 영화사업자가 무료입장권을 배포한 사건을 배경으로 영화상영업자와 영화제작업자의 문제를 다루고 있는데 비하여, 이 사건은 영화상영업자와 배급사의 문제를 다루고 있어 차이가 있다.

136) 대법원 2018. 11. 15.자 2018두53511 판결로 심리불속행 기각. EXR은 아울렛점의 중간관리자들에게 상품을 공급하면서, 정상상품, 활성화 상품, 행사상품으로 분류하여 행사상품의 경우 정상상품에 비하여 낮은 수수료율을 적용하였다. 수수료를 지급한 후 사후적으로 2015. 1.부터 2015. 4.까지 공급한 상품을 행사상품에 해당함에도 일부 상품을 잘못 분류하여 수수료를 잘못 지급하였다는 취지의 통지를 한 후 수수료 차액을 환수하였다. 법원은 EXR의 수수료 환수행위가 거래상대방인 이 사건 아울렛 점에 다소 불이익하게 거래조건을 설정하거나 그 이행과정에서 불이익을 준 행위라고 할 수 있으나, 여러 정황을 고려할 때 EXR이 거래상대방의 동의 없이 부당하게 수수료율을 인하하여 이 사건 아울렛점에 불이익을 줄 의도와 목적에서 이 사건 수수료 환수행위를 하였다고 단정하기 어렵다고 판단하였다.

137) 대법원 2018. 11. 16.자 2018두53047 판결로 심리불속행 기각. 토니모리는 가맹점

환수 행위, 정산기준 변경 등에 대하여 불이익제공을 부정한 점에 주목할 필요가 있다.

이와 같이 판례 경향은 불이익제공의 적용을 제한하고 계약관계를 존중하는 흐름에 있다. 이는 대법원 2015. 9. 10. 선고 2012두18325 판결을 기점으로 하여 서울고등법원 2017. 6. 9. 선고 2014누8409 판결, 대법원 2018. 1. 25. 선고 2017두58076 판결, 대법원 2018. 12. 13. 선고 2016다266118 판결, 서울고등법원 2019. 11. 14. 선고 2019누34137 판결(하림 사건)[138] 등에서 이어지고 있다. 불이익제공이 부정된 일련의 사례와 비교할 때 가격과 관련된 문제를 거래상 지위 남용의 불이익제공으로 보기는 어렵다.

물론, 대법원 2022. 5. 12. 선고 2022두31433 판결(에스케이브로드밴드 사건) 원고가 대리점에 대하여 대리점과 체결한 업무위탁계약에 따른 기본 수수료 지급기준을 계약 기간 중에 변경한 행위를 불이익 제공행위로 보았다. 관련 민사사건인 대법원 2022. 5. 12. 선고 2020다278873 판결(에스케이브로드밴드 사건)에서 피고가 원고에게 지급하는 기본수수료 지급기준을 변경한 추가계약서 조항은 약관규제법 제6조 제1항에 위반하여 무효라고 보았다. 다만, 이러한 사례는 예외적이고 특수한 상황에서 불이익 제공으로 판단한 사례로 이해할 수 있다.

(나) 불이익제공 부정 사례

불이익제공이 부정된 사례에서 다음과 같은 특징을 발견할 수 있다. 첫

사업자와 할인비용을 분담하는 정산기준을 정함에 있어, 기존에 소비자 판매가격을 기준으로 1:1 비율로 분담하던 것을 공급가격을 기준으로 분담하고, 10% 할인행사를 추가로 신설하면서 할인비용 전부를 가맹점사업자가 부담하도록 하는 등 가맹사업자들의 추가적인 비용부담이 수반되는 새로운 정산기준을 마련하여 일률적으로 적용하였다. 서울고등법원은 다음과 같은 이유로 불이익제공을 부정하였다. 토니모리의 할인비용 정산기준 변경행위가 그 자체만을 분리하여 평가하면 가맹점사업자에게 불이익하게 거래조건을 설정하고 그 이행과정에서 불이익을 준 행위라고 볼 여지가 없는 것은 아니다. 그러나 토니모리가 자신의 가맹점사업자에게 할인비용을 부당하게 전가하여 자신의 수익을 높이고 가맹점사업자에게 불이익을 주려는 의도와 목적에서 이 사건 할인비용 정산 관련행위를 하였다고 단정하기 어렵다. 오히려 토니모리는 가격경쟁이 치열한 화장품 브랜드샵 시장에서 할인판매를 통하여 본인과 가맹점사업자의 총매출액과 수익을 늘리려는 경영전략에서 이 사건 할인비용 정산 관련행위를 한 것으로 보인다.

138) 대법원 2020. 3. 12.자 2019두60769 판결로 심리불속행 기각.

째, 자유의사가 억압되었는지가 기준이 되고 있고, 이를 판단하기 위하여 사업자들의 거래상 지위에 어느 정도 차등이 있는지를 보고 있다.[139] 거래상 지위의 차이는 계약체결의 과정 등에 반영되게 된다. 당사자들 사이에 충분한 의견교환과 실질적인 협의가 있었다면 자유의사가 억압되었다고 보기 어렵다.[140] 둘째, 불이익으로 보이더라도 불이익의 정도가 계약관계에 비추어 어느 정도 과중한지,[141] 계약 당시의 여건에 비추어 합리적인 이유가 있는지[142] 등을 고려하고 있다. 합리적인 사유로는 채권확보를 위하여 불가피하였던 경우,[143] 구매계약을 한 업체에 종합 성능시험 완료시까지 일부 물품대금의 지급을 유보하는 등의 조치가 필요하였던 경우,[144] 경영상 불가피한 사정이 있었던 경우[145] 등이 포함된다. 거래의 실제상 불가피한 사정이 인정되고, 상대방에 대한 불이익과 편익의 정도도 비교형량할 필요가 있다.[146] 이러한 사정이 종합적으로 고려된 사례로는 대법원 2013. 4. 25. 선고 2010두25909 판결(에쓰대시오일 사건)을 들 수 있다. 셋째, 계약 후 사정변경에 관하여는 구체적인 전후 사정을 고려하여 불이익을 판단하고 있다. 입찰에 따라 계약이 자유로운 의사에 의하여 체결되어 그 조건이 유지된 경우 다른 업체에 비하여 조건이 불리하다고 하여 불이익이라고 볼 수 없다고 한 사례[147]가 있는 반면 금융기관의 대출금리 유지행위를 불이익에 해당한다고 본 사례[148]도 있다. 대법원 2009. 10. 29. 선고 2007두20812 판결(씨티은행 사건)에서는 금융기관인 원고(한국씨티은행)가 고객에게 변

139) 대법원 1990. 11. 23. 선고 90다카3659 판결(현대정공 사건).
140) 대법원 2002. 5. 31. 선고 2000두6213 판결(서울 도시철도공사 사건).
141) 대법원 2006. 12. 21. 선고 2004두5119 판결(한국토지공사 사건), 대법원 2010. 8. 26. 선고 2010다28185 판결(동양전자상사 사건).
142) 대법원 1998. 9. 8. 선고 96누9003 판결(쌍용정유, 우림석유 사건).
143) 대법원 1998. 9. 8. 선고 96누9003 판결(쌍용정유, 우림석유 사건).
144) 대법원 2001. 12. 11. 선고 2000두833 판결(대한주택공사 사건).
145) 대법원 2011. 6. 9. 선고 2008두13822 판결(쌍용자동차 사건).
146) 대법원 2013. 1. 10. 선고 2011두7854 판결(서울대학교병원 사건).
147) 대법원 2005. 12. 8. 선고 2003두5327 판결(한국공항공사 사건).
148) 대법원 2009. 10. 29. 선고 2007두20812 판결(씨티은행 사건).

동금리부 주택담보 대출상품을 판매한 후 대부분의 시장금리가 약 30% 하락하였음에도 대출금리를 인하하지 않은 행위에 대하여 대법원은 원고의 이러한 행위가 불이익제공에 해당한다고 보았다. 다만 이 사건에서 고금리의 피해가 일반 소비자에게 귀속된 점 등 특수한 사정이 있었음에 유의할 필요가 있다.

불이익제공이 부정된 대표적 판례로, 대법원 1990. 11. 23. 선고 90다카3659 판결(현대정공 사건), 대법원 2004. 7. 9. 선고 2002두11059 판결(하이트맥주 사건),[149] 대법원 2005. 12. 8. 선고 2003두5327 판결(한국공항공사 사건), 대법원 2006. 12. 21. 선고 2004두5119 판결(한국토지공사 사건), 대법원 2011. 6. 9. 선고 2008두13822 판결(쌍용자동차 사건), 대법원 2013. 1. 10. 선고 2011두7854 판결(서울대학교병원 사건),[150] 대법원 2013. 4. 25. 선고 2010두25909 판결(에쓰대시오일 사건), 대법원 2018. 12. 13. 선고 2016다266118 판결(신동아건설 - 한국철도시설공단 사건),[151] 서울고등법원 2019. 11. 14. 선고 2019누34137 판결(하림 사건)[152] 등이 있다. 기타 판례로, 대법원 1998. 3. 27. 선고 96누18489 판결(조선일보 사건),[153] 대법원

---

149) 거래조건 변경행위를 거래상대방의 자력악화에 따른 채권확보를 위한 경영상의 정당한 이유가 있는 행위로 판단한 사례

150) 병원이 의료법 등 관계 법령에 따른 선택진료신청서 양식과 다른 양식을 통하여 환자 등으로 하여금 주진료과 의사에게 진료지원과 의사를 지정할 수 있게 포괄적으로 위임하도록 하는 방식으로 선택진료제도를 운용한 행위에 대하여 불이익제공을 부정하였다.

151) 원심 및 대법원은, 피고가 원고들의 계약금액 조정신청을 거부하였다는 점만으로는 정상적인 거래관행을 벗어나 거래상 지위를 남용하여 원고들에게 부당하게 불이익을 주었다고 인정하기에 부족하고, 달리 이를 인정할 만한 증거가 없다고 판단하여 원고들의 불법행위로 인한 손해배상 청구를 배척하였다.

152) 대법원 2020. 3. 12.자 2019두60769 판결로 심리불속행 기각. 축산계열화사업을 영위하는 사업자인 원고는 계약농가들의 지속적인 사육활동을 위해 보상과 지원을 해주며, 생계매입대금을 지급하고 있다. 원고가 변상농가와 출하실적 있는 재해 농가를 사육성적 평가모집단에서 누락하고 출하농가의 생계매입가격을 산정한 행위가 불이익인지 문제되었다. 법원은 원고와 계약농가 사이에 변상농가를 사육성적 평가모집단에서 제외하기로 하는 합의가 있었고, 그 합의 과정에서 불공정한 요소가 발견되지 않는 점 등을 고려하여 불이익제공을 부정하였다.

1998. 9. 8. 선고 96누9003 판결(쌍용정유, 우림석유 사건),[154] 대법원 2001. 12. 11. 선고 2000두833 판결(대한주택공사 사건),[155] 대법원 2002. 5. 31. 선고 2000두6213 판결(서울 도시철도공사 사건),[156] 대법원 2010. 8. 26. 선고 2010다28185 판결(동양전자상사 사건),[157] 서울고등법원 2017. 6. 9. 선고 2014누8409 판결(아모레퍼시픽 사건),[158] 대법원 2018. 1. 25. 선고 2017두58076 판결(한국도로공사 사건)[159] 등이 있다.

▣ 리딩케이스 : 대법원 2015. 9. 10. 선고 2012두18325 판결(금보산업개발 사건)

■ 판시사항

---

153) 신문사와 지국 사이에서 불이익제공을 부정한 사례.

154) 정유사와 대리점 사이에서 불이익제공을 부정한 사례.

155) 위약금에 대하여 불이익제공을 부정한 사례.

156) 도시철도공사와 광고대행사 사이에서 불이익 제공을 부정한 사례.

157) 계약해지에 대하여 불이익제공을 부정한 사례.

158) 대법원 2017. 10. 26.자 2017두50904 판결로 심리불속행 기각. 원고는 화장품, 건강식품, 생활용품 등을 제조・판매하는 회사이다. 공정위는 2014. 11. 6. 의결 제2014-244호로 원고가 위와 같이 2005년 이후의 방판특약점 소속 방문판매원 3,482명을 이동시킨 행위를 불이익제공으로 보았다. 법원은 공정위가 처분사유로 들고 있는 2005년 이후 총 3,482명의 방문판매원 재배정 사실의 상당수의 경우가 불이익제공행위에 해당하지 아니하는 것으로 보인다는 이유로 공정위의 처분을 취소하였다. 이 판결은 경쟁제한성을 기준으로 부당성을 판단하고 있다. 거래상 지위 남용에 있어 부당성 판단기준에 관하여 소수의 판례가 경쟁제한성을 언급하였는데, 대상판결이 이러한 소수의 판결을 기준으로 제시하는 것도 특징적이다.

159) 원고는 2009년부터 2014년까지 총 38개 건설사와 고속도로 16개 노선(101개 공구)의 연차별 공사도급계약 449건(총 계약금액 약 6조 3,000억 원)을 체결하면서, 각 계약서의 '기타사항' 란에 총 공사기간을 일수로 특정하여 기재한 다음, ① 공사 휴지(休止)기간을 정하여 이를 계약기간에서 제외시키고, ② 위 기간 중에는 계약상대방으로 하여금 추가비용을 청구하지 못하게 하며, ③ 계약상대방은 사전에 공사현장의 재난 대비 및 현장정리에 철저를 기하고 사전조치 미흡으로 인한 재난 및 민원이 발생하면 책임지고 조치한다고 하는 등의 계약조건(이하 '이 사건 거래조건'이라 한다)을 설정하였다. 원심인 서울고등법원은 불이익제공을 부정하였고, 대법원도 이를 유지하였다.

① 공정거래법은 불공정거래행위를 규제하여 공정하고 자유로운 경쟁을 촉진함으로써 창의적인 기업활동을 조장하고 소비자를 보호함과 아울러 국민경제의 균형 있는 발전을 도모함을 목적으로 하고(제1조 참조), 불공정거래행위에서의 '거래'란 통상의 매매와 같은 개별적인 계약 자체를 가리키는 것이 아니라 그보다 넓은 의미로서 사업활동을 위한 수단 일반 또는 거래질서를 뜻하는 것으로 보아야 하는 점(대법원 2010. 1. 14. 선고 2008두14739 판결 참조)을 고려할 때, 구 공정거래법 제23조 제1항(현 공정거래법 제45조 제1항)은 단순히 불공정한 계약 내용이나 사법상 권리 의무를 조정하기 위한 것이 아니라 공정한 거래질서 또는 경쟁질서의 확립을 위하여 경제에 관한 규제와 조정이라는 공법적 관점에서 불공정한 거래행위를 금지하는 규정이라고 보아야 한다.

② 불공정거래행위에 관한 법령의 규정 내용에 따르면, 그 문언에서 행위의 상대방을 사업자 또는 경쟁자로 규정하고 있거나 그 문언의 해석상 거래질서 또는 경쟁질서와의 관련성을 요구하고 있으므로, 이러한 규정의 체계를 고려할 때 구 공정거래법 제23조 제1항 제4호(현 공정거래법 제45조 제1항 제6호)가 '자기의 거래상의 지위를 부당하게 이용하여 상대방과 거래하는 행위'라고 규정하여 행위의 상대방을 사업자 또는 경쟁자로 한정하고 있지는 않지만, 그 거래상 지위의 남용행위에서는 적어도 거래질서와의 관련성은 필요하다고 보아야 한다.

③ 거래상 지위 남용행위의 상대방이 경쟁자 또는 사업자가 아니라 일반 소비자인 경우에는 단순히 거래관계에서 문제될 수 있는 행태 그 자체가 아니라, 널리 거래질서에 미칠 수 있는 파급효과라는 측면에서 거래상 지위를 가지는 사업자의 불이익 제공행위 등으로 인하여 불특정 다수의 소비자에게 피해를 입힐 우려가 있거나, 유사한 위반행위 유형이 계속적·반복적으로 발생할 수 있는 등 거래질서와의 관련성이 인정되는 경우에 한하여 공정한 거래를 저해할 우려가 있는 것으로 해석함이 타당하다.

■ 해 설

① 원고는 「체육시설의 설치 및 이용에 관한 법률」에 따라 등록된 체육시설업자로서, 18홀의 회원제 골프장을 운영하고 있다. 원고는 골프장이 주주회원제에서 예탁금회원제로 전환된 무렵인 2003년 4월 1일부터 회원들에게 적용되는 골프장 회칙을 그 회칙에서 정한 절차에 따라 개정하여 2008년 3

월 21일부터 시행하였다. 그 개정 내용에는 평일회원 자격 기간을 종전 5년에서 1년으로 축소하고, 평일회원 자격 연장 요건을 종전 탈회 의사를 서면으로 표시하지 아니하는 한 자동으로 연장되는 방식에서 연장 의사를 서면으로 표시하면 심사 후 연장 여부를 결정하는 방식으로 변경하며, 종전과는 달리 평일회원에게 소멸성 연회비를 부과할 수 있다는 부분이 포함되었다. 이에 따라 원고는 평일회원들에게 2008년 4월 1일자로 연회비 300만 원을 징구하면서, 갈수록 급격히 증가되는 골프장 운영 관련 제세금 인상 및 각종 원가의 상승으로 인한 경영상 어려움을 극복하기 위하여 소멸성 연회비를 신설하였다고 안내하였다.

② 공정위는 원고의 행위가 공정거래법 제45조 제1항 제4호, 구 공정거래법 시행령(2010. 5. 14. 대통령령 22160호로 개정되기 전의 것) 제36조 제1항 [별표 1] 제6호 라목이 규정한 '자기의 거래상 지위를 부당하게 이용하여 상대방과 거래하는 행위' 중 '불이익 제공(거래상대방에게 불이익이 되도록 거래조건을 설정 또는 변경하는 행위)'에 해당한다고 보아, 2011. 7. 4. 의결 제2011-091호로 원고에 대하여 시정명령 및 과징금 납부명령을 하였다. 이에 대하여 원고는 시정명령 및 과징금 납부명령의 취소를 구하는 소를 제기하면서, 원고가 평일회원과의 관계에서 거래상 우월한 지위에 있다고 할 수 없고, 평일회원에게 부당하게 불이익을 제공하지 않았다는 주장을 하였다.

③ 서울고등법원은 원고의 청구를 기각하였다. 대법원은 거래상 지위의 존부에 관하여 원고가 평일회원에 대하여 상대적으로 우월한 지위에 있다고 볼 수 있어, 이 부분 원심의 판단은 정당하다고 보았다. 그러나 부당성의 존부에 관하여 원고의 행위의 내용이 원고의 평일회원들에게 다소 불이익하다고 볼 수는 있지만, 부당성이 인정되기 어렵다고 보아 원심을 파기하였다. 파기환송 후 서울고등법원은 대법원 판결의 취지에 따라 평일회원들은 골프장 경영회사인 원고에 대한 관계에서 일반소비자에 해당하므로, 먼저 거래질서와의 관련성이 인정되어야 하는 데 이를 인정하기 어려우므로 이 사건 행위가 공정한 거래를 저해할 우려가 있다고 보기 어렵다는 이유로 원고 승소판결을 선고하였고(서울고등법원 2015. 12. 18. 선고 2015누1832 판결), 이 판결은 그대로 확정되었다.

④ 대상 판결 이전에, 거래상 지위 남용행위가 발생하는 '상대방'의 범위를 정함에 있어서, 사업자뿐만 아니라 소비자도 포함되는 것으로 보는 것이 제도의 취지에 비추어 정당한지 의문이 제기되고 있었다. 행위의 상대방에 사

업자뿐만 아니라 소비자도 포함할 경우 규제의 범위가 지나치게 넓어지고, 민사 사건에 공법적 규제가 과도하게 개입하는 부작용이 있었다. 이러한 문제점을 검토한 결과, 대상 판결은 '거래'라는 문언이 거래질서를 포함하는 것으로 해석하는 것을 넘어 '거래질서와의 관련성'이라는 기준을 새로 제시하였고, 그 결과 거래상 지위의 남용행위의 주된 상대방이 사업자로 제한되기에 이르렀다. 한편, 대상 판결은 이처럼 거래상 지위 남용에 있어서 상대방의 범위를 한정하면서도, 새로운 기준을 제시하여 선례와 조화를 도모하고, 소비자도 당분간 보호 대상에 포함하는 등 절충적인 해결을 모색한 것으로 평가할 수 있다. 행위의 상대방을 제한한 대상 판결의 법리는, 이 사건에서 문제된 불이익제공에 국한되지 않고 거래상 지위 남용의 다른 유형에도 적용되는 것으로 보아야 할 것이다.

(다) 시정조치 및 과징금 관련 쟁점

불이익제공에 기한 시정조치에 관한 사례로는, 불이익제공에서 의결서의 이유 부분을 참작하더라도 시정명령의 내용이 구체적으로 명확하게 특정되었다고 보기 어려운 경우에는 시정명령이 위법하다고 본 사례로는 대법원 2007. 1. 12. 선고 2004두7139 판결(이랜드리테일 사건)[160]이 있다. 과징금에 관한 사례로는, 서울고등법원 2011. 2. 24. 선고 2010누8463 판결(길의료재단 사건),[161] 서울고등법원 2017. 1. 18. 선고 2016누37241 판결(한국철도시설공단 사건)[162] 등이 있다.

---

160) 시정명령의 내용이 구체적으로 명확하게 특정되었다고 보기 어려우므로 위법하다고 판단한 사례.

161) 위 법원은 원고가 진료지원과에 대한 선택진료를 임의적용하여 징수한 선택진료비의 경우에는 그 위반행위의 특성상 부당수납액을 정확하게 산정하기 곤란하고 이로 인하여 이 사건 전체 관련매출액의 산정이 어려우므로 이는 과징금고시의 "관련매출액을 산정하기 곤란하거나 영 제10조 제1호 또는 제3호에 해당하는 경우에는 위반행위 중대성의 정도별 부과기준금액의 범위 내에서 과징금을 정한다."라는 규정에 해당한다고 볼 것이라고 판단하여 공정위의 과징금 산정이 적법하다고 보았다. 상고심인 대법원 2013. 6. 14. 선고 2010누8463 판결에서 일부 선택진료 행위 등에 관하여 불이익제공이 인정되지 않는다는 이유로 원심을 파기함으로써 이 부분에 관한 판단이 나오지 않았다. 파기환송 후 공정위의 재처분에 따라 원고가 소를 취하하였다.

162) 대법원 2017. 5. 16.자 2017두36998 판결로 심리불속행 기각. 이 사건 각 공사대

마. 경영간섭

> 임직원을 선임·해임함에 있어서 자기의 지시 또는 승인을 얻게 하거나 거래상대방의 생산품목·시설규모·생산량·거래내용을 제한함으로써 경영활동을 간섭하는 행위를 말한다(시행령 제52조 별표 2).

(1) 대상행위

임직원을 선임·해임함에 있어서 자기의 지시 또는 승인을 얻게 하거나 거래상대방의 생산품목·시설규모·생산량·거래내용을 제한함으로써 경영활동에 간섭하는 행위가 대상이 된다. 거래상대방에는 소비자가 포함되지 않는다.[163] 경영간섭의 행위에는 경영정보 제공 요구행위가 포함되고 이러한 행위에 대하여 거래상 지위의 남용으로서 경영간섭이 적용되었으나〔대법원 2011. 10. 13. 선고 2010두8522 판결(롯데쇼핑 사건) 등〕, 대규모유통업에서의 거래 공정화에 관한 법률이 제정되며 같은 법 제14조 제1항이 "대규모유통업자는 부당하게 납품업자 등에게 1. 납품업자가 다른 사업자에게 공급하는 상품의 공급조건(공급가격을 포함한다)에 관한 정보, 2. 매장임차인이 다른 사업자의 매장에 들어가기 위한 입점조건(임차료를 포함한다)에 관한 정보, 3. 그 밖에 납품업자 등이나 납품업자 등의 거래상대방에 관한 제1호 및 제2호에 준하는 정보로서 대통령령으로 정하는 경영정보의 어느 하나에 해당하는 정보를 제공하도록 요구하여서는 아니 된다"라고 규정함으로써 대규모유통업자에 이러한 방식의 경영간섭 행위에 대하여는 위 법이 적용되게 되었다.[164]

금 감액 행위에 대하여 과징금납부명령을 하는 경우 이 사건 각 공사대금 감액 행위에 의하여 영향을 받은 추가·변경된 공사의 계약금액만을 과징금 산정의 기초가 되는 관련매출액으로 봄이 상당하다고 판단하였다.

163) 불공정거래행위 심사지침 Ⅴ. 6. 마. (1).

164) 대규모유통업에서의 거래 공정화에 관한 법률 제4조(다른 법률과의 관계). 이 법은 대규모유통업자와 납품업자등 사이의 거래에 관하여 「공정거래법」 제45조 제1항 제4호 및 제5호(다른 사업자의 사업활동을 방해하는 행위는 제외한다)에 우선하여 적용한다. 다만, 대규모유통업자와 납품업자 등 사이의 거래가 「하도급거래 공정화에 관한 법률」 제2조 제6항에 따른 제조위탁에 해당하는 경우에는 같은 법

[MFN과 경영간섭 적용][165)]

ICT 분야에서 최혜고객조항(Most Favored Nation, 이하 'MFN'이라 한다)도 중요한 이슈가 되고 있다. MFN은 판매자가 구매자에게 가장 유리한 조건으로 거래하겠다는 계약 조항이다. MFN은 다른 구매자에게 더 낮은 가격으로 판매할 경우 최혜고객약정을 한 구매자에게 이를 적용해야 한다.

이미 알려진 바와 같이, MFN은 시장지배력을 가진 사업자(dominant position)가 거래상대방에 대하여 MFN 조항을 계약에 포함함에 따라 시장지배적 사업자와 경쟁사업자 사이의 가격경쟁이 어렵게 되어, 경쟁이 제한되는 문제와 함께 MFN의 결과 가격수렴(收斂)화가 발생하고 가격경쟁이 약화되는 문제가 발생할 수 있다. 그와 동시에 무임승차의 문제가 MFN으로 방지될 수 있다. 예를 들면, 호텔 이용자는 숙박 플랫폼을 이용하면서 무임승차를 활용할 수 있다. 검색과 비교에 우수한 플랫폼에서 객실을 고른 다음, 실제 계약은 저가 숙박비를 제공하는 플랫폼에서 체결하는 방식이다. 호텔 이용자는 기존 플랫폼이 제공하는 기능을 대가의 지불 없이 이용할 수 있다. 이러한 무임승차의 문제로 기존 플랫폼이 플랫폼의 기능을 향상하기 위한 투자를 할 동기가 사라지게 된다. MFN은 이러한 문제를 방지하는 역할을 할 수 있다. 이는 최저 재판매가격 유지행위에서 고려되는 무임승차 방지 효과와 유사하다.[166)]

MFN에 대한 공정거래법 집행에 있어 다음과 같은 문제에 유의할 필요가 있다. 첫째, 시장지배적 지위 남용 규제의 적용 문제이다. MFN은 누가 시행하였는가가 중요하다. 시장지배적 사업자가 시행한 경우와 상대적으로 시장점유율이 낮은 사업자나 신규 진입 사업자가 시행한 경우는 차이가 있다. 시장지배적 사업자가 MFN을 적용한 경우에는 사업활동 방해 중 거래상대방에게 정상적인 거래관행에 비추어 타당성이 없는 조건의 제시(부당한 조건 제시)나 불이익 강제가 검토될 수 있다(공정거래법 제5조 제1항 제3호, 시행령 제9조 제3항 제4호, 시장지배적 지위 남용행위 심사기준). 이때 경쟁제한성을 평가함에 있어 가격 인상 가능성, 진입장벽, 무임승차 문제를 고려해야 한다.

을 이 법에 우선하여 적용한다.

165) 정재훈, ICT 분야의 시장지배력 남용행위 규제 및 기업결합 심사 방향, 경쟁저널 제213호, 2022. 12, 13면.

166) Baker & Morton, Antitrust Enforcement against Platform MFNs, 127 The Yale Law Journal 2176(2018), p. 2184

둘째, 불공정거래행위 규제의 적용 문제이다. 불공정거래행위로 거래상 지위 남용 중 경영간섭이나 사업활동 방해가 검토 가능하다(공정거래법 제45조 제1항 제6호, 8호, 시행령 제52조 별표 2). 2020년 공정거래위원회가 딜리버리히어로코리아의 최저가보장제에 대하여 거래상 지위 남용으로서 경영간섭을 적용한 사례[167]가 있다. 그런데 MFN에서 고려하는 요소는 가격 인상 가능성, 진입장벽, 무임승차의 문제 등 경쟁과 관련된 요소인데, 불공정거래행위 조항은 정상적인 거래관행 등 불공정성을 심사하는 조항이므로 MFN의 특성을 집행에 반영하지 못하는 난점이 있다.

나아가 경영간섭으로 접근할 경우 1종 오류와 2종 오류 문제가 모두 발생할 우려가 있다. 먼저, 거래상 지위가 있으나 신규진입자인 경우에는 경쟁제한성이 인정되지 않을 수 있다. 그럼에도 거래상 지위남용으로서 경영간섭이 인정될 수 있다. 거래상 지위는 낮은 기준으로 적용되어 왔고, 이에 따르면 대부분 MFN이 문제될 소지가 있다. 이 사례는 MFN에 대한 개입이 필요하지 않음에도 집행이 이루어지는 사례가 될 소지가 있다. 그 결과, 1종 오류(false positive)가 발생할 우려가 있다. 둘째, 사업자와 상대방이 자발적인 합의로 하였고, 합의 과정을 보더라도 불공정하다고 볼 사정이 보이지 않지만, 시장에서 경쟁제한의 우려가 높은 경우이다. 이 경우 거래상 지위는 인정되지만, 거래 과정에 비추어 불공정성을 인정하기 어려워 경영간섭으로 보기 어렵다. 이 사례는 개입이 필요함에도 경영간섭에 따른 집행은 이루어지기 어려운 사례가 될 수 있다. 그 결과, 2종 오류(false negative)가 발생할 우려가 있다. 이 점에서 MFN을 거래상 지위 남용으로 접근하는 방식은 바람직하지 않고, 경쟁제한성을 심사하는 방향으로 집행되어야 한다.

[경영간섭 행위의 범위]

경영간섭에 포함되는 행위는 어느 정도까지 보아야 하는지 문제된다. 경영간섭의 세부 유형은 다양하기 때문이다. 첫째, 임직원 선임 해임, 생산품목, 시설규모에 대한 간섭 등은 경영간섭임이 명확하다. 생산량에 대한 간섭도 경영간섭으로 볼 소지가 크다. 둘째, 경영간섭의 유형으로 거래내용 제한은 어려운 문제이다. 거래내용 제한에는 다양한 내용이 포함된다. 거래내용은 가격 등 일체의 거래 조건이 모두 포함된다. 거래내용 제한이 경영간섭에 해당하는지 판단은 신중할 필요가 있다. 셋째, 내부적으로 계획을 수립하거나,

167) 공정거래위원회 2020. 8. 24. 의결 제2020-251호(2016서경2277).

자신의 판매가격을 인상한 것은 경영간섭으로 보기 어렵다.

거래상 지위가 있는 사업자가 그 상대방의 다음 당사자에 대한 거래를 제한하는 것은 수직적 거래제한이다. 경영간섭을 지나치게 넓게 해석하면 수직적 거래제한이 모두 경영간섭이 될 수 있고, 재판매가격유지행위도 모두 경영간섭에 포함될 수 있다. 그 점에서 거래내용 제한을 제한적으로 볼 필요가 있다.

[계속적재판매거래고시에서 사업상 비밀, 경영간섭 요건]

① 계속적재판매거래고시(계속적 재판매거래 등에 있어서의 거래상 지위 남용행위 세부유형 지정고시)[168]가 적용되는 사건에서 사업상 비밀[169]은 부정경쟁방지법의 '영업비밀'로 해석함이 상당하다. 참고로 계속적재판매거래고시에 기반을 둔 대리점법도 이를 영업상 비밀로 한정하고 있다. 이 점에서 대규모소매업고시가 경영자료로 명시한 것과 구별된다. 따라서 사업상 비밀 여부 판단에서 부정경쟁방지 및 영업비밀에 관한 법률에서 적용된 영업비밀에 관한 법리를 참조할 필요가 있다.

② 계속적재판매거래고시 사건에서 경영간섭이 요건으로 필요한지 문제된다. 공정거래법 제45조 제4항(구 공정거래법 제23조 제4항, 구 시행령 제36조 제2항)에 따라 제정된 고시는 법률 및 시행령에서 정한 행위의 범위를 넘지 못하므로, 경영간섭 요건으로 필요하다. 경영간섭이 없음에도 정보제공 요구로만 거래상 지위 남용이 인정된다고 해석한다면, 법령의 위임 범위를 넘게 되어 타당하지 않다.

참고로 대규모유통업법 제정 전에 적용되던 구 대규모소매업고시는 경영간섭에 이르러야 함을 명시하고 있다.[170] 계속적 재판매고시는 이러한 내용

168) 공정거래위원회고시 제2021-23호.

169) 위 고시 제8조(경영활동 간섭 금지) ① 공급업자는 다음 각 호의 어느 하나에 해당하는 행위를 하여서는 아니된다. 3. 합리적 이유 없이 판매업자의 거래처 현황, 매출 내역, 자금출납 내역 등 판매업자의 사업상 비밀에 해당하는 정보를 제공하도록 요구하는 행위.

170) 대규모소매업고시 제10조 제2항은 "대규모소매업자는 납품업자 등으로부터 경쟁사업자에 대한 납품업자 등의 중요한 경영자료(가격, 판매량, 할인율 등 매출에 대한 세부정보를 포함)를 납품업자 등의 의사에 반하는 방법 등으로 부당하게 취득하여 납품업자 등에게 판촉행사 참여를 강요하는 등 경영을 간섭하는 행위를 하여서는 아니된다."라고 규정하고 있었다.

이 없으나, 경영간섭행위가 필요하다. 이 점에서 계속적재판매고시가 정보제공 요구만 명시한 것은 오해의 소지가 있다. 결론적으로, 계속적재판매거래고시에 경영간섭 행위가 기재되어 있지 않으나, 요건으로 필요하다.[171]

(2) 관련 판례

경영간섭이 부정된 사건으로는 대법원 2000. 10. 6. 선고 99다30817, 30824 판결(우림석유 사건), 대법원 2007. 1. 11. 선고 2004두3304 판결(한국수자원공사 사건)[172] 등이 있고, 하급심으로 서울고등법원 2015. 12. 17. 선고 2015누38902 판결(현대백화점 사건) 등이 있다.[173] 반면 경영간섭이 인정된 사건으로는 대법원 2011. 10. 13. 선고 2010두8522 판결(롯데쇼핑 사건),[174] 대법원 2011. 10. 13. 선고 2010두10464 판결(현대백화점 사건), 서울고등법원 2017. 8. 16. 선고 2016누41967 판결(인천국제공항공사 사건)[175] 등이 있다.

---

171) 이와 달리 대리점법은 정보제공 요구로 충분하고, 경영간섭을 요건으로 하지 않는다. 이는 법으로 새로운 요건을 창설한 것으로 평가할 수 있다.

172) 경영간섭의 부당성을 부정한 사건.

173) 상고 중. 대규모유통업법상 경영정보 요구행위에 대하여 일부 행위에 대하여 거래관계를 부정하였고, 전체적으로 부당성을 부정한 판결이다.

174) 원고가 납품업체로부터 경쟁사의 이디아이(EDI, Electronic Data Interchange) 시스템에 접속할 수 있는 권한을 제공받았고, 이로써 주기적으로 매출정보를 취득한 사건이다.

175) 대법원 2018. 1. 17.자 2017두61362 판결로 심리불속행 기각. 원고의 식음료사업자의 식음료 판매가격 조정과 관련한 행위, 원고의 식음료사업자의 매장위치 이전과 관련한 행위가 문제되었다. 감액행위에 대하여는 감액행위 자체를 인정하지 않았고, 설계변경 제한행위는 불이익이 아니라고 보았다. 원고의 특별점검 행위는 부당성을 부정하였고, 매장위치 이전은 불이익이 아니라고 보았다. 경영간섭이 문제된 판매가격 조정과 관련한 행위에 대하여 경영간섭을 부정한 것인지, 경영간섭을 인정하면서 부당성을 부정한 것인지가 명확하지 않지만, 핵심적인 논거는 상대방에게 불이익하지 않다는 점에 있는 것으로 보인다.

제 8 절 구속조건부거래

사업자가 거래상대방에 대해 자기 또는 계열회사의 경쟁사업자와 거래하지 못하도록 함으로써 거래처선택의 자유를 제한함과 동시에 구매·유통경로의 독점을 통해 경쟁사업자의 시장진입을 곤란하게 한다면 시장에서의 경쟁을 저해하고 궁극적으로 소비자후생의 저하를 초래하게 되므로 금지된다. 또한, 거래상대방에게 거래지역이나 거래처를 제한함으로써 당해 지역 또는 거래처에 대한 독점력을 부여하여 경쟁을 저해하게 된다면 소비자후생의 저하를 초래할 수 있게 되므로 금지된다.[176] 구속조건부거래의 두 유형인 배타조건부거래와 거래 지역 또는 거래상대방의 제한은 제도의 도입 취지 및 위법성 판단 기준에서 차이가 있어, 배타조건부거래는 끼워팔기와 함께, 거래 지역 또는 거래상대방의 제한은 재판매가격유지행위 및 수직적 공동행위와 함께 논의되는 경향이 있다.

1. 배타조건부거래

> 부당하게 거래상대방이 자기 또는 계열회사의 경쟁사업자와 거래하지 않는 조건으로 그 거래상대방과 거래하는 행위를 말한다(시행령 제52조 별표 2).

배타조건부거래는 부당하게 거래상대방이 자기 또는 계열회사의 경쟁사업자와 거래하지 아니하는 조건으로 그 거래상대방과 거래하는 행위로, '브랜드 간 경쟁'을 감소시키는 행위이다. 생산자가 거래상대방으로 하여금 자사제품만을 취급하게 하거나 자사제품의 판매실적에 따라서 리베이트제를 실시함으로써 유통계열화를 추진하여 자사제품의 시장점유율을 확대하기 위한 수단으

176) 불공정거래행위 심사지침 V. 7.

로 쓰인다. 조건을 붙이는 것 자체가 위법한 것이 아니라 이를 통하여 공정한 경쟁질서에 영향을 미치게 될 우려가 있을 때 위법성이 문제된다.[177)]

배타조건부거래는 제품의 유통경로를 특정 브랜드에 전속시키는 유통계열화 수단으로 활용되어 직영 대리점을 두는 것과 같은 효과가 발생하여 봉쇄효과가 발생할 수 있는 반면,[178)] 거래의 불확실성을 줄여 투자를 촉진하는 효과, 무임승차를 방지하는 효과도 있어 수직적 거래제한에서 통상 논의되는 친경쟁적 효과도 발생할 수 있다. 배타조건부거래를 강제하기 위하여 거래거절 등 강제적인 수단을 사용할 수 있으나 장려금 등의 유인을 사용하는 경우도 있는데, 후자의 경우에는 경쟁제한효과의 판단에 있어 신중할 필요가 있다.

(1) 대상행위

거래상대방이 자기 또는 계열회사의 경쟁사업자와 거래하지 않는 조건으로 그 거래상대방과 거래하는 행위가 대상이 된다. 자기 또는 계열회사의 경쟁사업자라 함은 현재 경쟁관계에 있는 사업자뿐만 아니라 잠재적 경쟁사업자를 포함한다. 배타조건의 내용에는 거래상대방에 대해 직접적으로 경쟁사업자와의 거래를 금지하거나 제한하는 것뿐만 아니라 자신이 공급하는 품목에 대한 경쟁품목을 취급하는 것을 금지 또는 제한하는 것도 포함된다. 따라서 판매업자의 소요물량 전부를 자기로부터 구입하도록 하는 독점공급계약과 제조업자의 판매물량을 전부 자기에게만 판매하도록 하는 독점판매계약도 배타조건부거래의 내용에 포함된다. 경쟁사업자와의 기존거래를 중단하는 경우뿐만 아니라 신규거래 개시를 하지 않을 것을 조건으로 하는 경우도 포함된다. 배타조건의 형식에는 경쟁사업자와 거래하지 않을 것이 계약서에 명시된 경우뿐 아니라 계약서에 명시되지 않더라도 경쟁사업자와 거래시에는 불이익이 수반됨으로써 사실상 구속성이 인정되는 경우가 포함된다. 위반시 거래중단이나 공급량 감소, 채권회수, 판매장려금 지급중지 등

177) 사법연수원, 「공정거래법」, 2014. 281면.

178) 수평적 결합과 담합의 효과가 비교되고, 수직적 결합과 배타조건부 거래가 비교된다.

불이익이 가해지는 경우에는 당해 배타조건이 사실상 구속적인 것으로 인정될 수 있다. 거래상대방에는 소비자가 포함되지 않으며, 배타조건을 정하는 명칭을 불문한다.[179)]

(2) 위법성의 판단기준

(가) 심사지침

심사지침에 의하면 배타조건부거래가 관련시장에서의 경쟁을 제한하는지 여부를 위주로 판단한다. 이때 경쟁제한성이 있는지 여부는 배타조건부거래가 물품구입처 또는 유통경로 차단, 경쟁수단의 제한을 통해 자기 또는 계열회사의 경쟁사업자(잠재적 경쟁사업자 포함)를 시장에서 배제하거나 배제할 우려가 있는지 여부를 위주로 판단한다. 배타조건부거래의 경쟁제한성이 있다고 판단되는 경우에도 합리성이 있다고 인정되는 경우에는 법위반으로 보지 않을 수 있다.[180)]

배타조건부거래를 한 사업자의 시장점유율이 10% 미만인 경우에는 당해 시장에서의 경쟁제한효과가 미미하다고 보아 원칙적으로 심사면제 대상으로 한다. 다만 시장점유율 산정이 사실상 불가능하거나 현저히 곤란한 경우에는 당해 사업자의 연간매출액이 20억 원 미만인 경우를 심사면제 대상으로 한다.

(나) 판례의 판단기준

대법원 2013. 4. 25. 선고 2010두25909 판결(에쓰대시오일 사건)은 원고(에쓰대시오일 주식회사)가 1998년경부터 자영주유소와 소요제품 전량을 원고로부터 공급받기로 하고, 이러한 의무를 위반할 경우 계약해지, 손해배상 등 제재를 할 수 있도록 규정하는 석유제품공급계약을 체결한 사건으로, 대법원은 원고의 이러한 행위가 배타조건부거래에 해당한다고 보며 부당성의 판단기준에 관하여 다음과 같이 판시하였다.

179) 불공정거래행위 심사지침 V. 7. 가. (1).

180) 불공정거래행위 심사지침 V. 7. 가. (2).

[불공정거래행위로서 배타조건부거래의 부당성]

배타조건부 거래행위의 '부당성'은 당해 배타조건부 거래행위가 물품의 구입 또는 유통경로의 차단, 경쟁수단의 제한을 통하여 자기 또는 계열회사의 경쟁사업자나 잠재적 경쟁사업자를 관련시장에서 배제하거나 배제할 우려가 있는지를 비롯한 경쟁제한성을 중심으로 그 유무를 평가하되, 거래상대방인 특정 사업자가 당해 배타조건부 거래행위로 거래처 선택의 자유 등이 제한됨으로써 자유로운 의사결정이 저해되었거나 저해될 우려가 있는지 등도 아울러 고려할 수 있다고 보는 것이 타당하다. 여기서 배타조건부 거래행위가 부당한지를 판단할 때에는 당해 배타조건부 거래행위로 인하여 대체적 물품 구입처 또는 유통경로가 차단되는 정도, 경쟁사업자가 경쟁할 수 있는 수단을 침해받는지 여부, 행위자의 시장점유율 및 업계순위, 배타조건부 거래행위의 대상이 되는 상대방의 수와 시장점유율, 배타조건부 거래행위의 실시기간 및 대상이 되는 상품 또는 용역의 특성, 배타조건부 거래행위의 의도 및 목적과 아울러 배타조건부 거래계약을 체결한 거래당사자의 지위, 계약내용, 계약체결 당시의 상황 등을 종합적으로 고려하여야 한다〔대법원 2013. 4. 25. 선고 2010두25909 판결(에쓰대시오일 사건)〕.

위 판결에서 제시한 부당성 판단기준은 심사지침과 차이가 있다. 나아가 대법원 2007. 11. 22. 선고 2002두8626 판결(포스코 사건)과 어떻게 조화롭게 해석할지 문제가 된다. 포스코 판결은 시장지배적 지위 남용의 '부당성'은 공정거래법 제45조 제1항 제1호의 불공정거래행위로서의 거절행위의 부당성과는 별도로 '독과점적 시장에서의 경쟁촉진'이라는 입법목적에 맞추어 독자적으로 평가·해석하여야 하므로, 시장지배적 사업자가 개별 거래의 상대방인 특정 사업자에 대한 부당한 의도나 목적을 가지고 거래거절을 한 모든 경우 또는 그 거래거절로 인하여 특정 사업자가 사업활동에 곤란을 겪게 되었다거나 곤란을 겪게 될 우려가 발생하였다는 것과 같이 특정 사업자가 불이익을 입게 되었다는 사정만으로는 그 부당성을 인정하기에 부족하다고 판시하여 불공정거래행위에서 부당성의 핵심적인 징표가 경쟁제한성에 있지 않음을 선언한 것으로 이해될 수 있다. 반면 에쓰대시오일 판결의 "경쟁제한성을 중심으로 그 유무를 평가하되, 거래상대방인 특정 사업자가 당해 배타조건부 거래행위로 거래처 선택의 자유 등이 제한됨으로써 자유로운 의사결정이 저해되었거나 저해될 우려가 있는지 등도 아울러 고려할 수 있다" 부분은 경쟁제한성이 핵심적인 징표여서 위 포스코 판결의 부당성 판단기준과 문언상 부합하지 않는다.

에쓰대시오일 사건은 배타조건부거래에 국한된 것이어서 대법원의 입장이 변경된 것은 아니라고 볼 수도 있다. 대법원이 포스코 판결에서 시장지배적 지위 남용행위와 불공정거래행위의 부당성을 구별한 것은 원칙적인 판시이거나 거래거절에 국한된 것일 뿐, 불공정거래행위의 유형별로 부당성 판단기준이 무엇인지 선언한 것은 아니므로 개별 행위유형별로 부당성 판단기준은 달라질 수 있고, 배타조건부거래와 같은 유형에서는 경쟁제한성을 중시할 수 있다고 이해할 수 있다. 그렇다면 단독행위로서 시장지배적 지위 남용행위와 불공정거래행위가 서로 중복되는 대표적인 유형인 거래거절, 끼워팔기, 배타조건부거래 중 불공정거래행위로서 거래거절, 끼워팔기에서 이미 판례상 경쟁제한성을 핵심적인 징표로 하지 않았음에도 배타조건부거래에서는 경쟁제한성을 중심으로 판단할 근거도 제시되는 것이 바람직하다. 최소한 두 판결의 문언만 비교하면 포스코 판결의 원칙을 유지하면서 행위 유형별로 기준을 구체화한 수준으로 보기에는 그 선을 넘어서, 실질적인 판례 변경으로 읽힐 가능성도 있다.[181]

대법원이 포스코 판결의 소극적인 태도를 벗어나 불공정거래행위에서도 경쟁제한성을 가능한 반영하여 시장지배적 지위 남용행위와 불공정거래행위 사이의 부당성의 간극을 좁히려는 시도를 한 것으로 이해할 수도 있다. 이러한 경우에는 그 동안 누적된 다수의 불공정거래행위에 관한 판례에서 그 부당성 판단기준을 실질적으로 변경하여야 하고, 법적 안정성 측면에서 상당한 난점이 있으므로 신중한 접근이 필요하다. 판례변경보다는 입법적으로 해결될 문제로 보인다. 배타조건부거래에서만 이러한 변화를 시도할 경우 배타조건부거래 자체에서는 큰 문제점이 발견되지 않더라도 전체적인 법체계 내에서 행위유형별로 부당성 판단기준이 조화되지 않는 결과가 초래될 수 있다. 통일적인 이해가 어려운 불공정거래행위에서 행위유형별로 기준이 크게 달라져 형평에 맞지 않는 문제가 있을 수 있다. 여러 비판을 받고 있지만, 포스코 판결은 경쟁법의 국제적인 동향을 정확하게 인식하고, 불공정거래행위에 관하여 종전에 누적된 판례를 변경할 때 발생할 수 있는 법적 안정성의 문제까지 냉철하게 고려한데서 비롯된 균형감각의 산물로 볼 수 있다. 이러한 사려깊고 지혜로운 판결을 통하여 단독행위의 부당성 판단기준이 현행

---

181) 대법원의 실질적인 의도가 달랐더라도 그 문언상 다른 방향으로 이해될 가능성이 높다면, 결국 판결의 진의는 '표시' 즉 판결문 문언에 의하여 판단될 가능성이 높다.

제도의 틀 안에서 현실적이고 합리적인 방향으로 정립될 수 있었음에 유의할 필요가 있다.

(3) 관련 판례

배타조건부거래는 시장지배적 지위 남용행위와 불공정거래행위가 중첩되는 대표적인 행위 유형이다. 시장지배적 지위 남용행위로서 배타조건부 거래 사건으로는 대법원 2009. 7. 9. 선고 2007두22078 판결(농협중앙회 사건), 대법원 2011. 6. 10. 선고 2008두16322 판결(이베이지마켓 사건), 대법원 2019. 1. 31. 선고 2013두14726 판결(퀄컴 사건) 등이 있고, 불공정거래행위 사건으로는 대법원 2013. 4. 25. 선고 2010두25909 판결(에쓰대시오일 사건) 등이 있다. 두 유형이 모두 적용된 사건으로는 대법원 2014. 4. 10. 선고 2012두6308 판결(현대모비스 사건),[182] 서울고등법원 2020. 10. 15. 선고 2019누41159 판결(코리안리 사건)[183]이 있다.

▣ 리딩케이스 : 대법원 2013. 4. 25. 선고 2010두25909 판결(에쓰대시오일 사건)

■ 해 설

① 원심 및 대법원은 모두 경쟁제한성이 인정된다고 판단하였다. 그러나 원고의 시장점유율은 경질유제품을 기준으로 13~15% 정도로 시장점유율이 높지 않고 그에 따른 봉쇄효과도 높다고 단정하기 어려우므로 실제 경쟁제한성이 증명된 것인지 의문이다(심사지침상 안전지대인 10%와 크게 차이가 나지 않는다). 한편, 원고의 배타조건부거래 행위는 업계 4위 사업자의 행위인데, 군소사업자의 경우 배타조건부거래로 신규 시장진입이 이루어질 경우 경쟁사업자가 증가하여 경쟁이 촉진되는 반면, 이를 규제할 경우 종전 시장

182) 순정품 취급을 강제한 부분은 경쟁사업자배제 중 배타조건부거래와 불공정거래행위 중 배타조건부거래를 모두 적용하였고, 그 결과 두 유형의 규제에 대한 부분이 혼재되어 있어 판시내용이 명확하지 않다. 대법원은 시장지배적 지위 남용행위 및 불공정거래행위로서 배타조건부 거래를 모두 인정한 원심이 타당하다고 보았다.

183) 대법원 2020두54074 사건으로 상고 중(심리불속행 기간 도과). 공정거래위원회 2019. 3. 19. 의결 제2019-066호(코리안리재보험 사건).

의 독점적인 상태가 고착될 위험성도 있다. 이러한 측면에서 대법원이 경쟁제한성을 부당성의 주된 기준으로 내세웠지만, 실제로는 의사결정의 자유를 중심으로 부당성을 판단한 것으로 볼 여지가 있다. 한편, 배타조건부거래에서 경쟁제한성을 기준으로 제시하면서 이를 쉽게 인정할 경우, 다른 유형의 경쟁제한성 평가의 기준과 비교할 때 균형에 맞지 않는 문제도 있을 수 있다.

② 경쟁제한성과 의사결정의 자유를 모두 기준으로 제시할 경우 두 기준이 서로 상충되는 경우가 있을 수 있다. 이 사건도 경쟁제한성은 인정되기 어렵지만, 의사결정의 자유를 침해한 사례로 볼 여지가 있다. 경쟁제한성이 높음에도 의사결정의 자유를 침해한다고 규제하는 것이 경쟁법상 타당한지의 문제는 공정거래법이 어떤 가치를 지향해야 하는지의 근본적인 문제와 연결되어 있는 것으로 보인다.

③ 배타조건부거래는 초기부터 그 효율성이 인식되어 당연위법의 법리가 적용되지 않은 대표적인 유형으로〔Tampa Electric Co. v. Nashville Coal Co., 365 U.S. 320 (1961)〕, 이 점에서 끼워팔기와 차이가 있다. 한국의 공정거래법 집행에 있어 시장지배적 지위 남용행위로서 배타조건부거래의 부당성을 용이하게 인정한 데 이어서〔대법원 2009. 7. 9. 선고 2007두22078 판결(농협 사건)〕, 이 사건을 통하여 불공정거래행위로서 배타조건부거래의 부당성도 의사결정의 자유를 침해할 경우 인정할 수 있게 되었다.

2. 거래지역 또는 거래상대방의 제한

> 상품 또는 용역을 거래함에 있어서 그 거래상대방의 거래지역 또는 거래상대방을 부당하게 구속하는 조건으로 거래하는 행위를 말한다(시행령 제52조 별표 2).

(1) 대상행위

거래상대방의 판매지역을 구속하는 행위가 대상이 된다. 판매지역 구속에는 그 구속의 정도에 따라 거래상대방의 판매책임지역을 설정할 뿐 그 지역 외 판매를 허용하는 책임지역제(또는 판매거점제), 판매지역을 한정하지만 복수판매자를 허용하는 개방 지역제한제(open territory), 거래상대방의 판매지역을 할당하고 이를 어길 경우에 제재함으로써 이를 강제하는 엄격한 지역제한제(closed territory)로 구분할 수 있다. 거래상대방의 거래상대방을 제한하는 행위도 대상이 된다. 거래상대방의 영업대상 또는 거래처를 제한하는 행위이다. 예를 들면 제조업자나 수입업자가 대리점(또는 판매업자)을 가정용 대리점과 업소용 대리점으로 구분하여 서로 상대의 영역을 넘지 못하도록 하거나 대리점이 거래할 도매업자 또는 소매업자를 지정하는 행위 등이 해당된다. 구속조건은 사업자가 거래상대방이나 거래지역을 일방적으로 강요할 것을 요하지 않으며, 거래상대방의 요구나 당사자의 자발적인 합의에 의한 것을 포함한다. 조건은 그 형태나 명칭을 묻지 않으며, 거래상대방이 사실상 구속을 받는 것으로 충분하다. 구속의 대상이 되는 거래상대방에는 소비자가 포함되지 아니한다. 거래지역 제한 또는 거래상대방 제한은 수직적 거래관계에 있는 거래상대방에게 가격 이외의 조건을 구속한다는 점에서 재판매가격유지행위와 구별된다. 사업자가 자신의 계산과 위험부담하에 위탁매매인에게 판매대상 등을 지정하는 상법상 위탁매매관계는 거래상대방의 판매지역 또는 거래상대방 제한에 해당되지 않는다.[184)]

(2) 심사지침

심사지침에 의하면, 거래지역 또는 거래상대방 제한이 관련시장에서의 경쟁을 제한하는지 여부를 위주로 판단한다. 경쟁제한성이 있는지 여부는 다음 사항을 감안하여 브랜드내 경쟁제한효과와 브랜드간 경쟁촉진효과를 비교형량한 후 판단한다. 경쟁제한성이 있다고 판단되는 경우에도 거래지역 및 거래상대방 제한의 합리성이 있다고 인정되는 경우에는 법위반으로 보지 않을 수 있다.[185)] 여기서 주목할 점은, 거래지역 또는 거래상대방의 제한이 불공정거래행위에 편입되어 있음에도 심사 기준상 위법성 판단 기준은 경쟁제한성만을 염두에 두고 있다는 점이다. 이는 거래지역 또는 거래상대방 제한의 연원에 비추어 자연스럽지만, 공정거래저해성을 위법성의 표지로 하는 불공정거래행위로서는 이례적인 것으로 볼 수도 있다.[186)]

---

184) 불공정거래행위 심사지침 V. 7. 나. (1).

185) 불공정거래행위 심사지침 V. 7. 나. (1).

186) 물론, 심사지침에 의하더라도 거래지역 또는 거래상대방 제한의 객관적 요건을

행위 사업자의 시장점유율이 10% 미만인 경우에는 당해 시장에서의 경쟁제한효과가 미미하다고 보아 원칙적으로 심사면제 대상으로 한다. 다만 시장점유율 산정이 사실상 불가능하거나 현저히 곤란한 경우에는 당해 사업자의 연간매출액이 20억 원 미만인 경우를 심사면제 대상으로 한다.[187]

(3) 관련 판례[188]

공정거래저해성을 인정한 판례로, 대법원 2000. 10. 6. 선고 99다30817, 30824 판결(우림석유 사건),[189] 대법원 2010. 11. 25. 선고 2009두9543 판결(한미약품 사건), 대법원 2011. 3. 10. 선고 2010두9976 판결(한국캘러웨이골프 사건),[190] 대법원 2014. 4. 10. 선고 2012두6308 판결(현대모비스 사건), 대법원 2017. 5. 31. 선고 2014두4689 판결(에스케이텔레콤 사건),[191] 대법원 2017. 6. 19. 선고 2013두17435 판결(필립스 전자 사건)과[192] 서울

충족하였는지를 판단함에 있어 구속성이 고려되어야 하므로, 구속성의 판단 단계에서 의사결정의 자유를 고려하는 것은 가능하다.

187) 불공정거래행위 심사지침 V. 7. 나. (3).

188) 불공정거래행위로서 거래지역 또는 거래상대방 제한에 대한 판례의 동향은 제3판 437~440면 참조.

189) 경쟁제한성을 판단기준으로 제시한 초기의 사례.

190) 거래지역 또는 상대방 제한에 관하여 부당성의 판단기준을 구체적으로 제시한 사건.

191) 공정위는, 원고가 삼성전자와 이동통신 단말기를 거래함에 있어, 삼성전자가 대리점이나 양판점 등 유통채널에 직접 공급하는 단말기의 비율을 각 개별 모델 별로 총 공급대수의 20% 이내로 제한하는 내용의 유통모델 운영기준을 합의한 후 이를 시행하였고, 이는 불공정거래행위로서 구속조건부거래행위 중 거래상대방 제한에 해당한다는 이유로, 원고에게 시정명령 및 과징금 납부명령을 하였다. 대법원은 원심의 판단에 수긍하면서, 추가로 원고의 이 사건 행위로 인하여 원고용 사업자모델과 유통모델 사이의 가격 경쟁이 제한될 우려가 있음은 물론, 원고용 유통모델의 가격 경쟁이 저해됨으로 인하여 원고가 사업자모델에 대한 장려금을 늘리거나 공급가를 인하하는 등의 방식으로 유통모델과 가격 경쟁을 할 경제적 유인까지도 함께 줄어들게 된다고 볼 수 있는 점을 추가하여 공정거래저해성을 인정할 수 있다고 보았다.

192) 원고는 2011. 3. 18.부터 2012. 5. 18.까지 자기와 거래하는 대리점에 출고정지, 공급가격 인상 등의 수단을 통해 센소터치(전기면도기), 소닉케어(음파전동칫솔), 세코(에스프레소형 커피제조기), 도킹스피커 등 4개 제품에 대한 인터넷 오픈마켓에의 공급을 금지하였다. 대법원은 공정거래저해성을 인정한 원심의 판단에 수

고등법원 2011. 1. 12. 선고 2009누37366 판결(한국교육방송공사 사건),[193] 서울고등법원 2013. 8. 22. 선고 2012누28867 판결(영원아웃도어 사건),[194] 대법원 2015. 11. 12. 선고 2015두44066 판결(한국존슨앤드존슨 사건),[195] 서울고등법원 2016. 8. 19. 선고 2015누45931 판결(샘표식품 사건),[196]서울고등법원 2020. 8. 26. 선고 2019누53442 판결(금호타이어 사건),[197] 서울고등법원 2021. 8. 25. 선고 2020누53264 판결(메드트로닉코리아 사건) 등이 있다.

공정거래저해성을 부정한 판례로 대법원 2022. 8. 25. 선고 2020두35219 판결 및 서울고등법원 2020. 1. 23. 선고 2017누76786 판결(고어 코리아 사건)[198]이 있다. 이 판결에 대하여 재판매가격유지행위가 병행되지 않았다는 점에서 공정거래저해성을 인정한 다수의 사건과 차이가 있다는 견해, 수직적 거래제한을 합리의 원칙하에서 판단하는 미국 등 판례와 달리 우리 법원이 수직적 거래제한에 대하여 지나치게 부정적인 인식을 가지고 있었던

긍하며, 경쟁제한성에 관련된 요소로 위 각 제품에 관한 국내 판매시장에서 상당한 시장점유율을 가진 원고가 이 사건 제2행위를 함으로써 인터넷 오픈마켓에서의 상표 내 경쟁을 근본적으로 차단하였을 뿐만 아니라, 그에 따라 오픈마켓과 오프라인, 인터넷 종합쇼핑몰 등 다른 유통채널과의 가격경쟁도 제한되었으므로, 이 사건 제2행위로 인한 경쟁제한 및 소비자 후생 저해 효과가 큰 점을 고려하고 여기에 더하여 이 사건 제2행위 역시 오픈마켓에서의 가격경쟁으로 인한 제품가격 하락을 방지하려는 데에 그 의도와 목적이 있다고 보이는 점 등을 고려하였다.

193) 확정. 거래지역 또는 거래상대방 제한의 공정거래저해성을 인정한 사례.

194) 심리불속행기각. 거래상대방의 선택권, 소비자의 선택권 차원에서 공정거래저해성을 인정한 사례.

195) 수직적 가격제한과 비가격제한이 모두 적용된 사례.

196) 대법원은 2016. 12. 29. 심리불속행 기각. 거래지역 또는 거래상대방 제한의 공정거래저해성을 인정한 사례.

197) 대법원 2020. 12. 30.자 2020두48987 판결로 심리불속행 기각.

198) 원고들은 국내 아웃도어 제품 제조·판매업체에게 기능성 원단인 고어텍스 등을 직접 판매하고 그와 관련된 상표의 실시를 허락하고 있다. 원고들은 고어텍스 소재 완제품의 대형마트 판매를 금지하는 유통채널 제한정책을 수립하고 요구하였으며, 이를 위반할 경우 판매중단, 라이선스 계약 해지 등 제재를 부과하였다. 법원은 고어텍스 브랜드 정책과 상품의 특성에 따른 유통채널 제한의 필요성, 대형마트 채널에 대한 영향이 미미한 점 등을 고려하여 공정거래저해성을 부정하였다.

점에서 새로운 방향성을 제시한 것으로 보는 견해 등이 있다. 이러한 종래의 판례 경향에 비추어 이 판결이 가지는 의미와 향후 수직적 거래제한에 미칠 영향은 판례의 동향을 지켜볼 필요가 있을 것으로 보인다.

(4) 평 가

불공정거래행위 심사지침에 따르면, 거래지역 또는 거래상대방 제한이 관련 시장에서의 경쟁을 제한하는지 여부를 위주로 경쟁제한성을 평가하도록 규정하고 있으나, 공정위가 실제 집행에서 경쟁제한효과를 면밀히 살펴보고 집행을 하는 것인지는 의문이다. 또한, 판례의 경향을 보더라도 그 동안 수직적 관계에서 거래지역 또는 거래상대방 제한에 관한 판결은 지속적으로 선고되었으나, 부당성 판단을 위하여 어떤 요소를 중심으로 할지, 부당성 평가에 있어 경쟁제한성을 어느 정도, 어떠한 방법으로 반영할 지에 대하여 일관되지 않고 사례마다 편차가 큰 것으로 보인다. 이 문제에 관한 하급심 판결은 경쟁제한효과를 중심으로 한 경쟁질서를 언급하면서도, 실제로는 경쟁제한성에 관하여는 충분한 심사를 하지 않고, 의사결정의 자유 등을 침해하였음이 인정되면 위법성을 인정하는 경향을 보였다.

결국, 공정위와 법원 모두 수직적 관계에서 발생하는 거래지역 또는 거래상대방 제한에 있어 경쟁제한성 보다는 의사결정의 자유 침해나 구속의 정도 등에 치중하여 심사함으로써, 결과적으로 거래지역 또는 거래상대방 제한의 위법성이 넓게 인정되는 것으로 평가할 수 있다. 이러한 부당성 판단의 경향은 그 자체만으로 볼 때는 거래지역 또는 거래상대방 제한이 불공정거래행위에 포함되어 있는 점 등에 비추어 이해할 여지도 있으나, 거래지역 또는 거래상대방 제한에 있어 합리의 원칙에 따라 심사를 하는 비교법적인 추세와 차이가 있다는 비판을 받을 수 있다. 무엇보다 우리의 시장 상황에 있어서 다른 규제 유형에 비하여 수직적 비가격 제한을 더 엄격하게 다룰 근본적인 이유가 무엇인지에 대하여 고민이 필요할 것으로 보인다.[199)]

---

199) 예를 들면, 유럽연합 전자상거래 시장조사결과에서 소비자 전자상거래시장, 디지털 콘텐츠 시장에서 장기간의 거래지역 제한, 거래상대방 제한 등으로 제조업체의 상품유통에 대한 통제력이 강화되어 잠재적 진입장벽 구축 등 경쟁제한 문제가 발생한다는 분석이 이루어지고 있다. 이런 실증적인 근거를 토대로 강한 규제

또한, 수직적 비가격 제한에 있어서 경쟁제한성 평가를 위한 관련 시장 획정이 정밀하게 이루어지지 않은 채 부당성을 쉽게 인정하는 것이 타당한지도 고려할 필요가 있다. 다만, 수직적 관계에서 발생하는 거래지역 또는 거래상대방 제한에 대하여는 판례가 아직 확고하게 형성된 것으로는 보기 어려우므로, 향후 공정위 실무나 판례의 점진적인 변화를 기대할 여지도 있을 것이다. 이 점에서 경쟁제한성에 관한 심사에 집중한 대법원 2022. 8. 25. 선고 2020두35219 판결 및 서울고등법원 2020. 1. 23. 선고 2017누76786 판결(고어코리아 사건)에 주목할 필요가 있다.

제 9 절
사업활동방해

사업자가 다른 사업자의 기술을 부당하게 이용하거나 인력을 부당하게 유인·채용하거나 거래처의 이전을 부당하게 방해하는 등의 방법으로 다른 사업자의 사업활동을 심히 곤란하게 할 정도로 방해할 경우 가격과 질, 서비스에 의한 경쟁을 저해하는 경쟁수단이 불공정한 행위에 해당되므로 금지된다.[200] 사업활동방해는 시장지배적 지위 남용행위, 부당한 공동행위, 불공정거래행위에 모두 포함되어 있다. 단독행위 중 시장지배적 지위 남용행위로서 사업활동방해는 비중이 높은 반면, 불공정거래행위로서 사업활동방해는 비중이 높지 않다. 불공정거래행위의 경우 다른 상세한 규제 유형이 있고, 특히 거래상 지위의 남용 중 불이익제공 규제가 있어서 사업활동방해가 적용될 여지가 크지 않다. 공정위도 다른 유형을 마땅히 적용하기 어려울 때 사업활동방해 유형을 적용하고 있고, 사업활동방해가 독자적으로 문제된 사례보다는 다른 규제 유형에 부수적으로 적용된 사례가 다수이다.

를 할 수 있을 것이다.

200) 불공정거래행위 심사지침 Ⅴ. 8.

1. 기술의 부당이용

다른 사업자의 기술을 부당하게 이용하여 다른 사업자의 사업활동을 심히 곤란하게 할 정도로 방해하는 행위를 말한다(시행령 제52조 별표 2).

다른 사업자의 기술을 이용하는 행위가 대상이 된다. 이때 다른 사업자는 경쟁사업자에 한정되지 않는다. 또한, 다른 사업자의 '기술'이란 특허법 등 관련 법령에 의해 보호되거나 상당한 노력에 의하여 비밀로 유지된 생산방법·판매방법·영업에 관한 사항 등을 의미한다.[201)]

사업활동방해의 한 유형인 기술의 부당이용은 하도급법 제12조의3에서 구체화되어 있다. 이러한 기술의 부당한 이용 규제는 경우에 따라 경쟁촉진과 상충될 수 있다. 행위자가 거래상대방에 대하여 기술의 공개를 요구함으로써 거래상대방 시장을 경쟁적으로 만들려고 하는 경우 등에서는 거래상대방에 대한 기술의 부당한 이용이라는 거래질서적인 가치와 거래상대방 시장에서의 경쟁환경 조성이라는 경쟁질서적인 측면이 부조화될 수 있다.

2. 인력의 부당유인·채용

다른 사업자의 인력을 부당하게 유인·채용하여 다른 사업자의 사업활동을 심히 곤란하게 할 정도로 방해하는 행위를 말한다(시행령 제52조 별표 2).

3. 거래처 이전방해

다른 사업자의 거래처이전을 부당하게 방해하여 다른 사업자의 사업활동을 심히 곤란하게 할 정도로 방해하는 행위를 말한다(시행령 제52조 별표 2).

---

201) 불공정거래행위 심사지침 V. 8. 가. (1).

4. 기타의 사업활동방해

기술의 부당이용, 인력의 부당유인·채용, 거래처이전방해 외의 부당한 방법으로 다른 사업자의 사업활동을 심히 곤란하게 할 정도로 방해하는 행위를 말한다(시행령 제52조 별표 2).

5. 관련 판례

사업활동방해가 부정된 사건으로는 정유사의 대리점에 대한 공급물량 감축 행위가 문제된 대법원 1998. 9. 8. 선고 96누9003 판결(우림석유 사건), 상표와 관련하여 사업활동방해가 문제된 대법원 2000. 5. 12. 선고 98다49142 판결(금강제화 사건), 대법원 2012. 5. 10. 선고 2010두4896 판결(국보 사건),[202] 대법원 2013. 11. 14. 선고 2011두16667 판결(한국엠에스디 사건)[203] 등이 있다. 반면 사업활동방해가 인정된 사건으로는 서울고등법원 1997. 12. 26. 선고 97구8375 판결(대구도시가스엔지니어링 사건), 서울고등법원 2001. 4. 17. 선고 2000누16472 판결(미건의료기 사건), 대법원 2018. 7. 11. 선고 2014두40227 판결(하이트진로음료 사건)[204] 등이 있다. 병행수입에 관련된 사업활동방해 사건으로는 대법원 2002. 9. 24. 선고 99다42322 판결 등이 있다. 최근 사업활동방해의 범위가 넓어지는 경향을 보이는 사건으로 대법원 2022. 9. 16. 선고 2019도19067 판결,[205] 서울고등법원 2022. 10. 13. 선

202) 사업활동방해를 부정한 사례.

203) '사업활동방해가 심히 곤란하게 될 정도'가 아니었다고 본 사례.

204) 원심 서울고등법원 2014. 7. 4. 선고 2013누46411 판결(하이트 진로 사건). 원고가 "2008. 초경부터 8개 대리점주들이 참가인 회사와의 대리점계약을 중도 해지한 2008. 7. 중순경까지 그 대리점주들과 접촉하여 이들을 자신의 대리점으로 영입하기 위한 인맥 관리 등을 한 행위"를 사업활동방해 행위로 인정하였고, "참가인 회사는 총 11개 대리점들 중 8개가 일시에 떨어져 나가 위에서 본 바와 같이 매출액과 PC 제품 판매량이 급감한 결과"에 기하여 사업활동이 심히 곤란하게 되었음을 인정하였다.

205) 피고인 정○○이 피고인 회사의 우월적 지위를 이용하여 B 등으로 하여금 甲에

고 2021누40654 판결[206] 등이 있는데, 이러한 적용확대는 바람직하지 않다. 대법원 2018. 7. 11. 선고 2014두40227 판결(하이트진로음료 사건)에서 사업활동방해가 인정되었지만 이는 예외적인 사건이었고, 일반적으로 불공정거래행위 사업활동방해를 넓게 인정하려는 것은 아니었음에도, 이 판결을 근거로 사업활동방해의 범위가 확대되는 것은 위 선행 판결의 취지와 맞지 않는다.

▣ 리딩케이스 : 대법원 2018. 7. 11. 선고 2014두40227 판결(하이트진로음료 사건)[207]

■ 판시사항

구 공정거래법 제23조 제1항 제5호, 구 공정거래법 시행령(2010. 5. 14. 대통령령 제22160호로 개정되기 전의 것) 제36조 제1항 [별표 1] 제8호 (라)목이 정한 '기타의 사업활동방해'에 해당하려면 사업자의 행위가 부당한 방법으로 다른 사업자의 사업활동을 심히 곤란하게 할 정도로 방해하는 경우이어야 한다.

이때 '부당성'의 유무는, 해당 사업자의 시장에서의 지위, 사용된 방해 수단, 그 수단을 사용한 의도와 목적, 사용된 수단과 관련한 법령의 규정 내용, 문제된 시장의 특성, 통상적인 거래 관행, 방해 행위의 결과 등을 종합적으로 고려하여 그 행위가 공정하고 자유로운 거래를 저해할 우려가 있는지 여부에 따라 판단하여야 한다.

특히 사용된 방해 수단이 더 낮은 가격의 제시에 그칠 경우에는 그것만으로 부당성을 인정하는 데에는 신중해야 한다. 그러나 제시된 거래조건이나

소스, 치즈 공급을 중단하도록 하였고, 甲의 대표를 허위사실로 형사고소를 하였으며, 甲의 동인천점 등 인근에 미스터피자 직영점을 출점한 행위가 사업활동방해로 인한 공정거래법위반죄를 구성한다는 등으로 기소된 사안에서 사업활동방해죄를 인정하였다.

206) 원고는 산업별 단위노동조합으로 A노조와 경쟁관계이다. B회사가 A회사와 노무공급계약을 체결하자, 원고는 부두네 농성용 텐트를 치고 차량과 조합원들을 동원하여 부두 및 선적용 중장비 통행로를 봉쇄하였다. 구 공정거래법 제23조 제1항 제5호의 사업활동방해에 해당하며 부당성도 인정된다고 판단하였다.

207) 원심 서울고등법원 2014. 7. 4. 선고 2013누46411 판결(하이트 진로 사건).

혜택 자체가 경쟁사업자와 기존에 전속적 계약관계를 맺고 있는 대리점에 대한 것이고, 그 혜택이나 함께 사용된 다른 방해 수단이, 통상적인 거래 관행에 비추어 이례적이거나 선량한 풍속 기타 사회질서에 반하는 등으로 관련 법령에 부합하지 않는다면, 단순히 낮은 가격을 제시한 경우와 똑같이 취급할 수는 없다. 이때에는 위에서 본 사정들을 종합적으로 살피면서 그 방해 수단을 사용한 사업자가 단순히 경쟁사업자와 대리점의 기존 거래계약 관계를 알고 있었던 것에 불과한지, 아니면 더 나아가 경쟁사업자와 기존 대리점 계약관계의 해소에 적극 관여하거나 그 해소를 유도하였는지 여부, 그로 인하여 경쟁사업자의 사업활동이 어려워지게 된 정도 역시 중요하게 고려하여야 한다.

■ 해 설

① 공정거래저해성

기타의 사업활동 방해 유형의 부당성 판단에 관하여 기준을 제시하였음에 의의가 있다. 종전에 기타의 사업활동방해에 관한 선례가 있었으나, 이 사건에서 구체화된 기준을 제시하였다.

기타의 사업활동 방해의 부당성 판단기준이 경쟁제한형 불공정거래행위와 불공정형 불공정거래행위 중 어디에 가까운지, 즉 경쟁질서와 거래질서 중 어떤 방향을 추구할지는 어려운 문제이다. 불공정거래행위로서 사업활동방해, 특히 기타의 사업활동방해가 지향하는 바가 다른 불공정거래행위 유형에 비하여 객관적 구성요건에서 불분명한 점에서도 어려움이 있다.

종래 판례 중 대법원 2012. 5. 10. 선고 2010두4896 판결은 '공정하고 자유로운 경쟁'을 기준으로 제시하고 있다. '공정하고 자유로운 경쟁'이 '경쟁제한성 심사'를 의미하는지, '정상적인 거래관행을 중심으로 한 불공정성' 심사를 의미하는지는 명확하지 않으나, 위 대법원 2010두4896 판결은 실질적으로 불공정성 심사를 한 사례이다.

이 사건에서 대법원은 '공정하고 자유로운 거래'를 판단기준으로 제시하고 있다(판결문 2행). 그 논거에서 통상적인 거래관행, 선량한 풍속, 경쟁사업자의 불이익 등을 제시하여 거래질서를 기준으로 보는 것으로 이해될 소지가 있다. 그 근거로 제시한 것들은 모두 경쟁제한성과 무관한 참가인 회사에 대하여 행하여진 불이익한 사정들이 대부분이기 때문이다.

전체적인 문언상으로는 대법원이 거래질서를 기준으로 내세운 것으로 보이지만, 대법원이 하나의 판결문에서 '공정하고 자유로운 경쟁'과 '공정하고 자유로운 거래'라는 표현을 모두 사용하고 있다.

② 낮은 가격 부분

이 사건에서는 기타의 사업활동방해의 내용으로 '낮은 가격'을 지적하고 있다. 낮은 가격으로 경쟁자를 배제하는 행위는 부당염매로 규율되며, 시장지배적 지위 남용행위와 불공정거래행위가 모두 있다. 이와 별도로 사업활동방해에서 낮은 가격을 문제삼는다면 위와 같은 부당염매와 어떤 차별성이 있는지, 독자적인 규율 필요성이 있는지도 문제된다. 그 점에서 낮은 가격이라는 사유만으로 사업활동방해가 성립한다는 논지는 과도할 수 있다.

제 10 절 부당한 지원행위 및 특수관계인에 대한 이익 제공

Ⅰ. 부당한 지원행위 및 특수관계인에 대한 이익 제공 규제 제도[208)]

부당한 지원행위 및 특수관계인에 대한 이익 제공 규제 제도의 개요는 다음과 같다. 첫째, 공정거래법 제45조 제1항 제9호에 의하면, 부당하게 다음 행위를 통하여 특수관계인 또는 다른 회사를 지원하는 행위가 금지된다. 즉 ① 특수관계인 또는 다른 회사에 대하여 가지급금 · 대여금 · 인력 · 부동산 · 유가증권 · 상품 · 용역 · 무체재산권 등을 제공하거나 상당히 유리한 조건으로 거래하는 행위, ② 다른 사업자와 직접 상품 · 용역을 거래하면 상당히 유리함에도 불구하고 거래상 실질적인 역할이 없는 특수관계인이나 다른 회사를 매개로 거래하는 행위가 금지된다. 2013. 8. 13. 법개정을 통하

208) 부당한 지원행위 규제의 특징에 대하여는 제3판 454~456면 참조.

여 신설된 구 공정거래법 제23조 제2항(현 공정거래법 제45조 제2항)에 의하면, 특수관계인 또는 회사가 다른 사업자로부터 공정거래법 제45조 제1항 제9호에 해당할 우려가 있음에도 불구하고 해당 지원을 받는 행위도 금지된다.[209)]

둘째, 공정거래법 제47조에 의하면, 일정규모 이상의 자산총액 등 대통령령으로 정하는 기준에 해당하는 기업집단에 속하는 회사는 특수관계인(동일인 및 그 친족에 한정한다)이나 특수관계인이 대통령령으로 정하는 비율 이상의 주식을 보유한 계열회사와 다음 행위를 통하여 특수관계인에게 부당한 이익을 귀속시키는 행위를 하여서는 아니 된다. 즉 ① 정상적인 거래에서 적용되거나 적용될 것으로 판단되는 조건보다 상당히 유리한 조건으로 거래하는 행위, ② 회사가 직접 또는 자신이 지배하고 있는 회사를 통하여 수행할 경우 회사에 상당한 이익이 될 사업기회를 제공하는 행위, ③ 특수관계인과 현금, 그 밖의 금융상품을 상당히 유리한 조건으로 거래하는 행위, ④ 사업능력, 재무상태, 신용도, 기술력, 품질, 가격 또는 거래조건 등에 대한 합리적인 고려나 다른 사업자와의 비교 없이 상당한 규모로 거래하는 행위가 금지된다.[210)] 위 거래 또는 사업기회 제공의 상대방은 이에 해당할 우려가 있음에도 불구하고 해당 거래를 하거나 사업기회를 제공받는 행위를 하여서는 아니 된다. 또한 특수관계인은 누구에게든지 위와 같은 행위를 하도록 지시하거나 해당 행위에 관여하여서는 아니 된다.

Ⅱ. 부당한 지원행위의 요건

209) 신설된 '지원객체가 지원받는 행위', '특수관계인에 대한 부당한 이익제공행위'는 2015. 2. 14.부터 적용된다. 이때 과징금 등을 산정함에 있어 행위기간 전체에 대하여 개정법을 적용하여 과징금을 부과할 수 있다는 견해, 개정법 적용일 이후 기간에 발생한 행위에 대하여만 과징금을 부과할 수 있다는 견해 등이 있을 수 있다(「부당내부거래 50문50답 - 공정거래법 쟁점과 실무를 중심으로」, 법무법인 세종 97면).

210) 기업의 효율성 증대, 보안성, 긴급성 등 거래의 목적을 달성하기 위하여 불가피한 경우로서 대통령령으로 정하는 거래는 제1항 제4호를 적용하지 아니한다(법 제47조 제2항).

1. 지원주체 및 지원객체

가. 개 념

"지원주체"라 함은 공정거래법 제45조(불공정거래행위의 금지) 제1항 제9호의 지원행위를 한 사업자를 말한다. "지원객체"라 함은 지원주체의 지원행위로 인한 경제상 이익이 귀속되는 특수관계인 또는 다른 회사를 말한다. 이때 다른 회사는 지원주체의 계열회사에 한정되지 아니한다. "특수관계인"이라 함은 공정거래법 시행령 제14조(특수관계인의 범위)의 규정에 의하여 정하여지는 자를 말한다.[211)]

나. 관련 판례

다른 회사는 계열회사에 국한되지 않고,[212)] 지원객체에는 현실적 사업자와 잠재적 사업자가 포함된다.[213)] 경제력 집중을 억제하고 공정한 거래질서를 확립하고자 하는 부당한 지원행위 금지규정의 입법 취지와 문언을 종합하면 부당한 지원행위는 지원행위로 인하여 지원객체가 속한 시장에서의 공정한 거래를 저해할 우려가 있으면 성립하는 것이므로, 지원객체가 지원행위 당시 일정한 거래분야의 시장에 직접 참여하고 있을 필요까지는 없다.[214)] 100% 자회사도 지원객체가 될 수 있고,[215)] 지배주주관계에도 부당한 지원행위가 가능하다.[216)]

[자연인의 지원객체성]

---

211) 부당한 지원행위의 심사지침(2022. 12. 9. 공정위 예규 제415호. 이하 같다) II.

212) 대법원 2004. 10. 14. 선고 2001두2881 판결, 대법원 2004. 3. 12. 선고 2001두7220 판결.

213) 대법원 2005. 5. 27. 선고 2004두6099 판결.

214) 대법원 2005. 5. 27. 선고 2004두6099 판결.

215) 대법원 2004. 11. 12. 선고 2001두2034 판결, 대법원 2006. 12. 22. 선고 2004두1483 판결, 대법원 2003. 9. 5. 선고 2001두7411 판결, 대법원 2007. 1. 26. 선고 2005두2773 판결.

216) 대법원 2006. 4. 14. 선고 2004두3298 판결, 대법원 2007. 1. 25. 선고 2004두7610 판결.

지원객체가 시장에 참여하고 있는 사업자일 필요는 없으므로 자연인도 지원객체가 될 수 있다. 다만 자연인이 지원받은 자산을 계열회사에 투자하는 등 관련시장에서 공정거래저해의 우려가 있다는 점에 대한 추가적 입증을 요한다.[217] 이러한 취지에서 삼성 SDS사건(대법원 2004. 9. 24. 선고 2001두6364 판결), 현대택배 사건(대법원 2005. 1. 27. 선고 2004두2219 판결), 서울증권 사건(대법원 2006. 9. 8. 선고 2004두2202 판결), 엘지 4차사건(대법원 2007. 10. 26. 선고 2005두1862 판결) 등에서 부당한 지원행위가 부정되었음에 유의할 필요가 있다. 대법원이 이러한 유형의 사건에서 부당한 지원행위가 성립하기 위하여 "자연인이 지원받은 자산을 계열회사에 투자할 것"을 요하는 것은 선언적 의미에 그치며, 사실상 자연인에 대한 지원행위가 규제에서 제외되는 결과에 이른다. 관련시장의 경쟁저해를 위하여 지원행위를 하는 것은 드물고, 오히려 상속세 및 증여세 등을 피하여 회사의 지배권 또는 이를 유지하기 위한 재원을 승계하도록 하기 위하여 지원행위를 하는 것이 다수인데 이러한 지원행위가 규제대상에서 제외됨으로써 소유집중에 대한 규제가 취약해진다. 이는 간접적, 우회적 지원행위를 인정하는 것과 비교하여 형평에 맞지 않는다는 비판을 받을 수 있다. 대법원의 논리는 관련시장을 고려하여 협소한 견해를 취한 것으로 형식적으로만 보면 문제가 없으나, 입법취지에 부합하는지 의문이다. 제도의 도입취지에 따르면 이런 유형이 우선적으로 규제대상에 포함되었어야 함에도 불공정거래행위에 편입된 것, 즉 제도의 외형과 실질이 불일치한 데서 생긴 문제라고 볼 수 있다. 이러한 판결로 편법 승계 등 문제가 부당한 지원행위의 규제에서 제외됨에 따라 형사상 배임죄의 적극적인 적용, 증여세 제도의 개편 등이 문제가 되었다. 2013. 8. 13. 법개정을 통하여 신설된 구 공정거래법 제23조의2(현 공정거래법 제47조) 특수관계인에 대한 부당한 이익제공금지 규정의 집행도 이와 밀접한 관련성을 가지고 있다.

2. 지원행위

가. 개 념

"지원행위"라 함은 지원주체가 지원객체에게 직접 또는 간접으로 제공하

217) 대법원 2004. 9. 24. 선고 2001두6364 판결, 대법원 2005. 1. 27. 선고 2004두2219 판결.

는 경제적 급부의 정상가격이 그에 대한 대가로 지원객체로부터 받는 경제적 반대급부의 정상가격보다 상당히 높거나 낮은 경우(무상제공 또는 무상이전의 경우를 포함한다), 또는 상당한 규모로 거래하여 지원주체가 지원객체에게 과다한 경제상 이익을 제공하는 작위 또는 부작위를 말한다.[218]

나. 간접적 지원행위

간접적이고 우회적인 지원행위도 포함되고,[219] 제3자를 통한 간접적 지원행위도 포함된다.[220] 부작위에 의한 지원행위도 포함된다.[221] 지원주체의 지원객체에 대한 자금의 제공 또는 거래가 부당한 지원행위에 관한 규정이 시행되기 이전에 있었고, 위 규정이 시행된 이후에도 자금을 단순히 회수하지 아니한 데 불과한 경우와 같이 규정 시행 전 지원행위는 제외된다.[222]

[제3자를 통한 지원행위 쟁점 ① 범위]

제3자를 통한 지원행위는 그 적용과정에서 여러 복잡한 문제가 등장한다. 제3자를 통한 지원행위에서 지원주체와 제3자 사이의 거래와, 제3자와 지원객체의 거래 사이에 어떤 연관성이 있어야 하는지 문제된다. 이는 부당한 지원행위의 외연을 어디까지 확대할 수 있는지의 근본적인 문제와 연결되어 있다.

첫째, 지원주체와 제3자의 거래, 제3자와 지원객체의 거래가 동질적인 경우 부당한 지원행위가 인정될 가능성이 높다. 대법원 2004. 10. 14. 선고 2001두2881 판결이 대표적이다. 이 판결에서 문제된 행위는 지원주체인 대우가 제3자인 임직원에게 자금대여를 하고, 임직원이 지원객체인 대우자판에 대금지급을 한 방식이었다. 지원주체가 출연한 금액이 제3자에게, 다시 제3자로부터 지원객체에게 이전되는 관계이면, 제3자를 통한 지원행위가 인정될 가능성이 높다.

둘째, 두 개의 거래가 이질적이고, 지원주체 출연 금액이 순차 이전된 경우도 아닌 경우에 어떻게 볼 것인지 문제된다. 특히 지원주체와 지원객체가

---

218) 부당한 지원행위의 심사지침 Ⅱ.

219) 대법원 2004. 3. 12. 선고 2001두7220 판결, 대법원 2004. 10. 14. 선고 2001두2935 판결.

220) 대법원 2004. 10. 14. 선고 2001두2881 판결.

221) 대법원 2004. 10. 14. 선고 2001두2881 판결, 대법원 2004. 10. 14. 선고 2001두2935 판결.

222) 대법원 2004. 10. 14. 선고 2001두2881 판결.

동일한 기업집단에 속한 경우, 2개의 거래의 상호 연관성이 있다는 사유만으로 제3자를 통한 지원행위를 인정할 경우 부당한 지원행위 범위가 지나치게 넓어지는 문제가 발생한다. 기업집단 내에 적법한 거래는 발생할 수 있기 때문이다. 기업집단 내부의 남용행위를 규제하는 경우에도 부당한 지원행위의 규제 취지와 종래 법리를 토대로 위법행위를 선별하는 작업이 필요하다. 구체적 분석 없이, 하나의 일괄적인 거래로 인정되면 지원행위로 충분하고 제공주체, 제3자, 제공객체간 순차적 이익의 이전까지 요구하는 것은 아니라고 볼 경우, 제3자를 통한 지원행위의 범위가 지나치게 넓어지는 문제가 발생할 수 있다.

셋째, 이러한 문제점을 해결하기 위하여 제3자를 통한 지원행위에서 어떤 기준이 적용될 수 있을지를 검토할 필요가 있다. 먼저 두 거래가 연계되어 있어야 한다. 한 거래의 손실과 다른 거래의 이득이 드러나야 한다. 동시에 두 거래의 합리성이 낮은 사정이 인정되어야 한다. 일반적인 부당지원행위에서 지원객체가 수령한 금액만 엄밀하게 보면 되는데 비하여, 이질적인 거래를 통한 제3자를 통한 지원행위는 지원주체의 출연금액도 엄밀하게 볼 필요가 있다. 이때 출연이나 수령은 순액 개념으로 산정함이 상당하다.

[제3자를 통한 지원행위 쟁점 ② 정상가격]

제3자를 통한 지원행위에는 필연적으로 지원주체와 제3자의 거래, 제3자와 지원객체의 거래 등 2개의 거래가 존재한다. 2개의 거래 중 정상가격 판단이 되는 거래는 어떤 것인지 문제된다. 정상가격 증명이 필요한 거래도 제3자와 지원객체의 거래로 보아야 한다. 지원규모도 제3자와 지원객체 사이의 거래로 평가해야 한다.

다만, 제3자를 통한 간접적 지원행위인지를 파악하기 위해 지원주체와 제3자 거래에서 드러나는 이익과 불이익을 심리할 필요는 있다. 일반적인 부당지원행위에서 지원객체가 수령한 금액만 엄밀하게 보면 되는데 비하여, 이질적인 거래를 통한 제3자를 통한 지원행위는 지원주체의 출연금액도 고려할 필요가 있다.

[제3자를 통한 지원행위 쟁점 ③ 지원금액]

제3자를 통한 지원행위에서 지원주체의 출연금액과 지원객체의 출연금액이 다른 경우는 어떠 방식으로 처리할 것인지 문제된다. 일반적인 직접 지원행위에서 지원주체와 지원객체의 직접 거래에서는 원칙적으로 금액이 일치한다. 세금이나 기타 비용 등으로 세부적인 내용이 달라질 수 있을 뿐이다.

그런데 제3자를 통한 지원은 금액이 달라질 수 있다. 제3자에게 지출한 비용이 있는 경우 등이다. 그 경우에는 지원객체에게 전달된 금액이 지원금액이다. 지원주체가 제3자에게 지원한 금액의 한도 내에서 지원객체가 제3자로부터 얻은 이익을 지원금액으로 보아야 한다. 지원주체가 제3자에게 지원한 금액이 100, 제3자가 지원객체에게 지원한 금액이 50이면, 지원금액은 50이다. 지원주체가 제3자에게 지원한 금액이 50이고, 제3자가 지원객체에게 지원한 금액이 100이면, 지원금액은 50이다.[223] 이때 출연금액이나 수령금액은 순액개념으로 이해함이 상당하다. 또한, 지원금액과 지원성 거래규모는 구별해야 한다.

3. 상당성 기준

2013. 8. 13. 개정 전 공정거래법은 현저성 기준을, 현 공정거래법은 상당성 기준을 요하고, 이러한 요건의 판단은 '정상가격'과 비교하여야 가능하므로, 정상가격의 입증이 핵심적인 문제가 된다. 즉, 현저히 유리한 거래인지를 판단하기 위하여 그 기준이 필요하고, '정상가격'이 그 기준이므로 정상가격 증명은 필수적이다. 정상가격 증명이 불필요한 것으로 판시한 듯한 대법원 2007. 1. 25. 선고 2004두7610 판결(현대 기업집단 사건)은 해외채권 발행 사례로 매우 예외적인 상황이었고,[224] 판시사항은 지원금액 산정에 대한 부분이었다. 거래 자체가 이루어지기 어려운 거래를 한 사례이다. 또한, IMF 직후 부당한 지원행위 사건은 시대적 특수성을 가진 사건이다. 이러한 사건을 일반적인 부당한 지원행위 사례에 적용하기 어렵다.

정상가격이란 당해 거래 당사자들 간에 이루어진 경제적 급부와 동일한 경제적 급부가 시기, 종류, 규모, 기간 등이 동일 또는 유사한 상황에서 특

223) 부당한 지원행위는 계량화, 정량화되어 있으므로. 수량적으로 특정이 되어야 한다.

224) 판결문 3면에 따르면, 이 사건 해외채권 발행 당시 이 사건 해외채권과 종류, 규모, 기간, 신용상태 등이 유사한 상황에서 특수관계가 없는 독립된 자간에 채권 발행·인수의 사례가 있었음을 인정할 자료가 없어 이 사건 해외채권은 그 '정상가격'을 산정할 수 없고, 그 결과 이 사건 해외채권 매입행위는 지원금액을 산출하기 어려운 경우에 해당한다고 할 것이다.

수관계가 없는 독립된 자 간에 이루어졌을 경우 형성되었을 거래가격 등을 의미한다.[225] 한편 정상가격이 부당한 지원행위에 해당하는지 여부의 판단요소가 되어 부당한 지원행위에 따른 시정명령이나 과징금부과 등 제재적 행정처분과 형사처벌의 근거가 된다는 점이나 공정거래법이 부당한 지원행위를 금지하는 취지 등을 고려할 때, 공정위가 당해 거래와 동일한 실제 사례를 찾을 수 없어 부득이 유사한 사례에 의해 정상가격을 추단할 수밖에 없는 경우에는, 단순히 제반 상황을 사후적, 회고적인 시각에서 판단하여 거래 당시에 기대할 수 있었던 최선의 가격이나 당해 거래가격보다 더 나은 가격으로 거래할 수도 있었을 것이라 하여 가벼이 이를 기준으로 정상가격을 추단하여서는 안 되고, 먼저 당해 거래와 비교하기에 적합한 유사한 사례를 선정하고 나아가 그 사례와 당해 거래 사이에 가격에 영향을 미칠 수 있는 거래조건 등의 차이가 존재하는지를 살펴 차이가 있다면 이를 합리적으로 조정하는 과정을 거쳐 정상가격을 추단하여야 한다. 그리고 정상가격이 이와 같은 과정을 거쳐 합리적으로 산출되었다는 점에 관한 증명책임은 어디까지나 시정명령 등 처분의 적법성을 주장하는 공정위에 있다(대법원 2015. 1. 29. 선고 2014두36112 판결).

한편, 정상가격 논의와 선례는 주로 자금 거래에 대한 사례에 집중되어 있다. 이는 부당한 지원행위가 1997년 외환위기 이후에 적용된 것과 관련 있다. 이런 경위로 자금거래에 관하여 많은 사례가 누적되어 있으나, 자금거래 외의 유형에 이러한 선례들이 직접 적용되기에 어려움이 있다. 그 대표적인 사례가 용역거래 등이다.

[정상가격 쟁점-영업이익률]

정상가격의 판단에서 지원객체의 영업이익률을 고려할 수 있는지가 문제된다. 그러나 아래에서 보는 것과 같이 이 점에서 영업이익율을 일반적인 기준으로 적용하기는 어려울 것으로 보인다.

첫째, 거래당시를 기준으로 부당한 지원행위 여부를 판단해야 한다. 거래당시 지원주체가 파악하고 있거나, 파악할 수 있었던 정보 범위 내에서 지원

---

225) 부당한 지원행위의 심사지침 II.

행위를 판단해야 하며, 사후적 고찰을 통하여 위법행위를 추단하는 것은 곤란하다.

영업이익률은 지원객체의 영업비밀이다. 이를 고려해서 위반행위를 회피할 것을 기대할 수는 없다.[226] 법위반을 피하기 위하여 거래상대방의 매출이익률을 제출받아야 한다. 지원객체의 영업이익률을 고려해서 지원주체가 행위하기를 기대하기 어렵다. 영업이익률을 객체에게 요구하는 것은 그 자체로 경영간섭행위가 되어 위반될 수 있다.

둘째, 이익률을 적용하기 위하여, 매출이익율과 정상가격의 상관관계가 제시되어야 한다. 매출이익률은 거래조건에 영향을 주지 않는다. 매출이익률이 높은 회사와 거래하는 경우와 매출이익률이 낮은 회사와 거래하는 경우 거래가격이 달라지지 않는다. 거래상대방의 전형적인 내부적 사정에 불과하다. 높은 매출이익률을 가지는 회사와 거래를 할 경우 부당지원행위 가능성이 더 높아지는데, 합리적 근거가 부족하다.

셋째, 서울고등법원 2009. 8. 19. 선고 2007누30903 판결(글로비스 사건)은 상당히 유리한 조건에서 매출총이익률을 언급함으로써 정상가격을 산정하지 않고 매출총이익률 등 비교를 통하여 상당히 유리한 조건을 간접적으로 증명하는 방식을 원용하고 있다. 이 판결이 매출총이익률을 언급한 점은 주목할 필요가 있으나, 매출총이익율로 정상가격을 대체한 사례로 보기는 어렵다.

[정상가격 쟁점-기존 거래가격]

기존 거래가격도 정상가격의 후보가 될 수 있다. 지원주체와 객체의 기존 거래가격을 정상가격으로 보기 위한 요건은 무엇인지 문제된다. 특히 가격인상에 따른 가격지원행위 사안에서는 고려된다. 기존 대가가 시장상황(객관적 요소), 지원객체와 지원주체의 특수한 관계에 따른 가격이어서 과소하거나 과대한 사정이 드러나면 합리적 조정과정을 거쳐야 하고, 기존 거래가격을 바로 정상가격으로 단정할 수 없다. 다만, 정상가격의 판단에서 횡적인 가격, 즉 다른 업체의 비교거래를 바로 정상가격으로 단정할 수 없고, 종적인 가격, 전후비교법에 따른 가격도 바로 정상가격으로 보기 어렵다.

[정상가격 쟁점-가격결정 절차]

---

226) 결과책임이 아니라 행위책임이다. 행위책임이 가능하기 위하여 스스로 위반 여부를 알 수 있어야 한다. 자기검증(self test)이 가능해야 한다.

가격지원행위에서 가격을 어떤 방식으로 결정하였는가, 어떤 요소를 고려하였는지 등 절차적 요건을 고려할 수 있는지가 문제된다. 이러한 절차적인 문제로 정상가격을 판단하기는 어렵다. 그럼에도 가격지원행위에서 사업자가 정한 가격, 특히 기존 거래가격에 비하여 인상한 가격이 정상가격보다 높은지 판단에서 선정과정이 고려될 수 있다. 정상가격의 판단과정에서 사업자가 거래 당시 고려한 가격에 대한 요소도 고려할 수 있다. 이는 사업자 입장에서 합리적 절차에 따른 거래를 함으로써 부당한 지원행위가 인정될 법적 위험을 줄이고, 사후적으로 방어가 가능함을 의미한다.

[정상가격 쟁점-합리적 조정의 기초 가격]

대법원 2015. 1. 29. 선고 2014두36112 판결의 법리에 따라 합리적 조정을 거쳐서 정상가격을 도출할 때, 단일의 기본 가격을 기준으로 조정을 해야 하는가, 그렇지 않으면 복수의 기본 가격을 기준으로 조정을 해야 하는가? 이는 비교가 가능한 모든 가격을 고려해야 하는지, 하나의 가격을 선택한 후 조정을 하면 충분한지의 문제이다.

판례의 기준을 적용하면 하나의 가격을 선택한 후 조정을 합리적으로 하면 충분하다. 선택되는 가격은 정상가격으로 가장 근접한 대상이어야 한다. 이와 달리 기본 가격으로 선택한 가격이 최선의 가격이 아니라고 하더라도 2단계에서 조정폭을 적절하게 하면 결과적으로 정상가격에 근접할 수 있다.

[정상가격 쟁점-정상가격 및 합리적 조정의 증명수준]

정상가격에 해당하는 직접적인 비교사례가 없는 경우, 가장 유사한 비교사례를 찾은 후 합리적 조정을 한다.

① (정상가격 증명의 정도) 이는 손해배상 사건과 같이 손해액을 엄밀하게 계산하기 위한 것이 아니라, 거래 자체의 합리성을 평가하기 위한 행위이므로 가상경쟁가격에 비하여 낮은 수준의 증명을 요하는 행위라고 볼 수 있다.

합리적 조정에 따른 정상가격은 실제 존재하지 않는 가격이다. 결국 추정치에 불과하고, 위반행위 설명을 위해서 필요한 도구적 개념의 성격도 가지고 있다. 가상경쟁가격이 실제 존재하지 않는 가격인 것과 같다. 다만, 가상경쟁가격은 피해배상의 문제라서 설명의 필요가 높다. 그러나 정상가격은 이에 비하여 처분의 적법성의 범위 문제이다.[227] 그 점에서 정상가격 산정을

227) 소위 점(點)이 아니라 폭(幅)의 문제이다.

가상경쟁가격보다 복잡하고 어려운 방법으로 산정하는 것은 곤란하다. 합리적인 조정에서 모든 변수를 다 반영할 수 없으며, 합리적인 설명이 가능한 범위 내에서 핵심적인 내용만 보정이 이루어지면 충분하다.

② (합리적 조정의 증명 정도) 합리적 조정에서 품질 등 사유를 어떻게 합리적으로 조정할 것인가? 이를 모두 계량화하는 것은 불가능하기 때문에 문제된다. 심사관이 가장 유사한 거래 사례를 찾은 후, 여기에 조정 변수를 개략적으로 제시하면, 이에 대한 반증을 피심인이 적극적으로 할 필요가 있다. 가격에 관하여 피심인이 잘 알 수 있고, 그에 대한 정보를 많이 가지고 있다. 이러한 반증이 없으면, 심사관의 증명이 특별히 불합리하지 않으면 정상가격의 유력한 후보로 고려할 수도 있을 것이다.

▣ 리딩케이스 : 대법원 2015. 1. 29. 선고 2014두36112 판결(신세계 사건)

■ 판시사항

① 구 공정거래법 제23조 제1항 제7호(현 공정거래법 제45조 제1항 제9호)의 '현저히 유리한 조건의 거래'의 한 유형인 구 공정거래법 시행령(2014. 2. 11. 대통령령 제25173호로 개정되기 전의 것) 제36조 제1항 [별표 1의2] 제10호 (나)목의 '부당한 자산 · 상품 등 지원' 행위에서 '현저히 낮거나 높은 대가'의 거래란 당해 거래에서의 급부와 반대급부 사이의 차이가 '정상가격'에 의한 거래에 비해 현저히 낮거나 높은 거래를 말하고, 여기서 정상가격이란 당해 거래 당사자들 간에 이루어진 경제적 급부와 동일한 경제적 급부가 시기, 종류, 규모, 기간 등이 동일 또는 유사한 상황에서 특수관계가 없는 독립된 자 간에 이루어졌을 경우 형성되었을 거래가격 등을 의미한다.

② 한편 정상가격이 부당한 지원행위에 해당하는지 여부의 판단요소가 되어 부당한 지원행위에 따른 시정명령이나 과징금부과 등 제재적 행정처분과 형사처벌의 근거가 된다는 점이나 구 공정거래법이 부당한 지원행위를 금지하는 취지 등을 고려할 때, 공정위가 당해 거래와 동일한 실제 사례를 찾을 수 없어 부득이 유사한 사례에 의해 정상가격을 추단할 수밖에 없는 경우에는, 단순히 제반 상황을 사후적, 회고적인 시각에서 판단하여 거래 당시에 기대할 수 있었던 최선의 가격이나 당해 거래가격보다 더 나은 가격으로 거래할 수도 있었을 것이라 하여 가벼이 이를 기준으로 정상가격을 추단하여서는 안 되고, 먼저 당해 거래와 비교하기에 적합한 유사한 사례를 선정하고

나아가 그 사례와 당해 거래 사이에 가격에 영향을 미칠 수 있는 거래조건 등의 차이가 존재하는지를 살펴 차이가 있다면 이를 합리적으로 조정하는 과정을 거쳐 정상가격을 추단하여야 한다. 그리고 정상가격이 이와 같은 과정을 거쳐 합리적으로 산출되었다는 점에 관한 증명책임은 어디까지나 시정명령 등 처분의 적법성을 주장하는 공정위에 있다.

■ 해 설

① 유통업체인 원고들(신세계, 이마트, 에브리데이 리테일)은 신세계 에스브이엔(SVN) 사이에 "데이엔데이 매장(베이커리 빵), 이마트 피자 매장, 에브리데이 데이엔데이(베이커리 빵), 베키아에누보(고급 식음료를 제공하는 레스토랑) 등 4 부분"에 관하여, 원고들은 신세계 에스브이엔(SVN)에 판매매장 임대와 함께 광고, 물류, 기타 서비스를 제공하고, 신세계 에스브이엔(SVN)은 매출액 중 일정 %를 수수료로 지급하는 방식의 거래를 하였다. 공정위는 원고들이 판매수수료율을 통상적인 거래가격에 비추어 낮은 가격으로 책정하여 과다한 경제상 이익을 제공하는 부당한 지원행위를 하였다는 취지로 시정명령 및 과징금납부명령을 내렸다. 서울고등법원은 "이마트 피자 매장, 에브리데이 데이엔데이(베이커리 빵), 베키아에누보(고급 식음료를 제공하는 레스토랑) 등 3부분"에 대하여 정상가격이 입증되지 못하였다는 이유로 원고 승소 판결을, 데이엔데이 매장(베이커리 빵)에 대하여 원고 패소 판결을 선고하였다. 대법원은 원고 승소 부분에 대한 공정위의 상고를 기각한 반면, 데이엔데이 매장(베이커리 빵)에 대한 원고의 상고를 받아들여 원심을 파기하였다(결국 4가지 유형 모두 원고가 승소하였다).

② 이 사건은 판매수수료율의 문제를 처음으로 다룬 사례로 보인다. 판매수수료율은 부당한 지원행위의 5가지 주요 유형인 '자금거래, 자산거래, 부동산임대차, 상품용역거래, 인력제공' 중 어느 것에도 포함되지 않는다. 다만 수수료율에 차임이 포함되어 있어 임대차와 비슷하고, 비율적이라는 점에서 금리에 관한 자금거래와 유사한 측면이 있다.

③ 이 판결은 정상가격의 산정에 있어서 합리적 조정과정을 처음으로 제시한 점에 특징이 있다. 종전에는 공정위가 제시한 가격이 정상가격인지 여부를 판단하는 방식으로 판단을 하였다. 그러나 이 판결을 통하여 합리적 조정과정의 법리가 제시됨에 따라 정상가격이 아니지만 비슷한 가격이 있다면 먼저 이를 찾아낸 후(1단계), 합리적 조정을 통한 가중・가감을 통하여 정상

가격을 도출할 수 있다(2단계).

④ 그동안 대법원은 부당한 지원행위 전반에 걸쳐 정상가격에 관하여 더 높은 증명을 요하는 경향을 보였으며, 이 판결로써 이러한 경향을 더 이상 되돌릴 수 없을 정도로 확고하게 한 판례로 평가할 수 있다. 종래에 지원의도가 뚜렷한 경우 정상가격 증명을 완화하거나 정상가격을 정확하게 입증하지 못하더라도 현저성을 인정하는 사례도 일부 있었으나, 이 판결을 통하여 지원의도가 뚜렷한 경우에도 공정위로서는 정상가격을 엄밀하게 증명할 필요가 있게 되었다. 한편 공정거래법상 가격에 대한 증명이 필요한 대표적인 유형으로 부당염매(시장지배적 지위 남용행위, 불공정거래행위), 부당한 가격(시장지배적 지위 남용행위), 부당한 지원행위 등이 있고, 그 밖에 부당한 공동행위 종료를 위하여 담합 이전의 가격 수준이 회복되었는지, 손해배상 사건에서 경쟁가격의 증명, 하도급법상 가격규제 등이 있다. 이 판결은 부당한 지원행위에 관하여 엄격한 수준으로 정상가격을 증명하도록 함으로써 부당한 지원행위 규제를 경쟁법의 다른 규제 유형과 동일한 선상에서 접근하는 경향을 보이고 있다.

4. 지원금액 및 지원성 거래규모

가. 개 념

"지원금액"이라 함은 지원주체가 지원객체에게 제공하는 경제적 급부의 정상가격에서 그에 대한 대가로 지원객체로부터 받는 경제적 반대급부의 정상가격을 차감한 금액을 말한다. "지원성 거래규모"라 함은 지원주체가 지원객체에게 제공하는 경제적 급부의 실제거래가격이 정상가격보다 높거나 낮은 것으로 보는 것이 합리적이나 정상가격의 구체적 수준을 합리적으로 산정하기 어려운 경우에 당해 거래(무상제공 또는 무상이전을 포함한다)의 규모를 의미한다.[228]

[지원금액과 지원성 거래규모]

정상가격 산정이 가능한 사안에서 지원성 거래규모를 어떻게 고려할지 문

228) 부당한 지원행위의 심사지침 II.

제된다. 부당한 지원행위의 심사지침 II. 7.에 의하면 "지원성 거래규모"는 지원주체가 지원객체에게 제공하는 경제적 급부의 실제거래가격이 정상가격보다 높거나 낮은 것으로 보는 것이 합리적이나 정상가격의 구체적 수준을 합리적으로 산정하기 어려운 경우에 당해 거래(무상제공 또는 무상이전을 포함한다)의 규모를 의미한다고 규정하여, 정상가격 산정이 어려운 경우에 지원성 거래규모를 고려하도록 하고 있다. 이와 달리 과징금고시 중 '부당한 지원행위' 부분에는 정상가격 산정이 가능한지에 대한 구별 없이 지원성 거래규모를 법위반 점수 산정에 일반적으로 고려하고 있다. 이 기준에 따르면 정상가격 산정이 가능한 사안에서, 부당한 지원행위 성립 단계에서는 지원금액을, 과징금 부과 단계에서는 지원성 거래규모를 고려하게 되어 일관성이 부족하게 된다. 한편, 판례는 부당한 지원행위에 있어 지원금액과 지원성 거래규모를 구분하지 않고 종합적으로 고려하는 경향을 보이고 있다.

나. 관련 판례

지원금액의 산정에서는 다음과 같은 기준이 있다. 첫째, 지원금액은 지원주체가 지출한 금액이 아니라 지원객체가 받았거나 받은 것과 동일시할 수 있는 경제상 이익만을 의미하는 것으로 보아야 한다(대법원 2004. 4. 9. 선고 2001두6197 판결). 둘째, 지원주체의 지원객체에 대한 지급금액으로부터 지원객체의 지원주체에 대한 지급금액을 차감하여야 한다(대법원 2007. 1. 25. 선고 2004두7610 판결).[229] 전환사채나 기업어음의 인수에서는 정상할인율과 실제할인율의 차액이 지원금액이 된다. 셋째, 제3자를 통한 지원행위에서 제3자에게 부수적으로 지출한 비용은 제외된다(대법원 2004. 3. 12. 선고 2001두7220 판결). 중개기관을 통한 기업어음 인수 시 수수료 등 경비도 제외되고(대법원 2004. 4. 9. 선고 2001두6197 판결), 지원금액에서는 당연히 정상적인 거래조건에 의하여 산정될 수 있는 부분이 제외되며(대법원 2006. 7. 6. 선고 2004두2998 판결), 다른 입주자가 사용한 공동이용 부분도 제외된다(대법원 2007. 1. 11. 선고 2004두350 판결). 부당한 공동행위의 관련매출액에서 부가가치세가 제외되는 것과 달리, 부당한 지원행위에서 부가가치세는 원칙적으로 지원금액에 포함

229) 지원금액 산정방법에 관한 기준을 제시한 판결이다.

되지만(서울고등법원 2004. 7. 15. 선고 2002누1092 판결[230]), 부가가치세를 제외한 금액이 지원된 사정이 있는 경우에는 제외된다(대법원 2005. 6. 10. 선고 2004두3021 판결). 지원객체가 실제 부담하여야 할 금액도 포함된다(대법원 2006. 4. 14. 선고 2004두3298 판결).

관련 판례로, 서울고등법원 2004. 7. 15. 선고 2002누1092 판결(서울신문 사건),[231] 대법원 2005. 6. 10. 선고 2004두3021 판결(한화 사건),[232] 대법원 2007. 1. 25. 선고 2004두7610 판결(푸르덴셜자산운용 사건)[233] 등이 있다.

[지원금액을 산정하기 어려운 경우]

지원금액을 산정하기 어려운 경우에는 지원성 거래규모의 10%를 지원금액으로 하여 산정한다〔과징금부과 세부기준 등에 관한 고시(2021. 12. 29. 공정위 고시 제2021-50호) Ⅱ. 8. 다〕.[234] 다만 이는 정상가격 증명이 없더라도 부당한 지원행위로 규제할 수 있다는 근거 규정이 아니라 거래조건이 정상가격과 현저하게 차이가 나는 것이 명백한 경우 지원금액을 산정하기 위한 예외적인 기술적 규정으로 보아야 할 것이다.[235] 서울고등법원 2016. 10. 21. 선고 2015누42628 판결(코레일 사건)도 정상가격이 증명되지 못하였다면 부당한 지원행위의 증명부족으로 보아야 하며, 지원성 거래규모를 통하여 정상가격 증명을 대체하기 어렵다는 취지로 볼 수 있다.

지원금액을 산정할 수 없는 경우 등에는 전환사채의 전환이나 유상증자에 따른 신주인수(대법원 2007. 1. 25. 선고 2004두7610 판결), 후순위사채 매입행위(대법원 2004. 10. 14. 선고 2001두2881 판결), 옵션계약 체결행위(대법원 2007. 7.

230) 심리불속행 기각.

231) 심리불속행 기각. 부가가치세액을 지원금액에 포함한 사례.

232) 부가가치세액을 제외할 특별한 사정을 인정한 사례.

233) 전환사채의 전환권행사는 사채와 주식의 교환이라는 거래행위의 성격 외에 단체법적인 출자행위의 성격도 가지고 있어 전환사채의 전환권행사로 지원객체인 사채발행회사가 얻은 구체적인 경제적 이익을 산정하기 곤란하고, 그 결과 이 사건 전환사채의 전환권행사 행위는 지원금액을 산출하기 어려운 경우에 해당한다.

234) 다만, 이 경우에도 명백한 공제대상은 지원성 거래규모에서 제외해야 한다. 서울고등법원 2004. 2. 3. 선고 2001누2562 판결(현대증권 사건).

235) 「부당내부거래 50문50답-공정거래법 쟁점과 실무를 중심으로」, 법무법인 세종 75면.

27. 선고 2005두10866 판결), 지급광고비와 광고의 정상가격을 산정하기 어려운 경우(대법원 2007. 1. 11. 선고 2004두350 판결) 등이 있다. 지원주체와 교사자 사이에 지원성 거래규모를 이등분하여 지원금액을 산정한 것이 적법하다고 본 사례(대법원 2006. 7. 6. 선고 2004두2998 판결)가 있다.

5. 과다한 경제상 이익의 제공

공정거래법 시행령 제52조 별표 2는 "법 제45조(불공정거래행위의 금지) 제1항 제9호 각 목 외의 부분에 따른 부당하게 다음 각 목의 어느 하나에 해당하는 행위를 통하여 특수관계인 또는 다른 회사를 지원하는 행위는 부당하게 다음 각 목의 어느 하나에 해당하는 행위를 통하여 과다한 경제상 이익을 제공함으로써 특수관계인 또는 다른 회사를 지원하는 행위로 한다." 라고 규정하여, 과다한 경제상 이익을 부당한 지원행위의 요건으로 규정하고 있다.

6. 지원의도

대법원은 부당한 지원행위가 성립하기 위한 주관적 요건에 관하여 지원의도 이외에 부당한 결과를 야기할 의도, 즉 관련시장에서 경쟁을 저해하거나 경제력집중을 야기하려는 의도도 인정되어야 할 것이라고 판시하고 있다.[236] 계열회사를 위한 차별이 문제된 사건[237]과 비교해볼 필요가 있다.

[부당한 지원행위와 지원의도]

대법원은 부당한 지원행위가 성립하기 위한 주관적 요건에 관하여 지원의도 이외에 부당한 결과를 야기할 의도, 즉 관련시장에서 경쟁을 저해하거나 경제력집중을 야기하려는 의도도 인정되어야 할 것이라고 판시하고 있다.[238]

---

236) 대법원 2007. 1. 11. 선고 2004두350 판결, 대법원 2005. 5. 27. 선고 2004두6099 판결.

237) 대법원 2004. 12. 9. 선고 2002두12076 판결.

238) 대법원 2007. 1. 11. 선고 2004두350 판결, 대법원 2005. 5. 27. 선고 2004두6099

계열회사를 위한 차별이 문제된 사건[239]과 비교해볼 필요가 있다. 이와 같이 판례는 지원의도를 부당한 지원행위의 성립에 있어 별도의 요건으로 보는 판례가 다수이고, 공정거래저해성 판단의 한 요소로 검토한 사례도 발견되고 있다. 특히, 공기업의 부당지원행위 사건에서 정당한 사유가 있는 경우에는 지원의도를 별도의 요건으로 판단하는 경향을 보이고 있다.

이러한 입장은 계열회사를 위한 차별에서 지원의도가 별도로 필요한 것과 같다. 법문상 계열회사를 위한 차별은 '자기의 계열회사를 유리하기 위하여(지원의도)'의 요건이 명시되어 있으나, 부당한 지원행위는 이러한 요건이 없음에도, 판례는 계열회사를 위한 차별과 부당한 지원행위의 본질이 같다는 전제에서 해석론으로 지원의도를 요하는 것으로 보인다.

판례는 지원의도를 객관적 요건으로 파악하고 있으나, 부당성 판단 요소로 고려하는 것이 타당하다는 견해도 있다.[240] 대법원 2007. 11. 22. 선고 2002두8626 판결(포스코 사건)에서 경쟁제한성에 객관적인 요소(경쟁제한효과)와 주관적인 요소(의도나 목적)를 포함한 것과 비교하더라도 지원의도를 공정거래저해성 판단에서 심사하는 것이 자연스러운 측면이 있다. 한편, 부당한 지원행위의 심사지침 IV. 1.은 지원행위의 목적과 의도를 부당성 판단 요소의 하나로 예시하고 있다.[241]

판결.

239) 대법원 2004. 12. 9. 선고 2002두12076 판결.

240) 권오승・서정, 독점규제법(제3판), 법문사 2018. 556면.

241) 지원행위에 대한 부당성은 원칙적으로 지원주체와 지원객체의 관계, 지원행위의 목적과 의도, 지원객체가 속한 시장의 구조와 특성, 지원성거래규모와 지원행위로 인한 경제상 이익, 지원기간, 지원횟수, 지원시기, 지원행위 당시 지원객체의 경제적 상황, 중소기업 및 여타 경쟁사업자의 경쟁능력과 경쟁여건의 변화정도, 지원행위 전후의 지원객체의 시장점유율 추이 및 신용등급의 변화정도, 시장개방의 정도 등을 종합적으로 고려하여 해당 지원행위로 인하여 지원객체가 직접 또는 간접적으로 속한 시장(따라서 지원객체가 일정한 거래분야에서 시장에 직접 참여하고 있는 사업자일 필요는 없다)에서 경쟁이 저해되거나 경제력 집중이 야기되는 등으로 공정한 거래를 저해할 우려가 있는지 여부에 따라 판단한다. 부당한 지원행위 심사지침(공정위 2020. 9. 10. 제355호 IV. 1. 가).

Ⅲ. 유형별 판단

1. 가지급금 또는 대여금 등 자금을 거래한 경우

가. 행 위

가지급금 또는 대여금 등에 의한 지원행위는 회계처리상 계정과목을 가지급금 또는 대여금으로 분류하고 있는 경우에 국한하지 아니하고, 지원주체가 지원객체의 금융상 편의를 위하여 직접 또는 간접으로 현금 기타 자금을 이용할 수 있도록 경제상 이익을 제공하는 일체의 행위를 말한다.[242] 관련 판례로, 대법원 2009. 9. 24. 선고 2008두9485 판결(두산건설 사건)[243] 등이 있다.

[반복적 자금지원과 지원금액 판단]

자금지원 후 상환하고, 다시 자금지원하는 등 거래가 반복된 경우 부당한 지원행위의 범위를 어떻게 특정할지 문제된다. 자금지원 이후 상환하였다고 하여 지원행위가 소급적으로 소멸하는 것은 아니다. 이 점에서 상환이 있었다고 하더라도 대여행위 자체가 개별적으로 부당한 지원행위로 보아야 한다. 예를 들면, 100을 대여(1대여)한 후 100을 상환하고, 다시 100을 대여(2대여)한 경우, 지원성 거래규모는 200이다. 지원금액은 1대여에서 정상가격과 실제 거래가격의 차이에 따른 금액이 10이고, 2대여에서 10이면 20이 된다. 즉 상환이 있었다고 하더라도 실질적으로 하나의 대여행위로 평가할 사정이 없는 한 지원성 거래규모와 지원금액의 산정에서 이를 합산하여야 한다.

[영업이익 제공 형태의 자금지원과 지원금액 판단]

지원주체가 지원객체에 대하여 영업권을 형식적 양도하고, 실질적으로 영업은 지원주체가 수행한 경우, 영업권에 기하여 발생한 이득을 자금지원으로

242) 부당한 지원행위의 심사지침 Ⅲ. 1.

243) 네오플럭스는 금융기관으로부터 조달하기 어려운 저금리의 자금을 계열회사로부터 차입함으로써 창업투자 및 기업 구조조정 시장에서 경쟁의 우위를 점하여 그 지위를 유지·강화할 수 있었다. 이 사례에서 대법원은 부당한 자금지원을 인정하였다.

볼 수 있을지가 문제된다. 지원객체에게 영업이득이 귀속된다면 자금지원으로 판단할 여지도 있다. 다만, 이는 거래의 객관적인 실태와 차이가 나지 않는 범위 내에서 엄격하게 인정되어야 한다. 관련사례로, 대법원 2007. 2. 23. 선고 2004두14052 판결(현대기술엔지니어링 사건)을 참고할 수 있다.

나. 개별정상금리

지원주체와 지원객체간의 가지급금 또는 대여금 기타 자금의 거래("자금거래")에 의한 지원행위는 실제 적용된 금리("실제적용금리")가 당해 자금거래와 시기, 종류, 규모, 기간, 신용상태 등의 면에서 유사한 상황에서 당해 지원객체와 그와 특수관계가 없는 독립된 금융기관간에 지원주체의 지원없이 자금거래가 이루어졌다면 적용될 금리("개별정상금리")보다 낮은 경우에 성립한다. 개별정상금리는 원칙적으로 아래의 방법으로 산출한 금리 중 순차적으로 우선 산출가능한 금리를 말한다. ① 지원객체가 지원받은 방법과 동일한 수단을 통해 동일한 시점에 독립적인 방법으로 차입한 금리(지원객체, 동일한 수단, 동일한 시점), ② 지원객체가 지원을 받은 방법과 동일한 수단을 통해 유사한 시점에 독립적인 방법으로 차입한 금리(지원객체, 동일한 수단, 유사한 시점),[244] ③ 신용평가기관에 의한 신용등급 등에 비추어 신용상태가 지원객체와 유사하다고 인정할 수 있는 회사가 해당방법과 동일한 수단을 이용하여 동일한 시점에 독립적인 방법으로 차입한 금리(유사한 회사, 유사한 수단, 유사한 시점), ④ 지원객체가 지원받은 방법과 유사한 수단을 통해 동일 또는 유사한 시점에 독립적인 방법으로 차입한 금리,[245] ⑤ 지원객체가 동일 또는 유사한 시점에 다른 수단으로 차입한 경우에는 그 금리(지원객체, 유사한 시점) 등이다. 공사대금 미회수, 기간이

---

244) 유사한 시점이란 사안별로 지원규모, 지원시점의 금리변동의 속도 등을 종합적으로 고려하여 결정하되, 해당일 직전・직후 또는 전후의 3개월 이내의 기간을 말한다. 다만, 유사한 시점에 독립적인 방법으로 차입한 금리는 없으나 그 이전에 변동금리 조건으로 차입한 자금이 있는 경우에는 지원받은 시점에 지원객체에게 적용되고 있는 그 변동금리를 유사한 시점에 차입한 금리로 본다.

245) 유사한 수단이란 사안별로 차입기간, 금액, 장단기 금리수준 등을 종합적으로 고려하여 유사하다고 인정할 수 있는 수단을 말한다.

특정되지 않은 단순대여금 등 지원시점에 만기를 정하지 않은 경우에는 지원객체의 월별평균차입금리를 개별정상금리로 본다. 여기서 월별평균차입금리는 지원객체가 당해 월에 독립적으로 차입한 자금의 규모를 가중하여 산정한 금리를 말한다.[246)]

참고 판례로 대법원 2004. 10. 14. 선고 2001두2935 판결(대우 사건),[247)] 대법원 2006. 10. 27. 선고 2004두3274 판결(에스케이엠 사건),[248)] 대법원 2008. 3. 27. 선고 2005두9972 판결(에스케이텔레콤 사건),[249)] 대법원 2009. 5. 28. 선고 2008두7885 판결(씨티은행 사건),[250)] 대법원 2022. 11. 10. 선고 2021두35759 판결(갤럭시아일렉트로닉스, 효성 사건)[251)] 등이 있다.

[정상금리 쟁점 - 증명 방법]

정상금리의 입증에 관한 판례의 입장을 정리하면 다음과 같다. 첫째, 정상금리 수준 산정에는 방식의 타당성뿐 아니라 전제조건이나 적용된 수치의 타당성까지 확보되어야 한다(대법원 2008. 3. 27. 선고 2005두9972 판결). 이러한 전제에서 정상금리와 비교할 때 만기의 차이(대법원 2006. 9. 14. 선고 2004두3267 판결) 보증 여부(대법원 2007. 1. 25. 선고 2004두7610 판결) 등이 고려되어야 한다.

구체적인 사례를 보면, 직접대여행위와 비교할 때 당좌대출금리보다는 융

246) 부당한 지원행위의 심사지침 Ⅲ. 1.

247) 지원객체가 다른 제3자와 거래한 기업어음 할인율을 정상금리로 본 사례.

248) 융통어음할인율을 정상금리로 본 사례.

249) 정상금리 수준 산정에 대한 기준을 제시한 사례.

250) 지원주체가 기존에 특수관계에 있던 제3자에게 금원을 대여하면서 적용하였던 금리를 지원객체에 대한 정상금리로 보기 어렵다고 본 사례.

251) 다음과 같은 원심 판단이 정당하다고 보았다. 이 사건 CB의 전환권 가치는 사실상 없거나 극히 미미한 수준이었을 것으로 보고 이 사건 CB의 정상금리를 산정하기 위한 비교대상으로 공모 회사채를 선정한 후 민간채권평가회사의 평균금리와 공모 회사채의 금리 간 차이를 조정하는 방식으로 정상금리의 하한을 추정한 다음, 원고 효성투자개발이 SPC와 무상보증에 준하는 이 사건 TRS 계약을 체결함에 따라 원고 갤럭시아가 이 사건 CB를 정상금리의 하한에 비하여 상당히 낮은 금리로 발행하는 방법으로 SPC로부터 자금을 조달할 수 있었던 것으로 볼 수 있으므로, 이는 상당히 유리한 조건으로 거래하는 행위를 통하여 원고 갤럭시아를 지원하는 행위로 부당한 지원행위라고 판단하였다.

통어음할인율이 적절하다고 본 사례(대법원 2006. 10. 27. 선고 2004두3274 판결),[252] 중개기관을 통한 기업어음 인수시 지원주체가 아니라 지원객체에게 제공되는 자금의 실제할인율을 기준으로 한 사례(대법원 2004. 4. 9. 선고 2001두6197 판결), 지원객체가 다른 제3자와 거래한 기업어음 거래할인율을 기준으로 한 사례(대법원 2004. 10. 14. 선고 2001두2935 판결), 제3자가 지원객체로부터 인수한 기업어음 할인율을 기준으로 한 사례(대법원 2004. 4. 9. 선고 2001두6203 판결), 증권회사가 작성한 금리기준표상 지원객체 회사의 신용등급 최저할인율을 기준으로 본 사례(대법원 2006. 11. 23. 선고 2003두15188 판결) 등이 있다. 반면 지원주체가 기존에 특수관계에 있던 제3자에게 금원을 대여하면서 적용하였던 금리를 지원객체에 대한 정상금리로 보기 어렵다고 한 사례로는 대법원 2009. 5. 28. 선고 2008두7885 판결이 있다.

둘째, 정상금리를 특정할 수 없는 경우 그보다 우위의 조건의 금리를 통하여 정상금리의 입증이 가능하다(대법원 2011. 9. 8. 선고 2009두11911 판결). 신용등급에서 우위인 회사채의 수익률은 정상금리의 최하한을 추단할 수 있는 자료가 된다(대법원 2008. 6. 26. 선고 2006두8792 판결).

[정상금리 쟁점 - 제공가능 금리]

자금지원을 통한 부당한 지원행위에서 실제 적용된 금리가 아니라(금융기관의) 제공가능한 금리를 정상금리로 볼 수 있는가? 대법원 2014. 6. 12. 선고 2013두4255 판결 및 서울고등법원 2013. 1. 24. 선고 2012누10293 판결(웅진홀딩스 사건), 서울고등법원 2020. 1. 15. 선고 2019누38788 판결(동화청과 사건)[253]에서 금융기관의 제공가능한 금리가 개별정상금리로 인정될 수 있다고 보았다. 다만, 제공가능 금리는 실제 발생하지 않은 금융거래에서 가정적인 금리를 정상가격으로 평가하는 특수한 경우이므로, 합리적인 조정방법을 포함하여 다른 방법으로 정상금리를 찾기 어려운 경우에 한하여 보충적이고 엄격하게 적용될 필요가 있고, 이러한 노력 없이 제공가능 금리를 정상금리로 보는 것은 정당하지 않다.

---

252) 이 판결은 직접 대여행위와 융통어음 할인을 통한 자금조달을 유사한 방법으로 이해하였다는 점에서 특징적이다.

253) 확정.

다. 일반정상금리

개별정상금리를 산정하기 어렵고, 또한 지원객체의 재무구조, 신용상태, 차입방법 등을 감안할 때 개별정상금리가 한국은행이 발표하는 예금은행의 가중평균 당좌대출금리("일반정상금리")를 하회하지 않을 것으로 보는 것이 합리적인 경우에는 당해 자금거래의 실제적용금리와 일반정상금리를 비교하여 지원행위 여부를 판단한다. 지원객체의 재무구조, 신용상태, 차입방법 등을 감안할 때 지원객체의 개별정상금리가 일반정상금리보다 높은 수준인 것으로 보는 것이 합리적인 상황에서 일반정상금리 수준으로 상당한 규모의 자금거래를 하는 것은 지원행위에 해당한다.[254] 참고 판례로 대법원 2004. 3. 12. 선고 2001두7220 판결(에스케이씨엔씨 사건),[255] 대법원 2004. 4. 9. 선고 2001두6197 판결(현대 1차 사건),[256] 대법원 2006. 4. 14. 선고 2004두3298 판결(현대중공업 사건)[257] 등이 있다.

[일반정상금리 쟁점 - 적용 범위]

부당한 지원행위의 많은 유형이 계열사에 대한 자금지원인데 정상금리의 입증이 용이하지 않으므로, 일반정상금리가 기준이 될 수 있는지는 실무상 중요하다.[258] 일반정상금리를 개별정상금리로 본 사례도 간혹 있으나,[259] 대법원은 일반정상금리를 개별정상금리로 보는데 신중하고,[260] 정상가격을 추

---

254) 부당한 지원행위의 심사지침 Ⅲ 1.

255) 평균 당좌대출금리의 적용을 부정한 사례.

256) 이 사건으로 파기환송된 후 다시 상고된 사건이 대법원 2008. 7. 1. 선고 2006두14735 판결이다. 당좌대출금리를 적용한 사례.

257) 일반정상금리의 적용이 타당하다고 본 사례.

258) 개별정상금리가 일반정상금리보다 하회하지 않을 사정은 사실상 자금조달이 어렵다는 것을 의미한다. 대출에서는 금리와 안정성이 고려되는바, 금리가 높더라도 회수가능성이 낮다면 실제 대출은 이루어지기 어렵다. 회사의 재무구조가 취약한 경우 당좌대출금리보다 금리가 높아도 대출이 이루어지기 어려운 이상 당좌대출금리 이하로 하회할 가능성이 낮으므로, 이러한 경우에는 당좌대출금리를 정상금리로 볼 수 있다.

259) 대법원 2006. 4. 14. 선고 2004두3298 판결.

260) 평균당좌대출금리가 단기성 고금리인 점(대법원 2007. 1. 25. 선고 2004두7610 판결), IMF 직후 평균 금리가 매우 높았던 점 등을 고려하면, 비정상적인 고금리보

단함에 있어서는 엄격한 증명이 필요하다는 입장이다(대법원 2008. 2. 14. 선고 2007두1446 판결 등). 개별정상금리가 일반정상금리보다 높지 않다는 점이 입증될 경우에는 일반정상금리를 적용하여도 정당할 것이다. 다른 모든 채권자가 변제받은 다음에 그 채권을 변제받고 발행자의 자금상황이 아무리 악화되더라도 만기 이전에 변제를 청구할 수 없는 후순위특약이 있을 뿐 아니라 정상적인 자금조달이 어려울 정도로 재무구조가 악화되어 있는 경우라면 개별정상금리가 일반정상금리를 하회하지 않을 사정이 있다(대법원 2006. 4. 14. 선고 2004두3298 판결). 이와 반대로 개별정상금리가 일방정상금리보다 낮을 수 있는 사정으로 개별정상금리가 반영되는 기업어음 평균할인금리가 하락하는 경우 등이 있다(대법원 2004. 3. 12. 선고 2001두7220 판결).

일반정상금리의 적용을 부정한 사례, 특히 시중은행의 평균당좌대출금리 적용을 부정한 사례로는 대법원 2004. 3. 12. 선고 2001두7220 판결, 대법원 2004. 11. 12. 선고 2001두2034 판결, 대법원 2007. 1. 25. 선고 2004두7610 판결, 대법원 2006. 11. 23. 선고 2003두15188 판결, 대법원 2014. 6. 12. 선고 2013두4225 판결(웅진씽크빅 등 사건) 등이 있다. 일반정상금리가 개별정상금리로 인정된 사례로는 대법원 2004. 4. 9. 선고 2001두6197 판결, 대법원 2004. 4. 9. 선고 2001두6203 판결, 대법원 2006. 4. 14. 선고 2004두3298 판결 등이 있는데, 이는 구체적인 사실관계에 따라 판단할 문제이다.

[일반정상금리 쟁점 – 개별정상금리와 관계]

개별정상금리는 일반정상금리보다 높을 수도 낮을 수도 있다. 개별정상금리가 일반정상금리보다 낮을 가능성이 없다면 일반정상금리를 적용할 수 없음은 앞서 지적한 바와 같다(개별정상금리가 하회하지 않을 가능성 요건). 이와 달리 개별정상금리가 일반정상금리보다 높을 수 있다. 서울고등법원 2020. 1. 15. 선고 2019누38788 판결(동화청과 사건)[261]은 중소기업은행 제공가능금리가 일반정상금리보다 높았던 사안으로, 일반정상금리보다 높은 중소기업은행제공가능금리를 개별정상금리로 인정하였다. 피고는 원고가 중소기업은행으로부터 실제로 차입할 대출 상품과 비교하여 동일한 조건일 경우에 그 금융기관이 제공할 수 있는 금리를 산출하였는바, 그 금리가 통상의 거래

다 낮은 금리로 자금을 제공하였다고 하여 부당한 지원행위로 보는 것은 무리일 것이다.

261) 확정.

당사자가 상대방의 경영상황 등을 고려하였을 경우 보편적으로 선택하였을 것으로 보이는 현실적인 금리 수준을 크게 상회한 것으로 보이지 않는다고 판단하였다.

라. 상당성 판단

(1) 금리 차이로 인한 자금지원

지원주체가 지원객체를 지원하려는 의도하에 제3자를 매개하여 자금거래를 하고 그로 인하여 지원객체에게 실질적으로 경제상 이익을 제공하는 경우에는 자금지원행위에 해당한다. 이 경우 지원금액은 지원주체가 지원과정에서 부수적으로 제3자에게 지출한 비용을 제외하고 지원객체가 받았거나 받은 것과 동일시할 수 있는 경제상 이익만을 고려하여 산정한다(유가증권 등 자산거래, 부동산 임대차, 인력제공 등에 의한 지원행위의 경우에도 이를 준용한다).[262]

자금거래에 의한 지원행위가 지원객체에게 상당히 유리한 조건의 거래인지 여부는 실제적용금리와 개별정상금리 또는 일반정상금리 사이의 차이는 물론 지원성 거래규모와 지원행위로 인한 경제상 이익, 지원기간, 지원횟수, 지원시기, 지원행위 당시 지원객체가 처한 경제적 상황 등을 종합적으로 고려하여 구체적·개별적으로 판단한다(유가증권 등 자산거래, 부동산 임대차, 인력제공 등에 의한 지원행위의 상당성 판단에도 이를 준용한다). 다만, 지원주체와 지원객체간의 자금거래에 의한 실제적용금리와 개별정상금리 또는 일반정상금리와의 차이가 개별정상금리 또는 일반정상금리의 7% 미만으로서 개별 지원행위 또는 일련의 지원행위로 인한 지원금액이 30억 원 미만인 경우에는 지원행위가 성립하지 아니하는 것으로 판단할 수 있다.[263] 참고

262) 부당한 지원행위의 심사지침 Ⅲ. 1.

263) 부당한 지원행위의 심사지침 Ⅲ. 1. 2022. 12. 9. 공정위 예규 제415호로 개정된 심사지침에 따르면, 지원주체와 지원객체 간의 자금거래에 의한 실제적용금리와 개별정상금리 또는 일반정상금리와의 차이가 개별정상금리 또는 일반정상금리의 7% 미만이면서 거래당사자간 해당 연도 자금거래 총액이 30억원 미만인 경우에는 지원행위가 성립하지 아니하는 것으로 판단할 수 있다. 한편, 7% 기준이 도출된 경위에 관하여 현저성을 요할 때 그 범위를 대략 10~20%로 보고, 그 평균인 15%를 나누어서 도출되는 7%를 상당성의 범위에서 벗어나는 안전지대로 설정하

판례로, 대법원 2007. 3. 29. 선고 2005두3561 판결(한국도로공사 사건),[264] 대법원 2009. 5. 28. 선고 2008두7885 판결(씨티은행 사건)[265] 등이 있다.

[상당성 기준의 계량화-자금지원행위]

금리에서 현저성 또는 상당성은 '실제금리와 정상금리의 차이'와 '실제금리가 아니라 정상금리'의 비율을 비교하는 방식으로 이루어진다(대법원 2009. 5. 28. 선고 2008두7885 판결). '상당성' 기준이 도입된 현 심사지침에는 '실제금리와 정상금리의 차이'가 정상금리의 7% 미만인 경우 상당하지 않다고 보고 있다. '현저성' 기준이 적용되었던 구 법에서는 10% 기준으로 개정 전 심사지침에 기하여 '실제금리와 정상금리의 차이'가 정상금리의 10% 미만인 경우에는 현저하지 않다고 보는 경우가 있었고, 20% 기준으로 일단 실제적용금리가 정상금리와 최소한 2~3% 이상 차이가 나고, 정상금리와 실제적용금리의 차이가 정상금리와 비교하여 대략 20% 이상의 차이가 발생해야 현저하다고 보는 경우(서울고등법원 2008. 1. 24. 선고 2006누29142 판결[266]), '실제금리와 정상금리'의 차이가 정상금리의 20% 이상인 경우는 현저하다고 보는 경우 등이 있었다(대법원 2009. 5. 28. 선고 2008두7885 판결).

개정 전 공정거래법상 현저성을 인정한 사례로 다른 기업어음에 비하여 할인율이 2~7% 낮은 기업어음을 인수한 경우(대법원 2004. 10. 14. 선고 2001두2935 판결), 기업어음을 정상금리인 35%보다 저리인 26%로 인수한 경우(대법원 2004. 4. 9. 선고 2001두6203 판결), 기업어음을 정상할인율인 12.64%, 14.25%에 비하여 낮은 8%로 매입한 경우(대법원 2004. 11. 12. 선고 2001두2034 판결), 정상금리인 당좌대출금리인 18.1%~30%보다 저리인 11~18%로 인수한 경우(대법원 2004. 4. 9. 선고 2001두6197 판결), 후순위사채를 통상의 이율인 15.1%보다 낮은 연 13%로 매입한 경우(대법원 2004. 11. 12. 선고 2001두2034

였다고 볼 여지도 있다.

264) 임대차보증금 대여행위에 대하여 현저성을 부정한 사례.

265) 개별정상금리와 실제금리의 차이와 비교해야 할 것은 실제금리가 아니라 개별정상금리라는 취지이다. '실제금리와 정상금리'의 차이가 정상금리의 20% 이상인 경우는 현저하다고 볼 여지가 있음을 시사한 사례이다.

266) 서울고등법원 2003. 11. 25. 선고 99누15459 판결, 대법원 2006. 11. 23. 선고 2003두15188 판결로 파기환송되었고, 그 환송심 판결이 서울고등법원 2008. 1. 24. 선고 2006누29142 판결(심리불속행 기각)이다.

판결) 등이 있다. 반면 현저성을 부정한 사례로는, 할인율과 정상할인율 사이의 차이가 1.6%인 사례(대법원 2006. 7. 27. 선고 2004두1186 판결), 지원객체에 대한 기업어음매입 할인율(10.8~13.5%)과 특수관계가 아닌 회사에 대한 기업어음매입 할인율(10.6~10.88%)을 비교한 사례(대법원 2006. 9. 22. 선고 2004두3250 판결), 보험회사가 기업어음을 매입할 당시에 적용한 할인율과 정상할인율에 차이가 있는 경우 현저성을 부정한 사례(대법원 2006. 11. 9. 선고 2004두12049 판결), 기업어음매입에 있어 정상할인율보다 1.5~1.9% 낮은 할인율로 매입한 사례(대법원 2006. 11. 23. 선고 2003두15188 판결), 할인율과 정상할인율의 차이가 2%이고 금융시장의 경색으로 금리의 변동폭이 컸던 사례(대법원 2007. 1. 25. 선고 2004두7610 판결), 실제금리와 개별정상금리의 차이가 1.26~1.31%인 사례(대법원 2009. 5. 28. 선고 2008두7885 판결) 등이 있다.

위에서 본 자금지원의 현저성, 상당성 판단 기준이 그 외의 수수료 지급 등 가격지원행위에도 적용될 수 있는지가 실무상 문제된다. 이자율도 가격이라는 점에서 금리 기준과 다른 가격 기준은 공통점이 있어 참고할 수 있다.

(2) 상당한 규모에 의한 자금지원

자금지원의 규모가 상당한 경우에는 부당한 지원행위가 될 수 있다(대법원 2007. 1. 25. 선고 2004두7610 판결[267]).

2. 유가증권·부동산·무체재산권 등 자산을 거래한 경우

지원주체가 지원객체에게 유가증권·부동산·무체재산권이나 기타 자산을 무상으로 또는 정상가격보다 낮은 가격으로 제공하거나 정상가격보다 높은 가격으로 제공받는 것은 지원행위에 해당한다.

정상가격은 원칙적으로 거래 당시의 특수관계가 없는 독립된 자간에 형성될 시가에 의한다. 다만, 이러한 방법에 의하여 시가를 산정하기 어려운 경우에는 당해 자산의 종류, 규모, 거래상황 등을 참작하여 상속세 및 증여세법 제4장(재산의 평가) 및 동법 시행령 제4장(재산의 평가)에서 정하는

267) 상당한 규모의 자금지원을 부정한 사례.

방법을 준용할 수 있다.[268] 장래에도 계속 성장할 것으로 예상되는 기업의 주식가격은 기준시점 당시 당해 기업의 순자산가치 또는 과거의 순손익가치를 기준으로 하여 산정하는 방법보다는 당해 기업의 미래의 추정이익을 기준으로 하여 산정하는 방법이 그 주식의 객관적인 가치를 반영할 수 있는 보다 적절한 방법이라고 판시한 사례(대법원 2005. 6. 9. 선고 2004두7153 판결), 회사가 제공한 추정재무제표, 미래의 투자 및 영업계획 등 자료만을 근거로 매출액이 평균 100% 상당 증가할 것을 전제로 미래현금흐름할인법에 의하여 평가한 1주당 가치는 실제보다 지나치게 과장된 것이라고 본 사례(대법원 2006. 8. 24. 선고 2004두541 판결) 등이 있다. 참고 판례로 대법원 2005. 4. 29. 선고 2004두3281 판결(에스케이네트웍스 사건),[269] 대법원 2005. 6. 9. 선고 2004두7153 판결(삼호 사건),[270] 대법원 2006. 8. 24. 선고 2004두541 판결(삼성 4차 사건),[271] 대법원 2022. 5. 26. 선고 2020두36267 판결(하이트진로 사건)[272] 등이 있다.

3. 부동산을 임대차한 경우

지원주체가 지원객체에게 당해 부동산을 무상으로 사용하도록 제공하거나, 정상임대료보다 낮은 임대료로 임대하거나 정상임차료보다 높은 임차료로 임차하는 것은 지원행위에 해당한다. 사례로는 지원객체에게 공장·매장·사무실을 무상 또는 낮은 임대료로 임대한 경우[부동산 저가임대], 지원객체로부터 부동산을 임차하면서 고가의 임차료를 지급한 경우[부동산 고가

268) 부당한 지원행위의 심사지침 III. 2.

269) 신주인수행위를 통한 자금지원을 인정한 사례.

270) 미래의 추정이익을 기준으로 산정함이 타당하다고 본 사례.

271) 미래현금흐름법의 적용이 부적절하다고 본 사례.

272) 원심인 서울고등법원 2020. 2. 12. 선고 2018누44595 판결(하이트진로 사건)과 같은 취지에서, 서영이 서해인사이트 주식을 키미데이타에 매도함에 있어 하이트진로가 수익률을 보장한 행위(주식 고가매도 지원행위)에 대하여 부당한 지원행위와 함께 특수관계인에 대한 부당한 이익 제공이 적용되었으나, 법원은 이를 인정하지 않았다.

임차] 등이 있다.

정상임대료는 당해 부동산의 종류, 규모, 위치, 임대시기, 기간 등을 참작하여 유사한 부동산에 대하여 특수 관계가 없는 독립된 자간에 형성되었을 임대료로 하되, 이를 합리적으로 산정하기 어려운 경우에는 산식에 의한다.[273] 사례로는, 정상 임대수익률에 비하여 낮게 임대차보증금을 수령한 행위(대법원 2004. 11. 12. 선고 2004두9630 판결), 임차한 건물을 지원객체에게 저가로 전대한 행위(대법원 2005. 5. 13. 선고 2004두2233 판결), 임대차보증금을 지연수령한 행위(대법원 2006. 12. 22. 선고 2004두1483 판결), 높은 차임에도 별도로 교육시설임차료를 지급한 행위(대법원 2006. 12. 22. 선고 2004두1483 판결) 등이 있다. 계약의 전후 경위, 거래관행에 비추어 지원행위에 해당하지 않는다고 본 사례〔대법원 2006. 12. 22. 선고 2004두1483 판결(삼성 1차 사건)〕, 임대차보증금의 정상가격 산정이 잘못이라고 본 사례로는 대법원 2007. 12. 13. 선고 2005두5963 판결(현대자동차 사건), 대법원 2008. 2. 14. 선고 2007두1446 판결(대한주택공사 사건), 대법원 2014. 11. 13. 선고 2009두20366 판결(네이버 사건) 등이 있다. 참고 판례로 대법원 2008. 2. 14. 선고 2007두1446 판결(대한주택공사 사건),[274] 대법원 2014. 11. 13. 선고 2009두20366 판결(네이버 사건)[275] 등이 있다.

4. 상품·용역을 거래한 경우

거래대가 차이로 인한 지원행위와 상당한 규모에 의한 지원행위는 별개의 요건이지만 공통요건으로 "과다한 경제상 이익을 제공할 것"을 요한다는 측면에서 공통된다.[276]

---

273) 부당한 지원행위의 심사지침 Ⅲ. 3.

274) 임대차보증금 및 관리비와 정상가격의 차이가 현저함이 증명되지 못하였다고 본 사례.

275) 전대행위가 정상가격에 비하여 현저히 낮은 가격으로 이루어진 것으로 보기는 어렵다고 판단한 사례.

276) 전자는 가격이 높고, 후자는 수량이 많은 것이어서 어느 쪽이든 과다한 경제상 이익이 발생한다.

가. 거래대가 차이로 인한 지원행위

지원주체가 지원객체에게 상품・용역을 무상으로 또는 정상가격보다 낮은 가격으로 제공하거나 지원객체로부터 정상가격보다 높은 가격으로 제공받는 것은 지원행위에 해당한다. 사례로는, 지원객체에 대한 매출채권회수를 지연하거나 상각하여 회수불가능 채권으로 처리한 경우, 외상매출금, 용역대금을 약정기한 내에 회수하지 아니하거나 지연하여 회수하면서 이에 대한 지연이자를 받지 아니한 경우, 지원객체가 생산・판매하는 상품을 구매하는 임직원에게 구매대금을 대여하거나 융자금을 알선해 주고 이자의 전부 또는 일부를 임직원소속 계열회사의 자금으로 부담한 경우, 지원객체가 운영하는 광고매체에 정상광고단가보다 높은 단가로 광고를 게재하는 방법으로 광고비를 과다 지급하는 경우, 주택관리업무를 지원객체에게 위탁하면서 해당 월의 위탁수수료 지급일보다 지원객체로부터 받는 해당 월의 임대료 등 정산금의 입금일을 유예해주는 방법으로 지원객체로 하여금 유예된 기간만큼 정산금 운용에 따른 이자 상당의 수익을 얻게 한 경우 등이 있다. 정상가격은 원칙적으로 거래 당시에 특수관계가 없는 독립된 자간에 형성될 시가에 의하되, 시가의 산정은 위에서 정한 순서와 방법을 준용한다.[277)]

(1) 상품 부분

원고들이 현대하이스코로부터 자동차용 강판을 구매하면서 포스코나 동부제강이 생산한 자동차용 강판의 가격보다 비싼 가격으로 구매하였더라도 시장여건상 불가피한 사정이 있는 경우에는 이를 지원행위로 볼 수 없다고 한 사례(대법원 2012. 10. 25. 선고 2009두15494 판결) 등이 있다.

일반적인 거래를 통하여 부당한 지원행위가 이루어진 경우와 달리 입찰을 통하여 부당한 지원행위가 이루어진 경우에는 정상가격 증명 등이 더 어려울 수 있다. 관련 판례로, 대법원 2004. 11. 12. 선고 2001두2034 판결(엘지반도체 사건),[278)] 대법원 2012. 10. 25. 선고 2009두15494 판결(현대자

277) 부당한 지원행위의 심사지침 III. 4.

278) 장려금도 상품거래에 수반된다는 전제에서 상품의 지원과 유사한 방식으로 접근

동차 사건),[279] 서울고등법원 2016. 1. 22. 선고 2015누40585 판결(한국수력원자력 사건)[280] 등이 있다.

(2) 용역 부분

사례로는 건물관리용역 수수료를 과다하게 지급한 행위(대법원 2007. 4. 26. 선고 2005두2766 판결), 광고비를 과다하게 지급한 행위(대법원 2005. 6. 10. 선고 2004두3021 판결), 인쇄비를 과다하게 지급한 행위(대법원 2005. 9. 15. 선고 2003두12059 판결), 위탁수수료를 과다하게 지급한 행위(대법원 2005. 5. 13. 선고 2004두2233 판결), 개발용역을 위탁하면서 용역비를 높게 지급한 행위(서울고등법원 2005. 10. 19. 선고 2004누3856 판결[281]), 특별판매장려금을 제공한 행위(대법원 2004. 11. 12. 선고 2001두2034 판결) 등이 있다.

거래방식이 광고대행사를 통한 방식에서 직거래로 변경되었음에도 종전 방식으로 지원금액을 산정한 것은 위법하다고 본 사례(대법원 2007. 1. 11. 선고 2004두350 판결), 용역수수료의 수준을 비교함에 있어 일반적인 시중노임보다 높은 경우에는 부당한 지원행위가 될 수 있으나, 임금조사보고서상 임

한 사례.

279) 원고들이 현대하이스코로부터 자동차용 강판을 구매하면서 포스코나 동부제강이 생산한 자동차용 강판의 가격보다 비싼 가격으로 구매하였다고 하더라도, 이를 현대하이스코에 대한 지원행위로 단정할 수는 없다고 판단한 사례.

280) 관련사건인 서울고등법원 2015. 12. 3. 선고 2015누40356 판결(한국남동발전 사건, 대법원 2016. 5. 12.자 2016두32466 판결로 심리불속행 기각)에서도 부당한 지원행위가 인정되지 않았다. 원고 등 7개사가 IT 관련 단순상품에 대하여 입찰 방식으로 계열회사로부터 구매함으로써, 중간유통단계에서 별다른 역할을 하지 아니하는 계열회사로 하여금 원고 등 7개사로부터 수주받은 그 품목 그대로 다른 업체들에게 일괄 재발주하는 방식으로 거래차익을 얻도록 함으로써 부당한 지원행위를 하였는지가 문제된 사건이다. 법원은 입찰에서의 낙찰가격은 입찰참가자의 입찰 당시의 상황, 입찰시기나 규모 등에 따라 입찰가격이 달라질 수 있으므로 계열회사의 재발주 입찰에서의 낙찰가격을 곧바로 해당 상품의 정상적인 시장가격이라고 볼 수 없고, 공정위의 주장에 따르더라도 '입찰예정가격에 대한 낙찰가 비율'의 차이가 대부분 3~9%에 불과하며 평균 7.18%에 그치고 있으므로, 원고의 거래행위가 정상가격에 비하여 계열회사에게 '현저히' 유리하다고 보기 어려우며, 공정거래저해성도 인정되지 않는다고 보아 공정위의 처분을 취소하였다.

281) 확정.

금을 기준으로 하거나, 직원 수 및 영업현황 등에서 차이가 있는 회사와 비교한 것은 위법하다고 본 사례(대법원 2007. 4. 26. 선고 2005두2766 판결), 소모성 자재 구매 업무 등을 대행시키고 수수료를 지급한 경우 총 대가가 정상가격보다 높다는 점을 인정할 만한 증거가 부족하다고 본 사례(대법원 2014. 6. 12. 선고 2013두4225 판결[282]), 원고가 지원객체에 제공한 광고 용역의 정상가격은 광고대행사가 광고주로부터 수수하는 금액을 기준으로 산정할 수 있다고 본 사례(서울고등법원 2013. 10. 25. 선고 2012누25684 판결) 등이 있다. 기타 판결로, 서울고등법원 2017. 7. 21. 선고 2015누945 판결(한국도로공사 사건),[283] 서울고등법원 2017. 10. 25. 선고 2017누37675 판결(씨제이씨지브이 사건)[284] 등이 있다.

▣ 리딩케이스 : 대법원 2016. 3. 10. 선고 2014두8568 판결(에스케이텔레콤 사건)[285]

■ 해 설

282) 대행수수료 지급행위 부분에 대하여 상품별 마진과 대행수수료를 모두 지급하였다는 점에서 지원의도는 있을 수 있는 사건이지만, 정상가격을 증명하지 못하였다고 본 사례

283) 대법원 2018. 1. 25. 선고 2017두58076 판결로 상고기각. 원고는 2007. 11.부터 2013. 11.까지 다음과 같이 원고의 퇴직자들이 설립한 26개사와 고속도로 안전순찰 업무의 민간위탁 계약을 수의계약으로 체결하면서, 2007. 11.부터 2010. 3.까지 체결한 7건의 낙찰률(예정가격 대비 실제 계약한 금액의 비율)을 97.5%로, 2010. 12.부터 2013. 9.까지 체결한 19건의 낙찰률을 95.0%로 각 적용하였다. 법원은 상당히 높은 가격과 공정거래저해성을 모두 인정하였다.

284) 확정. 법원은 피고가 원고 및 재산이 2005. 8. 이후 독립된 비계열사와 거래한 사실이 없어 동일한 비교대상을 찾는 것이 불가능한 상황에서, 파악할 수 있는 자료를 모두 취합하여 스크린광고 영업대행사업자의 계약조건을 조사하는 방법으로 비교에 적합한 유사사례를 선정하였고, 위 유사사례와 이 사건 거래 사이에 수수료율의 차이에 영향을 미칠 수 있는 거래 조건의 존재를 살펴 이를 합리적으로 조정하는 과정을 거쳐 산출 가능한 수치 중 원고에게 가장 유리한 16%를 정상수수료율로 산정하였음을 인정한 후 거래조건의 현저성과 거래규모의 현저성을 모두 인정하였다.

285) 원심은 서울고등법원 2014. 5. 14. 선고 2012누30440 판결이다.

① 원고들이 계열회사인 에스케이씨앤씨와 각 일괄적 OS계약을 체결하고, 2008. 1. 1.~ 2012. 7. 4. 에스케이씨앤씨 소속 소프트웨어 기술자의 인건비를 산정·지급함에 있어 인건비 단가 책정 시 고시 단가를 할인하지 않고 그대로 적용하여 비계열회사가 에스케이씨앤씨와의 거래에서 적용한 인건비 단가보다 높게 적용하는 등 에스케이씨앤씨에 과다한 경제상 이익을 제공하였는지(인건비 지원), 원고 에스케이텔레콤이 에스케이씨앤씨와 일괄적 OS계약을 체결하고, 2006. 1. 1.~ 2012. 7. 4. 원고 에스케이텔레콤이 보유한 전산장비에 대한 유지보수비를 산정·지급함에 있어 기업집단 에스케이 소속 계열회사들이 에스케이씨앤씨와의 거래에서 적용한 유지보수요율보다 높게 적용하여 에스케이씨앤씨에 과다한 경제상 이익을 제공하였는지(유지보수비 지원)가 쟁점이 된 사건이다. 서울고등법원은 공정위가 정상가격을 증명하지 못하였다고 보아 원고들 승소 판결을 선고하였다. 공정위가 상고하였으나, 그 상고가 기각되었다.

② 공정위는 지원행위의 총액이 크다는 점에 착안하였으나, 정상가격은 개별가격을 중심으로 증명하여야 하며, 지원총액이 크더라도 개별가격의 현저성이 증명되지 않으면 부당한 지원행위가 될 수 없다. 이 사건에서 공정위는 비교대상을 적절하게 제시하지 못한 것으로 보인다(원래 인건비와 유지보수비는 비교가격을 찾기 어려운 측면이 있다). 특히 인건비 부분은 원고 전체가, 유지보수비는 원고 에스케이텔레콤이 문제되었는데, 에스케이텔레콤의 작업에 대한 요구 강도가 더 높아서 유지보수비가 높을 수 있다는 원고의 주장을 법원이 받아들였다.

③ 이 판결은 정상가격에 관한 공정위의 증명도를 높게 설정한 대법원 2015. 1. 29. 선고 2014두36112 판결(신세계 사건)의 연장선상에 있다. 정상가격에 관하여 구체적인 기준을 대법원 2015. 1. 29. 선고 2014두36112 판결이 제시한 이래, 대규모 부당한 지원행위 사건인 대법원 2016. 3. 10. 선고 2014두8568 판결에서 이를 유지한 것은 중요한 의미가 있다. 대법원이 부당한 지원행위 유형에 따라 차이를 두지 않고 정상가격에 관한 높은 수준의 증명도를 요구하겠다는 취지이다. 다만, 이 판결의 원심이 대법원 2015. 1. 29. 선고 2014두36112 판결(신세계 사건) 이전에 선고되어 위 대법원 판결의 법리가 반영되지 않았고, 대상판결도 위 신세계 사건 판결의 법리만 원용하고 있을 뿐 합리적 조정에 관한 문제를 구체적으로 적용하지는 않고 있다.

나. 상당한 규모에 의한 지원행위

상당한 규모란 지원객체가 속한 시장의 구조와 특성, 지원행위 당시의 지원객체의 경제적 상황, 여타 경쟁사업자의 경쟁능력 등을 종합적으로 고려하여 판단한다. 상당한 규모에 의한 지원행위 여부는 ① 거래대상의 특성상 지원객체에게 거래물량으로 인한 규모의 경제 등 비용절감효과가 있음에도 불구하고, 동 비용 절감효과가 지원객체에게 과도하게 귀속되는지 여부, ② 지원주체와 지원객체간의 거래물량만으로 지원객체의 사업개시 또는 사업유지를 위한 최소한의 물량을 초과할 정도의 거래규모가 확보되는 등 지원객체의 사업위험이 제거되는지 여부 등을 고려하여 판단할 수 있다. 위 ②에 의하여 지원행위 여부를 판단할 때에는 당해 지원객체와의 거래에 고유한 특성에 의하여 지원주체에게 비용절감, 품질개선 등 효율성 증대효과가 발생하였는지 여부 등 당해 행위에 정당한 이유가 있는지 여부를 고려하여야 한다.[286] 관련 사건으로 대법원 2022. 5. 26. 선고 2020두36267 판결(하이트진로 사건)[287] 등이 있다.

[물량지원 행위 쟁점 – 상당히 유리한 조건 증명 요부]

구 법상 자금지원의 규모가 현저한 경우에는 부당한 지원행위가 될 수 있다고 본 사례로는 대법원 2007. 1. 25. 선고 2004두7610 판결이 있고, 상품용역의 규모가 현저한 경우에는 부당한 지원행위가 된다고 본 사례로는 서울고등법원 2009. 8. 19. 선고 2007누30903 판결이 있다.[288]

물량지원 행위에서 상당히 유리한 조건의 증명, 즉 정상가격 증명이 필요한지에 대하여는 견해의 대립이 있다.

첫째, 정상가격 증명 필요설이다. 구 법상 '현저한 규모의 거래에 의한 지원행위'가 성립되기 위하여 '현저한 규모의 거래', '과다한 경제상 이익 제공' 이외에 '상당히 유리한 조건'의 추가 요건이 필요하다는 것이 공정위 및 법

286) 부당한 지원행위의 심사지침 Ⅲ. 4.

287) 하이트진로가 서영으로부터 공캔을 구매한 행위(공캔 거래), 삼광글라스가 하이트진로의 요구에 따라 서영으로부터 알루미늄 코일을 구매한 행위(알루미늄 코일 거래)에 대하여 현저한 규모의 거래를 통한 지원행위를 인정하였다.

288) 이 부분에 대한 원고의 상고가 취하되어 대법원의 판단이 없었다(대법원 2012. 10. 25. 선고 2009두15494 판결).

원(서울고등법원 2009. 8. 19. 선고 2007누30903 판결)의 입장이라고 보는 견해도 있다.[289] 지원성 거래규모에서 정상가격을 판단한 사례로 태광그룹 사건(공정위 2019. 8. 23. 의결 제2019-201호)이 있다. 이 사건에서 보정한 가격과 비교하는 과정을 거친 다음 지원성 거래규모를 적용하였다.

둘째, 정상가격 증명 불요설이다. 상당한 규모에 의한 지원행위는 정상가격보다 유리한 거래가 아니더라도 물량만으로도 경제상 이익 제공이 가능하다는 취지이다.[290]

셋째, 정상가격 참조설이다(절충설). 개정 후에는 가격 지원행위의 경우 '상당히 유리한 조건'이 핵심적인 요건이지만, 물량지원행위에서 '상당히 유리한 조건'의 엄격한 증명을 요할 경우 개정 규정이 유명무실해질 우려가 있으므로 증명의 정도에서 차이를 두어야 한다는 견해이다.[291] 대법원 2022. 5. 26. 선고 2020두36267 판결(하이트진로 사건)은 물량지원 행위 부분에 대하여 정상가격에 대한 증명 수준을 완화한 것으로 볼 여지가 있다.

[물량지원 행위 쟁점-규모형 지원행위와 대가형 지원행위의 관계]

그 동안 문제된 규모형 지원행위는 순수한 규모형 지원행위가 아니라 규모형 지원행위와 대가형 지원행위가 혼합된 유형(hybrid type)인 경우가 다수이다.

대가형, 규모형을 모두 적용한 사례로는 서울고등법원 2019. 12. 11. 선고 2018노365 판결(미스터 피자 사건), 서울고등법원 2014. 5. 14. 선고 2014누5625 판결(삼양식품 사건), 서울고등법원 2020. 2. 12. 선고 2018누44595 판

289) 「부당내부거래 50문50답-공정거래법 쟁점과 실무를 중심으로」, 법무법인 세종 54면.

290) 즉 지원객체에게 지원되는 이익은 가격(P)와 수량(Q)으로 구성되는데(P×Q), 가격 지원 행위가 가격 차이에 따른 지원행위라면, 물량지원 행위는 수량에 따른 지원행위로 보는 견해이다.

291) 「부당내부거래 50문50답-공정거래법 쟁점과 실무를 중심으로」, 법무법인 세종 58면. 구 공정거래법 제23조 제1항 제7호(현 공정거래법 제45조 제1항 제9호) 가목은 "상당히 유리한 조건으로 거래하는 행위"를 규정하고 있어 가격 지원행위와 물량 지원행위에 모두 "상당히 유리한 조건"의 증명이 필요한 것으로 보일 여지가 있다. 반면, 공정거래법 시행령 제52조 별표 2는 "자산 또는 상품·용역을 상당히 낮거나 높은 대가로 제공 또는 거래하거나 상당한 규모로 제공 또는 거래하는 행위"라고 규정하여 물량 지원행위의 경우에는 "상당히 낮거나 높은 대가"와 같은 "상당히 유리한 조건"의 증명을 요하지 않는 것으로 볼 여지도 있다.

결(하이트진로 사건)[292] 등이 있다.

법원이 규모형 지원행위를 인정한 사건으로는 서울고등법원 2009. 8. 19. 선고 2007누30903 판결(현대글로비스 사건),[293] 서울고등법원 2017. 10. 25. 선고 2017누37675 판결(CJ CGV 사건), 서울고등법원 2020. 2. 12. 선고 2018누44595 판결(하이트진로 사건)[294] 등이 있다.

5. 인력을 제공한 경우

지원주체가 제공하는 인력과 관련하여, 지원객체가 지원주체 또는 당해 인력에 대하여 지급하는 일체의 급여·수당 등("실제지급급여")이 당해 인력이 근로제공의 대가로서 지원주체와 지원객체로부터 지급받는 일체의 급여·수당 등("정상급여")보다 적은 때에는 지원주체가 지원객체에게 인력지원을 한 경우에 해당한다. 사례로는 업무지원을 위해 인력을 제공한 후 인건비는 지원주체가 부담한 경우, 인력파견계약을 체결하고 인력을 제공하면서 퇴직충당금 등 인건비의 전부 또는 일부를 미회수한 경우 등이 있다. 당해 인력이 지원객체와 지원주체 양자에게 근로제공을 하고 있는 경우에는 그 양자에 대한 근로제공 및 대가지급의 구분관계가 합리적이고 명확한 때에는 당해 인력이 지원객체와 지원주체로부터 지급받는 일체의 급여·수당 등의 금액에서 당해 인력의 지원주체에 대한 근로제공의 대가를 차감한 금액을 위의 정상급여로 간주한다. 그 구분관계가 합리적이지 아니하거나 명확하지 아니한 때에는 당해 인력이 지원객체와 지원주체로부터 지급받는 일체의 급여·수당 등에서 지원객체와 지원주체의 당해 사업연도 매출액 총액 중 지원객체의 매출액이 차지하는 비율에 의한 분담금액을 위의 정상급여로 간주

---

292) 대법원 2022. 5. 26. 선고 2020두36267 판결(하이트진로 사건)로 상고기각.

293) 대법원 2012. 10. 25. 선고 2009두15494 판결로 상고기각. 서울고등법원 2009. 8. 19. 선고 2007누30903 판결(현대글로비스 사건)은 공정위가 대가형과 규모형을 모두 적용한 혼합형 사건으로 보는 견해와 규모형 지원행위를 대가형 지원행위의 하위 유형으로 적용한 사건으로 보는 견해가 있다.

294) 대법원 2022. 5. 26. 선고 2020두36267 판결(하이트진로 사건)로 상고 기각.

한다. 다만, 인력제공과 관련된 사업의 구분이 가능한 경우에는 그 사업과 관련된 매출액을 지원객체와 지원주체의 매출액으로 할 수 있다.[295]

인력지원과 관련된 사례 중 공정거래저해성이 부정된 사례로 대법원 2005. 10. 28. 선고 2003두13441 판결, 공정거래저해성이 인정된 사례로 대법원 2007. 1. 26. 선고 2005두2773 판결,[296] 대법원 2022. 5. 26. 선고 2020두36267 판결(하이트진로 사건),[297] 서울고등법원 2016. 10. 14. 선고 2015누70074 판결(삼양식품 사건)[298] 등이 있다.

6. 거래단계를 추가하거나 거쳐서 거래한 경우

2013. 8. 13. 법률 제12095호 개정되어 2014. 2. 14. 시행된 핵심적인 개정 부분에는 거래상 실질적인 역할이 없는 특수관계인이나 다른 회사를 매개로 거래하는 행위(소위 '통행세 거래') 부분이 신설되었다. 지원주체가 다른 사업자와 상품이나 용역을 거래하면 상당히 유리함에도 불구하고 거래상 역할이 없거나 미미한 지원객체를 거래단계에 추가하거나 거쳐서 거래하는 것은 지원행위에 해당한다. 또한 거래상 지원객체의 역할이 있다고 하더라도 그 역할에 비하여 과도한 대가를 지원객체에게 지급하는 것도 지원행위에 해당한다. 사례로는 통상적인 직거래관행 및 기존의 거래형태와 달리, 지원객체를 통해 제품을 간접적으로 구매하면서 실제 거래에 있어 지원객체의 역할을 지원주체가 수행하거나 지원주체와 지원주체의 역할이 중복되는 등 지원객체가 거래에 있어 실질적인 역할을 하지 않은 경우 등이 있다.[299] 참고 판례로, 대법원 2014. 2. 13. 선고 2013두17466 판결(롯데피에스

---

295) 부당한 지원행위의 심사지침 Ⅲ. 5.

296) 인력제공을 통한 지원행위와 공정거래저해성을 인정한 사례이다.

297) 하이트진로가 서영에 직원을 전적·파견하고 급여를 부담한 행위(인력 지원)에 대하여 인력지원에 따른 부당한 지원행위를 인정하였다.

298) 이 사건은 지원주체가 직원 11명으로 하여금 계열회사인 지원객체에서 업무를 하도록하고 급여를 지급하여 인력 지원행위를 하고 순환버스를 무상으로 대여하여 차량 지원행위를 한 사건이다.

299) 부당한 지원행위의 심사지침 Ⅲ. 6.

넷 사건),[300] 서울고등법원 2015. 10. 16. 선고 2014누5615 판결(삼양식품 사건),[301] 서울고등법원 2021. 7. 22. 선고 2018누64353 판결(기업집단 LS 사건),[302] 대법원 2022. 5. 26. 선고 2020두36267 판결(하이트진로 사건),[303] 대법원 2022. 9. 16. 선고 2019도19067 판결(미스터 피자 사건)[304] 등이 있다.

[통행세 거래 쟁점 – 실질적인 역할 존부]

지배권 승계 등 의도가 존재함에도 거래상 실질적인 역할이 있다면 부당한 지원행위가 적용될 수 있는지 문제된다. 통행세 거래의 요건으로 '거래상 실질적인 역할이 없을 것'을 요한다. 역할이 없거나 미미해야 하며, 상당한

---

300) 원심 및 대법원은 원고가 2009. 9.부터 2012. 5.까지 기업집단 롯데가 보유한 편의점 등 점포에 비치하기 위하여 현금자동입출금기를 구매하는 과정에서, 제조사인 네오아이씨피로부터 직접 구매하지 않고 같은 계열사인 롯데알미늄을 거쳐 구매함으로써 롯데알미늄으로 하여금 판시 매출이익을 실현하게 한 것은 부당한 지원행위에 해당하고, 따라서 이에 대한 피고의 이 사건 시정명령 및 과징금납부명령이 적법하다고 판단하였다.

301) 심리불속행 기각. 통행세 거래로 보이는 유형에서도 정상가격에 대한 증명이 없는 한 부당한 지원행위가 성립될 수 없다고 판단한 사례이다. 이 판결에 따르면 지원객체가 거래한 가격을 바로 지원주체와 지원객체 사이의 정상가격으로 보기 어렵다. 통행세 거래로 인한 매출이 지원객체 매출의 60%를 차지하더라도 정상가격을 증명하지 않는 한 과다한 경제상 이익이라고 단정하기 어렵다.

302) 서울고등법원은 실질적 역할이 없거나 미미한 계열회사를 거래단계에 추가한 행위에 해당함을 인정하면서, 국산 전기동 거래의 경우 정상가격 산정이 적법하지 않은 반면, 수입 전기동의 경우 정상가격이 적법하다고 판단하였다.

303) 삼광글라스가 하이트진로의 요구에 따라 서영으로부터 글라스락 캡을 구매한 행위(글라스락 캡 거래)에 대하여 거래상 실질적인 역할이 없는 특수관계인이나 다른 회사를 매개로 거래하는 행위를 통한 부당한 지원행위가 인정되었다. 다만, 이러한 소위 '통행세' 거래에서도 정상가격 증명이 필요한 점에 비추어 정상가격 증명이 충분한지에 대한 의문이 제기될 수 있는 사안이었다.

304) 피고인 정○○이 운영하는 피고인 회사가 피자치즈 등을 공급받음에 있어 거래상 아무런 역할을 하지 않는 주식회사 A 등을 거래단계에 추가하여 공급받음으로써 A 등으로 하여금 유통이윤을 취득하게 한 행위가 부당지원행위로 인한 공정거래법위반죄를 구성한다고 본 사건이다. 피고인의 행위가 2013년 공정거래법 개정전과 개정 후에 걸쳐 있는데, 대법원은 이를 포괄일죄로 접근한 것으로 보인다. 다만, 판시한 사정에 비추어 볼 때 이 사건에서 '현저한 규모의 거래'에 해당한다고 본 것은 의문이다.

역할이 있다면 위반행위의 요건사실을 흠결한다. 한편, 행위자의 거래의 의도는 다양할 수 있다. 승계와 같은 의도가 있다고 하더라도 실질적인 역할이 있다면 통행세 거래에는 해당하지 않는다. 예를 들면, 비용절감, 사업통합, 효율성 증진 등 공동구매나 공동판매, 조인트벤처에서 발견되는 효율성이 있다면 이를 위법하다고 보기 어렵다.

[통행세 거래 쟁점 – 정상가격 증명 요부 및 정상가격 판단]

통행세 거래에서 지원주체, 지원객체, 제3자의 거래에서, 지원주체와 지원객체 사이의 정상가격을 지원객체와 제3자 사이의 거래가격으로 볼 수 있는가? 예를 들면, 제3자 C가 지원객체 B에 매도하고, 지원객체 B가 다시 지원주체 A에 매도한 경우 문제된다.

첫째, 통행세 거래에도 정상가격 증명이 필요하다. 정상가격이 드러나야, 유리한 조건의 판단이 가능하다. 정상가격의 기준이 본질적으로 달라지지 않는다. 따라서 원칙적으로 지원객체 B와 제3자 C의 거래가격을 바로 지원주체와 지원객체 사이 정상가격으로 보기 어렵다. 특히 지원객체가 지원주체에 매도한 외에 다른 사업자에게 매도한 사례가 있는 경우에는 그렇다. 지원객체 B와 제3자 C의 거래가격을 바로 정상가격으로 보려면 합리적인 설명이 있어야 한다. 서울고등법원 2015. 10. 16. 선고 2014누5615 판결(삼양 사건)도 지원객체가 제3자와 거래한 가격을 바로 지원주체와 지원객체 사이의 정상가격으로 보기 어렵다는 취지이다.

둘째, 통행세 거래에서 비교대상이 되는 거래의 사례가 많지 않을 수 있다. 그 점에서 지원주체가 제3자 C와 직거래한 가격의 문제(지원행위 이전 가격), 지원객체가 제3자 C와 거래한 가격(지원행위 이후 가격)이 등장한다. 비교대상을 찾기 어렵다면 이 가격을 기준으로 사용할 수 있는지가 문제된다.

먼저 지원주체가 거래상대방 C와 거래한 가격은 정상가격의 후보가 될 수 있다. 거래주체가 동일하다는 점에서 장점이 있다. 다만, 지원주체가 거래상대방과 거래한 가격이 정상가격이 아닐 수 있다. 그 점에서 다른 비교표준가격과 마찬가지로 합리적 조정이 필요할 수 있다.

다음으로 지원객체가 거래상대방 C와 거래한 가격은 지원주체가 지원객체와 거래한 가격에 비교할 때 항상 양(+)의 가격(높은 가격)이 나올 수 있다. 그 점에서 이 가격은 특별한 사정이 없는 한 정상가격의 후보로 보기 어려운 측면이 있다.

셋째, 거래상대방 C와 거래한 가격에 국한하지 않고, 적절한 비교표준을 찾을 필요가 있다. 지원주체가 거래한 가격 중에서 거래조건이 유사한 가격을 찾는 작업이다. 그 후 합리적인 조정이 이루어질 수 있다. 한편, 동일한 거래에서 지원주체가 거래상대방과 종전에 거래한 가격도 정상가격의 후보가 될 수 있다(전후비교법). 다만, 이 경우에도 합리적 조정이 필요함은 물론이다.

[통행세 거래 쟁점 - 융합형 거래와 지원행위 판단]

하나의 행위에 대하여 가격 지원행위와 통행세 거래가 동시에 적용된 경우 정상가격의 산정이 문제된다. 가격 지원행위와 동시에 통행세 거래가 이루어진 사안에서 가격 지원행위는 물론 통행세 거래에도 정상가격 증명이 필요하다. 두 유형에서 정상가격은 다르지 않다. 통행세 조항에서 정상가격과 가격 지원행위에서 정상가격이 다르다면, 이는 하나의 행위에 대하여 복수의 정상가격이 존재할 수 있다는 논리로 그 자체로 모순된다. 정상가격은 규범적인 판단 문제 이전에 등장하는 객관적인 사실인정의 문제이다. 적용법령이 달라진다는 이유만으로 정상가격이 달라지기 어렵다.

▣ 리딩케이스 : 서울고등법원 2015. 10. 16. 선고 2014누5615 판결(삼양식품 사건)[305]

■ 판시사항

이 판결은 정상가격 부분(NB제품[306] 공급행위 부분)에 대하여 다음과 같이 판단하였다.

피고는 원고의 NB제품 공급행위에 관한 정상가격을 '내츄럴삼양이 2008. 1. 무렵부터 2013. 12. 24. 무렵까지 이마트에 공급한 NB제품의 공급가격'으로 특정한 것으로 보인다(이러한 전제에서 피고 의결서에는 지원금액이 '내츄럴삼양이 위 기간 동안 이마트에 공급한 NB제품의 금액 합계 164,435,000,000원'에서 '원고가 위 기간 동안 내츄럴삼양에 공급한 금액 합계 156,038,000,000원'과 '내츄럴삼양이 지출한 인건비 등 직접비 3,368,000,000원'

305) 심리불속행 기각.

306) NB(National Brand, 제조업자 브랜드)제품은 제조업체가 직접 개발하여 판매하는 제품을 말한다.

을 차감한 5,029,000,000원으로 특정하고 있다). 피고가 위와 같이 정상가격을 특정함에 있어서 원고와 내츄럴삼양 사이의 NB제품 거래사례와 유사한 사례를 선정하여 그 사례로부터 원고의 NB제품 공급행위의 정상가격을 합리적으로 산출하는 과정을 거쳤다고 보기 어렵다. 설령 내츄럴삼양의 이마트에 대한 NB제품 공급가격이 원고가 이마트와 직접 거래하였을 경우 기대할 수 있었던 범위라고 하더라도, 이러한 사정만으로 이를 당연히 정상가격이라고 단정할 수 없다.

오히려 이 사건에서 원고가 같은 기간에 같은 상품을 롯데마트, 홈플러스 등 대형할인점에 공급한 사례가 존재하며, 이는 공급주체, 공급기간 및 목적물이 동일한 독립적 거래사례인 점에서 그 가격이 객관적인 정상가격에 가까울 가능성이 충분히 있다. 그런데 2008. 1.부터 2013. 2.까지 원고의 내츄럴삼양에 대한 공급가격과 원고가 같은 기간 같은 상품을 롯데마트, 홈플러스 등 대형할인점에 공급한 가격을 비교한 결과, 원고의 내츄럴삼양에 대한 공급가격이 원고의 롯데마트에 대한 공급가격에 비하여 1.7~6% 높고, 원고의 홈플러스에 대한 공급가격과는 1% 이하의 차이가 있음을 알 수 있다(을 28). 이와 같이 원고의 내츄럴삼양에 대한 공급가격이 원고의 다른 대형할인점에 대한 공급가격과 현저한 차이가 없거나 유사하고, 그 차이도 거래규모에 따른 할인율이 적용되어 발생하였을 가능성을 배제하기 어렵다(원고의 내츄럴삼양에 대한 거래규모가 원고의 롯데마트, 홈플러스에 대한 거래규모보다 커서 높은 할인율이 적용될 수 있다). 이러한 제3의 거래사례와 비교하더라도 피고가 객관적인 거래사례를 충분히 비교·분석하거나 합리적으로 조정하는 과정을 거친 후 정상가격을 도출한 것인지 의심이 든다.

■ 해 설

① 공정위는 원고가 2008. 1. 무렵부터 2013. 12. 24.(심의종결일)까지 원고가 생산하는 면·스낵류 제품 중 NB제품을 이마트에 공급하는 과정에서 실질적 역할이 없는 내츄럴삼양을 중간 유통단계로 하여 판매함으로써 내츄럴삼양으로 하여금 8,397,000,000원의 매출이익을 얻을 수 있도록 하였고, 2008. 1. 무렵부터 2012. 2. 무렵까지 원고가 생산한 면·스낵류 제품 중 PB제품을 내츄럴삼양을 통해 이마트에 판매하는 과정에서 내츄럴삼양에게 상품매입액의 11%에 해당하는 판매장려금을 공급단가 할인의 방법으로 지급하여 내츄럴삼양으로 하여금 2,311,000,000원의 경제상 이익을 얻을 수 있도록

하였다는 이유로 원고에 대하여 시정명령과 과징금납부명령을 내렸다.

② 이 사건에서는, 공정위는 대법원 2014. 2. 13. 선고 2013두17466 판결(롯데피에스넷 사건)에 따라 통행세 거래에 해당하면 예외적으로 정상가격을 증명할 필요가 없다고 주장한 반면, 원고는 통행세 거래의 경우에도 일반원칙에 따라 정상가격의 증명이 필수적이라고 주장하였다. 법원은 "설령 원고가 내츄럴삼양을 통하지 않고 이마트와 직접 거래할 필요가 있더라도 '현저히 유리한 조건으로 거래하여 과다한 경제상 이익을 제공하였음'이 증명되지 않았다면 부당한 지원행위가 성립한다고 볼 수 없다"라고 판시함으로써, 통행세 거래로 보이는 유형에서도 정상가격에 대한 증명이 없는 한 부당한 지원행위가 성립될 수 없다고 판단하였다.

7. 공기업의 자회사 설립과 지원행위 성립

가. 배 경

정부가 2018. 12. 31. 발표한 「바람직한 자회사 설립 · 운영 모델안」에서는 수의계약 시 공정거래법상 부당한 지원행위에 해당하지 않도록 동종·유사업종 대비 거래가격을 고려하여 계약을 체결할 것을 명시하고 있다.

위와 같은 방침은 모회사가 주식의 100%를 소유하고 있는 완전 자회사라 하더라도 양자는 법률적으로는 별개의 독립한 거래주체이고, 모회사와 완전 자회사 사이의 지원행위도 구 공정거래법 제23조 제1항 제7호(현 공정거래법 제45조 제1항 제9호)의 부당한 지원행위의 금지대상에 해당하므로 공정거래법 적용을 피하기 어렵다는 점을 염두에 둔 것으로 보인다.

따라서 공공기관이 파견 · 용역 근로자의 정규직화를 위해 설립된 자회사와의 수의계약에서 낙찰률 적용을 배제하거나, 종전 용역업체와의 거래 때보다 낙찰률을 상향조정하는 것이 공정거래법 제45조 제1항 제9호 부당한 지원행위에 해당한다고 볼 수 있는지를 살펴볼 필요가 있다.

나. 부당한 지원행위 성립 여부

부당한 지원행위의 기본 요건은 공공기관과 자회사 사이의 수의계약에서도 그대로 적용될 것으로 보인다.

대법원 2006. 6. 2. 선고 2004두558 판결(한국도로공사 사건)에서 한국도로공사의 책임감리용역 발주행위가 공정거래법 제58조의 규정에 의하여 부당지원행위의 규제대상에서 제외되는지 여부가 문제되었으나, 대법원은 건설교통부장관의 승인에 따라 수의계약에 의한 감리용역 발주행위가 법 제58조에서 말하는 법률 또는 그 법률에 의한 명령에 따른 정당한 행위에 해당한다고 할 수 없다고 판단하여 공정거래법 적용을 긍정하였다. 이에 따르면 공공기관과 자회사 관계에서도 부당한 지원행위 적용을 피할 수 없을 것으로 보인다.

결국, 공정거래법 제45조 제1항 제9호의 부당한 지원행위는 공공기관과 자회사 관계에서도 적용될 수 있다는 점에 이론은 없는 것으로 보인다. 부당한 지원행위가 비록 공공기관을 염두에 두고 입법된 것은 아니더라도 그 객관적인 요건과 부당성 판단에 있어서 기존에 누적된 부당한 지원행위의 요건에 해당한다면, 그 적용을 피하기 어려울 것이다[부당성 판단에 관계된 부분은 'Ⅳ. 3. 부당성이 부정되는 경우' 참조].

이에 비하여 부당한 지원행위의 공백을 막기 위하여 제정된 공정거래법 제45조(특수관계인에 대한 부당한 이익제공 금지) 규정은 공공기관과 자회사 관계에서 적용되기 어려울 것으로 보인다. 공정거래법 제45조는 공시대상기업집단에 속하는 회사가 특수관계인이나 특수관계인이 대통령령으로 정하는 비율 이상의 주식을 보유한 계열회사와 특수관계인에게 부당한 이익을 귀속시키는 행위를 하여서는 아니 된다고 규정하고 있다. 공공기관이 자산 등 요건을 충족하여 공시대상기업집단으로 지정되지 않는다면, 위 규정의 주체가 되기 어려울 것이다. 나아가 구체적인 행위유형에서도 공공기관과 자회사 거래에서는 사익편취적인 요소가 발견되는 사례는 드물 것으로 보인다.

다. 지원행위 유형

공공기관의 자회사에 대한 지원은 경쟁 제한이나 경제력 집중과 거리가 있다. 직접 고용의 형태를 유지하는 고용안정화의 방안 중 하나로 자회사를 설립한 것이어서, 그 이후의 거래형태도 주로 용역 거래가 문제될 것으로 보인다.

부당한 지원행위에서 문제된 용역 지원 사례는 주로 수수료, 광고비, 인쇄비 등 용역에 대한 대가의 지급이 문제된 사례이다. 이는 공공기관과 자회사 사이에서도 다르지 않을 것으로 보인다. 용역의 내용은 공공기관과 자회사의 성격에 따라 달라질 수 있으나, 수수료 등을 과도하게 지급하는 행위가 대상이 될 가능성이 높고, 경우에 따라 특별장려금 등을 지급하는 경우 이러한 금액도 지원금액에 포함될 가능성이 있다.

라. 유리한 거래조건

정상가격 산정의 기준은 부당한 지원행위 유형별로 달라지기는 어렵다. 이 점에서 공공기관의 용역 거래에 있어서도 1차적으로 가장 근접한 정상가격을 찾아내야 하지만, 그렇지 못한 경우에는 단순히 제반 상황을 사후적, 회고적인 시각에서 판단하여 거래 당시에 기대할 수 있었던 최선의 가격이나 당해 거래가격보다 더 나은 가격으로 거래할 수도 있었을 것이라 하여 가벼이 이를 기준으로 정상가격을 추단하여서는 안 되고, 먼저 당해 거래와 비교하기에 적합한 유사한 사례를 선정하고 나아가 그 사례와 당해 거래 사이에 가격에 영향을 미칠 수 있는 거래조건 등의 차이가 존재하는지를 살펴 차이가 있다면 이를 합리적으로 조정하는 과정을 거쳐 정상가격을 추단하여야 한다. 다만 이러한 기준의 적용은 구체적인 용역 거래의 태양과 특수성에 따라 달라질 수 있음은 당연하다.

[공공기관과 자회사 관계와 정상가격 판단]

① 자회사 이익률

대법원 2014. 6. 12. 선고 2013두4225 판결(웅진씽크빅 등 사건)에서 대법원은 공정위가 산정한 정상가격 산정 방식의 문제점을 지적하면서 이 사건 같은 대행 업무의 수수료를 산정하는 데에는 다양한 방법이 있을 수 있음을 고려해야 하고, 특히 지원객체의 이익률을 고려하면 과다한 경제상 이익이 제공될 수 없다고 보았다. 이 점에서 자회사의 경우 공공기관과 거래에서 발생한 이익률 등이 낮은 경우에는 부당한 지원행위의 결과 과다한 경제상 이익이 발생하였다고 단정하기 어려울 것이다.

② 용역의 특수성

대법원 2016. 3. 10. 선고 2014두8568 판결(에스케이텔레콤 사건)도 인건비, 유지보수비 등에 대하여는 적정한 정상가격을 찾기 어렵다는 점에서 대법원이 어느 정도 범위에서 정상가격을 인정할지에 관심이 집중된 사건이었다. 이 사건에서 대법원은 용역거래의 특수성을 강조하였다. 즉 에스케이텔레콤이 계열회사에 요구한 작업에 대한 요구강도가 높은 경우에는 당연히 더 높은 보수가 산정된다는 것이다. 이 점에서 공공기관과 자회사의 용역거래에서 과거에 비하여 더 높은 대가가 지급되거나, 비교대상인 거래보다 높은 대가가 지급되었더라도 용역의 특수성이 설명된다면 부당한 지원행위가 부정될 가능성이 있다.

③ 기존 낙찰률

서울고등법원 2017. 7. 21. 선고 2015누945 판결(한국도로공사 사건)[307]은 경쟁입찰에 의하여 체결한 위탁계약의 낙찰률을 정상가격으로 보았다. 경쟁입찰에 의한 가격을 반드시 정상가격으로 단정할 수 없고, 정상가격으로 삼을 만한 비교가격으로 무엇이 있는지, 위 낙찰률 외에는 정상가격을 미루어 볼 만한 자료가 없었는지를 보아야 할 것이지만, 경쟁입찰에 따른 기존 낙찰률도 일응의 기준은 될 수 있을 것이다.

마. 물량 지원행위

서울고등법원 2017. 10. 25. 선고 2017누37675 판결(씨제이씨지브이 사건)[308]에서 원고의 거래가 지원객체에 집중된 정도,[309] 기존거래처와 비교내용,[310] 관련 시장에서 차지하는 비중,[311] 지원객체의 매출액 중 지원주체와 거래 비중[312] 등 객관적인 지표가 사용되었다. 서울고등법원 2017. 7.

307) 대법원 2018. 1. 25. 선고 2017두58076 판결로 상고기각.

308) 확정.

309) 원고의 2007년부터 2011년까지의 전체 스크린광고 계약금액 중 재산의 영업을 통한 계약금액은 약 98% 정도인 점.

310) 원고가 기존 거래처인 삼양씨엔씨에 비하여 최대 6.5배에 달하는 극장에 대한 스크린광고 영업대행 업무를 위탁한 점.

311) 원고와 재산의 거래규모는 총 2,808억 2,100만 원으로 이는 같은 기간 국내 스크린광고 영업대행시장의 48%에 해당하는 규모인 점.

312) 재산의 2005년부터 2011년까지 전체 매출액 중 원고와의 스크린광고 영업대행 거

21. 선고 2015누945 판결(한국도로공사 사건)[313]도 전체 계약금액, 지원객체의 매출액 중 지원주체와 거래 비중 등을 고려하고 있다.

공공기관과 자회사 거래에서도 계약금액, 매출액의 비중 등 정량적 지표가 적용될 수 있다. 공공기관 사례에서 공공기관의 입장에서 자회사에 대한 거래는 집중될 가능성이 높고, 자회사의 입장에서도 그 매출액이 공공기관에 집중될 가능성이 높아서 이 점에서는 종래의 판례에 비추어 부정적이지만, 자회사 외 기존의 거래처가 존재하지 않고, 전체 관련시장 중 거래비중이 낮다면 이 점에서는 중립적인 지표가 될 수 있다. 다만, 상당한 규모는 상당히 유리한 정상가격보다 증명이 더 어렵고 모호하여, 공공기관과 자회사 관계에서 상당한 규모로 인한 부당한 지원행위가 문제될 소지는 유리한 정상가격에 의한 부당한 지원행위보다 낮을 것으로 보인다.

Ⅳ. 공정거래저해성 판단기준

1. 공정거래저해성 판단의 기본원칙

지원행위에 대한 부당성은 원칙적으로 지원주체와 지원객체의 관계, 지원행위의 목적과 의도, 지원객체가 속한 시장의 구조와 특성, 지원성 거래규모와 지원행위로 인한 경제상 이익, 지원기간, 지원횟수, 지원시기, 지원행위 당시 지원객체의 경제적 상황, 중소기업 및 여타 경쟁사업자의 경쟁능력과 경쟁여건의 변화정도, 지원행위 전후의 지원객체의 시장점유율 추이 및 신용등급의 변화정도, 시장개방의 정도 등을 종합적으로 고려하여 당해 지원행위로 인하여 지원객체의 관련시장에서 경쟁이 저해되거나 경제력 집중이 야기되는 등으로 공정한 거래를 저해할 우려가 있는지 여부에 따라 판단한다. 이러한 지원행위의 부당성은 공정한 거래질서라는 관점에서 판단되어야 하며, 지원행위에 단순한 사업경영상의 필요 또는 거래상의 합리성 내

래를 통한 매출액은 78%에 이르는 점.

313) 대법원 2018. 1. 25. 선고 2017두58076 판결로 상고기각.

지 필요성이 있다는 사유만으로는 부당성이 부정되지 아니한다. 다만, 사업자가 아닌 특수관계인에 대한 지원행위의 부당성은 특수관계인이 당해 지원행위로 얻은 경제상 급부를 계열회사 등에 투자하는 등으로 인하여 지원객체의 관련시장에서 경쟁이 저해되거나 경제력 집중이 야기되는 등으로 공정한 거래를 저해할 우려가 있는지 여부에 따라 판단한다.[314]

[공정거래저해성 쟁점 - 지원객체가 간접적으로 속한 시장]

삼성SDS의 특수관계인에 대한 부당지원행위 사건(대법원 2004. 9. 24. 선고 2001두6364 판결)에서 대법원은 "지원객체가 직접 또는 간접적으로 속한 시장에서 경쟁이 저해되거나 경제력이 집중되는 등으로 공정한 거래를 저해할 우려가 있다는 의미로 해석하여야 할 것이며, 이렇게 해석할 경우 지원객체가 일정한 거래분야에서 시장에 직접 참여하고 있는 사업자일 것을 요건으로 하는 것은 아니다."라고 판시하고 있다. 대우건설의 태천개발 부당지원행위 사건(대법원 2005. 5. 27. 선고 2004두6099 판결)에서도 "지원객체가 지원행위 당시 일정한 거래분야의 시장에 직접 현실적으로 참여하고 있을 필요는 없다"고 판시하였다. 다만, 이와 같이 일부 판례에 '간접적 참여'가 언급되어 있으나, 이러한 유형이 무엇을 의미하는지 법리가 생성되지 못하고, 기준이 구체화되지 못한 것으로 평가할 수 있다.

[공정거래저해성 쟁점 - 복수의 지원행위]

부당한 지원행위의 공정거래저해성을 행위유형별로 보지 않고 합산해서 볼 수 있는지가 문제된다.

불공정거래행위는 행위 유형별로 부당성을 판단해야 한다. 부당한 지원행위의 성격에 대하여 논란이 있었다. 그러나 현재 부당한 지원행위가 개별 거래의 불공정성을 판단하는 조항으로 정착되었다. 공정거래저해성은 행위 유형별로 별개로 판단해야 한다. 예를 들면, 밀가루, 기타 원재료, 판매망, 상표권, 주식양도는 별개의 거래이다. 그 경우 공정거래저해성을 별개로 판단하는 것이 원칙이다.

다만, 이 행위가 일련의 연속된 행위이거나 불가분적인 행위인 경우 등 예외적인 경우에는 이를 한꺼번에 모아서 공정거래저해성을 판단할 수 있을

---

314) 부당한 지원행위의 심사지침 Ⅳ. 1.

것이다. 이와 달리 개별 거래행위 유형이 너무나 차이가 나서 공통점이 적고, 차별성이 큰 경우에는 한꺼번에 판단하기 어렵다.

서울고등법원 2020. 2. 12. 선고 2018누44595 판결(하이트진로 사건)[315]은 다수의 지원행위에 대하여 장기간의 연속적인 지원행위를 인정하면서 개별적인 지원행위의 공정거래저해성이 미약하더라도 부당한 지원의도 아래에서 다양한 지원행위가 장기간 지속적으로 실행된 경우에는 공정거래저해성을 인정하였다. 대법원 2008. 6. 12. 선고 2006두7751 판결도 개별지원행위를 일련의 행위로 보아 전체적으로 결합하면, 규모가 상당하여 공정거래저해성이 있다고 보았다.

[공정거래저해성 쟁점 - 기업집단 소속 여부]

부당한 지원행위의 공정거래저해성은 경제력집중과 경쟁제한성으로 구성된다. 그 중 경제력집중 판단에서, 기업집단에 속하지 않는 경우 일반집중에서 고려할 수 있는지 문제된다. 기업집단은 지분율 기준과 지배력 기준으로 보고 있다. 기업집단에 속하지 않는 경우 지원객체에게 지원한 경우 경쟁제한성은 관련시장에 따라 인정될 수 있으나, 여기에 더하여 일반집중이 인정되려면 특별한 사정에 대한 설명이 필요할 것으로 보인다.

[공정거래저해성 쟁점 - 경쟁제한성 판단]

부당한 지원행위에서 문제되는 경쟁제한성 판단 방법도 기본적으로는 다른 경쟁제한행위와 다르지 않다.[316]

첫째, 부당성을 판단함에 있어 시장지배적 지위 남용행위 규제, 기업결합 규제 등과 같이 관련시장을 엄밀히 획정한 후 경쟁제한효과를 판단하는 방법, 시장의 진입과 퇴출 상황을 주로 보는 방법 등이 있을 수 있다. 시장의 변화를 보는 방법으로 지원객체가 속한 시장에서 지원객체의 시장점유율 증가, 매출 증가, 수익 개선 등 요소를 볼 수 있다.

둘째, 부당한 지원행위의 공정거래저해성 판단에서 봉쇄효과를 고려할 수 있는지 문제된다. 부당한 지원행위도 수직적 거래에서 전속거래와 비슷한 면이 있어, 봉쇄효과를 검토할 수 있다. 봉쇄효과를 보려면 관련시장을 정확하게 획정해야 한다. 봉쇄효과를 보려면 시장을 엄밀하게 획정해야 양적 · 질

---

315) 대법원 2022. 5. 26. 선고 2020두36267 판결(하이트진로 사건)로 상고 기각.

316) 다만, 부당한 지원행위에서 경쟁제한성 증명은 완화된다는 견해도 있다.

적 봉쇄를 파악할 수 있다.

셋째, 거래상 지위 남용과 유사한 취지에서 '경쟁기반의 저해'를 고려한 하급심 판결도 있다. 서울고등법원 2016. 10. 14. 선고 2015누70074 판결(삼양식품 사건) 등이다. 한편, 경쟁기반 저해에 근거하여 경쟁제한성 심사를 완화하는 것과 봉쇄효과를 고려하는 것은 서로 조화되지 않을 수 있다. 봉쇄효과를 보려면 시장을 엄밀히 획정해야 하는 반면, 경쟁기반을 고려할 경우 거래상 지위 남용과 같이 시장획정 필요성이 인정되기 어렵기 때문이다.

2. 공정거래저해성이 인정되는 경우

대법원은 지원행위가 부당성을 갖는지 여부를 판단함에 있어서는 지원주체와 지원객체와의 관계, 지원행위의 목적과 의도,[317] 지원객체가 속한 시장의 구조와 특성, 지원성 거래규모와 지원행위로 인한 경제상 이익 및 지원기간, 지원행위로 인하여 지원객체가 속한 시장에서의 경쟁제한이나 경제력집중의 효과 등은 물론 중소기업 및 여타 경쟁사업자의 경쟁능력과 경쟁여건의 변화 정도, 지원행위 전후의 지원객체의 시장점유율의 추이, 시장개방의 정도 등을 종합적으로 고려하여 당해 지원행위로 인하여 지원객체의 관련시장에서 경쟁이 저해되거나 경제력 집중이 야기되는 등으로 공정한 거래가 저해될 우려가 있는지 여부를 살펴보아야 한다고 판시하고 있다.[318] 사업경영상 필요로 부당성이 부정될 수 있는지에 관하여, 대법원은 지원행위에 단순한 사업경영상의 필요 또는 거래상의 합리성 내지 필요성이 있다

---

317) '부당한 자금지원행위'의 요건으로서의 지원의도는 지원행위를 하게 된 동기와 목적, 거래의 관행, 당시 지원객체의 상황, 지원행위의 경제상 효과와 귀속 등을 종합적으로 고려하여 지원주체의 주된 의도가 지원객체가 속한 관련 시장에서의 공정한 거래를 저해할 우려가 있는 것이라고 판단되는 경우 인정되는 것이고, 이러한 지원의도는 앞서 본 바와 같은 여러 상황을 종합하여 객관적으로 추단할 수 있다(대법원 2005. 5. 27. 선고 2004두6099 판결).

318) 대법원 2004. 3. 12. 선고 2001두7220 판결, 대법원 2004. 4. 9. 선고 2001두6197 판결, 대법원 2004. 4. 23. 선고 2001두6517 판결, 대법원 2004. 10. 14. 선고 2001두2935 판결, 대법원 2005. 4. 29. 선고 2004두3281 판결, 대법원 2005. 5. 13. 선고 2004두2233 판결, 대법원 2005. 5. 27. 선고 2004두6099 판결, 대법원 2005. 10. 28. 선고 2003두13441 판결 등.

는 사유만으로는 부당한 지원행위의 성립요건으로서의 부당성 및 공정거래저해성이 부정될 수는 없다고 판시하였다.[319] 예를 들어 지연이자를 수령하지 않은 경우에는 회수가능성이 있는지에 따라 부당성 판단이 달라질 수 있다(대법원 2005. 5. 27. 선고 2004두6099 판결). 한편, 대법원 2007. 1. 11. 선고 2004두3304 판결(한국수자원공사 사건)에서 건설교통부장관의 승인에 따라 정부투자기관이 책임관리용역을 수의계약으로 발주하는 행위가 구 공정거래법 제58조(현 공정거래법 제116조)의 규정에 의하여 부당한 지원행위에서 제외되는지 여부가 문제되었으나, 대법원은 이러한 적용제외를 부정하였다.

3. 공정거래저해성이 부정되는 경우

과거 대법원은 지원행위와 그 현저성이 인정되는 경우에는 부당성 인정에 엄격한 입장을 취하지 않음으로써 심사대상이 '현저성'에 집중되는 경향을 보였다.[320] 대법원이 부당성 심사를 완화하는 듯한 태도를 취한 것을 어떻게 보아야 할지 문제된다. 부당한 지원행위 규제가 경제력 집중 차원에서 출발하였다는 제도적 취지를 고려한 것일 수도 있고, 부당한 지원행위 규제가 1997년 외환위기 이후에 주로 적용되면서 경제현실에 비추어 그 폐해가 충분히 인정되어 별도의 심사가 필요하지 않다고 판단하였을 수 있다. 그러나 경쟁제한성을 기준으로 내세우면서 부당한 지원행위에 대하여만 부당성을 용이하게 인정한다는 것은 공정거래법 전체의 균형을 고려하더라도 수용하기 어려울 수 있다.

---

319) 대법원 2004. 4. 9. 선고 2001두6197 판결, 대법원 2004. 10. 14. 선고 2001두2881 판결.

320) 「부당내부거래 50문50답-공정거래법 쟁점과 실무를 중심으로」, 법무법인 세종 41면. 부당성을 긍정하면서도 시장상황을 고려한 사건으로는 대법원 2011. 9. 8. 선고 2009두11911 판결(산은캐피탈이 이 사건 제1 거래행위가 있기 전에는 3년 연속 적자인 데다가 자본잠식 상태에 있었는데, 이 사건 제1 거래행위가 있은 후에는 흑자로 전환되어 2005. 12. 말경 자본잠식 상태에서 완전히 벗어났을 뿐만 아니라 신용등급도 상향조정되었던 점) 등이 있으나, 시장상황을 면밀히 고려하여 부당성을 인정하였다고 보기는 어렵다.

최근 일부 판결은 부당성 인정에 있어서 과거에 비하여 엄격한 입장을 취하고 있다.[321] 이러한 판결은 위와 같은 문제의식에서 부당한 지원행위에 있어서도 경쟁제한성 심사에 있어서만은 다른 규제 유형과 차별을 두지 않고 같은 기준으로 심사해야 한다는 취지로 볼 여지도 있다. 그러나 이러한 최근의 판결은 정상가격이 증명되지 못하였거나 현저성이 이미 부정되는 경우이어서 부당성 판단이 상대적으로 중요하지 않았다. 이와 달리 정상가격 및 현저성이 모두 인정되는 사안에서 대법원이 부당성을 어느 정도 수준에서 엄밀히 판단할 것인지는 명확하다고 보기 어렵다.[322] 참고 판례로, 서울고등법원 2013. 7. 18. 선고 2012누30730 판결(롯데피에스넷 사건),[323] 대법원 2003. 9. 5. 선고 2001두7411 판결(대한주택공사 사건),[324] 대법원 2005. 10. 28. 선고 2003두13441 판결(하나로통신 사건)[325] 등이 있다.

---

321) 서울고등법원 2015. 10. 16. 선고 2014누5615 판결(삼양식품 사건, 심리불속행 기각), 서울고등법원 2015. 12. 3. 선고 2015누40356 판결(한국남동발전 사건, 심리불속행 기각), 서울고등법원 2016. 1. 22. 선고 2015누40585 판결(한국수력원자력 사건, 심리불속행 기각), 서울고등법원 2016. 12. 14. 선고 2015누45511 판결(한국주택공사사건) 등. 위 판결과 더불어 대법원 2014. 11. 13. 선고 2009두20366 판결(네이버 사건)은 "원심이 이 사건 전대행위로 인하여 서치솔루션이나 엔에이치엔서비스가 속한 시장에서의 경쟁이 저해되거나 경제력 집중이 야기되는 등으로 공정한 거래가 저해될 우려가 있다고 보기 어렵다고 판단한 것은 정당하다"고 판단하여 부당성을 부정하였다.

322) 향후 부당한 지원행위에서 현저성이 인정되어 부당성만으로 부당한 지원행위의 성립이 결정되는 사안에서, 대법원이 부당한 지원행위 전체의 체계, 제도적 의미, 기능을 종합적으로 고려하여 방향을 결정할 것으로 보인다.

323) 대법원 2014. 2. 13. 선고 2013두17466 판결로 상고기각. 이 사건에서 "기업이 자기의 경쟁력이나 경영상 효율과는 무관하게 계열회사의 보조·지원이라는 수단을 통하여 경쟁상의 우위를 확보하게 되어 자기의 근면과 창의성을 바탕으로 가격·기술·품질·서비스 등의 경쟁력을 확보한 기업들간의 공정한 경쟁이 왜곡되고 경제적 효율에 기초한 기업의 퇴출 또는 진입이 저해됨으로써 경쟁과정에 의한 자원배분의 선순환의 고리가 깨지게 되고 그 결과 경제의 비효율성이 발생되어 국민경제의 균형적 발전도 저해될 우려가 있다."라고 판시한 부분은 관련시장과 시장점유율이라는 시장구조적인 접근방식을 벗어나 경제전체의 집중도를 본 것으로 이해된다.

324) 공익적 목적, 동반도산 방지의 필요성을 들어 부당성을 부정한 사례.

325) 인력지원행위의 규모 등을 고려하여 부당성을 부정한 사례.

[공정거래저해성에 관한 판례 동향]

공정거래저해성(부당성)을 판단함에 있어 시장지배적 지위 남용행위 규제, 기업결합 규제 등과 같이 관련시장을 엄밀히 획정한 후 경쟁제한효과를 판단하는 방법, 시장의 진입과 퇴출 상황을 주로 보는 방법 등이 있을 수 있다. 판례에서 부당성을 부정한 경우는 세 유형으로 분류할 수 있다. 첫째, 지원규모가 미미한 경우이다. 구 공정거래법상 정상가격과 차이로 현저성은 인정되나 규모가 미미하여 부당성이 부정된[326] 신문사 사건이 대표적이다〔대법원 2005. 5. 13. 선고 2004두2233 판결(중앙일보 사건), 대법원 2005. 9. 15. 선고 2003두12059 판결(조선일보 사건), 대법원 2008. 6. 12. 선고 2006두7751 판결(한국투자증권 사건), 대법원 2014. 11. 13. 선고 2009두20366 판결(네이버 사건)〕. 둘째, 자연인에게 지원하였더라도 다시 투자되는 등 사정이 없는 경우이다(대법원 2004. 9. 24. 선고 2001두6364 판결). 셋째, 공익적 목적을 위한 경우 등 정당화사유가 있는 경우이다〔대법원 2003. 9. 5. 선고 2001두7411 판결(대한주택공사 사건), 대법원 2006. 5. 26. 선고 2004두3014 판결(토지공사 사건), 대법원 2006. 6. 2. 선고 2004두558 판결(도로공사 사건), 대법원 2007. 3. 29. 선고 2005두3561 판결(도로공사 사건) 등〕. 인력지원에서 당해 인력지원 행위로 인한 시장에서의 경쟁제한이나 경제력 집중의 효과가 비교적 간접적으로 나타날 것으로 보이는 점, 급여액수가 신설회사의 매출액에 비하여 매우 적은 점, 시장에서의 경쟁조건을 결정짓는 것은 초기 설비투자의 규모 및 기술력에 의존하는 측면이 강하므로 위 인력지원 행위가 무선인터넷 정보서비스시장의 경쟁에 미치는 영향은 미미할 것으로 보이는 점 등을 종합하여 부당성을 부정한 사례로는 대법원 2005. 10. 28. 선고 2003두13441 판결(하나로통신 사건)이 있다.

[공기업의 자회사 설립과 공정거래저해성 판단]

① 자회사 거래와 부당성

부당한 지원행위에서 부당성, 즉 공정거래저해성은 지원객체의 관련시장에서 경쟁이 저해되거나 경제력 집중이 야기되는 등으로 공정한 거래를 저해할 우려가 있는지 여부에 따라 판단하고 있고 이는 공공기관과 자회사 거래에서도 다르지 않을 것이다.

종래 대법원이 부당성을 부정한 사례 중 공공기관 사례에서 유의미한 사

326) 물량지원 사례에서는 규모의 현저성(상당성)이 객관적 구성요건인 현저성(상당성) 요건에서 먼저 판단될 것이다.

안은 '지원규모가 미미하여 부당성이 부정된 유형'과 '공익적 목적을 위한 지원 등 정당화사유가 있는 경우'이다. 공공기관과 관련성이 높은 것은 주로 후자의 공익적 목적과 연관성이 높은 경우이다. 공정거래법상 위반행위에 있어 경성카르텔과 같이 경험칙상 위법성 인정 가능성이 높은 유형이 아닌 이상 정당화사유를 허용하는 것이 일반적이다.

과거 부당한 지원행위에서 부당성이 부정된 사례는 대법원 2003. 9. 5. 선고 2001두7411 판결(대한주택공사 사건), 대법원 2006. 5. 26. 선고 2004두3014 판결(토지공사 사건), 대법원 2006. 6. 2. 선고 2004두558 판결(한국도로공사 1차 사건), 대법원 2007. 3. 29. 선고 2005두3561 판결(한국도로공사 2차 사건) 등 공공기관이 많았다. 공공기관의 자회사 거래에서도 이러한 종래의 공익적 차원의 정당화 사유가 논의되고, 수용될 가능성이 있다.

공익적 차원에서 부당성이 부정된 경우도 그 구체적인 사유를 분석할 필요가 있다. 대법원 2003. 9. 5. 선고 2001두7411 판결(대한주택공사 사건)의 경우 선급금 지급행위는 부실기업인 한양 등의 경영정상화를 촉진시키기 위하여 원고에게 부여한 수의계약집행권한과 전대・지급보증 등 금융지원권한의 범위 내에 속하는 행위로서, 한양 등이 다시 도산하는 경우 야기될 사회적・경제적 불안을 해소하기 위한 공익적 목적이 있을 뿐만 아니라 총 1조원이 넘는 전대 및 지급보증을 한 원고로서는 자신의 동반 도산을 막기 위한 불가피한 필요라는 매우 특수하고 개별적인 사정이 있음이 고려되었다.

대법원 2006. 5. 26. 선고 2004두3014 판결(토지공사 사건)에서 수의계약에 의한 책임감리용역 발주행위가 건설공사의 감리 및 설계용역시장에서의 경쟁을 제한하는 측면이 전혀 없는 것은 아니나, 공사의 인력감축 등 구조조정을 전제로 민영화를 달성하기 위한 공익적 목적으로 원고에게 부여된 수의계약집행권한의 범위 내에 속하는 행위인 점, 이 사건 책임감리용역 발주행위의 규모 및 그로 인한 경제상 이익이 그다지 크지 아니한 점 등에 비추어, 이 사건 책임감리용역 발주행위가 부당하다고 볼 수는 없다고 판단하였다.

대법원 2006. 6. 2. 선고 2004두558 판결(한국도로공사 1차 사건)의 경우 공사의 인력감축 등 구조조정을 전제로 민영화를 달성하기 위한 공익적 목적으로 원고에게 부여된 수의계약집행권한의 범위 내에 속하는 행위라는 특수한 사정이 고려되었다. 대법원 2007. 3. 29. 선고 2005두3561 판결(한국도로공사 2차 사건)의 경우 고속도로관리공단 및 고속도로정보통신의 민영화라는 공익적 목적을 달성하기 위하여 원고에게 부여된 수의계약집행권한의 범위 내에서 행하여진 행위인 점, 고속도로관리공단 및 고속도로정보통신의 민영화 과정에서 자생력 확보 및 기업가치 제고, 소속 직원의 고용안정, 유지보수 전문회사로서의 육성을 통한 경영합리화 도모 등을 위하여 원고가 고속도로관리공단 및 고속도로정보통신과 이 사건 수의계약을 체결함에 있어서 일정 수준의 낙찰률을 보장해 줄 필요성이 있었던 점 등 특수한 사정이 고려되었다.

한편, 최근 일부 판결은 부당성 인정에 있어서 과거에 비하여 엄격한 입장을 취하고 있어, 이 점에서도 공공기관의 자회사 거래에서 관련시장에서 경쟁제한성이나 경제력 집중도에 대한 심사가 필요하다. 공공기관의 경우 기업집단 사례와 달리 경제력 집중의 우려 등은 상대적으로 낮을 가능성이 있는 것으로 보인다.

서울고등법원 2017. 7. 21. 선고 2015누945 판결(한국도로공사 3차 사건)[327]에서 부당성이 인정되었으나 이러한 법원의 판단에 대하여는 몇가지 검토가 필요하다. 부당성에 관하여 위 법원이 판시한 사정이 중요한 고려요소가 될 수 있음은 부정하기 어려우나, 이러한 사정이 종래 판례가 제시한 경제력 집중 야기나 경쟁 저해와 바로 연결되는지는 의문이다. 최근 여러 하급심이 부당한 지원행위의 부당성 심사에 있어 관련시장을 고려하여 엄격한 입장을 취하였는데, 이 사건은 그에 비하여 훨씬 완화된 입장을 취하고 있다.

② 사업다각화와 부당성

공공기관이 자회사에 대하여 용역 지원을 하고, 이로 인한 재원을 바탕으로 자회사가 사업다각화를 할 경우, 이는 용역 지원의 부당성 판단에 고려될 수 있다. 그러나 사업다각화 자체만으로 바로 용역 지원의 부당성이 인정되는 것으로는 보기 어렵다. 사업다각화가 경쟁제한이나 경제력 집중 등의 요인으로 사용되었음을 전제로 부당성 판단에 고려될 수 있다.

Ⅴ. 특수관계인에 대한 부당한 이익 제공 금지

1. 제도의 개요

---

327) 대법원 2018. 1. 25. 선고 2017두58076 판결로 상고기각.

2013. 8. 13. 법률 제12095호 개정되어 2014. 2. 14. 시행된 공정거래법으로 특수관계인에 대한 부당한 이익 제공 금지 규정이 신설됨에 따라, 공시대상기업집단에 속하는 회사는 특수관계인(동일인 및 그 친족에 한정한다)이나 특수관계인이 대통령령으로 정하는 비율 이상의 주식을 보유한 계열회사와 특정 행위를 통하여 특수관계인에게 부당한 이익을 귀속시키는 행위를 하여서는 아니 된다.

위 규정이 적용되는 기업집단은, 종전에는 상호출자제한기업집단이었으나(2014. 2. 11. 대통령령 제25173호로 개정되어 2014. 2. 14. 시행된 공정거래법 시행령 제38조 제1, 2항), 2017. 4. 18. 법 개정(시행 2017. 4. 19.)을 통하여 공시대상기업집단(자산총액 5조원 이상)으로 확대되었다.

“특수관계인이 대통령령으로 정하는 비율 이상의 주식을 보유한 계열회사”란 동일인이 단독으로 또는 동일인의 친족[공정거래법 시행령 제5조(기업집단으로부터의 제외) 제1항에 따라 동일인관련자로부터 분리된 자는 제외한다]과 합하여 발행주식 총수의 100분의 30(주권상장법인이 아닌 회사의 경우에는 100분의 20) 이상을 소유하고 있는 계열회사를 의미한다. 이때 동일인은 자연인을 의미하며 법인을 의미하지는 않는다. 법인이 동일인인 경우에도 규제의 필요성이 있을 수 있으나, 법문언상으로는 제외된 것으로 볼 수 있다.

지원주체가 ‘특수관계인이 일정 비율 이상의 주식을 보유한 계열회사’와 거래한 경우 지원객체를 거래상대방인 계열회사로 볼 것인지, 계열회사의 지분을 보유한 특수관계인으로 볼 것인지 문제된다. 거래상대방인 계열회사를 지원객체로 볼 수 있을 것이다.[328] 신설된 이 규정에 관련하여 다음과 같은 쟁점이 제기될 수 있다.

가. 주체 및 객체

이익제공 주체는 공시대상기업집단(동일인이 자연인인 기업집단으로 한정한다)에 속하는 회사이다. 이 규정이 적용되는 기업집단은, 종전에는 상

328) 「부당내부거래 50문50답－공정거래법 쟁점과 실무를 중심으로」, 법무법인 세종 116면.

호출자제한기업집단(동일인이 자연인인 기업집단으로 한정한다)이었으나,[329] 2017. 4. 18. 법 개정(시행 2017. 4. 19.)을 통하여 공시대상기업집단으로 확대되었다. 2021. 12. 30. 시행되는 공정거래법(법률 제17799호) 제47조는 주체를 '공시대상기업집단(동일인이 자연인인 기업집단으로 한정한다)에 속하는 국내 회사'로 더 명확하게 특정하고 있다.

이익제공 객체는 특수관계인(동일인 및 그 친족에 한정한다)이나 특수관계인이 대통령령으로 정하는 비율 이상의 주식을 보유한 계열회사이다. 구 공정거래법에 따르면, "특수관계인이 대통령령으로 정하는 비율 이상의 주식을 보유한 계열회사"란 동일인이 단독으로 또는 동일인의 친족[제3조의2(기업집단으로부터의 제외) 제1항에 따라 동일인관련자로부터 분리된 자는 제외한다]과 합하여 발행주식 총수의 100분의 30(주권상장법인이 아닌 회사의 경우에는 100분의 20) 이상을 소유하고 있는 계열회사를 의미하였다(구 공정거래법 시행령 제38조). 그러나 2021. 12. 30. 시행된 개정 공정거래법(법률 제17799호) 제47조는 '특수관계인(동일인 및 그 친족으로 한정한다), 동일인이 단독으로 또는 다른 특수관계인과 합하여 발행주식총수의 100분의 20 이상의 주식을 소유한 국내 계열회사 또는 그 계열회사가 단독으로 발행주식총수의 100분의 50을 초과하는 주식을 소유한 국내 계열회사'로 객체를 규정하고 있다. 규제대상이 되는 객체의 지분율 기준을 20%로 일원화하였고, 해당 회사가 50% 초과 지분을 보유한 자회사도 지원객체에 포함하는 등 규정의 적용대상을 확대하였다.

이때 동일인은 자연인을 의미하며 법인을 의미하지는 않는다. 법인이 동일인인 경우에도 규제의 필요성이 있을 수 있으나, 법문언상으로는 제외된 것으로 볼 수 있다. 이익제공 주체가 '특수관계인이 일정 비율 이상의 주식을 보유한 계열회사'와 거래한 경우 이익제공 객체를 거래상대방인 계열회사로 볼 것인지, 계열회사의 지분을 보유한 특수관계인으로 볼 것인지 문제된다. 거래상대방은 계열회사이므로, 계열회사를 지원객체로 볼 수 있을 것이다.[330]

---

329) 2014. 2. 11. 대통령령 제25173호로 개정되어 2014. 2. 14. 시행된 공정거래법 시행령 제38조 제1, 2항.

330) 「부당내부거래 50문50답 - 공정거래법 쟁점과 실무를 중심으로」, 법무법인 세종

나. 간접거래의 포함 여부

부당한 지원행위와 달리 간접거래를 제외한다면 그 근거가 제시될 필요가 있다. 종전의 부당한 지원행위도 판례의 해석론으로 간접거래가 포함되었다. 우회적인 방법으로, 제3자를 통하여 기업어음을 할인하여 인수한 경우에 적용된 사례이다. 따라서 명시적인 법령상 근거가 없다는 이유로 간접거래를 제외하는 것은 설득력이 약하다. 오히려 부당한 지원행위의 판례 및 법리가 특수관계인에 대한 이익제공에 적용되지 않아야 한다면, 그 논거가 제시될 필요가 있다. 부당한 지원행위에서 간접거래를 포함된 판례는 지원행위를 위하여 우회적인 거래를 작위적으로 한 사안이 대부분이었다. 이와 달리 위반행위 이전부터 간접적인 거래를 하였고, 규제를 회피하기 위하여 작위적으로 우회적인 거래를 한 경우가 아니라면 특수관계인에 대한 이익제공에서 제외될 가능성이 높을 것이다. 대법원 2022. 11. 10. 선고 2021두35759 판결(갤럭시아일렉트로닉스, 효성 사건)은 특수관계인에 대한 이익제공 사안에서 간접거래가 포함되는 것으로 판시하였다.[331)]

다. 정상가격 증명 요부

객관적 구성요건으로서 정상가격에 의한 상당성을 증명할 필요가 있는지이다. 서울고등법원 2017. 9. 1. 선고 2017누36153 판결(대한항공 사건)은 객관적 구성요건의 해석에서 종래 정상가격 증명의 법리를 제45조에 원칙적으로 적용하며, 공정위가 정상가격 증명을 위한 노력을 하지 않았음을 행위유형별로 지적하였다. 위 판결의 이러한 판단은 수긍할 수 있다. 공정거래법 제45조 제1항 제9호에 규정된 '상당히 유리한 조건'과 공정거래법 제47조 제1항 제1호에 규정된 '상당히 유리한 조건'은 문언상 동일하므로, 특

116면.

331) 구 공정거래법 제23조의2의 규정 내용, 입법 경위 및 입법 취지 등을 고려하면, 구 공정거래법 제23조의2 제1항 제1호에서 금지하는 자금거래를 통한 특수관계인에 대한 이익제공행위는 자금의 제공 또는 거래방법이 직접적이든 간접적이든 묻지 아니하므로, 행위주체가 행위객체에게 부당한 이익을 귀속시킬 목적으로 제3자를 매개하여 자금거래행위가 이루어지고 그로 인하여 행위객체에게 실질적으로 이익이 귀속되는 경우에도 행위 요건을 충족한다.

별한 사정이 없는 한 달리 해석하기 어렵다. 개념상으로도 상당히 유리한지를 판단하기 위해서는 그 기준이 필요하고, '정상가격'이 그러한 기준으로서 역할을 담당하고 있으므로, 정상가격의 증명 없이 유리한지를 판단하는 것은 어렵다. 대상판결의 정상가격에 관한 법리는 대법원 2022. 5. 12. 선고 2017두63993 판결을 통하여 유지되었다. 따라서 공정위는 제47조의 적용에 있어서도 정상가격이나 이에 준하는 표준을 적극적으로 찾아야 할 필요가 있게 된다.

라. 이익제공의도 증명 요부

특수관계인 이익제공에서 이익제공의도 증명이 필요한지 문제된다. 부당한 지원행위와 연장선상에서 보면 필요하다고 볼 여지도 있다. 그러나 특수관계인 이익 제공 심사지침에서 이익제공의도에 대한 증명 필요성을 요하지 않고 있다. 이 점에서 부당한 지원행위 심사지침과 차이가 있다. 공정위는 기업집단 대림 및 기업집단 태광 사건[332]에서 이익제공의도를 증명할 필요가 없다고 보았다. 이러한 공정위 실무를 지지하며 이익제공의도의 증명이 필요하지 않다는 견해가 있다. 이익제공의도의 증명이 불필요하다는 견해는, 부당한 지원행위에서 객체가 기업집단이 아니라서 지원의도가 필요하지만, 부당한 이익제공은 객체가 기업집단이라서 지원의도가 필요가 없음을 논거로 한다. 그러나 부당한 지원행위에서 지원의도는 계열회사와 비계열회사를 구별하기 위하여 도입된 것으로 보기는 어렵다.

결과적으로 이익이 제공되었으나 비난하기 어려운 경우를 구별해 내기 위하여 이익제공의도의 순기능이 있다. 위에서 논한 바와 같이, 절차적 적법성은 행위시에 판단되지만, 그 행위의 효율성은 상당한 시간이 경과된 후에 판단되는 경우가 기업의 거래에서 다수이다. 이 경우 행위의 위법성을 판단함에 있어 회사의 이익을 고려한 행위였는지, 특정인의 이익을 도모하기 위한 행위였는지는 판단의 중요한 기준이 될 수 있다. 이 점에서 이익제공의도는 그 자체를 필수적인 요소로 보기 어렵다고 하더라도 행위의 위법

332) 공정위 2019. 8. 23. 의결 제2019-201호(기업집단 태광 사건).

성을 판단함에 있어 유의미한 고려 요소로 심리될 필요가 있다. 판례가 회사의 최대 이익에 부합한다고 합리적으로 신뢰하여 신의성실에 따라 경영상의 판단을 내렸는지,[333] 그렇지 않은지를 중요한 요소로 고려하는 것은 이 점에서 이해할 수 있다. 상당한 규모의 이익 제공 사안이든, 상법상 경영판단 사안이든 의사결정자가 합리적 신뢰를 하고, 신의성실이나 선의에 따른 판단을 하였는지를 가려낼 수 있다면 이는 위법성 인정의 중요한 고려요소가 될 수 있을 것이다.

이익제공의도와 별도로 법 제47조 제1, 3, 4항에서 이익제공 주체, 이익제공 객체, 특수관계인의 고의가 필요한지 문제된다. 이 점에서 시정조치와 과징금의 부과 등 행정처분과 형사처벌에서 차이가 있을 수 있다. 행정처분을 위하여 고의가 필요하다고 단정하기는 어렵지만, 형벌을 부과하기 위하여 고의가 필요하다.

마. 부당성 증명 요부

부당성 증명이 필요한지의 문제이다. 이는, 특수관계인에 대한 부당한 이익 제공 금지에서 '부당한 이익'의 개념 및 판단기준이 부당한 지원행위에서 '부당성'과 동일한지에서 비롯된다. 부당성 증명이 필요하다는 대법원 2022. 5. 12. 선고 2017두63993 판결(대한항공 사건)의 입장은 특수관계인에 대한 이익제공이 비록 별도의 규정으로 입법되었음에도 그 논리구조와 성격이 부당한 지원행위에 근접한다는 점에서 불가피한 태도로 볼 여지가 있다.

나아가, 공정거래법의 다른 행위요건과 균형상 비교적 자연스러운 해석으로 보인다. 시장지배적 지위 남용행위에 관한 포스코 판결(대법원 2007. 11. 22. 선고 2002두8626 판결) 이후에는 법원이 공정거래법 사건에서 부당성 평가를 하지 않은 사례가 거의 없었다. 이는 시장지배적 지위 남용 사건 등 경쟁제한성 평가가 전면적으로 이루어져야 하는 사건에 국한되는 것이 아니라, 불공정거래행위 등 상대적으로 부당성이 넓게 인정되는 사건에도 공통된 것으로 보인다. 이런 상태에서 법원이 공정거래법 제45조 사건에서 부당성 판

---

333) 대법원 2007. 10. 11. 선고 2006다33333 판결.

단이 불필요하다는 견해를 채택하기에는 상당한 부담이 있었을 것이다.

여기에 입법과정에서 당초 법안과 달리 '부당한 이익' 요건이 추가되었음에 비추어 보면 '부당성'의 독자적 의미를 부정하는 것은 객관적으로도 어렵다. 다만, 부당한 지원행위와 입법취지와 규제목적이 다르지만, 행위요건에 해당하는 경우 정당화사유 등을 포함하여 부당성을 심사해야 한다는 견해에 의하더라도, 부당성 요건 중 상당 부분이 행위 요건의 증명을 통하여 이루어지는 사안도 있을 것이므로, 정상적인 거래관행, 사익편취로 인한 폐해, 기타 입법상 고려된 사유 등을 통하여 부당성 심사가 이루어질 가능성은 여전히 있다.

부당성이 추정된다는 논지는 그 견해의 현실적인 필요성에도 불구하고 현행법상 쉽게 채택하기 어려운 측면이 있다. 법문상 추정이라는 용어가 사용되지 않아 법률상 추정으로는 보기 어렵고, 사실상 추정은 경험칙에 기반을 두고 있는데, 공정거래법 제45조와 같은 신생(新生) 조항에 있어 이러한 접근을 할 만한 경험칙이 누적되어 있다고 보기 어렵다.

바. 부당성 판단 기준

부당성 증명이 필요하다는 전제에서, 부당성 판단 기준의 문제이다. 부당한 지원행위가 1996년 도입된 이후, 대법원[334]이 부당한 지원행위에서 지원객체가 자연인인 경우 공정위가 경쟁제한성 또는 경제력 집중을 증명해야 한다는 법리를 구성함으로써 사실상 자연인인 총수일가에 대한 지원행위가 부당한 지원행위에서 배제되는 결과에 이르렀고, 이러한 문제는 공정거래법 제45조의 입법에 영향을 미쳤다. 이러한 입법경위를 고려하여 보면 부당성을 경쟁제한성으로 보기는 어려울 것이다.[335] 대법원 2022. 5. 12. 선고 2017두63993 판결은 이익제공행위를 통하여 그 행위객체가 속한 시장에서

---

334) 삼성 SDS사건(대법원 2004. 9. 24. 선고 2001두6364 판결), 현대택배 사건(대법원 2005. 1. 27. 선고 2004두2219 판결), 서울증권사건(대법원 2006. 9. 8. 선고 2004두2202 판결), 엘지 4차사건(대법원 2007. 10. 26. 선고 2005두1862 판결).

335) 부당한 지원행위의 다른 위법성 판단 표지인 '경제력 집중'은 그 자체로는 다의적인 개념인 만큼 이를 어떻게 구체화하는가에 따라 입법경위에 부합하는지에 따른 판단이 달라질 수 있을 것이다.

경쟁이 제한되거나 경제력이 집중되는 등으로 공정한 거래를 저해할 우려가 있을 것까지 요구하는 것은 아니고, 행위주체와 행위객체 및 특수관계인의 관계, 행위의 목적과 의도, 행위의 경위와 그 당시 행위객체가 처한 경제적 상황, 거래의 규모, 특수관계인에게 귀속되는 이익의 규모, 이익제공행위의 기간 등을 종합적으로 고려하여, 변칙적인 부의 이전 등을 통하여 대기업집단의 특수관계인을 중심으로 경제력 집중이 유지·심화될 우려가 있는지 여부에 따라 판단하여야 한다고 판시하였다.

물론, 일반집중의 차원에서 논의된 부당한 지원행위나 이 사건에서 문제된 특수관계인에 대한 이익제공이 경쟁제한성과 어느 정도 연관성을 가질 수 있음은 부정할 수 없다. 그럼에도 부당한 지원행위나 특수관계인에 대한 부당한 이익제공은 경쟁제한성으로 완전히 설명될 수 없는 한계가 있음도 인정해야 한다. 경쟁제한성을 일부 투영하더라도 이와 별도로 제도가 가지는 사회적 의미를 직시해야 법제도의 기능과 한계에 대한 균형적인 이해가 가능하다. 이러한 견지에서 위 판결이 부당성의 내용을 경제력 집중으로 본 부분은 기본적으로는 공정거래법상 불가피한 것으로 볼 여지가 있다. 특히, 우리 사회에서 사익 편취로 이해될 수 있는 현상은 다양함에도 불구하고 공정거래법이 유독 공시대상기업집단의 이익 취득 행위에만 개입을 해야 할 근거가 무엇인지 생각해 볼 필요가 있다. 공정거래법이 추구하는 목적 중 이에 부합하는 개념으로 경제력 집중 외에는 그 대안을 찾기 어려운 것으로 이해할 수 있다.

사. 제재의 일관성 문제

공정거래법 제47조의 적용에 있어 문제되는 당사자로는 이익제공 주체, 이익제공 객체, 특수관계인이 존재한다. 나아가 이익제공 객체가 특수관계인이 아니라 특수관계인이 주식을 소유한 계열회사인 경우에는 이익제공 객체와 특수관계인이 분리될 수 있다. 아래에서 시정조치, 과징금, 형벌 등에 대한 관련 규정을 살펴본다.

첫째, 시정조치의 상대방을 공정거래법 제49조는 '해당 특수관계인 또는 회사'로 규정하고 있다. 제1항 위반의 경우 이익제공 주체에 대하여, 제3항 위반의 경우 이익제공 객체에 대하여, 제4항 위반의 경우 특수관계인에 대하여 시정조치의 부과가 가능하다. 이는 위반행위의 태양에 따라 각각 그 주체에게 시정조치를 명하도록 한 것으로 자연스럽다.

둘째, 과징금에 관한 근거규정인 법 제50조 제2항은 법 제47조 제1, 3항 위반에 대하여 과징금을 부과하도록 되어 있다. 법 제47조 제1항 위반으로 주체에게 과징금 부과가 가능하고, 제3항 위반으로 객체에게 과징금 부과가 가능하다. 법 제47조 제4항 교사 행위에 대하여 과징금에 대한 근거 규정이 없어 과징금 부과가 가능하지 않다. 특수관계인이 바로 이익제공 객체인 경우에는 제3항에 따라 특수관계인에 대하여 과징금 부과가 가능하다. 그러나 이익제공 객체와 특수관계인이 분리되는 경우에는 이익제공 객체에 대하여만 가능할 뿐 특수관계인에 대하여 과징금 부과는 가능하지 않을 것으로 보인다.

셋째, 법 제124조 제1항 제10호에 따라 형벌도 가능하다. 법률은 법 제47조 제1항, 제4항을 위반한 자에 대하여 형벌을 부과하고 있다. 따라서 이익제공 주체와 교사한 특수관계인에 대하여만 형벌 부과가 가능하고, 이익제공 객체에 대한 형벌부과는 가능하지 않다.

공정거래법 제47조의 적용에 있어 문제되는 당사자로는 이익제공 주체, 이익제공 객체, 특수관계인이 있는 바, 시정조치의 대상은 이를 모두 포함하고 있어 범위가 가장 넓다. 과징금 부과의 대상은 이익제공 주체와 이익제공 객체로 한정되고, 형벌의 대상은 이익제공 주체와 교사하거나 관여한 특수관계인으로 한정된다.

그 결과 시정조치, 과징금, 형벌의 대상이 서로 달라진다. 행정처분의 대상을 누구로 할 지는 입법정책의 문제이지만, 제재의 수준에 있어 시정조치, 과징금, 형벌의 대상은 대체로 일치하는 것이 자연스럽고, 법집행에 혼선이 적다. 다만, 과징금을 부당이득 징수로 이해하면 이익제공 객체와 특수관계인이 분리되는 경우에는 어느 일방에 대하여만 부과하는 것이 바람직하고, 그 경우 이익을 수령한 이익제공 객체를 대상으로 하는 것이 보다 적합할 것이다. 형벌의 경우에도 행위를 주도한 이익제공 주체와 이를 교

사, 관여한 특수관계인에 대하여 비난가능성이 높다고 볼 여지는 있다.[336]

2. 상당히 유리한 조건의 거래

공정거래법 제47조 제1항 제1호에 따른 정상적인 거래에서 적용되거나 적용될 것으로 판단되는 조건보다 상당히 유리한 조건으로 거래하는 행위로 다음과 같다. 첫째, 상당히 유리한 조건의 자금 거래로 가지급금·대여금 등 자금을 정상적인 거래에서 적용되는 대가보다 상당히 낮거나 높은 대가로 제공하거나 거래하는 행위이다. 둘째, 상당히 유리한 조건의 자산·상품·용역 거래로 부동산·유가증권·무체재산권 등 자산 또는 상품·용역을 정상적인 거래에서 적용되는 대가보다 상당히 낮거나 높은 대가로 제공하거나 거래하는 행위이다. 셋째, 상당히 유리한 조건의 인력 거래로 인력을 정상적인 거래에서 적용되는 대가보다 상당히 낮거나 높은 대가로 제공하거나 거래하는 행위이다. 다만, 시기, 종류, 규모, 기간, 신용상태 등이 유사한 상황에서 공정거래법 제9조 제1항에 따른 특수관계인이 아닌 자와의 정상적인 거래에서 적용되거나 적용될 것으로 판단되는 조건과의 차이가 100분의 7 미만이고, 거래당사자간 해당 연도 거래총액이 50억 원(상품·용역의 경우에는 200억 원) 미만인 경우에는 상당히 유리한 조건에 해당하지 않는 것으로 본다.[337] 관련 사례로, 대법원 2022. 5. 12. 선고 2017두63993 판결(대한항공 사건), 대법원 2022. 5. 26. 선고 2020두36267 판결(하이트진로 사건),[338] 대법원 2022. 11. 10. 선고 2021두35759 판결(갤럭시아

336) 다만, 사안에 따라 이익제공 객체가 행위를 주도한 경우도 있을 수 있어, 일반적으로 이익제공 주체의 비난가능성이 반드시 높은 것인지는 의문이다.

337) 공정거래법 시행령 제54조 제1항 별표 3 참조.

338) 하이트진로가 서영에 직원을 전적·파견하고 급여를 부담한 행위(인력 지원), 하이트진로가 서영으로부터 공캔을 구매한 행위(공캔 거래), 삼광글라스가 하이트진로의 요구에 따라 서영으로부터 알루미늄 코일을 구매한 행위(알루미늄 코일 거래), 삼광글라스가 하이트진로의 요구에 따라 서영으로부터 글라스락 캡을 구매한 행위(글라스락 캡 거래), 서영이 서해인사이트 주식을 키미데이타에 매도함에 있어 하이트진로가 수익률을 보장한 행위(주식 고가매도 지원행위)에 대하여 부당한 지원행위와 함께 특수관계인에 대한 부당한 이익 제공이 적용되었다. 서울

일렉트로닉스, 효성 사건),[339] 대법원 2023. 3. 16. 선고 2022두38113 판결(태광 사건)[340] 등이 있다.

▣ 리딩케이스 : 대법원 2022. 5. 12. 선고 2017두63993 판결(대한항공 사건)[341]

고등법원은 인력 지원, 공캔 거래, 알루미늄 코일 거래, 글락스락 캡 거래에 대하여 부당한 지원행위와 특수관계인에 대한 부당한 이익 제공을 인정하였으나, 주식 고가매도 지원행위에 대하여는 이를 부정하였다. 인력지원을 통한 부당한 이익 제공에 대하여 서영이 제공받은 이익이 약 9,600만 원이고 당기순이익의 2%에 그쳐서 정량적으로는 의문이 있으나, 대법원은 특수관계인이 기업집단 하이트진로에 대한 지배력을 유지·강화하고 경영권을 승계하는 토대가 된 점 등 정성적 요인에 주목하여 부당성을 인정하였다.

339) 원심은 서울고등법원 2021. 1. 28. 선고 2018누52497 판결이다. 대법원은 다음과 같은 원심 판단에 수긍하였다. TRS 계약을 비롯한 거래는 원고 효성투자개발과 원고 갤럭시아 사이에 직접적인 자금거래행위는 없으나, 원고 효성투자개발이 원고 갤럭시아에게 부당한 이익을 귀속시킬 목적으로 제3자인 SPC와 이 사건 TRS 계약을 체결하고 이로 인하여 원고 갤럭시아가 SPC를 상대로 상당히 유리한 조건으로 이 사건 CB(전환사채)를 발행하여 자금을 조달함에 따라 특수관계인에게 실질적으로 이익이 귀속되었으므로, 구 공정거래법 제23조의2 제1항 제1호의 상당히 유리한 조건으로 거래하는 행위에 해당하고, 그 행위를 통하여 특수관계인에게 귀속된 이익의 '부당성'도 인정된다는 취지로 판단하였다. 이 사건에서 발행된 전환사채는 만기에 인수하려는 금융기관이 없는 등 콜옵션의 가치가 인정되기 어려워, 실질적으로 회사채와 다르지 않다고 보았다.

340) 원고 회사들(기업집단 태광 소속 회사)이 특수관계인 지분 100%인, 주식회사 티시스로부터 김치를, 주식회사 메르뱅으로부터 와인을 매수한 행위가 특수관계인에게 부당한 이익을 귀속시키는 행위에 해당하는지가 문제된 사건이다. 원심은 구 공정거래법 제23조의2(현 공정거래법 제47조) 제1항에서 정한 특수관계인에게 부당한 이익을 귀속시키는 행위는 인정한 반면, 특수관계인이 김치거래, 와인거래에 관여했다고 단정하기 어렵다는 이유로 특수관계인에 대한 시정명령을 취소하였다. 대법원은 '이 사건 김치거래는 구 공정거래법 제23조의2(현 공정거래법 제47조) 제1항 제1호의 상당히 유리한 조건의 거래에 해당하고, 이 사건 와인거래는 구 공정거래법 제23조의2(현 공정거래법 제47조) 제1항 제4호의 상당한 규모의 거래에 해당한다'는 이유로 원고 회사들의 상고를 기각하였으나, '특수관계인이 이 사건 김치거래, 와인거래에 관여하였다고 볼 여지가 많다'는 이유로 이 부분을 파기·환송하였다.

341) 원심 판결인 서울고등법원 2017. 9. 1. 선고 2017누36153 판결에 대한 검토는 제3

■ 판시사항

'상당히 유리한 조건의 거래인지 여부'를 판단하는 기준이 되는 '정상가격'이란, 거래당사자 간에 이루어진 경제적 급부와 동일한 경제적 급부가 시기, 종류, 규모, 기간, 신용상태 등이 유사한 상황에서 특수관계가 없는 독립된 자 간에 이루어졌을 경우 형성되었을 거래가격 등을 말한다. 피고가 당해 거래와 동일한 실제 사례를 찾을 수 없어 부득이 유사한 사례에 의해 정상가격을 추단할 수밖에 없는 경우에는, 단순히 제반 상황을 사후적, 회고적인 시각에서 판단하여 거래 당시에 기대할 수 있었던 최선의 가격이나 당해 거래가격보다 더 나은 가격으로 거래할 수도 있었을 것이라 하여 가벼이 이를 기준으로 정상가격을 추단하여서는 안 되고, 먼저 당해 거래와 비교하기에 적합한 유사한 사례를 선정하고, 나아가 그 사례와 당해 거래 사이에 가격에 영향을 미칠 수 있는 거래조건 등의 차이가 존재하는지를 살펴 그 차이가 있다면 이를 합리적으로 조정하는 과정을 거쳐 정상가격을 추단하여야 한다.

한편, 구 공정거래법(2013. 8. 13. 법률 제12095호로 개정되기 전의 것) 제23조 제1항 제7호(현 공정거래법 제45조 제1항 제9호)에 따라 규제의 대상이 되는 부당지원행위는 현저히 유리한 조건의 거래를 통해 특수관계인 또는 다른 회사를 지원하고 이로써 공정한 거래를 저해할 우려가 있는 경우로 한정되었다. 따라서 그 지원행위가 현저히 유리한 정도에 미치지 못하거나 시장에 참여하고 있는 사업자가 아닌 특수관계인 개인을 지원하는 경우에는 변칙적인 부의 세대간 이전 등을 통한 소유집중의 우려가 있어도 사실상 공정거래 저해성을 입증하는 것이 곤란하여 규제가 어려웠다.

이에 2013. 8. 13. 법률 제12095호로 공정거래법을 개정하면서 부당지원행위의 성립요건을 완화하는 한편, 공정한 거래를 저해하는지 여부가 아닌 특수관계인에게 부당한 이익을 제공하였는지 여부를 기준으로 위법성을 판단하는 구 공정거래법 제23조의2(현 공정거래법 제47조)를 신설하였다.

이러한 구 공정거래법 제23조의2(현 공정거래법 제47조)의 규정 내용, 입법 경위 및 입법 취지 등을 고려하면, 구 공정거래법 제23조의2(현 공정거래법 제47조) 제1항 제1호에서 금지하는 특수관계인에 대한 부당한 이익제공행위에 해당하려면, 제1호의 행위에 해당하는지 여부와는 별도로 그 행위를 통하여 특수관계인에게 귀속된 이익이 '부당'한지에 대한 규범적 평가가 아

판 506~508면 참조.

울러 이루어져야 한다.

여기에서 말하는 '부당성'이란, 이익제공행위를 통하여 그 행위객체가 속한 시장에서 경쟁이 제한되거나 경제력이 집중되는 등으로 공정한 거래를 저해할 우려가 있을 것까지 요구하는 것은 아니고, 행위주체와 행위객체 및 특수관계인의 관계, 행위의 목적과 의도, 행위의 경위와 그 당시 행위객체가 처한 경제적 상황, 거래의 규모, 특수관계인에게 귀속되는 이익의 규모, 이익제공행위의 기간 등을 종합적으로 고려하여, 변칙적인 부의 이전 등을 통하여 대기업집단의 특수관계인을 중심으로 경제력 집중이 유지·심화될 우려가 있는지 여부에 따라 판단하여야 한다. 이와 같이 특수관계인에게 귀속된 이익이 '부당'하다는 점은 시정명령 등 처분의 적법성을 주장하는 피고가 증명하여야 한다.

■ 해 설

대법원은, 위 각 행위가 '정상가격보다 상당히 유리한 조건으로 거래하는 행위를 통하여 특수관계인에게 부당한 이익을 귀속시키는 행위'에 해당한다고 보기 어렵다고 본 원심의 판단은 정당하고, 거기에 구 공정거래법 제23조의2(현 공정거래법 제47조) 제1항의 부당성, 정상가격에 관한 법리 등을 오해하여 판결에 영향을 미친 잘못이 없다고 판단하였다. 대법원은 정상가격 문제에 있어 정상가격 필요설, 부당지원행위의 정상가격과 비차별설을 채택하였다. 대법원은 부당성 문제에 있어 부당성 필요설, 부당성의 내용으로 소유집중에 따른 경제력 집중설을 채택하였다. 판단기준에 변칙적인 증여가 포함되었으며, 공정거래저해성과 다름을 명시하였다. 특수관계인 이익제공에 있어 제시된 '경제력 집중' 기준이 부당한 지원행위의 경제력 집중 기준과 다를 바 없다는 견해와 이 판결을 통하여 차별화된다는 견해가 있으나, 후자가 타당한 것으로 보인다. 이 판결에서 알 수 있듯이 부당성 판단 기준의 일부로 양적 기준인 규모와 기간이 포함되었으나, 양적 기준에 지나치게 치중하여 부당성을 판단하는 것은 사건의 본질을 간과할 가능성이 있음에도 유의할 필요가 있다.

3. 사업기회의 제공

공정거래법 제47조 제1항 제2호에 따른 "회사가 직접 또는 자신이 지배하고 있는 회사를 통하여 수행할 경우 회사에 상당한 이익이 될 사업기회를 제공하는 행위"는 회사가 직접 또는 자신이 지배하고 있는 회사를 통하여 수행할 경우 회사에 상당한 이익이 될 사업기회로서 회사가 수행하고 있거나 수행할 사업과 밀접한 관계가 있는 사업기회를 제공하는 행위이다. 회사가 해당 사업기회를 수행할 능력이 없는 경우, 회사가 사업기회 제공에 대한 정당한 대가를 지급받은 경우, 그 밖에 회사가 합리적인 사유로 사업기회를 거부한 경우는 제외한다. 다만, 사업기회의 제공에 통행세 거래가 포함되는지는 검토가 필요하다.[342] 이 부분 사업기회의 제공은 상법 제397조의2 제1항 제2호의 "회사가 수행하고 있거나 수행할 사업과 밀접한 관계가 있는 사업기회"와 유사하고, 같은 항 제1호의 "직무를 수행하는 과정에서 알게 되거나 회사의 정보를 이용한 사업기회"는 빠져 있는 것으로 볼 수 있다. 관련 사건으로 공정위 2019. 9. 9. 의결 제2019-217호(대림 사건), 공정위 2021. 12. 15. 의결 제2022-071호(에스케이 실트론 사건)[343] 등이 있다.

4. 현금, 그 밖의 금융상품의 상당히 유리한 조건의 거래

공정거래법 제47조 제1항 제3호에 따른 특수관계인과 현금, 그 밖의 금융상품을 상당히 유리한 조건으로 거래하는 행위는 특수관계인과 현금, 그 밖의 금융상품을 정상적인 거래에서 적용되는 대가보다 상당히 낮거나 높은 대가로 제공하거나 거래하는 행위로 한다. 다만, 시기, 종류, 규모, 기간, 신용상태 등이 유사한 상황에서 공정거래법 제9조 제1항에 따른 특수관계인이 아닌 자와의 정상적인 거래에서 적용되거나 적용될 것으로 판단되는 조건과의 차이가 100분의 7 미만이고, 거래당사자간 해당 연도 거래총액이 50억 원 미만인 경우에는 상당히 유리한 조건에 해당하지 않는 것으로 본다.

---

342) 「부당내부거래 50문50답-공정거래법 쟁점과 실무를 중심으로」, 법무법인 세종 63면.

343) 대림 사건에서는, 대림산업이 개발한 그룹 자체 브랜드(GLAD)를 총수 일가가 100% 지분을 소유한 회사(에이플러스디)로 하여금 상표권을 출원하여 등록할 수 있도록 한 행위가 문제되었다. 에스케이 사건에서는, 에스케이가 실트론 주식을 취득할 수 있는 기회를 포기하고 특수관계인 최태원 회장이 주식을 취득하도록 한 행위가 문제되었다.

5. 합리적 고려나 비교 없는 상당한 규모의 거래

공정거래법 제47조 제1항 제4호에 따른 "사업능력, 재무상태, 신용도, 기술력, 품질, 가격 또는 거래조건 등에 대한 합리적인 고려나 다른 사업자와의 비교 없이 상당한 규모로 거래하는 행위"는 거래상대방 선정 및 계약체결 과정에서 사업능력, 재무상태, 신용도, 기술력, 품질, 가격, 거래규모, 거래시기 또는 거래조건 등 해당 거래의 의사결정에 필요한 정보를 충분히 수집・조사하고, 이를 객관적・합리적으로 검토하거나 다른 사업자와 비교・평가하는 등 해당 거래의 특성상 통상적으로 이루어지거나 이루어질 것으로 기대되는 거래상대방의 적합한 선정과정 없이 상당한 규모로 거래하는 행위이다. 이에 따르면 상당한 규모의 거래와 함께 의사결정이 정당한 절차로 이루어졌는지를 함께 심사해야 한다. 관련 사례로, 대법원 2023. 3. 16. 선고 2022두38113 판결(태광 사건)[344] 등이 있다.

[공정거래법 제47조 제1항 제4호 상당한 규모 거래의 체계]

상당한 규모의 거래를 이용한 특수관계인에 대한 부당한 이익 제공은 다음과 같은 구조로 설계되어 있다.

첫째, 위반행위의 객관적 요건으로 주체 요건, 객체 요건, 행위 요건 등을 규정하고 있다. 공정거래법 제47조 제1항은 '공시대상기업집단(동일인이 자연인인 기업집단으로 한정한다)에 속하는 회사는 특수관계인(동일인 및 그 친족에 한정한다. 이하 이 조에서 같다)이나 특수관계인이 대통령령으로 정하는 비율 이상의 주식을 보유한 계열회사와 다음 각 호의 어느 하나에 해당하는 행위를 통하여 특수관계인에게 부당한 이익을 귀속시키는 행위를 하여서는 아니 된다.'라고 규정하며, 그 유형 중 하나로 제4호에서 '사업능력, 재무상태, 신용도, 기술력, 품질, 가격 또는 거래조건 등에 대한 합리적인 고려나

---

344) 대법원은 '이 사건 김치거래는 구 공정거래법 제23조의2(현 공정거래법 제47조) 제1항 제1호의 상당히 유리한 조건의 거래에 해당하고, 이 사건 와인거래는 구 공정거래법 제23조의2(현 공정거래법 제47조) 제1항 제4호의 상당한 규모의 거래에 해당한다'는 이유로 원고 회사들의 상고를 기각하였으나, '특수관계인이 이 사건 김치거래, 와인거래에 관여하였다고 볼 여지가 많다'는 이유로 이 부분을 파기・환송하였다.

다른 사업자와의 비교 없이 상당한 규모로 거래하는 행위'를 규정하고 있다.

공정거래법 시행령 제54조 제1항 별표 3은 이를 더욱 구체화하여 '법 제47조(특수관계인에 대한 부당한 이익제공 등 금지) 제1항 제4호에 따른 사업능력, 재무상태, 신용도, 기술력, 품질, 가격 또는 거래조건 등에 대한 합리적인 고려나 다른 사업자와의 비교 없이 상당한 규모로 거래하는 행위는 거래상대방 선정 및 계약체결 과정에서 사업능력, 재무상태, 신용도, 기술력, 품질, 가격, 거래규모, 거래시기 또는 거래조건 등 해당 거래의 의사결정에 필요한 정보를 충분히 수집·조사하고, 이를 객관적·합리적으로 검토하거나 다른 사업자와 비교·평가하는 등 해당 거래의 특성상 통상적으로 이루어지거나 이루어질 것으로 기대되는 거래상대방의 적합한 선정과정 없이 상당한 규모로 거래하는 행위로 한다.'라고 규정하고 있다.

법률 및 시행령을 종합하면, 당사자 요건(이익제공 주체와 객체), 객관적 행위 요건(합리적 고려, 상당한 규모), 위법성 요건(부당한 이익)을 갖추어야 법위반이 인정될 수 있다. 법률과 시행령의 요건을 비교할 때, 시행령은 법률의 요건을 모두 포함하면서 몇 가지 사항을 추가하고 있어 법률과 시행령의 정합성이 문제된다. 그러나 법률의 문언을 시행령은 좁게 한정하고 있고, 이는 침익적 법률규정의 해석상 이를 확대한 것이 아니라 축소한 것이어서 위임의 한계를 넘는다고 보기 어렵다.

둘째, 안전지대(safety zone)를 규정하고 있다. 특수관계인에 대한 부당한 이익 제공의 다른 유형도 안전지대를 두고 있으나, 상당한 규모의 이익제공은 그 내용이 다르다. 공정거래법 시행령 제54조 제1항 별표 3은 '다만, 거래당사자간 상품·용역의 해당 연도 거래총액(2 이상의 회사가 동일한 거래상대방과 거래하는 경우에는 각 회사의 거래금액의 합계액으로 한다)이 200억원 미만이고, 거래상대방의 평균매출액의 100분의 12 미만인 경우에는 상당한 규모에 해당하지 않는 것으로 본다.'고 규정하여 일종의 안전지대를 규정하고 있다. 이 규정이 기업집단 내에서 서로 다른 이익제공 주체의 거래액을 합산하여 상당한 규모를 판단할 수 있는 근거가 되는지의 문제를 후술한다.

셋째, 정당화사유를 명문화하여 규정하고 있다. 원칙적으로 특수관계인과 상당한 규모의 거래를 금지하면서, 법 제47조 제2항은 '기업의 효율성 증대, 보안성, 긴급성 등 거래의 목적을 달성하기 위하여 불가피한 경우로서 대통령령으로 정하는 거래는 제1항 제4호를 적용하지 아니한다.'라며 정당화사유를 규정하고 있다. 시행령 제54조 제2항 별표 4는 정당화사유로 효율성, 보안성, 긴급성 등을 구체적으로 기재하고 있다.

결국, 합리적 고려 없이 상당한 규모로 거래한 경우에도 정당화 사유를 갖춘 경우에는 법위반이 부정될 수 있다. 다만, 후술하는 바와 같이 합리적 고려 요건을 절차적 요건으로 이해한다면, 정당화 사유는 실체에 속하는 사유이므로 합리적 고려 요건과 정당화 사유 요건은 원칙적으로 구별되는 요건이 된다. 이와 달리 합리적 고려 요건을 실체적 요건 또는 실체성을 포함한 절차적 요건으로 이해한다면, 합리적 고려 요건과 정당화 사유 요건은 일부 중첩될 수 있다.

[상당한 규모 거래와 정상가격 판단]

정상가격 증명이 1, 3호의 경우 구성요건에 '상당히 유리한 거래조건'이 포함되어 있다. 따라서 특수관계인에 대한 부당한 이익제공과 정상가격의 일반론이 그대로 적용된다. 대법원 2022. 5. 12. 선고 2017두63993 판결도 같은 입장이다.

반면, 공정거래법 제47조 제1항 제4호의 명문에 '유리한 거래조건'이 없다. 그럼에도 유리한 거래조건의 증명이 필요한지가 쟁점이 된다. 이는 부당한 지원행위에서 물량 지원행위에서는 유리한 거래조건인지를 보아야 하는지 논란의 연장선상에 있다. 물량 지원행위에 정상가격 등 유리한 거래조건 여부를 보아야 하는지에 대하여 논란이 있는 것처럼, 상당한 규모 거래행위에도 같은 논란이 있을 수 밖에 없고, 이는 결국 정상 거래 가격 등 거래 조건을 증명해야 하는지의 문제로 귀결된다.

구 법상 '현저한 규모의 거래에 의한 지원행위'가 성립되기 위하여 '현저한 규모의 거래', '과다한 경제상 이익 제공' 이외에 '상당히 유리한 조건'의 추가 요건이 필요하다는 것이 공정위 및 법원(서울고등법원 2009. 8. 19. 선고 2007누30903 판결)의 입장이라고 보는 견해도 있다.[345] 개정 후에는 가격 지원행위의 경우 '상당히 유리한 조건'이 핵심적인 요건이지만, 물량 지원행위에서 '상당히 유리한 조건'의 엄격한 증명을 요할 경우 개정 규정이 유명무실해질 우려가 있으므로 증명의 정도에서 차이를 두어야 한다는 견해도 있다.[346] 이 쟁점에 대한 명시적인 판례가 없다. 이러한 상태에서 물량 지원행

345) 「부당내부거래 50문50답 - 공정거래법 쟁점과 실무를 중심으로」, 법무법인 세종 54면.

346) 「부당내부거래 50문50답 - 공정거래법 쟁점과 실무를 중심으로」, 법무법인 세종

위에서 정상가격을 고려하는 듯한 일부 판결이 있어, 그 영향으로 물량 지원행위는 물론 상당한 규모의 이익제공 행위에서도 정상가격이 고려되는 경향이 있는 것으로 보인다.

다른 한편, '정상가격'이 상당한 규모의 이익제공에서 '위반행위의 구성요건'이 되는지 여부를 떠나서 법위반행위의 종합적 판단을 위하여 가격의 고려가 필요할 수는 있다, 부당한 지원행위에는 정상가격을 고려해야 부당한 지원행위 적용을 피할 수 있다. 즉, 부당한 지원행위에서 행위자의 정상가격 고려는 위반행위를 피하기 위한 예방조치로서 의미가 있다. 공정거래법 제47조 제1항 제4호의 경우에도 그 적용을 피하기 위하여 가격을 고려해야 하는지가 문제된다. 위 경우에도 위반을 피하기 위해서 거래과정에서 가격을 충분히 고려하는 것은 의미가 있다. 이는 '상당히 유리한 조건'을 명문으로 규정한 유형에서 구성요건적 증명사항이라는 측면과 또 다른 차원에서 필요하다. 상당한 규모의 거래행위는 기본적으로 거래량, 거래규모를 문제 삼으며, 특수관계인 등과 거래할 경우 합리적 선택을 할 것을 요구하고 있다. 합리적 선택은 거래조건에 대한 합리적 선택과 함께 거래의 안전성 등 다른 요소를 고려하여 이루어진다. 그 결과 거래조건 중 가장 중요한 거래조건인 가격이 고려되지 않을 수 없다. 즉, 상당한 규모 이익제공 행위에서 합리적 고려와 선택을 했는지의 전제로 가격비교가 고려된다. 가격지원행위와 같이 다분히 정량적, 계량적인 의미에서 필요한 것은 아니더라도, 합리적 선택의 중요한 정황요소로 '가격의 고려'는 반영될 수 있을 것이다.

앞서 언급한 물량 지원행위인 현대 글로비스 사건[347]에서 법원은 국내 화물운송주선업 시장의 1위 사업자 매출액의 34.6%, 국내 화물운송주선업 시장 전체 매출액의 6.8%에 해당한다는 점을 들어 물량 지원행위의 요건으로 현저한 규모를 인정하면서, 동시에 지원주체들이 운송단가를 시장가격의 인상율에 비해 상대적으로 높게 인상시켜 주었고, 이로 인하여 원고 글로비스

58면. 구 공정거래법 제23조 제1항 제7호(현 공정거래법 제45조 제1항 제9호) 가목은 "상당히 유리한 조건으로 거래하는 행위"를 규정하고 있어 가격 지원행위와 물량 지원행위에 모두 "상당히 유리한 조건"의 증명이 필요한 것으로 보일 여지가 있다. 반면, 공정거래법 시행령 제52조 별표 2는 "자산 또는 상품·용역을 상당히 낮거나 높은 대가로 제공 또는 거래하거나 상당한 규모로 제공 또는 거래하는 행위"라고 규정하여 물량 지원행위의 경우에는 "상당히 낮거나 높은 대가"와 같은 "상당히 유리한 조건"의 증명을 요하지 않는 것으로 볼 여지도 있다.

347) 서울고등법원 2009. 8. 19. 선고 2007누30903 판결(현대 글로비스 사건).

가 비계열회사와의 거래보다 위 원고와의 거래를 통하여 훨씬 높은 매출총이익률을 시현하게 되었고, 이로 인하여 원고 글로비스가 설립된 당해 연도부터 매출액 1,984억 원, 당기순이익 65억 원을 기록하게 된 점을 지적하였다. 이는 정량적인 규모를 중심으로 검토하면서 가격의 문제도 부수적으로 고려한 사례로 이해할 수 있다.

[상당한 규모 거래와 부당성 판단]

심사지침(2021. 12. 30. 공정위 예규 제397호)은 부당성 판단이 필요하다는 전제에서, '특수관계인에 대한 부당한 이익제공행위의 부당성 판단은 이익제공행위를 통하여 특수관계인에게 직접 또는 간접으로 부당한 이익이 귀속되었는지 여부를 기준으로 판단한다.'고 언급하고 있을 뿐 구체적인 내용은 담지 않고 있다. 이 문제는 지금까지 주로 실무적으로 상당히 유리한 조건의 이익제공(구 공정거래법 제23조의2 제1항 제1호) 사건에서 문제가 되었다. 상당한 규모 이익제공(4호) 부당성 요건은 상당히 유리한 조건의 이익제공(1호) 부당성 요건과 일치하는가? 공정거래법 제47조 제1항 제4호(구 공정거래법 제23조의2 제1항 제4호) 부당성 의미가 제1, 2, 3호 유형과 기본적으로 달라지기는 어렵다. 다만, 행위 유형별로 고려해야 할 차이도 있다. 예를 들면, 주체의 손해, 객체의 이익은 1, 2, 3호의 부당성 판단에는 고려될 수 있으나, 4호에서는 고려되기 어렵다.

가. 합리성 요건

주체에 해당한다면 다음으로 객관적 행위 요건을 구비해야 한다. 객관적 행위 요건에 합리적 고려 요건과 상당한 규모 요건이 들어 있다. 법률은 합리성 요건에 관하여, 합리적인 고려가 없거나 다른 사업자와 비교가 없을 것을 요하고 있다. 시행령은 이에 더하여 적합한 선정과정이 없을 것을 규정하고 있다.

합리성 요건은 '합리적인 고려 결여, 다른 사업자와 비교 결여, 적합한 선정과정 결여' 등 3가지 요건을 제시하고 있다. 그 결과 이익제공 주체가 이익제공 객체와 거래함에 있어 위 3가지 요건을 모두 흠결하였을 때 위반이 인정되고, 어느 하나라도 충족하면 '합리성 요건'을 충족하여 법 위반이 인정되지 않는다. 다만, 많은 경우에 합리적인 고려를 결여하였다면 다른 사업자와 비교도 결여하고, 적합한 선정과정도 결여한 경우가 다수일 것으로 보인다.

상당한 규모의 이익제공에서 심사되는 '합리적 고려'과 경영판단 원칙은 어떤 관계에 있는가? 공정거래법 제47조(구 공정거래법 제23조의2) 제1항 제4호와 경영판단원칙이 동일한 내용인지, 다르다면 어떻게 다른지가 문제된다.[348] 경영판단원칙에 따라 보호되지 않는 행위, 즉 합리적인 경영판단의 재량 범위를 넘어선 행위를 구 공정거래법 제23조의2 제1항 제4호 위반이 아니라고 보기는 어려울 것이다. 경영판단원칙에 따른 재량범위 내의 행위, 경영판단원칙에 따라 보호받는 행위라면 구 공정거래법 제23조의2 제1항 제4호 위반이 부정되는가? 이는 일률적으로 단정하기 어렵다.[349] 경영판단원칙에 보호되는 행위라고 하더라도 구 공정거래법 제23조의2 제1항 제4호 위반 가능성을 전적으로 부정할 수는 없다. 다만, 일반적으로 경영판단원칙에 따라 보호되는 행위를 법 위반으로 보는 것은 법체계의 전체적인 통일성과 균형성에 비추어 바람직하다고 보기는 어렵다.

공정거래법 제47조(구 공정거래법 제23조의2) 제1항 제4호에서 절차와 내용을 엄격하게 구분하기 어려우나, 순수한 절차 위반 규정으로 보기 어렵다. 이 점에서 '합리적인 고려'의 준수에 있어 '합리적인' 해석론이 개입될 필요가 있다. 먼저 거래 내용이 결과적으로 합리적으로 평가하기 어려운 거래이더라도, 절차적인 측면에서 합리성을 도모하여 신중하게 거래하였다면 결과적으로 실패한 거래인 경우에도 의무위반으로 인정하기 어려울 것이다. 반면, 절차의 측면에서 미진해도 거래내용이 불합리하지 않으면 이를 의무

---

348) 공정거래법 제47조 제1항 제4호는 '합리적인 고려나 다른 사업자와 비교 없이'로 규정되어 있다. 시행령 별표 3은 정보수집, 객관적 합리적 검토, 비교평가 등 선정과정을 중심으로 절차 측면을 강조하고 있다. 공정거래법 제23조의2 제1항 제4호를 절차 규정으로 이해한다면, 경영판단원칙과 차이가 있으나, 이와 달리 절차와 실체를 모두 규정한 것으로 이해한다면, 상당 부분 중첩될 수 있다.

349) 물론 법령에 위반한 행위라면 경영판단원칙이 적용되기 어렵다. 그러나 담합행위나 뇌물공여와 같이 행위자가 법령 위반을 명백하게 인식할 수 있는 사례와 그렇지 않은 경우는 구별되어야 하고, 그 점에서 상당한 규모에 의한 이익제공은 후자에 가깝다.

위반으로 단정하는 것은 무리이다. 경영판단원칙이 충분한 정보에 기하여 (informed) 합리적인 의사결정을 하면 충분한 것에 비하여, 심사지침[350]은 사전(事前) 시장조사, 제안서 제출 절차 등을 원칙으로 하며 경쟁입찰, 다수의 사업자의 제안서 제출 등을 요구하는 등 경영판단원칙에 비하여 상당히 높은 절차적 기준을 설정하고 있다. 오로지 형식적 절차 위주로 위반을 판단할 경우 거래의 신속성은 저하되고, 사업환경의 변화에 따른 대처를 어렵게 할 수 있다. 특히 특수관계인에 대한 부당한 이익 제공이 예외적인 침익적 규정임을 전제로 한다면, 거래 내용 자체가 합리적으로 평가된다면 그 체결 과정에서 복수의 제안서 제출 등 절차가 누락되었다고 하여 이를 두고 의무 위반으로 보는 것은 과도할 수 있다.

합리성 기준이 최대 기준(maximum standard)인지, 또는 최소 기준(minimum standard)인지 문제도 고려할 필요가 있다. 최대 기준으로 이해한다면, 거래를 사후적·회고적으로 평가하여 이익제공 주체가 취할 수 있는 높은 수준의 조치를 취하지 않았다면 의무 위반이 인정될 수 있다. 그러나 사후적으로 모든 거래를 완벽하게 합리적으로 하였을 가능성이 존재하더라도 이를 의무로 부과하는 것은 현실적이지 않으며, 일상적인 거래를 어렵게 하는 과도한 개입이 될 수 있다. 이 점에서 합리성 기준은 최소 기준으로 이해하는 것이 바람직하다. 특히 기존거래의 갱신이나 연장과 같이 이미 종전 거래의 합리성이나 필요성이 인정된 경우에는, 최소 기준을 통해 평가할 필요가 있다.

신규거래와 기존거래는 차별성이 있다. 신규거래가 아니라 기존 거래의 갱신이나 연장에서 신규거래에 필요한 높은 수준의 주의의무를 부과하는 것은 바람직하지 않다. 합리성 기준을 구성하는 '합리적 절차 준수'는 '완벽한 절차 준수'를 의미하지 않는다. 사후적·회고적으로 절차를 준수하지 않았다고 하여 의무 위반이라고 보기 어렵다. 기존거래는 거래당사자에게 정보가 있어 불확실성이 줄어든 상태이므로 절차가 완화될 수 있고, 최소 기준에 수렴하게 된다. 기존거래를 유지하는 갱신이나 연장 사안이라면 간이

350) 특수관계인에 대한 부당한 이익제공행위 심사지침(2021. 12. 30. 공정위 예규 제397호).

한 검토를 하더라도 합리적인 절차 준수로 볼 수 있다. 기존 거래를 통하여 거래상대방에 대한 검증이 이루어진 경우에도 절차 준수를 위하여 추가 심사를 하도록 강제한다면 거래관행에 부합하지 않고 거래비용을 높이게 된다. 현실에 비하여 높은 기준을 설정할 경우 거래비용을 높일 수 있다. 거래에 앞서 검증 과정이 강화되면 실제 거래에 긍정적이든, 부정적이든 영향을 미치게 된다. 기준의 설정은 종래의 거래관행을 크게 벗어나지 않는 선에서 이루어질 필요가 있다.

나. 상당한 규모 요건

(1) 상당한 규모의 판단 기준

상당한 규모는 정량적(quantitative) 기준이지만, 특정한 수치를 계량적으로 제시하기는 어렵다. 정량적 기준이지만, 정성적 기준을 고려하여 종합적으로 판단할 수 밖에 없다. 이는 부당한 지원행위 중 물량지원에서 직면하는 기준 설정의 어려움과 같다. 상당한 규모 판단의 구체적인 기준은 어떻게 되는가? 다양한 기준이 도출될 수 있다.

먼저 시장기준을 생각해 볼 수 있다. 관련시장을 전제로 논의가 진행되는 공정거래법의 특성상 1차적으로 고려될 수 있는 기준이다. 문제된 거래(주체와 객체 사이의 거래)가 관련 시장에서 차지하는 비중을 고려할 필요가 있다. 문제된 거래가 관련시장인 전체 거래 시장에서 차지하는 비중 등이다.[351] 대체성을 고려하지 않은 '전체 시장 기준(entire market standard)'보다 대체성을 반영한 '관련 시장 기준(relevant market standard)'이 더 밀접한 기준이 될 수 있다. 이는 특수관계인에 대한 이익 제공이 불공정거래행위에 편입된 데 따라 불가피하다. 다만, 소유집중이라는 측면에서 본다면 관련 시장 기준만을 보는 것은 문제의 본질을 흐릴 우려도 있다.[352]

---

351) '문제된 거래/거래의 관련시장'이 된다. 주체가 객체로부터 데이터관리 서비스를 제공받았다면, 주체와 객체 사이의 데이터관리 서비스 매출액이 분자가, 관련시장인 '대체가능한 데이터관리서비스 시장'의 매출액이 분모가 된다.

352) 관련 시장 전체로 본다면, 구 공정거래법 제23조의2(현 공정거래법 제47조)가 입법된 동기, 즉 삼성 SDS사건과 같은 공백이 그대로 유지될 가능성이 있다.

거래당사자, 즉 이익제공 주체나 이익제공 객체에 있어 해당 거래가 어떤 의미를 가지는지 검토할 필요가 있다. 먼저 이익제공 주체 기준이다. 즉 제공주체 거래에서 특정 거래가 점유하는 비중이다. 주체의 해당 거래에 대한 거래금액에서 문제된 거래의 거래금액이 차지하는 비중 등이다. 다음으로 이익제공 객체 기준이다. 즉 제공객체 거래에서 차지하는 비중이다. 객체의 해당 거래에 대한 거래금액에서 문제된 거래의 거래금액이 차지하는 비중 등이다.[353)]

객관적인 거래금액의 수액이나 다른 사업자와 비교도 유의미한 기준으로 사용될 수 있다. 문제 거래의 매출액과 대체가능한 관련시장 내 1위 사업자나 유력한 경쟁사업자의 매출액을 비교할 수 있다.

(2) 기업집단내 합산 문제

원칙적으로 개별 기업별로 판단해야 하지만, 어떤 경우에 다른 기업의 거래에 대하여 책임을 지는가? 바꾸어 말하면, 합산의 기준이 무엇인가? 공정거래법은 이에 대한 규정을 두지 않고 있다. 그러나 공정거래법에 비하여 무거운 형사 책임을 적용하고 있는 형사법에서는 이를 특정한 경우에 허용하고 있다. 공범이나 공동정범의 법리 등이 이에 해당한다.[354)] 이 경우에는 다른 주체의 책임에 대하여도 책임이 확장된다. 다만 이는 공동가공의 의사와 실행행위의 분담 등 일정한 제한 하에서 가능하다.[355)]

특수관계인 사건은 아니지만 부당한 지원행위 사건에서 법원이 합산을 허용한 경우가 있다. 그 경우에는 기업집단의 조직적 지원행위가 드러난 경

---

353) '문제된 거래/객체의 거래 전체 금액'이 된다. 객체가 주체 및 제3자에 대하여 데이터관리 서비스를 제공하였다면, '주체와 객체 사이의 데이터관리 서비스 매출액'이 분자가, '객체가 주체 및 제3자와 거래한 데이터관리 서비스 전체 매출액'이 분모가 된다.

354) 공동정범의 본질은 기능적 분업에 의한 종합(일부 실행 전부 책임)에 있다(기능적 공동정범). 구성요건의 일부만 실현한 때에도 전체에 대한 책임을 각자에게 지우는 것은 분업적 행위실행과 기능적 역할분담의 원칙에서 가능하다.

355) 공동정범의 논의는 범행지배론(犯行支配論)의 관점에서 공동정범을 어떠한 조건과 범위 내에서 인정할 것인가의 문제, 즉 제한의 문제로 옮겨간 것으로 보인다. 김일수・서보학, 형법총론(11판), 박영사 2007. 592면.

우이다. 굳이 형사법과 비교한다면 공모와 실행이 드러난 경우이다. 기업집단의 조직적 행위는 짧은 시점 내에 통일된 의사결정 방식으로 드러난다. 어느 시점에 종전과 다른 거래를 일괄적으로 수행해서 지원을 하는 등이다. 이와 달리 이익제공으로 의심받는 행위가 장기간에 걸쳐 이루어졌다면, 장기간의 공모라는 구조가 증명되어야 합산의 근거로 기능할 수 있다. 참고로, 시행령의 안전지대도 동일한 지원의도를 가지고 거래한 경우를 규정하고 있다.

부당한 지원행위에 누적된 종래의 선례도 이에 부합한다. 법원은 개별 거래별로 유리한 조건인지를 판단하였다. 대법원 2007. 1. 25. 선고 2004두7610판결(현대 3차 사건), 대법원 2008. 6. 26. 선고 2006두8792 판결 등이 그 예이다. 반면, 그룹차원에서 동일한 지원의도를 가지고 조직적으로 지원행위를 한 경우에 다수의 거래를 한꺼번에 평가하였다. 서울고등법원 2001. 6. 21. 선고 98누13908 판결(현대 1차 사건), 대법원 2004. 10. 14. 선고 2001두2881 판결(대우 사건), 대법원 2004. 11. 12. 선고 2001두2034 판결(엘지 1차 사건) 등이 그 예이다.

제 11 절 재판매가격유지행위

1. 목 적

공정거래법 제46조는 "사업자는 재판매가격유지행위를 하여서는 아니 된다. 다만, 다음 각 호의 어느 하나에 해당하는 경우에는 그러하지 아니하다."라고 규정하고 있다. 가격에 대한 거래제한에는 수직적 제한으로서 재판매가격유지행위와 수평적 제한으로서 가격협정(가격결정에 관한 부당한 공동행위)이 있다. 재판매가격유지제도는 원칙적으로 특정 브랜드 상품에 있어서 유통계열상 전후단계에 있는 사업자 사이의 가격설정으로서 브랜드 내(intrabrand)의 경쟁을 제한하는데 반하여, 가격결정에 관한 부당한 공동행위는 동일단계에 있는 다수 사업자 사이의 동종 상품에 대한 가격담합으로서 브랜드 간(interbrand)의 경쟁을 제한하는 점에서 서로 구별된다.[356] 재판매가격유지는 초기에 가격 통제라는 측면에서 부정적으로 인식되었으나, 경쟁촉진효과가 인식되면서 합리의 원칙에 따른 심사를 하는 것이 보편적이다.[357]

수직적 공동행위를 공동행위 규제에 두는 입법례가 있으나, 공정거래법은 가격에 관한 수직적 공동행위는 단독행위인 재판매가격유지행위로, 비가격에 관한 수직적 공동행위는 단독행위인 불공정거래행위 중 구속조건부거래로 규정하여 '단독행위' 규제에 두고 있다. 이러한 체계에서도 수직적 공동행위가 인정될 수 있는지 견해의 대립이 있다. 향후 공정거래법의 단독행위 및 공동행위 체계의 개편이 이루어질 경우 재판매가격유지행위를 어떤 규제에 포함할지는 법체계의 측면에서 핵심적인 과제가 될 것으로 보인다(상세한 부분은 제1장 제1절 4. '공동행위와 수직적 합의' 부분 참조).

2. 행위요건

"재판매가격유지행위"란 사업자가 상품 또는 용역을 거래함에 있어서 거래상대방인 사업자 또는 그 다음 거래단계별 사업자에 대하여 거래가격을 정하여 그 가격대로 판매 또는 제공할 것을 강제하거나 이를 위하여 규약 기타 구속조건을 붙여 거래하는 행위를 말한다(공정거래법 제2조 제20호). 재판매가격유지행위를 현재와 같은 단독행위로부터 수직적 공동행위로 재편할

356) 사법연수원, 「공정거래법」, 2014. 379면.

357) 특정 상표로 제품을 생산하는 생산자로서는 판매업자가 염가에 할인판매하면 상표의 가치가 저하되므로 할인을 하지 못하도록 판매업자에게 구속력을 가할 수 있다. 이때 생산자가 가격을 제한하면 복수의 유통업자가 같은 가격을 부과하므로 상표내(intrabrand) 경쟁제한의 측면에서 부정적이다. 그러나 상표간(interbrand) 경쟁까지 보면 유통업자들은 가격 대신 서비스나 품질로 경쟁하게 되어 제품의 품질이 개선될 수 있고 다른 판매업자의 무임승차를 막을 수 있다.

경우에는 '합의'의 요건이 필요하게 되어 그 규제의 모습이 달라질 수 있다. 그러나 단독행위로 규제하고 있는 현 체계에서도 재판매가격유지행위는 사업자와 그 다음 거래단계별 사업자의 계약에 의하여 이루어지고 있는 등 합의가 존재하고 있고, 공동행위로 구성하는 경우에도 재판매가격유지행위의 당연위법성이 부정되는 추세에 있어 '합의'의 요건이 종전에 비하여 중요한 요소로 보기는 어려우므로,[358] 본질적인 변화가 발생하지 않을 수 있다.

가. '거래상대방인 사업자' 또는 '그 다음 거래단계별 사업자'

'거래상대방인 사업자'라 함은 사업자로부터 상품 또는 용역을 직접 구입하는 다른 사업자를 말한다. '그 다음 거래단계별 사업자'라 함은 일련의 거래과정에서 사업자로부터 상품 또는 용역을 구입한 '거래상대방인 사업자'로부터 해당 상품 또는 용역을 구입하는 다른 사업자를 말한다.[359]

나. 거래가격

'거래가격'이라 함은 사업자가 지정하는 재판매(공급)가격 뿐만 아니라 최고가격, 최저가격, 기준가격을 포함한다. 사업자가 재판매(공급)가격의 범위를 지정하면서 거래상대방인 사업자 또는 그 다음 거래단계별 사업자에게 그 범위 내에서 구체적인 판매가격을 지정할 수 있게 하는 경우도 포함한다.[360] 이 부분은 가격협정의 가격에 관하여 종래 누적된 판례를 참조할 수 있다.

다. 강제성

사업자가 거래상대방인 사업자 또는 그 다음 거래단계별 사업자에 대하여 거래가격을 지정하였다는 사실과 이를 준수하도록 강제하는 행위가 있

358) 재판매가격유지행위의 당연위법성이 인정되는 상태에서는 소송실무의 쟁점이 '합의'에 있을 수밖에 없으나, 당연위법성이 부정된다면 소송실무의 쟁점은 '합의'와 '위법성 심사'로 분산되게 되고, 오히려 후자에 기울게 된다. 이에 비하여 수평적 합의. 특히 경성카르텔은 위법성이 인정될 소지가 매우 높으므로, 소송실무의 쟁점이 여전히 '합의'에 있게 된다.

359) 재판매가격유지행위 심사지침(2021. 12. 30. 공정위 예규 제386호. 이하 같다).

360) 재판매가격유지행위 심사지침.

어야 한다. 강제성 유무는 거래상대방인 사업자 또는 그 다음 거래단계별 사업자의 자유로운 의사에 반하여 지정된 거래가격을 준수하도록 하고 그 위반에 대해 거래상대방인 사업자 또는 그 다음 거래단계별 사업자에게 불이익을 주었는지 여부를 기준으로 판단한다.

실효성을 확보할 수 있는 수단이 부수되어 있지 않은 경우 등 요건흠결로 재판매가격유지행위를 부정한 사례로는 대법원 2001. 12. 24. 선고 99두11141 판결(남양유업 사건)[361], 대법원 2011. 5. 13. 선고 2010두28120 판결(글락소스미스클라인 사건), 대법원 2019. 3. 14. 선고 2018두60984 판결(더클래스효성 사건)[362]이 있다. 반면 조직적인 감시·감독활동 내지 공급중단 등의 통지·시사라는 실효성이 확보된 수단이 부수되어 있었다고 본 사례로는 대법원 2002. 5. 31. 선고 2000두1829 판결(매일유업 사건)[363] 등이 있다.

[매매와 위탁판매의 구별]

"위탁판매"라 함은 "수탁자가 위탁자의 계산으로 자기 명의로써 상품 또는 용역을 판매하고 그 법적 효과는 위탁자에게 귀속"하는 법률행위를 의미한다. 위탁자는 위탁판매시 자기 소유의 상품 또는 용역의 거래가격을 수탁자에게 당연히 지정할 수 있다는 점에서 수탁자에게 판매가격을 지정하더라도 재판매가격유지행위에 해당되지 아니한다. 위탁판매 해당 여부 판단기준으로는 ① 수탁자가 자신의 명의로 판매할 것, ② 판매로 인한 손익은 상품·용역 소유자인 위탁자에게 귀속될 것, ③ 상품을 판매하는 자는 수수료만 수령하는 등 주선행위를 업으로 하는 자일 것 등을 들 수 있다. 수탁자(판매대리

---

361) 강제성 요건을 인정한 사례.

362) ① 벤츠 승용차 수리 서비스와 관련하여 벤츠코리아와 딜러사들 사이에 수직적 거래관계나 재판매 구조가 성립한다고 볼 수 없는 점, ② 벤츠코리아에 시간당 권장 공임을 따르도록 할 수 있는 실효성 확보수단이 부수되어 있다고 보기 어려운 점, ③ 이 사건 공동행위는 딜러사들이 자신들의 이익을 위해 시간당 공임을 인상하기로 합의한 것일 뿐, 딜러사들의 입장에서 불이익에 해당한다고 보기 어려운 점 등을 들어 이 사건 공동행위가 재판매가격 유지행위 등에 해당한다고 보기 어렵다고 판단하였다.

363) 원심 및 대법원은 객관적 요건에 해당하는지를 중심으로 심리하였고, 부당성 판단기준을 제시하지 않았다는 점에서 재판매가격유지행위의 법리를 정확히 설시한 것으로 보기는 어렵다.

점 등)가 위탁자(제조업체)를 대신하여 위탁자의 상품을 판매하고 그 대가로 수수료를 받는데 불과한 경우 위탁판매로 볼 수 있다.[364)]

3. 정당한 이유 판단

구 공정거래법은 최저재판매가격유지행위를 위법한 것으로 규정하였음에도, 대법원은 최저재판매가격유지행위가 해당 상표 내의 경쟁을 제한하는 것으로 보이는 경우에도 구체적인 시장상황에 따라 그 행위가 관련시장에서의 상표 간 경쟁을 촉진하여 결과적으로 소비자후생을 증대하는 등 정당한 이유가 있는 경우에는 이를 예외적으로 허용할 필요가 있다는 취지로 판시한 바 있다.[365)] 그 입증책임은 사업자에게 있고, 최저가격유지행위에서 정당한 이유가 문제된 사례인 대법원 2010. 11. 25. 선고 2009두9543 판결(한미약품 사건), 대법원 2015. 11. 12. 선고 2015두44066 판결(한국존슨앤드존슨 사건), 대법원 2017. 6. 19. 선고 2013두17435 판결(필립스코리아 사건),[366)] 서울고등법원 2012. 4. 19. 선고 2011누24141 판결(테일러메이드코리아 사건),[367)] 서울고등법원 2012. 8. 22. 선고 2011누12728 판결(아모레퍼시픽 사건),[368)] 서울고등법원 2020. 8. 26. 선고 2019누53442 판결(금호타

---

364) 재판매가격유지행위 심사지침.

365) 대법원 2010. 11. 25. 선고 2009두9543 판결, 대법원 2011. 3. 10. 선고 2010두9976 판결.

366) 대법원은, 원고가 2011. 5. 4.부터 2012. 5. 18.까지 그 거래하는 대리점들에 대하여 인터넷 오픈마켓에서 원고의 소형가전 제품을 권장소비자가격의 50% 이상 가격으로 판매하여야 한다는 가격정책을 수립하고, 이를 위반한 대리점들에 대하여 출고정지, 공급가격 인상 등의 제재를 함으로써 위 가격정책을 강제한 사실(이하 '이 사건 제1행위'라고 한다)을 인정한 후, 이 사건 제1행위가 특별할인행사 등을 위하여 특별할인된 제품이 원래의 목적에 맞지 않게 인터넷 오픈마켓에서 판매됨을 방지하기 위한 것이라거나, 그 밖에 상표 간 경쟁 등을 촉진하여 결과적으로 소비자 후생을 증대하여 정당한 이유가 있다고 인정하기 어렵다는 원심의 판단을 수긍하였다.

367) 심리불속행 기각.

368) 심리불속행 기각.

이어 사건)[369] 등에서 정당한 이유가 인정되지 않았고, 사업자가 이러한 증명에 성공한 사례는 발견되지 않고 있다.

▣ 리딩케이스 : 대법원 2010. 11. 25. 선고 2009두9543 판결(한미약품 사건)

■ 판시사항

구 공정거래법 제2조 제6호, 제29조 제1항 등 공정거래법의 입법 목적과 재판매가격유지행위를 금지하는 취지에 비추어 볼 때, 최저재판매가격유지행위가 당해 상표 내의 경쟁을 제한하는 것으로 보이는 경우라 할지라도, 시장의 구체적 상황에 따라 그 행위가 관련 상품시장에서의 상표 간 경쟁을 촉진하여 결과적으로 소비자후생을 증대하는 등 정당한 이유가 있는 경우에는 이를 예외적으로 허용하여야 할 필요가 있다. 그리고 그와 같은 정당한 이유가 있는지 여부는 관련시장에서 상표 간 경쟁이 활성화되어 있는지 여부, 그 행위로 인하여 유통업자들의 소비자에 대한 가격 이외의 서비스 경쟁이 촉진되는지 여부, 소비자의 상품 선택이 다양화되는지 여부, 신규사업자로 하여금 유통망을 원활히 확보함으로써 관련 상품시장에 쉽게 진입할 수 있도록 하는지 여부 등을 종합적으로 고려하여야 할 것이며, 이에 관한 증명책임은 관련 규정의 취지상 사업자에게 있다고 보아야 한다.

4. 저작물에 대한 예외

공정거래법 제46조 제2호에 의하면, 「저작권법」 제2조 제1호에 따른 저작물 중 관계 중앙행정기관의 장과의 협의를 거쳐 공정거래위원회가 고시하는 출판된 저작물(전자출판물을 포함한다)인 경우에는 재판매가격유지행위가 금지되지 않는다.

5. 집 행

공정거래법 제49조에 의하면, 공정위는 제46조(재판매가격유지행위의 제

369) 대법원 2020. 12. 30.자 2020두48987 판결로 심리불속행 기각.

한)에 위반하는 행위가 있는 때에는 당해사업자에 대하여 당해 행위의 중지, 시정명령을 받은 사실의 공표 기타 시정을 위한 필요한 조치를 명할 수 있다. 공정거래법 제50조에 의하면, 공정거래위원회는 제46조(재판매가격유지행위의 제한)의 규정에 위반하는 재판매가격유지행위가 있는 경우에는 당해사업자에 대하여 대통령령이 정하는 매출액에 100분의 4를 곱한 금액을 초과하지 아니하는 범위 안에서 과징금을 부과할 수 있다. 다만, 매출액이 없는 경우 등에는 10억 원을 초과하지 아니하는 범위 안에서 과징금을 부과할 수 있다.

ANTITRUSTLAW

제3장 단독행위 규제 Ⅱ

시장지배적 지위 남용행위 규제

Ⅰ. 개 념

시장지배적 지위 남용에 관한 규정 중 공정거래법 제2조 제3호에 의하면, "시장지배적 사업자"라 함은 일정한 거래분야의 공급자나 수요자로서 단독으로 또는 다른 사업자와 함께 상품이나 용역의 가격·수량·품질 기타의 거래조건을 결정·유지 또는 변경할 수 있는 시장지위를 가진 사업자를 말한다. 종전에는 공급(판매)의 측면에서 지배력을 갖는 사업자만 시장지배적 사업자에 해당하였으나, 7차 법 개정에 의하여 수요(구매)의 측면에서 지배력을 갖는 사업자도 이에 해당될 수 있게 되었다.

Ⅱ. 일정한 거래분야의 판단기준

일정한 거래분야는 경쟁관계에 있거나 경쟁관계가 성립될 수 있는 거래분야를 말하며, 거래대상, 거래지역, 거래단계, 거래상대방 등에 따라 구분될 수 있다.[1] 일정한 거래분야, 즉 관련시장을 통하여 시장지배적 사업자에 해당하는지를 판단할 수 있다.

대법원이 제시하는 판단 기준(대법원 2002두8626 전원합의체 판결 및 2007두25183 판결 참조)은 다음과 같다.

① 관련 상품시장은 일반적으로 시장지배적 사업자가 시장지배력을 행

1) 시장지배적지위 남용행위 심사기준(2021. 12. 30. 공정위 고시 제2021-18호. 이하 같다) Ⅱ.

사하는 것을 억제하여 줄 경쟁관계에 있는 상품들의 범위를 말하는 것으로서, 구체적으로는 거래되는 상품의 가격이 상당기간 어느 정도 의미 있는 수준으로 인상 또는 인하될 경우 그 상품의 대표적 구매자 또는 판매자가 이에 대응하여 구매 또는 판매를 전환할 수 있는 상품의 집합을 의미하고, 그 시장의 범위는 거래에 관련된 상품의 가격, 기능 및 효용의 유사성, 구매자들의 대체가능성에 대한 인식 및 그와 관련한 구매행태는 물론 판매자들의 대체가능성에 대한 인식 및 그와 관련한 경영의사의 결정행태, 사회적·경제적으로 인정되는 업종의 동질성 및 유사성 등을 종합적으로 고려하여 판단하여야 할 것이며, 그 외에도 기술발전의 속도, 그 상품의 생산을 위하여 필요한 다른 상품 및 그 상품을 기초로 생산되는 다른 상품에 관한 시장의 상황, 시간적·경제적·법적 측면에서의 대체의 용이성 등도 함께 고려하여야 할 것이다.

② 관련 지역시장은 일반적으로 서로 경쟁관계에 있는 사업자들이 위치한 지리적 범위를 말하는 것으로서, 구체적으로는 다른 모든 지역에서의 가격은 일정하나 특정 지역에서만 상당기간 어느 정도 의미 있는 가격인상 또는 가격인하가 이루어질 경우 당해 지역의 대표적 구매자 또는 판매자가 이에 대응하여 구매 또는 판매를 전환할 수 있는 지역 전체를 의미하고, 그 시장의 범위는 거래에 관련된 상품의 가격과 특성 및 판매자의 생산량, 사업능력, 운송비용, 구매자의 구매지역 전환가능성에 대한 인식 및 그와 관련한 구매자들의 구매지역 전환행태, 판매자의 구매지역 전환가능성에 대한 인식 및 그와 관련한 경영의사의 결정행태, 시간적·경제적·법적 측면에서의 구매지역 전환의 용이성 등을 종합적으로 고려하여 판단하여야 할 것이며, 그 외에 기술발전의 속도, 관련 상품의 생산을 위하여 필요한 다른 상품 및 관련 상품을 기초로 생산되는 다른 상품에 관한 시장의 상황 등도 함께 고려하여야 할 것이다.

Ⅲ. 시장지배적 사업자 여부 판단기준

당해 사업자가 시장지배적 사업자인지 여부는 시장점유율, 진입장벽의 존재여부 및 정도, 경쟁사업자의 상대적 규모, 경쟁사업자간의 공동행위의 가능성, 유사품 및 인접시장의 존재, 시장봉쇄력, 자금력 등을 종합적으로 고려하여 판단한다. 공정거래법 제6조에 의하면, 일정한 거래분야에서 시장점유율이 다음 각 호의 어느 하나에 해당하는 사업자(일정한 거래분야에서 연간 매출액 또는 구매액이 40억 원 미만인 사업자는 제외한다)는 제2조(정의) 제3호의 시장지배적 사업자로 추정한다.[2] 즉 ① 1사업자의 시장점유율이 100분의 50 이상, ② 3 이하의 사업자의 시장점유율의 합계가 100분의 75 이상(다만, 이 경우에 시장점유율이 100분의 10 미만인 자를 제외한다) 등이다. 이러한 법률상 추정 규정에 해당하는 경우 시장지배적 사업자가 아니라는 점에 대한 입증책임은 당해 사업자에게 있다. 시장지배적 사업자의 정의 및 추정에 있어서 당해 사업자와 그 계열회사는 하나의 사업자로 본다(공정거래법 시행령 제11조 제3항).[3] 공정거래법 시행령 제11조 제3항은 당해 사업자와 그 계열회사를 하나의 사업자로 간주하고 있는데, 복멸이 허용되는 추정과 달리 간주로 규정함으로써 계열회사가 독자적인 경영판단에 따라 행위를 한 경우에도 하나의 사업자로 간주하는 것이 타당한지는 의문이다.

시장지배적 사업자와 관련한 쟁점으로는 다음과 같은 것들이 있다. 첫째, 수요독점자도 포함된다는 점에는 이론이 없고, 이는 다른 규제 유형과 동일하다. 다만 수요독점자의 경쟁제한성을 어떻게 평가할지에 관한 견해가 반드시 일치하는 것은 아니다.[4] 둘째, 시장지배력 전이를 통한 남용행위를 인정할 것인지이다. 후술하는 대법원 2008. 12. 11. 선고 2007두25183 판결(티브로드 I) 및 대법원 2011. 10. 13. 선고 2008두1832 판결(에스케이 멜론 사

---

2) 공정거래법은 시장지배적 사업자의 추정 조항(법 제6조)과 기업결합에서 경쟁제한성 추정 조항(법 제9조 제3항)을 두고 있으며, 후자는 전자의 요건을 포함하고 있다. 이러한 추정제도를 두는 것이 타당한지 의문이다. 이 점에서 추정의 비율을 하향해야 한다는 주장에 동의하기 어렵다.

3) 사법연수원, 「공정거래법」, 2014. 25면.

4) 수요독점자가 수요자인 동시에 다시 판매자가 되는 경우가 많다. 수요독점자가 판매자인 관련시장에서 다른 경쟁자가 저가 압박을 견디지 못해 퇴출되거나, 원가에 대한 부담으로 시장진입이 어려워질 수 있다. 즉 수요독점력이 하방시장에서의 독점력 유지수단으로 활용될 수 있다.

건)에서 원심은 시장지배력의 전이를 통하여 시장지배적 지위를 인정하였으나, 대법원의 입장은 달랐다. 셋째, 사업자는 단독 또는 다른 사업자와 더불어 시장지배적 지위를 가질 수도 있으므로, 복수의 회사가 공동사업을 영위하고 있는 경우에 이들을 하나의 사업자로 볼 수 있는지가 다투어질 수 있다.[5] 이에 관하여 대법원은 별도의 독립된 사업자들이 각기 자기의 책임과 계산하에 독립적으로 사업을 하고 있을 뿐 손익분배 등을 함께 하고 있지 않다면 그 사업자들을 통틀어 하나의 사업자에 해당한다고 볼 수 없다고 판시하였다(대법원 2005. 12. 9. 선고 2003두6283 판결). 넷째, 사업자를 단수로 볼지, 복수로 볼지는 조인트벤처에서 중요한 의미가 있다. 조인트벤처에 대하여 조인트벤처가 생성되는 과정은 기업결합 심사의 대상이 되고, 생성 후 남용행위는 그 실체를 단수로 볼 경우에는 시장지배적 지위 남용행위 규제가, 복수로 볼 경우에는 공동행위 규제가 적용될 것이다.

▣ 대법원 2005. 12. 9. 선고 2003두6283 판결(비씨카드 등 사건)

■ 해 설

이 사건은 비씨카드가 현금서비스 및 할부수수료율과 연체이자율을 인상한 후 그대로 유지한 경우 구 공정거래법 제3조의2 제1항 제1호(현 공정거래법 제5조 제1항 제1호) 행위로 보아 시정명령과 과징금을 부과한 사건이다. 별도의 독립된 사업자들이 각기 자기의 책임과 계산하에 독립적으로 사업을 하고 있을 뿐 손익분배 등을 함께 하고 있지 않은 경우, 그 사업자들을 통틀어 구 공정거래법 제2조 제7호(현 공정거래법 제2조 제3호)에서 규정하고 있는 하나의 사업자로 볼 수 있다고 판단하였다.

Ⅳ. 경쟁제한 효과의 판단기준

1. 일반원칙

---

5) 집합적 시장지배력 개념(Collective dominance)의 문제이다. 유럽연합 기능조약 제102조가 대표적이다.

경쟁제한 효과를 판단함에 있어서는 일정한 거래분야에서 시장지배적 지위 남용 혐의 행위가 없었을 경우의 시장상황과 비교하거나, 유사시장 또는 인접시장과 비교하는 방법을 활용할 수 있다. 여러 경쟁제한 효과 또는 그 우려가 동시에 발생할 수도 있고, 어느 한 판단요소가 다른 판단요소의 원인 또는 결과가 될 수 있다. 예를 들어 소비자가 구매할 수 있는 상품・용역의 다양성 감소는 결국 일정한 거래분야에서 경쟁의 압력을 저하시켜 가격상승 또는 산출량 감소를 초래할 수 있다.[6]

2. 구체적인 기준[7]

가. 가격상승 또는 산출량 감소

일정한 거래분야에 속한 상품・용역 또는 직・간접적으로 영향을 받는 인접시장에 속한 상품・용역의 가격이 상승하거나 산출량이 감소할 우려가 있는지 또는 이러한 현상이 당해 행위로 인하여 실제 발생하고 있는지 여부를 고려한다.[8]

나. 상품・용역의 다양성 제한

시장지배적 사업자가 공급하는 제품과 경쟁관계(잠재적 경쟁관계를 포함한다) 또는 보완관계에 있는 저렴한 상품・용역을 구매할 기회가 제한되는 등 다양한 상품・용역을 구매할 기회가 제한 또는 축소되는지 여부를 고려한다.[9]

다. 혁신 저해

소비자에게 유익한 기술・연구・개발・서비스・품질 등의 혁신 유인을 저해하는지 여부를 고려한다.[10] 혁신 저해는 봉쇄효과, 경쟁자의 비용상승

---

6) 시장지배적지위 남용행위 심사기준 IV. 6. 가.

7) 경쟁제한성에 대한 범주 부분은 제2판 564~567면, 경쟁제한성의 증명방법, 증명도 부분은 제3판 537~539면, 경쟁제한성 우려에 대한 검토는 제3판 539, 540면, 시장지배력・남용행위・경쟁제한효과 부분은 제3판 541, 542면 참조.

8) 시장지배적지위 남용행위 심사기준 IV. 6. 나.

9) 시장지배적지위 남용행위 심사기준 IV. 6. 다.

등 다른 경쟁제한 효과의 궁극적인 결과일 수 있다.[11]

라. 봉쇄효과

경쟁사업자의 시장진입 내지 확대기회가 봉쇄되거나 또는 봉쇄될 우려가 있는지 여부를 고려한다. 경쟁사업자에 대한 봉쇄효과는 유력한 경쟁사업자의 수를 감소시키고, 시장지배적 사업자에 대한 경쟁의 압력을 저하시켜 결과적으로 가격상승, 산출량 감소, 상품・용역의 다양성 제한, 혁신 저해 등의 경쟁제한 효과를 초래할 수 있다.[12]

마. 경쟁사업자의 비용 상승 효과(Raising Rival's Cost)

당해 행위로 인해 경쟁사업자(잠재적 경쟁사업자 포함)의 비용이 상승하거나 또는 상승할 우려가 있는지 여부를 고려한다. 경쟁사업자의 비용이 인위적으로 상승하면, 시장지배적 사업자에 대한 경쟁의 압력이 저하되므로, 결과적으로 일정한 거래분야 또는 인접시장의 가격상승, 산출량 감소, 상품・용역의 다양성 제한, 혁신 저해 등의 경쟁제한 효과를 초래할 수 있다. 경쟁사업자의 비용 상승 효과를 판단함에 있어서는, 당해 행위로 인해 경쟁사업자에게 효율적인 유통・공급경로가 차단되거나, 생산・유통에 필요한 적정한 자원확보가 방해되거나 또는 인위적인 진입장벽이 형성되는 등의 사유로 인해 경쟁사업자가 이러한 장애를 극복하는데 상당한 비용과 기간이 소요되는지 여부를 주로 고려한다.[13][14]

---

10) PC운영체제 시장의 시장지배적 사업자가 PC운영체제와 별개 제품인 응용소프트웨어 프로그램을 PC운영체제에 결합하여 판매함으로써, 독립 응용소프트웨어 프로그램 개발자들의 소프트웨어 개발 유인을 축소시킨 경우 등.

11) 시장지배적지위 남용행위 심사기준 Ⅳ. 6. 라.

12) 시장지배적지위 남용행위 심사기준 Ⅳ. 6. 마.

13) 자동차제조 회사가 자신이 직접 운영하는 직영판매점과 경쟁관계에 있는 판매대리점(독립사업체)의 거점이전 승인을 지연・거부하거나 판매인원 채용등록을 지연・거부하여, 직・간접적으로 자신의 경쟁사업자인 판매대리점의 비용상승을 초래하는 경우 등.

14) 시장지배적지위 남용행위 심사기준 Ⅳ. 6. 바.

Ⅴ. 시장지배적 지위 남용행위의 세부 유형 및 기준

시장지배적 지위 남용행위 유형과 관련하여는 다음과 같은 점에 유의할 필요가 있다.

[착취남용과 배제남용]

착취남용과 배제남용의 구별이다. 시장지배적 사업자의 남용 행위 중 배제남용이 경쟁사업자에 대한 것이라면, 착취남용은 경쟁자가 이미 배제되어 존재하지 않는 상태에서 거래상대방에 대하여 과도한 가격 등을 부과하는 행위를 의미한다. 이러한 의미에서 배제남용과 착취남용은 원래 같은 출발점을 가진 것으로 이해될 수 있다.

[남용행위 유형의 문제]

첫째, 시행령이 실제 행위유형을 제시하지 못하고, 심사기준에서 구체화되고 있다. 현재 남용행위의 유형은 실제 집행과 상당한 괴리를 보이고 있다. 법 제5조가 6개(5호는 2개 유형)의 유형을 규정하고 있고, 시행령이 이를 세분화하고 있다. 그러나, 실제 집행에 주로 사용되는 조항은 법 제5조 제1항 제3호 사업활동방해 중 기타의 사업활동방해 유형(시행령 제9조 제3항 제4호), 배타조건부거래(법 제5조 제1항 제5호 전단, 시행령 제9조 제5항 제2호) 등이다. 가장 빈번히 사용되는 기타의 사업활동방해 유형도 그 정체성이 모호하며 이를 배제남용으로 분류하는 것이 타당한지 의문이다. 이러한 현실에 비추어 보면 남용행위 유형을 대폭 정비할 필요가 있다. 둘째, 착취남용에 대하여 원칙적으로 부당한 것으로 보고, 사업자가 정당한 이유를 증명하도록 규정하는 것은 합리적이지 않다. 셋째, 부당염매에서 통상거래가격 등 정치하지 않은 기준을 규정한 것은 바람직하지 않다.

1. 가격의 부당한 결정·유지·변경행위(공정거래법 제5조 제1항 제1호)

가. 개 념

정당한 이유없이 상품의 가격이나 용역의 대가를 수급의 변동이나 공급에 필요한 비용(동종 또는 유사업종의 통상적인 수준의 것에 한한다)의 변동에 비하여 현저하게 상승시키거나 근소하게 하락시키는 경우(공정거래법 시행령 제9조 제1항)이다. 독과점의 폐해로 가격인상, 생산량감소, 품질저하 등을 들 수 있다. 가격인상은 경쟁가격을 초과하여 인상을 하였음을 전제로 하지만, 시장에서 가격을 찾아내기는 어렵다.[15] 이러한 이유로 경쟁제한성 판단에 있어 시장점유율을 기준으로 하고 진입장벽, 경쟁사업자 등을 고려하는 간접적인 방식이 선호된다.

[가격남용 규제에 대한 국제적 동향]

규제의 필요성에 관하여 법제별로 상당한 차이가 존재한다. 미국 등은 아래와 같이 경쟁법 집행을 통한 가격남용 규제에 관하여 부정적이다. 가격설정의 자유를 제한할 경우 경쟁과 혁신을 저해하게 되고, 가격남용인지 판단하는 것도 어렵다. 가격남용에 대한 구제 조치를 선택하기도 용이하지 않고, 다른 경쟁법적 조치를 통하여 시장기능이 원활하게 작동되도록 한다면 경쟁법으로 가격남용 규제를 하지 않더라도 해결가능하다. 시장기능이 원활하게 작동되면 가격남용이 발생할 경우 경쟁자의 시장진입을 통하여 가격이 결국 하락하게 된다.

이와 달리 유럽연합의 경우 긍정적인 입장도 있지만, 실제 규제한 사례는 많지 않다. 규제가 필요하다고 보는 근거로는 가격이 소비자 후생에 직접적인 영향을 미친다는 데 있다. 경쟁법에 의한 가격남용 규제에 대하여는 찬반론이 있으나, 개별법에 의한 가격 규제는 별도의 문제로 경쟁법과 입법목적이나 철학이 다르다. 즉 가격남용 규제와 가격 규제는 구별된다. 경쟁법상 가격남용 규제에 대하여 미국은 물론 유럽에서도 상당 기간 부정적인 견해가 많았다. 그런데, 최근 특허권자의 남용행위 중 특허권자가 독점력을 이용하여 과도한 가격을 부과하는 행위 등 새로운 시장 환경이 조성되면서, 가격남용 규제에 대한 이론적, 실무적인 논점이 많이 제기되고 있다.

가격남용의 규제와 관련하여, 미국 등에서는 가격산정의 어려움과 시장에 미치는 부정적인 영향 등을 이유로 가격남용 규제에 부정적이다(이러한 경향은 약탈적 가격설정이나 이윤압착에도 유지된다). 그러나 한국 공정거래법은

---

15) 가격남용의 경쟁가격, 부당지원행위의 정상가격, 상속세 및 증여세의 세액산정 등에서는 시장에서 기준이 되는 가격을 입증하여야 하는데, 이는 용이하지 않다.

명문의 규정으로 제5조 제1항 제1호를 두고 있어, 경쟁당국은 이를 집행해야 할 의무를 입법자로부터 부여받았음에 유의할 필요가 있다.

국가가 경쟁법의 메커니즘을 통하여 가격에 개입할 경우 직접 가격에 개입할 것인가, 가격에 관련된 기반의 제도 정비만 할 것인가도 문제된다. 시장구조 조사, 시장분석을 확대하고, 가격에 관련된 정보가 공개됨으로써 소비자가 판단할 수 있도록 하는 방안, 시장에 대한 법적, 경제적 진입장벽을 낮추는 방안 등 낮은 수준의 개입부터 가격남용을 위반행위로 보고 시정조치와 과징금을 부과하거나, 가격에 대하여 원상회복 명령을 내리는 등 높은 수준의 개입 방안까지 다양한 선택이 가능하다.

[가격남용과 공정가격]

가격남용의 규제를 위하여 남용행위가 없었으면 형성되었을 가격을 찾아야 하는 문제가 있다. 시장지배적 지위 남용 행위에는 비교할 수 있는 비교가격이 존재하지 않을 수 있어, 이는 결국 비용과 가격을 비교하여 증명할 수 밖에 없는 문제로 보인다.

그 방법론과 관련하여, 공정거래법 위반으로 인한 손해배상청구소송에서 경쟁가격을 찾는 방법 등 사소에서 사용되는 방법을 고려할 수 있을 것이나, 이때 다음과 같은 차이에 유의할 필요가 있다. 손해배상사건에서는 이미 법위반이 인정된 상태에서 적정한 손해액만을 찾는 사건이어서 가격을 찾을 때 유연한 방법론이 사용될 수 있으나, 가격남용 사건에서 가격을 찾는 것은 법위반행위가 있었는지를 찾는 과정에서 필요한 것이어서 엄격한 증명이 요구된다. 예를 들면, MS v. Motorola(2015) 사건[16)]에서 연방 제9항소법원이 합리적인 실시료를 산정함에 있어서 사용한 방법은 손해배상사건에서 사용된 방법이므로, 이를 FRAND 위반으로 인한 시장지배적 지위 남용이 문제되는 사건에서 그대로 사용하기에는 무리가 있다.

나. 판 례

▣ 대법원 2005. 12. 9. 선고 2003두6283 판결(비씨카드 등 사건)

■ 해 설

---

16) Microsoft Corp. v. Motorola, Inc., 795 F.3d 1024 (9th Cir. 2015).

① 대법원 2005. 12. 9. 선고 2003두6283 판결에서 비씨카드가 현금서비스 수수료율, 할부수수료율, 연체이자율을 인상한 후 그대로 유지한 경우 구 공정거래법 제3조의2 제1항 제1호(현 공정거래법 제5조 제1항 제1호) 소정의 가격남용 행위가 성립하는지가 문제되었다. 법원은 별도의 독립된 사업자들이 각기 자기의 책임과 계산하에 독립적으로 사업을 하고 있을 뿐 손익분배 등을 함께 하고 있지 않은 경우, 그 사업자들을 통틀어 구 공정거래법 제2조 제7호(현 공정거래법 제2조 제3호)에서 규정하고 있는 하나의 사업자로 볼 수 없다고 보았다.

② 대법원은 경제적 동일체 개념에 대하여 일단 부정적인 입장을 취한 것으로 볼 수 있다. 이는 합작투자 형태로 공동사업을 영위하는 별개의 사업자들을 공정거래법상 하나의 사업자로 보아 시장점유율을 합산할 수 있는가와 연결되어 있다. 참고로 이 문제는 시장지배적 사업자가 성립한 후에 문제가 되는 공정거래법 제2조 제3호("단독으로 또는 다른 사업자와 함께") 부분과는 구별된다.

2. 상품판매 또는 용역제공의 부당한 조절행위(공정거래법 제5조 제1항 제2호)

가. 개 념

공정거래법 시행령은 부당한 출고조절을 아래와 같이 분류하고 있다.

첫째, 정당한 이유없이 최근의 추세에 비추어 상품 또는 용역의 공급량을 현저히 감소시키는 경우(공정거래법 시행령 제9조 제2항 제1호)이다. 둘째, 정당한 이유없이 유통단계에서 공급부족이 있음에도 불구하고 상품 또는 용역의 공급량을 감소시키는 경우이다(공정거래법 시행령 제9조 제2항 제2호).

[부당한 출고조절과 정당한 이유]

부당한 출고조절은 공정거래법 제정(1980. 12. 31.) 당시부터 존재하였다. 그러나 부당한 출고조절의 기준을 정하는 시행령은 오랫동안 규정되어 있지 않았다. 1999. 3. 31. 개정전 시행령 제9조는 '부당한 가격의 결정기준'이라는 제목으로 가격남용만 규정하고 있었으나, 1999. 3. 31. 개정으로 시행령 제9조는 '남용행위의 유형 또는 기준'이라는 제목으로 부당한 출고조절을 규정하면서 정당한 이유 없는 출고조절을 규제하고 있다.

이러한 시행령 규정은 찬성하기 어렵다. 첫째, 공급량 감소, 가격남용은 착취남용이다. 착취남용은 경쟁당국이 증명하기 어려운 유형의 남용유형임에도 부당성이 원칙적으로 인정된다는 전제에서 사업자가 정당한 이유를 증명하도록 하는 방식은 바람직하지 않다. 둘째, 착취남용에 속하는 공급량 감소가 일반적인 배제남용보다 경쟁제한성이 용이하게 인정되는 것도 자연스럽지 않다. 셋째, 법률(공정거래법 제5조 제1항 제2호)이 '부당성' 요건을 요함에도, 시행령(시행령 제9조 제2항)에서 '정당한 이유'로 규정하여 증명책임을 전환하는 것은 시행령의 한계를 넘은 것으로 해석될 소지가 있다. 이러한 문제점은 '정당한 이유'로 규정된 시행령 제9조 제1항(가격남용 부분)에도 공통된다.

나. 판 례

대법원은 "상품의 판매 등을 조절하는 행위가 부당한지 여부는 당해 상품의 수급 등 유통시장의 상황, 생산능력 · 원자재 조달 사정 등 사업자의 경영사정에 비추어 그 조절행위가 통상적인 수준을 현저하게 벗어나서 가격의 인상이나 하락의 방지에 중대한 영향을 미치거나 수급 차질을 초래할 우려가 있는지 여부에 따라 판단하여야 한다"고 판시한 바 있는데(대법원 2002. 5. 24. 선고 2000두9991 판결), 이러한 판시는 제반 사정에 비추어 종합적으로 부당성 여부를 판단하는 방식을 보여주고 있다. 대법원은 '최근의 추세'와 대비할 '상당한 기간'을 획정함에 있어서는, 기본적으로 '생산량 또는 판매량의 감소' 내지 '재고량의 증가'가 평상시에 비하여 현저한 기간을 기준으로 삼고, 정상적인 수급상황에 영향을 미치는 제반 요인을 함께 살펴, 그 기간 동안의 '생산량 또는 판매량의 감소' 내지 '재고량의 증가'가 시장의 수요에 현저하게 역행하는 것으로서 그것이 당해 사업자의 시장지배적 지위에 기해서만 설명이 가능한 것인지 여부도 아울러 감안하여 획정하여야 한다고 판시하였다(대법원 2001. 12. 24. 선고 99두11141 판결).

▣ 대법원 2000. 2. 25. 선고 99두10964 판결(신동방 사건)

■ 해 설

이 사건에서 대두유제품의 판매량을 감소시킨 반면 재고량을 증가시켜 국내 출고량을 조절한 경우 부당성을 인정하였다. 부당성이 부정된 아래 남양유업 사건 및 제일제당 사건과 대비된다.

▣ 대법원 2001. 12. 24. 선고 99두11141 판결(남양유업 사건)

■ 해 설

조제분유의 출고량을 감소시키고, 재고량을 증가시킨 사건에서 시장지배적 지위 남용행위가 인정되지 않았다. 대법원은 출고량 감소와 재고량 증가가 각 최근의 추세에 비추어 현저한지 여부를 판단함에 있어서, 시장지배적 사업자의 일부 창고의 출고량과 재고량만을 기준으로 판단할 수 없으며, 시장지배적 사업자의 월말의 출고량이 항상 현저히 감소하는 사정이 있는 경우에는 월말에 속하는 기간을 기준으로 하여 그 출고량 감소가 최근의 추세에 비추어 현저히 감소하였다고 판단할 수 없다고 하면서 공정위가 월말의 단 5일간만을 기준으로 출고조절 여부를 판단한 것은 부당하다고 한 원심판결을 지지하였다. 재고량에 대한 공정위 계산에 오류가 있었고, 의도적인 출고조절의 동기를 찾을 수 없다는 점에 주목한 것으로 보인다.

▣ 대법원 2002. 5. 24. 선고 2000두9991 판결(제일제당 사건)

■ 해 설

외환위기 발생 직후에 시장지배적 사업자인 식료품 제조업자가 대두유의 출고를 다소 감소시킨 사례에서 현저성과 부당성을 부인하였다. 원료의 재고가 부족하고 수급 전망이 불투명한 상황에서 가수요에 대응하기 위한 합리적인 기업경영행위로 볼 수 있고, 출고조절기간 동안에 대폭적인 적자를 기록한 점 등이 특징적이다.

▣ 서울중앙지방법원 2022. 2. 15. 선고 2019고합1085 판결(백신 출고량 조절 사건)[17)]

한국백신 등은 BCG 백신을 수입판매하는 사업자이다. 위 사업자는 국가무료 필수 백신인 피내용 백신 공급을 중단하였다. 위 행위에 대하여 시장지

17) 공정거래위원회 2019. 9. 19. 의결 제2019-239호.

배적 사업자의 부당한 출고 조절[구 공정거래법 제3조의2 제1항 제2호, 구 시행령 제5조 제2항 제1, 2호(현 공정거래법 제5조 제1항 제2호, 시행령 제9조 제2항 제1, 2호)]이 적용되었다. 이에 대하여 시정조치와 과징금이 부과되었으며, 공정거래위원회 2019. 5. 14. 의결 제2019-029호로 형사고발되어 기소되었다.

그러나 서울중앙지방법원은 다음과 같은 이유로 출고조절 행위와 부당성을 모두 부정하였다.

첫째, 백신을 수입하지 못하게 된 이유가 피고인들이 백신 수입 계약을 취소하였기 때문이라고 단정할 수 없다. 피고인들은 백신을 수입하지 못한 이유로서 생산 공장에 오염이 있었고, 전 세계적으로 백신이 부족하게 되어 유엔과 같은 국제기구에 먼저 공급을 하여야 했던 사정들이 있었기 때문이라고 주장하고 있는데, 위 주장을 뒷받침하는 상당한 자료도 있고, 그 사유 자체로 사회통념상 이해할 수 없는 것이 아니다(출고조절 부정).

둘째, 질병관리본부가 백신의 수입에 관하여 구체적이고 확정적인 요청을 하지 않은 상태에서 계열사들이 백신의 수입으로 인한 손실을 최소화하기 위하여 수입량을 탄력적으로 조절하려고 했던 것만으로 부당하다고 평가할 수 없다. 이 판결이 부당성을 부정함으로써 정당한 이유 형식보다는 부당성 형식의 판단을 한 점도 주목할 필요가 있다.

3. 다른 사업자의 사업활동에 대한 부당한 방해행위(공정거래법 제5조 제1항 제3호)

직접 또는 간접적으로 아래의 행위를 함으로써 다른 사업자의 사업활동을 어렵게 하는 경우(공정거래법 시행령 제9조 제3항)로 「간접적」이라 함은 특수관계인 또는 다른 자로 하여금 당해 행위를 하도록 하는 것을 말한다. 「다른 사업자의 사업활동을 어렵게 하는 경우」를 판단함에 있어서는 다른 사업자의 생산·재무·판매활동을 종합적으로 고려하되, 사업활동이 어려워질 우려가 있는 경우를 포함한다.[18]

---

18) 시장지배적지위 남용행위 심사기준 Ⅳ. 3.

가. 원재료 구매 방해

정당한 이유없이 다른 사업자의 생산활동에 필요한 원재료 구매를 방해하는 행위(공정거래법 시행령 제9조 제3항 제1호)를 의미한다.

나. 필수적인 인력 채용

정상적인 관행에 비추어 과도한 경제상의 이익을 제공하거나 제공할 것을 약속하면서 다른 사업자의 사업활동에 필수적인 인력을 채용하는 행위(공정거래법 시행령 제9조 제3항 제2호)를 의미한다.

다. 필수요소 제한

(1) 개 념

정당한 이유없이 다른 사업자의 상품 또는 용역의 생산·공급·판매에 필수적인 요소의 사용 또는 접근을 거절·중단하거나 제한하는 행위(공정거래법 시행령 제9조 제3항 제3호)를 의미한다. 「필수적인 요소(이하 "필수요소"라 한다)」라 함은 네트워크, 기간설비 등 유·무형의 요소를 포함하며, 당해 요소를 사용하지 않고서는 상품이나 용역의 생산·공급 또는 판매가 사실상 불가능하여 일정한 거래분야에 참여할 수 없거나, 당해 거래분야에서 피할 수 없는 중대한 경쟁열위상태가 지속될 것, 특정 사업자가 당해요소를 독점적으로 소유 또는 통제하고 있을 것, 당해 요소를 사용하거나 이에 접근하려는 자가 당해 요소를 재생산하거나 다른 요소로 대체하는 것이 사실상·법률상 또는 경제적으로 불가능할 것 등의 요건을 충족하여야 한다.[19]

(2) 판 례

▣ 대법원 2005. 8. 19. 선고 2003두5709 판결(한국여신전문금융협회 사건)[20]

■ 판시사항

'구 공정거래법'(2004. 12. 31. 법률 제7315호로 개정되기 전의 것)상 필수

19) 시장지배적지위 남용행위 심사기준 Ⅳ. 3.

20) 파기환송 후 소취하로 종결.

설비적 성격을 가진 시설의 보유자들에게 경쟁상대방도 그 시설을 이용할 수 있도록 강제하는 것은 그 거래분야에서의 공정한 경쟁을 촉진하고 그러한 시설에 대한 불필요한 중복투자를 방지하여 소비자후생을 기하고 국민경제의 균형 있는 발전을 도모하고자 함에 있는 것이므로 이러한 시설은 그 독점적 이익이 배제된 적정한 가격에 이용할 수 있도록 해 줄 필요가 있기 때문이다.

■ 해 설

사업자단체의 사업활동방해가 문제된 사건이지만, 신규 가입비가 적정한지에 따라 사업활동방해의 성립 여부가 달라졌고, 그 전제로 필수설비인 '은행의 공동이용망'에 대한 가입비 산정방법이 문제되었다. 신규 신용카드사업자가 필수설비적 성격의 시설인 신용카드 가맹점 공동이용망을 이용하기 위하여 기존 신용카드사업자들에게 지급하여야 할 가입비에 관하여 원심이 채택한 회계법인의 산정방법이 적절하지 않다는 이유로 원심판결을 파기한 사례이다.

라. 기타 사업활동방해

[「시장지배적지위 남용행위 심사기준」의 법규성]

공정거래법 제5조 제1항 제3호는 '다른 사업자의 사업활동을 부당하게 방해하는 행위'를 규정하고 있고, 시행령 제9조 제3항은 구체적인 유형으로 원재료 구매 방해(제1호), 필수적인 인력 채용(제2호), 필수요소 제한(제3호)과 함께 '제1호 내지 제3호 외의 부당한 방법으로 다른 사업자의 사업활동을 어렵게 하는 행위로서 공정거래위원회가 고시하는 행위'를 규정하고 있다(제4호). 따라서 시행령의 위임에 따라 기타 다른 사업자의 사업활동을 어렵게 하는 행위로 공정위가 고시한 유형은 시행령의 위임에 따라 법령을 보충하는 법규사항을 정하는 행정규칙으로 행정조직 내부적으로는 물론 대외적으로도 구속력을 가지는 것으로 볼 수 있다.[21]

(1) 거래거절

부당하게 특정사업자에 대하여 거래를 거절하거나 거래하는 상품 또는 용

21) 예를 들면, 공정위가 고시한 유형 중 '거래상대방에게 정상적인 거래관행에 비추어 타당성이 없는 조건을 제시한 행위'도 법규로서 대외적인 구속력을 가진다.

역의 수량이나 내용을 현저히 제한하는 행위를 의미한다.

▣ 대법원 2007. 11. 22. 선고 2002두8626 판결(포스코 판결)[22]

■ 판시사항

① 관련시장에 관한 판시는 다음과 같다.

특정 사업자가 시장지배적 지위에 있는지 여부를 판단하기 위해서는 경쟁관계가 문제될 수 있는 일정한 거래 분야에 관하여 거래의 객체인 '관련 상품에 따른 시장'과 거래의 지리적 범위인 '관련 지역에 따른 시장' 등을 구체적으로 정하고 그 시장에서 지배가능성이 인정되어야 한다. 여기서 '관련 상품에 따른 시장'은 일반적으로 시장지배적 사업자가 시장지배력을 행사하는 것을 억제하여 줄 경쟁관계에 있는 상품들의 범위를 말하는 것으로서, 구체적으로는 거래되는 상품의 가격이 상당기간 어느 정도 의미 있는 수준으로 인상 또는 인하될 경우 그 상품의 대표적 구매자 또는 판매자가 이에 대응하여 구매 또는 판매를 전환할 수 있는 상품의 집합을 의미하고, 그 시장의 범위는 거래에 관련된 상품의 가격, 기능 및 효용의 유사성, 구매자들의 대체가능성에 대한 인식 및 그와 관련한 구매행태는 물론 판매자들의 대체가능성에 대한 인식 및 그와 관련한 경영의사결정 형태, 사회적·경제적으로 인정되는 업종의 동질성 및 유사성 등을 종합적으로 고려하여 판단하여야 하며, 그 외에도 기술발전의 속도, 그 상품의 생산을 위하여 필요한 다른 상품 및 그 상품을 기초로 생산되는 다른 상품에 관한 시장의 상황, 시간적·경제적·법적 측면에서의 대체의 용이성 등도 함께 고려하여야 한다. 또한, '관련 지역에 따른 시장'은 일반적으로 서로 경쟁관계에 있는 사업자들이 위치한 지리적 범위를 말하는 것으로서, 구체적으로는 다른 모든 지역에서의 가격은 일정하나 특정 지역에서만 상당기간 어느 정도 의미 있는 가격인상 또는 가격인하가 이루어질 경우 당해 지역의 대표적 구매자 또는 판매자가 이에 대응하여 구매 또는 판매를 전환할 수 있는 지역 전체를 의미하고, 그 시장의 범위는 거래에 관련된 상품의 가격과 특성 및 판매자의 생산량, 사업능력, 운송비용, 구매자의 구매지역 전환가능성에 대한 인식 및 그와 관련한

---

22) 평석으로는 이황, "포스코의 거래거절행위", 「공정거래법 판례선집」, 사법발전재단 2011. 47면.

구매자들의 구매지역 전환행태, 판매자의 구매지역 전환가능성에 대한 인식 및 그와 관련한 경영의사 결정 행태, 시간적·경제적·법적 측면에서의 구매지역 전환의 용이성 등을 종합적으로 고려하여 판단하여야 하며, 그 외에 기술발전의 속도, 관련 상품의 생산을 위하여 필요한 다른 상품 및 관련 상품을 기초로 생산되는 다른 상품에 관한 시장의 상황 등도 함께 고려하여야 한다. 그리고 무역자유화 및 세계화 추세 등에 따라 자유로운 수출입이 이루어지고 있어 국내 시장에서 유통되는 관련 상품에는 국내 생산품 외에 외국 수입품도 포함되어 있을 뿐 아니라 또한 외국으로부터의 관련 상품 수입이 그다지 큰 어려움 없이 이루어질 수 있는 경우에는 관련 상품의 수입 가능성도 고려하여 사업자의 시장지배 가능성을 판단하여야 한다.

② 시장지배적 지위 남용행위와 불공정거래행위의 부당성 판단기준에 관한 판시는 다음과 같다.

거래거절행위가 구 공정거래법 제3조의2 제1항 제3호(현 공정거래법 제5조 제1항 제3호)의 시장지배적 사업자의 지위남용행위에 해당하려면 그 거래거절행위가 다른 사업자의 사업활동을 부당하게 어렵게 하는 행위로 평가될 수 있어야 하는바, 여기에서 말하는 '부당성'은 구 공정거래법 제23조 제1항 제1호(현 공정거래법 제45조 제1항 제1호)의 불공정거래행위로서의 거절행위의 부당성과는 별도로 '독과점적 시장에서의 경쟁촉진'이라는 입법목적에 맞추어 독자적으로 평가·해석하여야 하므로, 시장지배적 사업자가 개별 거래의 상대방인 특정 사업자에 대한 부당한 의도나 목적을 가지고 거래거절을 한 모든 경우 또는 그 거래거절로 인하여 특정 사업자가 사업활동에 곤란을 겪게 되었다거나 곤란을 겪게 될 우려가 발생하였다는 것과 같이 특정 사업자가 불이익을 입게 되었다는 사정만으로는 그 부당성을 인정하기에 부족하고, 그 중에서도 특히 시장에서의 독점을 유지·강화할 의도나 목적, 즉 시장에서의 자유로운 경쟁을 제한함으로써 인위적으로 시장질서에 영향을 가하려는 의도나 목적을 갖고, 객관적으로도 그러한 경쟁제한의 효과가 생길 만한 우려가 있는 행위로 평가될 수 있는 행위로서의 성질을 갖는 거래거절행위를 하였을 때에 그 부당성이 인정될 수 있다.

③ 시장지배적 지위 남용으로서 거래거절의 부당성 판단기준은 다음과 같다.

시장지배적 사업자의 거래거절행위가 그 지위남용행위에 해당한다고 주장하려면, 그 거래거절이 상품의 가격상승, 산출량 감소, 혁신 저해, 유력한 경쟁사업자의 수의 감소, 다양성 감소 등과 같은 경쟁제한의 효과가 생길 만한 우려가 있는 행위로서 그에 대한 의도와 목적이 있었다는 점을 입증하여야 하고 거래거절행위로 인하여 현실적으로 위와 같은 효과가 나타났음이 입증된 경우에는 그 행위 당시에 경쟁제한을 초래할 우려가 있었고 또한 그에 대한 의도나 목적이 있었음을 사실상 추정할 수 있지만, 그렇지 않은 경우에는 거래거절의 경위 및 동기, 거래거절행위의 태양, 관련시장의 특성, 거래거절로 인하여 그 거래상대방이 입은 불이익의 정도, 관련시장에서의 가격 및 산출량의 변화 여부, 혁신 저해 및 다양성 감소 여부 등 여러 사정을 종합적으로 고려하여 거래거절행위가 위에서 본 경쟁제한의 효과가 생길 만한 우려가 있는 행위로서 그에 대한 의도나 목적이 있었는지를 판단하여야 한다. 그리고 이때 경쟁제한의 효과가 문제되는 관련시장은 시장지배적 사업자 또는 경쟁사업자가 속한 시장뿐만 아니라 그 시장의 상품 생산을 위하여 필요한 원재료나 부품 및 반제품 등을 공급하는 시장 또는 그 시장에서 생산된 상품을 공급받아 새로운 상품을 생산하는 시장도 포함될 수 있다.

■ 해 설

① 시장지배적 지위 남용행위로서 거래거절에는 단독의 거래거절뿐 아니라 공동의 거래거절도 생각할 수 있으나, 주로 불공정거래행위와 비교하여 논의가 진행된 것은 단독의 거래거절이고, 그 유형으로는 계속적 거래의 거절과 새로운 거래개시의 거절 등이 포함된다.[23] 시장지배적 지위 남용행위로서 거래거절이 성립하기 위하여는 시장지배적 사업자가, 특정사업자에 대한 거래를 거절하고, 이로 인하여 다른 사업자의 사업활동을 어렵게 하며, 이러한 행위가 부당할 것 등의 구성요건을 충족하여야 할 것인데, 시장지배적 지위 남용행위로서 거래거절이 쟁점이 된 대표적인 사례가 포스코 사건[24]이다. 이 사건은 잘 알려진 바와 같이 포스코가 잠재적 경쟁자인 현대하이스코에게 자동차 냉연강판용 열연코일의 공급을 거절하여 시장지배적 지위 남용행위 중 기타의 사업활동방해의 한 유형인 거래거절 규제가 적용된 사건이다.[25] 공정위는 이러한 포스코의 행위를 시장지배적 사업자의 거래거절행위

---

23) 시장지배적 사업자의 공동의 거래거절의 경우 시장지배적 지위 남용 이외에도 부당한 공동행위 규제가 문제될 수 있다. 불공정거래행위의 경우 공동의 거래거절보다는 공동행위를 먼저 적용한다는 내용의 심사지침이 있으나, 시장지배적 사업자의 공동의 거래거절에서 그 적용의 우선순위에 관하여 심사지침상 명시적인 규정은 없는 것으로 보인다.

24) 대법원 2007. 11. 22. 선고 2002두8626 전원합의체 판결.

로 보아 구 공정거래법 제3조의2 제1항 제3호, 구 공정거래법 시행령 제5조 제3항 제3호(현 공정거래법 제5조 제1항 제3호, 공정거래법 시행령 제9조 제3항 제4호)를 적용하여 시정명령과 과징금을 부과하였다.

② 포스코 사건 이전에 선고된 시장지배적 지위 남용행위 사건으로는 출고조절에 관한 일련의 사건,[26] 단일의 사업자인지가 문제된 비씨카드 사건[27] 등이 있었으나, 이들은 엄밀한 의미에서 시장지배적 지위 남용행위에 관한 일반적인 법리를 선언한 판례는 아니므로, 포스코 판결은 시장지배적 지위 남용행위로서 거래거절에 관한 최초의 판결일 뿐 아니라 시장지배적 지위 남용행위의 법리 전반에 관하여도 실질적으로 최초의 판결로 볼 수 있다. 포스코 판결은 시장지배적 지위 남용행위의 다른 유형 및 불공정거래행위에 직접적인 영향을 미쳤고, 나아가 공정거래법 전반에 시사점을 준 바 있다. 특히 상품시장 및 지역시장의 획정 기준을 제시한 점, 부당성에 주관적인 요소와 객관적인 요소를 모두 포괄하고, 관련시장에서의 경쟁제한성을 중심으로 부당성을 판단하는 효과주의적인 접근을 하였으며, 나아가 이러한 부당성 판단기준이 불공정거래행위의 부당성 판단기준과는 다르다는 점을 명시한 점 등에서 그 의의가 있다.[28]

③ 시장지배적 지위 남용행위와 불공정거래행위의 관계에 관하여, "시장지배적 사업자의 지위남용행위로서 거래거절의 '부당성'은 불공정거래행위로서의 거절행위의 부당성과는 별도로 '독과점적 시장에서의 경쟁촉진'이라는 입법목적에 맞추어 독자적으로 평가 · 해석하여야 한다."고 판시하여 이 판결을 분기점으로 각 행위유형별로 시장지배적 지위 남용행위 규제와 불공정거래

---

25) 상세한 평석은 이황, "공정거래법상 단독의 위반행위 규제의 체계 : 시장지배적 지위 남용행위로서의 거래거절행위의 위법성, 그 본질과 판단기준", 「사법」 제5호 2008. 9. 47면 이하 참조.

26) 대법원 2000. 2. 25. 선고 99두10964 판결(신동방 사건), 대법원 2001. 12. 24. 선고 99두11141 판결(남양유업 사건), 대법원 2002. 5. 24. 선고 2000두9991 판결(제일제당 사건) 등.

27) 대법원 2005. 12. 9. 선고 2003두6283 판결.

28) 시장지배적 지위 남용행위 규정의 연원이 독일 경쟁제한방지법에 있으므로, 그 연혁상으로는 형식주의 및 객관주의에 따른 해석이 타당하지만, 포스코 판결을 통하여 미국 독점금지법의 근간인 효과주의와 더불어 주관주의에 따른 해석을 함으로써, 법문은 그대로인 상태에서 새로운 의미를 부여하는 실질적인 입법을 한 것과 같은 방향전환을 하였다고 볼 수 있다.

행위 규제가 분화되는 이원화된 규제가 확립되었다고 볼 수 있다. 이러한 포스코 판결의 태도는 완전히 새로운 법리를 선언한 것이 아니라 종전에 선고된 대법원 판결의 연장선에 있는 것으로 보인다. 포스코 판결의 약 1년 전에 토지공사 사건[29]에서 불공정거래행위로서 끼워팔기의 부당성 기준은 국제적 흐름에 비추어 경쟁제한성으로 보아야 한다는 원고의 주장을 배척하고, "불공정거래행위로서 끼워팔기가 정상적인 거래관행에 비추어 부당한지 여부는 종된 상품을 구입하도록 한 결과가 상대방의 자유로운 선택의 자유를 제한하는 등 가격과 품질을 중심으로 한 공정한 거래질서를 저해할 우려가 있는지 여부에 따라 판단하여야 한다."라고 판시하여 위와 같은 이원화된 규제를 예고한 바 있다.

④ 포스코 사건에서 부당성의 실질적인 의미를 판시함에 있어서 ㉮ 시장지배적 지위 남용행위와 불공정거래행위 모두 공정거래저해성이 포함되는 의미로 이해하는 방법, ㉯ 시장지배적 지위 남용과 불공정거래행위 모두 경쟁제한성으로만 이해하는 방법, ㉰ 시장지배적 지위 남용행위는 경쟁제한성으로, 불공정거래행위는 이에 더하여 공정거래저해성이 포함되는 것으로 이해하는 방법[30] 등이 있었을 것인데, ㉮를 선택할 경우 앞에서 본 바와 같이 시장지배적 지위 남용행위에 관한 경쟁법의 국제적인 흐름으로부터 크게 이탈하게 되는 점에서,[31] ㉯를 선택할 경우 포스코 판결 이전에 누적된 다수의 불공정거래행위에 관한 판례 중 시장지배적 지위 남용행위와 전체적 또는 부분적으로 중복되는 유형에서 그 부당성 판단기준을 실질적으로 변경해야 하므로 법적 안정성을 훼손하는 결과에 이르게 되는 측면에서 근본적인 난점이 있었다. 대법원이 시장지배적 지위 남용행위에 관한 실질적인 최초의 사례에서 ㉰의 견해를 전제로 판시를 한 것은 경쟁법의 국제적인 동향을 정확하게 인식하고, 불공정거래행위에 관하여 종전에 누적된 판례를 변경할 때 발생할 수 있는 법적 안정성의 문제까지 냉철하게 고려한데서 비롯된 균형감각의 산물로 평가할 수 있다.

---

29) 대법원 2006. 5. 26. 선고 2004두3014 판결.

30) 이와 반대로 시장지배적 지위 남용행위는 공정거래저해성으로, 불공정거래행위는 경쟁제한성으로 보는 것은 그 제도의 연혁 등에 비추어 이론적으로도 생각하기 어려워서 논외로 한다.

31) 이러한 측면에서 판례도 그 선고 시점까지 누적된 학문적 성과에 의하여 상당한 영향을 받는 것으로 보인다.

⑤ 포스코 판결에서 경쟁제한성의 주관적 요건에 관하여 핵심적인 판시는 다음과 같이 세 부분으로 이루어진다. ㉮ 시장지배적 사업자의 거래거절행위가 그 지위남용행위에 해당한다고 주장하려면, 그 거래거절이 상품의 가격상승, 산출량 감소, 혁신 저해, 유력한 경쟁사업자의 수의 감소, 다양성 감소 등과 같은 경쟁제한의 효과가 생길 만한 우려가 있는 행위로서 그에 대한 의도와 목적이 있었다는 점을 입증하여야 하고, ㉯ 거래거절행위로 인하여 현실적으로 위와 같은 효과가 나타났음이 입증된 경우에는 그 행위 당시에 경쟁제한을 초래할 우려가 있었고 또한 그에 대한 의도나 목적이 있었음을 사실상 추정할 수 있지만, ㉰ 경쟁제한의 효과가 현실적으로 나타나지 않은 경우에는 거래거절의 경위 및 동기, 거래거절행위의 태양, 관련시장의 특성, 거래거절로 인하여 그 거래상대방이 입은 불이익의 정도, 관련시장에서의 가격 및 산출량의 변화 여부, 혁신 저해 및 다양성 감소 여부 등 여러 사정을 종합적으로 고려하여 거래거절행위가 위에서 본 경쟁제한의 효과가 생길 만한 우려가 있는 행위로서 그에 대한 의도나 목적이 있었는지를 판단하여야 한다.

㉮ 부분은 주관적 요건에 관한 원칙이고, ㉯는 경쟁제한의 효과가 현실적으로 나타난 경우, ㉰는 경쟁제한의 효과가 현실적으로 나타나지 않고 우려만 있는 경우에 대한 것으로 경쟁제한의 현실적인 효과의 존부에 따라 이원적인 구성을 하고 있다. 먼저 ㉮ 부분은 대법원이 객관주의 대신 주관주의의 입장을 취한 것으로 원칙적인 입장으로 이해할 수 있다. ㉯ 부분도 현실적인 경쟁제한 효과가 나타난 경우에는 의도와 목적을 추정할 수 있다는 취지로 이해할 수 있다. 문제가 되는 것은 ㉰ 부분으로 '거래거절의 경위 및 동기, 거래거절행위의 태양, 거래거절로 인하여 그 거래상대방이 입은 불이익의 정도' 등 당사자 사이의 개별적인 사정과 '관련시장의 특성, 가격 및 산출량의 변화 여부, 혁신 저해 및 다양성 감소 여부' 등 경쟁제한 효과와 관련된 사정으로 편의상 구분할 수 있다. 후자는 객관적인 경쟁제한 효과 발생의 우려와 중첩되는 것이어서 그 필요성에는 의문이 있지만 입증과정에서 큰 의미가 있지는 않다. 전자와 같은 개별적 사정을 불공정거래행위로서 거래거절이 아닌 시장지배적 지위 남용으로서 거래거절에 요할 필요가 있는지 의문이고, 이러한 사정까지 입증해야 한다면 주관적 요소를 지나치게 엄격하게 입증하도록 하는 것이 된다는 비판이 있을 수 있다.[32] 경쟁제한의 효과가 실제 나

32) 포스코 판결의 문언에도 불구하고 경쟁제한적 효과에 대한 우려만이 입증가능한 경우에도 객관적 요소들로부터 사업자의 내심의 의사를 사실상 추단할 수 있다는

타난 경우와 경쟁제한의 우려가 있는 경우에 이러한 입증의 차이를 둔 것은 타당하지 않다는 비판을 받는 부분이다. 특히 이러한 각 요소 중 특징적인 것만을 입증하는 것으로는 부족하고, 각 요소 모두를 입증해야 부당성이 인정된다면 현실적으로 '의도 및 목적의 입증'은 곤란할 수 있다. 이러한 부당성의 주관적 요소의 입증은 에스케이 멜론 사건(대법원 2011. 10. 13. 선고 2008두1832 판결) 등에서 쟁점이 되었다.

(2) 부당 조건

거래상대방에게 정상적인 거래관행에 비추어 타당성이 없는 조건을 제시하는 행위이다.

▣ 대법원 2023. 4. 13. 선고 2020두31897 판결 / 서울고등법원 2019. 12. 4. 선고 2017누48 판결/공정거래위원회 2017. 1. 20. 의결 제2017-025호(퀄컴 사건)

① 경쟁 모뎀칩셋 제조사에 대한 이동통신 표준필수특허의 라이선스 거절 또는 제한행위(제1행위)[33]에 대하여 시장지배적 지위 남용으로서 거래상대방에 대하여 정상적인 거래관행에 비추어 타당성이 없는 조건을 제시한 행위, 필수적인 요소에 대한 사용 또는 접근을 거절 또는 제한한 행위(필수설비)가 적용되었다. 타당성 없는 조건 제시, 필수설비 거절은 선례가 드문 법 적용 사례이다. 타당성 없는 조건 제시 부분은 정상적인 거래관행이 요건이라는 점에서 시장지배적 지위 남용 규정으로는 이례적이며, 필수설비는 이론상 논의되었을 뿐 실제 사례가 드문 법리인데, 이 사건에서 적용되었다.

휴대폰 제조사에 대하여 모뎀칩셋 공급 조건으로 특허 라이선스 계약 체결·이행을 요구한 행위(제2행위)[34]에 대하여 시장지배적 지위 남용으로서

취지로 이해해야 한다는 견해(이황, "공정거래법상 단독의 위반행위 규제의 체계: 시장지배적 지위 남용행위로서의 거래거절행위의 위법성, 그 본질과 판단기준", 「사법」 제5호 2008. 9. 238면)가 있다.

33) 원고들은 모뎀칩셋의 제조, 판매, 사용 등을 위해 반드시 필요한 표준필수특허에 관하여 경쟁 모뎀칩셋 제조사들과 라이선스(실시허락)의 범위를 제한한 라이선스 계약(제한적 라이선스 계약)을 체결하면서, 특정 계약조건을 부가하였다.

34) 원고들은 원고들의 모뎀칩셋을 구매하고자 하는 휴대폰 제조사에게 원고들의 모뎀

불이익강제, 불공정거래행위로서 거래상 지위 남용이 적용되었다.

휴대폰 제조사와 특허 라이선스 계약 체결시 포괄 라이선스 조건, 자신이 정한 실시료 조건, 무상 크로스 그랜트 조건을 포함한 계약조건을 제시한 행위(제3행위)[35]에 대하여 시장지배적 지위 남용으로서 불이익강제, 불공정거래행위로서 거래상 지위 남용이 적용되었다.

② 퀄컴은 라이센스 부분과 칩셋 생산 부분의 상호작용을 통한 특이한 영업방식을 유지하고 있다. 이 사건의 결론에 관계 없이 공정위가 이 문제에 집중한 것은 사실관계의 핵심을 정확하게 파악한 측면이 있다. 문제는 이러한 행위가 경쟁법에 위반된 것인지, 그렇지 않은 것인지에 대하여 증거에 의하여 경쟁제한성을 도출해 낼 수 있는지이다. 특히 공정위가 제출한 증거는 이해관계인이 제출한 자료에 기초한 것으로, 이러한 간접증거를 모아서 경쟁제한효과나 그 우려를 인정할 수 있는지의 증명방법 내지 증명정도의 문제가 핵심이 된다. 공정위가 증명에 주력한 경쟁자의 비용상승 효과 부분에 대하여 일부 사업자가 제출한 증거만으로 증명이 된 것인지에 대한 신중한 판단이 필요한 사안이었다.

이 문제는 퀄컴의 특정한 영업방식을 문제삼고 있지만, 근본적으로는 퀄컴이 효율성에 따른 합리적인 경쟁을 이용하여 장기간 독점을 유지하고, 높은 수익을 창출하였는지, 그렇지 않은지의 문제로서, 경쟁법 위반을 검토함에 있어 기본적으로 배제적인 성격이지만, 근본적으로는 배제남용의 결과 등장하는 착취남용의 성격도 가지고 있음에 유의해야 한다.

③ 이 사건에서 공정위가 적용한 법리 중 주목할 부분은, 선례가 드문 타당성 없는 조건 제시, 필수설비 거절을 적용한 점, FRAND 위반에서 경쟁제한의 의도나 목적을 도출한 점(의결서 91, 118면), FRAND 위반을 경쟁제한효과의 한 근거로 제시한 점(137면), 시장지배적 지위 남용에서 고려되는 정상적인 거래관행의 기준을 처음으로 제시한 점(98면), 인접시장에 대한 경쟁제한효과의 전이를 지적한 점(136면), 금지청구와 관련한 법리를 경쟁제한성 부분에 반영한 점(164면) 등이다.

칩셋을 공급받는 조건으로 원고들과 라이선스 계약을 체결할 것을 요구하고, 휴대폰 제조사와 체결하는 모뎀칩셋 공급계약에 특정 조건을 명시함으로써 원고들의 모뎀칩셋 공급과 라이선스 계약을 연계하였다.

35) 특히 원고들은 휴대폰 제조사와 체결하는 라이선스 계약에 휴대폰 전체 가격을 기준으로 실시료를 산정하는 조건 등을 포함시켰다.

④ 이미 대법원은 포스코 판결을 통하여 효과주의의 원칙을 선언하였으나, 경쟁제한효과를 어떤 방식으로 증명하고, 어떤 기준으로 평가해야 할지에 관한 증명의 문제는 미완으로 남아 있었다. 그 이후 나온 후속판결은 이러한 증명의 문제 전면으로 가늠할 정도의 사건이 되지 못하였고, 1차 퀄컴 사건의 경우에도 배타조건부거래 사건으로 종래 대법원이 배타조건부거래의 경우는 다른 남용행위와 상당히 다른 시각에서 접근한 점에 비추어 효과주의에 따른 증명도의 문제를 기준으로 하기에 부족한 측면이 있었다. 따라서 이 사건은 포스코 판결의 법리가 구체적인 증명도와 관련하여 어떤 함의를 가지는지를 평가할 수 있는 대표적인 사건으로 기대되었다. 특히 FRAND 위반을 경쟁제한효과와 연결한 것이 종래의 포스코 판결의 효과주의 법리와 부합하는지 등이 문제된 사건으로 평가할 수 있다.

⑤ 원심인 서울고등법원은 이 사건에 대하여 다음과 같이 판단하였다.

관련시장인 이동통신 표준필수 특허 라이선스 시장과 CDMA, WCDMA, LTE 모뎀칩셋 시장에서의 시장지배적 사업자의 지위를 인정하였다.

경쟁 모뎀칩셋 제조사에 대한 이동통신 표준필수특허의 라이선스 거절 또는 제한행위(제1행위)에 대하여 시장지배적 사업자의 사업활동방해(정상적인 거래관행에 비추어 타당성이 없는 조건을 제시한 행위)를 인정하였다. 휴대폰 제조사에 대하여 모뎀칩셋 공급 조건으로 특허 라이선스 계약 체결·이행을 요구한 행위(제2행위)에 대하여 시장지배적 지위 남용으로서 불이익강제, 불공정거래행위로서 거래상 지위 남용을 인정하였다. 위와 같이 시장지배적 지위 남용가 인정된 행위에 대하여는 경쟁제한성도 인정하였다.

그러나, 휴대폰 제조사와 특허 라이선스 계약 체결시 포괄 라이선스 조건, 자신이 정한 실시료 조건, 무상 크로스 그랜트 조건을 포함한 계약조건을 제시한 행위(제3행위)에 대하여 시장지배적 지위 남용으로서 불이익강제, 불공정거래행위로서 거래상 지위 남용을 인정하지 않았다. 이러한 행위는 기본적으로 상대방인 휴대폰 제조사에 대한 불이익이 인정되어야 하는데 이를 인정하지 않은 것으로 볼 수 있다. 다만, 위 법원은 제1행위, 제2행위만으로도 공정위의 과징금 납부 명령은 정당하다고 보고 이 부분 취소청구를 기각하고, 시정조치 중 제3행위와 관련된 시정조치는 이를 취소하고, 나머지 부분은 기각하였다.

⑥ 대법원은 원심의 판단을 유지하며, 원고들이 표준필수특허 라이선스 시장 및 표준별 모뎀칩셋 시장에서의 시장지배적 지위를 이용하여 행위 1(경쟁

모뎀칩셋 제조사에 이동통신 표준필수특허에 대한 특허 라이선스 계약 체결 거절·제한)과 행위 2(모뎀칩셋 공급계약과 특허 라이선스 계약을 연계하여 휴대폰 제조사와 특허 라이선스 계약)를 상호 유기적으로 연계함으로써 '휴대폰 단계 라이선스 정책'(경쟁 모뎀칩셋 제조사에게 표준필수특허권자로서 확약한 조건인 '성실한 실시조건 협상절차'를 거쳐 라이선스를 제공하지 아니하고, 휴대폰 제조사에 대하여 라이선스 계약의 체결을 강제하는 사업모델)을 구현하였고, 이는 경쟁 모뎀칩셋 제조사 및 휴대폰 제조사의 사업활동을 어렵게 함으로써 표준별 모뎀칩셋 시장에서의 경쟁을 제한하는 효과를 발생시킬 우려가 있으며, 나아가 원고들의 사업모델 구축의 경위, 원고들의 내부문서에 드러난 경쟁제한의 의도, 원고들의 이례적인 사업방식 등까지 고려하면, 원고들이 행위 1과 행위 2를 통해 휴대폰 단계 라이선스 정책을 구현한 의도나 목적은 이 사건 표준별 모뎀칩셋 시장에서 경쟁 모뎀칩셋 제조사를 배제하고 원고들의 시장지배적 지위를 유지·강화하기 위한 것으로 보인다는 점을 들었다.

⑦ 이 사건에서 제1 행위에 대하여 적용된 남용행위 유형인 '거래상대방에게 정상적인 거래관행에 비추어 타당성이 없는 조건을 제시하는 행위'는 시장지배적 지위 남용행위 유형으로는 이례적이다. 대상 판결은 이를 해석함에 있어 "원고들은 실시허락을 받을 의사가 있는 경쟁 모뎀칩셋 제조사와 FRAND 조건에 의한 성실한 실시조건 협상절차를 거치지 않은 채 제한적 라이선스 계약을 체결하거나 라이선스 계약의 체결을 거절하고 제한적 약정만 체결하였다."는 점에 착안하고 있다(판결문 9면). 이는 FRAND 확약을 한 표준필수 특허권자의 특허침해금지청구가 유럽연합 기능조약 제102조 위반(시장지배력 남용)을 면하기 위한 요건을 협상과정을 중심으로 제시한 유럽연합 사법법원의 Huawei 판결(2015년)[36]과 같은 맥락에 있는 것으로 평가할 수 있다.[37]

⑧ 대상 판결은 공정거래법 제1조에 착안하여 정상적인 거래관행을 '공정하고 자유로운 경쟁 촉진, 창의적인 기업활동 조성, 국민경제의 균형 있는 발전'을 고려하여 판단해야 한다고 설시하고 있다(판결문 5면). 그러나 이러한 설시는 논란의 여지가 있다.

---

36) Huawei Technology Co. LTD v. ZTE Corp., C-170/13 (2015).

37) 다만 Huawei 판결이 협상 과정을 경쟁제한성 판단에서 고려한 것에 비하여, 대상 판결은 '정상적인 거래관행' 요건에서 고려하였다.

첫째, '정상적인 거래관행'은 경쟁제한성과는 거리가 있고 오히려 불공정거래행위에서 공정성을 판단하는 기준에 가깝다. 그 점에서 정상적인 거래관행을 제한적으로 해석할 필요가 있다. 위와 같은 공정거래법 제1조를 통한 해석론은 그 체계적 타당성에도 불구하고, 정상적인 거래관행을 지나치게 넓게 해석할 우려가 있어 타당하다고 보기 어렵다. 둘째, 이 사건에서 정상적인 거래관행을 해석함에 있어(판결문 9면) 공정거래법 제1조의 원용이 필요하지도 않았다. 셋째, 공정거래법 제1조에 기재된 여러 목적과 가치의 관계, 특히 경쟁과 그 외의 가치가 어떻게 조화될 것인지, 무엇을 우선할 것인지에 대하여 논란이 있다. 또한, '경쟁'과 '창의적인 기업활동 조성, 국민경제의 균형있는 발전'의 관계에 대하여 후자를 전자의 범위 내에서 추구되는 보완적 목적으로 이해하거나, 병렬적으로 이해하는 견해 등 다양한 견해가 있음에 유의할 필요가 있다.[38] 이러한 이유에서 경쟁의 가치와 그 밖의 가치를 모두 고려하여 '정상적인 거래관행'을 해석한다는 것은 문언상으로만 가능할 뿐 현실적으로 실현하기 어려운 방법론이 될 수 있다.

⑨ 대상 판결은 다수의 복잡한 쟁점을 가지고 있음에도 판결문이 매우 간략하다. 특히 이 사건의 핵심이 되는 경쟁제한성 판단은 전체 판결문 중 1페이지(판결문 11면)에 불과하여 경쟁제한성의 논증을 찾기 어렵다. 판결문에는 경쟁 모뎀칩셋 제조사가 입은 계약상 불이익(11면 첫째 문단), 원고들이 경쟁우위를 유지하기 위하여 특허우산을 구축한 점(11면 둘째 문단)이 언급되어 있다. 다만 이러한 경쟁자에 대한 불이익 등 자체는 경쟁제한효과로 평가하기 어려우므로, 이러한 불이익이 경쟁제한효과로 연결되는 논증이 필요하였다. 그런데 대상 판결은 이를 생략하고 경쟁자 비용 상승, 기술 혁신 저해, 다양성 감소라는 효과로 연결된다는 결론(11면 셋째 문장)에 바로 이르고 있어, 무엇을 근거로 경쟁제한효과나 그에 준하는 우려를 판단하였는지 알기 어렵다.

⑩ 표준필수특허의 남용에 대한 개입 내지 구제 필요성은 인정되지만, 이를 어떤 방법으로 접근할지에 대하여는 국가별 차이가 있다. 구체적인 해결방안으로 계약관계를 인정하여 실시의무를 부과하고 표준필수특허권자의 금지청구를 부정하는 방안(계약법적 해결), 특허권의 남용의 법리로 접근하는 방안(특허법적 해결), 경쟁법 위반으로 접근하는 방안(경쟁법적 해결) 등이

38) 정재훈, 경쟁과 경쟁제한성의 이해, 박영사 2023. 36, 37면.

있다.

FRAND 확약 위반을 경쟁법 위반으로 접근하는 경우에도, FRAND 확약 위반의 경우 경쟁제한성이 사실상 추정된다는 견해가 있는 반면, FRAND 확약 위반으로 바로 경쟁제한성이 인정되지 않고 다른 시장지배력 남용행위와 동일하게 경쟁제한효과 증명이 필요하다는 견해가 있다.[39] 이 판결은 외형상으로는 FRAND 확약위반의 경우에도 경쟁제한효과 증명이 필요하다는 법리를 설시하면서도, 그 내용에 있어서는 경쟁제한효과에 대한 논증을 대부분 생략함으로써 FRAND 확약위반의 경우 경쟁제한성이 사실상 추정된다고 판단한 것으로 평가될 여지도 있다.

⑪ 이 사건은 과징금 규모로 주목을 받았으나, 이미 예납된 과징금이 아니라 대법원 판결로 확정된 시정조치에 보다 주목할 필요가 있다. 시장지배적 지위 남용행위 등 단독행위 규제에 있어 시정조치는 행위자의 사업모델의 변경 또는 금지를 포함하는 경우가 많은데, 이 사건도 그러한 범주에 속하는 것으로 볼 여지가 있다. 특히 이 사건은 법적용 자체는 역외적용 사안이 아니지만, 시정조치에서 역외적(extraterritorial) 시정조치가 내려졌는데, 이러한 역외적 시정조치는 그 집행에 있어 상당히 어려운 문제를 가지고 있다.

그렇다면, 대법원 판결로 확정된 시정조치에 따르기 위하여는 퀄컴이 종래 특허와 제품을 연계한 영업방식 등 사업모델을 전반적으로 변경해야 할 가능성이 높다. 그런데 퀄컴의 이러한 사업모델은 유럽이나 미국에서 금지되지 않았고, 그 밖의 국가를 보더라도 이를 금지한 국가가 한국 외에는 드문 점에서[40] 공정위가 앞으로 퀄컴의 시정조치 위반에 대한 집행을 어떻게 할지, 시정조치 이행에 대한 협의가 어떤 방식과 내용으로 이루어질지에 관심이 집중될 것으로 보인다. 그 동안 시정조치 위반에 대한 형사고발 사안이 많지 않아서 선례가 드문 상태임도 유의할 필요가 있다.[41]

---

39) 위의 책, 315~317면.

40) 그 점에서 공정위의 시정조치 내용이 다른 주요 국가와 비교할 때 어느 정도 공통점을 가지고 있어, 시정조치의 집행에 어려움이 적었던 마이크로소프트의 끼워팔기 사건과 비교할 수 있다.

41) 가정적으로는, 퀄컴이 시정조치를 준수하여 한국을 포함한 전세계 사업모델을 일괄 변경하는 경우, 시정조치 이행을 면하기 위하여 한국 시장에서 영업을 하지 않는 경우, 시정조치를 준수하지 않았음에도 형사고발이 실제로 이루어지지 않는 등 방치되는 경우, 시정조치를 준수하지 않아 형사고발이 이루어지고 그에 따른 후속 절차가 이루어지는 경우 등을 상정할 수도 있다.

(3) 차별적 취급

자사 또는 다른 거래상대방 대비 가격 또는 거래조건을 부당하게 차별하는 행위이다. 과거 시장지배적 지위 남용행위 심사기준은 '거래상대방에게 가격 또는 거래조건을 부당하게 차별하는 행위'로 규정하였으나, '자사' 부분이 추가되었다. 이는 불공정거래행위로서 차별행위 사건인 서울고등법원 2017. 2. 15. 선고 2015누39165 판결(롯데쇼핑 사건)[42]에서 하나의 회사 내에서 서로 다른 사업부분에 관하여 지원행위가 이루어진 경우 독자적 거래상대방이 되지는 않는다고 판단한 점을 고려한 결과로 볼 수 있다.

▣ 서울고등법원 2013. 6. 19. 선고 2010누3932 판결(퀄컴 사건)

이 사건에서 로열티 차별부과는 기타의 사업활동방해 중 가격차별 부분(구 공정거래법 제3조의2 제1항 제3호, 현 공정거래법 제5조 제1항 제3호)이 적용되었고, 리베이트 제공행위는 배타조건부거래(구 공정거래법 제3조의2 제1항 제5호, 현 공정거래법 제5조 제1항 제5호)가 적용되었다는 전제에서,[43] 서울고등법원은 시장지배적 지위 남용행위를 인정하였고, 다만 시정명령 중 일부[44]에 대하여는 위법하다고 보아 취소하였으나, 대법원은 가격차별은 처음부터 공정위의 처분사유가 아니었다고 판단하였다.

서울고등법원 2013. 6. 19. 선고 2010누3932 판결(퀄컴 사건)[45]은 공정위가 가격차별행위를 처분사유로 하였다는 전제에서 가격차별행위란 반드시 둘 이상의 구매자 사이에서 가격을 차별하는 경우에 한정되지 않고, 하나의 구매자에 대하여 구체적 조건에 따라 가격을 차별적으로 할인하는 경우도 포함된다고 판단하였으나, 상고심인 대법원 2019. 1. 31. 선고 2013두14726 판결은 피고 처분서에 따르면, 피고는 모뎀칩 구매에 관한 배타조건부거래행위의 부당성 판단에서 위 로열티 할인으로 인한 효과 역시 함께 고려하였고 로열티 할인 병행행위와 관련한 별도의 과징금을 부과한 바 없다고

---

42) 대법원 2017. 7. 11.자 2017두39372 판결로 심리불속행 기각되었다.

43) 리베이트 제공행위는 약탈적 리베이트로 분류될 경우 약탈적 가격설정행위로서 부당염매가 될 수도 있으나, 이 사건은 배타조건부거래 규제가 적용되었다. 이 사건에서 리베이트 부분은 모뎀칩 부분과 RF 칩 부분 등에서 문제되었다.

44) 한국퀄컴과 QCTK에 대한 부분 및 모든 부품이 포함된 부분이 이에 해당한다.

45) 대법원 2019. 1. 31. 선고 2013두14726 판결로 파기.

판단함으로써 원심이 공정위의 처분사유를 오해하였다고 판단하였다.

■ 서울고등법원 2020. 2. 6. 선고 2018누43110 판결(지멘스 사건)[46]

① 원고 지멘스는 CT, MRI 장비를 공급하는 시장의 1위 사업자이다. 지멘스는 자신의 의료장비를 구입한 병원이 독립 유지보수 사업자(independent service organization)와 거래하는지 여부에 따라 장비안전관리 및 유지보수에 필요한 필수적인 서비스키 발급조건을 차별적으로 적용하였다. 이 행위에 대하여 시장지배적 사업자의 정상적인 거래관행에 비추어 타당성이 없는 조건을 제시하거나 가격 또는 거래조건을 부당하게 차별하는 행위(구 공정거래법 제3조의2 제1항 제3호, 시행령 제5조 제3항 제4호, 현 공정거래법 제5조 제1항 제3호, 시행령 제9조 제3항 제4호, 심사기준 IV. 3.)와 함께 불공정거래행위로서 차별(구 공정거래법 제23조 제1항 제1호, 시행령 제36조 제1항 별표 1의2, 현 공정거래법 제45조 제1항 제2호, 시행령 제52조 별표 2)을 적용하였다.

지멘스는 독립사업자의 유지보수 서비스를 받는 경우 발생할 수 있는 안전 업데이트의 문제, 저작권 침해 문제의 위험을 기재한 공문을 발송하였다. 이러한 행위에 대하여 위계에 의한 고객유인(구 공정거래법 제23조 제1항 제3호, 시행령 제36조 제1항 별표 1의2, 현 공정거래법 제45조 제1항 제4호, 시행령 제52조 별표 2)을 적용하였다.

② 법원의 판단(서비스키 발급조건 제시행위)

법원은 원고의 시장지배적 지위를 인정한 이후, 객관적 구성요건에서 원고들이 서비스 소프트웨어 사용에 필요한 서비스키를 무상으로 제공하는 거래관행이 존재한다고 인정하기 부족하므로, 이를 전제로 한 '거래관행에 반하는 타당성 없는 조건 제시'가 인정되기 어렵다고 판단하였다. 이는 저작권자가 실시료를 받고 저작권을 실시하는 행위는 정당한 권리행사이며, 원고가 유상의 라이선스 정책을 가지고 이를 실행하며, 예외적인 경우에만 무상으로 실시를 하였으므로 공정위가 주장하는 무상실시 관행을 증거로 인정할 수 없음을 지적한 것이다.

또한 원고의 서비스키 발급조건 제시행위가 가격 또는 거래조건을 차별하는 행위에 해당된다고 보기 어렵다고 판단하였다. 유상 라이선스 정책이 정

---

46) 공정거래위원회 2018. 3. 13. 의결 제2018-094호.

당한 이상 서비스키를 유상으로 제공하는 것은 합리적인 영업모델로 차별이라고 보기 어렵다는 취지로 이해할 수 있다.

다음 단계로 공정위가 제출한 증거만으로 원고의 행위에 대하여 경쟁제한 효과 및 그 우려를 인정하기 어렵다고 보았다. 한편, 불공정거래행위로서 가격 또는 거래조건 차별 행위에 대하여도 비슷한 논지에서 문제된 행위에 대하여 객관적 구성요건으로 차별취급과 공정거래저해성을 모두 인정하기 어렵다고 판단하였다.

③ 법원의 판단(공문발송행위)

위계에 의한 고객유인행위가 인정되고 공정거래저해성도 인정할 수 있다고 판단하였다.

▣ 서울고등법원 2022. 12. 14. 선고 2021누36129 판결(네이버쇼핑 사건)[47]

▪ **판결 요지**

비교쇼핑서비스 시장과 오픈마켓 시장은 별개의 시장으로 보아야 하고, 스마트스토어는 오픈마켓 기능을 수행하며, 원고는 비교쇼핑서비스 시장에서 시장지배적사업자에 해당한다. 원고는 검색알고리즘을 조정함으로써 스마트스토어 입점업체 및 경쟁 오픈마켓 입점업체를 차별하였고, 이는 스마트스토어를 지원하고자 하는 의도와 목적이 인정된다.

이 사건과 같이 지배적 지위에 있는 시장(비교쇼핑서비스 시장)과 경쟁제한 효과 발생의 우려가 있는 시장(오픈마켓 시장)이 다른 경우에도 시장지배적 지위 남용은 성립할 수 있다고 보아야 한다. 비교쇼핑서비스, 특히 네이버쇼핑은 오픈마켓 유입경로로 매우 중요한 역할을 수행하고 있으므로, 원고는 비교쇼핑서비스 시장에서의 지배적 지위를 이용하여 오픈마켓 시장에서 상당한 영향력을 행사할 수 있고, 오픈마켓 입점업체로 하여금 스마트스토어와 거래하도록 유도할 수 있다. 네이버의 검색알고리즘 조정행위는 오픈마켓 시장에서 경쟁제한 효과를 발생시킬 우려가 있는 행위로서 시장지배적지위 남용행위에 해당한다.

원고의 검색알고리즘 조정행위는 거래조건의 현저한 차별로서 부당한 차별취급행위에 해당한다. 네이버쇼핑이 최적의 상품 검색결과를 제공할 것이

47) 대법원 2023두32709 사건으로 상고 중.

라는 소비자의 기대와 달리, 자사 스마트스토어 입점상품이라는 이유로 검색결과 상위에 노출시키고 그러한 위계로써 고객이 자신과 거래하도록 유인한 것으로 부당한 고객유인행위에도 해당한다.

■ 해 설

네이버가 2012. 2.부터 2020. 8.까지 자사가 운영하는 비교쇼핑서비스인 '네이버쇼핑'의 상품 검색결과 노출순위 결정 알고리즘을 자사가 운영하는 쇼핑몰 플랫폼 서비스인 '스마트 스토어' 입점업체에 유리하게 조정하고 유지한 행위가 문제되었다. 서울고등법원은 이러한 행위가 시장지배적 지위 남용행위로서 차별행위 및 불공정거래행위로서 차별행위 및 위계에 의한 고객유인행위에 해당한다고 판단하였다. 이 판결의 결론의 당부를 떠나서 그 논리와 표현에 오해의 소지가 있는 표현은 아쉬운 점이다.[48]

첫째, 시장지배력, 남용행위, 경쟁제한효과가 발생하는 시장의 관계 문제이다. 대상판결은 '공정거래법 및 시행령의 규정에 의하면 경쟁제한효과 발생시장이 시장지배력이 존재하는 시장과 같은 시장일 것을 요구하는 조항이 없다'는 점을 상세하게 판단하며 강조하고 있다(판결문 74~76면). 그러나 이러한 조항이 공정거래법에 없는 것은 당연하며, 비교법적으로도 이러한 조항을 두는 예는 찾아보기 어려우므로 명문의 규정 존부는 논할 필요가 처음부터 없었다. 이는 경쟁법에서 논의되는 시장지배력 존재 시장, 남용행위 발생시장, 경쟁제한효과 발생 시장의 관계 문제이다.[49] 핵심은 경쟁제한효과가 발생하였는지와 그러한 효과가 발생한 원인이 시장지배력에서 비롯되었는지 여부일 뿐이며 명문의 규정 존부는 논할 필요가 없었다.

둘째, 지배력 전이 문제이다. 대상판결은 미국 등의 독점력 전이 이론에 얽매이지 않고 공정거래법 문언과 입법취지에 따라 판단한 점을 강조하는 것으로 해석될 소지가 있다. 그러나 끼워팔기, 차별(2선 차별을 의미하며 특히 자사우대가 전형적이다) 등 복수의 시장을 전제로 한 남용행위에서 지배력 전이가 논의되지만, 지배력 전이만으로는 부족하고 봉쇄효과 등 경쟁제한효과의 증명이 필요하다는 점에서는 미국과 유럽 등 다른 국가를 포함하여

---

48) 판결에 사용되는 표현과 용어의 중요성에 대하여는 정재훈, 대법원 판결에 사용된 용어와 표현의 무게-대법원 2021. 6. 30. 선고 2018두37700 판결, 인권과 정의 제509호, 2022 등 참조.

49) 정재훈, 경쟁과 경쟁제한성의 이해, 박영사 2023. 146~150면 참조.

한국의 공정거래법도 달라지기 어렵다. 이 문제에 있어 이 판결은 “사업자가 어느 시장에서 시장지배력이 있고 그 시장에서의 행위가 자신이 참여하고 있는 다른 시장에 상당한 영향을 미칠 수 있는 관계에 있을 때 부당하게 점유율을 확대하고자 하는 유인이 크고, 이와 같은 경우에 지위가 전이되는 양상을 띠므로 규제의 요청이 더 강하다는 부분(판결문 75, 76면)”이라고 설시하고 있으나, 이와 같이 단일 시장보다 복수 시장에서 경쟁제한 우려가 더 높다는 판시는 경쟁법 이론이나 판례상 근거를 찾기 힘든 표현으로 의문이다. 지배력 전이는 ‘지배력 영향’과 구별될 뿐 아니라, 지배력 전이 현상 자체는 중립적이고, 성과경쟁의 산물일 수 있어 지배력 전이가 발생하여도 그만으로 바로 경쟁제한효과를 인정할 수 없다.

셋째, 경쟁제한효과 인정 문제이다.

이 판결의 논지가 경쟁제한효과를 인정한 것인지, 경쟁제한효과를 실증할 수 없어서 그 우려를 인정한 것인지 명백하지 않다. 판결의 목차는 ‘경쟁제한 효과 발생의 우려(판결문 74면)’라고 기재되어 있으나, 그 내용은 경쟁제한효과를 인정할 수 있는 것처럼 보일 소지가 있다.

대상판결이 경쟁제한효과 발생의 우려에 대하여 언급한 내용(판결문 84~88면)이 추상적인 일반론에 가까운 설시에 그치고 있는 점은 아쉬운 점이다. 경쟁제한의 우려는 단순한 가능성을 의미하는 것이 아니라 상당한 수준의 발생가능성 또는 개연성을 의미하는 것으로 해석해야 한다.[50] 경쟁제한의 우려를 확대해석할 경우 경쟁자가 배제되는 모든 경우에 경쟁제한성이 인정되어 경쟁법이 경쟁자보호법이 되는 결과에 이를 수 있음에 유의해야 한다. 그 점에서 경쟁자에 대한 불이익을 바로 경쟁제한효과로 이해한 듯한 표현은 오해의 소지가 있다(판결문 85, 86, 87면).

이 판결은 시장점유율 변화, 노출 점유율 변화, 거래액, 입점사업자 등을 경쟁제한효과의 근거로 제시한데 그치고 있다. 다만, 이러한 시장의 변화는 성과경쟁의 산물일 수도 있으므로, 남용행위의 결과임이 실증될 필요도 있을 것이다. 이 판결은 남용행위가 발생한 시장과 경쟁제한효과가 발생한 시장이 다른 경우에는 남용행위와 경쟁제한효과 사이의 인과관계를 신중하게 판단해야 한다고 판시하고 있음에도(판결문 76면), 이어지는 판시에서 이러한 신중한 판단이 보이지 않는 점도 아쉬운 점이다.

---

50) 위의 책, 168~171면.

대상판결이 '가격 상승이나 산출량 감소' 등은 경쟁제한성 유무를 판단함에 있어서 고려될 수 있는 사정일 뿐 반드시 검토되어야 하는 요소가 아니라고 판시한 부분(판결문 88면)도 오해의 소지가 있다. 이는 경쟁제한성의 직접 증명이 어려운 경우에 간접 증명이 가능함을 염두에 둔 것으로 보이지만, 경쟁제한효과의 직접 증명이 없는 경우에는 상당한 수준의 간접 증명이 이루어져야 할 것이다.[51]

넷째, 경쟁제한의 의도나 목적의 문제이다. 행위의 의도나 목적만으로 경쟁제한효과가 인정될 수는 없으나, 경쟁제한효과의 판단이 어려운 경우에 참고가 될 수 있다.[52] 그 점에서 대상 판결이 행위자의 주관적 의도에 지나치게 의존하는 듯한 판시를 한 것에도 동의하기 어렵다(판결문 85면).

(4) 불이익강제

부당하게 거래상대방에게 불이익이 되는 거래 또는 행위를 강제하는 행위이다.

[시장지배적 사업자의 불이익강제 규제]

첫째, 시장지배적 지위 남용행위로서 사업활동방해는 다른 규제유형의 사업활동방해에 비하여 큰 비중을 가지고 있다. 사업활동방해에 거래거절, 차별적 취급, 불이익강제 등 주요 유형이 포함되어 있다. 부당한 공동행위의 경우 가격 공동행위 등에 집중되어 있어 사업활동방해는 비중이 크지 않고, 불공정거래행위의 경우 다른 규제 유형으로 인하여 사업활동방해가 적용될 여지가 크지 않은 것과 대조적이다. 둘째, 사업활동방해 중 불이익강제 사례가 상대적으로 많은데, 거래상 지위의 남용 중 불이익제공과 관계가 문제된다. 시장지배적 지위 남용으로서 불이익강제가 되는 경우는 거래상 지위의 남용의 불이익제공 등이 성립할 여지가 많아서 거래상 지위의 남용과 시장지배적 지위 남용으로서 사업활동방해가 모두 적용가능한 경우가 많을 것이다. 시장지배적 지위 남용으로서 불이익강제는 시장지배적 지위와 객관적인 경쟁제한효과의 입증이 필요하지만, 거래상 지위 남용은 거래상 우월한 지위와 정상적인 거래관행에 위반된다는 것을 입증하면 충분하고 경쟁제한성 입

51) 위의 책, 248~252면.

52) 위의 책, 157~159면.

증이 필요하지 않다.

▣ 대법원 2008. 12. 11. 선고 2007두25183 판결(티브로드 I 사건)[53)]

■ 판시사항

시장지배적 사업자의 지위남용행위로서의 불이익 강제행위는 '시장지배적 사업자가 부당하게 거래상대방에게 불이익이 되는 거래 또는 행위를 강제함으로써 그 사업자의 사업활동을 어렵게 하는 행위'라 할 것이다.

시장지배적 사업자의 불이익 강제행위가 그 지위남용행위에 해당한다고 주장하는 피고로서는 그 불이익 강제행위가 경쟁제한의 효과가 생길 만한 우려가 있는 행위로서 그에 대한 의도와 목적이 있었다는 점을 입증하여야 할 것이고, 불이익 강제행위로 인하여 현실적으로 위와 같은 효과가 나타났음이 입증된 경우에는 그 행위 당시에 경쟁제한을 초래할 우려가 있었고 또한, 그에 대한 의도나 목적이 있었음을 사실상 추정할 수 있다 할 것이지만, 그렇지 않은 경우에는 불이익 강제행위의 경위 및 동기, 불이익 강제행위의 태양, 관련 시장의 특성, 불이익 강제행위로 인하여 그 거래상대방이 입은 불이익의 정도, 관련 시장에서의 가격 및 산출량의 변화 여부, 혁신 저해 및 다양성 감소 여부 등 여러 사정을 종합적으로 고려하여 불이익 강제행위가 위에서 본 경쟁제한의 효과가 생길 만한 우려가 있는 행위로서 그에 대한 의도나 목적이 있었는지를 판단하여야 할 것이다.

■ 해 설

① 티브로드 강서방송과 지에스디 방송이 원고로 통합하며 각각 운영하던 채널번호를 조정하였는데, 그 과정에서 선호채널인 8번을 사용하던 우리홈쇼핑이 사용료로 6,500만 원을 제시하고, 현대홈쇼핑은 9,000만 원을 제시하자, 원고는 현대홈쇼핑에게 8번을, 우리홈쇼핑에게 18번을 배정하였다.

② 이 사건에서 시장획정과 시장지배적 사업자인지가 핵심적인 쟁점이 되었다. 시장획정에 있어 공정위는 상품시장을 프로그램송출시장[54)]으로, 지역

---

53) 파기환송 후 원고 승소 판결(서울고등법원 2009. 7. 22. 선고 2008누37543 판결)이 선고되어 확정.

54) 플랫폼사업자와 그 플랫폼사업자에 유료 가입하여 프로그램을 시청하는 가입자 사이에 형성되는 시장.

시장을 서울 강서구로 보았다. 원심은 상품시장을 프로그램송출서비스 시장[55]으로, 지역시장을 전국시장으로 보면서도 시장지배력 전이(轉移)를 인정하여 시장지배적 지위를 인정하였다. 대법원은 원심의 시장획정에 동의하면서 시장지배력의 전이를 부정하였다. 이에 대하여 시장지배력 전이 이론을 인정하거나 양면시장 이론을 적용하면 관련시장을 서울 강서구로 볼 수 있다는 비판론도 있다. 그러나 독점적 레버리지(leverage) 이론과 유사한 시장지배력 전이 이론은 끼워팔기 등 시장지배력의 전이가 문제되는 전형적인 사안이 아닌 경우에는 그 적용에 신중하여야 할 것이다.[56] 이 사건은 시장지배적 사업자의 끼워팔기 사건, 인접시장이나 필수설비에 대한 공급거절 등 시장지배력 전이가 통상 문제되는 유형이 아니어서, 시장지배력 전이 이론을 적용하기에는 적절한 사안이 아니었던 것으로 보인다.

③ 원심은 "구 법 제3조의2 제1항 제3호(현행법 제5조 제1항 제3호)는 '경쟁사업자'의 배제에 관한 같은 조 제4, 5호의 규정문언과 달리 '다른 사업자의 사업활동을 부당하게 방해하는 행위'라고 되어 있어 반드시 동일 시장의 '경쟁사업자'에 대한 것에 한정할 필요가 없다."라고 판시하였고, 이러한 전제하에서 시장지배력 전이를 인정하였다. 대법원에서 시장지배력 전이가 인정되지 않음에 따라 위 부분 원심 판시에 관한 대법원의 판단은 없었다. 그러나 위 판시는 사업활동방해를 남용행위의 유형에 포함하는 경우 불가피한 해석이고, 불공정거래행위 및 부당한 공동행위에서의 사업활동방해와도 균형이 맞는 해석이었다. 후속사건인 대법원 2010. 3. 25. 선고 2008두7465(현대자동차 사건)에서 대법원은 "'다른 사업자'란 시장지배적 사업자의 거래상대방인 사업자도 포함한다고 보아야 한다."라고 판시하여 이를 수용하였다.

④ 원고들은 상위채널이라는 한정된 가용자원을 가격경쟁의 방식을 통하여 효율적으로 배분하려고 하였던 것이고, 이에 따라 현대홈쇼핑과 우리홈쇼핑의 입찰경쟁이 이루어져 상위채널이 바뀐 것일 뿐 배제남용의 전형으로 보기 어려운 사안이었다. 이러한 행위가 남용행위에 해당한다면 극단적으로는 시장지배적 사업자가 실시하는 경쟁입찰의 결과 계약당사자가 변경된 경우에는 남용행위가 될 수 있는 난감한 결론에 이르게 된다. 결과적으로 불이

55) 종합유선방송사업자 등과 같은 플랫폼사업자와 TV홈쇼핑사업자 등 사이에 형성되는 시장.

56) 끼워팔기에서 원용되는 독점적 레버리지 이론의 적용가능성과 끼워팔기 이외 분야에서의 이 이론의 적용가능성에는 차이가 있다.

익이 발생하였더라도 경쟁제한성이 문제되는 시장지배적 지위 남용 규제를 적용하기에는 적절하지 않았던 것으로 보인다.

⑤ 이 사건과 후술하는 에스케이 멜론 사건은 시장지배적 지위 남용에 대한 집행을 강화하던 2007년 공정위 의결이 있었고, 두 사건은 같은 법관으로 구성된 재판부가 원심을 담당하였으나, 결론이 상반된다. 이 사건 원심 선고일과 에스케이 멜론 사건 원심 선고일 사이에 포스코 판결이 선고되어, 이 사건 원심에는 포스코 판결이 반영되지 못하였으나,[57] 에스케이 멜론 사건의 원심에는 포스코 판결이 비교적 충실하게 반영되었다.[58] 이 사건을 통하여 포스코 판결의 법리가 거래거절 사안뿐 아니라 사업활동방해 전반으로 확대되었고, 이론적으로만 논의되던 양면시장에 관한 논의가 활성화되었다.[59]

▣ 대법원 2010. 3. 25. 선고 2008두7465(현대자동차 사건)

■ 판시사항

① 구 공정거래법 제3조의2 제1항(현 공정거래법 제5조 제1항)은 시장지배적 사업자의 지위남용행위를 금지하고 있고, 같은 항 제3호는 그 지위남용행위의 하나로 다른 사업자의 사업활동을 부당하게 방해하는 행위를 규정하고 있는데, 여기에서 '다른 사업자'란 시장지배적 사업자의 거래상대방인 사업자도 포함한다고 보아야 한다.

② 대법원은 아래와 같은 원심판단을 수긍하였다.

원심판결 이유 및 원심이 적법하게 채택한 증거에 의하면, 국내 승용차 판매시장 및 5톤 이하 화물차(트럭) 판매시장에서 시장지배적 사업자인 원고는 별다른 합리적인 사유 없이 노동조합과의 협의 지연 또는 노동조합의 반대 등을 이유로 9건의 판매대리점 거점 이전 승인을 지연하거나 거부하고

57) 원심의 판시사항에는 불공정거래행위로서 거래상 지위남용 또는 거래거절에 나오는 판시사항들이 등장하고 있다.

58) 티브로드 I 사건과 에스케이 멜론 사건은 모두 2007년 고등법원 판결이 선고되었으나, 대법원 판결은 티브로드 I 사건에서 2008년에, 에스케이 멜론 사건에서 2011년에 선고되었다.

59) 홈쇼핑업자의 플랫폼사업자에 대한 프로그램송출서비스 시장과 플랫폼사업자의 시청자에 대한 프로그램송출시장이 서로 교차하고 있어서, 이를 경제학적으로 양면시장으로 분석할 수 있다. 양면시장 이론은 지마켓의 기업결합 사건, 네이버 사건에서 정면으로 다루어졌다.

약 170건의 판매대리점 판매인원 채용등록을 지연하거나 거부하는 등의 이 사건 사업활동 방해행위를 하였는데, 이는 원고가 판매대리점의 거점 이전 및 판매인원 채용으로 인하여 직영판매점의 경쟁력이 약화될 것을 우려하였기 때문인 사실, 판매대리점의 판매를 결정하는 주된 요소는 전시장 거점, 판매인원 수, 판매인원의 판매력으로서, 상권에 대한 고려와 함께 고객의 방문을 유도하기 위한 장소의 선택, 방문 고객을 위한 차량 전시장의 확보는 판매대리점 영업활동에 있어 중요한 환경요소이고, 판매인원의 증감에 따라 판매실적이 정비례하며, 또한 판매경로 중 방문 고객에 대한 판매가 12.3% 내지 40%를 차지하고, 판매인원을 통한 판매가 60% 내지 87.7%를 차지하는 사실, 이에 따라 판매대리점으로서는 거점을 이전해야만 하는 상황에서 이전이 지연되거나 유능한 판매인원을 확보하지 못하게 되면 같은 지역 내에서 경쟁하고 있는 직영판매점에 비하여 경쟁력이 약화될 수밖에 없는 사실, 원고의 시장점유율은 높은데 경쟁사업자의 수는 적고 경쟁사업자의 시장점유율은 낮아 원고의 판매대리점들이 다른 자동차 판매회사의 판매대리점으로 전환할 가능성도 제한되어 있는 사실, 이 사건 사업활동 방해행위의 대상이 된 판매대리점은 400여개 판매대리점 중 100여개로서 20%가 넘는 사실, 이 사건 사업활동 방해행위로 인하여 소비자로서는 판매대리점보다 직영판매점을 더 선택할 수밖에 없게 되고 이로 인해 서비스 질 제고 및 가격인하 유인이 축소될 수 있는 사실을 알 수 있다.

■ 해 설

① 현대자동차는 대리점에 대하여 판매대리점의 거점 이전, 판매인원 채용에 있어 사전합의를 하도록 하고, 판매목표를 설정하였다(현대자동차의 대리점에 대한 판매거점이전 제한행위, 인원채용 제한행위, 판매목표 강제행위). 이러한 행위에 대하여 시장지배적 사업자의 사업활동방해 규제가 적용되었다.[60]

② 대법원은 이 사건에서 경쟁사업자에 한정되지 않고 거래상대방도 포함됨을 명시함으로써 사업활동방해의 개념을 명확하게 규정하였고, 불공정거래행위 및 부당한 공동행위의 사업활동방해와 그 태양에 있어 다르지 않음을 보여주었다. 사업활동방해 규제에 있어 다른 사업자의 범위를 경쟁사업자로 한정하였다면 배제남용으로서 사업활동방해의 취지가 저감되었을 것이다.

---

60) 공정거래법 시행령, 심사기준에 정확히 일치하는 유형이 없어 구 공정거래법 제3조의2 제1항 제3호(현 공정거래법 제5조 제1항 제3호) 사업활동방해만이 기재되어 있다.

③ 판매거점이전 제한행위, 판매인원 채용제한 행위에 관하여 그 부당성을 인정한 반면, 판매목표 설정, 선출고 요구 행위의 부당성을 부정하였는데, 이는 경쟁에 영향을 미칠 수 있는지에 따라 판단이 달라진 것으로 볼 수 있다. 판매거점이전 제한행위 및 판매인원 채용제한 행위에 관하여, 대법원은 양적인 측면에서 20%를 넘는 대리점에 대하여 영향을 미치는 등 기아차 사건과 객관적 경쟁제한 효과에서 큰 차이가 있다고 보았다. 이 판결과 대법원 2010. 4. 8. 선고 2008두17707 판결(기아자동차 사건)에서, 공정위 의결은 대법원 2007. 11. 22. 선고 2002두8626 판결(포스코 사건) 이전인 2007. 5. 18.과 2007. 10. 25.에 있어서 포스코 판결이 반영되지 않았고, 반면, 원심은 모두 포스코 판결 이후에 판결이 선고되어 이를 참조하였을 것으로 보인다. 그런데 이 판결에서 경쟁제한성의 근거로 제시한 부분은 ㉮ 원고의 행위로 인하여 판매대리점의 경쟁력 약화가 유발되고(판매대리점으로서는 거점을 이전해야만 하는 상황에서 이전이 지연되거나 유능한 판매인원을 확보하지 못하게 되면 같은 지역 내에서 경쟁하고 있는 직영판매점에 비하여 경쟁력이 약화된다), ㉯ 이로 인하여 가격 및 품질에 영향을 미친다(소비자로서는 판매대리점보다 직영판매점을 더 선택할 수밖에 없게 되고 이로 인해 서비스 질 제고 및 가격인하 유인이 축소될 수 있다)는 부분이다. 원고가 시장지배력을 이용하여 시장에 영향을 미쳤다고 볼 상당한 개연성이 있음에도, ㉮ 부분이 ㉯ 부분과 어떤 상관관계가 있는지에 관한 설명이 없고, 포스코 판결에 비하여 경쟁제한성에 대한 증명의 정도를 낮게 요구하였다는 지적을 받을 수도 있는 대목이다.

④ 원고(직영대리점)와 판매대리점 사이에 경쟁관계가 인정되어 브랜드 내 경쟁이 문제되었고, 이러한 브랜드 내 경쟁에 영향을 미친 경우 부당성이 인정되었다. 이때 브랜드 내 경쟁 제한만으로 부당성을 인정할 수 있는지, 브랜드 내 경쟁으로부터 브랜드간 경쟁에 영향을 줄 수 있는 요소가 도출되어야 하는지가 고려될 필요가 있다.[61] 대법원 및 원심은 관련시장(국내 승용차 및 화물차 판매시장)을 브랜드간 경쟁까지 고려하여 획정하면서 부당성은 브랜드내 경쟁 위주로 판단하였는데, 이는 일관성이 없다는 비판을 받을 수 있다. 원고의 행위가 브랜드 내 경쟁을 제한하는 것과 별도로 어떻게 브랜드간 경쟁에 영향을 미치게 되는지에 대하여도 논증이 필요하였을 것이다. 다

61) 홍대식, “시장지배적 사업자의 사업활동 방해행위의 판단기준과 과징금 산정기준”, 「공정거래법 판례선집」, 사법발전재단 2011. 99면.

만 관련시장의 특성상 브랜드간 경쟁이 활성화되어 있지 않아 결과에서는 큰 차이가 없었을 것이다.[62)]

⑤ 판매목표 강제 유형의 남용행위에 가장 가까운 규제유형은 불공정거래행위로서 거래상 지위남용 중 판매목표 강제인데, 이 사건에서는 시장지배적 지위 남용 부분만 적용되었다.[63)]

⑥ 시장지배적 지위 남용에서 부당성이 인정된 사건으로 대두유사건 중 신동방사건이 있으나, 포스코 판결 이후에 부당성이 인정된 첫 사건은 2009년 농협 사건이다. 사업활동방해에 관하여 대법원 판결이 선고된 첫 사건은 티브로드 I 판결로 부당성이 부정되었고, 이 사건에서 부당성이 처음으로 인정되었다.[64)]

▣ 대법원 2010. 4. 8. 선고 2008두17707 판결(기아자동차 사건)

■ 판시사항

대법원은 아래와 같이 시장지배적 지위 남용행위를 부정한 원심 판단이 정당하다고 보았다.

원심은 국내 승용차 판매시장 및 5t 이하 화물차(트럭) 판매시장에서 시장지배적 사업자인 원고는 직영점과의 이격거리 미달, 노동조합의 반대 등을 이유로 3개 판매대리점의 거점이전 신청을 지연하거나 거부하였고, 이로 인하여 3개 판매대리점이 영업활동을 방해받게 되었음은 인정된다고 할 것이나, 원고의 위와 같은 방해행위로 인하여 상품의 가격 상승, 산출량 감소, 혁신 저해, 유력한 경쟁사업자 수의 감소, 다양성 감소 등과 같은 경쟁제한 효과가 발생하였다고 볼 아무런 증거가 없고, 원고가 시장에서의 독점을 유지·강화할 의도나 목적을 가지고 위와 같은 방해행위를 하였다고 볼 증거도 없다는 이유로 위 사업활동 방해행위의 부당성을 인정하지 아니하여 결국 원고의 행위가 시장지배적 지위 남용행위에 해당되지 않는다고 판단하였다.

---

62) 브랜드간 경쟁이 활성화되어 있었으면 결론이 달라질 수 있었을 것이다.

63) 당시 시장지배적 지위 남용의 집행을 강화하던 추세에 있었고, 현대자동차는 대표적인 독점사업자이었지만, 거래상 지위남용 중 판매목표 강제가 병렬적으로 적용되었으면 결과가 달랐을 가능성도 있었다.

64) 이 사건에서 기타의 사업활동방해 중 어떤 유형이 적용되었는지는 공정위의 의결 등에 명확하게 기재되어 있지 않다.

■ 해 설

대법원은 3개 대리점이 영향을 받았으나, 이러한 사정만으로 경쟁제한효과가 발생하였다고 보기 어렵다고 보았다. 이러한 판단은 배타조건부거래 사안에서 퇴출된 7개 업체만으로 경쟁제한효과가 발생하였다고 보기 어렵다고 한 대법원 2011. 6. 10. 선고 2008두16322 판결(이베이지마켓 사건)과 유사하다. 그러나 3개 대리점 외에 다른 대리점에 대하여도 유사한 방해행위가 있었을 가능성이 있으므로,[65] 현대자동차 사건과 비교할 때 부당성 판단을 달리 할만한 본질적인 차이가 있는지, 법원이 다분히 직관적으로 경쟁제한성을 판단한 것은 아닌지 등 비판을 받을 수 있다.

▣ 대법원 2011. 10. 13. 선고 2008두1832 판결(에스케이 멜론 사건)

■ 판시사항

대법원은 아래와 같이 부당성을 부정한 원심 판단을 수긍하였다.

원심은 그 채택 증거들을 종합하여 판시와 같은 사실을 인정한 다음, 원고가 자신의 MP3폰과 멜론사이트의 음악파일에 자체 개발한 DRM(Digital Rights Management)을 탑재하여 원고의 MP3폰을 사용하는 소비자로 하여금 멜론사이트에서 구매한 음악파일만 재생할 수 있도록 하고, 다른 사이트에서 구매한 음악은 멜론사이트에 회원으로 가입한 후에 별도의 컨버팅 과정 등을 거치도록 하는 행위를 하였으나, 본래 DRM은 음악저작권을 보호하고 음악파일의 무단복제 등을 방지하기 위하여 필요한 기술이므로, 원고가 자신의 MP3폰과 음악파일에 DRM을 탑재한 것은 인터넷 음악서비스 사업자들의 수익과 저작권자의 보호 및 불법 다운로드 방지를 위한 것으로서 정당한 이유가 있다고 보이는 점, 소비자가 원고의 MP3폰으로 음악을 듣기 위해서는 멜론사이트에서 컨버팅 과정을 거치거나 CD굽기를 해야 하는 등 불편을 겪을 수밖에 없으나, MP3파일 다운로드서비스 사업자들에게 DRM을 표준화할 법적 의무가 있지 아니한 이상 위와 같은 불편은 부득이한 것으로 현저한 이익의 침해가 되거나 부당하여 불법에까지 이른다고 보이지는 않는 점, 원고는 보다 낮은 가격에 통합형서비스를 이용하고자 하는 소비자들의

65) 이황, “포스코 판결 이후 시장지배적 지위 남용행위 판례에서 부당성 판단의 경향과 전망”, 「고려대학교 ICR 센터-포스코 판결 5주년 세미나 자료집」 2013. 50면.

욕구를 충족시키기 위하여 월 5,000원 정도를 내면 멜론사이트에서 제공되는 모든 곡을 스트리밍하거나 다운로드받을 수 있도록 하는 '월 정액제 임대형 서비스'를 개발하였는데, 이는 소비자에게 불리한 지출을 강요한 것이 아니라고 보이는 점, 이 사건 행위로 인하여 현실적으로 경쟁제한의 효과가 일정한 정도로 나타났지만 DRM의 특성과 필요성 및 그 개발경위 등에 비추어 원고의 이 사건 행위에 있어서 경쟁제한의 효과에 대한 의도나 목적이 있었음을 추단하기 어려운 점, 원고에게 음악파일의 상호호환을 강제할 법령상의 근거가 없는 점, 원고의 DRM이 법령상의 '필수적 설비'에 해당한다고 보기 어려운 점 등을 종합하여 보면, 원고의 이 사건 행위가 공정거래법 제5조 제1항 제3호에 규정된 '다른 사업자의 사업활동을 방해하는 행위'에 해당된다고 하더라도 그 부당성을 인정할 수 없으므로, 이와 다른 전제에 선 피고의 이 사건 처분은 위법하다고 판단하였다.

■ 해 설

① 원고는 멜론 사이트의 음악파일과 SKT용 MP3폰에 자체개발한 DRM (Digital Rights Management)을 탑재한 후 멜론사이트에서 구매한 음악파일만 재생할 수 있도록 하고, 다른 사이트에서 구매한 음악은 멜론 회원에 가입한 후 컨버팅(converting)을 거치도록 하였다. 이러한 행위에 대하여 사업활동방해 중 불이익강제 및 소비자이익침해가 적용되었으나, 모두 인정되지 않았다.

② 시장획정 및 시장지배적 사업자에 해당하는지는 크게 다툼이 없었다. '이동통신서비스 시장'에서의 시장지배력을 남용하여 '온라인 음악 서비스 시장'에서 경쟁제한효과가 발생하였는지가 쟁점이 되었다. 경쟁제한성에 관한 포스코 판결의 문언에 충실하여 객관적 경쟁제한효과를 인정하면서 주관적 경쟁제한성을 부정한 점에서 특징적이다. 주관적 요소를 지나치게 엄격하게 입증하도록 한 것이 아닌지 등 비판이 있고, 특히 유력한 경쟁사업자의 시장퇴출이 있었음에도 경쟁제한의도를 배척하고, DRM 탑재의 필요성만으로 원고의 정당성 항변을 받아들여 경쟁제한성을 부정한 것은 의문이라는 비판이 있다.[66]

③ 외형상으로는 사업활동방해와 소비자이익 저해 규정이 적용되었으나,

66) 오승한, "SK 이동통신의 휴대폰 폐쇄 DRM 장착행위의 경쟁제한성판단", 「경쟁법연구」 28권 2013. 39~40면.

실제로는 경쟁사업자 배제의 측면이 고려되었다.[67] 이 사건의 핵심은 사업활동방해보다 배타조건부거래의 측면이 더 강한 것으로 볼 수도 있고, 배타조건부거래 규정으로 접근하였으면 경쟁제한성 분석이 더 정밀하였을 것인데, 그 대신 사업활동방해 규정이 적용되면서 경쟁제한성 판단이 정밀하지 못하였다는 비판을 받을 수 있다.

④ 원심은 "원고는 이동통신서비스 시장에서의 넷트워크를 기반으로 하고 방대한 단말기 가입자 숫자라는 차별화 요인을 이용하여 그 시장지배력을 멜론으로 전이하였다고 볼 수 있으며, 특히 원고의 음악사이트인 '멜론'이 http://www.tworld.co.kr/와 같은 SKT 가입 고객만을 위한 서비스사이트가 아닌 음원판매사이트라는 점을 고려한다면 멜론사이트에 가입해야만 하는 것만으로도 시장지배력이 전이되었다고 해석할 수 있다"로 판시하였다. 원고가 이동통신서비스 시장에서의 지배력을 이용하여 '온라인 음악서비스 시장'에서 남용행위를 하였다는 공정위의 판단을 받아들인 것인데, 이에 관한 명시적인 대법원 판단은 없었다.[68] 사업활동방해 중 불이익강제는 동일한 관련시장의 경쟁자보다는 거래상대방 등에 대하여 발생할 가능성이 높고, 특히 수직적 관계에서 발생하는 경우를 흔히 예상할 수 있다. 이러한 불이익강제의 성격에 비추어 이동통신서비스 시장과 다운로드서비스 시장이 밀접한 경우에는 남용행위가 인정될 수 있으므로, 시장지배력 전이 이론에 기초하여 남용행위를 구성하는 것은 필요하지 않았던 것으로 볼 수 있다.

▣ 대법원 2014. 11. 13. 선고 2009두20366 판결(네이버 사건)

■ 판시사항

구 공정거래법 제3조의2 제1항 제3호(현 공정거래법 제5조 제1항 제3호)의 시장지배적 사업자의 지위남용행위로서 불이익 강제행위의 부당성은 '독과점 시장에서의 경쟁촉진'이라는 입법 목적에 맞추어 해석해야 하므로, 시장지배적 사업자가 개별 거래의 상대방인 특정 사업자에 대한 부당한 의도나 목적을 가지고 불이익 강제행위를 한 모든 경우 또는 불이익 강제행위로 특정 사업자가 사업활동에 곤란을 겪게 되었다거나 곤란을 겪게 될 우려가

---

67) 원심판결인 서울고등법원 2007. 12. 27. 선고 2007누8623 판결 중 15면 참조.

68) 원고의 청구가 인용되었고, 이 부분은 이유 부분에 불과하여, 원고는 이 부분에 대하여 상고할 수 없었다.

발생하였다는 것과 같이 특정 사업자가 불이익을 입게 되었다는 사정만으로는 부당성을 인정하기에 부족하고, 그중에서도 특히 시장에서의 독점을 유지·강화할 의도나 목적, 즉 시장에서의 자유로운 경쟁을 제한함으로써 인위적으로 시장질서에 영향을 가하려는 의도나 목적을 갖고, 객관적으로도 그러한 경쟁제한의 효과가 생길 만한 우려가 있는 행위로 평가될 수 있는 불이익 강제행위를 하였을 때에 부당성이 인정될 수 있다.

그러므로 시장지배적 사업자의 불이익 강제행위가 지위남용행위에 해당한다고 주장하는 공정거래위원회로서는 불이익 강제행위가 경쟁제한의 효과가 생길 만한 우려가 있는 행위로서 그에 대한 의도와 목적이 있었다는 점을 입증하여야 하고, 불이익 강제행위로 인하여 현실적으로 위와 같은 효과가 나타났음이 입증된 경우에는 그 행위 당시에 경쟁제한을 초래할 우려가 있었고 또한 그에 대한 의도나 목적이 있었음을 사실상 추정할 수 있다 할 것이지만, 그렇지 않은 경우에는 불이익 강제행위의 경위 및 동기, 불이익 강제행위의 태양, 관련시장의 특성, 불이익 강제행위로 인하여 거래상대방이 입은 불이익의 정도, 관련시장에서의 가격 및 산출량의 변화 여부, 혁신 저해 및 다양성 감소 여부 등 여러 사정을 종합적으로 고려하여 불이익 강제행위가 위에서 본 경쟁제한의 효과가 생길 만한 우려가 있는 행위로서 그에 대한 의도나 목적이 있었는지를 판단하여야 한다.

■ 해 설

① 원고는 동영상 컨텐츠 공급업체와 계약을 체결하면서 원고와 협의없이 광고를 게재할 수 없다는 조건을 설정하였고, 이에 대하여 사업활동방해 중 불이익제공행위가 문제되었다. 공정위는 상품시장이 인터넷 포털서비스 이용자시장(1S-4C 시장)이므로 시장지배적 사업자로 추정된다고 보았으나, 서울고등법원은 상품시장을 동영상 컨텐츠 유통시장으로 보았다. 지역시장이 국내시장임은 이견이 없었다. 이러한 상품시장의 차이에 따라 법원은 원고를 시장지배적 사업자로 볼 수 없고, 나아가 불이익강제 및 경쟁제한성도 인정되지 않는다고 판단하였다. 원심인 서울고등법원 2009. 10. 8. 선고 2008누27102 판결이 선고된 후 5년 이상이 경과한 후 대법원 판결이 선고됨으로써 원심 판결이 더 비중있게 다루어진 사건이다.

② 관련 상품시장에서 공정위가 이용자 시장과 공급자 시장을 별개로 획정한 것은 정당하지만, 이용자 시장에서 대체관계에 있는 부분을 포함하지

않은 것이 정당한지가 문제되었다. 원심과 달리 대법원은 양면시장에 대하여 언급하지 않았다. 원고의 행위가 불이익강제행위의 전형인지 의문이다. 원고의 행위는 광고를 금지하는 것으로 소비자의 입장에서는 부정적이지 않다.[69]

(5) 끼워팔기

불공정거래행위는 거래강제의 하나로 끼워팔기가 규정되어 있는 반면, 시장지배적 지위 남용행위에는 법률, 시행령, 심사지침에 끼워팔기가 명시되어 있지 않다. 공정위는 시장지배적 사업자의 끼워팔기 사안에서 불이익강제를 적용하고 있다. 그러나 이러한 적용에 다음과 같은 문제가 있다.

첫째, 끼워팔기는 거래상대방에 대한 불이익이 아닐 수 있고, 거래상대방에 대하여 경제적 이익이 발생할 수도 있는 측면에서 이는 바람직하지 않다. 끼워팔기를 불이익강제로 보는 논거는 거래상대방의 선택권이 침해되었다는 점에도 있는데, 선택권침해를 불이익으로 단정하기는 어렵다. 둘째, 끼워팔기는 배제남용의 유형인데, 불이익강제는 거래상대방에 대한 불이익으로 배제남용의 성격이 명확하지 않다는 점에서 차이가 있다.

▣ 대법원 2013. 2. 15. 선고 2012다79446 판결(MS 사건)

■ 판시사항

대법원은 아래와 같이 피고의 행위와 원고의 손해 사이의 인과관계를 부정한 원심 판단을 수긍하였다.

피고들이 2000. 9. 15.부터 시작한 이 사건 결합판매행위로 피고들의 메신저 프로그램의 시장 점유율이 상승하였을지라도, 위 결합판매행위가 시작된 때부터 1년이 경과한 시점에서 다른 경쟁 사업자의 점유율은 크게 변동되지 않거나 오히려 상승한 경쟁 사업자도 있는 점 등에 비추어 위 결합판매행위의 효과가 원고에 대하여만 바로 나타났다고 보기 어렵고, 이 사건 결합판매행위 시작 당시 원고는 다른 메신저 사업자와의 경쟁에서도 열세를 면치 못하는 한편, 원고는 1999. 12.경 해외 진출을 모색하고 2000년경 포털 업체와

69) 원고가 이러한 규제를 한 동기에 관하여 판결문 19면에서는 원고가 처하게 될 사업상의 위험을 예방하기 위한 목적과 의도(원고의 주장)로 설명하고 있다.

제휴하여 인터넷 커뮤니티 포털화 등을 시도했으나 모두 실패하고, 2000년 상반기에 원고의 기업가치 약 178.4억 원, 경상이익도 흑자였는데, 2000년말에는 기업가치가 약 3.9억 원, 경상이익도 적자가 되는 등 그 판시와 같은 사정에 비추어 보면, 원고의 메신저 사업 실패는 원고의 해외 진출이나 인터넷 커뮤니티의 포털화 실패 등의 내부 사정과 2000년경 발생한 이른바 '벤처기업 거품의 붕괴' 등 당시 경제 사정으로 말미암아 원고가 2001년 상반기에 메신저 사업을 사실상 포기한 것에 따른 것으로 볼 수 있고, 이 사건 결합판매행위로 원고가 메신저 시장을 상실하였다고도 볼 수 없다는 취지에서 원고의 메신저 사업 실패 또는 시장 상실과 피고들의 이 사건 결합판매행위 사이에 상당인과관계를 인정하기 부족하다고 보아, 원고의 청구를 기각한 제1심판결을 유지하였다.

■ 해 설

메신저 사업을 운영하는 업체인 원고의 손해배상청구사건으로 이 사건에서는 메신저 결합판매만 청구원인으로 주장되었다.[70] 제1심법원은 불공정행위로서 끼워팔기, 시장지배적 지위남용 중 사업활동방해(불이익강제 중 끼워팔기) 및 소비자이익저해를 인정하면서도, 손해와 상당인과관계를 부정하여, 항소심 및 상급심에서는 인과관계 부분만이 쟁점이 되었다. 그 결과 경쟁제한성 판단에 관하여 항소심 및 상고심의 판단이 없어 이 사건을 시장지배적 지위남용행위로서 끼워팔기의 선례로 보기에 어려움이 있다. 특히 결합판매 후 경쟁자들의 점유율도 상승하거나 변화가 없었던 점, 포스코 판결은 경쟁제한성을 객관적으로 평가하도록 하고 있는데 제1심판결은 거래상대방의 의사결정의 자유를 고려하고 있을 뿐 아니라 부당성의 주관적 요건에 대하여 판단을 하지 않은 점 등에서 부당성을 인정한 제1심판결은 비판을 받을 수 있다.

▣ 서울고등법원 2022. 12. 1. 선고 2020누69221 판결(GTT 사건, LNG 저장탱크 엔지니어링 사건)[71]

■ 해 설

공정위는 LNG 저장탱크에 관한 기술을 보유하는 사업자가 국내 조선업체

---

70) 미디어 플레이어 및 인터넷 익스플로러는 원고와 무관한 부분이었다.

71) 대법원 2023. 4 13. 자 2023두30147 판결로 심리불속행 기각.

를 대상으로 LNG 화물창 기술 라이선스를 제공하면서 엔지니어링 서비스를 구매하도록 강제한 행위에 대하여 시정조치와 과징금을 부과하였다. 이에 대하여 원고는 그 취소를 구하는 소를 제기하였다. 서울고등법원은 다음과 같이 시장지배적 지위 남용을 인정하였다.

① LNG 화물창 기술 라이선스와 엔지니어링 서비스를 통합 판매한 행위는 엔지니어링 서비스 시장의 진입을 봉쇄하여 혁신을 저해하므로 특허법의 목적에 부합한다고 볼 수 없는 점, 국내 조선업체들이 엔지니어링을 수행할 능력이 없다고 보기 어렵고, LNG 화물창 기술 라이선스의 효과적인 구현과 안전성 제고를 위해 반드시 원고만이 엔지니어링을 수행해야 한다고 단정할 수 없는 점 등을 종합하면, 원고가 LNG 화물창 기술 라이선스를 허여하면서도 해당 기술 라이선스의 내용에 포함되지 않은 엔지니어링 서비스까지 구매하도록 강제한 이 사건 끼워팔기 행위는 실시권의 범위를 부당하게 제한하는 것으로 특허권의 정당한 권리범위를 벗어난 것에 해당한다.

② 피고가 관련 상품시장을 LNG 화물창 기술 라이선스 시장과 멤브레인형 LNG 화물창 엔지니어링 서비스 시장을 별개의 상품시장으로 획정한 것은 정당하고, 원고가 위 각 시장의 시장지배적 사업자에 해당하는 점, 원고가 국내 조선업체들에게 엔지니어링 서비스 구매를 강제한 것으로 볼 수 있고, 이는 국내 조선업체들에게 불이익을 초래하였으며, 경쟁을 제한하는 행위에 해당하는 점 등을 종합하면, 원고의 시장지배적 지위 남용행위와 불공정거래행위도 인정된다.

③ 다만 LNG 화물창 기술 라이선스와 엔지니어링 서비스는 서로 별개의 상품에 해당하고, 관련매출액 산정 기준이 되는 관련 상품은 끼워팔기의 대상인 엔지니어링 서비스에 국한되므로 이에 한정하여 관련매출액을 산정해야 함에도 원고가 국내 조선업체들로부터 징수한 기술 라이선스 실시료 전체를 관련매출액으로 산정한 것은 위법하다.

(6) 기 타

거래상대방에게 사업자금을 대여한 후 정당한 이유없이 대여자금을 일시에 회수하는 행위(대여자금 회수), 다른 사업자의 계속적인 사업활동에 필요한 소정의 절차(관계기관 또는 단체의 허가, 추천 등)의 이행을 부당한 방법으로 어렵게 하는 행위(절차 이행 방해), 지식재산권과 관련된 특허침해소송, 특허무효심판, 기타 사법적・행정적 절차를 부당하게 이용하여 다른 사업자의 사업활동을 어렵게 하는 행위(사법적・행정적 절차 이용 방해) 등이 포함된다.

4. 경쟁사업자 시장참가 방해(공정거래법 제5조 제1항 제4호)

직접 또는 간접적으로 아래 행위를 함으로써 새로운 경쟁사업자의 신규진입을 어렵게 하는 경우(공정거래법 시행령 제9조 제4항)를 의미한다.

가. 유통사업자와 배타적 거래계약

정당한 이유없이 거래하는 유통사업자와 배타적 거래계약을 체결하는 행위이다(공정거래법 시행령 제9조 제4항 제1호). 「유통사업자」라 함은 최종소비자가 아닌 거래상대방을 말한다. 「배타적 거래계약」이라 함은 유통사업자로 하여금 자기 또는 자기가 지정하는 사업자의 상품이나 용역만을 취급하고 다른 사업자의 상품이나 용역은 취급하지 않을 것을 전제로 상품이나 용역을 공급하는 것을 말한다.[72]

나. 계속적인 사업활동에 필요한 권리 매입

정당한 이유없이 기존사업자의 계속적인 사업활동에 필요한 권리 등을 매입하는 행위이다(공정거래법 시행령 제9조 제4항 제2호). 「계속적인 사업활동에 필요한 권리」는 특허권・상표권 등의 지적재산권(지식재산권), 행정관청 또는 사업자단체의 면허권 등 인・허가, 기타 당해 거래분야에서 관행적으로 인정되는 모든 권리를 포함한다.[73]

다. 필수적인 요소 제한

정당한 이유없이 새로운 경쟁사업자의 상품 또는 용역의 생산・공급・판

---

72) 시장지배적지위 남용행위 심사기준 Ⅳ. 4.

73) 시장지배적지위 남용행위 심사기준 Ⅳ. 4.

매에 필수적인 요소의 사용 또는 접근을 거절하거나 제한하는 행위이다(공정거래법 시행령 제9조 제4항 제3호).

라. 기타 신규진입 방해

위 가, 나, 다항 이외에 다음과 같은 행위로서 새로운 경쟁사업자의 신규진입을 어렵게 하는 행위이다(공정거래법 시행령 제9조 제4항 제4호). 시행령의 위임에 따라 정당한 이유없이 신규진입 사업자와 거래하거나 거래하고자 하는 사업자에 대하여 상품의 판매 또는 구매를 거절하거나 감축하는 행위, 경쟁사업자의 신규진입에 필요한 소정의 절차(관계기관 또는 단체의 허가, 추천 등)의 이행을 부당한 방법으로 어렵게 하는 행위, 당해 상품의 생산에 필수적인 원재료(부품, 부자재 포함)의 수급을 부당하게 조절함으로써 경쟁사업자의 신규진입을 어렵게 하는 행위, 지식재산권과 관련된 특허침해소송, 특허무효심판 기타 사법적·행정적 절차를 부당하게 이용하여 경쟁사업자의 신규진입을 어렵게 하는 행위 등을 규정하고 있다.[74]

5. 경쟁사업자를 배제하기 위한 부당한 거래행위(공정거래법 제5조 제1항 제5호 전단)

가. 부당염매

부당하게 상품 또는 용역을 통상거래가격에 비하여 낮은 대가로 공급하거나 높은 대가로 구입하여 경쟁사업자를 배제시킬 우려가 있는 경우(공정거래법 시행령 제9조 제5항 제1호)를 의미한다. 「낮은 대가의 공급 또는 높은 대가의 구입」 여부를 판단함에 있어서는 통상거래가격과의 차이의 정도, 공급 또는 구입의 수량 및 기간, 당해 품목의 특성 및 수급상황 등을 종합적으로 고려한다.

합리적인 공급자는 한계비용보다 낮은 가격으로 판매하지 않을 것이다. 그런데도 한계비용보다 낮은 가격으로 판매한다면 특별한 동기가 있어야

74) 시장지배적지위 남용행위 심사기준 Ⅳ. 4.

하고, 이를 약탈적 가격설정(predatory pricing)으로 일응 설명할 수 있다. 다만 약탈적 가격설정이 가능하려면 진입장벽이 낮아야 한다. 이미 상당한 점유율을 가진 경쟁사업자가 존재하거나 새로운 시장진입이 용이하다면 약탈적으로 낮은 가격을 설정한 후 장기적으로 손실을 회복하는 것은 사실상 불가능하게 될 것이다. 가격남용과 부당염매는 모두 가격남용행위이지만, 가격남용은 소비자에 대한 착취남용으로서 공정거래법 제5조 제1항 제1호에 의하여 규율되지만, 부당염매는 경쟁사업자 배제의 배제남용으로서 공정거래법 제5조 제1항 제5호 전단에 의하여 규율된다. 전자는 단기적, 장기적인 측면에서 모두 소비자에게 불이익이 되지만, 후자의 경우는 단기적인 측면에서 소비자에게 편익이 발생할 수 있다.

시장지배적 지위 남용행위로서 '부당염매'에 관하여 공정거래법 시행령 제9조 제5항 제1호는 '부당하게 상품 또는 용역을 통상거래가격에 비하여 낮은 대가로 공급하거나 높은 대가로 구입하여 경쟁사업자를 배제시킬 우려가 있는 경우'라고 규정하고 있는 반면, 불공정거래행위로서 '부당염매'에 관하여 공정거래법 시행령 별표 2는 '자기의 상품 또는 용역을 공급함에 있어서 정당한 이유없이 그 공급에 소요되는 비용보다 현저히 낮은 대가로 계속하여 공급하거나 기타 부당하게 상품 또는 용역을 낮은 대가로 공급함으로써 자기 또는 계열회사의 경쟁사업자를 배제시킬 우려가 있는 행위'로 규정하고 있다. 위와 같은 두 종류의 규제 유형을 이해함에 있어 다음과 같은 사항에 유의할 필요가 있다.

[시장지배적 지위 남용행위로서 부당염매와 불공정거래행위로서 부당염매]

부당염매는 불공정거래행위와 시장지배적 지위 남용에 모두 포함되어 있으나, 주로 논의된 것은 독점사업자의 약탈적 가격설정에 관한 부분이다. 시장지배적 지위 남용으로서 부당염매는 그 전제로 시장지배적 지위를 요건으로 한다는 점에서 불공정거래행위와 구별되지만, 그 규제취지는 경쟁사업자 배제의 측면에서 공통된다.

첫째, 두 유형의 객관적 요건이 다르다는 점에서 도출되는 해석상 문제점이다. 두 유형은 문언상 모두 '부당성', '경쟁사업자 배제 우려'의 요건을 가지고 있다. 다만 전자는 "통상거래가격에 비하여 낮은 대가"를, 후자는 "공급에 소요되는 비용보다 현저히 낮은 대가"를 규정하고 있어 문언상 차이가 있다. 통상거래가격이 공급에 소요되는 비용보다 높은 개념이라고 볼 소지가 있다. 통상거래가격은 비용에 정상적인 이윤 등을 더한 금액이라는 전제이다. 시장지배적 사업자의 경우 더 무거운 책임을 진다는 전제에서 비용보다 높더라도 통상거래가격보다 낮다면 책임을 인정해야 한다는 취지이다.

반면, 규제의 연원에 비추어 어떤 조항을 적용하더라도 비용과 가격을 비교하여야 한다는 견해가 있을 수 있다. 즉, 불공정거래행위로서 부당염매의 유형이 더 정치한 것으로 볼 수 있다. 현실적으로 통상거래가격이나 비용 모두 찾기 어렵다는 공통점을 가지고 있으나, 최소한 이론상으로는 비용에서 그 기준을 도출하는 것이 더 자연스럽다. 통상거래가격은 그 기준을 제시하기 어려운 개념으로 남용행위의 요건으로 적정하지 않고, 오히려 비용을 기준으로 남용행위를 판단하는 것이 적정하다고 본다.

대법원 2021. 6. 30. 선고 2018두37700 판결은 '통상거래가격'을 가격으로 이해하였다. 문언 해석의 한계와 확장성까지 고려하면 가격을 비용과 구분해야 한다는 대법원의 판단은 논리필연적이라고 보기 어렵다. 대법원이 '가격'의 문언에 충실하게 통상거래가격도 가격이어야 한다고 본 것은 수긍할 수 있으나, 이와 반대로 대법원이 가격을 비용으로, 또는 이에 준하는 방식으로 유연하게 해석하는 것도 가능하였다. '통상거래가격'은 법률이 아니라 시행령에 규정된 것인데, 연혁적으로 보든, 법리적으로 보든 부당염매의 요건으로 '통상거래가격'을 규정한 것은 적절하지 않았다. 이 점에서 개정이 필요한 부분이었으나, 대법원의 이번 판결로 개정은 더욱 어렵게 되었다.[75]

둘째, 두 유형의 균형성 문제이다.

그 동안 논의는 주로 불공정거래행위의 부당염매가 시장지배적사업자의 약탈적 가격설정에 비하여 요건이 완화되어야 하는지에 집중되어 있었다. 물론 시장지배적 사업자임을 요하지 않기 때문에 주체에서 요건이 완화되어 있으나 나머지 요건, 특히 부당성 판단에서도 이를 완화하여야 하는지이다. 맹아(incipiency) 단계에서 규제해야 하므로 완화되어야 한다는 의견과 과잉규제 위험성이 있으며 시장지배적 지위 남용의 부당염매 규제 조항이 사실상 형해화된다는 취지에서 반대하는 의견 등이 있을 수 있다.[76]

---

75) 정재훈, 대법원 판결에 사용된 용어와 표현의 무게-대법원 2021. 6. 30. 선고 2018두37700 판결, 인권과 정의 제509호, 2022. 136면.

76) 독점적 지위를 취득한 후 높은 가격으로 손실을 보상하는 방식으로 경쟁자의 고객

그런데 위 대법원 2021. 6. 30. 선고 2018두37700 판결대로라면 시장지배적 지위 남용행위로서 부당염매가 더 쉽게, 불공정거래행위로서 부당염매는 더 어렵게 인정될 수 있다. 이는 일반적으로 시장지배력의 남용이 불공정거래행위에 비하여 인정되기 어렵다는 점에서 균형에 맞지 않는다.[77]

[부당염매와 이윤압착]

부당염매와 이윤압착의 관계이다. 유럽연합의 경우 이윤압착을 독자적인 남용행위의 유형으로 보고 있다. 미국의 경우 이윤압착을 별도의 남용행위 유형으로 인정하지 않고 약탈적 가격설정에 포섭되는 것으로 이해하고 있다. 공정거래위원회 전원회의 2015. 2. 23. 의결 제2015-050호(2013서경3441, 케이티 사건)은 소위 '이윤압착'의 문제를 시장지배적 지위 남용행위로서 부당염매의 문제로 다루고 있다. 이는 우리 공정거래법에 이윤압착의 남용행위 유형이 명시되어 있지 않은 점에서 불가피한 것으로 보인다.

대법원 2021. 6. 30. 선고 2018두37700 판결은 "하류시장에서 완제품의 소매가격을 낮추는 형태로 이루어지는 시장지배적 사업자의 이윤압착행위가 '부당하게 상품 또는 용역을 통상거래가격에 비하여 낮은 대가로 공급하여 경쟁자를 배제시킬 우려가 있는 거래'로 평가될 수 있다면 구 공정거래법 제3조의2 제1항 제5호 전단(현 공정거래법 제5조 제1항 제5호), 구 공정거래법 시행령 제5조 제5항 제1호(현 공정거래법 시행령 제9조 제5항 제1호)가 금지하는 시장지배적 지위 남용행위로 보아 규제할 필요가 있다."라고 판시하여, 부당염매 규정에 이윤압착이 포섭된다고 보면서, 특별한 논증 없이 '본다(보아)'라고 판시하고 있다. 부당염매와 이윤압착이 어떻게 다른지, 부당염매에 이윤압착이 포함되는지는 오랫동안 비교법적으로 논란의 대상이었다. 이윤압착을 독자적인 남용행위 규정으로 보는 유럽연합 법원[78]과 약탈적 가격설정

을 탈취하는 행위를 규제한다는 점에서 불공정거래행위로서 부당염매는 시장지배적 사업자의 약탈적 가격설정과 비슷한 취지이다. 입법취지 및 요건이 유사한 경우에는 가능한 동일한 잣대로 해석하는 것이 바람직하다.

77) 정재훈, 대법원 판결에 사용된 용어와 표현의 무게-대법원 2021. 6. 30. 선고 2018두37700 판결, 인권과 정의 제509호, 2022. 138, 139면.

78) 유럽연합은 'Guidance on the Commission's enforcement priorities in applying Article 82 of the EC treaty to abusive exclusionary conduct by dominant undertakings IV. D.'에서 'Refusal to supply and margin squeeze'를 명시하고 있다.

으로 보는 미국 법원의 입장[79] 중 위 판결은 미국 법원에 좀더 가까운 접근방법으로 보이면서도, 내용상으로는 미국 법원과 본질적 차이를 보이고 있다. 대법원은 구 공정거래법 제3조의2 제1항 제5호 전단(현 공정거래법 제5조 제1항 제5호 전단) 부당염매에 이윤압착이 포함된다고 보았는데, 그렇다면 불공정거래행위로서 부당염매에도 이윤압착이 포함되는지는 알 수 없다. 만약 대법원이 이윤압착이 시장지배적 지위 남용의 유형에 해석상 포함된다고 판단하면서 그 논거를 제시하였다면 불공정거래행위로서 이윤압착 문제에 대한 대법원의 태도도 알 수 있었을 것이어서 아쉽다.

[부당염매와 결합판매]

① 단일상품에서 가격을 통한 배제로 이루어지는 부당염매와 결합상품에서 가격을 통한 배제에서 어떤 차이가 있는지 문제이다. 즉, 단일상품에서 가격비용 기준이 결합상품에 그대로 적용될 수 있는지의 문제이다. 단일상품에서 약탈적 가격설정이 문제되는 경우, 가격이 비용보다 높다면 동등효율경쟁자를 배제하기 어렵다. 그러나 결합판매에서는 가격이 원가보다 높은 경우에도 동등효율경쟁자를 배제할 수 있다.

예를 들어, 결합판매에서 경쟁제한성 평가의 방법론에 있어, 할인귀속 기준을 채택하여 결합판매에 따른 할인분을 전체 상품이 아니라 경합하는 상품에 적용한 후, 비용보다 가격이 낮은지를 심리하는 경우에 이러한 차이는 분명하게 드러난다. 결합판매는 경합부분(contested purchase)과 비경합부분(non-contested purchase)으로 나누어지고, 결합판매의 경우에 비경합부분의 할인을 이용하여 경합부분에서 경쟁자를 배제하는 속성이 있음에 비추어 이러한 귀속 방식은 결합판매의 본질에 부합하는 방식으로 이해할 수 있다. 그 결과 전체적으로 비용보다 가격이 높더라도, 경합부분에 할인분을 적용한 결과 비용보다 가격이 낮다면 이는 남용행위가 될 수 있다. 이 점에서 비용 이

79) Pacific Bell Telephone Co. v. Linkline Communications, Inc., 129 S.Ct. 1109 (2009) 판결에서 원고의 주장은, 피고가 자신에 대하여는 낮은 가격으로 공급한 반면, 경쟁자에 대하여는 높은 가격으로 공급함으로써 경쟁자가 비용 상승으로 이윤을 얻을 수 없도록 하였다는 것이었다. 그러나 법원은 수직적으로 통합된 독점사업자가 통합되지 않은 경쟁자에 대하여 이윤압착을 할 수 있는지의 문제를 셔먼법 제2조의 남용유형에서 사실상 제외하였다. 즉 약탈적 가격설정이 아닌 이상 이러한 행위가 위법하지 않다고 보아 이윤압착을 독자적인 위반유형으로 인정하지 않았다.

상의 가격이면 경쟁제한성이 인정되기 어렵다는 명제는 단일 상품에 대한 것일뿐 결합판매에서 그대로 적용되기 어렵다.

② 결합판매에서 가격할인을 통하여 경쟁자를 배제한 이후 할인으로 발생한 손실을 회수할 것(recoup)을 증명할 필요가 있다고 단정하기 어렵다.

[결합판매와 가격, 품질]

관련시장이 별개로 획정되더라도 두 시장이 인접하고 밀접한 관계에 있는 경우에는 결합판매 가능성이 있다. 바이오 분야, 의약 분야 시장은 건강에 영향을 미친다는 점에서 품질이 중요하다. 수요자의 품질에 대한 중시로 가격 탄력성이 낮을 수 있다. 이 점에서 결합판매를 통한 할인을 이용한 남용행위의 효과는 낮을 가능성이 있다. 그러나 주요한 결합판매 사건이 의료서비스 시장에서 발생한 사실이 보여주는 바와 같이 품질이 중요하다는 이유로 가격에 비탄력적이라고 단정하기 어렵다. 특히 제품 특성의 차이가 생물학적 동등성 범위 내에서 검증된 경우라면 결합판매를 통한 가격할인이 수요자, 특히 제3지불자의 선택에 영향을 미칠 수 있다. 이는 결합판매가 고려되는 혼합형 기업결합의 심사에도 적용된다.

[가격비용 테스트와 동등효율경쟁자]

경쟁자를 배제하지만 소비자에게 낮은 가격과 다양한 선택권을 부여하는 등 소비자후생을 증진하는 행위를 남용행위로 규제하는 것은 바람직하지 않다. 남용행위 중 가격과 비용을 비교하는 가격비용 테스트(price cost test)가 문제되는 유형에서는 동등효율경쟁자(as efficient competitor)의 배제를 판단하는 방법이 합리적이다. 예를 들면, 부당염매, 결합판매를 통한 할인, 이윤압착 등이다.

할인은 소비자가 별개로 구입할 수 있는 선택권을 침해받지 않으면서도 저가에 상품을 구입할 수 있는 긍정적인 효과가 있다. 따라서 단일상품 판매이든 결합판매이든 가격할인을 경쟁법 차원에서 규제할 수 있는 근거로는, 가격할인에도 불구하고 동등효율경쟁자를 배제한다는 점이 합리적인 설명이 될 것이다.[80] 시장지배적 사업자에게 모든 경쟁자를 배제하지 않을 가격을

80) 공정거래법상 경쟁제한성 심사에도 경쟁사업자의 비용 상승 효과 등을 심사하고 있다[시장지배적지위 남용행위 심사기준(공정거래위원회고시 제2021-18호) IV. 6. 바.].

책정하도록 요구한다면, 이는 결국 소비자의 손실을 통하여 비효율적인 경쟁자를 배제하는 결과가 되고, 장기적으로는 유효한 가격경쟁이 배제되는 문제를 피할 수 없다.

[시장지배적 사업자의 비용과 경쟁자의 비용]

동등효율경쟁자가 배제되는지 여부를 고려하지 않고 판단을 할 경우 소비자 희생으로 경쟁자를 보호하는 결과가 될 수 있고, 가격 경쟁의 장점이 고려될 수 없으며, 경쟁보호가 아니라 경쟁자보호가 되는 1종 오류(type I error)의 전형이 될 수 있다.

이때 누구의 비용을 기준으로 할 것인지가 문제된다. 경쟁자의 비용이 아니라 시장지배적 사업자의 비용을 기준으로 하는 것이 타당하다. 자신의 비용을 기준으로 할 때 스스로 위반 여부를 알 수 있는, 즉 위반행위자가 스스로 법 위반을 회피할 수 있는 자기 테스트(self test)로 기능할 수 있다.[81]

이와 관련 서울고등법원 2018. 1. 31. 선고 2015누38131 판결(케이티 사건)에서 "통상거래가격을 산정함에 있어서 '해당사업자'가 그 공급에 소요되는 비용을 고려하지 않고 '경쟁사업자'가 공급에 소요되는 비용을 기준으로 산정하는 것은 부당하다"라고 판시하였다. 시장지배적 사업자라고 하더라도 영업비밀에 속하는 경쟁자의 비용을 알 수 없음에도 경쟁자의 비용을 고려하여 남용행위를 회피할 의무가 있다는 것은 수긍하기 어렵다는 점에서 위와 같은 판단은 정당한 것으로 보인다. 시장지배적 사업자의 비용을 기준으로 남용행위를 판단할 때, 위반자 스스로도 위반행위를 회피할 수 있는 자기검증(self test)이 가능하다는 점에서도 자연스럽다.

이러한 법리는 부당염매(약탈적 가격설정), 이윤압착, 결합판매 등 시장지배적 지위 남용행위 유형뿐 아니라 비용이 문제되는 남용행위나 위반행위 전반에 통용된다. 거래상대방이나 경쟁사업자의 비용(제조원가 등)은 전형적인 영업비밀이다. 행위자는 거래상대방이나 경쟁사업자의 비용을 알 수 없다. 그런데도 사후적 고찰을 통하여 거래상대방이나 경쟁사업자의 비용보다 낮은 가격이라는 점을 들어 법위반을 인정하는 것은 정당하지 않다. 거래상대방이나 경쟁사업자의 비용보다 낮다는 이유로 위반행위를 인정한다면, 행

---

81) A seller can easily ascertain its own prices and costs of production and calculate whether its discounting practices run afoul of the rule. Cascade Health Solutions v. Peaceheath 515 F.3d 883, 907.

위자는 법위반을 피하기 위하여 거래상대방 등에게 그 비용(제조원가)의 제출을 요구해야 하는데, 이는 거래상 지위남용 중 경영간섭의 전형적인 행위이고 대규모유통업법 등 특별법이 경영정보 제공요구로 금지하고 있어, 한 법률을 준수하기 위하여 다른 법률을 위반하게 되는 모순이 발생한다.

반면, 대법원 2021. 6. 30. 선고 2018두37700 판결은 "원칙적으로 시장지배적 사업자가 설정한 도매가격과 소매가격의 차이와 시장지배적 사업자의 비용을 기초로 하되 특별한 사정이 있는 경우에는 예외적으로 경쟁사업자의 비용을 바탕으로 이윤압착의 정도를 검토해 보아야 한다."고 판시하였다. 경쟁사업자의 비용을 언제 어떻게 고려하는지 의문이다. 시장지배적 사업자가 경쟁사업자의 비용을 파악하려고 하는 행위는 그 자체로 위법행위가 될 가능성이 높기 때문이다. 대법원이 우연히 경쟁사업자의 비용을 알게 된 경우를 지적하고자 하였다면, 이는 극히 예외적인 경우라서 판시사항에 넣을 필요도 없었다. 경쟁사업자의 비용이 대법원 판결에 나오는 것 자체만으로 의미를 가지고, 향후 기준으로 작용할 수 있다는 점에서 대상판결이 '경쟁사업자의 비용'을 언급함으로써 향후 다른 사건에 불필요한 부담을 준 것은 아닌지 우려된다.[82)]

[비용 기반 접근이 필요한 남용행위와 증명책임]

결합판매의 경쟁제한성을 판단함에 있어 이상적으로는 시장지배적 사업자의 경합부분에 대한 가격이 비용보다 낮은지를 검토하여 경쟁제한성을 인정하는 것이 바람직하지만, 그러한 증명이 이루어지지 않은 경우에도 정성적인 요소(qualitative factor) 등을 통하여 동등효율경쟁자의 배제가 이루어진 것으로 의심할 합리적 사유가 있는 경우에는 경쟁제한성을 사실상 추정할 수 있고, 이에 대하여 시장지배적 사업자에게 그러한 추정을 번복하도록 하는 증명책임을 부과하는 방안을 고려할 수 있다. 경쟁자의 배제효과가 나타난 것만으로 경쟁제한성을 인정하는 것은 곤란하겠지만, 가격비용 테스트를 충족하지 못한 경우에도 정성적인 증거에 의하여 충분히 효율적인 경쟁자가 배제된 것으로 인정할 소지가 있는 경우에는 사실상 추정력을 적용하여 증명책임의 완화 내지 전환을 기함으로써 합리적인 균형점을 모색하는 방안이다.

이는 경쟁당국 또는 경쟁자가 경쟁제한성을 증명해야 하는 증명책임의 원

---

82) 정재훈, 대법원 판결에 사용된 용어와 표현의 무게-대법원 2021. 6. 30. 선고 2018두37700 판결, 인권과 정의 제509호, 2022. 139면.

칙과 상충되는 것은 아닌지 문제가 될 수 있다. 그러나 비용에 대하여는 시장지배적 사업자가 가장 접근성이 높고 잘 알 수 있다는 점에서도 가격을 통한 배제행위가 문제된 사안에서 일응의 증명이 이루어지면, 시장지배적 사업자가 비용기반 분석을 통하여 벗어날 수 있도록 하는 방안이 증명책임 분배의 측면에서도 합리성이 있다.

[회수 요건의 필요성]

회수(또는 보상, recoupment)의 요건은 법령에 명시적으로 규정되어 있지 않아서 이 요건이 필요한지에 관하여 양론이 가능하다.

미국의 판례는 회수의 요건이 필요하다고 보는 반면, 유럽연합의 판례는 회수의 요건이 필요하지 않다고 본다. 회수의 요건을 요하는 미국의 경우에도, 실제 회수가 발생할 것을 증명하는 증거(evidence on actual recoupment) 등 높은 증명 수준을 요하는 것으로 보기 어렵다. 객관적인 시장 상황(object market circumstnaces)을 고려하는 것으로 충분하다. 즉, 객관적인 시장 상황상 경쟁자를 배제한 후 추후 높은 가격 설정(suparcompetitive pricing)이 가능한지에 대한 고려로 충분하다. 실제 미국의 판례상으로도 약탈적 가격설정 증명에 실패한 이유는 회수의 요건 증명 부족이 아니라 비용보다 낮은 가격을 증명하지 못한데에 있는 것으로 보인다.[83]

서울고등법원 2018. 1. 31. 선고 2015누38131 판결(케이티 사건)은 회수의 요건이 필요한 것으로 판단하고 있다. 반면 위 고등법원 판결에 대한 상고사건에서 대법원 2021. 6. 30. 선고 2018두37700 판결은 “원고가 이 사건 행위를 하던 기간 동안 기업메시징서비스 가격이 하락하고 그 시장규모가 성장하였다고 하더라도, 중・장기적으로 기업메시징서비스 시장의 경쟁사업자가 배제됨으로써 나타날 수 있는 가격인상이나 서비스 품질 저하 등의 우려, 시장에서 유력한 현실적 또는 잠재적 경쟁사업자가 배제됨으로써 다양성이 감소되어 혁신이 저해될 우려와 이로 인하여 거래상대방의 선택의 기회가 제한될 우려를 비교하면, 이 사건 행위로 단기적으로 발생할 수 있는 소비자후생 증대효과가 이 사건 행위의 경쟁제한적 효과를 상쇄할 정도라고 단정할 수 없다.”라고만 판시하여 중장기적인 가격인상 문제가 회수 요건을 의미하는지 명확하지 않다. 이윤압착이 인정되기 위하여 회수 요건이 필요한지, 회수

83) ABA Antitrust Law Section, Differences and Alignment: Final Report of the Task Force on International Divergence of Dominant Standards, 2019., p. 59.

요건이 필요하다면 통신 시장에서 에스케이텔레콤이라는 높은 시장점유율의 1위 사업자가 존재하는 상태에서 회수가 실질적으로 가능한지에 대한 문제는 여전히 공백으로 남아 있고, 이 문제에 대법원이 충분한 법리를 제시한 것으로 보기 어렵다.[84)]

그러나 부당염매에서 비용을 기준으로 보는 것으로 충분하고, 비용보다 낮은 가격일 경우에는 경쟁자배제의 소지가 있으므로 그 증명이 어려운 회수의 요건까지 필요하다고 보기 어렵다. 특히 명문의 근거규정이 없음에도 회수의 요건을 요할 것은 아니다. 다만, 회수의 요건이 불필요하다고 보더라도 진입장벽의 문제, 행위자의 시장점유율 등 회수의 요건에서 통상 고려되는 시장구조 요인들은 경쟁제한성 판단에서 고려할 수 있을 것이다.

▣ 리딩케이스 : 대법원 2021. 6. 30. 선고 2018두37700 판결(엘지유플러스 기업메시징 사건)[85)]

■ 사실관계

무선통신망을 보유하고 전송서비스도 제공하면서 기업메시징서비스업을 영위하는 수직 통합된 시장지배적 사업자인 원고가 상위 3개 이동통신사업자별 전송서비스 건당 평균 최저 이용요금 수준 보다 낮은 가격으로 하류시장에서 기업메시징서비스를 낮게 판매한 행위가 공정거래법 시행령 제9조 제5항 제1호의 '통상거래가격에 비하여 낮은 가격으로 상품 또는 용역을 공급하는 행위'로서 도매가격보다 소매가격을 낮게 설정하는 유형의 이윤압착 행위로서 부당성이 인정될 여지가 있다고 보아, 이와 다른 취지로 원고 승소 판결을 한 원심을 파기하였다.

■ 판사사항

▶ 이윤압착의 공정거래법상 근거(포함설)

하류시장에서 완제품의 소매가격을 낮추는 형태로 이루어지는 시장지배적 사업자의 이윤압착행위가 '부당하게 상품 또는 용역을 통상거래가격에 비하

---

84) 정재훈, 대법원 판결에 사용된 용어와 표현의 무게-대법원 2021. 6. 30. 선고 2018두37700 판결, 인권과 정의 제509호, 2022. 134면.

85) 케이티의 이윤압착을 다룬 대법원 2021. 6. 30. 선고 2018두37960 판결도 그 판결 요지는 다르지 않다.

여 낮은 대가로 공급하여 경쟁자를 배제시킬 우려가 있는 거래'로 평가될 수 있다면 구 공정거래법 제3조의2 제1항 제5호 전단(현 공정거래법 제5조 제1항 제5호 전단), 구 공정거래법 시행령 제5조 제5항 제1호(현 공정거래법 시행령 제9조 제5항 제1호)가 금지하는 시장지배적 지위 남용행위로 보아 규제할 필요가 있다.

▶ 통상거래가격의 해석(가격설)

종래 구 공정거래법 시행령 제5조 제5항 제1호(현 공정거래법 시행령 제9조 제5항 제1호)는 강학상 시장지배적 사업자가 자신이 들인 비용보다 낮은 가격으로 상품 또는 용역을 판매함으로써 경쟁자를 배제할 우려가 있는 행위를 지칭하는 '약탈적 가격설정'(predation)을 규율하기 위한 조항이라고 보았다. 그러나 통상거래가격은 비용과는 구별되는 '가격'의 일종이므로, 이를 '비용'으로 새긴다면 법문언에 명백히 반하는 해석이 된다.

▶ 이윤압착의 부당성 판단 기준(종합기준설)

먼저, 행위자가 수직 통합된 사업자로서 상류시장에서 시장지배적 지위가 인정되어야 하고, 하류시장에서도 시장지배적 지위에 있는지 여부, 각 시장에서 시장지배력의 정도, 상류시장의 원재료 등의 특성과 그 원재료 등이 하류시장에서 판매하는 완제품의 생산·공급·판매에 필수적인 요소이거나 원재료 등에 해당하는지 여부와 그 정도, 원재료 등과 완제품의 기능적 연관성과 비교 가능성, 대체가능성, 두 시장의 신규나 재진입에 관한 법률적·제도적 또는 사실적·경제적 진입 장벽의 존재와 정도, 시장지배적 사업자와 경쟁사업자의 시장점유율, 상대적 규모의 차이, 관련 공법적 규제의 내용 등을 고려할 필요가 있다.

다음으로, 원칙적으로 시장지배적 사업자가 설정한 도매가격과 소매가격의 차이와 시장지배적 사업자의 비용을 기초로 하되 특별한 사정이 있는 경우에는 예외적으로 경쟁사업자의 비용을 바탕으로 이윤압착의 정도를 검토해 보아야 한다. 나아가 행위가 지속된 기간, 해당 거래의 대상이 되는 완제품의 특성, 해당 거래의 규모나 매출액에서 차지하는 비중, 거래 당시의 구체적인 시장 상황 등을 고려할 때 시장지배적 사업자가 해당 가격으로 거래할 경우 하류시장 경쟁사업자로서는 정상적으로 사업을 영위하기 어려워 유력한 현실적 또는 잠재적 경쟁사업자의 시장진입이나 확대의 기회가 봉쇄되거나 봉쇄될 우려가 있는지 여부와 그 정도, 하류시장에서 경쟁사업자의 비용이 증대되는 등으로 경쟁에서 배제될 우려가 있는지 여부와 그 정도, 시장지배적 사업자의 지배적 지위가 강화되는지 여부와 그 정도, 그로 인하여 장기적으로 소비자 폐해가 발생할 우려가 있는지 여부를 중점적으로 살펴보아야 한다.

가격은 시장경제체제에서 경쟁의 가장 기본적인 수단으로서 시장에서 자유로운 가격경쟁은 일반적으로 보호되어야 한다(대법원 2019. 1. 31. 선고 2013두14726 판결 참조). 수직 통합된 시장지배적 사업자가 하류시장에서 완제품의 소매가격을 낮게 설정하는 경우 정당한 경쟁 수단에 해당하는 것인지, 아니면 이윤압착을 통하여 경쟁사업자를 배제시키고자 하는 것인지 그 구별이 쉽지 않다.

하류시장에서 완제품의 소매가격을 낮게 설정하는 방식으로 이윤압착행위가 이루어지는 경우 거래상대방의 비용이 절감됨으로써 최종소비자 가격이 인하될 가능성이 있으므로, 그 부당성을 판단할 때에는 단기적으로 발생할 수 있는 소비자후생 증대효과도 아울러 고려할 필요가 있다.

이윤압착 유형의 시장지배적 지위 남용행위로 경쟁사업자가 배제될 우려는 위와 같이 상류시장과 하류시장이 연결되어 있는 관련 시장의 구조적 특징과 시장지배적 사업자의 지위에 기반을 둔 '도매가격과 소매가격의 차이'에서 비롯되는 것이므로 이를 상류시장과 하류시장에서 발생할 수 있는 문제로 각각 분리함을 전제로 부당성을 판단할 필요는 없다.

▪ 해 설

대상판결의 논리는 다음과 같은 측면에서 동의하기 어렵다.[86] 첫째, 자기검증 문제이다. 시장지배적 사업자는 자신의 비용을 알 수 있고, 그 비용보다 낮게 가격을 책정하지 않음으로 법위반을 사전에 방지할 수 있으며, 시장지배적 사업자의 자기검증(self test)이 가능하다. 대법원이 내세운 가격기준은 비용과 이탈된 거래가격이다. 시장지배적 사업자는 자신의 비용은 알 수 있으나, 통상거래가격은 찾기 어렵고, 스스로 찾더라도 그 가격이 사후적으로 통상거래가격으로 인정될 것이라는 보장이 없어 자기검증이 극히 어렵게 되었다.

둘째, 객관적 판단기준 정립을 통한 법적 안정성의 문제이다. 비용 기준은 객관적으로 위반행위를 판단할 수 있는 객관적 기준으로 기능을 한다. 이에 비하여 객관적 가격은 누구도 판단하기 어려운 불명확성을 가진다. 대상판결

86) 정재훈, 대법원 판결에 사용된 용어와 표현의 무게-대법원 2021. 6. 30. 선고 2018두37700 판결, 인권과 정의 제509호, 2022. 138, 139면.

도 수직 통합된 시장지배적 사업자가 하류시장에서 완제품의 소매가격을 낮게 설정하는 경우 정당한 경쟁 수단에 해당하는 것인지, 아니면 이윤압착을 통하여 경쟁사업자를 배제시키고자 하는 것인지 그 구별이 쉽지 않음을 지적하고 있을 뿐 아니라(판결문 15면), 과거 대법원은 군납유 손해배상 사건[87] 등 여러 공정거래 사건에서 가격을 찾는 것이 어려움을 경험했다. 그럼에도 시장지배적 사업자가 통상거래가격을 찾아서 이를 준수하라고 한 것은 대법원이 스스로 축적한 경험과 맞지 않고, 부당염매의 기준을 더 모호하고 판단하기 어렵게 만들었을 뿐이다.

셋째, 대상판결이 시장지배적 사업자의 예측가능성이 존재한다고 판단한 부분이 타당한지의 문제이다. 시장지배적 사업자는 거래가격을 사전에 판단하여 이보다 낮게 책정하지 않을 규범적 의무를 부담하게 된다. 이러한 부담을 지우는 것이 타당한지 의문이다. 예를 들면, 공동행위는 합의라는 요건이 예측가능성을 부여한다. 경쟁법상 합의의 개념이 민사상 합의에 비하여 넓어서 다소 모호한 측면은 있으나, 그럼에도 사업자가 위반행위를 사전에 방지하여 법을 준수하기 위한 예측가능성 부여의 수준은 된다. 단독행위의 경우에는 이러한 예측가능성이 낮아진다. 어느 정도의 가격이 착취의 수준에 이르는지 판단하기 어려워서, 착취남용의 규제에 신중한 이유도 여기에 있다. 가격 기반 남용행위의 경우에는 비용이 기준이 된다. 비가격 기반 남용행위의 경우에는 기존에 누적된 선례 등이 기준으로 작용하여 예측가능성을 부여한다. 그런데 부당염매의 경우 비용 기준이 아니라 통상거래가격 기준을 채택할 경우 이러한 예측가능성은 현저히 저하된다.

넷째, 앞서 지적한 여러 문제가 부당성 판단을 통하여 보완될 수 있는지의 문제이다. 대상판결은 부당성에서 다시 법위반 판단이 이루어지므로 예측가능성 문제의 보완이 가능하다는 취지로 보인다. 그러나 부당성은 판단이 어렵고, 누구도 예측하기 어렵다. 그 점에서 비용 기준이 예측가능성 측면에서 중요한 의미를 가진다. 부당성 심사가 있으므로 객관적 요건이 명확하지 않아도 된다는 것은 수긍하기 어렵다.

다섯째, 판결문 18면 부분에서 대상판결은 비용을 고려하지 않고 동등효율경쟁자를 판단한다고 기재하고 있다. 그러나 경쟁법에서 동등효율경쟁자를 비용을 기준으로 판단하는 것이 일반적이다.[88] 이 점에서 동등효율을 판단하

87) 대법원 2011. 7. 28. 선고 2010다18850 판결.

려면 비용이나 이에 준하는 객관적 기준이 사용되어야 하며, 주관적이고 정성적 평가는 자의적인 기준이 될 위험이 있다. 그 점에서, 대상판결이 비용을 고려하지 않고 동등효율경쟁자를 찾을 수 있다고 본다면 비용을 대체할 기준을 제시해야 한다. 앞에서 언급한 바와 같이 선발사업자인지 여부는 그 기준이 되기 어렵다.

나. 배타조건부거래

부당하게 거래상대방이 경쟁사업자와 거래하지 아니할 것을 조건으로 그 거래상대방과 거래하는 경우(공정거래법 시행령 제9조 제5항 제2호)이다. 이 경우 경쟁사업자의 대체거래선 확보의 용이성, 당해 거래의 목적·기간·대상자 및 당해 업종의 유통관행 등을 종합적으로 고려한다.[89] 배타조건부거래는 사업활동방해와 함께 시장지배적 지위 남용이 적용되는 대표적인 유형이다. 배타조건부거래와 부당염매의 관계가 문제된다. 예를 들어 거래가 증가할수록 리베이트를 더 많이 제공하는 경우 배타조건부거래와 함께 가격할인이라는 측면에서는 부당염매가 논의될 수 있다. 부당염매로 인한 약탈적 가격설정이 적용될 경우 경쟁가격보다 낮은 가격인지와 함께 경쟁자의 배제 후 이익회수(recoupment)를 하려고 하였는지의 입증이 어려울 것이어서, 장기간 계약을 유지하려는 의도하에 이루어진 행위는 배타조건부거래가 적용될 가능성이 높다. 배타조건부거래를 통하여 안정적인 거래상대방을 확보하는 것은 효율적이고 경영상 필요한 수단일 수 있으므로, 경쟁제한성 판단은 신중히 이루어질 필요가 있다.[90]

[충성 리베이트에 대한 접근방법]

충성 리베이트(loyalty rebate)는 구매자에게 관련기간 동안 구매자별로

---

88) Guidance on the Commission's enforcement priorities in applying Article 82 of the EC treaty to abusive exclusionary conduct by dominant undertakings para. 23. 25.는 동등효율경쟁자를 "The 'as efficient competitor' is a hypothetical competitor having the same costs as the dominant company'."로 설명하고 있다.

89) 시장지배적지위 남용행위 심사기준 Ⅳ. 5.

90) 농협 사건, 지마켓 사건은 명시적인 배타조건부거래였으나, 퀄컴 사건은 리베이트를 통한 배타조건부거래였다.

설정된 리베이트 조건의 달성에 따라 리베이트를 지급하게 된다. 그 결과 구매자로 하여금 특정 제품에 대한 충성유도 효과(loyalty-inducing effect)를 가져오게 된다.

유럽연합은 유형별로 나누어, 수량 리베이트는 대체로 적법한 것으로, 충성 리베이트는 당연위법에 가까운 것으로 보고, 그 사이에 있는 배제적 리베이트(exclusivity rebate)는 사안에 따라 다르지만 충성 리베이트에 가깝게 해석하는 경향이 있다. 충성 리베이트의 경우에도 배타조건부거래의 법리와 가격차별의 법리 등을 적용하고 있다. 이와 달리 미국은 충성 리베이트에 대하여 합리의 원칙을 적용하는 경향이 있다. 단일제품 리베이트에 대하여 주로 약탈적 가격의 법리를 적용한다. 복수상품(bundle rebate)에 대하여는 배타조건부거래의 법리를 적용한 사례와 약탈적 가격의 법리를 적용한 사례 등으로 나누어진다. 어떤 경우이든 완화된 법리를 적용하고 있어 유럽연합과 상당한 차이가 있다.

▣ 대법원 2009. 7. 9. 선고 2007두22078 판결(농협 사건)

▪ 판시사항

배타조건부거래행위가 구 공정거래법(2007. 4. 13. 법률 제8382호로 개정되기 전의 것) 제3조의2 제1항 제5호(현 공정거래법 제5조 제1항 제5호) 전단의 시장지배적 사업자의 지위남용행위에 해당하려면 그 배타조건부거래행위가 부당하게 거래상대방이 경쟁사업자와 거래하지 아니할 것을 조건으로 그 거래상대방과 거래하는 행위로 평가될 수 있어야 한다. 여기서 말하는 '부당성'은 '독과점적 시장에서의 경쟁촉진'이라는 입법 목적에 맞추어 해석하여야 하므로, 시장에서의 독점을 유지·강화할 목적, 즉 시장에서의 자유로운 경쟁을 제한함으로써 인위적으로 시장질서에 영향을 가하려는 목적을 가지고, 객관적으로도 그러한 경쟁제한의 효과가 생길 만한 우려가 있는 행위로 평가될 수 있는 배타조건부거래행위를 하였을 때 그 부당성이 인정될 수 있다.

시장지배적 지위 남용행위로서 배타조건부거래의 부당성은 그 거래행위의 목적 및 태양, 시장지배적 사업자의 시장점유율, 경쟁사업자의 시장 진입 내지 확대 기회의 봉쇄 정도 및 비용 증가 여부, 거래의 기간, 관련시장에서의 가격 및 산출량 변화 여부, 유사품 및 인접시장의 존재 여부, 혁신 저해 및 다양성 감소 여부 등 여러 사정을 종합적으로 고려하여 판단하여야 한다. 다만, 시장지배적 지위남용행위로서의 배타조건부거래행위는 거래상대방이 경쟁사업자와 거래하지 아니할 것을 조건으로 그 거래상대방과 거래하는 경우이므로, 통상 그러한 행위 자체에 경쟁을 제한하려는 목적이 포함되어 있다고 볼 수 있는 경우가 많다.

■ 해 설

① 농업협동조합중앙회는 비료제조회사들과 화학비료를 개별시판할 경우 구매계약을 해지할 수 있도록 약정하였고, 이러한 행위에 대하여 구 공정거래법 제3조의2 제1항 제5호(현 공정거래법 제5조 제1항 제5호) 배타조건부거래가 적용되었다.

② 대법원은 시장지배적 사업자 요건 및 부당성 요건을 모두 인정하며, 배타조건부거래는 행위자가 속한 시장에서 경쟁제한효과가 나타나므로 거래거절에 비하여 본질적인 경쟁제한성을 내포하고 있음을 지적하였다. 물론 이 사건과 같이 기존의 독점을 유지할 목적으로 배타조건부거래를 한 경우 등 경쟁제한효과를 직접 증거에 기하여 직관적으로 판단할 수 있는 경우에는 경제분석 등이 필요하지 않을 수 있다.[91]

③ 이 사건 판결은 객관적 경쟁제한효과에 있어서는 포스코 판결과 다르지 않은 것으로 보인다. 그런데 부당성의 주관적 요건에 관하여 배타조건부거래의 특수성을 지나치게 강조하였고, 이에 따라 객관적 효과에 관계없이 배타조건부거래의 경우에는 주관적 요건의 개연성을 인정한다면 경쟁촉진적인 효과가 예견되는 배타조건부거래에 대하여도 부당성이 쉽게 인정될 위험성이 있을 수 있다.[92] 이 판결의 구체적 사실관계에 비추어 부당성을 인정해야 할 필요성이 높더라도 배타조건부거래에 대하여 경쟁제한성이 인정될 가능성이 높다는 일반적인 판시를 한 것은 의문이다. 초기 경쟁법 집행의 역사에서 수직적 거래제한의 유형을 당연위법으로 판단한 사례가 많았음에도 배타조건부거래는 그 효율성을 인식하여 처음부터 당연위법의 원칙을 적용하지 않았던 점에 유의할 필요가 있다〔Tampa Electric Co. v. Nashville coal Co., 365 U.S. 320 (1961)〕.

---

91) 이황, “포스코 판결 이후 시장지배적 지위 남용행위 판례에서 부당성 판단의 경향과 전망”, 「고려대학교 ICR 센터－포스코 판결 5주년 세미나 자료집」 2013. 45면.

92) 황태희, “시장지배적 사업자의 배타조건부거래행위”, 「공정거래법 판례선집」, 사법발전재단 2011. 66면.

▣ 대법원 2011. 6. 10. 선고 2008두16322 판결(이베이지마켓 사건)

■ 판시사항

구 공정거래법(2007. 8. 3. 법률 제8631호로 개정되기 전의 것) 제3조의2 제1항 제5호 전단, 구 공정거래법 시행령(2007. 11. 2. 대통령령 제20360호로 개정되기 전의 것) 제5조 제5항 제2호(현 공정거래법 제5조 제1항 제5호 전단, 공정거래법 시행령 제9조 제5항 제2호)에서 시장지배적 사업자의 지위남용행위로 규정하고 있는 배타조건부거래의 '부당성'은 '독과점적 시장의 경쟁촉진'이라는 입법 목적에 맞추어 해석해야 하므로, 시장에서 독점을 유지·강화할 목적, 곧 시장에서 자유로운 경쟁을 제한함으로써 인위적으로 시장질서에 영향을 가하려는 목적을 가지고, 객관적으로도 그러한 경쟁제한의 효과가 생길 만한 우려가 있는 행위로 평가될 수 있는 배타조건부거래행위를 하였을 때에 부당성이 인정될 수 있다. 그러므로 시장지배적 지위남용행위로서의 배타조건부거래의 부당성은 거래행위의 목적 및 태양, 시장지배적 사업자의 시장점유율, 경쟁사업자의 시장 진입 내지 확대 기회의 봉쇄 정도 및 비용 증가 여부, 거래의 기간, 관련 시장에서의 가격 및 산출량 변화 여부, 유사품 및 인접시장의 존재 여부, 혁신 저해 및 다양성 감소 여부 등 여러 사정을 종합적으로 고려하여 판단하여야 한다.

■ 해 설

① 인터파크 지마켓[93]은 지마켓과 경쟁관계인 다른 쇼핑몰(엠플온라인)에 모두 입점하여 있던 누리원 등 7개 사업업체에 "지마켓에서의 가격인하 및 다른 쇼핑몰에서의 가격 인상, 주로 지마켓과 거래하면서 매출을 올려줄 것, 엠플 온라인과의 거래를 중단할 것" 등 요구를 하였고, 나아가 엠플온라인에 올려놓은 상품을 내리지 않으면 원고의 메인 화면에 노출된 상품을 모두 빼버리겠다고 위협하였다. 이에 7개 사업자들은 2006. 11.경부터 엠플온라인과의 거래를 중단하였다가 2006. 11. 28.경부터 2007. 6. 18.까지 순차 거래를 재개하였으나, 엠플온라인은 매출부진을 견디지 못하고 2007년말 오픈마켓 사업을 포기하고 회사를 청산하였다. 공정위는 이러한 행위가 구 공정거래법 제3조의2 제1항 제5호 전단(현 공정거래법 제5조 제1항 제5호 전단)의 배타조건부거래에 해당한다고 보아 시정명령 및 과징금을 부과하였다.

93) 인수합병의 결과 원고가 '인터파크 지마켓'에서 '이베이지마켓'으로 변경되었다.

② 이 사건의 배경이 된 시장은 '판매자, 오픈마켓 운영자, 소비자'가 순차적으로 '양면시장' 구도하에 연결되어 있고, 상품시장이 아닌 용역시장에서 시장획정이 이루어진 점 등이 특징적이다. 시장획정의 문제에 관하여, 대법원은 오픈마켓, 포탈서비스 등 광고시장, 종합쇼핑몰 시장은 가상의 장터를 제공하는 방식, 안내하는 서비스를 제공하는 방식, 운영자가 직접 구매하는 방식에서 근본적인 차이가 있다는 전제하에서, 시장획정을 위한 경제분석 없이 국내오픈마켓 운영시장 현황에 기하여 관련시장을 획정하였다. 이에 대하여 소비자는 오픈마켓 시장과 다른 시장을 대체재로 인식하고 있으므로, 소비자에 대한 설문조사 등이 관련시장 획정의 전제로 이루어졌어야 한다는 비판론이 있다.[94)]

③ 이러한 시장획정을 전제로 하더라도 추정조항에 기하여 시장지배적 지위가 인정된 부분에 관하여 반론이 있을 수 있다. 시장점유율이 기준이 되는 것은 당연하지만, 그 외에도 진입장벽, 경쟁사업자, 경쟁사업자와 공동행위 가능성, 유사품 및 인접시장의 존재, 시장봉쇄력 등을 고려하였어야 한다. 원고 외에도 제1위 사업자인 옥션의 점유율이 51%에 이르렀고, 진입장벽이 낮은 사업인데 이러한 의미가 충분히 고려되지 않았으며, 멀티호밍에 따라 시장점유율의 의미를 절하하여 평가하여야 한다는 비판론이 있다.[95)]

④ 경쟁제한성의 판단에 있어서 대법원이 지적한 사정은 이 사건 행위로 인한 규모나 비중이 작다는 것 정도이지 이러한 사정에 기하여 경쟁제한효과가 발생하지 않았다고 보기는 어렵다는 비판론이 있다.[96)] 농협 사건(대법원 2009. 7. 9. 선고 2007두22078 판결)의 요건을 모두 갖추지 않더라도 특징적인 요소가 있다면 부당성을 인정해야 하며, 퇴출된 7개 업체 부분만으로 충분히 파급효과가 있으므로 부당성이 인정될 수 있다는 취지이다.

⑤ 참고로 공정위가 처음부터 거래결정의 자유가 침해된 것을 시정할 의도였다면 불공정거래행위로서 배타조건부거래를 적용하였다면 결과가 달랐을 가능성이 있다. 시장진입방해는 그 자체로는 규제 유형으로 적용된 일은

---

94) 나영숙, "인터넷쇼핑몰 사업자의 배타조건부거래행위에 대한 경쟁법적 평가", 「경제법판례연구」 제8권 2013. 352면.

95) 나영숙, "인터넷쇼핑몰 사업자의 배타조건부거래행위에 대한 경쟁법적 평가", 「경제법판례연구」 제8권 2013. 356~357면.

96) 이황, "포스코 판결 이후 시장지배적 지위 남용행위 판례에서 부당성 판단의 경향과 전망", 「고려대학교 ICR 센터-포스코 판결 5주년 세미나 자료집」 2013. 53면.

드물지만, 다른 요소의 판단에서 중요하게 고려되고 있는데, 이 사건에서도 중요한 요소로 고려되었다.

▣ 대법원 2014. 4. 10. 선고 2012두6308 판결(현대모비스 사건)

▪ 판시사항

대법원은 아래와 같이 시장지배적 지위 남용행위 및 불공정거래행위로서 배타조건부거래를 모두 인정한 원심이 타당하다고 보았다.

원심은, ① 원고가 자신의 대리점을 상대로 순정품 취급을 강제하고 비순정품 거래를 통제한 것은 정비용 부품시장에서 원고의 시장지배적 지위를 계속 유지하기 위해 경쟁부품의 판매 유통망을 제한함으로써 인위적으로 시장질서에 영향을 가하려는 의도나 목적으로 이루어졌음이 명백한 점, ② 원고의 경쟁부품업체들은 전국의 원고 대리점을 통해 경쟁부품을 공급할 수 있을 때 유효한 경쟁을 할 수 있는데, 원고의 이 사건 배타조건부거래행위로 인하여 경쟁부품업체가 시장에서 배제되거나 신규진입에 실패할 가능성이 커지고, 그만큼 경쟁부품이 원활하게 공급되지 않아 시장에서는 다양성과 가격경쟁이 감소하여 순정품 가격이 더 비싸지고 소비자는 정비용 부품을 더 싸게 살 기회를 갖지 못하게 되어 소비자 후생이 감소할 수밖에 없는 점 등을 근거로, 원고의 배타조건부거래행위에 대한 부당성을 인정하였다.

▪ 해 설

① 순정품 취급을 강제한 부분은 시장지배적 지위 남용 중 배타조건부거래와 불공정거래행위 중 배타조건부거래가 적용되었고, 그 결과 두 유형의 규제에 관한 판단이 혼재되어 있어 판시내용이 명확하지 않다.

② 품목지원센터에 특정 지역 내의 대리점에만 순정품을 공급하도록 한 부분은 불공정거래행위로서 구속조건부 거래 중 거래지역, 거래상대방 제한이 적용되었다.

③ 차량정비용 부품시장을 관련시장으로 획정하여 시장획정에 있어 묶음시장, 군집시장(cluster market) 이론을 적용한 것으로 볼 수 있다.

▣ 대법원 2019. 1. 31. 선고 2013두14726 판결(퀄컴 사건)

▪ 판시사항

① 배타조건의 의미

'경쟁사업자와 거래하지 아니할 조건'은, 시장지배적 사업자에 의하여 일방적·강제적으로 부과된 경우에 한하지 않고 거래상대방과의 합의에 의하여 설정된 경우도 포함된다. 또한 '경쟁사업자와 거래하지 아니할 것을 조건으로 거래하는 행위'는 그 조건의 이행 자체가 법적으로 강제되는 경우만으로 한정되지는 않고, 그 조건 준수에 사실상의 강제력 내지 구속력이 부여되어 있는 경우도 포함된다. 따라서 실질적으로 거래상대방이 조건을 따르지 않고 다른 선택을 하기 어려운 경우 역시 여기에서 당연히 배제된다고 볼 수는 없다. 그 이유는 다음과 같다.

먼저 법령 문언이 그 조건 준수에 법적·계약적 구속력이 부여되는 경우만을 전제한다고 보기는 어렵다. 나아가 당연히 배타조건부거래 행위의 형식적 요건에 해당된다고 널리 인정되는 이른바 '전속적 거래계약'처럼 경쟁사업자와 거래하지 않기로 하는 구속적 약정이 체결된 경우와, 단순히 경쟁사업자와 거래하지 아니하면 일정한 이익이 제공되고 반대로 거래하면 일정한 불이익이 주어지는 경우 사이에는 경쟁사업자와 거래하지 않도록 강제되는 이익의 제공이 어느 시점에, 어느 정도로 이루어지는지에 따른 차이가 있을 뿐이고, 그와 같은 강제력이 실현되도록 하는 데에 이미 제공되었거나 제공될 이익이나 불이익이 결정적으로 기여하게 된다는 점에서는 실질적인 차이가 없다.

그러므로 여기에 더하여 경쟁제한적 효과를 중심으로 시장지배적 지위 남용행위를 규제하려는 법의 입법 목적까지 아울러 고려하여 보면, 결국 조건의 준수에 계약에 의한 법적 강제력 내지 구속력이 부과되는지 여부에 따라 배타조건부거래 행위의 성립요건을 달리 보는 것은 타당하지 않다. 따라서 경쟁사업자와 거래하지 않을 것을 내용으로 하는 조건의 준수에 이익이 제공됨으로써 사실상의 강제력 내지 구속력이 있게 되는 경우라고 하여 '경쟁사업자와 거래하지 아니할 것을 조건으로 거래하는 행위'에 형식적으로 해당되지 않는다고 볼 수는 없다.

② 배타조건부거래의 부당성

배타조건부거래 행위가 부당한지 여부를 앞서 든 부당성 판단 기준에 비추어 구체적으로 판단할 때에는, 배타조건부거래 행위로 인하여 대체적 물품 구입처 또는 유통경로가 봉쇄·제한되거나 경쟁사업자 상품으로의 구매전환이 봉쇄·제한되는 정도를 중심으로, 그 행위에 사용된 수단의 내용과 조건,

배타조건을 준수하지 않고 구매를 전환할 경우에 구매자가 입게 될 불이익이나 그가 잃게 될 기회비용의 내용과 정도, 행위자의 시장에서의 지위, 배타조건부거래 행위의 대상이 되는 상대방의 수와 시장점유율, 배타조건부거래 행위의 실시 기간 및 대상이 되는 상품 또는 용역의 특성, 배타조건부거래 행위의 의도 및 목적과 아울러 소비자 선택권이 제한되는 정도, 관련 거래의 내용, 거래 당시의 상황 등 제반 사정을 종합적으로 고려하여야 한다.

한편 가격은 구매자가 상품 또는 용역의 구매 여부를 결정하는 데 고려하는 가장 중요한 요소 중 하나로, 시장경제체제에서 경쟁의 가장 기본적인 수단이다. 경쟁사업자들 사이의 가격을 통한 경쟁은 거래상대방과 일반 소비자 모두에게 이익이 될 수 있으므로 시장에서의 자유로운 가격 경쟁은 일반적으로 보호되어야 한다. 그런데 리베이트 제공행위는 단기적으로 거래상대방에게 이익이 될 수도 있을 뿐 아니라 그로 인한 비용의 절감이 최종소비자에 대한 혜택으로 돌아갈 여지가 있다. 또한 이는 실질적으로 가격 인하와 일부 유사하기도 하므로 일반적인 가격 할인과 같은 정상적인 경쟁수단과의 구별이 쉽지 않은 측면이 있다. 이러한 관점에서 보면, 시장지배적 사업자의 조건부 리베이트 제공행위가 그 자체로 위법하다고 단정할 수는 없다.

반면, 시장지배적 사업자가 제공하는 리베이트의 제공조건, 내용과 형태에 따라 그로 인한 경쟁제한적 효과 역시 커질 수 있다. 예컨대, 리베이트가 조건 성취 후에 제공되는 '사후적·소급적' 리베이트일수록, 그 제공되는 이익이 구매물량과 비례하여 '누진적'으로 커질수록 그 구매전환을 제한·차단하는 효과는 커지므로, 조건부 리베이트로 인한 경쟁제한적 효과 역시 커질 수 있다. 또한 단순히 일정 구매량에 대응하는 리베이트 제공보다는 구매자 자신이 특정 기간 시장 전체에서 구매한 구매물량 중 일정 비율을 리베이트 제공자로부터 구매하도록 강제하는 경우에는 그 경쟁제한적 효과가 더욱 클 수 있다. 게다가 뒤에서 보는 바와 같이 표준기술을 보유한 시장지배적 사업자가 배타조건의 준수 대가로 특정 상품이나 용역의 구매에 대한 경제적 이익을 제공함과 동시에 표준기술에 대한 사용료도 함께 감액해주는 등으로 복수의 경제적 이익을 제공하는 경우에는 구매자들의 합리적인 선택이 왜곡될 수 있고 그 구매전환을 제한·차단하는 효과가 한층 더 커진다.

위와 같이 다양한 형태의 조건부 리베이트 제공행위를 위 배타조건부거래 행위로 의율하여 그 부당성을 판단할 때에는, 앞서 본 리베이트의 양면적 성격과 배타조건부거래 행위의 부당성 판단 기준을 염두에 두고, 리베이트의 지급구조, 배타조건의 준수에 따라 거래상대방이 얻게 되는 리베이트의 내용과 정도, 구매전환 시에 거래상대방이 감수해야 할 불이익의 내용과 정도, 거래상대방이 구매전환이 가능한지 여부를 고려하였는지 여부 및 그 내용, 리베이트 제공 무렵 경쟁사업자들의 동향, 경쟁사업자의 시장진입 시도 여부, 리베이트 제공조건 제시에 대한 거래상대방의 반응, 거래상대방이 리베이트가 제공된 상품 내지 용역에 관하여 시장지배적 사업자에 대한 잠재적 경쟁자가 될 수 있는지 여부, 배타조건부거래 행위로 인하여 발생할 수도 있는 비용 절감 효과 등이 최종소비자들에게 미치는 영향 등을 아울러 고려하여야 한다.

앞서 본 조건부 리베이트 제공행위로 인한 부정적 효과와 그러한 행위가 반드시 소비자 후생증대에 기여하지는 않는 점, 장기간의 배타조건부거래계약을 체결함으로써 부당한 배타조건부거래 행위에 해당하게 되는 경우에도 그 계약체결을 위하여 반대급부로 제공된 이익이 비용 이하에 해당하는지 여부를 반드시 고려해야 한다고 볼 수는 없는 점과의 균형 등을 고려하면, 이른바 '약탈 가격 설정(predation)'과 비교하여 그 폐해가 발생하는 구조와 맥락이 전혀 다른 조건부 리베이트 제공행위를 그와 마찬가지로 보아 약탈 가격 설정에 적용되는 부당성 판단 기준을 그대로 적용할 수는 없다. 따라서 이러한 부당성 인정의 전제조건으로, 리베이트 제공이 실질적으로 비용 이하의 가격으로 판매한 경우에 해당하여야 한다는 점이나 시장지배적 사업자와 동등한 효율성을 가진 가상의 경쟁사업자 또는 실제 경쟁사업자들이 리베이트 제공에 대하여 가격 및 비용 측면에서 대처하는 데 지장이 없었다는 점 등에 관하여 회계적·경제적 분석(이하 '경제분석'이라고만 한다) 등을 통한 공정거래위원회의 증명이 필수적으로 요구되는 것은 아니라고 할 것이다.

한편 사업자는 조건부 리베이트 제공행위의 사실상 구속력이나 부당성 증명을 위하여 위와 같은 경제분석을 사용하여 그 결정의 신뢰성을 높이는 것은 권장될 수 있다. 나아가 통상의 경우 사업자는 경제분석의 기초가 되는 원가자료나 비용 관련 자료, 리베이트의 설계방식과 목적·의도와 관련한 자료 등은 보유하고 있으므로, 경제분석의 정확성이나 경제분석에 사용된 기초자료의 신뢰성·정확성과 관련한 모호함이나 의심이 있는 상황에서는, 사업자가 그 기초자료나 분석방법 등의 신빙성을 증명함으로써 조건부 리베이트 제공행위의 사실상의 구속력이나 부당성에 관한 공정거래위원회의 일응의 합리적 증명을 탄핵할 수는 있다.

■ 해 설

① 리베이트 제공행위에 대하여 배타조건부거래(구 공정거래법 제3조의2 제1항 제5호, 현 공정거래법 제5조 제1항 제5호)가 적용되었다.[97] 원심은 로열티 차별부과에 대하여 기타의 사업활동방해 중 가격차별 부분(구 공정거래법 제3조의2 제1항 제3호, 현 공정거래법 제5조 제1항 제3호)이 적용된 것으로 이해하였으나, 대법원은 가격차별이 적용되지 않았다고 판단하였다.

서울고등법원은 시장지배적 지위 남용행위를 인정하고, 다만 시정명령 중 일부[98]에 대하여 위법성을 인정하여 취소하였다. 대법원은 원심의 판단을 대부분 수용하며, 일부 행위(엘지전자에 대한 모뎀칩 리베이트)에 대한 경쟁제한성을 부정하며 과징금납부명령을 취소하였다.

② 배타조건부거래의 적용범위의 문제이다. 대상판결은 배타조건부거래의 범위에 합의에 의한 경우도 사실상 강제력 내지 구속력이 있다고 보아 이를 포섭하였다. 배타조건부거래 등의 행위를 단독행위로 규정하고 있어서, 합의에 의한 경우를 단독행위에 포섭하기 위하여 사실상 강제력이라는 개념을 사용한 것으로 볼 수 있다. 이는 배타조건부거래 등을 합의가 아니라 단독행위 형식으로 규제하는 우리 법제의 취약점에서 비롯된 것으로 볼 수 있다. 거래에서 협상력의 차이를 사실상 강제에 포섭하는 것은 자연스럽지 않다. 나아가 사실상 강제력마저 없는 경우에는 경쟁제한성이 있는 경우에도 배타조건부거래에 포섭하기 어렵게 된다. 이러한 난점은 배타조건부거래 뿐 아니라 재판매가격유지행위, 단독행위로서 거래지역 또는 상대방 제한에 공통된 문제이다.

③ 대상판결은 리베이트를 통한 배타조건부거래에 관하여 종래에 형성된 법리를 균형 있게 받아들였다. 종래 배타조건부거래에 관한 농협판결의 법리에 봉쇄효과를 전면적으로 판시한 점, 시장지배적 사업자의 리베이트 제공이 배타조건부거래로 위법한지에 관하여 비교적 중립적인 입장을 취한 점, 사후적, 소급적, 누진적 리베이트에 대하여 경쟁제한성이 인정될 가능성을 높게 보는 등 충성 리베이트와 관련된 일반적인 법리에 따르고 있다. 한편, 표준필수특허의 경우 리베이트 제공행위의 위험성이 높을 수 있음을 지적한 점,

---

97) 리베이트 제공행위는 약탈적 리베이트로 분류될 경우 약탈적 가격설정행위로서 부당염매가 될 수도 있으나, 이 사건은 배타조건부거래 규제가 적용되었다. 이 사건에서 리베이트 부분은 모뎀칩 부분과 RF 칩 부분 등에서 문제되었다.

98) 한국퀄컴과 QCTK에 대한 부분, 모든 부품이 포함된 부분이다.

리베이트 제공 행위를 가격비용 분석이 필요하지 않은 것으로 봄으로써 배타조건부거래를 가격보다는 비가격의 틀에서 분석하는 경향을 보이고 있다.

④ 경쟁제한성 판단에 관하여 유연한 입장을 취하고 있다. 경쟁제한성을 인정할 증거가 부족하다는 원고의 주장을 전반적으로 배척함으로써 경쟁제한효과의 증명 수준에 대하여 상대적으로 완화된 입장을 취하였다. 엘지전자에 대한 모뎀칩 리베이트는 모뎀칩과는 그 시장이 구별되는 다른 상품인 RF칩의 구매비율도 동시에 충족할 것을 요구한 점, 원고 퀄컴이 모뎀칩 리베이트를 제공한 시점을 전후로 엘지전자 및 삼성전자의 경쟁사업자 모뎀칩 사용 비율은 비교적 선명한 하락 추세를 보이는 점, 원고 퀄컴이 제출한 경제분석 결과에 따르더라도 모뎀칩의 '유효가격(effective price)'이 평균총비용이나 장기평균증분비용보다 낮은 부분이 여러 범위에서 관찰되는 점 등을 간접사실로 고려하고 있다.

반면, 2005. 7. 1.부터 2006. 12. 31.까지의 기간에 있었던 RF칩 구매 조건부 리베이트(이하 'RF칩 리베이트'라고 한다) 제공행위에 관하여 엘지전자의 2006~2008년 국내 CDMA2000 방식 휴대폰 판매시장 점유율은 약 21.6% 내지 25.9%에 불과하였던 사실, 엘지전자에 대하여만 RF칩 조건부 리베이트를 제공한 기간에 삼성전자의 비(非) 퀄컴 RF칩 사용 비율이 증가한 사실, 원고 퀄컴의 국내 CDMA2000 방식 RF칩 시장에서의 시장점유율은 2002년 91.4%에서 2004년 77.1%로 대폭 하락하였고, 이후 2006년 83.5%, 2007년 71.5%, 2008년 71.2%로 계속하여 상당폭 하락 추세에 있었던 사실 등 경쟁제한성을 의심할 만한 간접사실이 제시되었으므로 경쟁제한효과 발생의 우려를 인정하기 어렵다고 판단하였다.

⑤ 시정명령의 상대방에 대하여, 모뎀칩 리베이트 및 RF칩 리베이트 제공행위(이하 '이 사건 위반행위'라고 한다) 모두 원고 퀄컴이 휴대폰 제조사와 체결한 계약에 의한 것이고, CDMA 기술 보유자나 모뎀칩 및 RF칩 생산·판매자도 원고 퀄컴이며, 원고 한국퀄컴 유한회사(이하 '한국퀄컴'이라고 한다)와 원고 퀄컴씨디엠에이테크날러지코리아 유한회사(이하 'QCTK'라고 한다)는 이 사건 위반행위를 할 지위에 있지 않은 점을 이유로 공정위의 한국퀄컴 및 QCTK에 대한 시정명령이 위법하다고 판단한 원심의 판단을 유지하였다. 기본적으로 시정명령은 시정의 권한과 능력이 있는 사업자에 대하여 이루어져야 한다는 기본원칙을 확인한 판결로 이해할 수 있다.

▣ 서울고등법원 2020. 10. 15. 선고 2019누41159 판결(코리안리 사건)[99]

코리안리는 1999년부터 국내 손해보험사들과 '항공보험 재보험 특약'을 체결하면서, 국내보험자들이 자신이 산출한 요율로만 원수보험을 인수하도록 하고, 이들의 재보험 물량 전부를 자신에게만 출재하도록 하는 등 배타조건부거래 행위를 하였다. 이러한 행위에 대하여 시장지배적 사업자의 배타조건부거래(구 공정거래법 제3조의2 제1항 제5호, 시행령 제5조 제5항 제2호, 현 공정거래법 제5조 제1항 제5호, 시행령 제9조 제5항 제2호), 불공정거래행위로서 배타조건부거래(구 공정거래법 제23조 제1항 제5호 전단, 시행령 제36조 제1항 별표 1의2, 현 공정거래법 제45조 제1항 제7호, 시행령 제52조 별표 2)를 적용하였다.

이에 대하여 서울고등법원은 시장지배적 지위 남용 부분에 대하여 다음과 같이 판단하였고, 그 연장선상에서 불공정거래행위 부분에 대하여도 같은 결론을 내렸다. 원고가 이 사건 전건·전량 출재의무 조항, 이 사건 재재보험 특약 조항을 설정한 행위는 시장지배적 지위 남용행위에 해당하지 않고, 이 사건 해외 패널구성 행위 역시 시장지배적 지위 남용행위라거나 이 사건 특약의 배타성을 강화한 행위라고 평가하기는 어렵다. 그리고 원고가 2006년 이전까지 이 사건 요율구득의무 조항을 그 문언과 달리 자신의 요율만을 구득, 사용하는 규정으로 운용한 행위도 시장지배적 지위 남용행위에 해당하지 않는 반면, 2006년부터 위 행위를 하면서 이를 위반한 국내 손해보험사에게 이 사건 거래방해 행위 및 이 사건 제재조치를 한 것은 시장지배적 지위 남용행위에 해당한다.

6. 소비자이익 저해행위

공정거래법 제5조 제1항 제5호 후단은 '소비자의 이익을 현저히 저해할 우려가 있는 행위'를 남용행위의 한 유형으로 규정하고 있으나, 시행령 및 심사기준에는 별도의 규정이 없다.

---

99) 대법원 2020두54074 사건으로 상고 중(심리불속행 기간 도과). 공정거래위원회 2019. 3. 19. 의결 제2019-066호(코리안리재보험 사건).

▣ 대법원 2010. 2. 11. 선고 2008두16407 판결(씨제이헬로비전 사건)

■ 판시사항

구 공정거래법 제3조의2 제1항 제5호 후단(현 공정거래법 제5조 제1항 제5호 후단)은 '부당하게 소비자의 이익을 현저히 저해할 우려가 있는 행위'를 시장지배적 사업자의 지위남용행위의 한 유형으로 규정하고 있는바, 그 요건으로서는 시장지배적 사업자의 소비자이익을 저해할 우려가 있는 행위의 존재, 소비자이익 저해 정도의 현저성 및 그 행위의 부당성이 증명되어야 하고, 그러한 요건에 대한 증명책임은 시정명령 등 처분의 적법성을 주장하는 공정거래위원회에 있다. 이때 소비자의 이익을 '현저히' 저해할 우려가 있는지 여부는 당해 상품이나 용역의 특성, 이익이 저해되는 소비자의 범위, 유사 시장에 있는 다른 사업자의 거래조건, 거래조건 등의 변경을 전후한 시장지배적 사업자의 비용 변동 정도, 당해 상품 또는 용역의 가격 등과 경제적 가치와의 차이 등 여러 사정을 종합적으로 고려하여 구체적・개별적으로 판단하여야 한다.

■ 해 설

① 씨제이 헬로비전은 보급형 상품 중에서 인기상위 채널을 고급형 상품으로 전환하였다. 구 공정거래법 제3조의2 제1항 제5호 후단(현 공정거래법 제5조 제1항 제5호 후단)의 "소비자의 이익을 현저히 저해할 우려가 있는 행위" 부분이 적용되었다. 소비자의 이익을 현저히 저해할 우려가 있는 행위에 대한 최초의 대법원 판결로 소비자이익 저해의 현저성이 부정되었다.

② 이 사건에서는 소비자이익 저해에서 부당성의 기준이 무엇인지, 배제남용 중 사업활동방해에 관한 포스코 판결에서 제시된 기준과 어떻게 다른지에 관한 판단은 없었다. 후술하는 대법원 2010. 5. 27. 선고 2009두1983 판결(티브로드 Ⅱ 사건)에서 구체적인 판단이 있다.

▣ 대법원 2010. 5. 27.자 2009아24 결정

■ 해 설

대법원은 구 공정거래법 제3조의2 제1항 제5호 후단(현 공정거래법 제5조 제1항 제5호 후단)의 부당하게 소비자의 이익을 현저히 저해할 우려가 있는 행위 부분이 명확성의 원칙에 위반되지 않는다고 판단하였다.

▣ 대법원 2010. 5. 27. 선고 2009두1983 판결(티브로드 Ⅱ 사건)

■ 판시사항

① 구 공정거래법 제3조의2 제1항 제5호 후단(현 공정거래법 제5조 제1항 제5호 후단)은 '부당하게 소비자의 이익을 현저히 저해할 우려가 있는 행위'를 시장지배적사업자의 지위남용행위의 한 유형으로 규정하고 있는바, 이때 소비자의 이익을 '현저히' 저해할 우려가 있는지 여부는 당해 상품이나 용역의 특성, 당해 행위가 이루어진 기간・횟수・시기, 이익이 저해되는 소비자의 범위 등을 살펴, 당해 행위로 인하여 변경된 거래조건을 유사 시장에 있는 다른 사업자의 거래조건과 비교하거나 당해 행위로 인한 가격상승의 효과를 당해 행위를 전후한 시장지배적사업자의 비용 변동의 정도와 비교하는 등의 방법으로 구체적・개별적으로 판단하여야 한다.

② 구 공정거래법 제3조의2 제1항 제5호 후단(현 공정거래법 제5조 제1항 제5호 후단)이 규정하고 있는 '부당하게 소비자의 이익을 현저히 저해할 우려가 있는 행위'의 요건 중 소비자의 이익을 현저히 저해할 우려가 있는 행위의 '부당성'은 시장지배적사업자의 지위 남용행위의 규제 목적이 단순히 그 행위의 상대방인 개별 소비자의 이익을 직접 보호하고자 하는 데 있는 것이 아니라, 독과점 시장에서 경쟁촉진과 아울러 시장지배적사업자의 과도한 독점적 이익 실현행위로부터 경쟁시장에서 누릴 수 있는 소비자의 이익을 보호하고자 하는 데 있음을 고려할 때, 시장지배적사업자의 행위의 의도나 목적이 독점적 이익의 과도한 실현에 있다고 볼 만한 사정이 있는지, 상품의 특성・행위의 성격・행위기간・시장의 구조와 특성 등을 고려하여 그 행위가 이루어진 당해 시장에서 소비자 이익의 저해의 효과가 발생하였거나 발생할 우려가 있는지 등을 구체적으로 살펴 판단하여야 한다. 다만, 시장지배적사업자의 소비자 이익을 저해할 우려가 있는 행위가 존재하고, 그로 인한 소비자 이익의 저해 정도가 현저하다면, 통상 시장지배적사업자가 과도한 독점적 이익을 취하고자 하는 행위로서 부당하다고 볼 경우가 많다.

③ 구 공정거래법 제3조의2 제1항 제5호 후단(현 공정거래법 제5조 제1항 제5호 후단)의 규율 대상은 '시장지배적사업자의 소비자 이익을 저해하는 남용행위'로서 그 내용이 지극히 다양하고 수시로 변하는 성질이 있어 이를 일일이 열거하는 것은 입법기술적으로 불가능한 점, 위 규정은 '시장지배적사업자의 소비자 이익을 저해할 우려가 있는 행위의 존재', '소비자 이익 저해

정도의 현저성' 및 '그 행위의 부당성'이 인정될 경우 적용되는바, 그 요건에 관한 판단은 공정거래법의 입법 목적을 고려하고, 위 제5조 제1항이 규정한 여러 유형의 시장지배적지위 남용행위 등과 비교하는 등 체계적·종합적 해석을 통하여 구체화될 수 있는 점, 위 규정의 수범자는 시장지배적사업자로서 일반인에 비하여 상대적으로 규제대상 행위에 관한 예측가능성이 큰 점 등을 고려하면, 위 규정이 헌법상 법치주의원리에서 파생되는 명확성 원칙을 위반한다고 볼 수 없다.

■ 해 설

① 종합유선방송사업자인 티브로드 강서방송은 최저가 단체계약 상품에 대하여 신규계약을 중지하고, 개별가입을 유도하였다. 이러한 행위에 대하여 구 공정거래법 제3조의2 제1항 제5호 후단(현 공정거래법 제5조 제1항 제5호 후단) "소비자의 이익을 현저히 저해할 우려가 있는 행위" 부분이 적용되었다. 원심은 부당성을 인정하였으나, 대법원은 이를 부정하였다.

② 소비자이익 저해행위는 객관적인 요건으로 소비자이익 저해행위, 소비자이익 저해의 현저성이 필요하고, 주관적인 요건으로 부당성이 필요하다. 논리적인 순서상 소비자이익 저해는 구성요건, 부당성은 위법성 판단이므로 구성요건인 소비자이익 저해가 있는지를 먼저 판단하였어야 한다. 그런데도 원심이 소비자이익 저해 및 그 현저성에 관한 판단 없이 부당성 판단에 바로 나아간 것은 타당하지 않다.

③ 소비자이익 저해의 현저성에 관하여 이 사건은 씨제이 헬로비전 사건보다 한 단계 더 나아간 기준을 제시하였다. 유사시장의 다른 사업자의 거래조건과 비교, 가격상승의 효과를 비용변동의 정도와 비교하지만, 비교시장분석이 어려운 경우 다른 분석틀을 막는 취지는 아니다. 이러한 기준에 비추어 이 사건에서는 소비자이익 저해의 현저성이 인정되기 어렵다.

④ 이 사건에서 소비자이익 저해의 부당성 기준에 관하여 구체적인 판시를 하였다. 즉 "시장지배적사업자의 행위의 의도나 목적이 독점적 이익의 과도한 실현에 있다고 볼 만한 사정이 있는지" 및 "상품의 특성·행위의 성격·행위기간·시장의 구조와 특성 등을 고려하여 그 행위가 이루어진 당해 시장에서 소비자 이익의 저해의 효과가 발생하였거나 발생할 우려가 있는지"를 핵심적인 기준으로 제시하고 있다. 그러나 이러한 기준의 제시는 전반적으로 적절한 것으로 평가하기 어렵다. '독점적 이익의 실현'은 그 자체로 판

단기준으로 작용하기 어렵다. '소비자 이익의 저해의 효과'도 이를 '소비자후생'으로 본다면 기존의 기준과 다를 바 없고, '소비자 불편, 소비자 피해' 등으로 이해한다면 경쟁제한성의 범주에 포함된다고 보기 어렵다. 이러한 기준은 현실적으로 아무런 기준이 될 수 없는 동어반복에 불과하다는 비판을 받을 여지가 있다. 또한, 이러한 기준은 포스코 판결의 기준과 차이가 있고, 착취남용의 유형에서 주관적 의도를 요구하는 것은 과도하다는 비판이 있다.[100]

⑤ 이 사건의 사실관계는 착취남용이 적용되기에 적절하지 않은 사건이었다. 원심이 인정한 요소만으로 시장지배적 지위 남용이 인정된다면 다른 시장지배적 지위 남용행위 유형과 균형이 맞지 않는 문제에 직면하게 된다. 이 사건의 내용은 오히려 거래상 지위남용 중 거래조건을 통한 불이익제공에 가깝다.

⑥ 소비자 이익 저해의 현저성은 전형적인 불확정개념이다. 소비자이익 저해를 별도의 착취남용 유형으로 보는 것은 이미 확립된 판례이지만, 가격남용, 출고조절 외에 어떤 경우가 이에 해당할 수 있는지는 의문이다. 가격이나 생산량으로 인하여 발생한 소비자 이익 저해는 별도의 규정이 있는데, 그 외에 어떤 부분이 소비자 이익에 포함될 것인지이다. 품질의 저하, 자유로운 선택권의 침해, 기타 편의성까지 포함할 경우에는 범위가 넓어지고, 사실상 소비자보호 규범으로서 성질을 가지게 되어, 다른 남용행위의 엄격한 요건과 균형이 맞지 않게 된다. 실제 대법원이 소비자이익 저해를 인정한 사례도 발견되지 않고 있다.

⑦ 이 사건의 공정위 의결은 공정위의 시장지배적 지위 남용행위에 대한 집행이 활발하던 2007년에 있었고, 원심은 포스코 판결 이후인 2008년에 선고되었는데 포스코 판결에서 선언된 배제남용의 법리를 착취남용의 유형에 어떻게 적용할지에 관하여 어려움이 있었을 것이다. 티브로드 I 사건이 프로그램공급자와 종합유선방송사업자 사이의 관계에서 문제가 되었다면, 티브로드 II 사건은 종합유선방송사업자와 시청자 사이에서 문제가 되었다.

---

100) 대법원이 이러한 새로운 유형의 착취남용에 대하여 기준을 제시하는 것은 처음부터 어려운 문제일 수 있다. 착취남용 규제를 유지하고 있는 유럽연합의 경우에도 착취남용에 관한 구체적인 기준을 제시하는 것은 어려운 문제로 인식되고 있다.

▣ 서울고등법원 2010. 10. 6. 선고 2007누29835 판결(티브로드 사건)[101]

■ 해 설

원고가 티브로드서해방송, 티브로드홀딩스, 티브로드한빛방송으로, 단체상품 폐지행위는 티브로드 II 사건과, 채널편성 변경행위는 씨제이헬로비전 사건과 유사하다. 모두 소비자이익저해행위가 인정되지 않았다.

▣ 대법원 2011. 10. 13. 선고 2008두1832 판결(에스케이 멜론 사건)

■ 해 설

현저한 소비자이익 저해가 부정되었다. 원고의 행위로 일부 소비자의 이익이 저해된 측면이 있더라도 이는 기술보호를 위한 조치에 따른 것이지 소비자에 대한 착취남용 행위로는 보기 어렵다는 판단이다.

---

101) 심리불속행 기각.

ANTITRUSTLAW

제 4 장 기업결합 규제

제 1 절 기업결합 규제의 기본개념

Ⅰ. 기본개념

누구든지 직접 또는 대통령령이 정하는 특수한 관계에 있는 자("특수관계인")를 통하여 일정한 거래분야에서 경쟁을 실질적으로 제한하는 기업결합 행위를 하여서는 아니 된다. 자산총액 또는 매출액의 규모(계열회사의 자산총액 또는 매출액을 합산한 규모를 말한다)가 대통령령이 정하는 규모에 해당하는 회사("대규모회사") 외의 자가 제2호(임원겸임)에 해당하는 행위를 하는 경우에는 그러하지 아니하다(공정거래법 제9조 제1항). 공정거래법 제9조 제1항은 누구든지 '일정한 거래분야'에서 경쟁을 실질적으로 제한하는 기업결합 행위를 하는 것을 금지하는 것으로 규정하고 있고, 이와 같이 경쟁제한적 기업결합행위를 금지하는 것은 기업결합 당사 회사들이 더 이상 서로 경쟁하지 않게 됨에 따라 결합된 회사가 시장지배력을 획득 또는 강화하여 결합회사가 단독으로 또는 다른 회사와 공조하여 가격인상 등을 통한 초과이윤을 추구하게 되고 그 결과 소비자 피해와 경제적 효율성의 저하가 초래되는 것을 방지함에 있다〔서울고등법원 2004. 10. 27. 선고 2003누2252 판결(무학 사건)[1)]〕.

1) 상고취하로 확정.

가. 기업결합의 당사자

공정거래법은 사업자로서의 특성을 가지고 있는 자에게만 적용되는 것이므로, 위 규정은 공정거래법의 적용을 받는 모든 사업자를 가리키는 것으로 해석함이 상당하다. 사업자에는 법인뿐만 아니라 자연인도 포함되므로 사업자의 법적 형태나 규모에는 제한이 없으며, 금융기관이나 정부투자기관도 포함된다. 사업자가 직접 기업결합을 하는 경우뿐만 아니라 특수관계인을 통하여 기업결합하는 경우에도 규제를 받는다. '특수관계인'이란 당해 회사를 사실상 지배하고 있는 자(동일인), 동일인 관련자, 경영을 지배하려는 공동의 목적을 가지고 당해 기업결합에 참여하는 자 등을 말한다(공정거래법 시행령 제14조).[2)]

"취득회사 등"이라 함은 취득회사 및 취득회사와 공정거래법 시행령 제14조 각호에 규정된 관계에 있는 자(동조 제3호에 규정된 자의 특수관계인을 포함한다)를 말한다. "취득회사"라 함은 주식취득·소유의 경우에는 당해 주식을 취득·소유하는 회사, 임원겸임의 경우에는 자기의 임원 또는 종업원("임직원")으로 하여금 상대회사의 임원지위를 겸임하게 하는 대규모회사, 새로운 회사설립에의 참여(공정거래법 제9조 제1항 제5호 가목 및 나목의 규정에 해당하는 회사설립에의 참여는 제외한다)의 경우에는 출자회사, 합병의 경우에는 합병후 존속하는 회사, 영업양수의 경우에는 양수회사를 말한다. 다만, 회사의 특수관계인으로서 회사가 아닌 자가 주식을 취득·소유하거나 회사설립에 참여하는 경우에는 그 회사를 말한다. "피취득회사"라 함은 주식취득·소유의 경우에는 당해 주식을 발행한 회사, 임원겸임의 경우에는 대규모회사의 임직원을 자기의 임원으로 선임한 회사, 새로운 회사설립에의 참여의 경우에는 새로 설립되는 회사, 합병의 경우에는 합병으로 소멸되는 회사, 영업양수의 경우에는 양도회사를 말한다.[3)]

---

2) 사법연수원, 「공정거래법」, 2014. 71면.

3) 기업결합심사기준(2021. 12. 30. 공정위고시 제2021-25호, 이하 같다) Ⅱ. 공정거래법 제9조 제4항의 위임에 따라 공정거래위원회 고시 제2021-25호로 기업결합심사기준을 두고 있다. 기업결합심사기준은 간이심사대상, 지배관계, 관련시장, 경쟁제한성, 기업결합의 예외 등 핵심적인 내용을 담고 있다.

나. 기업결합의 분류

"수평형 기업결합"이라 함은 경쟁관계에 있는 회사 간의 결합을 말한다. "수직형 기업결합"이라 함은 원재료의 생산에서 상품(용역을 포함한다)의 생산 및 판매에 이르는 생산과 유통과정에 있어서 인접하는 단계에 있는 회사("원재료 의존관계에 있는 회사")간의 결합을 말한다. "혼합형 기업결합"이라 함은 수평형 또는 수직형 기업결합 이외의 기업결합을 말한다. "간이 심사대상 기업결합"이라 함은 경쟁제한성이 없는 것으로 추정되는 기업결합을 말한다. "일반심사대상 기업결합"이라 함은 간이심사대상 기업결합 이외의 기업결합을 말한다.[4)]

다. 경쟁제한성과 시장점유율

"경쟁을 실질적으로 제한하는 기업결합" 또는 "경쟁제한적 기업결합"이라 함은 당해 기업결합에 의해 일정한 거래분야에서 경쟁이 감소하여 특정한 기업 또는 기업집단이 어느 정도 자유로이 상품의 가격・수량・품질 기타 거래조건이나 혁신, 소비자선택가능성 등의 결정에 영향을 미치거나 미칠 우려가 있는 상태를 초래하거나 그러한 상태를 상당히 강화하는 기업결합을 말하고, "경쟁제한성" 또는 "경쟁을 실질적으로 제한한다"함은 그러한 상태를 초래하거나 그러한 상태를 상당히 강화함을 말한다.[5)] 경쟁제한성을 판단함에 있어 시장점유율을 통한 시장집중도의 측정은 필수적이다. "시장점유율"이라 함은 일정한 거래분야에 공급된 상품의 총금액 중에서 당해 회사가 공급한 상품의 금액이 점하는 비율을 말한다. 시장점유율은 기업결합 당시의 직전사업연도 1년간의 판매액(직전사업연도 종료직후로서 직전사업연도의 판매액을 알기 곤란한 경우에는 직전전사업연도 1년간의 판매액을 말한다)을 사용하여 산정한다.[6)] 다만, 시장점유율을 금액기준으로 산정하기 곤란하거나 부적절한 경우에는 물량기준 또는 생산능력기준으로 산정할 수

---

4) 기업결합심사기준 II.

5) 기업결합심사기준 II.

6) 당해회사의 당해상품의 일정한 거래분야내 판매액(수입판매액 포함).
시장점유율 = 당해상품의 일정한 거래분야내 판매액(수입판매액 포함).

있다. 당해연도에 영업을 시작한 경우 등 필요한 경우 1년 이상 또는 미만의 기간을 기준으로 하여 산정할 수도 있다.[7]

Ⅱ. 지배관계 형성여부 판단기준

기업결합은 그 전제로 지배관계 형성을 당연한 전제로 한다. 합병 또는 영업양수의 경우에는 당해 행위로 지배관계가 형성되나, 주식취득, 임원겸임 또는 회사신설의 경우에는 취득회사 등이 피취득회사에 대해서 다음과 같이 지배관계 형성여부를 판단한다.

1. 주식의 취득 또는 소유

취득회사 등의 주식소유비율이 50/100 이상인 경우에는 지배관계가 형성된다. 취득회사 등의 주식소유비율이 50/100 미만인 경우에는 다음 사항을 종합적으로 고려하여 취득회사 등이 피취득회사의 경영전반에 실질적인 영향력을 행사할 수 있는 경우 지배관계가 형성된다. (1) 각 주주의 주식소유비율, 주식분산도, 주주 상호간의 관계, (2) 피취득회사가 그 주요 원자재의 대부분을 취득회사 등으로부터 공급받고 있는지 여부, (3) 취득회사 등과 피취득회사 간의 임원겸임관계, (4) 취득회사 등과 피취득회사 간의 거래관계, 자금관계, 제휴관계 등의 유무 등이 포함된다.[8]

취득회사 등에 의해 단독으로 지배관계가 형성되지는 않지만, 다른 자(피취득회사의 주식을 공동으로 취득하려는 자 또는 기존 주주)와 공동으로 피취득회사의 경영전반에 실질적인 영향력을 행사할 수 있는 경우에도 지배관계가 형성된 것으로 본다. 이 경우 다음과 같은 사항 등을 종합적으로 고려하여 판단한다. (1) 주식 또는 의결권의 보유비율, (2) 임원의 지명권 보유여부, (3) 예산, 사업계획, 투자계획 및 기타 주요 의사결정에 대한 거

7) 기업결합심사기준 Ⅱ.

8) 기업결합심사기준 Ⅳ.

부권 보유여부, (4) 의결권의 공동행사 약정 존재여부, (5) 사업수행에 필요한 주요 행정권한 보유여부 등이 포함된다.[9] 취득회사의 주식소유비율이 50/100 미만이지만 공정위의 처분 당시 제1위 주주인 원고들이 41.21%의 주식을 보유하고 있었던 반면, 제2위 주주는 15.08%를 보유하고 있어 그 지분보유비율에 있어 상당한 차이가 있었던 사정 등에 비추어 지배관계가 인정되며, 공정위의 처분 후 지분변동을 고려할 필요가 없다고 본 사례로는 서울고등법원 2004. 10. 27. 선고 2003누2252 판결(무학 사건)이 있다.

▣ 서울고등법원 2004. 10. 27. 선고 2003누2252 판결(무학 사건)[10]

■ 판시사항

① 원고들이 이 사건 처분 당시 과연 보조참가인 주식분산도로 보아 주주권행사에 의한 회사지배가 가능하였는지 여부에 관하여 살피건대, 앞서 인정한 바와 같이, ㉮ 재무상황의 악화로 보조참가인의 주식이 2002. 4. 상장 폐지되어 비상장 주식으로 되었으나, 상장폐지 전의 소액주주들 중 상당수가 그대로 주식을 보유하고 있었고, 이 사건 처분 당시 보조참가인의 주식이 886명의 주주들에게 분산되어 있는 등 주식 분산도의 측면에서 상장법인과 유사한 형태를 띠고 있었던 점, ㉯ 이 사건 처분 당시 제1위 주주인 원고들이 41.21%의 주식을 보유하고 있었던 반면, 제2위 주주인 C의 특수관계인은 15.08%를 보유하고 있어 그 지분보유비율에 있어 상당한 차이가 있었던 점, ㉰ 2002. 8. 10.자 임시주주총회에서 원고들이 제안한 안건이 부결된 것은 보조참가인측의 일반주주를 상대로 의결권위임 권유 등과 같은 노력의 결과로 볼 수 있고, 주주들의 우호성 여부는 언제든지 변동 가능하다는 점을 감안하면 그러한 노력이 항상 성공할 수 있으리라 단정할 수도 없는 점, ㉱ 원고 무학의 2002. 7. 12.자 및 같은 해 8. 20.자 인터넷 게시판에서 게시한 내용에서 알 수 있듯이, 원고들이 단순히 투자 목적으로 보조참가인의 주식의 취득한 것이 아니라, 보조참가인의 경영권을 지배할 목적으로 주식을 취득하였던 것으로 보이고, 원고들 역시 향후 지배관계가 형성될 수 있음을 스스로 인정하고 있었던 점, ㉲ 회계장부 등 열람 및 등사권의 인정 여부와 지배관

9) 기업결합심사기준 Ⅳ.

10) 상고취하로 확정.

계의 형성 여부와는 직접적인 상관관계가 없는 점 등을 종합하여 고려하면, 원고들이 이 사건 처분 당시 보조참가인의 주식 41.21%를 취득함에 따라 주주권행사에 의하여 보조참가인 경영에 영향을 미칠 가능성이 있는 등, 지배권행사가 가능하였다고 보는 것이 타당하다.

② 공정위의 처분 이후 보조참가인 주식 중 50.59%가 C와 사돈관계에 있는 S에게 매각됨에 따라 현 시점에서 원고들로서는 보조참가인의 지배가능성이 사실상 불가능하게 되었다거나, 원고들 주장과 같이 2004. 3. 11. 개최된 정기주주총회에서 보조참가인측이 내세운 임원이 선임되었다 하더라도 이는 이 사건 처분 이후의 사정변경에 불과하여 이를 토대로 이 사건 처분 당시 지배가능성이 없었다고 볼 수는 없다 할 것이다.

2. 임원의 겸임

다음 사항을 종합적으로 고려하여 취득회사 등이 피취득회사의 경영전반에 실질적인 영향력을 행사할 수 있는 경우 지배관계가 형성되는 것으로 본다. (1) 취득회사 등의 임·직원으로서 피취득회사의 임원지위를 겸임하고 있는 자("겸임자")의 수가 피취득회사의 임원총수의 3분의 1 이상인 경우, (2) 겸임자가 피취득회사의 대표이사 등 회사의 경영전반에 실질적인 영향력을 행사할 수 있는 지위를 겸임하는 경우 등이 포함된다. 이외에도 주식소유에 대한 지배관계 판단기준이 적용가능한 경우에는 이를 준용한다.[11] 임원의 겸임 제한은 대규모 회사에 적용된다.

3. 새로운 회사 설립에의 참여

새로운 회사 설립에의 참여의 경우 참여회사 중 2 이상 회사의 신설회사에 대한 지배관계가 형성되어야 한다. 기업결합 당사회사와 신설회사 간의 지배관계 형성여부는 주식소유에 대한 지배관계 판단기준을 준용한다.[12]

---

11) 기업결합심사기준 Ⅳ.

12) 기업결합심사기준 Ⅳ.

Ⅲ. 일정한 거래분야의 판단기준

기업결합의 제한에 해당하는지 여부를 판단하기 위해서는 그 경쟁관계가 문제될 수 있는 일정한 거래분야에 관하여 거래의 객체인 관련 상품에 따른 시장 등을 획정하는 것이 선행되어야 한다〔대법원 2008. 5. 29. 선고 2006두6659 판결(삼익악기 사건)〕. 일정한 거래분야는 경쟁관계가 성립될 수 있는 거래분야를 말하며, 거래대상, 거래지역 등에 따라 구분될 수 있다.

1. 거래대상(상품시장)

일정한 거래분야는 거래되는 특정 상품의 가격이 상당기간 어느 정도 의미있는 수준으로 인상될 경우 동 상품의 구매자 상당수가 이에 대응하여 구매를 전환할 수 있는 상품의 집합을 말한다. 특정 상품이 동일한 거래분야에 속하는지 여부는 다음 사항을 고려하여 판단한다. (1) 상품의 기능 및 효용의 유사성, (2) 상품의 가격의 유사성, (3) 구매자들의 대체가능성에 대한 인식 및 그와 관련한 구매행태, (4) 판매자들의 대체가능성에 대한 인식 및 그와 관련한 경영의사결정 행태, (5) 통계법 제17조(통계자료의 분류) 제1항의 규정에 의하여 통계청장이 고시하는 한국표준산업분류, (6) 거래단계(제조, 도매, 소매 등), (7) 거래상대방 등이 포함된다.[13]

결합당사회사가 속한 산업 특성상 연구·개발 등 혁신활동이 필수적이거나 지속적인 혁신경쟁이 이루어지고, 결합당사회사 중 한 쪽 이상이 그 경쟁에서 중요한 사업자인 경우 근접한 혁신활동이 이루어지는 분야(혁신시장)를 별도로 획정하거나 제조·판매 시장 등과 포괄하여 획정할 수 있다(혁신기반 산업 기업결합 심사에서 관련시장 획정 방식).

대법원 판례도 '관련 상품에 따른 시장'은 일반적으로 서로 경쟁관계에 있는 상품들의 범위를 말하는 것으로서, 구체적으로는 거래되는 상품의 가격이 상당 기간 어느 정도 의미 있는 수준으로 인상될 경우 그 상품의 대

13) 기업결합심사기준 Ⅴ.

표적 구매자가 이에 대응하여 구매를 전환할 수 있는 상품의 집합을 의미하고, 그 시장의 범위는 거래에 관련된 상품의 가격, 기능 및 효용의 유사성, 구매자들의 대체가능성에 대한 인식 및 그와 관련한 구매행태는 물론, 판매자들의 대체가능성에 대한 인식 및 그와 관련한 경영의사의 결정행태, 사회적·경제적으로 인정되는 업종의 동질성 및 유사성 등을 종합적으로 고려하여 판단하여야 하며, 그 밖에도 기술발전의 속도, 그 상품의 생산을 위하여 필요한 다른 상품 및 그 상품을 기초로 생산되는 다른 상품에 관한 시장의 상황, 시간적·경제적·법적 측면에서의 대체의 용이성 등도 함께 고려하여야 한다는 취지로 판시하였다〔대법원 2008. 5. 29. 선고 2006두6659 판결(삼익악기 사건)〕. 타이어용 카본블랙과 산업고무용 카본블랙 사이에 용도, 수요자, 운송 및 포장방법에 다소 차이가 있더라도 산업고무용 카본블랙의 가격이 상당한 기간 의미 있는 수준으로 인상될 경우에 구매자는 이에 대응하여 타이어용 카본블랙으로 구매를 전환할 수 있다고 본 사례로 대법원 2009. 9. 10. 선고 2008두9744 판결(오씨아이 사건)이 있다.

▣ 서울고등법원 2008. 9. 3. 선고 2006누30036 판결(신세계 사건)[14)]

■ 판시사항

관련시장을 획정함에 있어 적지만 의미 있고 일시적이지 않은 가격인상에 대한 구매전환 가능성이 구체적이고 실증적인 경제분석결과에 의하여 입증되는 것이 바람직하지만, 그러한 경제분석이 어렵거나 불가능한 경우가 있을 수 있고 또 경제분석결과가 현실을 제대로 반영하지 못할 수도 있으므로, 경제분석결과뿐만 아니라 위와 같은 여러 가지 요소를 종합적으로 고려하여 관련시장을 획정하라는 취지로 보아야 할 것이다.

▣ 대법원 2009. 9. 10. 선고 2008두9744 판결(오씨아이 사건)

■ 판시사항

① 관련 상품시장은 일반적으로 서로 경쟁관계에 있는 상품들의 범위를

14) 확정.

말하는 것으로서, 구체적으로는 거래되는 상품의 가격이 상당 기간 어느 정도 의미 있는 수준으로 인상될 경우 그 상품의 대표적 구매자가 이에 대응하여 구매를 전환할 수 있는 상품의 집합을 의미하고, 그 시장의 범위는 거래에 관련된 상품의 가격, 기능 및 효용의 유사성, 구매자들의 대체가능성에 대한 인식 및 그와 관련한 구매행태는 물론, 판매자들의 대체가능성에 대한 인식 및 그와 관련한 경영의사의 결정행태, 사회적·경제적으로 인정되는 업종의 동질성 및 유사성 등을 종합적으로 고려하여 판단하여야 할 것이며, 그 이외에도 기술발전의 속도, 그 상품의 생산을 위하여 필요한 다른 상품 및 그 상품을 기초로 생산되는 다른 상품에 관한 시장의 상황, 시간적·경제적·법적 측면에서의 대체의 용이성 등도 함께 고려하여야 한다(대법원 2008. 5. 29. 선고 2006두6659 판결 참조).

② 대법원은 아래 원심판단이 정당하다고 보았다.

원심은, 채택증거를 종합하여 판시와 같은 사실을 인정한 다음, 타이어용 카본블랙과 산업고무용 카본블랙은 제품의 상당 부분이 중복되고 산업고무용 카본블랙의 70% 이상이 타이어용으로도 사용 가능한 점, 두 제품 사이의 가격 차이가 크지 아니한 점, 공급 측면에서도 생산설비 및 제품 공정의 상당 부분을 공유하고 있는 점 등에 비추어 볼 때, 산업고무용 카본블랙의 가격이 상당한 기간 의미 있는 수준으로 인상될 경우에 구매자는 이에 대응하여 타이어용 카본블랙으로 구매를 전환할 수 있고, 반대로 타이어용 카본블랙의 가격이 인상될 경우에도 구매자는 동일하게 산업고무용 카본블랙으로 구매를 전환할 수 있으므로, 비록 타이어용 카본블랙과 산업고무용 카본블랙 사이에 용도, 수요자, 운송 및 포장방법에 다소 차이가 있다고 하더라도, 타이어용 카본블랙과 산업고무용 카본블랙을 함께 하나의 관련시장('고무용 카본블랙 시장')으로 획정하는 것이 타당하다고 판단하였다.

2. 거래지역(지역시장)

일정한 거래분야는 다른 모든 지역에서의 당해 상품의 가격은 일정하나 특정지역에서만 상당기간 어느 정도 의미있는 가격인상이 이루어질 경우 당해 지역의 구매자 상당수가 이에 대응하여 구매를 전환할 수 있는 지역 전체를 말한다. 특정지역이 동일한 거래분야에 속하는지 여부는 다음 사항을 고려하여 판단한다. (1) 상품의 특성(상품의 부패성, 변질성, 파손성 등) 및 판매자의 사업능력(생산능력, 판매망의 범위 등), (2) 구매자의 구매지역 전환가능성에 대한 인식 및 그와 관련한 구매자들의 구매지역 전환행태, (3) 판매자의 구매지역 전환가능성에 대한 인식 및 그와 관련한 경영의사결정 행태, (4) 시간적, 경제적, 법제적 측면에서의 구매지역 전환의 용이성 등이 포함된다.[15]

▣ 서울고등법원 2004. 10. 27. 선고 2003누2252 판결(무학 사건)[16]

■ 판시사항

이 사건 기업결합과 관련된 지역시장의 획정은 수요의 대체가능성을 가늠하는 이른바 'SSNIP 방법론'을 기초로 하되, 그 외 소주시장의 특성, 판매자의 판매지역전환가능성 즉, 공급의 대체가능성 등을 종합하여 결정되어야 하는 점, 보조참가인측 경제분석 방법인 '임계매출감소분석'은 'SSNIP 방법론'을 실제 사건에서 체계적으로 적용하는 경제분석으로서 관련 지역시장 획정에 유효 적절한 방법인 점, '임계매출감소분석'에 의할 경우 갤럽설문조사뿐만 아니라 원고들측 경제분석 자료에 의하더라도 가상의 독점사업자인 원고 무학과 보조참가인이 부산 및 경남지역시장에서 '작지만 의미 있고 비일시적인 가격인상'을 통하여 이윤 증대를 도모할 수 있어 이 사건 기업결합과 관련된 지역시장을 부산 및 경남지역시장으로 획정하여야 하는 것으로 분석된 점, 부산 및 경남지역 소주시장의 지역적 특성으로 인하여 경쟁업체는 물론 다른 지역업체의 공급증가와 신규진입이 사실상 어려운 진입장벽이 있는 점에다 2002. 6. 10. 게재한 공고문에서 볼 수 있듯이 원고들 스스로 이 사건 결합행위와 관련된 지역시장을 부산 및 경남지역시장으로 인식하고 있는 점을 아울러 고려하면, 이 사건 결합행위와 관련된 지역시장은 부산 및 경남지역시장으로 획정함이 타당하다 할 것이다.

▣ 서울고등법원 2008. 9. 3. 선고 2006누30036 판결(신세계 사건)[17]

---

15) 기업결합심사기준 Ⅴ.

16) 상고취하로 확정.

17) 확정.

■ 판시사항

피고가 이 사건 기업결합을 심사하면서 위에서 본 바와 같은 할인점의 특성, 소비자들의 이용현황 및 인식, 법·제도적 측면에서 할인점이 위치하는 위치, 할인점의 분포현황 및 경쟁상황, 이용고객의 분포현황, 관련 사업자의 인식 등을 종합적으로 고려하여 상품시장을 3,000㎡ 이상의 매장면적을 갖추고 식품·의류·생활용품 등 One-stop Shopping이 가능한 다양한 구색의 일상 소비용품을 통상의 소매가격보다 저렴하게 판매하는 유통업태인 "대형할인점 시장"으로 획정하고, 지역시장을 잠정적으로 "대도시권의 경우에는 피취득회사인 보조참가인의 지점을 중심으로 반경 5㎞, 대도시권이 아닌 지역의 경우는 반경 10㎞의 원에 포함된 모든 할인점을 기준으로 다시 동일한 거리의 원을 중첩시켜 이 중첩원에 포함된 지역"으로 획정한 것이 잘못되었다고 할 수 없다.

▣ 대법원 2008. 5. 29. 선고 2006두6659 판결(삼익악기 사건)

■ 판시사항

대법원은 아래 원심 판단이 정당하다고 보았다.

원심은 채택 증거를 종합하여 판시와 같은 사실을 인정한 다음, 공급측면의 경우 중고 피아노는 신품 피아노와 달리 가격이 상승하더라도 공급량이 크게 증가될 수 없다고 보이는 점, 수요측면의 경우에도 가격과 구매수량에 더 민감한 수요층(중고 피아노)과 제품 이미지, 품질, 사용기간 등에 더 민감한 수요층(신품 피아노)으로 그 대표적 수요층이 구분되어 신품 피아노의 가격이 상승하더라도 신품 피아노를 구입하려는 소비자들이 그 의사결정을 바꿔 중고 피아노로 수요를 전환할 가능성은 크지 않다고 보이는 점, 원고들이 그 동안 신품 피아노의 가격결정, 마케팅 등과 같은 영업전략을 수립함에 있어 중고 피아노의 시장규모 등을 고려했다는 자료가 없는 점 등에 비추어 중고 피아노는 신품 피아노와 상품용도, 가격, 판매자와 구매자층, 거래행태, 영업전략 등에서 차이가 있고 상호간 대체가능성을 인정하기 어렵다는 이유로, 피고가 이 사건 기업결합의 관련 시장을 국내의 업라이트 피아노, 그랜드 피아노, 디지털 피아노의 각 신품 피아노 시장으로 획정한 것은 정당하다고 판단하였으며, 아울러 거래의 지리적 범위인 관련 지역시장의 획정 문제와 실질적 경쟁제한성 판단의 한 요소인 해외 경쟁의 도입수준 등의 문제를 별도로 판단하였다.

▣ 대법원 2009. 9. 10. 선고 2008두9744 판결(오씨아이 사건)

■ 판시사항

대법원은 아래 원심판단이 정당하다고 보았다.

원심은, 채택증거를 종합하여 판시와 같은 사실을 인정한 다음, 고무용 카본블랙의 경우 수입품의 점유율이 1% 미만으로 매우 미미할 뿐 아니라 향후에도 수입물량이 쉽게 증가되지 않을 것으로 보이는 점 등에 비추어 보면, 고무용 카본블랙에 대한 관련 지리적 시장은 국내 시장으로 획정함이 타당하다고 판단하였다.

제 2 절 기업결합의 경쟁제한성 판단

Ⅰ. 경쟁제한성 판단기준

기업결합의 경쟁제한성은 취득회사 등과 피취득회사간의 관계를 고려하여 수평형 기업결합, 수직형 기업결합, 혼합형 기업결합 등 유형별로 구분하여 판단한다.

1. 시장의 집중상황

가. 시장집중도

기업결합후 일정한 거래분야에서의 시장집중도 및 그 변화정도가 다음의 어느 하나에 해당하는 경우에는 경쟁을 실질적으로 제한하지 않는 것으로 추정되며, 그렇지 않은 경우에는 경쟁이 실질적으로 제한될 가능성이 있다. 다만 시장집중도 분석은 기업결합이 경쟁에 미치는 영향을 분석하는 출발점으로서의 의미를 가지며, 경쟁이 실질적으로 제한되는지 여부는 시장의 집중상황과 함께 다른 사항들을 종합적으로 고려하여야 한다.[18)]

수평형 기업결합으로서(다만 당사회사의 시장점유율 등이 공정거래법 제9조 제3항의 요건에 해당하는 경우에는 이를 적용하지 아니한다) (가) 허핀달-허쉬만지수(일정한 거래분야에서 각 경쟁사업자의 시장점유율의 제곱의 합을 말한다. 이하 'HHI'라 한다)가 1,200에 미달하는 경우, (나) HHI가 1,200 이상이고 2,500 미만이면서 HHI 증가분이 250 미만인 경우, (다) HHI가 2,500 이상이고 HHI 증가분이 150 미만인 경우의 어느 하나에 해당하는 경우 경쟁을 실질적으로 제한하지 않는 것으로 추정되며, 그렇지 않은 경우에는 경쟁이 실질적으로 제한될 가능성이 있다. 수직형 또는 혼합형 기업결합으로서 (가) 당사회사가 관여하고 있는 일정한 거래분야에서 HHI가 2,500 미만이고 당사회사의 시장점유율이 25/100 미만인 경우, (나) 일정한 거래분야에서 당사회사가 각각 4위 이하 사업자인 경우의 어느 하나에 해당하는 경우 경쟁을 실질적으로 제한하지 않는 것으로 추정되며, 그렇지 않은 경우에는 경쟁이 실질적으로 제한될 가능성이 있다.[19)]

나. 시장집중도의 변화추이

시장집중도를 평가함에 있어서는 최근 수년간의 시장집중도의 변화추이를 고려한다. 최근 수년간 시장집중도가 현저히 상승하는 경향이 있는 경우에 시장점유율이 상위인 사업자가 행하는 기업결합은 경쟁을 실질적으로 제한할 가능성이 높아질 수 있다. 이 경우 신기술개발, 특허권 등 향후 시장의 경쟁관계에 변화를 초래할 요인이 있는지 여부를 고려한다.[20)]

다. 혁신시장의 시장집중도 산정

혁신시장의 경우 관련 상품의 매출액 등에 기반한 시장점유율을 산정할 수 없는 경우가 있다. 따라서 혁신시장에서는 연구개발비 지출 규모, 혁신

18) 기업결합심사기준 VI.

19) 기업결합심사기준 VI.

20) 기업결합심사기준 VI.

활동에 특화된 자산 및 역량의 규모, 해당분야 특허출원 또는 피인용 횟수, 혁신경쟁에 실질적으로 참여하는 사업자의 수 등을 참고하여 시장집중도를 산정할 수 있다.

2. 수평형 기업결합

가. 판단기준

수평형 기업결합이 경쟁을 실질적으로 제한하는지 여부에 대해서는 기업결합 전후의 시장집중상황, 단독효과, 협조효과, 해외경쟁의 도입수준 및 국제적 경쟁상황, 신규진입의 가능성, 유사품 및 인접시장의 존재여부 등을 종합적으로 고려하여 심사한다.

(1) 단독효과

기업결합 후 당사회사가 단독으로 가격인상 등 경쟁제한행위를 하더라도 경쟁사업자가 당사회사 제품을 대체할 수 있는 제품을 적시에 충분히 공급하기 곤란한 등의 사정이 있는 경우에는 당해 기업결합이 경쟁을 실질적으로 제한할 수 있다. 단독효과는 결합당사회사의 시장점유율 합계, 결합으로 인한 시장점유율 증가폭 및 경쟁사업자와의 점유율 격차, 결합당사회사가 공급하는 제품간 수요대체가능성의 정도 및 동 제품 구매자들의 타 경쟁사업자 제품으로의 구매 전환가능성, 경쟁사업자의 결합당사회사와의 생산능력 격차 및 매출증대의 용이성 등을 종합적으로 고려하여 판단한다. 위 판단기준의 적용에 있어서는 시장의 특성도 함께 감안하여야 한다. 차별적 상품시장에 있어서는 결합 당사회사간 직접경쟁의 정도를 측정하는 것이 보다 중요하고 그에 따라 시장점유율 보다는 결합당사회사 제품 간 유사성, 구매전환 비율 등을 보다 중요하게 고려한다.21)

(2) 협조효과

기업결합에 따른 경쟁자의 감소 등으로 인하여 사업자간의 가격 · 수량 ·

21) 기업결합심사기준 VI.

거래조건 등에 관한 협조(공동행위 뿐만 아니라 경쟁사업자간 거래조건 등의 경쟁유인을 구조적으로 약화시켜 가격인상 등이 유도되는 경우를 포함한다)가 이루어지기 쉽거나 그 협조의 이행여부에 대한 감시 및 위반자에 대한 제재가 가능한 경우에는 경쟁을 실질적으로 제한할 가능성이 높아질 수 있다. 사업자간의 협조가 용이해지는지의 여부는 다음과 같은 사항을 고려하여 판단한다.[22]

경쟁사업자간 협조의 용이성은 ① 시장상황, 시장거래, 개별사업자 등에 관한 주요 정보가 경쟁사업자간에 쉽게 공유될 수 있는지 여부, ② 관련시장내 상품간 동질성이 높은지 여부, ③ 가격책정이나 마케팅의 방식 또는 그 결과가 경쟁사업자간에 쉽게 노출될 수 있는지 여부, ④ 관련시장 또는 유사시장에서 과거 협조가 이루어진 사실이 있는지 여부, ⑤ 경쟁사업자, 구매자 또는 거래방식의 특성상 경쟁사업자간 합의 내지는 협조가 쉽게 달성될 수 있는지 여부 등을 고려하여 판단한다.[23] 이행감시 및 위반자 제재의 용이성은 ① 공급자와 수요자간 거래의 결과가 경쟁사업자간에 쉽고 정확하게 공유될 수 있는지 여부, ② 공급자에 대하여 구매력을 보유한 수요자가 존재하는지 여부, ③ 결합당사회사를 포함해 협조에 참여할 가능성이 있는 사업자들이 상당한 초과생산능력을 보유하고 있는지 여부 등을 고려하여 판단한다. 결합상대회사가 결합 이전에 상당한 초과생산능력을 가지고 경쟁사업자들간 협조를 억제하는 등의 경쟁적 행태를 보여 온 사업자인 경우에도 결합 후 협조로 인해 경쟁이 실질적으로 제한될 가능성이 높아질 수 있다.[24]

(3) 구매력 증대에 따른 효과

당해 기업결합으로 인해 결합 당사회사가 원재료 시장과 같은 상부시장에서 구매자로서의 지배력이 형성 또는 강화될 경우 구매물량 축소 등을 통하여 경쟁이 실질적으로 제한될 수 있는지를 고려한다.[25]

---

22) 기업결합심사기준 VI.

23) 기업결합심사기준 VI.

24) 기업결합심사기준 VI.

25) 기업결합심사기준 VI.

(4) 혁신저해 효과

기업결합 후 결합당사회사가 연구·개발 등 혁신활동을 감소시킬 유인 및 능력을 보유하는 경우 관련시장에서의 혁신경쟁을 실질적으로 제한할 수 있다. 이는 결합당사회사가 관련 분야에서 중요한 혁신사업자인지 여부, 과거 및 현재 결합당사회사가 수행한 혁신활동의 근접성 또는 유사성, 기업결합 이후 실질적으로 혁신경쟁에 참여하는 사업자의 수가 충분한지 여부, 결합당사회사와 경쟁사업자 간 혁신역량의 격차 등을 종합적으로 고려하여 판단한다.

나. 판 례

▣ 대법원 2008. 5. 29. 선고 2006두6659 판결(삼익악기 사건)

■ 판시사항

① 수평적 기업결합에서 이러한 실질적 경쟁제한성을 판단함에 있어서는 기업결합 전후의 시장 집중상황, 해외 경쟁의 도입수준 및 국제적 경쟁상황, 신규진입의 가능성, 경쟁사업자 간의 공동행위 가능성, 유사품 및 인접시장의 존재 여부 등을 종합적으로 고려하여 개별적으로 판단하여야 한다.

② 대법원은 아래 원심판단이 정당하다고 보았다.

원심은 채택 증거를 종합하여 판시와 같은 사실을 인정한 다음, 이 사건 기업결합으로 인한 원고 주식회사 삼익악기 및 영창악기제조 주식회사의 시장점유율 합계는 이 사건 관련 시장에서의 실질적 경쟁제한성 추정요건에 해당할 뿐만 아니라, 신규진입의 가능성이 거의 없으며, 해외 경쟁의 도입 가능성이나 인접시장 경쟁압력의 정도 역시 매우 적고, 특히 이 사건 기업결합으로 인하여 국내의 양대 피아노 생산·판매업체는 사실상 독점화되고 직접적인 대체재 관계에 있던 두 제품이 하나의 회사 내에서 생산·판매되므로 소비자의 입장에서는 제품선택의 폭이 줄어들고 생산자의 입장에서는 이를 이용하여 가격인상을 통한 이윤증대의 가능성이 커지게 되므로, 이 사건 기업결합은 관련 시장에서의 경쟁을 실질적으로 제한하는 행위에 해당한다고 판단하였다.

▣ 대법원 2009. 4. 23. 선고 2005다22701, 22718 판결(국민은행 사건)

■ 판시사항

대법원은 아래와 같은 원심판단이 정당하다고 보았다.

원고는, 이 사건 합병이 공정거래법에서 금지하는 부당한 기업결합에 해당되어 무효라고 주장하므로 살피건대, 구 공정거래법 제7조(현 공정거래법 제9조)는 다른 회사와의 합병 등이 일정한 거래분야에서 경쟁을 실질적으로 제한하는 경우 이러한 기업결합행위를 제한하고 있고, 시장점유율의 합계가 50% 이상이 되는 등의 몇 가지 경우를 경쟁을 실질적으로 제한하는 것으로 추정하면서 그 구체적인 판단기준을 공정위가 고시하도록 하고 있는바, 갑가 13호증, 23호증, 27호증, 52호증의 기재만으로는 이 사건 합병이 구 공정거래법 제7조(현 공정거래법 제9조) 및 그 위임에 따라 공정위가 제정한 고시(기업결합심사기준)에서 정한 일정한 거래분야에서 경쟁을 실질적으로 제한하는 기업결합에 해당한다고 인정하기에 부족하고, 달리 이를 인정할만한 증거가 없으므로 원고의 위 주장은 이유 없다.

■ 해 설

국민은행과 한국주택은행의 합병 후 국민은행 노동조합 조합원 등이 합병의 무효를 주장하며 소를 제기한 사건으로, 공정거래법상 기업결합 위반에 해당하는지가 합병의 무효사유로 다투어졌다. 공정위가 기업결합을 인가한 경우에도 관련시장의 이해관계인 등이 사소를 통하여 경쟁제한성 등을 다툴 수 있는지 검토가 필요하다.

▣ 서울고등법원 2008. 9. 3. 선고 2006누30036 판결(신세계 사건)[26]

■ 판시사항

① 대구 시지·경산지역의 경우에는 구 공정거래법 제7조 제4항(현 공정거래법 제9조 제3항)의 경쟁제한성 추정규정이 적용될 뿐만 아니라, 이 사건 기업결합으로 인하여 시장집중도가 100%가 되고 가까운 장래에 신규 출점이 예정되어 있지도 않은 점 등에 비추어 볼 때 이 사건 기업결합으로 인한

26) 확정.

경쟁제한성이 인정된다고 볼 수밖에 없다.

② 포항지역의 경우 위에서 본 바에 의하면 경쟁제한성 추정규정이 적용되지만, ㉠ 이 지역의 경우 이 사건 기업결합으로 인하여 경쟁사업자의 수가 4개에서 3개로 감소하고 결합당사회사의 점유율도 74.3%로서 제1위 사업자가 되기는 하지만, 그 후 2개의 대형할인점이 신규 출점하여 경쟁사업자의 수는 오히려 5개로 늘어나고 결합당사회사의 점유율도 43.7%로 대폭 감소할 것으로 예상되고 있어 신규 출점으로 인한 시장집중도의 완화 정도가 상당하다고 보이는 점, ㉡ 위에서 본 대형할인점 업계의 2001년부터 2005년까지 시장점유율 변동 추이 및 원고 및 보조참가인과 다른 상위 3개 대형할인점 업체의 2003년부터 2005년까지의 매출액 증가율 및 영업이익률 변동 추이, 대형할인점 업계가 과거에 부당한 공동행위를 이유로 피고로부터 제재를 받은 적이 없고, 보조참가인이 장래에 잠재적 독행기업으로서의 역할을 수행할 수 있을지 여부가 불분명한 사정 등에 비추어 보면, 공동행위의 가능성이 상당하다고 보기는 어려운 점, ㉢ 그동안 원고가 독점지역에서 시장지배력을 남용해 왔다고 인정할 만한 뚜렷한 자료가 없는 점 등을 종합하여 보면, 이 지역의 경우에는 경쟁제한성의 추정이 복멸되었다고 볼 수밖에 없다.

▣ 대법원 2009. 9. 10. 선고 2008두9744 판결(오씨아이 사건)

■ 판시사항

① 구 공정거래법(2007. 4. 13. 법률 제8382호로 개정되기 전의 것) 제2조 제8호의2(현 공정거래법 제2조 제5호)가 규정하고 있는 '경쟁을 실질적으로 제한하는 행위'란 일정한 거래분야의 경쟁이 감소하여 특정 사업자 또는 사업자단체의 의사에 따라 어느 정도 자유로이 가격・수량・품질 기타 거래조건 등의 결정에 영향을 미치거나 미칠 우려가 있는 상태를 초래하는 행위를 의미하는바, 수평적 기업결합에서 이러한 실질적 경쟁제한성 유무를 판단하는 경우에는 구 공정거래법 제7조 제4항 제1호(현 공정거래법 제9조 제3항 제1호)가 규정하고 있는 경쟁제한성 추정요건의 충족 여부 외에도 해외경쟁의 도입수준 및 국제적 경쟁상황, 신규 진입의 가능성, 경쟁사업자들 사이의 공동행위 가능성, 유사품 및 인접시장의 존재 여부 등을 종합적으로 고려하여 개별적으로 판단하여야 한다.

② 대법원은 아래 원심판단이 정당하다고 보았다.

원심은, 채택증거를 종합하여 판시와 같은 사실을 인정한 다음, 이 사건 기업결합으로 인한 원고 오씨아이 주식회사 및 콜럼비안 캐미컬즈 코리아 주식회사(Columbian Chemicals Korea, 'CCK')의 시장점유율 합계가 구 공정거래법 제7조 제4항 제1호(현 공정거래법 제9조 제3항 제1호)가 규정하고 있는 경쟁제한성 추정요건을 충족할 뿐만 아니라, CCK와 금호타이어 주식회사 사이에 카본블랙 장기공급계약이 체결되어 있다는 사유만으로 이 사건 기업결합으로 인한 시장집중도가 크게 감소되지는 않으며, 해외경쟁의 도입가능성도 그다지 높지 않고, 이 사건 관련시장에 대량구매사업자가 존재하기는 하지만 그 존재가 이 사건 기업결합에 의하여 제한되는 경쟁을 회복시키는 정도는 아니며, 이 사건 기업결합 후 국내 고무용 카본블랙 시장에서 경쟁사업자들 사이의 공동행위 가능성이 증가하거나 원고 오씨아이-CCK('결합회사')가 가격인상과 같은 시장지배력 지위남용행위를 할 가능성이 높다는 이유로, 이 사건 기업결합은 관련시장에서의 경쟁을 실질적으로 제한하는 행위에 해당한다고 판단하였다.

3. 수직형 기업결합

수직형 기업결합이 경쟁을 실질적으로 제한하는지 여부에 대해서는 시장의 봉쇄효과, 협조효과 등을 종합적으로 고려하여 심사한다. 수직형 기업결합을 통해 당사회사가 경쟁관계에 있는 사업자의 구매선 또는 판매선을 봉쇄하거나 다른 사업자의 진입을 봉쇄할 수 있는 경우에는 경쟁을 실질적으로 제한할 수 있다.[27] 수직형 기업결합의 결과로 경쟁사업자간의 협조 가능성이 증가하는 경우에는 경쟁을 실질적으로 제한할 수 있다.[28]

4. 혼합형 기업결합

혼합형 기업결합이 경쟁을 실질적으로 제한하는지 여부는 잠재적 경쟁의 저해효과, 경쟁사업자 배제효과, 진입장벽 증대효과 등을 종합적으로 고려

27) 기업결합심사기준 VI.
28) 기업결합심사기준 VI.

하여 심사한다.

가. 잠재적 경쟁의 저해

혼합형 기업결합이 일정한 거래분야에서 잠재적 경쟁을 감소시키는 경우에는 경쟁을 실질적으로 제한할 수 있다. 잠재적 경쟁의 감소 여부는 다음 사항들을 고려하여 판단한다. 상대방 회사가 속해 있는 일정한 거래분야에 진입하려면 특별히 유리한 조건을 갖출 필요가 있는지 여부, 당사회사 중 하나가 상대방 회사가 속해 있는 일정한 거래분야에 대해 잠재적 경쟁자인지 여부,[29] 일정한 거래분야에서 결합당사회사의 시장점유율 및 시장집중도 수준, 당사회사 이외에 다른 유력한 잠재적 진입자가 존재하는지 여부 등이 포함된다.[30]

나. 경쟁사업자의 배제

당해 기업결합으로 당사회사의 자금력, 원재료 조달능력, 기술력, 판매력 등 종합적 사업능력이 현저히 증대되어 당해상품의 가격과 품질 외의 요인으로 경쟁사업자를 배제할 수 있을 정도가 되는 경우에는 경쟁을 실질적으로 제한할 수 있다.[31]

다. 진입장벽의 증대

당해 기업결합으로 시장진입을 위한 필요최소자금규모가 현저히 증가하는 등 다른 잠재적 경쟁사업자가 시장에 새로 진입하는 것이 어려울 정도로 진입장벽이 증대하는 경우에는 경쟁을 실질적으로 제한할 수 있다.[32]

---

29) 생산기술, 유통경로, 구매계층 등이 유사한 상품을 생산하는 등의 이유로 당해 결합이 아니었더라면 경쟁제한 효과가 적은 다른 방법으로 당해 거래분야에 진입하였을 것으로 판단될 것, 당해 거래분야에 진입할 가능성이 있는 당사회사의 존재로 인하여 당해 거래분야의 사업자들이 시장지배력을 행사하지 않고 있다고 판단될 것 등이다.

30) 기업결합심사기준 VI.

31) 기업결합심사기준 VI.

32) 기업결합심사기준 VI.

5. 정보자산을 수반하는 기업결합

기업결합 후 결합당사회사가 정보자산을 활용하여 시장지배력을 형성·강화·유지하는 경우 관련시장에서의 경쟁이 실질적으로 제한될 가능성이 있다. 이 경우 기업결합 유형별 경쟁제한성 판단 요건을 고려하되, ① 결합을 통하여 얻게 되는 정보자산이 다른 방법으로는 이를 대체하기 곤란한지 여부, ② 해당 결합으로 인하여 결합당사회사가 경쟁사업자의 정보자산 접근을 제한할 유인 및 능력이 증가하는지 여부, ③ 결합 이후 정보자산 접근 제한 등으로 인하여 경쟁에 부정적 효과가 발생할 것이 예상되는지 여부, ④ 결합당사회사가 정보자산의 수집·관리·분석·활용 등과 관련한 서비스의 품질을 저하시키는 등 비가격 경쟁을 저해할 가능성이 높아지는지 여부 등을 추가로 고려하여 판단할 수 있다.

Ⅱ. 경쟁제한성 완화요인

1. 해외경쟁의 도입수준 및 국제적 경쟁상황

일정한 거래분야에서 상당기간 어느 정도 의미있는 가격인상이 이루어지면 상당한 진입비용이나 퇴출비용의 부담없이 가까운 시일내에 수입경쟁이 증가할 가능성이 있는 경우에는 기업결합에 의해 경쟁을 실질적으로 제한할 가능성이 낮아질 수 있다.[33]

2. 신규진입의 가능성

당해 시장에 대한 신규진입이 가까운 시일 내에 충분한 정도로 용이하게 이루어질 수 있는 경우에는 기업결합으로 감소되는 경쟁자의 수가 다시 증

---

33) 기업결합심사기준 Ⅶ.

가할 수 있으므로 경쟁을 실질적으로 제한할 가능성이 낮아질 수 있다.[34)]

3. 유사품 및 인접시장의 존재

기능 및 효용측면에서 유사하나 가격 또는 기타의 사유로 별도의 시장을 구성하고 있다고 보는 경우에는 생산기술의 발달가능성, 판매경로의 유사성 등 그 유사상품이 당해 시장에 미치는 영향을 고려한다.[35)]

4. 강력한 구매자의 존재

결합 당사회사로부터 제품을 구매하는 자가 기업결합 후에도 공급처의 전환, 신규 공급처의 발굴 및 기타 방법으로 결합기업의 가격인상 등 경쟁제한적 행위를 억제할 수 있는 때에는 경쟁을 실질적으로 제한할 가능성이 낮아질 수 있다. 이 경우 그 효과가 다른 구매자에게도 적용되는지 여부를 함께 고려한다.[36)] 예를 들면, 관련시장에서 낮은 가격이 형성되는 이유가 수요자의 협상력(bargaing power) 또는 대항력(countervelling power)으로 인한 것이라면 이는 경쟁제한성 완화 요인으로 고려할 수 있다.

Ⅲ. 경쟁제한성의 추정

기업결합에 참여한 당사회사의 시장점유율(계열회사의 시장점유율을 합산한 점유율을 말한다)의 합계가 다음의 요건을 갖춘 경우에는 일정한 거래분야에서 경쟁을 실질적으로 제한하는 것으로 추정한다(공정거래법 제9조 제3항 제1호).

첫째, 시장점유율의 합계가 시장지배적 사업자의 추정 요건에 해당해야 한다. 공정거래법 제6조에 의하면 시장지배적 사업자의 추정 요건은 1 사업

34) 기업결합심사기준 Ⅶ.

35) 기업결합심사기준 Ⅶ.

36) 기업결합심사기준 Ⅶ.

자의 시장점유율이 100분의 50 이상이거나 3 이하의 사업자의 시장점유율의 합계가 100분의 75 이상인 경우이다. 다만 후자의 경우에 시장점유율을 합산함에 있어서는 시장점유율이 100분의 10 미만인 자는 제외된다.

둘째, 시장점유율의 합계가 당해 거래분야에서 제1위이어야 한다. 추정요건으로서 시장점유율 합계 1위가 단독으로 1위인 경우만 포함하는지, 공동으로 1위인 경우도 포함하는지 문제된다.

셋째, 시장점유율의 합계와 시장점유율이 제2위인 회사(당사회사를 제외한 회사 중 제1위인 회사를 말한다)의 시장점유율과의 차이가 그 시장점유율의 합계의 100분의 25 이상이어야 한다. 위 3가지 요건은 누적적인 요건이므로 기업결합이 경쟁제한적인 것으로 추정되기 위하여는 당사회사의 시장점유율의 합계가 시장지배적 사업자의 요건에 해당하는 것만으로는 부족하고, 다시 당해 거래분야에서 제1위에 해당하고 또 제2위인 회사의 시장점유율과의 차이가 그 합계의 25% 이상이어야 한다.[37]

공정거래법 제9조 제3항 제2호는 대규모 사업자가 참여한 기업결합에 의하여 중소기업들로 구성되어 있는 시장이 점차 집중해 가는 것을 막기 위하여 특수한 추정 규정을 두고 있다. 즉 대규모회사가 직접 또는 특수관계인을 통하여 행한 기업결합이 ① 중소기업기본법에 의한 중소기업의 시장점유율이 3분의 2 이상인 거래분야에서의 기업결합일 것, ② 당해 기업결합으로 100분의 5 이상의 시장점유율을 가지게 될 것의 요건을 갖춘 경우에는 일정한 거래분야에서 경쟁을 실질적으로 제한하는 것으로 추정한다.

▣ 서울고등법원 2008. 9. 3. 선고 2006누30036 판결(신세계 사건)[38]

■ 판시사항

원래 시장집중도가 높아서 경쟁제한성이 추정되던 시장에서의 기업결합에 대해서까지 위 추정규정을 적용한다면, 그 시장에서는 어떠한 기업결합도 모두 경쟁제한적인 것으로 추정된다는 점에서 불합리하다고 볼 여지가 전혀

---

37) 사법연수원, 「공정거래법」, 2014. 100면.

38) 확정.

없는 것은 아니지만, 이미 경쟁제한성의 추정요건이 충족된 시장에서 기업결합이 이루어지면 경쟁자가 줄어들어 시장이 더욱 집중화됨으로써 경쟁을 제한할 개연성이 더욱 높아진다고 보이는 점, 만약 이미 구 공정거래법 제7조 제4항(현 공정거래법 제9조 제3항)에서 정한 경쟁제한성 추정요건을 충족하고 있는 시장점유율 제1위 사업자의 기업결합에 대하여 위 추정규정을 적용하지 않을 경우, 같은 시장에서 시장점유율 제2위 이하의 사업자가 기업결합을 하여 시장점유율 제1위 사업자가 되는 경우에만 위 추정규정이 적용되어 매우 불합리한 결과를 초래하는 점 등에 비추어 보면, 이미 경쟁제한성의 추정요건이 충족된 시장에서의 기업결합에 대해서도 위 추정규정은 적용된다.

제 3 절 기업결합 규제의 예외

공정거래법 제9조 제2항은 당해 기업결합 외의 방법으로는 달성하기 어려운 효율성 증대효과가 경쟁제한으로 인한 폐해보다 큰 경우, 상당기간 대차대조표상의 자본총계가 납입자본금보다 작은 상태에 있는 등 회생이 불가한 회사와의 기업결합으로서 대통령령이 정하는 요건에 해당하는 경우의 기업결합에 대하여 공정거래법 제9조 제1항의 금지규정이 적용되지 않는다고 규정하고 있다.

1. 효율성 증대효과의 판단기준

공정거래법 제9조 제2항 제1호에 규정된 '기업결합으로 인한 효율성 증대효과'가 무엇을 의미하는지는 법령상 명백하지 않다. 다만 심사기준은 효율성 증대효과로 생산·판매·연구개발 등에서의 효율성 증대효과[39] 또는 국

39) 규모의 경제, 생산설비의 통합, 생산공정의 합리화 등을 통해 생산비용을 절감할 수 있는지 여부, 판매조직을 통합하거나 공동활용하여 판매비용을 낮추거나 판매 또는 수출을 확대할 수 있는지 여부, 시장정보의 공동활용을 통해 판매 또는 수출

민경제전체에서의 효율성 증대효과[40]를 규정하고 있다.[41]

효율성 증대효과는 당해 기업결합외의 방법으로는 달성하기 어려운 것이어야 하며, 설비확장, 자체기술개발 등 기업결합이 아닌 다른 방법으로는 효율성 증대를 실현시키기 어려울 것, 생산량의 감소, 서비스질의 저하 등 경쟁제한적인 방법을 통한 비용절감이 아닐 것 등의 기준에 의한다. 효율성 증대효과는 가까운 시일 내에 발생할 것이 명백하여야 하며, 단순한 예상 또는 희망사항이 아니라 그 발생이 거의 확실한 정도임이 입증될 수 있는 것이어야 한다. 효율성 증대효과는 당해 결합이 없었더라도 달성할 수 있었을 효율성 증대부분을 포함하지 아니한다. 기업결합의 예외를 인정하기 위해서는 효율성 증대효과가 기업결합에 따른 경쟁제한의 폐해보다 커야 한다.[42] 효율성 증대효과가 소비자에게 전가되어야 하는지에 관하여 대법원 2008. 5. 29. 선고 2006두6659 판결(삼익악기 사건)은 이를 긍정하는 듯한 판시를 하였다.

▣ 서울고등법원 2004. 10. 27. 선고 2003누2252 판결(무학 사건)[43]

■ 판시사항

설령 원고 무학이 이 사건 기업결합을 통하여 원고들 주장의 판매·물류·원재료비 절감효과를 누릴 수 있다 하더라도, 그러한 효율성이 반드시 이 사건 기업결합이 아니면 달성하기 어려운 것으로 보기 어려울 뿐만 아니라,

---

을 확대할 수 있는지 여부, 운송·보관시설을 공동사용함으로써 물류비용을 절감할 수 있는지 여부, 기술의 상호보완 또는 기술인력·조직·자금의 공동활용 또는 효율적 이용 등에 의하여 생산기술 및 연구능력을 향상시키는지 여부, 기타 비용을 현저히 절감할 수 있는지 여부 등을 고려하여 판단한다.

40) 고용의 증대에 현저히 기여하는지 여부, 지방경제의 발전에 현저히 기여하는지 여부, 전후방 연관산업의 발전에 현저히 기여하는지 여부, 에너지의 안정적 공급 등 국민경제생활의 안정에 현저히 기여하는지 여부, 환경오염의 개선에 현저히 기여하는지 여부 등을 고려하여 판단한다.

41) 기업결합심사기준 Ⅷ.

42) 기업결합심사기준 Ⅷ.

43) 상고취하로 확정.

가까운 시일 내에 발생할 것이 명백하다는 점을 인정할 아무런 자료가 없고, 불필요한 마케팅비용의 절감 역시 경쟁제거에 따른 반사적 이익에 불과하다고 보아야 하며, 달리 이 사건 기업결합으로 인한 효율성 증대효과가 경쟁제한으로 인한 폐해보다 크다는 점을 인정할 아무런 자료가 없으므로, 원고들의 위 주장은 이유 없다.

▣ 대법원 2008. 5. 29. 선고 2006두6659 판결(삼익악기 사건)

■ 판시사항

① 구 공정거래법 제7조 제2항(현 공정거래법 제9조 제2항)에서는 당해 기업결합 외의 방법으로는 달성하기 어려운 효율성 증대효과가 경쟁제한으로 인한 폐해보다 큰 경우(제1호)에 해당한다고 공정거래위원회가 인정하는 기업결합에 대하여는 구 공정거래법 제7조 제1항(현 공정거래법 제9조 제1항)의 규정을 적용하지 아니하며, 이 경우 해당요건을 충족하는지에 대한 입증은 당해 사업자가 하여야 한다고 규정하고 있는바, 이러한 당해 기업결합으로 인한 특유의 효율성 증대효과를 판단함에 있어서는 기업의 생산·판매·연구개발 등의 측면 및 국민경제의 균형발전 측면 등을 종합적으로 고려하여 개별적으로 판단하되, 이러한 효율성 증대효과는 가까운 시일 내에 발생할 것이 명백하여야 한다.

② 대법원은 아래 원심판단이 정당하다고 보았다.

원심은 채택 증거를 종합하여 판시와 같은 사실을 인정한 다음, 원고들 주장의 효율성 증대효과 대부분이 이 사건 기업결합으로 인한 특유의 효율성 증대효과에 해당한다고 보기 어려울 뿐만 아니라, 국내 소비자 후생 등과 관련이 없으므로 효율성 증대효과로 인정하기에 부족하고, 달리 이 사건 기업결합의 효율성 증대효과가 경쟁제한으로 인한 폐해보다 큰 경우로 볼 수 없다는 이유로, 이 사건 기업결합이 효율성 증대를 위한 기업결합에 해당한다는 원고들의 이 부분 주장을 배척하였다.

■ 해 설

기업결합으로 가격이 인상되고 생산량이 감소되더라도 생산비용 등의 감소로 효율성이 발생할 수 있는데, 이러한 효율성은 소비자에게 전가되기 어렵다. 대법원의 이 부분 판시사항('국내 소비자 후생 등과 관련이 없으므로'

부분 등)에 의하면 효율성 증대효과가 발생하더라도 소비자에게 전가되어야 이를 고려할 수 있다는 취지로 이해될 수 있다. 즉 효율성 항변의 적용기준에 관하여 '총잉여기준'보다는 '소비자잉여기준'에 가깝다.[44]

▣ 대법원 2009. 9. 10. 선고 2008두9744 판결(오씨아이 사건)

■ 판시사항

대법원은 아래 원심판단이 정당하다고 보았다.

원심은, 채택증거를 종합하여 판시와 같은 사실을 인정한 다음, 이 사건 기업결합으로 인하여 총 88억 9,700만 원 정도의 효율성 증대효과가 발생할 수 있으나, 위와 같은 효율성 증대효과액은 2005년 기준 연간 국내 고무용 카본블랙 시장의 매출액 규모인 2,695억 원에 비하여 3.3% 정도에 불과하므로 이로 인한 가격인하 효과가 크지 않다고 보이고, 따라서 원고가 주장하는 사유만으로는 이 사건 기업결합으로 인한 효율성 증대효과가 경쟁제한으로 인한 폐해보다 크다고 할 수 없다고 판단하였다.

2. 회생이 불가한 회사의 판단기준

공정거래법 제9조 제2항 제2호에 규정된 '회생이 불가한 회사'라 함은 회사의 재무구조가 극히 악화되어 지급불능의 상태에 처해 있거나 가까운 시일 내에 지급불능의 상태에 이를 것으로 예상되는 회사를 말하며, 이는 상당기간 대차대조표상의 자본총액이 납입자본금보다 작은 상태에 있는 회사인지 여부, 상당기간 영업이익보다 지급이자가 많은 경우로서 그 기간 중 경상손익이 적자를 기록하고 있는 회사인지 여부, 「채무자 회생 및 파산에 관한 법률」 제34조 및 제35조의 규정에 따른 회생절차개시의 신청 또는 동

44) 총잉여기준은 소비자를 광의로 정의하여 사회구성원 전체를 의미하며, 소비자후생을 극대화한다는 것은 사회전체의 효율성을 제고하는 것을 뜻한다. 소비자잉여기준은 소비자를 협의로 정의하여 '일정한 관련시장에서' 소비하는 주체로 참여하는 자들을 지칭하며, 소비자후생을 극대화한다는 것은 당해 관련시장에서 소비자라고 하는 특정 집단의 이익을 보호한다는 것을 뜻한다(나영숙, "기업결합규제의 효율성 항변 적용에 있어 후생기준의 검토-동양제철의 기업결합 사건에 대한 대법원 판결과 관련하여", 「경쟁법연구」 제20권 2009. 151면).

법 제294조 내지 제298조의 규정에 따른 파산신청이 있은 회사인지 여부, 당해회사에 대하여 채권을 가진 금융기관이 부실채권을 정리하기 위하여 당해회사와 경영의 위임계약을 체결하여 관리하는 회사인지 여부 등을 고려하여 판단한다. 기업결합의 예외를 인정받기 위하여는 회생이 불가한 회사로 판단되는 경우에도 기업결합을 하지 아니하는 경우 회사의 생산설비 등이 당해 시장에서 계속 활용되기 어려운 경우, 당해 기업결합보다 경쟁제한성이 적은 다른 기업결합이 이루어지기 어려운 경우 등의 요건을 갖추어야 한다.[45)]

▣ 서울고등법원 2004. 10. 27. 선고 2003누2252 판결(무학 사건)[46)]

■ 판시사항

보조참가인(대선주조)이 상당기간 자본총계가 납입자본금보다 작은 상태로 있다고 하더라도, 아래 재무상황표에서와 같이 1998.부터 2001.까지 영업이익이 지급이자를 지속적으로 상회하고 있으며, 2001.에는 859억 원의 경상이익을 달성하고 있는 사실, 보조참가인의 영업이익규모는 2001. 동종업계 2위를 기록하였고, 매출액 영업이익율도 1999.부터 2001.까지 연속 1위를 기록하는 등 활발한 영업활동을 벌이고 있는 사실이 인정되는바, 이러한 보조참가인의 영업활동 등에 비추어 보면, 보조참가인이 이 사건 처분 당시 회생 불가능한 회사라 단정할 수 없고 달리 이를 인정할 아무런 증거가 없으므로, 이를 전제로 한 원고들의 위 주장은 이유 없을 뿐만 아니라, 원고 무학이 제출한 주식취득사유서에 "대선주조 주식회사가 부실한 재무구조 때문에 주식회사 무학이 아닌 제1위 업체와 같은 경쟁회사, 막대한 자금력을 보유하고 있는 대기업 기타 외국계기업 등에 인수된다면 주식회사 무학으로서는 영업기반의 근본적 붕괴로 회사의 존립에까지 영향을 줄 수 있는 심각한 타격에 직면하게 될 것입니다. 따라서 주식회사 무학에서 대선주조 주식회사를 기업결합하는 것은 주식회사 무학의 생존권을 확보하기 위한 최후의 결단인 것입니다" 라고 밝힘으로써 원고 무학이 보조참가인을 인수하지 아니하더라도 더 많은 매수 희망자가 있을 것임을 스스로도 인정하고 있는 점, 만약 원고들 주장과

45) 기업결합심사기준 Ⅷ.

46) 상고취하로 확정.

같이 자신들이 보조참가인을 인수하지 않을 경우 보조참가인이 시장에서 퇴출될 것이라고 한다면, 원고들로서는 자신의 강력한 시장경쟁자인 보조참가인을 퇴출시킬 수 있게 되어 원고들에게는 더할 수 없이 좋은 영업상황이 전개될 수 있을 것임에도 원고들이 거액의 비용과 노력을 들여 보조참가인에 대하여 적대적 인수를 시도하고 있는 점 등을 고려하면, 이 사건 기업결합을 하지 아니할 경우 보조참가인의 생산설비 등이 당해 시장에서 계속 활용되기 어렵다거나, 이 사건 기업결합보다 경쟁제한성이 적은 다른 기업결합이 이루어지기 어려운 경우에 해당된다고도 볼 수 없어, 원고들의 위 주장은 어느 모로 보나 이유 없다.

▣ 대법원 2008. 5. 29. 선고 2006두6659 판결(삼익악기 사건)

■ 판시사항

① 구 공정거래법 제7조 제2항(현 공정거래법 제9조 제2항)에서는 상당기간 대차대조표상의 자본총계가 납입자본금보다 작은 상태에 있는 등 회생이 불가한 회사와의 기업결합(제2호)으로서, 구 공정거래법 시행령 제12조의 4(현 공정거래법 시행령 제16조 제1호)에서 규정하고 있는 요건인 '기업결합을 하지 아니하는 경우 회사의 생산설비 등이 당해 시장에서 계속 활용되기 어려운 경우, 당해 기업결합보다 경쟁제한성이 적은 다른 기업결합이 이루어지기 어려운 경우'에 해당한다고 공정거래위원회가 인정하는 기업결합에 대하여는 구 공정거래법 제7조 제1항(현 공정거래법 제9조 제1항)의 규정을 적용하지 아니하며, 이 경우 해당요건을 충족하는지에 대한 입증은 당해 사업자가 하여야 한다고 규정하고 있다.

② 대법원은 아래 원심판단이 정당하다고 보았다.

원심은 채택 증거를 종합하여 판시와 같은 사실을 인정한 다음, 이 사건 기업결합 당시 영창악기의 자금사정이 열악하였다고 보이기는 하나 영창악기가 지급불능 상태에 있었거나 가까운 시일 내에 지급불능 상태에 이르러 회생이 불가한 회사라고 단정하기 어려운 점, 영창악기가 국내외에서 높은 브랜드 인지도를 보유하고 상당한 판매실적을 기록하고 있는 사정 등에 비추어 영창악기가 관련 시장에서 퇴출될 것이라고 보기는 어려워 '생산설비 등이 당해 시장에서 계속 활용되기 어려운 경우'라고 단정하기 어려운 점, 실제로 원고들 이외의 다른 회사들이 영창악기에 대하여 증자참여 내지 인수를 제안했던 사정 등에 비추어 제3자의 인수가능성이 없어 '이 사건 기업결합보다 경쟁제한성이 적은 다른 기업결합이 이루어지기 어려운 경우'이었다고 단정하기 어려운 점 등을 종합하여, 이 사건 기업결합이 회생이 불가한 회사와의 기업결합에 해당한다는 원고들의 이 부분 주장을 배척하였다.

제 4 절 기업결합 심사절차

Ⅰ. 신 고

1. 신고대상

공정거래법은 기업결합이 경쟁제한적인지의 여부를 심사하기 위하여, 일정한 기업결합행위에 대하여는 이를 공정위에 신고하도록 하고 있다(공정거래법 제11조 제1항). 즉, 기업결합신고대상회사(자산총액 또는 매출액이 3천억 원 이상인 회사, 공정거래법 시행령 제18조 제1항) 또는 그 특수관계인이 ① 다른 회사의 발행주식총수의 20/100(상장법인의 경우 15/100) 이상을 소유하게 된 경우, ② 다른 회사의 발행주식을 위 ①에 따른 비율 이상으로 소유한 자가 당해 회사의 주식을 추가로 취득하여 최다출자자가 되는 경우, ③ 대규모회사의 임원 또는 종업원이 다른 회사(계열회사는 제외)의 임원을 겸임하는 경우, ④ 다른 회사와 합병하거나 다른 회사의 영업을 양수하는 경우, ⑤ 새로운 회사 설립에 참여하여 그 회사의 최다출자자가 되는 경우에는 소정의 기업결합의 신고서에 해당 서류를 첨부하여 공정위에 제출하여야 한다. 여기에서 말하는 다른 회사, 즉 상대회사는 자산총액 또는 매출액이 300억 원 이상인 회사를 말하며(공정거래법 시행령 제18조 제2항), 기업결합신고대상회사와 상대회사의 자산총액 또는 매출액의 규모는 각각 기업결합일 전부터 기업결합일 후까지 계속하여 계열회사의 지위를 유지하고 있는 회사의 자산총액 또는 매출액을 합산한 규모를 말한다(공정거래법 제9조 제5항).[47] 기업결합 신고대상회사 외의 회사로서 상대회사의 규모에 해당하는 회사(자산총액 또는 매출액이 300억 원 이상인 회사)가 기업결합 신고대상회사(자산총액 또는 매출액이 3천억 원 이상인 회사)에 대하여 위와 같은 기업결합을 하는 경우에도 같다(공정거래법 제11조 제1항). 공정거래법 제11조(기업결합의 신고) 제1항에 따른 기업결합 신고대상회사와 상대회사가 모두 외국회사(외국에 주된 사무소를 두고 있거나 외국 법률에 따라 설립된 회사를 말한다)이거나 기업결합 신고대상회사가 국내회사이고 상대회사가 외국회사인 경우에는 제1항과 제2항의 요건을 충족함과 동시에 그 외국회사 각각의 국내 매출액이 300억 원 이상인 경우에 한하여 공정거래법 제11조(기업결합의 신고) 제1항에 따른 신고의 대상이 된다(공정거래법 시행령 제18조 제3항).

기업결합신고대상회사 또는 그 특수관계인이 상대회사의 자산총액 또는 매출액 규모에 해당하지 아니하는 회사(이하 이 조에서 "소규모피취득회사"라 한다)에 대하여 제1항 제1호, 제2호 또는 제4호에 해당하는 기업결합을 하거나 기업결합신고대상회사 또는 그 특수관계인이 소규모피취득회사 또는 그 특수관계인과 공동으로 제1항 제5호의 기업결합을 할 때에는 기업결합의 대가로 지급 또는 출자하는 가치의 총액(당사회사가 자신의 특수관계인을 통하여 지급 또는 출자하는 것을 포함한다)이 대통령령으로 정하는 금액 이상일 것(시행령 제19조 제1항, 6,000억 원), 소규모피취득회사 또는 그 특수관계인이 국내 시장에서 상품 또는 용역을 판매·제공하거나, 국내 연구시설 또는 연구인력을 보유·활용하는 등 대통령령으로 정하는 상당한 수준으로 활동할 것의 요건에 모두 해당하는 경우에만 대통령령으로 정하는 바에 따라 공정거래위원회에 신고하여야 한다.

2. 신고절차

기업결합의 신고는 원칙적으로 사후신고이므로 기업결합일로부터 30일

---

47) 사법연수원, 「공정거래법」, 2014. 111면.

이내에 이를 하여야 한다(공정거래법 제11조 제6항 본문). 예외적으로 사전신고가 필요한 경우로, 임원겸임의 방법을 제외한 기타 기업결합, 즉 주식취득, 합병, 영업양수, 회사설립에 의한 기업결합으로서 기업결합의 당사회사 중 1 이상의 회사가 대규모회사인 경우는 시행령이 정하는 기업결합신고기준일로부터 기업결합일 전까지의 기간 내에 이를 신고하여야 한다(공정거래법 제11조 제6항 단서). 이러한 신고자는 신고 후 30일이 경과할 때까지 각 주식소유, 합병등기, 영업양수계약의 이행행위, 주식인수행위를 하여서는 아니 된다(공정거래법 제11조 제8항).[48)]

심사기간에 있어서는 사후신고와 사전신고 사이에 차이가 없다. 즉, 공정거래법 제11조 제10항은 "공정거래위원회는 제9항에 따라 심사를 요청받은 경우에는 30일 이내에 그 심사결과를 요청한 자에게 통지하여야 한다. 다만, 공정거래위원회가 필요하다고 인정할 경우에는 90일의 범위에서 그 기간을 연장할 수 있다."라고 규정하고 있다. 따라서 사후신고와 사전신고는 모두 30일~120일 범위 내에서 심사를 마치고 통지하여야 한다. 간이심사대상 기업결합은 원칙적으로 신고내용의 사실여부만을 심사하여 적법한 신고서류의 접수후 15일 이내에 심사결과를 신고인에게 통보한다.

공정위가 심사에 대하여 처분을 하여야 하는 '처분기간'에 있어서는 사후신고와 사전신고 사이에 큰 차이가 있다. 사후신고와 달리 사전신고에 관하여 공정거래법 제14조 제1항 후문은 "이 경우 제11조 제6항 각 호 외의 부분 단서에 따른 신고를 받았을 때에는 같은 조 제7항에 따른 기간 내에 시정조치를 명하여야 한다."라고 규정하고 있다. 즉 사전신고를 요하는 경우에는 위 심사기간 내에 시정조치가 이루어져야 한다. 공정위가 처분기간을 위반한 것인지가 쟁점이 되었으나 사후신고 사안에 해당하여 위 처분기간의 제한을 받지 않는다고 본 사례로 대법원 2009. 9. 10. 선고 2008두9744 판결(오씨아이 사건)이 있다. 사전신고 사안에서 120일 이내에 시정조치가 있었는지가 다투어진 사건에서 자료제출에 소요된 기간을 제외한 결과 기간을 준수하였다고 본 사례로는 서울고등법원 2008. 9. 3. 선고 2006누

48) 사법연수원, 「공정거래법」, 2014. 112면.

30036 판결(신세계 사건)이 있다.

▣ 서울고등법원 2008. 9. 3. 선고 2006누30036 판결(신세계 사건)[49]

■ 판시사항

① 피고는 2005. 5. 23. 원고로부터 이 사건 기업결합에 대한 사전신고서를 제출받은 후 2006. 6. 2.부터 2006. 9. 4.까지 5차례에 걸쳐 "이 사건 기업결합에 대한 경쟁제한 여부 등의 심사와 관련하여 구 공정거래법 제50조(현 공정거래법 제81조)의 규정에 따라 할인점의 연도별 출점수 및 매출액 현황, 최근 3년간의 지점별 매출현황, 지점별 경영현황, 지점별 상권분석 자료, 할인점 신규 출점계획 등의 자료제출을 요청한다."는 취지의 자료제출 요청서를 원고에게 발송하였고, 이에 따라 원고는 2006. 6. 8.부터 9. 12.까지 수차례에 걸쳐 피고가 요청한 자료를 제출하였으며, 위 자료제출에 소요된 기간을 제외하면, 이 사건 처분은 원고가 이 사건 기업결합에 대하여 사전신고를 한 날로부터 120일 이내에 이루어진 사실을 인정할 수 있다.

② 구 공정거래법 시행령(2007. 11. 2. 대통령령 제20360호로 개정되기 전의 것) 제18조 제4항이 보정명령을 둔 취지는 신고인이 제출한 신고서와 첨부서류의 형식적인 하자를 보정하는 것뿐만 아니라, 피고의 기업결합 심사와 관련하여 신고인이 제출한 신고서와 첨부서류만으로는 당해 기업결합이 경쟁을 실질적으로 제한하는지 여부를 판단하는 데 부족한 경우에는 그 심사에 필요한 관련자료도 제출받기 위한 것으로 보이는 점, 앞서 본 피고의 자료제출 요청 경위 및 그 내용 등에 비추어 보면, 피고가 원고에게 제출을 요청한 자료는 모두 이 사건 기업결합의 경쟁제한성 판단과 관련되어 있는 것들인 점 등을 종합하면, 비록 피고가 원고에게 자료제출 요청서를 발송하면서 그 근거조문을 공정거래법 제50조(현 공정거래법 제81조)로 기재하였다 하더라도, 그 실질은 구 공정거래법 시행령 제18조 제4항에서 규정한 보정명령에 해당한다고 할 것이므로, 이 사건 처분이 구 공정거래법 제12조 제7항(현 공정거래법 제11조 제10항)에서 정한 기간 내에 이루어졌는지 여부를 판단함에 있어서는 위 자료제출에 소요된 기간을 산입하지 말아야 할 것이다.

---

49) 확정.

▣ 대법원 2009. 9. 10. 선고 2008두9744 판결(오씨아이 사건)

■ 판시사항

대법원은 아래 원심판단이 정당하다고 보았다.

원심은, 채택증거를 종합하여 판시와 같은 사실을 인정한 다음, 원고 콜럼비안 캐미컬즈 어퀴지션 엘엘씨(Columbian Chemicals Acquisition LLC, '원고 CCAL')가 이 사건 기업결합을 위하여 주식 100%를 소유한 자회사로 콜럼비안 캐미컬즈 머저 서브(Columbian Chemicals Merger Sub, Inc., 'CCMS')를 설립하였는데, CCMS와 피취득회사인 콜럼비안 캐미컬즈 컴퍼니(Columbian Chemicals Company, 'CCC')의 합병으로 인하여 존속회사인 CCC의 구 주주인 펠프스 다지 코퍼레이션(Phelps Dodge Corporation)이 보유하고 있는 CCC의 기존 주식은 전부 소각되었고, 소멸회사인 CCMS의 주주인 원고 CCAL은 합병 후 CCC가 새로이 발행하는 주식을 전부 취득하게 되었으므로 CCMS와 CCC의 합병은 원고 CCAL이 CCC의 신주를 취득하기 위한 수단에 불과한 점, 이 사건 기업결합의 신고 대상도 CCMS와 CCC의 합병 자체가 아니라 원고 CCAL의 CCC주식의 취득인 점, 원고 CCAL은 CCC의 기존 주식을 장외에서 취득한 것이 아니라 CCMS와 CCC 사이의 합병과정에서 존속법인인 CCC가 발행한 신주를 소멸법인인 CCMS의 주식을 대신하여 취득한 것인 점 등에 비추어 볼 때, 원고 CCAL의 CCC 주식 취득은 구 공정거래법 시행령(2007. 11. 2. 대통령령 제20360호로 개정되기 전의 것) 제18조 제8항 제1호 (가)목 소정의 구주의 장외취득에 해당하는 것이 아니라, 같은 호 (나)목 소정의 기타 주식취득에 해당하므로, 원고 CCAL이 2006. 3. 28. 피고에게 한 기업결합 신고는 CCC에 대한 주식취득이 이미 완료되었음을 전제로 한 사후신고에 해당하고, 따라서 이 사건 처분은 구 공정거래법 제16조 제1항(현 공정거래법 제14조 제1항) 후문, 제12조 제7항(현 공정거래법 제11조 제10항)의 규정에 의한 처분기간의 제한을 받지 아니한다고 판단하였다.

Ⅱ. 시정조치

공정위는 공정거래법 제9조 제1항 또는 제13조를 위반하거나 위반할 우려가 있는 때에는 당해 사업자 또는 위반행위자에 대하여 당해 행위의 중지, 주식의 전부 또는 일부의 처분, 임원의 사임, 영업의 양도, 시정명령을 받은 사실의 공표, 기업결합에 따른 경쟁제한의 폐해를 방지할 수 있는 영업방식 또는 영업범위의 제한 기타 시정을 위하여 필요한 조치를 명할 수 있다(공정거래법 제14조 제1항). 원상회복조치로서 가장 보편적으로 사용되는 방법이 주식처분명령인데, 주식 양도가 완료된 지 상당 기간 후에 취득한 주식을 원상회복시키는 것은 법적, 사실적으로 어려운 문제일 뿐 아니라 기업 활동에도 영향을 미칠 수도 있으므로, 신속하고 구체적인 조치가 필요하다. 공정위로부터 주식처분명령을 받은 자는 그 명령을 받은 날부터 당해 주식에 대하여는 그 의결권을 행사할 수 없다(공정거래법 제15조).[50]

1. 구조적 조치

"구조적 조치"라 함은 금지조치, 자산매각조치, 지식재산권 조치 등 결합당사회사의 자산이나 소유구조를 변경시키는 시정조치를 말한다. 시정조치를 부과하는 경우에는 원칙적으로 구조적 조치를 부과하며, 행태적 조치는 구조적 조치의 효과적 이행을 보완하기 위한 차원에서 병과하여야 한다. 다만, 구조적 조치가 불가능하거나 효과적이지 아니한 경우 등에는 행태적 조치만을 부과할 수 있다. 시정조치를 부과하는 경우에는 시정조치로 인한 시장의 왜곡 또는 비효율성, 시정조치의 집행 및 감시비용, 기업결합의 효율성 감소 등 해당 시정조치의 이행에 따라 생겨날 수 있는 잠재적 비용도 고려하여야 한다.[51]

주식 전부에 대한 매각을 명하는 처분이 재량권의 한계를 일탈·남용한 것이라 볼 수 없다고 한 사례로 서울고등법원 2004. 10. 27. 선고 2003누2252 판결(무학 사건), 주식매각을 통한 원상회복 조치가 적법하다고 본 사례로 대법원 2009. 9. 10. 선고 2008두9744 판결(오씨아이 사건)이 있는 반

---

50) 사법연수원, 「공정거래법」, 2014. 114면.

51) 기업결합 시정조치 부과기준(2021. 12. 30. 공정위 고시 제2021-26호).

면, 양도명령을 하며 양도대상자에서 매출액 기준 상위 3사를 제외한 것은 그로 인하여 원고가 입는 손해가 피고가 의도하는 공익보다 크다고 인정되므로 비례의 원칙에 위반되어 위법하다고 본 사례로 서울고등법원 2008. 9. 3. 선고 2006누30036 판결(신세계 사건) 등이 있다. 취득회사가 주식 100%를 취득함으로써 경영 전반을 실질적으로 지배하게 된 사실이 인정되는 이상 취득회사만을 양도명령의 대상으로 하였더라도 적법하다고 본 사례로 서울고등법원 2008. 9. 3. 선고 2006누30036 판결(신세계 사건)이 있다.

2. 행태적 조치

"행태적 조치"란 일정 기간을 정하여 결합당사회사의 영업조건·영업방식·영업범위 또는 내부경영활동 등을 일정하게 제한하는 시정조치를 말한다. 시정조치의 하나로 '기업결합에 따른 경쟁제한의 폐해를 방지할 수 있는 영업방식 또는 영업범위의 제한'이 규정되어 있다(제14조 제1항 제6호).

행태적 조치는 구조적 조치를 보완하기 위하여 필요한 범위에서 구조적 조치와 병과하는 것을 원칙으로 하나, 예외적으로 해당 기업결합의 경쟁제한 우려를 치유하기에 적절한 구조적 조치가 없거나, 구조적 조치를 부과하는 것이 효과적이지 않은 경우, 구조적 조치를 이행할 경우 해당 기업결합으로부터 기대되는 효율성 증대 등 친경쟁적 효과의 상당부분이 없어지는 경우에는 행태적 조치만을 부과할 수 있다. 행태적 조치만을 부과하는 경우에도 해당 기업결합으로 인한 경쟁제한 우려를 해소하여 경쟁적 시장구조의 유지나 회복에 기여할 수 있는 것으로서 구조적 조치에 상당하는 조치를 우선하여 고려하여야 한다.[52] 일반적으로 행태적 조치가 구조적 조치에 비하여 덜 침익적인 것으로 인식되고 있으나, 경우에 따라서는 행태적 조치를 통하여 영업방식에 대한 근본적인 제한을 가할 경우 구조적 조치에 못지 않게 침익적일 수도 있다.[53]

---

52) 기업결합 시정조치 부과기준(2021. 12 30. 공정위 고시 제2021-26호).

53) 영업망 통합금지가 부과된 경우 등.

3. 이행강제금

공정거래법상 이행강제금 제도는 공정거래법이 1999. 2. 5. 법률 제5813호로 개정되면서 새로 도입되었다. 개정 전 공정거래법은 경쟁제한적인 기업결합을 한 자에 대하여 시정조치 외에 과징금제도를 두고 있었으나, 위 개정으로 과징금 규정을 삭제하고, 기업결합에 대한 제재조치는 시정조치로 일원화되었으며, 그 시정조치의 실효성을 제고하기 위하여 이행강제금 제도(제16조)가 신설되었다.

▣ 서울고등법원 2017. 10. 11. 선고 2016누81255 판결(현대에이치씨엔 사건)[54)]

공정위는 원사건 기업결합이 포항 등 지역 유료방송 시장에서의 경쟁을 실질적으로 제한할 우려가 있어 구 공정거래법 제7조 제1항(현 공정거래법 제9조 제1항)의 규정에 위반된다고 판단하여 2013. 3. 14. 전원회의 의결 제2013-046호로 현대에이치씨엔경북방송에 대해 별지 2 기재와 같이 원심결 의결서를 받은 날인 2013. 3. 14.부터 2016. 12. 31.까지 포항 등 지역의 아날로그방송의 개별가입 수신자 및 단체가입 수신자의 수신료를 소비자물가상승률을 초과하여 인상하는 행위를 금지하고 아날로그방송의 수신료를 인상하는 경우 인상일로부터 14일 이내에 그 인상내역을 보고할 것 등의 시정조치를 부과하였다. 그런데 시정조치를 부과받은 현대에이치씨엔경북방송이 월 수신료를 인상하는 행위 등을 하자, 공정위는 현대에이치씨엔경북방송의 위 행위를 구 공정거래법 제7조 제1항(현 공정거래법 제9조 제1항)을 위반하여 같은 법 제16조(현 공정거래법 제14조)에 따라 시정조치를 받은 후 그 정한 기한 내에 시정조치의 내용을 이행하지 아니한 행위로 인정하여 같은 법 제17조의3(현 공정거래법 제16조 제1항), 같은 법 시행령 제23조의4 제3항, 제9항(현 공정거래법 시행령 제23조 제2항, 제7항) 및 기업결합 관련 시정조치 불이행에 따른 이행강제금의 부과기준의 규정에 따라 다음과 같이 이행강제금을 부과하였다. 합병된 현대에이치씨엔경북방송의 소송수계인인 원고는 이행강제금 부과처분의 취소를 구하는 소를 제기하였다. 서울고등법원은 이행강제금 부과는 가능하지만, 그 과징금 산정에 있어 재량권의 일탈남용이 있

54) 확정.

다는 이유로 위 처분을 취소하였다.

① 다른 법령의 경우 작위 의무에 관한 이행명령을 받은 자가 그 명령을 이행하는 경우에는 이행을 확보하고자 한 목적이 이미 실현이 되어서 이행강제금을 부과할 필요가 없어지게 된다. 공정거래법상 이행강제금은 부작위 의무 위반에도 부과될 수 있는데, 부작위 의무에 관한 공정거래법상 이행강제금은 행태적 시정조치(구 공정거래법 16조 제1항 제7호, 현 공정거래법 제14조 제1항 제6호)를 강제하기 위한 수단으로 활용될 수 있는바, 일단 부작위 의무자가 행태적 시정조치를 위반한 이상, 일정한 기간 동안의 부작위 의무 불이행 후 의무 불이행을 중단한다고 하더라도 행태적 시정조치를 통하여 달성하고자 하던 기업결합에 따른 경쟁제한의 폐해 방지는 이미 일정한 범위에서 그 목적을 달성하지 못한 것이 된다. 따라서 이와 같은 경우에는 '당해 불이행기간'에 대하여 이행강제금을 부과할 수 있다 할 것이다. 만약 이와 달리 일정한 기간 동안의 부작위 의무 불이행 후 의무 불이행을 중단하였다고 하여 불이행기간에 대하여 이행강제금을 부과할 수 없다고 해석한다면, 구 공정거래법 제7조 제1항(현 공정거래법 제9조 제1항)을 위반하여 제16조 제1항 제7호(현 공정거래법 제14조 제1항 제6호)에 따라 일정한 부작위를 명하는 시정조치를 받은 사업자는 공정위의 시정조치에 따른 부작위 의무를 이행하지 않고 있다가 공정위가 이행강제금 부과처분을 위한 심사에 착수하면 그 때 불이행을 중단함으로써 이행강제금 부과를 면할 수 있다는 것이 되어, 부작위 의무를 명하는 경우에 관하여 공정거래법상 이행강제금 규정은 실효성을 가지지 못하게 되므로, 이와 같이 해석할 수는 없다. 이 사건과 같이 부작위 의무를 불이행한 경우에 관하여도 의무 불이행을 계속하고 있는 경우에만 이행강제금을 부과할 수 있다는 취지의 원고의 주장은 이유 없다.

② 공정위는 원고가 85개 단체계약자 및 368개 개별계약자에 대한 수신료 인상 금액의 환급완료일인 2016. 10. 24.을 시정조치 불이행 상태가 해소된 날로 보아 시정조치 불이행 기간을 1,303일로 보았는데, 시정조치의 내용은, 원고가 시정조치 기간 동안 인상한 수신료의 보유를 금지하는 것이 아니라, 기업결합에 따른 경쟁제한의 폐해(예를 들어 원고의 수신료 인상에 따라 그 지역의 종합유선방송 수신료가 전반적으로 인상되는 것 등)를 방지할 수 있도록 시정조치 기간 동안에 수신료를 인상하는 행위 자체를 막고자 하는 것이다. 그렇다면 시정조치 불이행 상태가 해소된 날은 수신료를 전부 환급한 날이 아니라 시정조치에서 명한 부작위 의무의 불이행을 중단한 때, 즉 수신

료 인상을 중단한 때라고 보는 것이 타당하다. 따라서 공정위가 일률적으로 수신료를 환급 완료한 날을 시정조치 불이행 상태가 해소된 날이라고 보고 이에 근거하여 이행강제금의 부과 근거인 불이행기간을 산정한 것에는 이행강제금 부과의 기초가 되는 사실을 잘못 판단한 위법이 있다.

▣ 대법원 2019. 12. 12. 선고 2018두63563 판결(현대에이치씨엔 사건)

서울고등법원 2017. 10. 11. 선고 2016누81255 판결(현대에이치씨엔 사건)이 확정된 후, 공정위가 재처분을 하였고 이에 대하여 다시 소를 제기한 사건이다.

대법원은 이행강제금이 부과되기 전에 시정조치를 이행하거나 부작위 의무를 명하는 시정조치 불이행을 중단한 경우 과거의 시정조치 불이행기간에 대하여 이행강제금을 부과할 수 있다는 점을 다시 확인하였다. 한편, 이행강제금의 부과는 특별한 사유가 있는 경우를 제외하고는 그 이행여부를 확인할 수 있는 날부터 30일 이내에 하여야 한다(구 공정거래법 시행령 제23조의3 제1항 후단, 제3항 후단). 대법원은 선행판결의 취지에 따른 재처분이고, 공정위가 선행판결이 확정된 후 처분을 지연하였다는 사정이 보이지 않는 경우에는 위와 같은 '특별한 사유'에 해당한다고 보았다.

4. 관련 판례

▣ 서울고등법원 2004. 10. 27. 선고 2003누2252 판결(무학 사건)[55)]

■ 판시사항

① 구 공정거래법 제16조 제1항 제2호(현 공정거래법 제14조 제1항 제2호)는, 피고는 기업결합 제한 행위에 위반하거나 위반할 우려가 있는 행위가 있는 경우 당해 사업자 또는 위반행위자에 대하여 주식의 전부 또는 일부의 처분을 명할 수 있는 것으로 규정하고 있고, 이는 원고들에게 이 사건 기업결합으로 취득한 주식 전부에 대한 매각명령을 할 것인지 아니면 그 중 일부만을 대상으로 매각명령을 할 것인지 여부는 기본적으로 피고의 재량에

55) 상고취하로 확정.

맡겨져 있다 할 것이며, 물론 그 경우 피고로서는 헌법상의 원칙인 최소침해 내지 과잉금지의 원칙 또는 행정법상 불이익 처분에 관한 일반원칙인 이른바 보충성 또는 비례의 원칙에 위반되지 않는 범위 내에서 그 재량권을 행사하여야 함은 당연하다 할 것이다.

② 그런데 앞서 살펴 본 바와 같이, 이 사건 기업결합은 원고 무학이 부산 및 경남지역 소주시장에서 경쟁관계에 있는 보조참가인을 적대적으로 인수하기 위한 기업결합이고, 그 경우 원고들로 하여금 보조참가인측 특수관계인보다 그 수량에 있어 적더라도 보조참가인 주식 중 일부라도 보유하게 한다면, 이 사건 처분 당시 보조참가인의 주주들이 수 백명의 소액주주로 분산되어 있어, 자기 명의의 지분이 적더라도 다른 주주와의 연합 또는 추가 매수를 통하여 보조참가인의 경영에 참여하는 등 독점력을 행사할 가능성은 여전히 존재한다 할 것이고, 또한 원고 무학으로서는 보조참가인에 대하여 지배관계를 형성하지 아니하더라도 소수주주권행사 등의 방법을 통하여 경쟁관계에 있는 보조참가인의 정보를 공유할 수 있고, 이로 인하여 가격담합과 같은 부당한 공동행위를 할 가능성도 있어 보이며, 이는 지배관계를 통한 독점력 행사를 방지하고, 경쟁회사간 부당한 공동행위를 방지하고자 하는 기업결합 심사의 목적과도 부합되지 아니하는 점, 원고들이 보조참가인의 경영이 개선되어 이익을 창출하고, 그로 인하여 주주로서 많은 배당을 받기를 바라는 일반 투자자로서 보조참가인의 주식을 취득한 것이 아니라, 적어도 보조참가인에 대한 경영간섭 또는 영업정보의 입수를 통하여 경쟁관계를 보다 유리하게 이끌고 가려는 부당한 목적이 있는 것으로 보아야 하고, 따라서 이러한 불법적인 목표달성을 방지하기 위하여는 단순히 지배관계의 형성을 해소하는 것만으로 이 사건 처분의 목적이 달성되었다고 보기 어려운 점, 구 공정거래법 제16조(현 공정거래법 제14조) 소정의 시정조치는 공정거래법위반자로부터 그 위반행위로 인하여 취득한 이익 내지 결과물을 원상회복시키는 것도 그 입법목적에 포함된 것으로 보이는 점 등을 종합하여 고려하면, 불법적인 이 사건 기업결합에 대하여 원상회복을 명하는 것이 타당하다 할 것이고, 따라서 보조참가인 주식 전부에 대한 매각을 명하는 이 사건 처분이 원고들 주장과 같은 재량권의 한계를 일탈·남용한 것이라 볼 수 없다 할 것이므로, 원고들의 이 부분 주장 역시 받아들일 수 없다.

■ 서울고등법원 2008. 9. 3. 선고 2006누30036 판결(신세계 사건)[56]

■ 판시사항

① 원고는 이 사건 기업결합으로 보조참가인의 주식 100%를 취득함으로써 보조참가인의 경영 전반을 실질적으로 지배하게 된 사실이 인정되는바, 비록 이 사건 양도명령의 대상이 되는 각 지점의 법률상 소유자가 보조참가인이라 하더라도 양도 여부에 대한 결정은 보조참가인의 유일한 주주에 의하여 좌우될 수밖에 없다. 그리고 이 사건과 같은 기업결합에 대한 시정명령을 하면서 반드시 피취득회사도 함께 처분의 상대방으로 하여야 한다는 명문의 규정도 찾아볼 수 없다. 따라서 피고가 원고만을 대상으로 이 사건 양도명령을 하였다고 하여 실체적으로나 절차적으로 어떠한 잘못이 있다고 할 수 없다.

② 피고는 이 사건 양도명령을 하면서 양도대상자를 백화점을 제외한 대형종합소매업에서 2005년도 매출액 기준 상위 3사에 속하지 않은 업체로 제한하고 있으므로, 이것이 비례의 원칙에 위반되는지 여부에 관하여 살펴본다.

비례의 원칙(과잉금지의 원칙)이란 어떤 행정목적을 달성하기 위한 수단은 그 목적달성에 유효·적절하고 또한 가능한 한 최소침해를 가져오는 것이어야 하며 아울러 그 수단의 도입으로 인한 침해가 의도하는 공익을 능가하여서는 아니 된다는 헌법상의 원칙을 말하는 것인바, 이 사건 양도명령은 이 사건 기업결합으로 인한 실질적인 경쟁제한 효과를 배제하기 위한 것이다. 그런데 대구 시지·경산지역의 경우에는 당초부터 경쟁사업자가 원고와 보조참가인밖에 없었으므로(매출액 기준 상위 3사에 속하는 업체가 존재하지 않았으므로), 보조참가인의 지점을 누가 양수하든 간에 그로 인한 경쟁제한 배제효과는 동일하여 굳이 양도대상에서 매출액 기준 상위 3사를 제외하여야 할 합리적인 이유를 찾기 어렵다. 반면, 이미 4~5개 업체가 과점체제를 형성하고 있는 우리나라의 할인점 업계 상황에서 매출액 기준 상위 3사를 제외하고 양도대상자를 물색하는 것은 그리 쉽지 않을 것으로 보이고, 또 매각기간이 정해져 있는 상황에서 그와 같이 양도대상자까지 제한하면 원고는 불리한 매각조건을 감수할 수밖에 없어 상당한 경제적 손실을 입을 가능성이 크다. 이러한 점에 비추어 보면, 피고가 대구 시지·경산지역에 대하여 이 사건 양도명령을 하면서 양도대상자에서 매출액 기준 상위 3사를 제외한 것은 그로 인하여 원고가 입는 손해가 피고가 의도하는 공익보다 크다고 인

56) 확정.

정되므로, 비례의 원칙에 위반되어 위법하다고 할 수밖에 없다.

▣ 대법원 2009. 9. 10. 선고 2008두9744 판결(오씨아이 사건)

■ 판시사항

대법원은 아래 원심판단이 정당하다고 보았다.

원심은, 채택증거를 종합하여 판시와 같은 사실을 인정한 다음, 구 공정거래법 제16조 제1항(현 공정거래법 제14조 제1항)은 피고가 일정한 거래분야에서의 경쟁을 실질적으로 제한하는 기업결합에 대하여는 주식의 전부 또는 일부의 처분(제2호), 영업양도(제3호), 기타 법위반 상태를 시정하기 위한 조치(제8호) 등 시정조치를 할 수 있다고 규정하고 있는바, 위 규정에 따라 어떠한 시정조치를 명할 것인지에 관하여는 피고에게 비교적 넓은 재량이 부여되어 있다고 할 것인 점, 이 사건 기업결합으로 인하여 국내 고무용 카본블랙 시장의 경쟁사업자 수가 3개에서 2개로 감소함으로써 결합회사의 시장점유율 합계가 63%를 초과하게 되어 경쟁제한의 정도가 매우 크고 이로 인한 폐해도 매우 심각할 것으로 보이는 점, 이미 실현된 기업결합으로 인한 경쟁제한의 폐해를 시정하기 위하여는 결합 전의 상태로 원상회복을 명하거나 일부 생산설비를 매각하는 등으로 새로운 경쟁사업자를 출현시키는 것이 가장 효율적인 수단이라고 할 것인 점, 피고는 원고들로 하여금 CCK주식에 대한 매각을 통한 원상회복 조치 이외에 원고 오씨아이의 포항공장 또는 광양공장 중 한 곳의 카본블랙 설비 일체를 제3자에게 매각할 수 있도록 선택권을 부여하고 있는 점, 카본블랙은 크레오소트(Creosote) 또는 에프씨씨 오일(FCC Oil)을 주원료로 하는 것이지만 원고 오씨아이는 자체 생산하는 크레오소트를 카본블랙의 주원료로 사용하고 있으므로 에프씨씨 오일의 국제가격을 기준으로 한 카본블랙의 가격상한 설정방식은 유효적절한 시정조치로 보이지 아니하는 점, 다른 행태적 시정조치도 기술발전 등 장래의 시장여건 변화에 따른 경제상황에 탄력적으로 대응할 수 없어 이 사건 기업결합으로 인한 경쟁제한성을 해소하기에 현저히 부족할 것으로 보이는 점 등에 비추어 볼 때, 피고가 이 사건 기업결합으로 인한 경쟁제한성을 시정하기 위하여 이 사건 처분과 같은 구조적 시정조치를 한 것은 적절하고, 거기에 재량권의 범위를 일탈하였거나 남용한 위법이 있다고 할 수 없다고 판단하였다.

■ 해 설

대상판결이 선고되기 전에 원고는 이미 재무상태 개선 및 수요감소 등을 이유로 CCC를 매각하여 다툼의 실익이 크지 않았다.

ANTITRUSTLAW

제5장 경제력집중 규제

Ⅰ. 기업집단 제도

기업집단 제도에는 다음과 같은 특징이 있다. 첫째, 지분율 기준으로는 동일인이 단독으로 또는 동일인관련자(친족, 특수관계자 및 계열회사)와 합하여 당해회사 발행주식(무의결권주 제외)의 30% 이상을 소유하고 최다출자자인 회사(공정거래법 시행령 제4조 제1호)이고, 지배력 기준으로는 동일인이 당해 회사의 경영에 대하여 상당한 영향력을 행사하고 있다고 인정되는 회사(공정거래법 시행령 제4조 제2호)가 이에 포함된다. 둘째, 일정한 회사에 대하여는 이해관계자의 요청에 의하여 기업집단의 범위에서 제외할 수 있고(공정거래법 시행령 제5조), 일정한 경우에는 동일인 관련자로부터 제외가 가능하다(공정거래법 시행령 제6조). 셋째, 공정위는 대통령령이 정하는 바에 따라 매년 상호출자제한 기업집단, 공시대상 기업집단을 지정하고, 기업집단 소속회사에게 통지한다(공정거래법 제31조 제1항, 공정거래법 시행령 제38조 제1항).

2021. 12. 30. 시행된 공정거래법(2020. 12. 29. 개정 법률 제17799호)에 따라 공정거래위원회는 대통령령으로 정하는 바에 따라 산정한 자산총액이 5조원 이상인 기업집단을 대통령령으로 정하는 바에 따라 공시대상기업집단으로 지정하고, 지정된 공시대상기업집단 중 자산총액이 국내총생산액의 1천분의 5에 해당하는 금액 이상인 기업집단을 대통령령으로 정하는 바에 따라 상호출자제한기업집단으로 지정한다(공정거래법 제31조 제1항). 즉 상호출자제한기업집단의 지정기준을 정률로 변경하였다. 다만, 상호출자제한기업집단에 대한 종전 기준(10조원)을 고려하여 법 시행 이후 국내총생산액이 2

천조원을 초과하는 것으로 한국은행이 발표한 해의 다음 연도에 상호출자제한기업집단을 지정하는 경우부터 적용되도록 부칙에 규정하였다(부칙 제4조). 이와 달리 공시대상기업집단은 종래의 정액 기준을 그대로 유지하였다.

1. 기본 개념

가. 기업집단

기업집단이라 함은 동일인이 대통령령이 정하는 기준에 의하여 사실상 그 사업내용을 지배하는 회사의 집단을 말하며, 동일인이 회사인 경우 그 동일인과 그 동일인이 지배하는 하나 이상의 회사의 집단 또는 동일인이 회사가 아닌 경우 그 동일인이 지배하는 2 이상의 회사의 집단을 가리키게 된다(공정거래법 제2조 제11호).

나. 동일인 및 동일인 관련자

기업집단이 동일인을 중심으로 그 범위가 정해짐에 따라, 동일인은 기업집단의 핵심 개념이 된다. 그런데도 공정거래법은 동일인에 대한 정의 규정을 두지 않고 있다.[1] 기업집단에 속하는 계열회사인지 판단함에 있어 지분율 기준이나 지배력 기준을 적용하고, 이때 동일인과 동일인 관련자의 지분을 합산한다. 그 점에서 동일인 관련자에 포함되는지, 그로부터 제외될 수 있는지는 기업집단 법제에서 실무상 중요한 의미를 가지고 있다.

(1) 동일인 관련자의 범위(공정거래법 시행령 제4조)

공정거래법 시행령 제4조에서 다음과 같이 동일인 관련자를 규정하고 있다.

첫째, 친족이다. 2022. 12. 27. 시행령 개정에 따라 배우자, 4촌 이내의 혈족, 3촌 이내의 인척, 동일인이 지배하는 국내 회사 발행주식총수의 100분의 1 이상을 소유하고 있는 5촌·6촌인 혈족이나 4촌인 인척, 동일인이 「민법」에 따라 인지한 혼인 외 출생자의 생부나 생모(공정거래법 시행령 제4조 제1

---

1) 기업집단의 개념에서 동일인의 개념을 추론하여 동일인은 '기업집단을 사실상 지배하는 자'로 보는 견해로는 이호영, 독점규제법(제7판), 홍문사 2022. 201면.

항 제1호 가목)이 포함된다.

둘째, 지분기준의 비영리법인이다. 동일인이 단독으로 또는 동일인관련자와 합하여 총출연금액의 100분의 30 이상을 출연한 경우로서 최다출연자이거나 동일인 및 동일인관련자 중 1인이 설립자인 비영리법인 또는 단체(법인격이 없는 사단 또는 재단으로 한정한다)(공정거래법 시행령 제4조 제1항 제1호 나목)가 포함된다.

셋째, 영향력 기준의 비영리법인이다. 동일인이 직접 또는 동일인관련자를 통해 임원의 구성이나 사업운용 등에 지배적인 영향력을 행사하고 있는 비영리법인 또는 단체(공정거래법 시행령 제4조 제1호 제1호 다목)가 포함된다.

넷째, 사실상 지배 회사이다. 동일인이 제1호 또는 제2호에 따라 사실상 사업내용을 지배하는 회사(공정거래법 시행령 제4조 제1항 제1호 라목)가 포함된다.

다섯째, 사용인이다. 동일인 및 동일인과 시행령 제4조 제1항 제1호 나목부터 라목까지의 관계에 있는 자의 사용인(법인인 경우에는 임원, 개인인 경우에는 상업사용인 및 고용계약에 따른 피고용인을 말한다)(공정거래법 시행령 제4조 제1항 제1호 마목)이 포함된다.

(2) 동일인 관련자로부터 제외(공정거래법 시행령 제6조)

첫째, 동일인 관련자로부터 친족의 제외 제도이다. 공정거래위원회는 시행령 제4조 제1항 제1호 가목에도 불구하고 시행령 제5조 제1항 제2호에 따라 동일인의 친족이 독립적으로 경영하고 있는 회사가 동일인이 지배하는 기업집단의 범위에서 제외된 경우 해당 독립경영친족 및 독립경영친족관련자를 동일인관련자에서 제외할 수 있다(공정거래법 시행령 제6조 제1항).

둘째, 동일인 관련자로부터 비영리법인의 제외 제도이다. 공정거래위원회는 공정거래법 시행령 제4조 제1호 나목에도 불구하고 동일인 및 동일인관련자가 임원의 구성이나 사업운용 등에 지배적인 영향력을 행사하지 않는다고 인정되는 경우 이해관계자의 요청에 따라 같은 목에 따른 비영리법인 또는 단체를 동일인관련자에서 제외할 수 있다(공정거래법 시행령 제6조 제2항).

다. 계열회사

“계열회사”란 둘 이상의 회사가 동일한 기업집단에 속하는 경우에 이들 각각의 회사를 서로 상대방의 계열회사라 한다(공정거래법 제2조 12호). 즉 기업집단의 범위에는 계열회사가 모두 포함된다. 동일인이 자연인인 경우에는 기업집단은 계열회사의 범위가 되며(기업집단 = 계열회사), 동일인이 회사인 경우에는 기업집단은 동일인과 계열회사의 범위가 된다(기업집단 = 동일인 + 계열회사).

(1) 지분율에 따른 계열회사

지분율에 따른 계열회사는 공정거래법 시행령 제4조 제1항 제1호가 규정하고 있다. 동일인이 단독으로 또는 공정거래법 시행령 제4조 제1항 제1호 각 목의 자(동일인관련자)와 합하여 해당 회사의 발행주식(「상법」 제344조의3 제1항에 따른 의결권 없는 주식은 제외한다) 총수의 100분의 30 이상을 소유하는 경우로서 최다출자자인 회사이다.

(2) 지배력인 영향력에 따른 계열회사

지배력인 영향력에 따른 계열회사는 공정거래법 시행령 제4조 제1항 제2호가 규정하고 있다. 다만 해당 기준 중 거래 또는 채무보증 기준(라목), 경제적 동일체 기준(마목)은 전형적인 불확정개념으로 예측가능성을 저해할 우려가 있다. 특히 경제적 동일체 기준은 공정거래법상 논란이 있는 개념으로 문제가 있다.[2]

첫째, 대표이사, 임원 기준이다. 동일인이 다른 주요 주주와의 계약 또는 합의에 따라 대표이사를 임면한 회사 또는 임원의 100분의 50 이상을 선임하거나 선임할 수 있는 회사(공정거래법 시행령 제4조 제1항 제2호 가목)가 포함된다.

둘째, 주요 의사결정, 업무집행 기준이다. 동일인이 직접 또는 동일인관련자를 통해 해당 회사의 조직변경 또는 신규사업에 대한 투자 등 주요 의사결정이나 업무집행에 지배적인 영향력을 행사하고 있는 회사(공정거래법 시행령 제4조 제1항 제2호 나목)가 포함된다.

---

2) 이봉의, 공정거래법, 박영사 2022. 526면.

셋째, 인사교류 기준이다. 동일인이 지배하는 회사(동일인이 회사인 경우에는 동일인을 포함한다. 이하 이 목에서 같다)와 해당 회사 간에 다음의 경우[3]에 해당하는 인사교류가 있는 회사(공정거래법 시행령 제4조 제1항 제2호 다목)가 포함된다.

넷째, 거래 또는 채무보증 기준이다. 동일인 또는 동일인관련자와 해당 회사 간에 통상적인 범위를 초과하여 자금·자산·상품·용역 등의 거래 또는 채무보증이 있는 회사(공정거래법 시행령 제4조 제1항 제2호 라목)가 포함된다.

다섯째, 경제적 동일체 기준이다. 해당 회사가 동일인의 기업집단의 계열회사로 인정될 수 있는 영업상의 표시행위를 하는 등 사회통념상 경제적 동일체로 인정되는 회사(공정거래법 시행령 제4조 제1항 제2호 마목)가 포함된다.

2. 기업집단의 지정(공정거래법 제31조)

가. 지정, 통지, 제외

공정거래위원회는 대통령령으로 정하는 바에 따라 산정한 자산총액이 5조원 이상인 기업집단을 대통령령으로 정하는 바에 따라 공시대상기업집단으로 지정하고, 지정된 공시대상기업집단 중 자산총액이 국내총생산액의 1천분의 5에 해당하는 금액 이상인 기업집단을 대통령령으로 정하는 바에 따라 상호출자제한기업집단으로 지정한다. 이 경우 공정거래위원회는 지정된 기업집단에 속하는 국내 회사와 그 회사를 지배하는 동일인의 특수관계인인 공익법인에 지정 사실을 대통령령으로 정하는 바에 따라 통지하여야 한다(공정거래법 제31조 제1항).

공정거래위원회는 공정거래법 제31조 제1항 전단에 따라 매년 5월 1일(부득이한 경우에는 5월 15일)까지 제1항 또는 제2항의 기준에 새로 해당하

---

3) ① 동일인이 지배하는 회사와 해당 회사 간에 임원의 겸임이 있는 경우.
② 동일인이 지배하는 회사의 임직원이 해당 회사의 임원으로 임명되었다가 동일인이 지배하는 회사로 복직하는 경우(동일인이 지배하는 회사 중 당초의 회사가 아닌 다른 회사로 복직하는 경우를 포함한다).
③ 해당 회사의 임원이 동일인이 지배하는 회사의 임직원으로 임명되었다가 해당 회사 또는 해당 회사의 계열회사로 복직하는 경우.

는 기업집단을 공시대상기업집단 또는 상호출자제한기업집단으로 지정해야 한다. 공시대상기업집단 또는 상호출자제한기업집단으로 지정된 기업집단이 제1항 또는 제2항의 기준에 해당하지 않게 되는 경우 공시대상기업집단 또는 상호출자제한기업집단에서 제외해야 한다(공정거래법 시행령 제38조 제3항).

나. 공시대상 기업집단 제외 대상

공정거래법 제31조 제1항 전단에 따른 공시대상기업집단은 해당 기업집단에 속하는 국내 회사들의 공시대상기업집단 지정 직전 사업연도의 대차대조표상 자산총액(금융업 또는 보험업을 영위하는 회사의 경우에는 자본총액 또는 자본금 중 큰 금액으로 하며, 새로 설립된 회사로서 직전 사업연도의 대차대조표가 없는 경우에는 지정일 현재의 납입자본금으로 한다)의 합계액이 5조원 이상인 기업집단으로 한다. 다만, 다음 각 호[4]의 기업집단은 공시대상기업집단 지정에서 제외한다(공정거래법 시행령 제38조 제1항 단서).

다. 지정을 위한 자료 제출

공정거래위원회는 회사 또는 해당 회사의 특수관계인에게 제1항에 따른 기업집단의 지정을 위하여 회사의 일반 현황, 회사의 주주 및 임원 구성,

---

4) ① 금융업 또는 보험업만을 영위하는 기업집단(공정거래법 시행령 제38조 제1항 제1호).
② 금융업 또는 보험업을 영위하는 회사가 동일인인 기업집단(공정거래법 시행령 제38조 제1항 제2호).
③ 해당 기업집단에 속하는 회사 중 다음 각 목의 회사의 자산총액 합계액이 기업집단 전체 자산총액의 100분의 50 이상인 기업집단. 다만, 다음 각 목의 회사를 제외한 회사의 자산총액 합계액이 5조원 이상인 기업집단은 제외한다(공정거래법 시행령 제38조 제1항 제3호).
④ 「공공기관의 운영에 관한 법률」 제4조에 따른 공공기관, 「지방공기업법」 제2조 제1항에 따른 지방직영기업, 지방공사 또는 지방공단이 동일인인 기업집단(공정거래법 시행령 제38조 제1항 제4호).
⑤ 해당 기업집단에 속하는 회사 모두가 다음 각 목의 어느 하나에 해당하는 기업집단(공정거래법 시행령 제38조 제1항 제5호).
⑥ 해당 기업집단에 속하는 회사 모두가 다음 각 목의 어느 하나에 해당하는 기업집단. 이 경우 가목 또는 나목의 회사가 각각 하나 이상 포함되어 있어야 한다(공정거래법 시행령 제38조 제1항 제6호).

특수관계인 현황, 주식소유 현황 등 대통령령으로 정하는 자료의 제출을 요청할 수 있다(공정거래법 제31조 제4항).

이러한 자료 제출 요청에 대하여 정당한 이유 없이 자료 제출을 거부하거나 거짓의 자료를 제출한 자에 대하여 2년 이하의 징역 또는 1억 5천만 원 이하의 벌금에 처하도록 규정하고 있다(공정거래법 제125조 제2호). 이러한 형벌 부과는 유사한 위반행위에 대하여 과태료를 부과하는 예(공정거래법 제32조 제3항, 제130조 제1항 제5호)에 비하여 불균형적이고, 자료제출에 기술적 어려움이 있는 경우 등을 고려하면 재고되어야 한다는 지적이 있다.[5]

▣ 서울중앙지방법원 2019. 5. 14. 선고 2018고정2887 판결(카카오의 기업집단 지정 허위자료 제출 사건)[6]

2016. 3. 18. 법률 제14075호로 개정되기 전 공정거래법에 따르면 상호출자제한 기업집단의 지정을 위한 자료요청에 대하여 허위자료를 제출한 경우(구 공정거래법 제68조 제4호)는 전속고발의 대상이 아니었다. 법원은 허위자료 제출에 대하여 고의가 인정되기 어렵고, 과실의 경우에는 처벌규정이 없다고 보았다.

라. 신고의무(공정거래법 제30조)

공정거래법 제30조 제1항(구 법 제13조 제1항)은 공시대상기업집단의 주식소유현황 신고의무를 규정하고 있다. 위반할 경우 공정거래법 제126조 제3호(구 법 제68조 제3호)에 따라 1억 원 이하의 벌금에 처한다.

[주식소유 현황 신고와 회생절차]

공시대상기업집단 소속 회사가 회생절차에서 주식을 인수한 경우 그 신고의무와 그 내용이 문제된다. 회생절차에서 공시대상기업집단 소속 기업이 신주를 인수한 경우, 회생절차 종결시까지 의결권을 행사하지 못하기 때문이다. 이때 신고의무의 요부와 신고의무의 기산일을 다음과 같이 검토한다.

첫째, 신고의무의 요부를 살펴본다. 회생절차 진행 중에 제3자 인수 방식

---

5) 이봉의, 공정거래법, 박영사 2022. 538면.

6) 서울중앙지방법원 2019. 11. 8. 선고 2019노1527 판결로 항소기각.

으로 진행할 경우 구주를 소각하고, 신주를 발생하여 회사가 인수하게 된다. 이는 지배권 취득을 목적으로 주식을 취득한 행위로 볼 수 있다. 그 점에서 신고 대상에 포함된다.

둘째, 신고기간의 기산일이 문제된다. 제1설로, 주식소유를 기준으로 하는 견해가 있다. 이에 따르면 신주발행 후 구주소각한 날짜가 기준이 된다. 그 논거는 다음과 같다. 공정거래법 제30조 제1항(구 법 제13조 제1항)은 소유현황 신고이지, 의결권에 대한 신고가 아니다. 공정거래법 제30조 제1항을 의결권으로 해석한다면 이는 문언을 축소해석하는 것으로 수용되기 어렵다. 공정거래법 제30조 제1항(구 법 제13조 제1항)에 의결권 등을 행사할 수 없는 경우 제외하는 취지가 포함되어 있다고 보기 어렵다. 실제 주식 소유권과 의결권이 분리되는 경우는 다수 발생한다. 신고의무를 실질적 이전 여부로 판단한다면 신고의무 발생일이 분명하지 않게 된다. 제2설로, 회생절차 종결시를 기준으로 하는 견해가 있다. 이 견해에 따르면 주식 취득시가 아니라 실질적 의결권 행사 가능한 시점을 기준으로 하게 된다.

3. 계열회사 등의 편입 · 제외(공정거래법 제32조)

첫째, 계열회사 등의 편입 · 제외 제도이다. 공정거래위원회는 공시대상기업집단의 국내 계열회사로 편입하거나 국내 계열회사에서 제외하여야 할 사유가 발생한 경우에는 해당 회사(해당 회사의 특수관계인을 포함한다)의 요청에 의하거나 직권으로 국내 계열회사에 해당하는지를 심사하여 국내 계열회사로 편입하거나 국내 계열회사에서 제외하고 그 내용을 해당 회사에 통지하여야 한다(공정거래법 제32조 제1항).

둘째, 공익법인의 특수관계인 편입 · 제외 제도이다. 공정거래위원회는 공익법인을 공시대상기업집단에 속하는 회사를 지배하는 동일인의 특수관계인으로 편입하거나 제외하여야 할 사유가 발생한 경우에는 해당 공익법인(해당 공익법인의 특수관계인을 포함한다)의 요청에 의하거나 직권으로 특수관계인에 해당하는지를 심사하여 특수관계인으로 편입하거나 특수관계인에서 제외하고 그 내용을 해당 공익법인에 통지하여야 한다(공정거래법 제32조 제2항).

4. 기업집단의 제외(공정거래법 시행령 제5조)

가. 사실상 지배관계 부정에 따른 제외

공정거래위원회는 공정거래법 시행령 제4조(기업집단의 범위) 제1항에도 불구하고 다음 각 호의 회사로서 동일인이 그 사업내용을 지배하지 않는다고 인정되는 회사를 이해관계자의 요청에 따라 동일인이 지배하는 기업집단의 범위에서 제외할 수 있다(공정거래법 시행령 제5조 제1항).

출자자 간의 합의·계약 등에 따라 다음 각 목의 자[7] 외의 자가 사실상 경영을 하고 있다고 인정되는 회사(제1호), 공정거래법 시행령 제5조 제1항 제2호 각 목의 요건을 모두 갖춘 회사로서 동일인의 친족이 해당 회사를 독립적으로 경영하고 있다고 인정되는 회사(제2호), 공정거래법 시행령 제5조 제1항 제3호 각 목의 요건을 모두 갖춘 회사로서 동일인과 공정거래법 시행령 제4조 제1호 마목의 관계에 있는 자가 해당 회사를 독립적으로 경영하고 있다고 인정되는 회사(제3호), 「채무자 회생 및 파산에 관한 법률」에 따른 파산선고를 받아 파산절차가 진행 중인 회사(제4호), 「기업구조조정투자회사법」에 따른 약정체결기업에 해당하는 회사로서 공정거래법 시행령 제5조 제1항 제5호 각 목의 요건을 모두 갖춘 회사(제5호), 「채무자 회생 및 파산에 관한 법률」에 따른 회생절차개시결정을 받아 회생절차가 진행 중인 회사로서 공정거래법 시행령 제5조 제1항 제6호 각 목의 요건을 모두 갖춘 회사(제6호) 등이 이에 해당한다.

나. 정책적 필요성에 따른 제외

공정거래위원회는 공정거래법 시행령 제4조 제1항에도 불구하고 공정거래법 시행령 제5조 제2항 각 호의 어느 하나에 해당하는 회사에 대해서는 이해관계자의 요청에 따라 동일인이 지배하는 기업집단의 범위에서 제외할 수 있다. 다만, 제3호 또는 제5호의 회사에 대해 공정거래법 제47조를 적용

---

7) 가. 동일인이 임명한 자.
나. 동일인과 제4조제1호가목 또는 마목의 관계에 있는 자.

하는 경우와 제5호의 회사 중 벤처지주회사가 주식을 소유한 「중소기업기본법」 제2조에 따른 중소기업 또는 「벤처기업육성에 관한 특별조치법」에 따른 벤처기업에 대해 제3조 제3항을 적용하는 경우에는 기업집단의 범위에 속하는 것으로 본다(공정거래법 시행령 제5조 제2항).

5. 기업집단 관련 판례

▣ 대법원 2015. 3. 20. 선고 2012두27176 판결(금호석유화학 사건)

■ 판시사항

기업집단의 지정 및 제외에 관한 구 공정거래법 제14조 제1항, 제14조의2 제1항, 구 공정거래법 시행령 제21조 제1항 등의 문언과 공정거래위원회로 하여금 매년 일정한 시점에 기업집단의 지정을 하도록 한 취지 등에 비추어 보면, 구 공정거래법 제14조의2 제1항은 제14조 제1항에 의하여 기업집단이 지정된 후에 해당 계열회사를 기업집단에서 제외하여야 하는 사유가 새로이 발생된 경우에 관하여 정한 것으로 보인다. 구 공정거래법 제14조 제1항의 규정 등에 의하여 기업집단으로 지정되면 그에 따른 효과가 발생되며, 당해 회사 및 이해관계인은 이러한 기업집단 지정처분에 대하여 행정소송법이 정한 바에 따라 불복할 수 있으나 제소기간이 도과한 후에는 특별한 사정이 없는 한 더 이상 효력을 다툴 수 없다. 그럼에도 기업집단 지정 이전부터 존재하던 사유가 구 공정거래법 제14조의2에서 정한 계열제외 사유에 포함된다고 본다면, 당해 회사 및 특수관계인은 기업집단 지정처분에 대한 제소기간이 도과한 이후에도 언제나 지정처분의 흠을 다툴 수 있는 결과가 되어 행정행위의 불가쟁력에 어긋나므로, 이에 비추어 보아도 구 공정거래법 제14조의2 제1항에서 정한 계열회사 제외 사유는 기업집단 지정 이후에 발생한 사유에 국한된다고 해석하는 것이 타당하다.

▣ 대법원 2015. 3. 26. 선고 2012두27268 판결(금호석유화학 사건)

■ 판시사항

대법원은 아래와 같은 원심 판단이 정당하다고 판단하였다.

박○○가 채권금융기관의 협조 또는 동의하에 금호산업 주식회사(이하 '금호산업'이라고 한다) 및 금호타이어 주식회사(이하 '금호타이어'라고 한다)의 대표이사를 임면하거나 임면할 수 있는 경우에 해당하는 점, 박○○는 금호산업의 명예회장, 금호타이어의 대표이사로서 사실상 위 각 회사의 주요 의사결정·업무집행에 관하여 지배적인 영향력을 행사하고 있다고 보이는 점, 채권금융기관협의회의 주요 의사결정에 대한 승인 또는 자금관리는 경영정상화를 위한 감시의 측면에서 이루어지는 것으로서 박○○의 지배적 영향력 인정에 장애가 되지 아니하는 점 등의 사정을 들어 박○○가 사실상 금호산업·금호타이어의 사업내용을 지배하고, 따라서 금호산업이 사실상 사업내용을 지배하는 아시아나항공 및 그 자회사 등에 대하여도 박○○의 사실상 지배가 인정된다고 보아, 피고가 박○○를 동일인으로 하여 금호산업·금호타이어·아시아나항공 등을 상호출자제한기업집단등으로 지정한 이 사건 처분이 적법하다고 판단하였다.

■ 해 설

① 공정위가 2012. 4. 12. 박○○를 동일인으로 하여 금호석유화학, 금호산업·금호타이어·아시아나항공 등 25개 회사를 상호출자제한기업집단 등으로 지정하였고, 금호석유화학이 이 처분을 다툰 사건이다.

② 관련사건으로, 공정위가 2013. 4. 1. 박○○를 동일인으로 하여 금호석유화학, 금호산업·금호타이어·아시아나항공 등 24개 회사를 상호출자제한기업집단 등으로 지정하자, 금호석유화학이 이 처분을 다툰 사건에서 원고 청구가 기각된 서울고등법원 2015. 6. 25. 선고 2013누11040 판결, 공정위가 2014. 4. 1. 및 2015. 4. 1. 박○○를 동일인으로 하여 26개 회사를 상호출자제한기업집단으로 지정하자, 박○○, 금호산업이 금호석유화학 주식회사, 금호피앤비화학 주식회사, 금호미쓰이화학 주식회사, 금호티앤엘 주식회사, 금호폴리켐 주식회사, 금호알에이씨 주식회사, 금호개발상사 주식회사, 코리아에너지발전소 주식회사 등 8개사 부분에 관한 처분을 다툰 사건에서 원고들의 청구가 인용된 서울고등법원 2015. 7. 23. 선고 2014누3640 판결이 있다.

▣ 서울고등법원 2015. 6. 25. 선고 2013누11040 판결,[8] 서울고등법원 2015. 7. 23. 선고 2014누3640 판결[9]

---

8) 확정.

9) 심리불속행 기각.

■ 해 설

(1) 서울고등법원 2013누11040 판결 부분

공정위는 구 공정거래법 제14조 제1항에 따라 2013. 4. 1. 원고와 피고보조참가인 금호산업 주식회사, 금호타이어 주식회사, 아시아나 항공 주식회사 등 24개 회사를 동일인을 박○○로 하여 상호출자제한 기업집단 금호아시아나로 지정하고 이를 통지하였다. 원고는 "박○○가 아니라 채권금융기관이 금호산업, 금호타이어, 아시아나 항공, 금호산업의 자회사, 금호타이어의 자회사의 사업내용을 사실상 지배하고 있음에도, 박○○가 위 회사들의 사업내용을 사실상 지배하고 있음을 전제로 한 이 사건 처분은 위법하므로 취소되어야 한다."라고 주장하였다. 그러나 법원은 박○○가 위 각 회사를 사실상 지배하고 있다고 보아 원고의 청구를 기각하였다.

(2) 서울고등법원 2014누3640 판결 부분

① 공정위는 2014. 4. 1. 구 공정거래법 제14조 제1항에 따라 원고 금호산업 주식회사, 금호석유화학 주식회사, 금호피앤비화학 주식회사, 금호미쓰이화학 주식회사, 금호티앤엘 주식회사, 금호폴리켐 주식회사, 금호알에이씨 주식회사, 금호개발상사 주식회사, 코리아에너지발전소 주식회사를 포함한 26개 계열회사에 관하여 동일인을 원고 박○○로 하는 「상호출자제한 기업집단 금호아시아나」(이하 '기업집단 금호아시아나'라 한다)로 지정하여 통지하였다. 공정위는 2015. 4. 1. 구 공정거래법 제14조 제1항에 따라 원고 금호산업, 금호석유화학, 금호피앤비화학, 금호미쓰이화학, 금호티앤엘, 금호폴리켐, 금호알에이씨, 금호개발상사, 코리아에너지발전소를 포함한 26개 계열회사에 관하여 동일인을 원고 박○○로 하는 기업집단 금호아시아나로 지정하여 통지하였다. 박○○, 금호산업이 공정위가 2014. 4. 1. 및 2015. 4. 1. 박○○를 동일인으로 하여 26개 회사를 상호출자제한기업집단으로 지정한 처분 중 금호석유화학 주식회사, 금호피앤비화학 주식회사, 금호미쓰이화학 주식회사, 금호티앤엘 주식회사, 금호폴리켐 주식회사, 금호알에이씨 주식회사, 금호개발상사 주식회사, 코리아에너지발전소 주식회사 등 8개사 부분을 다툰 사건에 대하여 그 청구가 인용되었다(서울고등법원 2015. 7. 23. 선고 2014누3640 판결).

② 원고들은 "기업집단 금호아시아나의 동일인 원고 박○○는 금호석유화학 등 8개사에 대하여 어떠한 지분도 가지고 있지 않고, 금호석유화학 등 8개사는 아래와 같이 박△△가 독립적으로 경영하고 있는 회사들로 원고 박○○는 금호석유화학 등 8개사에 대하여 지배력을 전혀 행사하지 못하고 있

으므로 금호석유화학 등 8개사는 구 공정거래법 제2조 제2호에 따른 기업집단 금호아시아나에 포함되지 않는다."라고 주장하였다.

③ 금호석유화학 부분에 대하여, 위 법원은 동일인 원고 박○○ 및 동일인관련자인 박△△ 등이 소유하는 금호석유화학의 주식지분은 2014. 4. 기준 및 2015. 5. 기준 모두 총 발행주식의 100분의 30에 미달하므로 원고 박○○를 동일인으로 하는 기업집단 금호아시아나에 금호석유화학을 포함하기 위한 지분율 요건이 충족되지 아니한다고 보았다. 또한, 원고 박○○가 동일인관련자인 박△△를 통하여 금호석유화학의 사업내용을 사실상 지배한다는 점을 인정하기에는 증거가 부족하다고 보았다.

④ 금호석유화학 등 8개사 중 금호석유화학을 제외한 나머지 7개사에 대하여, 위 법원은 금호석유화학의 자회사 내지는 손자회사라는 사실은 당사자간에 다툼이 없고, 원고 박○○가 금호석유화학의 사업을 지배한다고 볼 수 없다는 점은 앞서 본 바와 같으므로, 공정위가 달리 원고 박○○가 나머지 7개사에 대하여 사실상 지배력을 가지고 있다는 점을 주장·입증하지 않는 한 위 7개사를 기업집단 금호아시아나에 포함시킨 처분도 위법하다고 보았다.

■ 서울고등법원 2018. 8. 22. 선고 2016누60173 판결(롯데쇼핑 사건)[10]

공정위는 유니플렉스 등 4개사에 대하여 2010. 10. 1.자로 구 공정거래법 제14조 제1항 및 제14조의3의 규정에 따라 상호출자제한기업집단 롯데 소속회사로 편입의제되었음을 통지하였다.

서울고등법원은, 위 처분 통지 이후부터 계열회사 편입의제에 따른 각종 의무를 부여하려는 이 사건 처분의 성격에 비추어 이 사건 처분은 편입의제 시작 시점으로 판단한 2010. 10. 1.부터 이 사건 처분 시점인 2016. 8. 1.까지 계열회사 요건이 계속 충족되고 있음을 전제로 한 처분이라 할 것이므로 2010. 10. 1.부터 이 사건 처분 시점인 2016. 8. 1.까지 계열회사 요건이 계속 충족되고 있음이 입증되지 않는 경우 이 사건 처분은 위법하다고 판단하였다. 여기에 더하여, 원고들이 동일인과 '자금·자산·상품·용역 등의 거래를 하고 있는 회사'에 해당한다거나 '사회통념상 경제적 동일체로 인정되는 회사'에 해당한다고 보기 어렵고, 동일인이 지배적 영향력을 행사하고 있는 회사로 보기도 어렵다고 판단하였다.

10) 대법원 2019. 1. 17.자 2018두57766 판결로 심리불속행 기각.

Ⅱ. 계열회사간 채무보증 제한

1. 채무보증금지

상호출자제한기업집단에 속하는 회사(금융·보험업을 영위하는 계열회사는 제외)는 국내 계열회사에 대한 채무보증이 금지된다(공정거래법 제24조). 이때 채무보증이라 함은 국내금융기관의 여신과 관련하여 채무보증제한기업집단에 속하는 회사가 국내계열회사에 대하여 행하는 보증을 말한다(공정거래법 제2조 제18호). 다만, 채무보증 제한에 위반된 행위의 사법상 효력까지 부정되는 것은 아니다(대법원 2019. 1. 17. 선고 2015다227000 판결).

2. 예외적 채무보증허용

가. 조세특례제한법 예외(공정거래법 제24조 제1호, 공정거래법 시행령 제31조 제1항)

조세특례제한법에 의한 합리화기준에 따라 인수되는 회사의 채무와 관련하여 행하는 보증은 예외적으로 허용된다. 여기에서 "인수되는 회사의 채무와 관련하여 행하는 보증"이라 함은 ① 주식양도 또는 합병 등의 방법으로 인수되는 회사의 인수시점의 채무나 인수하기로 예정된 채무에 대하여 인수하는 회사 또는 그 계열회사가 행하는 보증, ② 인수되는 회사의 채무를 분할인수함에 따라 인수하는 채무에 대하여 인수하는 회사의 계열회사가 행하는 보증을 말한다(공정거래법 시행령 제31조 제1항).

나. 기업의 국제경쟁력강화 예외(공정거래법 제24조 제2호, 공정거래법 시행령 제31조 제2항)

기업의 국제경쟁력 강화를 위해 필요한 경우 기타 대통령령이 정하는 경우의 채무에 대한 보증도 예외적으로 허용된다. 이에 해당하는 경우는 ① 한국수출입은행법 제18조 제1항 제1호 및 제2호의 규정에 의하여 자본재 그 밖의 상품의 생산 또는 기술의 제공과정에서 필요한 자금을 지원하기 위하여 한국수출입은행이 행하는 대출 또는 이와 연계하여 다른 국내금융기관이 행하는 대출에 대한 보증, ② 해외에서의 건설 및 산업설비공사의 수행, 수출선박의 건조, 용역수출 기타 공정거래위원회가 인정하는 물품수출과 관련하여 국내금융기관이 행하는 입찰보증·계약이행보증·선수금환급보증·유보금환급보증·하자보수보증 또는 납세보증에 대한 보증, ③ 국내의 신기술 또는 도입된 기술의 기업화와 기술개발을 위한 시설 및 기자재의 구입 등 기술개발사업을 위하여 국내금융기관으로부터 지원받은 자금에 대한 보증, ④ 인수인도조건수출 또는 지급인도조건수출 어음의 국내금융기관매입 및 내국신용장 개설에 대한 보증, ⑤ ㉠ 외국환거래법의 규정에 의한 해외직접투자, ㉡ 해외 건설 및 용역사업자가 행하는 외국에서의 건설 및 용역사업, ㉢ 그 밖에 공정거래위원회가 인정하는 외국에서의 사업과 관련하여 국내 금융기관의 해외지점이 행하는 여신에 대한 보증, ⑥ 「채무자 회생 및 파산에 관한 법률」에 따른 회생절차개시를 법원에 신청한 회사의 제3자 인수와 직접 관련된 보증, ⑦ 「사회기반시설에 대한 민간투자법」 제4조 제1호부터 제4호까지의 규정에 의한 방식으로 민간투자사업을 영위하는 계열회사에 출자를 한 경우로서 국내금융기관이 해당 계열회사에 행하는 여신에 대한 보증, ⑧ 「공기업의 경영구조 개선 및 민영화에 관한 법률」 제2조에 따른 회사가 구조개편을 위하여 분할되는 경우에 그 회사가 계열회사가 아닌 회사에 행한 보증을 분할로 인하여 신설되는 회사가 인수하는 것과 직접 관련하여 그 회사가 그 신설회사에 대하여 행하는 재보증 중 어느 하나에 해당하는 경우를 말한다(공정거래법 시행령 제31조 제2항).

3. 채무보증 관련 판례

■ 서울고등법원 2005. 1. 19. 선고 2004누4149 판결(현대자동차 사건)[11]

11) 확정.

■ 해 설

원고가 국내계열회사인 기아자동차를 위하여 보증을 한 것은 계열회사에 대한 채무보증 금지에 위반된다는 사안이다.

▣ 대법원 2019. 1. 17. 선고 2015다227000 판결(웅진홀딩스 사건)

구 공정거래법(2017. 4. 18. 법률 제14813호로 개정되기 전의 것) 제10조의2 제1항 본문은 '채무보증제한기업집단에 속하는 회사는 국내계열회사에 대하여 채무보증을 하여서는 안 된다.'고 정하고, 제15조 제1항은 '누구든지 제10조의2 제1항의 규정의 적용을 면탈하려는 행위를 하여서는 안 된다.'고 정하고 있는데, 구 공정거래법 제10조의2 제1항, 제15조에서 금지하는 탈법행위가 사법상 당연 무효라고 볼 수는 없다.

금융기관이 특수목적법인에게 대출을 하면 특수목적법인이 그 대출금으로 채무보증제한기업집단에 속하는 회사의 계열회사에게 대출을 하는 과정에서 채무보증제한기업집단에 속하는 회사가 금융기관과 특수목적법인의 대출계약과 관련하여 '특수목적법인의 대출원리금 상환재원이 부족한 경우 후순위대출 방식으로 특수목적법인에 부족금액을 대여하고 이를 불이행하는 경우 특수목적법인의 대출금채무를 병존적으로 인수하는 의무를 부담'하는 자금보충약정을 체결하였는데, 이러한 자금보충약정이 공정거래법에서 금지하는 '채무보증의 탈법행위'에 해당하여 사법상 효력이 문제된 사안에서, 구 공정거래법 제10조의2 제1항, 제15조에서 금지하는 탈법행위가 사법상 당연 무효라고 볼 수 없다고 판단하여 상고기각하였다.

Ⅲ. 계열회사간 상호출자 및 순환출자, 중소기업창업투자회사의 계열회사 주식취득의 금지

1. 상호출자제한

상호출자제한 기업집단 소속 계열회사(금융・보험회사 포함)는 자기의 주식을 소유하고 있는 동일 기업집단 계열회사의 주식을 취득 또는 소유하는 것이 금지된다(공정거래법 제21조 제1항). 다만, 회사의 합병 또는 영업전부의 양수로 인한 경우나 담보권의 실행 또는 대물변제 수령으로 인한 경우와 같이 불가피한 사유로 상호출자가 발생되는 경우는 상호출자가 인정된다(공정거래법 제21조 제1항 단서). 그러나 이 경우에도 6개월에 한해 예외가 인정되므로 6월 이내에 양 회사 중 하나의 회사는 상대회사 주식을 처분해야 한다(공정거래법 제21조 제2항).[12)]

▣ 대법원 2006. 5. 12. 선고 2004두312 판결(동양종합금융증권 사건)

■ 판시사항

구 공정거래법(2002. 8. 26. 법률 제6705호로 개정되기 전의 것) 제9조 제1항이 계열회사 사이의 상호출자를 금지하고 있는 취지가 그로 인하여 회사의 자본적 기초가 위태롭게 되고, 기업의 지배구조가 왜곡되며, 기업집단이 쉽게 형성·확장되는 것을 방지하고자 하는 데 있는 점, 같은 법 제9조 제2항의 취지도 회사의 합병 등으로 부득이하게 계열회사 사이에 상호출자의 상태가 발생하게 된 경우 조속히 이를 해소함으로써 계열회사 사이에 상호출자의 상태가 유지되는 것을 막고자 하는 데 있는 점, 같은 법 제7조의2가 같은 법의 규정에 의한 주식의 취득 또는 소유는 취득 또는 소유의 명의와 관계없이 실질적인 소유관계를 기준으로 하도록 규정하고 있는 점 등에 비추어 보면, 같은 법 제9조 제2항에서 말하는 '처분'이란 회사의 합병 등으로 취득 또는 소유하게 된 계열회사의 주식에 대하여 그 의결권행사를 잠정적으로 중단시키는 조치를 취하거나 그 주식을 다른 금융기관 등에 신탁하는 것만으로는 부족하고, 상호출자의 상태를 완전히 해소할 수 있도록 그 주식을 다른 사람에게 실질적으로 완전히 소유권을 이전하여 주는 것을 의미한다.

■ 해 설

상호출자금지제도에서 처분의 의미에 관한 판시사항이다. 구 공정거래법 제9조 제2항 '처분'이란 다른 사람에게 실질적으로 완전히 소유권을 이전하여 주는 것을 의미하고, 주식을 신탁계약에 따라 이전하여 주었더라도 '처분'

12) 경제력 집중 규제 중 대기업의 출자규제 제도로는 출자총액 제한, 상호출자 금지 등이 있었으나, 출자총액 제한은 폐지되고, 상호출자 및 순환출자 금지가 남아 있다.

에 해당하지 않는다고 보았다.

2. 순환출자제한[13)]

가. 기본개념

상호출자제한기업집단에 속하는 회사는 순환출자를 형성하는 계열출자를 하여서는 아니 된다. 이때 "순환출자"란 3개 이상의 계열출자로 연결된 계열회사 모두가 계열출자회사 및 계열출자대상회사가 되는 계열출자 관계를 말한다(공정거래법 제2조 제16호).

"계열출자"란 기업집단 소속 회사가 계열회사의 주식을 취득 또는 소유하는 행위를 말한다(공정거래법 제2조 제13호). "계열출자회사"란 계열출자를 통하여 다른 계열회사의 주식을 취득 또는 소유하는 계열회사를 말한다(공정거래법 제2조 제14호). "계열출자대상회사"란 계열출자를 통하여 계열출자회사가 취득 또는 소유하는 계열회사 주식을 발행한 계열회사를 말한다(공정거래법 제2조 제15호).

나. 순환출자 금지

첫째, 순환출자의 금지이다. 상호출자제한기업집단에 속하는 국내 회사는 순환출자를 형성하는 계열출자(국내 계열회사에 대한 계열출자로 한정한다)를 하여서는 아니 된다.

둘째, 추가적인 계열출자의 금지이다. 상호출자제한기업집단 소속 회사 중 순환출자 관계에 있는 국내 계열회사는 계열출자대상회사에 대한 추가적인 계열출자[14)]를 하여서는 아니 된다(공정거래법 제22조 제1항 본문).

---

13) 순환출자금지 규정은 2014. 7. 25.부터 시행되었다. 공정거래법 시행 당시 상호출자제한기업집단으로 지정된 기업집단에 속하는 회사는 공정거래법 시행 후 취득 또는 소유하게 되는 주식에 한정하여 개정규정을 적용한다. 공정거래법 시행 후 상호출자제한기업집단으로 지정되는 기업집단에 속하는 회사는 지정일 이후에 취득 또는 소유하게 되는 주식에 한정하여 개정규정을 적용한다(2014. 1. 24. 부칙 제12334호).

14) 계열출자회사가 「상법」 제418조 제1항에 따른 신주배정 또는 제462조의2 제1항에

셋째, 예외 사유이다. 다음 각 호의 어느 하나[15]에 해당하는 경우에는 순환출자가 허용된다(공정거래법 제22조 제1항 단서). 이와 같이 불가피한 사유로 순환출자가 발생되는 경우는 순환출자가 인정되지만(공정거래법 제22조 제1항 단서), 이 경우에도 일정한 기간에 한해 예외가 인정되므로 그 기간 내에 해당 주식을 처분하여야 한다(공정거래법 제22조 제2항).

넷째, 2021. 12. 30. 시행되는 개정 공정거래법 제23조는 상호출자제한 기업집단으로 새롭게 지정되는 기업집단이 지정 이전부터 보유하고 있는 순환출자에 대해서 의결권을 제한하였다.[16] 법 시행 이후 최초로 상호출자제한 기업집단으로 지정・통보되는 경우부터 적용된다. 이는 현행 공정거래법이 상호출자제한 기업집단에 지정된 회사가 새롭게 순환출자를 만드는 행위만을 금지하고 있기 때문에 상호출자제한 기업집단으로 지정되기 직전에 가공 자본을 활용하기 위한 순환출자를 형성하는 것을 규율할 수 없는 문제를 해결하기 위한 개정이다.

다섯째, 이와 같이 순환출자를 '형성하는' 계열출자 등이 금지되므로, 기존 순환출자 고리 내의 합병과 같이 실질적으로 순환출자가 감소하는 경우

따른 주식배당(이하 "신주배정등"이라 한다)에 따라 취득 또는 소유한 주식 중에서 신주배정등이 있기 전 자신의 지분율 범위의 주식, 순환출자회사집단에 속하는 국내 계열회사 간 합병에 따른 계열출자는 제외한다.

15) ① 회사의 합병・분할, 주식의 포괄적 교환・이전 또는 영업전부의 양수.
② 담보권의 실행 또는 대물변제의 수령.
③ 계열출자회사가 신주배정 등에 따라 취득 또는 소유한 주식 중에서 다른 주주의 실권(失權) 등에 따라 신주배정 등이 있기 전 자신의 지분율 범위를 초과하여 취득 또는 소유한 계열출자대상회사의 주식이 있는 경우.
④ 「기업구조조정 촉진법」 제8조 제1항에 따라 부실징후기업의 관리절차를 개시한 회사에 대하여 같은 법 제24조 제2항에 따라 금융채권자협의회가 의결하여 동일인(친족을 포함한다)의 재산출연 또는 부실징후기업의 주주인 계열출자회사의 유상증자 참여(채권의 출자전환을 포함한다)를 결정한 경우.
⑤ 「기업구조조정 촉진법」 제2조 제2호의 금융채권자가 같은 조 제7호에 따른 부실징후기업과 기업개선계획의 이행을 위한 약정을 체결하고 금융채권자협의회의 의결로 동일인(친족을 포함한다)의 재산출연 또는 부실징후기업의 주주인 계열출자회사의 유상증자 참여(채권의 출자전환을 포함한다)를 결정한 경우.

16) 공정거래법 제23조 제1항 「상호출자제한기업집단 지정일 당시 취득 또는 소유하고 있는 순환출자회사집단 내의 계열출자대상회사 주식에 대하여」 부분이 이에 해당한다.

는 허용되고 있다.[17] 추가적 계열출자의 의미에 대하여 강화된 순환출자가 필요하므로 지분율이 하락한 경우는 포함되지 않는다는 견해도 있으나, 공정위 실무는 이러한 경우도 포함되는 것으로 보고 있다.[18]

다. 공시 및 탈법행위의 금지

공시의무가 부과된다. 상호출자제한기업집단에 속하는 회사에 대하여는 회사간 순환출자 현황을 공시할 의무가 있다(공정거래법 제28조, 공정거래법 시행령 제35조). 또한, 탈법행위가 금지된다. 특정 금전신탁을 이용하거나 타인의 명의로 주식을 취득·소유함으로써 순환출자 금지 규정을 면탈하는 행위를 탈법행위의 한 유형으로 규정하고 있다(공정거래법 제36조, 공정거래법 시행령 제42조).

라. 효 과

위반행위에 대하여 주식처분명령 등 시정조치(공정거래법 제37조), 과징금납부명령(공정거래법 제38조), 형사처벌(공정거래법 제124조 제1항 제7호), 의결권 행사금지(공정거래법 제39조 제1, 2항) 등의 제재가 있다.

공정거래법 제39조 제1항에 따라 의결권 행사가 제한되는 '해당 주식 전부'가 상호출자된 모든 주식을 의미하는지(포괄설), 취득 당시 상호출자를 발생하지 않은 주식은 포함되지 않고 사후에 취득하여 상호출자를 발생하게 한 주식을 의미하는지(제한설)는 명확하지 않다.[19]

3. 중소기업창업투자회사의 계열회사 주식취득의 제한

17) 2015. 6. 12. 공정위가 승인한 삼성물산과 제일모직의 합병에서 순환출자의 고리가 10개에서 7개로 감소하였지만, 3개의 고리가 더 강화되어서 이 부분 쟁점이 문제되었다.

18) 권오승·서정, 독점규제법, 법문사 2022, 556면.

19) 제한설이 비례의 원칙에 부합한다는 견해로는 이호영, 독점규제법(제7판), 홍문사 2022. 209면.

대규모기업집단 소속 회사로서 「벤처투자 촉진에 관한 법률」에 의한 중소기업창업투자회사는 국내 계열회사의 주식을 취득 또는 소유할 수 없다(공정거래법 제21조 제3항).

Ⅳ. 금융 · 보험회사 및 공익법인의 의결권제한

1. 금융 · 보험회사의 의결권 제한

상호출자제한기업집단에 속하는 회사로서 금융업 또는 보험업을 영위하는 회사는 취득 또는 소유하고 있는 국내 계열회사 주식에 대하여 의결권을 행사할 수 없다(공정거래법 제25조 제1항).

가. 금융업 또는 보험법

"금융업 또는 보험업"이라 함은 「통계법」 제22조(표준분류) 제1항의 규정에 의하여 통계청장이 고시하는 한국표준산업분류상 금융 및 보험업을 말한다(공정거래법 제2조 제10호 본문).

공정거래법 제25조 제1항 본문의 적극적 요건인 "금융업을 영위하는 회사(주체요건)"에 해당하는지는 같은 법 제2조 제10호의 해석과 적용에 따라 결정된다. 공정거래위원회 실무는 공정거래법 제2조 제10호 본문의 금융업을 해석 · 적용함에 있어 한국표준산업분류를 그대로 적용하는 것으로 보인다.

그러나 공정거래법 제2조 10호 본문의 금융업을 해석 · 적용함에 있어 한국표준산업분류를 형식적 · 기계적으로 적용하거나 편의적으로 적용할 것이 아니라 어떤 법령에서 금융업 요건이 문제되는지를 고려하여 실질적 판단을 해야 한다. 그 이유는 다음과 같다.

첫째, 공정거래법 제2조 제10호 본문은 공정거래법 제25조 제1항 본문의 적극적 요건인 "금융업을 영위하는 회사" 요건(주체 요건)을 판단하는 정의 규정이다. 그런데 공정거래법 제25조를 위반하면 시정조치 등 행정처분에 그치지 않고 형벌의 대상이 된다. 따라서 죄형법정주의의 원칙인 적정성의 원칙이 당연히 적용된다. 그에 따라 형벌법규 적용의 필요성이 적용되며 실질적 의미에서 사회적 유해성이 있는 경우에 한하여 형벌이 부과되어야 한다.

공정거래법 제25조는 고객으로부터 수탁받은 예탁자금으로 계열회사의 주식을 취득하고 소유함으로써 지배력을 유지·확장하는 수단으로 남용하는 것을 막기 위한 제도이다. 이와 같이 대규모기업집단 소속 금융회사가 고객의 예탁자금으로 계열확장이나 계열강화를 하는 것을 방지하는 것이 입법목적이라는 것은 판례의 입장이기도 하고(서울고등법원 2003. 7. 10. 선고 2001누2159 판결), 이에 대한 이견을 찾아보기 어렵다. 그렇다면 수탁 예탁자금이 지배력을 유지·확장하는 수단으로 사용되는 것을 막는 한도에서 의결권행사를 금지해야 한다. 그런데도 한국표준산업분류를 형식적·기계적으로 적용하거나 편의적으로 적용함에 따라 입법 목적 범위를 넘어서 제재가 불필요한 행위에 대하여 형벌이 부과된다면, 이는 죄형법정주의에 위반될 가능성이 높다.

둘째, 금융회사의 범위를 한국표준산업분류표상 금융업을 영위하는 회사로 보아 모든 금융회사에 대하여 의결권제한제도를 적용하는 것은 전세계적으로 유례가 없다. 공정거래법이 모델로 한 일본도 금융회사의 범위를 일정한 범위로 제한하고 있음을 참고할 필요가 있다.

한편, 실질적인 판단을 함에 있어 그 해석이 '기타 금융 투자업'의 개념과 실질적으로 부합하는지, 그 상위 개념인 '금융업'의 범위를 넘어서지 않는지, '자기 자금' 투자와 '모집 자금' 투자에 어떤 차별성이 있는지, 어떤 행위가 업으로 평가될 수 있는지, 일반적으로 통용되는 회계기준과 부합하는지, 그러한 분류가 거래현실에 비추어 타당성이 있는지 등을 고려할 필요가 있다.

나. 지주회사의 제외

공정거래법 제18조 제2항 제5호에 따른 일반지주회사는 금융업 또는 보험업을 영위하는 회사로 보지 아니한다(공정거래법 제2조 제10호 단서). 공정거래법 제2조 제10호 단서는 "제18조 제2항 제5호에 따른 일반지주회사"를 금융업 영위 회사에서 제외하고 있다.

그런데 법률의 흠결을 보충하기 위하여 지주회사 업을 영위하는 회사(그 실질이 지주회사인 회사)에 대하여도 그와 유사한 사안에 대한 법률규정인 공정거래법 제2조 제10호 단서의 규정을 유추적용할 필요가 있다.

유추적용 또는 유추해석은 법적 규율이 없는 사안에 대하여 그와 유사한 사안에 관한 법규범을 적용하는 것을 말한다. 유추는 법규범이 법의 공백을 메우기 위하여 그 문언의 가능한 의미를 벗어나 적용되는 것으로 법률의 흠결 보충이라고 할 수 있다. 이것은 해석을 통하여 문언의 가능한 의미를 찾아내는 법발견이 아니라, 법관이 있어야 한다고 판단하는 법을 다른 법규범을 매개로 만들어내는 법형성이다. 이러한 유추를 위해서는 먼저 법적 규율이 없는 사안과 법적 규율이 있는 사안 사이에 공통점 또는 유사점이 있어야 하고, 법규범의 체계, 입법의도와 목적 등에 비추어 유추적용이 정당하다고 평가되는 경우에 비로소 유추적용을 인정할 수 있다(대법원 2020. 4. 29. 선고 2019다226135 판결).

지주회사의 요건에 해당하여 그에 대한 신고 절차를 마친 경우와 그러한 요건을 갖추지 못하였거나 다른 이유로 신고를 하지 못한 경우에 차이가 있음은 부정할 수 없다. 그러나 그러한 차이가 상위 원리(금융회사의 의결권 제한 및 그 예외 사유의 근거 법리)에 비추어 어떤 의미를 가지는지를 검토해야 한다. 그러한 원리가 전자(법적 규율이 있는 사안)와 후자(법적 규율이 없는 사안)에 공통되고, 그 차이가 상위 원리의 적용을 배제하지 않는다면 유추적용은 가능할 것이다. 그런데 금융회사의 의결권 제한과 그 예외 사유에 있어 입법 취지, 거래현실에 비추어 보더라도 전자와 후자에 본질적인 차이가 있지 않은 것으로 보인다. 그 점에서 전자와 후자의 차이는 유추적용을 부정할 사유가 되기 어렵다.

한편, 당해 회사가 실질적으로 지주회사의 역할을 수행하는 것으로 평가한다면, 금융·보험 상품에 가입한 고객 자금으로 보유하게 된 계열사 주식의 의결권을 동일인 등 총수의 이해관계에 맞춰 행사하는 등 남용의 가능성이 없다. 지주회사에 대하여 의결권 제한이 배제되는 것과 같은 이유에서 의결권 제한의 필요가 없는 것으로 보아도, 입법취지에 비추어 부당한 결과가 발생하지 않는다.

다. 의결권 행사 제한

상호출자제한기업집단에 속하는 회사로서 금융업 또는 보험업을 영위하는 회사는 취득 또는 소유하고 있는 국내 계열회사 주식에 대하여 의결권을 행사할 수 없다(공정거래법 제25조 제1항). 한편, 2016. 3. 29. 법 개정으로 상호출자제한기업집단 내에 속하는 금융・보험사의 국내계열사를 대상으로 한 의결권 행사 제한에 있어 적용되는 발행주식총수에서 '의결권이 없는 주식'을 제외하여 이를 명확히 하였다(공정거래법 제25조 제1항 제3호).

라. 의결권 행사 제한의 예외

예외로서, 금융 또는 보험회사가 금융업 또는 보험업을 영위하기 위하여 주식을 취득 또는 소유하는 경우나 보험자산의 효율적 운용・관리를 위하여 보험업법 등 관계법령에 의한 승인 등을 얻어 주식을 취득 또는 소유하는 경우는 의결권 행사가 허용된다.

(1) 금융업 또는 보험업을 영위하기 위하여 주식을 취득 또는 소유하는 경우(법 제25조 제1항 제1호)

공정거래법 제25조 제1항 제1호는 "금융업 또는 보험업을 영위하기 위하여 주식을 취득 또는 소유하는 경우"를 예외 사유로 규정하고 있다. 기존 공정거래위원회 실무는 위 규정을 금융・보험회사가 다른 금융・보험회사의 지분을 소유하고 있는 경우로 한정하여 해석하고 있으나,[20] 문리 해석에 따르면 금융회사의 주식 취득만 공정거래법 제25조 제1항 제1호 예외 사유에 해당한다고 볼 근거가 부족하다.

'금융업을 영위하기 위한 주식 소유'는 문언 그대로 보면 금융업을 영위하기 위하여 필요한 주식을 소유하는 것이다. 이때 주식은 금융업을 영위하기 위하여 필요하다면 특정 종류의 주식에 제한되지 않는다고 봄이 자연스럽다. 즉 금융업 영위의 목적에 부합한다면 그 취득 대상 주식은 특정 주식에 국한된다고 보기 어렵고, 그 점에서 '금융업 영위의 목적'과 '금융회사 주식 취득'은 등가적이지 않다.

---

20) 공정거래위원회 대기업집단 정책설명회 자료(2022).

1992년 공정거래법 개정을 통하여 구 공정거래법 제11조(현 공정거래법 제25조) 각호 예외조항을 신설한 취지는 금융·보험사의 정상적인 자산운용활동 차원에서 보유한 주식에 대한 의결권 행사 금지는 과도한 규제라는 판단에 있다. 그렇다면 예외 사유도 이러한 취지에 맞게 유연하게 해석할 필요가 있다.

특히 공정거래법 제25조가 지나치게 광범위한 규제를 설정함으로써 입법목적과 취지를 넘어선 과도한 입법이고 전례를 찾기 어려운 과잉규제라는 지적과 함께, 입법상 오류라는 지적이 나올 정도로 입법상 정당성에 문제가 제기되고 있다. 일반적인 경우라면 예외는 좁게 해석해야 하지만, 입법상 문제가 있는 특수한 상황에서는 예외 사유를 유연하게 해석하는 것이 합리적인 대안이 될 수 있다.

물론, 공정거래법 제25조 제1항 제1호의 금융회사 의결권 제한 예외 사유를 "금융업 또는 보험업을 영위하기 위하여"를 금융업 또는 보험업을 영위하기 위하여 필요한 경우이면 모두 해당된다고 해석하는 것은 불명확할 뿐만 아니라 해당 규정의 의미를 상실한다는 우려도 있을 수 있다. 그러나 이러한 우려는 소위 '밀접관련성' 법리의 적용과 그에 기초한 구체적 사실관계 판단을 통하여 해결될 수 있을 것으로 보인다. 금융회사 주식을 소유한 경우로만 한정하지 않고, 금융회사 주식을 소유한 경우 뿐 아니라 비금융회사 주식을 소유한 것이 금융업과 연관성이 높아 밀접한 관련성이 있는 경우인지를 평가하여 그 해당 여부를 판단할 수 있다. 이러한 평가는 종합적인 시각에서 양적 기준(quantitative standard)과 질적 기준(qualitative stanard)을 충분히 고려하여 이루어질 수 있다. 비금융회사의 주식이 피심인의 업을 유지함에 있어서 차지하는 비중을 기본적으로 고려한 후(양적 기준), 그 주식이 가지는 중요도를 평가(정성적 기준)할 수 있다.

(2) 보험자산의 효율적인 운용·관리를 위하여 「보험업법」 등에 따른 승인 등을 받아 주식을 취득 또는 소유하는 경우(공정거래법 제25조 제1항 제2호)

공정거래법 제25조 제1항 제2호(구 공정거래법 제11조 제2호) 사안에서 대법원 2005. 12. 9. 선고 2003두10015 판결(삼성생명보험 사건)은 유연한 해석론을 채택한 바 있다. 구 공정거래법 제11조 제2호에서 규정한 예외 사유인 '보험자산의 효율적인 운용·관리를 위하여 관계 법령에 의한 승인 등을 얻어 주식을 취득 또는 소유하고 있는 경우'라 함은 관계 법령에 의한 승인 등을 얻어 주식을 취득 또는 소유하고 있고 그것이 보험자산의 효율적인 운용·관리를 위한 것인 경우를 의미하며, 보험업을 영위하는 회사와 사업내용 면에서 밀접하게 관련된 사업을 영위하는 회사가 발행한 주식을 취득 또는 소유하고 있는 경우에 한하는 것은 아니라고 판시하였다.

▣ 대법원 2005. 12. 9. 선고 2003두10015 판결(삼성생명보험 사건)

■ 판시사항

① 관계 법령에 의한 승인 등을 얻어 주식을 취득 또는 소유하고 있고 그것이 보험자산의 효율적인 운용·관리를 위한 경우를 의미하며, 보험업을 영위하는 회사와 사업내용 면에서 밀접하게 관련된 사업을 영위하는 회사가 발행한 주식을 취득 또는 소유하고 있는 경우에 한하는 것은 아니다.

② 원심이 적법하게 채택한 증거 및 기록에 의하면, 원고가 원심판시와 같이 재무부장관 또는 보험감독원장('재무부장관 등')의 승인을 얻어 취득한 호텔신라 주식회사('호텔신라')의 주식 합계 1,374,520주(1주당 5,000원), 삼성코닝 주식회사('삼성코닝')의 주식 합계 28,422주(주당 10,000원), 삼성중공업 주식회사('삼성중공업')의 주식 합계 2,000,000주(주당 10,000원, 1983. 1. 1. 삼성중공업과 합병된 삼성조선 주식회사의 주식 포함), 주식회사 삼성경제연구소('삼성경제연구소')의 주식 합계 1,776,000주(주당 5,000원)는 모두 그 취득금액이 재무부장관 등이 승인한 투자금액의 범위 내인 사실, 위 각 주식 중 호텔신라의 주식(재무부장관의 1979. 12. 11.자 승인에 기한 부분) 및 삼성중공업의 주식은 취득할 주식을 '1년 만기 정기예금 금리수준 이상의 배당을 보장하는 참가적, 누적적, 의결권이 있는 우선주식' 등으로 한정하는 재무부장관의 승인조건을 충족하는 사실, 재무부장관 등의 위 각 승인은 그 재산운용의 효율성 증진 등을 위하여 주식에 대한 투자를 승인해 달라는 원고의 신청에 따라 구 보험업법(2000. 1. 21. 법률 제6175호로 개정되기 전의 것) 제19조 및 그 시행령(2002. 3. 25. 대통령령 제17547호로 개정되기 전의 것과 1994. 12. 23. 대통령령 제14438호로 개정되기 전의 것) 제16조 또는 구 보험업법(1977. 12.

31. 법률 제3042호로 전문 개정되기 전의 것) 제74조의2 및 그 시행령(1977. 7. 2. 대통령령 제8614호로 개정되기 전의 것) 제9조, 제10조에 기하여 행하여진 것이고, 위 각 법령에 기한 재무부장관 등의 승인은 보험사업자의 경영의 건전성과 그 재산운용의 효율성의 증진 기타 보험가입자의 이익보호를 위하여 필요한 경우에 하는 것인 점 등을 알 수 있는바, 위와 같은 여러 사정에 비추어 보면, 위 각 주식은 모두 보험자산의 효율적인 운용·관리를 위하여 관계법령에 의한 승인을 얻은 다음 그 승인범위 내에서 그 승인조건에 따라 취득한 것이라고 봄이 상당하므로, 의결권 행사 금지의 예외사유에 해당하여 그 의결권의 행사가 허용된다고 할 것이다.

③ 상법 제461조에 의한 무상증자는 준비금이 자본에 전입되어 자본이 증가하는 경우 주주에 대하여 그가 가진 주식의 수에 따라 발행되는 것으로서 회사재산의 증가 없이 주식의 수만 증가하게 되므로 주주가 보유하는 주식(무상증자로 발행된 주식 포함)의 경제적 가치에는 변화가 없는 점, 상법 제329조의2에 의한 주식분할은 자본의 증가 없이 발행주식 총수를 증가시키는 것으로서 이에 의하여 회사의 자본 또는 자산이나 주주의 지위에 실질적인 변화가 없는 점 등에 비추어 보면, 구 공정거래법(2002. 1. 26. 법률 제6651호로 개정되기 전의 것) 제11조 단서에 해당하여 의결권을 행사할 수 있는 주식에 대한 무상증자로 취득한 주식 또는 그러한 주식의 분할로 취득한 주식은 그 의결권을 행사할 수 있는 주식과 동일하게 보아야 한다.

■ 해 설

핵심적인 판시사항은 다음과 같다. 첫째, 주식취득의 대상이 사업내용에서 밀접하게 관련된 사업을 영위하는 회사가 발행한 주식에 한정되는 것은 아니며, 보험업법령 등의 승인을 얻어 취득한 주식에 대한 의결권 행사는 허용된다. 둘째, 의결권을 행사할 수 있는 주식에 대한 무상증자로 취득한 주식도 의결권을 행사할 수 있다는 취지이다.

(3) 해당 국내 계열회사(상장법인으로 한정한다)의 주주총회에서 결의하는 경우(공정거래법 제25조 제1항 제3호)

해당 국내 계열회사(상장법인으로 한정한다)의 주주총회에서 다음 각 목의 어느 하나에 해당하는 사항을 결의하는 경우이다. 각 목의 사유로 임원의 선임 또는 해임, 정관 변경, 그 계열회사의 다른 회사로의 합병, 영업의 전부 또는 주요 부분의 다른 회사로의 양도(다만, 그 다른 회사가 계열회사인 경우는 제외한다) 등이 포함된다. 이 경우 그 계열회사의 주식 중 의결권을 행사할 수 있는 주식의 수는 그 계열회사에 대하여 특수관계인 중 대통령령으로 정하는 자를 제외한 자가 행사할 수 있는 주식수를 합하여 그 계열회사 발행주식총수(「상법」 제344조의3 제1항 및 제369조제2항・제3항의 의결권 없는 주식의 수는 제외한다. 이하 이 조에서 같다)의 100분의 15를 초과할 수 없다(공정거래법 제25조 제1항 제3호).

2021. 12. 30. 시행된 공정거래법(2020. 12. 29. 법률 제17799호) 이전에는 금융・보험사가 보유한 계열사 지분에 대한 의결권은 원칙적으로 금지되나, 적대적 인수합병 방어 등 일부 필요한 경우에 한해 의결권이 예외적으로 인정되어 왔다. 개정법은 예외적으로 인정되던 사유 중, 적대적 인수합병과 무관한 계열사 간 합병 및 영업 양도에 대한 금융보험사의 의결권 행사를 금지하여, 금융보험사가 편법적인 지배력 확대에 악용될 수 있는 여지를 없앴다.[21]

[공정거래법위반죄와 금융회사의 지배구조에 관한 법률위반죄]

공정거래법 제124조 제1항 제3호(구 공정거래법 제66조 제1항 제7호)는 공정거래법 제25조(구 공정거래법 제11조)를 위반하여 의결권을 행사한 자를 3년 이하의 징역 또는 2억 원 이하의 벌금에 처하도록 규정하고 있다. 한편, 2015. 7. 31. 제정되어 2016. 8. 1. 시행된 금융회사의 지배구조에 관한 법률 제32조 제6항[22]은 제1항[23]에 규정된 '독점규제 및 공정거래에 관한 법률, 조

21) 다만, 그 다른 회사가 계열회사인 경우는 제외한다(공정거래법 제25조 제1항 제3호 다목단서, 공익법인 의결권 제한과 동일).

22) ⑥ 제1항에 규정된 법령의 위반에 따른 죄와 다른 죄의 경합범에 대하여는 「형법」 제38조에도 불구하고 이를 분리 심리하여 따로 선고하여야 한다.

23) ① 금융위원회는 금융회사(제31조 제1항의 적용대상인 금융회사에 한정한다. 이하 이 조에서 같다)의 최대주주 중 최다출자자 1인(최다출자자 1인이 법인인 경우 그 법인의 최대주주 중 최다출자자 1인을 말하며, 그 최다출자자 1인도 법인인 경우에는 최다출자자 1인이 개인이 될 때까지 같은 방법으로 선정한다. 다만, 법인 간 순환출자 구조인 경우에는 최대주주 중 대통령령으로 정하는 최다출자자 1인으로 한다. 이하 이 조에서 "적격성 심사대상"이라 한다)에 대하여 대통령령으로 정하는 기간마다 변경승인요건 중 「독점규제 및 공정거래에 관한법률」, 「조세범 처벌법」 및 금융과 관련하여 대통령령으로 정하는 법령을 위반하지 아니하는 등 대통령령

세범 처벌법 및 금융과 관련하여 대통령령으로 정하는 법령'의 위반에 따른 죄와 다른 죄의 경합범에 대하여는 형법 제38조에도 불구하고 이를 분리 심리하여 따로 선고하도록 규정하고 있다. 그리고 동법 시행령에서 '대통령령으로 정하는 법령'을 금융관계법령으로 기술하면서 금융관계법령으로 근로자 퇴직급여 보장법 등 모두 49개 법령을 열거하고 있다.

2. 공익법인의 의결권 제한

상호출자제한기업집단 소속 공익법인이 보유한 계열사 주식에 대한 의결권 행사를 원칙적으로 금지하였다(공정거래법 제25조 제2항). 공익법인에 공시의무도 부과되어 있다(공정거래법 제29조 제1, 2항).

공익법인이 총수 일가의 지배력 확대 수단으로 이용되는 것을 방지하기 위하여 도입된 제도이다. 다음과 같은 예외가 있다.

첫째, 공익법인이 국내 계열회사 발행주식 총수를 소유하는 경우 의결권 행사가 가능하다(공정거래법 제25조 제2항 제1호). 둘째, 상장 계열사에 대해서는 적대적 인수합병에 대응할 수 있도록 특수관계인과 합산하여 15% 한도 내에서 의결권을 행사할 수 있도록 예외규정을 두었다. 다만, 공익법인 의결권 제한의 경우 공포일로부터 2년 경과 후 3년에 걸쳐 단계적으로 의결권 행사 한도가 축소되도록 규정되었다(공정거래법 부칙 제7조).[24)]

Ⅴ. 공시제도

1. 제도의 개요

대규모내부거래의 이사회 의결 및 공시 제도(공정거래법 제26조, 공정거래법 시행령 제33조), 비상장회사 등의 중요사항 공시 제도(공정거래법 제27조, 공정거

으로 정하는 요건(이하 "적격성 유지요건"이라 한다)에 부합하는지 여부를 심사하여야 한다.

24) 그 비율은 '30%(~23년) → 25%(~24년) → 20%(~25년) → 15%(~26년)'가 된다.

래법 시행령 제34조), 기업집단현황 등에 대한 공시 제도(공정거래법 제28조, 공정거래법 시행령 제35조), 특수관계인 공익법인의 이사회의결 및 공시(공정거래법 제29조, 공정거래법 시행령 제36조) 등을 운영하고 있다. 이러한 공시의무는 공시대상기업집단에 적용된다.

대규모내부거래의 공시(공정거래법 제26조) 중 '특수관계인을 위한 거래'에는 직접적 거래는 물론 제3자를 통한 간접적 거래행위도 포함된다는 견해가 있는데,[25] 이는 부당한 지원행위, 특수관계인 이익제공에서 간접적 거래가 포함되는 것과 균형을 맞추려는 것으로 보인다.

2. 관련 판례

내부거래공시대상회사가 유가증권을 특수관계인으로부터 매수하거나 특수관계인에게 매도하거나 또는 특수관계인이 발행한 위 거래금액 이상의 유가증권을 매수하는 행위를 한 이상, 그 유가증권 매수 또는 매도행위가 중개를 목적으로 한 사실상의 중개거래라고 하더라도 공시대상인 대규모내부거래행위에 해당한다 할 것이고, 현실적인 자금의 수수 없이 사실상 기존 채무의 변제기 연장을 위하여 이루어진 대환거래라고 하더라도 공시대상에 해당한다고 본 사례로는 대법원 2007. 4. 12.자 2006마731 결정이 있다. 거래금액 이상인 채무에 대한 보증을 특수관계인으로부터 제공받는 행위는 공시대상인 대규모내부거래행위에 해당한다고 본 사례로는 대법원 2008. 2. 29.자 2005마94 결정(아시아나항공 사건)이 있다.

▣ 대법원 2007. 4. 12.자 2006마731 결정

▪ 판시사항

구 공정거래법(2004. 12. 31. 법률 제7315호로 개정되기 전의 것) 제11조의 2 제1항은, 내부거래공시대상회사는 특수관계인을 상대방으로 하거나 특수관계인을 위하여 대통령령이 정하는 규모 이상의 자금, 유가증권, 자산의 거래

25) 권오승・서정, 독점규제법, 법문사 2022. 564면.

행위를 하고자 하는 때에는 미리 이사회의 의결을 거친 후 이를 공시하여야 한다고 규정하고 있는바, 위 규정이 공시의 요건으로 특수관계인을 상대방으로 하거나 특수관계인을 위한 일정 규모 이상의 자금 등 거래행위일 것을 정하고 있을 뿐 그 거래행위의 구체적 목적이나 태양을 정하고 있지 아니한 점 및 특수관계인 상호 간의 부당내부거래를 사전에 억제하고 대규모내부거래에 관한 정보를 시장에 제공한다는 위 규정의 입법 취지에 비추어 볼 때, 내부거래공시대상회사가 같은 법 시행령(2004. 3. 17. 대통령령 제18312호로 개정되기 전의 것) 제17조의8 제2항이 정한 거래금액 이상의 유가증권을 특수관계인으로부터 매수하거나 특수관계인에게 매도하거나 또는 특수관계인이 발행한 위 거래금액 이상의 유가증권을 매수하는 행위를 한 이상, 그 유가증권 매수 또는 매도행위가 중개를 목적으로 한 사실상의 중개거래라고 하더라도 공시대상인 대규모내부거래행위에 해당한다 할 것이고, 현실적인 자금의 수수 없이 사실상 기존 채무의 변제기 연장을 위하여 이루어진 대환거래라고 하더라도 달리 볼 것은 아니다.

▣ 대법원 2008. 2. 29.자 2005마94 결정(아시아나항공 사건)

■ 판시사항

① 구 공정거래법(2001. 1. 16. 법률 제6371호로 개정되기 전의 것) 제11조의2 제1항은 내부거래공시대상회사는 특수관계인을 상대방으로 하거나 특수관계인을 위하여 대통령령이 정하는 규모 이상의 자금, 유가증권, 자산의 제공 또는 거래행위를 하고자 하는 때에는 미리 이사회의 의결을 거친 후 이를 공시하여야 한다고 규정하고 있는바, 위 규정이 공시의 요건으로 특수관계인을 상대방으로 하거나 특수관계인을 위한 일정 규모 이상의 자산 등의 제공 또는 거래행위일 것을 정하고 있을 뿐 그 거래행위의 구체적 목적이나 태양을 정하고 있지 아니한 점 및 특수관계인 상호 간의 부당내부거래를 사전에 억제하고 대규모내부거래에 관한 정보를 시장에 제공한다는 위 규정의 입법 취지에 비추어 볼 때, 내부거래공시대상회사가 구 공정거래법 시행령(2001. 3. 27. 대통령령 제17176호로 개정되기 전의 것) 제17조의8 제2항이 정한 거래금액 이상인 채무에 대한 보증을 특수관계인으로부터 제공받는 행위는 공시대상인 대규모내부거래행위에 해당한다 할 것이다.

② 아래와 같은 원심의 판단은 타당하다. 기록에 의하면, 금호 기업집단 소

속의 내부거래공시대상회사인 아시아나지원시설 주식회사(2004. 9. 24. 재항고인으로 합병되었다)는 2000. 9. 1. 신용보증기금과 사이에 400억 원 상당의 산업기반신용보증을 받는 신용보증약정을 체결하였는데, 특수관계인인 아시아나항공 주식회사와 금호산업 주식회사는 위 신용보증약정상의 아시아나지원시설의 채무를 연대보증한 사실을 알 수 있는바, 위 연대보증금액이 구 공정거래법 시행령 제17조의8 제2항이 정한 거래금액 이상에 해당하므로 이는 구 공정거래법 제11조의2 제1항의 규정에 의한 공시대상인 대규모내부거래행위에 해당한다고 할 것이다.

▣ 서울고등법원 2017. 5. 24. 선고 2016누70279 판결(롯데리아 등 사건)[26]

공정위는 원고들이 공정거래위원회에 주식소유현황 등을 신고하면서 2012년부터 2015년까지 해외계열회사인 주주 16개사를 동일인 관련자가 아닌 기타주주로 신고한 행위가 구 공정거래법 제13조 제1항에 위반되는 허위신고라는 이유로, 2016. 9. 22. 원고들에 대하여 의결(약) 제2016-100호로, 경고처분을 하였다. 이에 대하여 원고들은 소를 제기하였으나, 위 법원은 주식소유현황 등을 신고함에 있어 해외 주주사의 보유주식도 포함된다는 전제에서 처분사유가 모두 인정된다고 판단하였다.

▣ 대법원 2020. 4. 9.자 2019마6806 결정

■ 판시사항

구 공정거래법(2017. 4. 18. 법률 제14813호로 개정되기 전의 것) 제11조의2 제1항은 내부거래공시대상회사는 특수관계인을 상대방으로 하거나 특수관계인을 위하여 대통령령이 정하는 규모 이상의 자금, 유가증권, 자산의 거래행위를 하고자 하는 때에는 미리 이사회의 의결을 거친 후 이를 공시하여야 한다고 규정하고 있는바, 위 규정이 공시의 요건으로 특수관계인을 상대방으로 하거나 특수관계인을 위한 일정한 규모 이상의 자금 등 거래행위일 것을 정하고 있을 뿐 그 거래행위의 구체적 목적이나 태양을 정하고 있지 아니한 점, 특수관계인 상호 간의 부당내부거래를 사전에 억제하고 대규모내부거래에 관한 정보를 시장에 제공한다는 위 규정의 입법 취지, 위 규정 본문이

---

26) 확정.

'특수관계인을 위하여' 하는 거래행위를 공시대상으로 명시하고 있는 취지와 그 규정 내용 및 거래 현실 등에 비추어 보면, '특수관계인을 위하여' 하는 거래에는 자본시장과 금융투자업에 관한 법률에 따라 집합투자업자인 특수관계인이 운용하는 투자신탁재산을 보관·관리하는 신탁업자를 차주로 하여 그 투자신탁재산에 대한 대출계약을 체결하는 것도 포함된다고 봄이 상당하다.

원심은 내부거래공시대상회사인 재항고인이 판시와 같이 특수관계인인 계열회사가 운용하는 투자신탁재산의 신탁업자에게 이 사건 대출거래를 한 사실을 인정한 다음, 이 사건 대출거래는 특수관계인을 상대방으로 하는 자금의 거래행위에 해당한다고 보아 구 공정거래법 제11조의2 제1항의 규정에 의한 공시대상인 대규모내부거래에 해당한다는 취지로 판단한 제1심결정을 그대로 유지하였다. 원심이 이 사건 대출거래가 특수관계인을 위한 거래행위가 아니라 특수관계인을 상대방으로 하는 거래행위에 해당하는 것으로 본 것은 부적절하나, 이 사건 대출거래가 구 공정거래법 제11조의2 제1항의 규정에 의한 공시대상인 대규모내부거래에 해당한다고 본 결론에서는 정당하므로, 재항고이유 주장과 같이 구 공정거래법 제11조의2 제1항 등 관련 법리를 오해하여 판결에 영향을 미친 잘못이 없다.

■ 해 설

"자본시장과 금융투자업에 관한 법률에 따라 집합투자업자인 특수관계인이 운용하는 투자신탁재산을 보관·관리하는 신탁업자를 차주로 하여 그 투자신탁재산에 대한 대출계약을 체결하는 경우"가 문제된 사례이다.

구 법 제11조의2 제1항은 '특수관계인을 상대방으로 하는 거래'와 '특수관계인을 위하여 하는 거래'를 모두 규율하고 있다.

원심은 '특수관계인을 상대방으로 하는 거래'에 해당한다고 보았으나 대법원은 이를 부정하고, '특수관계인을 위하여 하는 거래'에 해당한다고 판단하며 결과적으로 공시의무 대상인 대규모내부거래에 해당한다는 결론은 타당하다고 보았다.

Ⅵ. 지주회사 제도

1. 지주회사 개념

공정거래법상 지주회사라 함은 주식(지분을 포함)의 소유를 통하여 국내 회사의 사업내용을 지배하는 것을 주된 사업으로 하는 회사이다(공정거래법 제2조 제7호, 공정거래법 시행령 제3조 제1항). 이때 '사업내용을 지배한다.'의 의미는 다른 회사의 사업활동의 주요사항에 관하여 간섭하고 그 결정에 영향력을 행사한다는 것을 의미하며, 주식의 소유로 충분하고 의결권을 실제 행사하여야 하는 것은 아니다.[27] 지주회사는 자회사 주식소유 외에 고유한 사업을 영위하는지에 따라 순수지주회사와 사업지주회사로, 자회사의 사업내용에 따라 금융지주회사와 일반지주회사로 분류할 수 있다.[28]

2021. 12. 30. 시행된 전면 개정된 공정거래법은 지주회사 제도의 개편에 집중하여, 지주회사 자・손자회사 의무 지분율 요건을 강화하였다. 즉, 신규 설립・전환된 지주회사이거나, 기존 지주회사가 자・손자회사를 신규・편입하는 경우, 자・손회사에 대한 의무 지분율을 상장사와 비상장사의 경우 모두 10%씩 상향하여, 상장사인 경우 20%에서 30%가, 비상장사인 경우 40%에서 50%가 되었다.

[지주회사와 자회사, 계열회사]

지주회사 제도에서, 지주회사와 자회사, 지주회사와 계열회사, 지주회사와 비계열회사의 관계를 어떻게 이해할 것인지가 중요하다. 계열회사의 요건과 자회사의 요건은 다르기 때문이다.

첫째, 지주회사와 자회사의 기준은 지배관계이다. 지주회사는 자회사를 지배한다(공정거래법 제2조 제7, 8호). 그로 인하여 지주회사는 자회사에 대한 최대 출자자가 되어야 한다(공정거래법 시행령 제3조 제3항). 둘째, 계열회사는 기업집단의 범위와 일치한다. 즉 계열회사는 동일한 기업집단에 속하는 회사이다(공정거래법 제2조 12호). 셋째, 지주회사는 계열회사에 대한 최대 출자자가 아닐 수 있다. 지주회사와 계열회사가 같은 기업집단에 속할 수 있으나, 지주회사가 계열회사의 최대출자자가 아니어서 계열회사를 지배하지 않을 수 있다.

---

27) 「독점규제 및 공정거래에 관한 법률 주석」, 로앤비 온주(지주회사, 임영철 집필 부분).

28) 「독점규제 및 공정거래에 관한 법률 주석」, 로앤비 온주(제2조 제7호, 이석준 집필 부분).

2. 지주회사 제도에 대한 평가

가. 지주회사 제도에 대한 접근

공정거래법상 지주회사 제도의 운영에 있어, 기업집단 제도, 순환출자 및 상호출자 규제 제도 등 경제력 집중 정책의 틀 속에서 종합적으로 접근해야 한다. 또한 경쟁정책 및 거래공정화 정책 등 다른 공정거래 정책 전반과 조화도 고려해야 한다. 구체적인 운영에서 지주회사 제도에 관한 법령이 복잡하여 발생하는 다양한 문제를 합리적으로 조율하고, 형벌 등 제재 수단의 적합성 문제에 대하여도 검토할 필요가 있다.

첫째, 지주회사는 경제력 집중 제도의 일환으로 보아야 한다. 지주회사에 대한 공정거래법 개정의 사유 중 하나가 지배력 확대에 대한 우려였음은 이를 뒷받침한다. 특히 기업집단 제도와 함께 접근해야 함은 물론이다.

둘째, 지주회사는 지배구조 문제이다. 한국에서 순환출자 방식과 지주회사 방식이 지배구조의 대표적인 유형이기 때문이다. 그런데 지배구조, 지배권 확보는 자연스러운 현상으로 보아야 한다.[29] 그 자체는 부정적이지도 긍정적이지도 않고 중립적인 현상이다. 우리나라에서 나타나는 지배구조의 특성은 우리 시장과 우리 법제도에서 탄생한 자연스러운 현상일 뿐이므로, 이를 객관적이고 중립적으로 평가할 필요가 있다. 윤리적인 잣대를 적용하는 것에는 신중할 필요가 있다.

셋째, 지주회사 정책은 공정거래정책의 일부이다. 그 점에서 경쟁정책과 거래공정화 정책과 연결하여 보아야 한다. 지주회사 제도 개편의 원인으로 거래공정화 정책으로 분류되는 '사익편취와 부당한 지원행위'가 고려된 것도 같은 맥락이다. 그 점에서 지주회사 제도를 다른 공정거래정책의 목표와 어떻게 조화하는지는 어려운 과제가 된다.

---

29) 순환출자와 지주회사 방식이 지배권 확보의 방식으로 활용되고 있다(신현윤, 대기업집단규제론, 법문사 2021. 236면). 지주회사가 허용되지 않던 시기에서 상호출자와 순환출자는 지배구조상 불가피한 면이 있었다. 이는 1주 1의결권 제도하에서 지배권을 유지하기 위한 방편이었다.

나. 지주회사 제도의 개편 방안

지주회사 제도에 대하여 다음과 같은 개편 방향을 제시해본다.30)

첫째, 제도의 단순화 문제이다. 제도를 현재보다 단순하게 구성할 필요가 있다. 지주회사 제도가 증손회사 단계까지 규정하는 것은 우리 현실에 비추어 불가피하다고 하더라도 지나치게 복잡해지는 측면이 있다.

둘째, 규제의 명확성 문제이다. 법령 자체가 복잡하여 해석상 어려운 문제가 발생하고 있다. 이는 지주회사 제도에 국한되지 않는, 경제력 집중 규제 제도 전반의 문제이기도 하다.

셋째, 수범자의 준수가능성 문제이다. 수범자의 준수가능성을 고려할 필요가 있다. 법령이 복잡하고 어려우면, 수범자가 준수하기 어려운 측면이 있다. 규제가 복잡한 것은 그 목적을 달성하기 위해서도 바람직하지 않다. 현 지주회사 제도는 법령 해석의 어려움과 함께 수범자의 준수가능성을 어렵게 하는 문제가 있다.

넷째, 부당성 심사의 흠결 문제이다. 공정거래법은 부당성 심사가 중요하다. 그런데 지주회사 등 경제력 집중 부분은 객관적 행위 요건만 갖추면 위법하고, 부당성이 문제되지 않는 전형적인 사전 규제로 기능하고 있다. 사후규제적인 경쟁법과 상당한 차이가 있다. 다만, 부당성 심사는 하지 않더라도 정당한 사유 심사는 더 넓게 할 필요도 있다.

다섯째, 수직적 단선출자의 개선 문제이다. 수직적 단선 출자를 일관할 필요성과 실익의 문제이다. 공정거래법 제18조 제2항 제3호 등 계열회사와 자회사의 문제이다. 계열회사는 기업집단의 개념에 들어 있다. 자회사는 지주회사의 개념에 들어 있다. 두 영역의 개념이 한꺼번에 등장한다. 이와 동시에 지주회사는 수직적 단선출자 구조를 유지하도록 설계되어 있어, 수평, 순환출자를 모두 금지하고 있다.

여섯째, 위반행위와 제재 수단의 불균형 문제이다. 제재 수단으로서 형벌을 부과할 정도의 의무위반인지 의문이다. 지주회사 규제의 위반에 있어 업무착오에 기한 위반행위도 많기 때문이다. 예를 들면, 법 제18조 제7항 보

---

30) 상대적으로 한시적인 성격을 갖는 순환출자 문제에 비하여, 지주회사 제도는 장기간 논의될 것으로 보인다.

고서 제출 위반에 형벌을 부과하는 것 등이다. 이 문제의 해결을 위하여 법률, 시행령, 고시를 정비할 필요도 있으나, 근본적으로는 형벌 부과의 적정성을 고민할 필요도 있다.

제재 수단으로서 과징금 등도 그 정당성을 검토할 필요가 있다. 공정거래법 제38조에서 과징금을 부과하고 있다. 공정거래법상 과징금은 기본적으로 부당이득 환수 성격을 가지고 있고, 재재적 성격이 부가되어 있다. 그런데 지주회사 규제 위반은 부당이득 문제와 거리가 있어 과징금이 제재 수단으로 적합한지 의문이 들 수 있다. 이 점에서 과태료가 더 적합할 수 있고, 이는 경제력 집중 규제의 다른 조항에도 공통된 문제이다. 다른 행정법령과 비교해도 과태료가 적합할 수 있다.

3. 지주회사 설립

가. 지주회사 신고(공정거래법 제17조, 공정거래법 시행령 제26조)

첫째, 지주회사의 설립·전환 신고이다. 지주회사를 설립하거나 지주회사로 전환한 자는 일정한 기한 내에 그 내용을 입증하는 서류를 첨부하여 공정위에 신고서를 제출하여야 한다(공정거래법 제17조, 공정거래법 시행령 제26조). 지주회사를 설립하거나 합병에 의하여 지주회사로 전환하는 경우 설립·전환 신고가 공정거래법 제11조의 기업결합의 신고와 중복되는 때에도 이를 별도로 신고하여야 한다.[31]

둘째, 지주회사에 해당하지 않게 된 경우 신고이다. 보유주식의 감소, 자산의 증감 등의 사유로 인하여 지주회사에 해당하지 아니하게 되는 때에는 그 사유가 발행한 날을 기준으로 한 공인회계사의 회계감사를 받은 대차대조표 및 주식소유현황을 첨부하여 공정위에 신고할 수 있다(공정거래법 시행령 제26조 제5항). 이러한 신고를 받은 공정위는 신고를 받은 날부터 30일 이내에 심사결과를 신고인에게 통지하도록 의무를 부여하고 있다(공정거래법 시행령 제26조 제6항).

---

31) 「독점규제 및 공정거래에 관한 법률 주석」, 로앤비 온주(제17조, 이석준 집필 부분).

나. 상호출자제한기업집단의 채무보증 해소(공정거래법 제19조)

공정거래법 제31조 제1항 전단에 따라 지정된 상호출자제한기업집단에 속하는 회사를 지배하는 동일인 또는 해당 동일인의 특수관계인이 지주회사를 설립하거나 지주회사로 전환하려는 경우에는 다음 각 호[32]에 해당하는 채무보증을 해소하여야 한다(공정거래법 제19조). 공정거래법 제17조에 따라 지주회사의 설립·전환을 신고하려는 자는 신고서에 그 신고내용을 입증하는 서류와 법 제19조 각 호의 채무보증의 해소실적에 관한 서류(법 제31조 제1항 전단에 따라 지정된 상호출자제한기업집단에 속하는 회사를 지배하는 동일인 또는 그 동일인의 특수관계인이 신고하는 경우로 한정한다)를 첨부하여 공정거래위원회에 제출해야 한다(공정거래법 시행령 제26조 제1항).

4. 지주회사의 보고의무

지주회사는 당해 사업년도 종료 후 4월 이내에 지주회사·자회사 및 손자회사 및 증손회사의 주식소유현황, 재무상황 등 사업내용에 관한 보고서를 공정위에 제출하여야 한다(공정거래법 제18조 제7항, 공정거래법 시행령 제29조 제1항).

공정거래법 제18조 제7항(구 법 제8조의2 제7항)은 사업내용에 관한 보고서 제출의무를 규정하고 있다. 공정거래법 시행령 제29조 제1항(구 시행령 제15조의6 제1항)은 제1-6호에서 기재사항을 기재하고 있다. 이를 위반할 경우 공정거래법 제126조 제2호(구 법 제68조 제2호)에 따라 1억 원 이하의 벌금에 처하게 된다.

[보고서의 기재사항과 계열회사 현황]

---

32) ① 지주회사와 자회사 간의 채무보증
② 지주회사와 다른 국내 계열회사(그 지주회사가 지배하는 자회사는 제외한다) 간의 채무보증
③ 자회사 상호 간의 채무보증
④ 자회사와 다른 국내 계열회사(그 자회사를 지배하는 지주회사 및 그 지주회사가 지배하는 다른 자회사는 제외한다) 간의 채무보증

공정거래법 제18조 제7항(구 공정거래법 제8조의2 제7항)에서 정한 보고서의 범위가 문제된다. 현행 시행령 제29조 제1항은 계열회사 현황이 포함되어 입법적으로 문제가 해결되었다. 이와 달리 구 시행령 제15조의6 제1항에는 해석상 논란이 있었다. 구 시행령상 쟁점은 다음과 같다.

지주회사의 설립 전환의 신고 및 지주회사 등의 주식소유현황 등 보고에 관한 요령(지주회사 보고요령) 중 제10조 제1호가 지주회사에 관한 사항이다. 보고요령 중 '가. 주주현황. 다. 소유주식 명세서, 라. 감사보고서'는 시행령과 부합하지만, 시행령에 없고 보고요령에만 포함된 계열회사 현황이 문제되었다. 결론적으로 구 시행령 제15조의6 제1항에 기재된 4가지 외에 내용을 공정위가 고시하더라도 이를 근거로 형벌을 부과하기는 어렵다. 그 논거는 다음과 같다.

첫째, 제1호의 해석 문제이다. 제1호 지주회사 일반현황에 계열회사가 포함되는가? 포함된다면, 고시가 시행령의 범위를 넘어선 것으로 보기 어려울 것이다. 그러나 해석상 지주회사 일반현황에 계열회사에 포함된다고 보기 어렵다. 계열회사는 다른 회사에 대한 사항이기 때문이다.

둘째, 고시의 대상 문제이다. 구 시행령 제15조의6 제1항(현 시행령 제29조 제1항) 제1-4호에 규정된 외의 사항을 공정위가 고시로 추가할 수 있는지의 문제이다. 구 시행령 제15조의6 제1항에 규정된 '공정거래위원회가 정하여 고시하는 바에 따라'의 의미를 계열사 현황 등 제1-4호 외의 내용을 공정위 고시가 추가할 수 있다는 의미로 해석하기 어렵다. 설령 고시로 정하더라도, 고시에 정한 내용의 누락을 이유로 형벌을 부과하는 것은 정당성이 인정되기 어렵다.

특히 법령의 해석상 형벌의 객관적 구성요건을 고시로 확장할 수 없다. 보고에 관한 요령은 법령의 위임을 받은 사항은 아니어서, 법규성이 없기 때문이다.

셋째, 규정 형식의 측면에서도 제1-4호에 한정되는 것으로 보아야 한다. 구 시행령 제15조의6 제1항에서 '공정거래위원회가 정하여 고시하는 바에 따라, 다음 각호의 사항을 기재한'은 별도의 사항을 고시할 수 있다는 것으로 보기 어렵고, 제1-4호 범위에 속하는 사항에 대하여, 그 범위 내에서 고시하라는 의미로 보아야 한다. 나아가, 보고요령은 절차에 대한 고시이므로 새로운 내용 추가가 가능하지 않다. 보고요령은 절차에 관한 것일 뿐 구성요건을 확장하기 위한 지침으로 보기 어렵기 때문이다.

5. 지주회사의 행위제한 ①(부채비율 제한)

지주회사의 행위제한 제도로, 지주회사의 부채비율을 순자본 대비 200% 이하로 제한하고 있다. 부채비율 제한은 지주회사에만 적용되고, 자회사, 손자회사, 증손회사 등에는 적용되지 않는다.

지주회사는 자본총액(대차대조표상의 자산총액에서 부채액을 뺀 금액을 말한다. 이하 같다)의 2배를 초과하는 부채액을 보유하는 행위를 하여서는 아니 된다(공정거래법 제18조 제2항 제1호). 다만, 지주회사로 전환하거나 설립될 당시에 자본총액의 2배를 초과하는 부채액을 보유하고 있을 때에는 지주회사로 전환하거나 설립된 날부터 2년간은 자본총액의 2배를 초과하는 부채액을 보유할 수 있다(공정거래법 제18조 제2항 제1호 단서).

공정거래법 제18조 제2항 제1호 단서를 적용할 때 각 해당 규정의 유예기간은 주식가격의 급격한 변동 등 경제여건의 변화, 주식처분금지계약, 사업의 현저한 손실 또는 그 밖의 사유로 부채액을 감소시키거나 주식의 취득·처분 등이 곤란한 경우 공정거래위원회의 승인을 받아 2년을 연장할 수 있다(공정거래법 제18조 제6항).

6. 지주회사의 행위제한 ②(최저지분율 제한)

지주회사의 행위제한 제도로 주식소유비율 제한 제도가 있다. 이러한 제한은 지주회사, 자회사에 대하여 적용되며, 벤처지주회사에 대하여 완화되어 있다.

가. 지주회사(공정거래법 제18조 제2항 제2호)

자회사의 주식을 그 자회사 발행주식총수의 100분의 50[자회사가 상장법인인 경우, 주식 소유의 분산요건 등 상장요건이 「자본시장과 금융투자업에 관한 법률」에 따른 증권시장으로서 대통령령으로 정하는 국내 증권시장의 상장요건에 상당하는 것으로 공정거래위원회가 고시하는 국외 증권거래소에 상장된 법인(국외상장법인)인 경우 또는 공동출자법인인 경우에는 100분의 30으로 하고, 벤처지주회사의 자회사인 경우에는 100분의 20으로 한다. 이하 이 조에서 "자회사주식보유기준"이라 한다] 미만으로 소유하는 행위를 하여서는 아니 된다. 다만, 법 제18조 제2항 단서의 어느 하나에 해당하는 사유로 자회사주식보유기준에 미달하게 된 경우는 제외한다.

나. 지주회사의 자회사(공정거래법 제18조 제3항 제1호)

손자회사의 주식을 그 손자회사 발행주식총수의 100분의 50[그 손자회사가 상장법인 또는 국외상장법인이거나 공동출자법인인 경우에는 100분의 30으로 하고, 벤처지주회사(일반지주회사의 자회사인 벤처지주회사로 한정한다)의 자회사인 경우에는 100분의 20으로 한다. 이하 이 조에서 "손자회사주식보유기준"이라 한다.] 미만으로 소유하는 행위를 하여서는 아니된다. 다만, 법 제18조 제3항 제1호 단서의 어느 하나에 해당하는 사유로 손자회사주식보유기준에 미달하게 된 경우는 예외로 한다.

다. 벤처 지주회사에 대한 제한 완화

2021. 12. 30. 시행되는 공정거래법을 통하여 벤처 지주회사에 대한 규제를 완화하였다. 벤처 지주회사 설립 요건 및 행위 제한 규제를 대폭 완화하여 보다 자유로운 벤처 투자가 이루어지도록 하였다.

첫째, 벤처지주회사의 자회사 지분 보유 요건(벤처지주회사를 일반 지주회사 단계에서 설립하는 경우)은 기존 20%를 유지하였다(공정거래법 제18조 제2항 제2호). 둘째, 벤처 지주회사를 일반 지주회사의 자회사 단계에서 설립하는 경우, '비상장 자회사' 지분 보유 요건을 40%에서 20%로 완화하였고(상장 자회사는 기존 20% 유지), 손자회사 단계에서 설립하는 경우, 상장·비상장 자회사 모두 지분 보유 요건을 100%에서 50%로 완화하였다(공정거래법 제18조 제3항 제1호, 제4항 제5호). 셋째, 5% 한도 내에서만 비계열사 주식을 취득하도록 하는 제한 규정을 폐지하였다(공정거래법 제18조 제2항 제3호).

7. 지주회사의 행위제한 ③(수직적 단선 출자 유지의무 – 주식 소유의 최고지분율 제한 또는 금지)

가. 개 요

지주회사는 수직적 단선출자 구조를 유지하도록 설계되어 있으며, 수평, 순환출자를 금지한다. '수직적 단선 출자' 구조는 비계열회사 주식의 소유를 제한함과 동시에 자회사가 아닌 계열회사의 주식 소유를 금지하는 내용으로 구성된다. 이러한 제한은 지주회사, 자회사, 손자회사, 증손회사에 대하여 모두 적용되지만, 구체적인 내용에 차이가 있다.

공정거래법 제18조 제2항 제3호(구 법 제8조의2 제2항 제3호)는 비계열회사 주식소유를 5%까지 허용하고, 후단은 자회사 외의 계열회사 주식 소유 자체를 허용하지 않는다.[33] 이를 위하여 공정거래법 제18조 제2항 제3호(구 법 제8조의2 제2항 제3호)는 두 가지 규제를 도입하고 있다.

첫째, 비계열회사에 대한 주식소유 최고지분율 제한이다. 비계열회사 주식은 5%까지 소유가 가능하다. 이를 통하여 비계열회사 주식을 소유하여 지배력 확대를 시도하는 것을 막고 있다.

둘째, 계열회사에 대한 주식 소유 제한이다. 즉 자회사가 아닌 계열회사 주식 소유를 원천적으로 금지하고 있다. 비계열회사의 주식을 소유하는 경우에 비하여 계열회사의 주식을 소유할 경우에 수평적 순환출자의 위험이 높은 것으로 보아 자회사가 아니라면 주식 소유 자체를 금지하고 있다.

[수직적 단선출자 사례]

수직적 단선출자 규제는 다음과 같은 동태적인 사안에서 그 차이가 드러난다. ① 동일한 계열회사의 최다출자자가 지주회사인 기간은 자회사이고(계열회사인 동시에 자회사), ② 그 이후 유상증자 등 사유로 최다출자자가 변경된 기간은 계열회사가 될 수 있고(계열회사이지만, 자회사가 아님), ③ 최다출자자가 특수관계인 지위를 상실하였다면 비계열회사가 될 수도 있다(계열회사도 아니고 자회사도 아님).

공정거래법 제18조 제2항 제3호(구 법 제8조의2 제2항 제3호)의 위반 여부가 기간에 따라 ① 기간에 대하여 적법하고, ② 기간에 대하여 자회사가 아닌 계열회사 주식 소유금지 위반이 되며, ③ 기간에 대하여 비계열회사 주

33) 공정거래법 제18조 제2항 제3호 등 계열회사와 자회사의 문제이다. 계열회사는 기업집단의 개념에 들어 있다. 자회사는 지주회사의 개념에 들어 있다.

식 소유 초과로 인한 위반이 되는 등 달라질 수 있다.

나. 구체적 유형

(1) 지주회사와 수직적 단선 출자(공정거래법 제18조 제2항 제3호)

첫째, 계열회사가 아닌 국내 회사(「사회기반시설에 대한 민간투자법」 제4조 제1호부터 제4호까지의 규정에서 정한 방식으로 민간투자사업을 영위하는 회사는 제외한다. 이하 이 호에서 같다)의 주식을 그 회사 발행주식총수의 100분의 5를 초과하여 소유하는 행위(벤처지주회사 또는 소유하고 있는 계열회사가 아닌 국내 회사의 주식가액의 합계액이 자회사의 주식가액의 합계액의 100분의 15 미만인 지주회사에는 적용하지 아니한다)가 금지된다. 둘째, 자회사 외의 국내 계열회사의 주식을 소유하는 행위도 금지된다. 셋째, 공정거래법 제18조 제2항 제3호 단서의 어느 하나에 해당하는 사유로 주식을 소유하고 있는 계열회사가 아닌 국내 회사나 국내 계열회사의 경우는 예외로 한다.

(2) 자회사와 수직적 단선 출자(공정거래법 제18조 제3항 제2호)

손자회사가 아닌 국내 계열회사의 주식을 소유하는 행위가 금지된다. 다만, 공정거래법 제18조 제3항 제2호 단서의 어느 하나에 해당하는 사유로 주식을 소유하고 있는 국내 계열회사의 경우는 예외로 한다.

(3) 손자회사와 수직적 단선 출자(공정거래법 제18조 제4항)

일반지주회사의 손자회사는 국내 계열회사의 주식을 소유해서는 아니 된다. 다만, 공정거래법 제18조 제4항 단서의 어느 하나에 해당하는 경우에는 그러하지 아니하다. 특히 일반지주회사의 손자회사가 증손회사를 보유하는 경우에는 그 지분 100%를 소유해야 한다(공정거래법 제18조 제4항 제4호). 이와 같이 지분 100% 소유를 통한 예외는 손자회사가 국내 계열회사(증손회사)를 보유하는 경우에는 인정되지만, 증손회사가 국내 계열회사를 보유하는 경우에는 인정되지 않는다.

(4) 증손회사와 수직적 단선 출자(공정거래법 제18조 제5항)

증손회사는 국내 계열회사의 주식을 소유해서는 아니 된다. 다만, 공정거래법 제18조 제5항 단서의 어느 하나에 해당하는 경우에는 그러하지 아니하다.

8. 지주회사의 행위제한 ④(금산분리)

금산분리 규정은 금융지주회사, 일반지주회사, 일반지주회사의 자회사 등에 대하여 존재한다.

가. 금산분리의 원칙[34)]

금산분리의 원칙에 따라 금융자회사와 비금융자회사를 동시에 소유하는 것을 금지하고 있다.

첫째, 금융지주회사에 대한 제한이다. 금융업 또는 보험업을 영위하는 자회사의 주식을 소유하는 지주회사(금융지주회사)인 경우 금융업 또는 보험업을 영위하는 회사(금융업 또는 보험업과 밀접한 관련이 있는 등 대통령령으로 정하는 기준에 해당하는 회사를 포함한다) 외의 국내 회사의 주식을 소유하는 행위를 하여서는 아니 된다. 다만, 금융지주회사로 전환하거나 설립될 당시에 금융업 또는 보험업을 영위하는 회사 외의 국내 회사 주식을 소유하고 있을 때에는 금융지주회사로 전환하거나 설립된 날부터 2년간은 그 국내 회사의 주식을 소유할 수 있다(공정거래법 제18조 제2항 4호).

둘째, 일반지주회사와 일반지주회사의 자회사에 대한 제한이다. 금융지주회사 외의 지주회사(일반지주회사)인 경우 금융업 또는 보험업을 영위하는 국내 회사의 주식을 소유하는 행위가 금지된다. 다만, 일반지주회사로 전환하거나 설립될 당시에 금융업 또는 보험업을 영위하는 국내 회사의 주식을 소유하고 있을 때에는 일반지주회사로 전환하거나 설립된 날부터 2년간은 그 국내 회사의 주식을 소유할 수 있다(공정거래법 제18조 제2항 5호).

일반지주회사의 자회사는 금융업이나 보험업을 영위하는 회사를 손자회

34) 한편, 금융지주회사법에 따른 비금융주력자(금융지주회사법 제2조 제1항 제8호)의 은행지주회사 의결권 있는 주식 소유한도는 원칙적으로 4%로 하고 있다(금융지주회사법 제8조의2 제1항).

사로 지배하는 행위가 금지된다. 다만, 일반지주회사의 자회사가 될 당시에 금융업이나 보험업을 영위하는 회사를 손자회사로 지배하고 있는 경우에는 자회사에 해당하게 된 날부터 2년간 그 손자회사를 지배할 수 있다(공정거래법 제18조 제3항 제3호).

셋째, 공정거래법 제18조 제2항 제4호 단서, 같은 항 제5호 단서를 적용할 때 각 해당 규정의 유예기간은 주식가격의 급격한 변동 등 경제여건의 변화, 주식처분금지계약, 사업의 현저한 손실 또는 그 밖의 사유로 부채액을 감소시키거나 주식의 취득·처분 등이 곤란한 경우 공정거래위원회의 승인을 받아 2년을 연장할 수 있다(공정거래법 제18조 제6항).

나. 기업형 벤처캐피탈(CVC) 예외

일반지주회사는 공정거래법 제18조 제2항 제5호에도 불구하고 「벤처투자 촉진에 관한 법률」에 따른 중소기업창업투자회사 및 「여신전문금융업법」에 따른 신기술사업금융전문회사의 주식을 소유할 수 있다(공정거래법 제20조 제1항). 이로써 기업형 벤처캐피탈 제한적 보유를 허용하였다. 벤처기업에 대한 투자와 인수합병이 활성화될 수 있도록 일반 지주회사의 기업형 벤처캐피탈(Corporate Venture Capital, CVC) 보유를 허용하면서도, 타인 자본을 통한 지배력 확대, 총수 일가 사익 편취 등의 부작용이 발생하지 않도록 일반 지주회사는 기업형 벤처캐피탈(CVC)을 100% 자회사로만 소유할 수 있도록 하고, 부채 비율 제한(200%), 펀드 내 외부 자금 제한(40%), CVC 계열사 및 총수 일가 지분 보유 기업에 대한 투자 금지 등 안전장치에 대한 규정을 포함하였다.

(1) 지주회사의 의무

공정거래법 제20조 제1항에 따라 일반지주회사가 중소기업창업투자회사 및 신기술사업금융전문회사의 주식을 소유하는 경우에는 중소기업창업투자회사 및 신기술사업금융전문회사의 발행주식총수를 소유하여야 한다. 다만, 공정거래법 제20조 제2항 단서의 어느 하나에 해당하는 경우에는 그러하지 아니하다(공정거래법 제20조 제2항).

(2) CVC 의무

공정거래법 제20조 제1항에 따라 일반지주회사가 주식을 소유한 중소기업창업투자회사 및 신기술사업금융전문회사는 다음 각 호의 어느 하나[35]에 해당하는 행위를 하여서는 아니 된다. 다만, 공정거래법 제20조 제2항 각 호의 어느 하나에 해당하는 경우에는 제1호부터 제5호까지의 규정을 적용하지 아니한다(공정거래법 제20조 제3항).

9. 위반행위에 대한 제재

35) ① 자본총액의 2배를 초과하는 부채액을 보유하는 행위
② 중소기업창업투자회사인 경우「벤처투자 촉진에 관한 법률」 제37조 제1항 각 호 이외의 금융업 또는 보험업을 영위하는 행위
③ 신기술사업금융전문회사인 경우 「여신전문금융업법」 제41조 제1항 제1호, 제3호부터 제5호까지의 규정 이외의 금융업 또는 보험업을 영위하는 행위
④ 다음 각 목의 어느 하나에 해당하는 투자조합(「벤처투자 촉진에 관한 법률」 제2조 제11호에 따른 벤처투자조합 및「여신전문금융업법」 제2조 제14호의5에 따른 신기술사업투자조합을 말한다. 이하 이 조에서 같다)을 설립하는 행위
㉮ 자신이 소속된 기업집단 소속 회사가 아닌 자가 출자금 총액의 100분의 40 이내에서 대통령령으로 정하는 비율을 초과하여 출자한 투자조합
㉯ 자신이 소속된 기업집단 소속 회사 중 금융업 또는 보험업을 영위하는 회사가 출자한 투자조합
㉰ 자신의 특수관계인(동일인 및 그 친족에 한정한다)이 출자한 투자조합(동일인이 자연인인 기업집단에 한정한다)
⑤ 다음 각 목의 어느 하나에 해당하는 투자(「벤처투자 촉진에 관한 법률」 제2조 제1호 각 목의 어느 하나에 해당하는 것을 말한다)를 하는 행위(투자조합의 업무집행을 통한 투자를 포함한다)
㉮ 자신이 소속된 기업집단 소속 회사에 투자하는 행위
㉯ 자신의 특수관계인(동일인 및 그 친족에 한정한다)이 출자한 회사에 투자하는 행위
㉰ 공시대상기업집단 소속 회사에 투자하는 행위
㉱ 총자산(운용 중인 모든 투자조합의 출자금액을 포함한다)의 100분의 20을 초과하는 금액을 해외 기업에 투자하는 행위
⑥ 자신(자신이 업무를 집행하는 투자조합을 포함한다)이 투자한 회사의 주식, 채권 등을 자신의 특수관계인(동일인 및 그 친족에 한정한다) 및 특수관계인이 투자한 회사로서 지주회사 등이 아닌 계열회사가 취득 또는 소유하도록 하는 행위

가. 과징금

과징금은 기본적으로 부당이득 환수 성격을 가지고 있다. 공정거래법상 과징금도 부당이득 환수의 성격에 재재적 성격이 더하여진 것으로 본다. 그런데 지주회사 관련 규정을 위반한 사안은 부당이득 환수 문제와 무관하다. 그 점에서 과징금이 제재 수단으로 적절하지 않고, 오히려 과태료가 더 본질에 부합한다. 이는 지주회사에 국한되지 않고, 다른 경제력 집중의 조항에도 적용된다.

나. 형 벌

공정거래법 제18조 제2항부터 제5항, 제19조, 제20조 제2항 또는 3항을 위반한 자는 3년 이하의 징역 또는 2억원 이하의 벌금에 처한다(공정거래법 제124조 제1항). 공정거래법 제17조, 공정거래법 제18조 제7항을 위반한 자는 1억원 이하의 벌금에 처한다(공정거래법 제126조).

10. 관련 판례

2016. 3. 29. 법개정으로 일반지주회사의 자회사가 금융·보험사를 손자회사로 지배하는 것에 대한 과징금 부과 근거를 마련하였다(구 공정거래법 제17조 제4항 제3호). 이러한 법개정은 일반지주회사의 자회사가 금융·보험사를 손자회사로 지배하는 것에 대한 과징금 부과근거가 마련되어 있지 않아 아래에서 보는 대법원 2014. 7. 24. 선고 2012두20007 판결(에스케이네트웍스 사건)에서 공정위가 패소함에 따른 것으로 보인다.

▣ 서울고등법원 2004. 4. 28. 선고 2003누5336 판결(한국케이블티비마포방송 사건)[36]

■ 해 설

일반지주회사의 자회사에 의한 다른 국내회사의 주식에 대한 지배목적의

---

36) 확정.

소유에 대한 과징금 부과가 적법하다고 판단한 사안이다. 구 법 당시 '소유하는 주식'이 손자회사 주식인지, 증손회사 주식인지 논란이 있었고, 이 판결은 손자회사의 주식으로 판시하였다. 2004년 법개정으로 손자회사로 명시하고 있다.

▣ 대법원 2006. 11. 23. 선고 2004두8583 판결(주식회사 성담 사건)

■ 판시사항

구 공정거래법(2004. 12. 31. 법률 제7315호로 개정되기 전의 것) 제8조의2 제2항은 일반지주회사의 자회사가 다른 국내회사의 주식을 소유하는 것 그 자체를 금지하는 것이 아니라 다른 국내회사의 주식을 '지배목적'으로 소유하는 것만을 금지하고 있는데, 자회사가 당해 지주회사의 주식을 '지배목적'으로 소유하는 경우를 상정하기 어려운 점 및 위 규정의 입법 취지는 지주회사가 자회사를 통하여 계열기업을 확장하는 것을 억제하기 위하여 자회사가 그 사업내용과 밀접한 관련이 없는 손자회사를 두는 행위를 금지하고자 하는 데 있는 점에 비추어 볼 때, 같은 법 제8조의2 제2항 소정의 '다른 국내회사'에 자회사의 당해 지주회사는 포함되지 않는다고 해석함이 상당하다.

■ 해 설

지주회사의 행위 제한의 범위에 관하여 구 공정거래법 제8조의2 제2항 소정의 '다른 국내회사'에 자회사의 당해 지주회사가 포함되지 않는다는 취지이다.

▣ 대법원 2014. 5. 16. 선고 2012두17964 판결(일진홀딩스 사건)

■ 판시사항

아래와 같은 원심 판단을 수긍하였다.

원고는 지상파방송사업자 및 종합편성 또는 보도에 관한 전문편성을 행하는 방송채널사용사업자의 주식 총수의 30%를 초과하여 소유할 수 없도록 규정한 구 방송법(2009. 7. 31. 법률 제9786호로 개정되기 전의 것) 제8조 제2항에 따라 그 개정 법률의 시행 전날인 2009. 10. 31.까지는 주식회사 전주방송 주식 총수의 40%를 취득할 수 없었으므로, 구 공정거래법(2013. 5. 28. 법률 제11845호로 개정되기 전의 것) 제8조의2 제2항 제2호 가목 소정의 2년의 유예기간의 기산점은 개정 법률의 시행일인 2009. 11. 1.로 보아야 하고, 이에 따라 이 사건 처분의 심의일인 2011. 10. 28. 당시에는 위 유예기간이 만료되지 아니하였음에도, 피고가 위 유예기간이 이미 만료되었음을 전제로 이 사건 처분을 한 위법이 있다고 주장하였다. 그러나 원심은 원고가 주장하는 2009. 11. 1.부터라도 2010. 7. 3.까지 약 8개월 정도 주식을 취득할 시간이 있었고, 또 구 공정거래법 소정의 지주회사인 원고가 구 공정거래법 제8조의2 제2항 제2호 가목 소정의 2년의 유예기간 내에 구 공정거래법 소정의 자회사인 전주방송의 발행주식총수의 '40% 미만 보유 금지'라는 주식보유기준 위반 상태를 해소하기 위하여는 주식의 추가 취득 방법만이 있는 것이 아니라, 기존 보유 주식의 매각, 주권상장, 자사주의 이익소각 등 여러 방법이 있었다는 등의 이유를 들어 이를 배척하였다.

■ 해 설

지주회사의 행위제한 위반에 관하여 지주회사인 원고가 자회사의 발행주식총수의 '40% 미만 보유 금지'라는 주식보유기준 위반 상태를 해소하기 위하여는 주식의 추가 취득 방법만이 있는 것이 아니라, 기존 보유 주식의 매각, 주권상장, 자사주의 이익소각 등 여러 방법이 있음을 판시하였음에 의미가 있다.

▣ 대법원 2014. 7. 24. 선고 2012두20007 판결(에스케이네트웍스 사건)

■ 판시사항

① 구 공정거래법 제8조의2 제3항은 일반지주회사의 자회사가 하여서는 아니 되는 각 호의 행위를 규정하면서, 각 호에서 손자회사 주식보유 기준 미만으로 소유하는 행위(제1호), 손자회사가 아닌 국내 계열회사의 주식을 소유하는 행위(제2호)와 함께 "금융업이나 보험업을 영위하는 회사를 손자회사로 지배하는 행위"(제3호)를 그 하나로 들고 있다. 그런데 위 각 호를 위반한 행위 등에 대한 과징금 부과에 관하여 구 공정거래법 제17조 제4항은 "공정거래위원회는 제8조의2 제2항 내지 제5항을 위반한 자에 대하여 다음 각 호의 금액에 100분의 10을 곱한 금액을 초과하지 아니하는 범위 안에서 과징금을 부과할 수 있다."고 규정하면서, 그 각 호에서 '제8조의2 제2항 제1호의 규정을 위반한 경우'(제1호), '제8조의2 제2항 제2호의 규정을 위반한 경우'(제2호), '제8조의2 제2항 제3호 내지 제5호, 같은 조 제3항 제2호, 같은 조 제4

항 또는 같은 조 제5항을 위반한 경우'(제3호), '제8조의2 제3항 제1호의 규정을 위반한 경우'(제4호)에 각각 과징금의 상한을 계산하는 데 기초가 되는 금액에 관한 규정을 두고 있을 뿐, '제8조의2 제3항 제3호의 규정을 위반한 경우'에 관하여는 이와 같은 규정을 두고 있지 아니하다. 한편, 공정거래법 제55조의3은 공정거래법상 과징금 부과에 공통적으로 참작하여야 할 일반적 사항으로 '위반행위의 내용 및 정도', '위반행위의 기간 및 회수', '위반행위로 인해 취득한 이익의 규모 등'을 규정함과 아울러(제1항) 이에 의한 과징금의 부과기준은 대통령령으로 정하도록 위임하였는데(제5항), 관련 대통령령 역시 구 공정거래법 제8조의2 제3항 제3호의 규정을 위반한 경우에 대한 과징금의 부과기준에 관하여 아무런 규정을 두고 있지 아니하다.

② 위와 같은 구 공정거래법상 위반행위에 대한 과징금 부과 근거 법령의 규정 체계, 형식 및 내용과 이 사건 금지규정의 개정 경위 등에 비추어 보면, 구 공정거래법 제17조 제4항이 위 제8조의2 제3항 위반행위에 대하여 과징금을 부과할 수 있도록 규정하고 있으나, 그 중 이 사건 금지규정의 위반행위에 대하여는 과징금 부과의 상한과 기준에 관한 규정이 흠결된 것으로 볼 수 있다. 이와 같이 이 사건 위반행위에 대하여는 행정상 제재처분의 근거규정 중 법률요건에 해당하는 금지규정과 제재의 종류에 관한 규정은 존재하나, 제재 범위에 관한 규정이 존재하지 아니하여 구체적 과징금을 산정하기 위한 기본과징금이 어떠한 기준으로 산정되는지 또는 구체적 과징금이 어떠한 한도 내에서 산정되는지 등에 관하여 행정청뿐 아니라 이 사건 금지규정의 적용대상인 당사자도 전혀 알 수 없게 되어 있다. 따라서 이 사건 위반행위에 관한 과징금 부과 기준의 흠결은 단순히 과징금 산정기준에 관한 규정이 불충분하다는 데 그치는 것이 아니라, 과징금 부과처분의 근거 규정의 일부가 존재하지 않는 것으로 보아야 한다. 이와 같이 이 사건 위반행위에 대하여 과징금을 산정·부과하기 위한 기준에 관한 근거규정 자체가 존재하지 않으므로, 법 규정의 문언이 지닌 통상적인 의미를 벗어나지 않는 한도 내에서만 이루어질 수 있는 목적론적 해석은 처음부터 불가능하다.

③ 과징금 부과와 같은 침익적 행정처분의 근거가 되는 법규는 엄격하게 해석·적용되어야 하고 그 처분의 상대방에게 불리한 방향으로 지나치게 확장해석하거나 유추해석하여서는 아니 된다. 이 사건 금지규정은 금융업이나 보험업을 영위하는 회사를 손자회사로 '지배하는 행위'를 금지하는 것으로서, 구 공정거래법 제8조의2 제2항 제3호 내지 제5호, 같은 조 제3항 제2호, 같

은 조 제4항 또는 같은 조 제5항이 '주식의 소유'를 금지하고 있는 것과 금지되는 행위의 내용과 취지가 같다고 볼 수 없어 그 위반행위에 따른 과징금 산정 방법도 달리 정하여야 할 것으로 보인다. 따라서 구 공정거래법 제8조의2 제3항 제2호 등 위반행위에 관하여 구 공정거래법 제17조 제4항 제3호가 과징금의 상한을 계산하는 데 기초가 되는 금액으로 정한 "위반하여 소유하는 주식의 대차대조표상 장부가액의 합계액"이라는 규정을 이 사건 금지규정의 위반행위에 대하여 과징금을 산정할 때 유추하여 적용할 수 없다.

■ 해 설

구 공정거래법 제17조 제4항 제3호가 과징금의 상한을 계산하는 데 기초가 되는 금액으로 정한 "위반하여 소유하는 주식의 대차대조표상 장부가액의 합계액"이라는 규정을 이 사건과 같이 일반 지주회사의 자회사가 금융업이나 보험업을 영위하는 회사를 손자회사로 지배하는 행위(구 공정거래법 제8조의2 제3항 제3호)에 대하여 유추하여 적용할 수 있는지가 쟁점이 되었다. 이에 대하여 원심 및 대법원은 과징금의 상한을 계산하는 데 기초가 되는 금액에 관한 규정을 두고 있지 않으므로 과징금을 부과할 수 없다고 보았다. 이에 따라 2016. 3. 29. 법개정으로 일반지주회사의 자회사가 금융・보험사를 손자회사로 지배하는 것에 대한 과징금 부과 근거를 마련하였다(구 공정거래법 제17조 제4항 제3호).

▣ 서울고등법원 2017. 7. 19. 선고 2016누81576 판결(이수건설 사건)[37]

일반지주회사 주식회사 이수는 2004. 1. 1.부터 심의 종결일인 2016. 11. 25.까지 자산총액이 1천억 원 이상에 해당되고, 자회사의 주식가액의 합계액이 자산총액에서 차지하는 비율이 50% 이상이므로 구 공정거래법 제2조 제1호의2 및 구 공정거래법 시행령(2016. 9. 29. 대통령령 제27529호로 개정되기 전의 것) 제2조에 따른 지주회사[38]에 해당되며, 금융업 또는 보험업을 영위하는 자회사의 주식을 소유하고 있지 않으므로 구 공정거래법 제8조의2 제2항 제4호 및 제5호에 의거하여 일반지주회사에 해당한다. 이수의 자회사

---

37) 대법원 2017. 11. 23.자 2017두56230 판결(심리불속행 기각).

38) 2016. 9. 29. 대통령령 제27529호 일부개정으로 자산총액 1천억 원 이상인 회사일 것을, 5천억 원 이상의 회사일 것으로 개정.

인 이수화학이 원고(이수건설) 발행주식을 2009. 4. 30.부터 2014. 12. 29.까지 100%, 2014. 12. 30.부터 심의 종결일까지 68.3%를 소유하고 있으므로 원고는 2009. 4. 30.부터 심의 종결일까지 구 공정거래법 제2조 제1호의4 및 같은 법 시행령 제2조 제4항이 규정한 일반지주회사 이수의 손자회사에 해당한다. 공정위는 원고가 ① 2010. 5. 18.부터 2015. 12. 28.까지 안양성우 발행주식 총수의 49.5%에서 65.0%, ② 2011. 1. 25.부터 2011. 3. 1.까지 미래기술교육 발행주식총수의 65.0%, ③ 2011. 4. 13.부터 2013. 2. 20.까지 대구꿈나무배움터 발행주식총수의 41.1%, ④ 2012. 9. 15.부터 2014. 8. 18.까지 기술교육지킴이 발행주식총수의 30.1%에서 43.0%를 소유한 각 행위는 일반지주회사의 손자회사가 공정거래법상 증손회사 외의 국내계열회사 주식을 소유한 경우에 해당하므로 구 공정거래법 제8조의2 제4항에 위반된다는 이유로, 2016. 12. 13. 원고에 대하여 의결 제2016-352호로 ①, ②, ③, ④ 행위에 대하여 별지 목록 제1항 기재와 같이 시정명령을, ① 행위에 대하여 별지 목록 제2항 기재와 같이 과징금납부명령을 하였다.

위 법원은 구 공정거래법 제8조의2 제4항이 손자회사의 국내계열회사 주식 소유를 금지하는 취지는 지주회사가 소액의 자본으로 지배력을 확장하는 것을 방지하고, 손자회사를 통해 지주회사에 출자하는 순환식 상호출자에 의해 지주회사의 부채비율을 탈법적으로 충족하는 것을 방지함과 동시에, 지주회사 → 자회사 → 사업관련손자회사의 단순한 수직적 관계를 확보함으로써 투명한 기업소유구조를 달성하여 궁극적으로, 경제력 집중현상을 억제하고자 하는 목적을 달성하고자 하는 것이라는 전제에서 이러한 규정은 합헌적이라고 판단하였다.

▣ 서울고등법원 2017. 8. 25. 선고 2017누31776 판결(대명화학 사건)[39]

공정위는 원고가 2014. 12. 1. 비계열회사인 주식회사 엠디리테일을 흡수합병하면서 엠디리테일이 소유하고 있던 모다이노칩의 주식 7.92%(35,451주)를 취득한 행위가 구 공정거래법 제8조의2 제2항 제3호가 금지하는 '자회사 외의 국내계열회사의 주식을 소유하는 행위'에 해당한다는 이유로, 2016. 12. 6. 원고에 대하여 시정명령 및 과징금납부명령을 내렸다.

원고는 원고의 행위가 지주회사의 행위제한 규정의 취지에 실질적으로 위

39) 확정.

반된다고 볼 수 없다고 주장하였다. 위 법원은, 원고의 주식취득 경위에 비추어 원고가 적은 자본으로 다수의 계열회사를 지배하기 위한 지배력확장수단으로 이 사건 위반행위를 하였다거나 원고에게 지주회사체제 내에서 소유구조를 왜곡하여 소수주주의 이익을 침해하려는 의도가 있었던 것은 아니지만, 구 공정거래법 제8조의2 제2항 제2호는 지주회사가 자회사의 주식을 그 자회사 발행주식총수의 100분의 40 미만으로 소유하는 행위를 금지하고 있는바, 지주회사로 하여금 자회사 아닌 국내계열회사의 주식 취득을 예외적으로 허용할 경우 위 지분율을 엄격히 정하는 규정의 실효성에 영향을 미치게 되므로 이 사건 지주회사의 행위제한규정은 엄격하게 적용할 필요가 있으므로 피고의 처분은 정당하다고 보았다. 지주회사에 대한 제한 규정은 형식적 요건에 위반되는 이상 실질적 이유에 따라 부당성을 부정할 성격은 아니라고 본 것이다. 공정거래법의 다른 위반 조항과 같이 경제력 집중 조항에 대하여는 객관적인 요건을 충족할 경우 바로 법위반이 될 수 있다는 취지로 볼 수 있다.

ANTITRUSTLAW

제6장 공정거래법의 집행절차

제1절 역외적용, 적용제외, 제척기간

1. 역외적용

역외적용이란 외국에서 행한 행위에 대하여도 그것이 자국 내에 영향을 미치는 경우에는 국내법인 독점금지법 등을 적용하여 자국법원이 그에 대한 법적 판단을 내리기 위한 관할권을 행사하는 것(Extraterritorial Application, Extraterritoriality)을 의미한다.[1] 공정거래법 제3조는 국외에서 이루어진 행위라도 국내시장에 영향을 미치는 경우에는 적용한다고 규정하여 역외적용의 근거규정을 두고 있고, 공정거래법의 규제 유형 중 부당한 공동행위는 역외적용이 가장 활발한 유형이다. 한편 외국경쟁당국과의 협정체결, 협정에 따른 외국정부의 법집행 지원, 비협정국의 요청시 동일 또는 유사한 사항에 관하여 대한민국의 지원요청에 응한다는 보증이 있는 경우 법집행을 지원할 수 있다는 내용의 국제협력규정을 신설하였다(공정거래법 제56조).

절차적으로는, 국외에 주소를 두고 있는 사업자 또는 사업자단체에 대해서는 국내에 대리인을 지정하도록 하여 당해 대리인에게 송달하고, 대리인을 지정하지 아니하는 경우에는 관보, 공보, 게시판, 일간신문 중 하나 이상

1) 사법연수원, 「공정거래법」, 2014. 401면.

및 인터넷에 공고하도록 하는 내용의 문서송달규정을 마련하였다(공정거래법 제98조 제2, 3항).

국외 공동행위에 대한 공정거래법 역외적용 사례로는 비타민 제조회사들이 전 세계시장을 대상으로 비타민 판매가격을 인상·유지하기로 합의한 비타민 사건(서울고등법원 2004. 11. 24. 선고 2003누9000 판결), 흑연전극봉 판매가격을 공동으로 결정한 흑연전극봉 사건(대법원 2006. 3. 24. 선고 2004두11275 판결) 등이 있었다. 역외적용 조항이 공정거래법에 도입된 이후, 대표적인 판결은 대법원 2014. 12. 24. 선고 2012두6216 판결(항공화물 담합 사건)이며, 종래 판례와 법률을 종합적으로 반영하여 역외적용의 기준을 제시하고 있다. 다만, 개별사건에서 적용되는 구체적 기준, 예를 들면 합의에 포함되었는지의 판단기준, 직접성, 상당성, 예측가능성의 구체적 판단기준 등을 위 판결이 제시하지는 않고 있다. 위 판례의 대상이 되었던 항공화물 담합사건은 가격담합 사건으로 경쟁제한 효과가 뚜렷하여 역외적용 여부 논란이 상대적으로 적었으므로, 추상적인 기준 제시만이 이루어진 것으로 보인다. 이와 달리 경쟁제한 효과가 분명한 경성카르텔이 아닌 국외행위의 경우 직접성, 상당성, 예측성을 인정할 수 있을지는 구체적인 개별사건을 통해서 밝혀질 수밖에 없다.[2] 후속 판결로 서울고등법원 2020. 10. 29. 선고 2019누60006 판결(미쓰비시 전기 사건, 3개 자동차 점화코일 사업자 국제 카르텔 사건)[3] 등이 있다.

[역외적용의 기준인 영향의 의미]

역외적용에서 공정거래법 제3조는 그 요건으로 '영향'을 규정하고 있는데, 영향을 어떻게 이해하고 평가해야 하는지가 문제된다. '영향'은 경쟁제한 효과를 의미할 뿐 그 외의 효과를 포함하지 않는 것으로 이해해야 한다. 이와

---

2) 주진열, "한국 독점규제법의 역외적용 및 면제요건에 대한 고찰", 통상법률 제134호, 2017. 64면.

3) 대법원 2021. 2. 25.자 2020두53392 판결로 심리불속행 기각. 합의 시점에 수요자인 GM이 한국에서 해당 점화코일을 사용하는 엔진을 생산하지 않았고, 원고가 한국GM이 해당 점화코일을 공급받을 것을 예측하기 어려웠다는 점을 들어 한국시장에 합리적으로 예측가능한 영향을 미쳤다고 볼 수 없다고 판단하였다.

같이 영향을 경쟁제한 효과로 보는 견해는 입법 연혁 및 취지에 부합하고, 대법원 판례에 부합한다.[4]

첫째, 공정거래법 제3조의 입법과정 및 입법취지에 비추어 보더라도 부당한 공동행위에 있어서 국내시장에 미치는 영향은 '경쟁제한성'으로 보아야 한다. 공정거래법 제3조는 '국외에서 이루어진 행위로서 국내시장에 영향을 미치는 경우'라고만 규정하고 있다. 당초 공정거래법 개정안[5]에는 "이 법은 국외에서 이루어진 행위라 하더라도 국내에 경쟁제한적인 영향을 미치는 경우에 대해서는 적용된다"라고 되어 있었으나, 법안 심사과정에서 '경쟁제한적인' 부분이 삭제되었다. 그 취지는 부당한 공동행위에 대한 역외적용에 있어서 '경쟁제한적 영향' 이외의 다른 영향까지 포함하겠다는 취지가 아니라, 공정거래법상 명백히 경쟁제한성을 요건으로 하지 아니하는 행위 유형 예컨대 '일부 불공정거래행위' 등의 역외 적용에 법 해석상 문제가 생길 것을 우려한 것이다.[6] 이러한 입법경위를 보더라도 경쟁제한성 외의 가치가 공정거래법 제3조의 '영향'에 포함된다고 볼 수 없다.

둘째, 대표적인 선례인 대법원 2014. 12. 24. 선고 2012두6216 판결(항공화물 담합 사건)도 법률에 명시된 '영향'이라는 불확정개념을 해석함에 있어, 경쟁제한성에 국한되지 않고 그 외에도 소비자보호 등 다양한 가치가 포함된다는 해석론(소위 광의설)을 채택하지 않고, 경쟁제한성으로 보아야 한다는 해석론(소위 협의설)을 채택한 것으로 이해할 수 있다.

[역외적용의 기준인 영향의 한계]

역외적용을 위한 영향을 과도하게 확대할 경우, 역외적용이 지나치게 넓어지고, 사법 및 집행 관할권의 한계가 모호해지는 문제가 발생한다. 그 점에서 영향은 제한적으로 해석되어야 하고, 이 점이 역외적용 해석 및 적용의 핵심 문제가 된다.

첫째, 영향을 경쟁제한 효과로 이해함에 따라 영향은 뚜렷한 한계를 가지며, 무한정 확대될 수 없다. 영향은 직접적이고 상당한 수준의 경쟁제한 효

---

4) 2021년 3월 입법예고된 전자상거래법 개정안 제5조가 "이 법은 국외에서 이루어진 행위라도 국내 소비자에게 영향을 미치는 경우에는 적용한다"고 규정하였고, 이때 영향이 '소비자에 대한 영향'으로 명시된 것과 구별됩니다.

5) 제17대 국회에서 이상경 의원 대표발의한 공정거래법 개정안(의안번호 제333호).

6) 위 법안에 대한 국회 정무위원회 전문위원 김호성의 검토보고서 5~6면.

과로 한정되고, 이를 넘어서 영향을 인정할 수 없다.

둘째, 역외적용을 확대하여 적용하는 것이 반드시 바람직한 것은 아님에 유의할 필요가 있다. 역외적용의 사법관할권과 집행관할권이 논의된 초기부터 역외적용의 확대에 신중할 필요가 있다는 우려가 제기되었다.[7] 경쟁법의 입법목적을 포괄적, 종합적, 거시적으로 고려할 경우 효과주의에 의한 내국법의 규율관할권 범위와 적용범위가 지나치게 확대될 우려가 있다는 지적은 현재도 여전히 유용하다.[8]

참고로, 역외적용 문제는 공정거래법뿐 아니라 약관규제법, 전자상거래법 등 기타 공정거래위원회 소관법률에서 중요한 의미를 가지고 있다. 논란이 된 전자상거래법 개정안 제5조가 "이 법은 국외에서 이루어진 행위라도 국내 소비자에게 영향을 미치는 경우에는 적용한다"고 규정한 것에 대하여, '소비자에 대한 영향'을 기준으로 한 역외적용의 확대는 국제사법 제27조를 통하여 정립된 사업자와 소비자간 이해관계의 미묘한 균형을 깨뜨리고, 국제적인 정합성을 해치며, 기존 거래에 충격을 초래할 수 있어, 그 적용범위가 명확하고 제한적이어야 한다는 비판론이 제기된 바 있다.[9] 이는 공정거래법상 역외적용의 한계를 정립함에 있어서도 유의해야 할 지적으로 보인다.

셋째, 역외적용을 다룬 대표적인 판결인 대법원 2014. 12. 24. 선고 2012두6216 판결(항공화물 담합 사건)도 국가 간의 교역이 활발하게 이루어지는 현대 사회에서는 국외에서의 행위라도 그 행위가 이루어진 국가와 직·간접적인 교역이 있는 이상 국내시장에 어떠한 형태로든 어느 정도의 영향을 미치게 되고, 국외에서의 행위로 인하여 국내시장에 영향이 미친다고 하여 그러한 모든 국외행위에 대하여 국내의 공정거래법을 적용할 수 있다고 해석할 경우 국외행위에 대한 공정거래법의 적용범위를 지나치게 확장시켜 부당한 결과를 가져올 수 있음을 지적하고 있다.

---

7) 고영한 전 대법관은 "고영한, 독점규제법의 역외적용, 재판자료 87집(2000. 7.), 848면"에서 "전략적인 관점에서 볼 때 효과주의가 우리의 국익에 적합한지는 의문이다. … 효과주의에 기한 미국 경쟁법의 역외적용 위험에 노출되고 있는 국내 기업의 입장을 감안할 때 우리측의 공공연한 효과주의의 채택은 빌미를 제공할 가능성이 크다는 것이다. 이러한 점에서 효과주의의 채택은 바람직하지 못하다고 본다."는 지적을 한 바 있다.

8) 장준혁, "법정지 독점금지법의 속지적 적용범위-미국판례의 비교연구", 서울대학교 대학원 법학박사학위논문, 2002. 58면.

9) 석광현, "전자상거래법의 역외적용과 국제사법상 소비자의 보호", 법률신문, 2021. 7. 5.

▣ 리딩케이스 : 대법원 2014. 12. 24. 선고 2012두6216 판결(항공화물 담합 사건)

■ 판결 요지

이 판결은 다음과 같은 요지로 구성되어 있다.

첫째, 구 공정거래법 제2조의2(현행법 제3조)가 국외행위에 관하여 공정거래법을 적용하기 위한 요건으로 '국내시장에 영향을 미치는 경우'라고만 규정하고 있으나, 국가 간의 교역이 활발하게 이루어지는 현대 사회에서는 국외에서의 행위라도 그 행위가 이루어진 국가와 직·간접적인 교역이 있는 이상 국내시장에 어떠한 형태로든 어느 정도의 영향을 미치게 되고, 국외에서의 행위로 인하여 국내시장에 영향이 미친다고 하여 그러한 모든 국외행위에 대하여 국내의 공정거래법을 적용할 수 있다고 해석할 경우 국외행위에 대한 공정거래법의 적용범위를 지나치게 확장시켜 부당한 결과를 가져올 수 있다. 둘째, 구 공정거래법 제2조의2(현행법 제3조)에서 말하는 '국내시장에 영향을 미치는 경우'는 문제된 국외행위로 인하여 국내시장에 직접적이고 상당하며 합리적으로 예측 가능한 영향을 미치는 경우로 제한 해석해야 하고, 그 해당 여부는 문제된 행위의 내용·의도, 행위의 대상인 재화 또는 용역의 특성, 거래 구조 및 그로 인하여 국내시장에 미치는 영향의 내용과 정도 등을 종합적으로 고려하여 구체적·개별적으로 판단하여야 한다. 셋째, 국외에서 사업자들이 공동으로 한 경쟁을 제한하는 합의의 대상에 국내시장이 포함되어 있다면, 특별한 사정이 없는 한 그 합의가 국내시장에 영향을 미친다고 할 것이어서 이러한 국외행위에 대하여는 구 공정거래법 제19조(현행법 제40조) 제1항 등을 적용할 수 있다.

■ 판결의 이해

위 판시사항을 요약해보면, 대법원이 두 가지 중요한 기준을 내세우고 있음을 알 수 있다. 첫째는 '국내시장에 직접적이고 상당하며 합리적으로 예측 가능한 영향을 미치는 경우'이고, 둘째는 '국외에서 사업자들이 공동으로 한 경쟁을 제한하는 합의의 대상에 국내시장이 포함되어 있는 경우'이다. 이 두 기준의 관계를 어떻게 이해해야 할지가 문제된다.

대법원은 종래 대법원이 판시한 역외적용 법리(대법원 2006. 3. 24. 선고 2004두11275 판결 등)와 새로 입법된 공정거래법상 역외적용 조항을 어떤 방식으로 조화롭게 해석할지 문제를 두고, 여러 비교법적 검토를 한 후 역외적용 법리의 보편성을 고려한 동시에 당해 사건의 특수성 등을 고려하여 구체화한 것으로 볼 수 있다. 즉, 당해 사건에서 합의에 국내시장이 포함되었는지가 주된 쟁점이었을 뿐 아니라, 역외적용을 위하여 국내시장에 대한 합의가 포함될 것을 요하는지에 관하여 하급심 판결이 엇갈리는 상황이었다. 즉 국내시장에 대한 합의가 필요하다는 하급심[10]과 국내시장에 대한 합의가 필요하지 않다는 하급심[11]이 모두 존재하는 상태에서, 대법원은 이 문제에 대한 법리를 명확하게 할 필요가 있었던 것으로 보이다. 이러한 배경 하에 대법원은 종래 판례(대법원 2006. 3. 24. 선고 2004두11275 판결)도 합의에 국내시장이 포함될 것을 요구하였다는 점 등을 고려하여 역외적용을 위하여 국내시장에 대한 합의가 필요하다는 적극설을 채택하였다.

그와 동시에 대법원은 두 가지 측면에서 역외적용의 유연성을 기하게 된다. 첫째, 국내시장이 합의에 포함된 경우에도 특별한 사정, 즉 '직접적이고 상당하며 합리적으로 예측 가능한 영향'이 없었음을 증명하여 역외적용이 부정될 수 있는 가능성을 열어 두었다. 둘째, 국내시장이 합의의 대상이 아닌 경우에도 '직접적이고 상당하며 합리적으로 예측 가능한 영향'이 증명되는 경우에 역외적용의 가능성을 열어두었다. 이는 합의와 별도로 영향의 기준을 제시한 부분과 '특별한 사정이 없는 한 그 합의가 국내시장에 영향을 미친다'는 부분 등 판결문 문언으로도 명백하고, 해석론도 다르지 않다.[12]

그 점에서 역외적용의 기준인 '합의'와 '직접적이고 상당하며 합리적으로 예측 가능한 영향' 은 분리해서 이해할 것이 아니다. 국내시장에 대한 합의가 존재하는 경우에도 영향의 직접성, 상당성, 예측가능성이 존재하지 않음을 증명할 수 있고, 국내시장에 대한 합의가 부존재하는 경우에도 예외적으로 영향을 증명할 수 있는 서로 상보(相補)적인 조건으로 이해하는 것이 판례의 취지에 부합한다.

---

10) 서울고등법원 2012. 1. 19. 선고 2010누45943 판결, 서울고등법원 2012. 2. 2. 선고 2010누45868 판결.

11) 서울고등법원 2012. 5. 16. 선고 2010누45974 판결, 서울고등법원 2012. 5. 16. 선고 2010누45912 판결, 서울고등법원 2012. 6. 7. 선고 2010누45929 판결, 서울고등법원 2012. 7. 19. 선고 2010누45967 판결, 서울고등법원 2012. 10. 11. 선고 2010누45882 판결.

12) 이봉의, 공정거래법, 박영사 2022. 146면.

2. 적용제외

가. 법령에 따른 행위

공정거래법 제116조는 '이 법의 규정은 사업자 또는 사업자단체가 다른 법률 또는 그 법률에 의한 명령에 따라 행하는 정당한 행위에 대하여는 이를 적용하지 아니한다.'라고 규정하고 있다. 중소기업협동조합법 제11조의2(다른 법률의 적용배제)에 의하면, 대통령령으로 정하는 요건에 해당하는 조합, 사업조합 및 연합회가 제35조 제1항 제1호(조합의 업무), 제82조 제1항 제1호(사업조합의 업무) 및 제93조 제1항 제1호(연합회의 업무)에 따른 사업(생산, 가공, 수주, 판매, 구매, 보관, 운송, 환경 개선, 상표, 서비스 등의 공동 사업과 이를 위한 단지 및 공동 시설의 조성·관리 및 운영)을 수행하는 경우 그 목적 달성을 위하여 필요한 행위에 대하여는 공정거래법 제40조 제1항 또는 제51조 제1항 제1호의 규정을 적용하지 아니한다. 다만, 가격인상, 생산량 조절 등 부당하게 경쟁을 제한하여 소비자 이익을 침해한 경우에는 그러하지 아니하다(제1항). 중소벤처기업부장관은 제1항 단서에 따라 소비자 이익을 침해한 경우에 대한 기준을 공정거래위원장과 협의하여 고시할 수 있다(제2항).[13] 법령에 따른 행위와 관련된 판결로 대법원 1997. 5. 16. 선고 96누150 판결 등이 있다.

나. 지식재산권의 행사

공정거래법 제117조는 '이 법의 규정은 「저작권법」, 「특허법」, 「실용신안법」, 「디자인보호법」 또는 「상표법」에 의한 권리의 정당한 행사라고 인정되는 행위에 대하여는 적용하지 아니한다.'라고 규정하고 있다. 지식재산권의 행사로 인한 적용제외에 관한 대표적인 사례는 대법원 2014. 2. 27. 선고 2012두24498 판결(글락소그룹 사건)[14]이 있다.

---

13) 2018년 공정거래법 개정 과정에서 소위 '대항 카르텔'이라는 논제로 공동행위의 적용제외나 인가 제도에 중소기업에 대한 예외 규정 등을 신설하려는 시도가 있었으나, 공정거래법에 이러한 예외적인 사유를 포괄적으로 규정하는 것에 대한 반대가 있었다. 그 결과 개별법에 적용제외 사유를 규정하는 것으로 입법이 되었다.

14) 특허권의 정당한 행사와 공정거래법의 적용 범위에 관한 기준이 제시된 사례.

■ 리딩케이스 : 대법원 2014. 2. 27. 선고 2012두24498 판결(글락소그룹 사건)

■ 판시사항

구 공정거래법 제59조(현 공정거래법 제117조)는 "이 법의 규정은 저작권법, 특허법, 실용신안법, 디자인보호법 또는 상표법에 의한 권리의 정당한 행사라고 인정되는 행위에 대하여는 적용하지 아니한다."고 규정하고 있으므로, '특허권의 정당한 행사라고 인정되지 아니하는 행위'에 대하여는 공정거래법이 적용되고, 이는 '정당한'이란 표현이 없던 구 공정거래법(2007. 8. 3. 법률 제8631호로 개정되기 전의 것) 제59조의 경우도 마찬가지이다. '특허권의 정당한 행사라고 인정되지 아니하는 행위'란 행위의 외형상 특허권의 행사로 보이더라도 실질이 특허제도의 취지를 벗어나 제도의 본질적 목적에 반하는 경우를 의미하고, 여기에 해당하는지는 특허법의 목적과 취지, 당해 특허권의 내용과 아울러 당해 행위가 공정하고 자유로운 경쟁에 미치는 영향 등 제반 사정을 함께 고려하여 판단해야 한다.

따라서 의약품의 특허권자가 자신의 특허권을 침해할 가능성이 있는 의약품의 제조·판매를 시도하면서 특허의 효력이나 권리범위를 다투는 자에게 행위를 포기 또는 연기하는 대가로 일정한 경제적 이익을 제공하기로 하고 특허 관련 분쟁을 종결하는 합의를 한 경우, 합의가 '특허권의 정당한 행사라고 인정되지 아니하는 행위'에 해당하는지는 특허권자가 합의를 통하여 자신의 독점적 이익의 일부를 상대방에게 제공하는 대신 자신의 독점적 지위를 유지함으로써 공정하고 자유로운 경쟁에 영향을 미치는지에 따라 개별적으로 판단해야 하고, 이를 위해서는 합의의 경위와 내용, 합의의 대상이 된 기간, 합의에서 대가로 제공하기로 한 경제적 이익의 규모, 특허분쟁에 관련된 비용이나 예상이익, 그 밖에 합의에서 정한 대가를 정당화할 수 있는 사유의 유무 등을 종합적으로 고려해야 한다.

■ 해 설

① 공정위는 2011. 12. 23. 의결 제2011-30호로 글락소 그룹 리미티드 등과 동아제약에 대하여 시정명령 및 과징금납부명령을 하였다. 이에 대하여 글락소 그룹 등이 공정위 처분의 취소를 구하는 소를 제기하였으나, 서울고등법원 행정 7부는 2012. 10. 11. 원고들의 청구를 기각하는 판결을 선고하였다(서울고등법원 2012. 10. 11. 선고 2012누3028 판결). 한편 동아제약도 공정위 처분의 취소를 구하는 소를 제기하였고, 이에 대하여 서울고등법원 행

정 6부는 2012. 10. 31. 시정명령 중 일부는 취소하고, 나머지 청구는 기각하는 판결을 선고하였다(서울고등법원 2012. 10. 31. 선고 2012누3035 판결). 글락소 그룹 사건에 대하여는 원고들이, 동아제약 사건에 대하여는 원고와 공정위가 모두 상고하였고, 대법원은 2014. 2. 27. 글락소 그룹 사건에 대하여 시정명령 중 일부에 대하여 원고 승소 취지로 파기하고(대법원 2014. 2. 27. 선고 2012두24498 판결), 동아제약 사건에 대하여 상고를 기각하였다(대법원 2014. 2. 27. 선고 2012두27794 판결).[15]

② 이 판결은 역지불합의 사건을 통하여 특허권의 정당한 행사와 공정거래법의 적용 제외의 범위에 관한 기준을 세웠다는 점에 의의가 있다. 이 판결 선고일 약 8개월 전에 선고된 미 연방대법원의 관련 판결〔F.T.C. v. Actavis, Inc., 133 S. Ct. 2223 (2013)〕이 부분적으로 반영되었다는 견해가 있다. 이 판결의 의의는 종합기준설, 즉 대등하게 특허법과 경쟁법을 고려한다는 취지로 미 연방대법원 판결과 같은 흐름에 있는 것으로 보인다.

다. 조합의 행위

공정거래법 제118조는 '이 법의 규정은 다음 각호의 요건[16]을 갖추어 설립된 조합(조합의 연합회를 포함한다)의 행위에 대하여는 이를 적용하지 아니한다. 다만, 불공정거래행위 또는 부당하게 경쟁을 제한하여 가격을 인상하게 되는 경우에는 그러하지 아니하다.'라고 규정하고 있다. 조합의 요건을 부정한 사례로는 대법원 2002. 9. 24. 선고 2002두5672 판결(한국재생유지공업협동조합 사건)[17]이 있다.

---

15) 이 사건은 하나의 공정위 의결에 대하여 피심인이 각각 소를 제기하여서, 서울고등법원과 대법원에서 판결이 선고된 사건이다. 대법원은 2014. 2. 27. 글락소 그룹 사건(대법원 2014. 2. 27. 선고 2012두24498 판결)과 동아제약 사건에 대하여(대법원 2014. 2. 27. 선고 2012두27794 판결) 판결을 선고하면서 전자의 판결문과 후자의 판결문에 공정위 위원장을 다르게 표기하였다. 이 판결에 대한 국내외의 관심에 비추어 아쉬움이 있다.

16) 1. 소규모의 사업자 또는 소비자의 상호부조를 목적으로 할 것, 2. 임의로 설립되고, 조합원이 임의로 가입 또는 탈퇴할 수 있을 것, 3. 각 조합원이 평등한 의결권을 가질 것, 4. 조합원에 대하여 이익배분을 행하는 경우에는 그 한도가 정관에 정하여져 있을 것.

17) 적용제외가 부정된 사례.

라. 행정지도와 적용제외

행정지도가 개입된 부당한 공동행위에 대한 심사지침(2021. 12. 28. 개정 공정위 예규 제391호)에 따르면 행정지도가 부당한 공동행위의 원인이 되었다고 하더라도 그 부당한 공동행위는 원칙적으로 위법하며, 다만 그 부당한 공동행위가 공정거래법 제116조(구 공정거래법 제58조)의 요건을 충족하는 경우에 한하여 법 적용이 제외된다.

판례도 행정지도를 적용제외사유로 인정하지 않는 경향을 보이고 있다. 특히 항공화물운송료담합 사건에서 대한민국 항공법, 외국 항공법이나 항공협정에 따른 가격합의가 적용제외사유에 해당하는지가 문제되었지만 대법원은 이를 부정하였고(대법원 2014. 5. 16. 선고 2012두13665 판결, 대법원 2014. 5. 16. 선고 2012두14545 판결 등 참조), 항공법에 따른 행정지도가 적용제외사유가 되는지에 관하여도, 합의가 홍콩의 법률과 홍콩·태국 항공협정에 의한 홍콩 정부의 행정지도에 따라 이루어진 행위라고 하더라도 공정거래법 제58조에 규정된 '법령에 따른 정당한 행위'에 해당하지 않는다는 취지로 판단한 원심의 판단이 적법하다고 판시하였다(대법원 2014. 5. 16. 선고 2012두14545 판결). 같은 취지의 판결로 서울고등법원 2021. 6. 10. 선고 2020누33437 판결(종계 사업자 공동행위 사건)[18] 등이 있다.

3. 제척기간(처분시효, 처분시한)

처분시효의 성격은 제척기간이다(대법원 2011. 6. 30. 선고 2009두12631 판결). 이 점에서 관용적으로 사용되는 '처분시효'는 '소멸시효'로 오인될 소지가 있어 적절하지 않다.[19] 처분시효 기간 내에 처분, 즉 의결(의결을 통한 처

---

18) 대법원 2021. 10. 28.자 2021두46209 판결로 심리불속행 기각. 서울고등법원은 이 사건 공동행위는 구 농안법상의 유통조절명령 또는 구 축산화계열화법상의 생산조정 내지 출하조절에 근거하여 이루어진 것이 아닐 뿐만 아니라, 농림수산식품부의 행정지도에 의한 것이라는 사정만으로 이 사건 공동행위가 공정거래법 제58조에 정한 '다른 법률 또는 그 법률에 의한 명령에 따른 정당한 행위'에 해당한다고도 볼 수 없다고 판단하였다.

분)이 있어야 한다.

제척기간은 종전에는 5년이었으나 2012. 3. 21. 법이 개정되고 2012. 6. 22. 시행되며 종료일로부터 7년, 조사개시일로부터 5년으로 변경되었다(구 공정거래법 제49조 제4항). 다만 부칙(제11406호, 2012. 3. 21.) 제3조는 공정거래법 제49조 제4항의 개정규정이 이 법 시행 후 같은 제1항 또는 제2항에 따라 최초로 조사하는 사건부터 적용되도록 규정하고 있다.[20] 그 후 다시 개정된 공정거래법은 제척기간을 위반 행위 종료일로부터 7년으로 단일화하였으나(현 공정거래법 제80조 제4항), 부당한 공동행위 사건에 대하여는 종전의 제척기간(종료일 7년, 조사개시일 5년)을 유지하며(현 공정거래법 제80조 제5항), 법 시행 전 조사가 개시된 사건은 기존 규정을 적용하도록 경과규정을 두고 있다.

한편, 개정 공정거래법 제80조 제1항 제1호는 '조사 개시일'의 의미를 시행령에서 정하도록 위임하였다. 이에 따라 개정된 공정거래법 시행령 제72조는 부당한 공동행위에 대한 신고사건의 경우는 '신고 접수일', 직권인지 사건의 경우는 '처분(당사자 또는 이해관계인에 대한 출석요청, 감정인의 지정, 피조사업체에 대한 자료제출 요청)·조사를 실시한 날 중 가장 빠른 날'을 조사개시일로 규정하였다. 신고일에는 자진신고도 포함된다(공정거래법 시행령 제72조 제1항 제2호). 위반행위가 계속되고 있는 경우에는 해당 법 위반행위가 종료된 날을 조사개시일로 본다(공정거래법 시행령 제72조 제2항).

참고 판결로, 대법원 2015. 5. 28. 선고 2015두37396 판결(포스코아이씨티 사건),[21] 서울고등법원 2021. 7. 1. 선고 2021누32325 판결(동부건설 사

19) 구 공정거래법 제49조 제4항이 1994. 12. 22. 신설된 후 초기에는 '처분시효'라는 용어가 사용되지 않았으나, 2010년 이후 판결과 논문 등에서 처분시효라는 용어가 넓게 사용되고 있다. 그러나 그 본질이 제척기간인 점에 비추어 적절하지 않다. 최근 일부 판례와 헌법재판소 결정례 등에서 종래의 '처분시효'의 용어 대신 '처분시한'의 용어를 사용하는 것은 긍정적으로 평가할 수 있다.

20) 2012. 6. 22. 시행된 공정거래법상 5년 및 7년의 제척기간의 관계는 제3판 286, 287면, 조사개시일의 해석 문제는 제3판 290, 291면 참조.

21) 원심 및 대법원은 부당한 공동행위의 종료일을 입찰일로 보고, 처분시효의 기간 내에 의결서의 송달이 있어야 처분시효가 완성되지 않는다고 판단하였다. 그 결과 입찰일인 2008. 11. 11.부터 5년이 지난 2013. 11. 11. 처분시효 기간이 경과하게 되

건),[22] 대법원 2019. 2. 14. 선고 2017두68103 판결(현대중공업 사건), 대법원 2020. 12. 24. 선고 2018두58295 판결(삼아항업 사건), 대법원 2021. 1. 14. 선고 2019두59639 판결(일본케미콘 사건), 대법원 2021. 2. 25. 선고 2018두61215 판결(덴소 사건)[23] 등이 있다.

[사업자별 조사개시일의 판단]

이 부분 설명은 제척기간 부분과 법위반횟수 산정 부분에 모두 적용된다. 첫째, 동일한 공동행위에 가담한 사업자들에 대한 조사개시일이 동일한 경우이다. 서울고등법원 2019. 2. 13. 선고 2018누64285 판결(제이에스전선 사

고, 그 다음 날인 2013. 11. 12. 송달이 이루어짐으로써 공정위의 처분이 부적법하게 되었다.

22) 확정. 담합 사건에서 위반행위의 자진신고와 보완신고가 있었더라도 기간별로 공동행위 참여자를 나누지 않고 그 기간 동안 참여한 공동행위를 일괄기재한 신고서를 제출하였다면, 자진신고일과 보완신고일을 조사개시일로 볼 수 없다. 자진신고와 보완신고를 조사개시일로 보기 위해서, 각 개별행위자에 대하여 조사를 개시할 정도로 특정이 되었는지를 보아야 한다. 동부건설의 경우 공동행위 종료일은 늦어도 2010. 12. 31.이다. 공정위가 자료제출을 요청한 것은 2020. 1. 21.이다. 공동행위에 참여한 자 중 하나가 2016. 1. 20. 자진신고를 하였다. 자진신고일을 조사개시일로 보는지, 자료제출요청일을 조사개시일로 보는지에 따라 제척기간 완성 여부가 달라진다.

23) 원심은 서울고등법원 2018. 10. 5. 선고 2017누34034 판결. 원심의 쟁점은 다음과 같다. 첫째, 제척기간에 대한 신법이 적용되기 위하여 최초 조사가 신법 시행일 2012. 6. 22. 이후에 이루어져야 한다. 이 사건은 미쓰비시의 자진신고일인 2011. 12. 26.이 조사개시일이므로 신법 시행일 이전에 조사가 이루어졌다. 따라서 구법에 따른 '행위종료일로부터 5년'의 제척기간이 적용되고, 제척기간이 지났다. 둘째, 행위종료일이 구법하이고, 조사개시일이 신법하인 경우에도 조사개시 당시 구법에 따른 제척기간 5년이 경과한 사안에서 진정소급을 이유로 제척기간이 도과하였다고 보았다. 그러한 전제에서 가정적 판단으로 공정위의 주장대로 신법에서 조사가 이루어졌다고 하더라도, 조사개시일 당시 구법의 제척기간이 경과하였으므로, 제척기간이 경과한 것으로 보아야 한다고 판시하였다. 그 중 첫째 쟁점에 대하여 대법원은 동의하였으나, 둘째 쟁점에 대한 판단은 후술하는 대법원 2020. 12. 24. 선고 2018두58295 판결(삼아항업 사건)에서 보는 바와 같이 대법원에서 채택되지 못하였다. 결국 제척기간 완성의 결론은 정당하다는 취지에서 대법원은 상고기각을 하면서, "원심이 진정소급에 해당하지 않기 위해서 이 사건 공동행위에 대한 최초 조사가 위반행위 종료일로부터 5년이 경과한 2014. 8. 27.까지 개시되어야 한다고 설시한 부분(위 둘째 쟁점 부분)"은 적절하지 않음을 지적하였다.

건, 선박용 케이블 입찰담합 사건)[24]에서 특정 위반행위에 대한 조사가 개시되었다면 그 위반행위에 가담한 사업자 전체에 대하여 조사가 개시된 것으로 본다는 전제에서 동일한 공동행위에 가담한 사업자들에 대한 조사개시일은 원칙적으로 동일하다고 판단하였다. 대법원 2021. 2. 25. 선고 2018두61215 판결(덴소 사건)[25]도 입찰담합 가담사업자 중 한 사업자가 공정위에 자진신고한 경우 다른 가담사업자에 대하여도 해당 자진신고 접수일을 조사개시일로 보아야 한다고 판단하였다. 다만 이 판결은 제척기간의 기산점으로서 '조사개시일'이 문제된 사안이 아니라, 신법 적용의 기준일로서 '조사개시일'이 문제된 사안이었다.

둘째, 동일한 공동행위에 가담한 사업자들에 대한 조사개시일이 다른 경우이다. 대법원 2019. 2. 28. 선고 2018두62430 판결,[26] 대법원 2019. 7. 25. 선고 2017두55077 판결(대림산업 사건),[27] 서울고등법원 2021. 1. 14. 선고 2019누66523 판결[28]이 이러한 입장을 취하는 것으로 보인다.

[처분사유 변경과 제척기간]

소송 중 기초적 사실관계가 동일한 범위 내에서 처분사유를 변경하더라도 처분시효가 완성되지 않을 것이다. 법원의 판결에 따라 시정조치 및 과징금 부과처분이 취소된 경우로서 그 판결이유에 따라 새로운 처분을 하는 경우에는 공정거래법 제80조 제6항(구 공정거래법 제49조 제4항 단서)의 예외사

24) 대법원 2019. 7. 11.자 2019두36780 판결로 심리불속행 기각.

25) 원심은 서울고등법원 2018. 10. 5. 선고 2017누34034 판결.

26) 제2합의는 자진신고에 대한 보정이 이루어진 2012. 2. 6. 원고와 합의가 특정되었으므로 이때를 조사개시일로 보아 구 공정거래법에 따라 제척기간이 완성된 반면, 제1합의는 자진신고 및 보정과정에서 특정되지 않아서 개정 공정거래법이 적용되어 제척기간이 완성되지 않았다고 판단하였다.

27) 법위반횟수 산정 기준으로 조사개시일이 문제된 사건에서 대법원은 다음과 같이 판단하였다. 원심은, 피고가 2013. 5. 2.부터 2013. 5. 14.까지 평택 #22, 23 입찰에 대하여 원고 등 4개사를 대상으로 조사하였으나 당시 확보한 자료를 통하여 별다른 혐의점을 찾지 못하여 2013. 8. 5. 종결 처리한 사정 등을 이유로, 원고가 주장하는 2013. 5. 12.을 '법 위반 횟수 가중을 위한 기준일'로 정하지 아니한 피고의 처분이 재량권 일탈·남용에 해당한다고 볼 수 없다고 판단하였다. 이러한 원심의 판단은 앞에서 본 법리에 기초한 것으로서, 거기에 상고이유 주장과 같이 '법 위반 횟수 가중을 위한 기준일'의 해석·적용에 관한 법리오해 등의 잘못이 없다.

28) 대법원 2021. 5. 8.자 2021두32835 판결로 심리불속행 기각.

유에 따라 처분시효 기간 이후에도 처분이 가능하다. 따라서 파기환송심에서 공정위가 과징금을 일부 감액처분한 경우는 구 공정거래법 제49조 제4항의 제척기간의 적용이 배제된다〔대법원 2008. 11. 27. 선고 2007두10181 판결(삼성카드 사건)〕.[29]

공정거래법 제80조 제6항(구 공정거래법 제49조 제4항 단서)에 따라 법원의 판결에 따라 새로운 처분을 하는 경우 제척기간은 적용되지 않지만, 공정위가 장기간에 걸쳐 새로운 처분을 하지 아니함으로써 상대방인 사업자가 처분을 하지 아니할 것으로 신뢰할 만한 정당한 사유가 생긴다면 신뢰보호에 따른 실권의 법리가 적용되어 처분권이 소멸할 수 있다.

[제척기간 완성 전의 공정위의 조치]

처분시효의 기산점은 부당한 공동행위의 종기이며(이 부분 설명은 제1장 제2절 3. 부당한 공동행위의 수와 기간 부분 참조), 종기로부터 처분시효 기간이 경과하기 전에 처분이 있어야 한다. 이때 처분시효 기간 내에 공정위의 의결이 있으면 충분한지, 그 의결서의 송달까지 사업자에게 이루어져야 하는지 문제된다.[30][31] 대법원 2015. 5. 28. 선고 2015두37396 판결(포스코아이씨티 사건)에서 의결서의 송달이 있어야 한다고 판시함으로써 이 문제가 정리되었다.

▣ 대법원 2019. 2. 14. 선고 2017두68103 판결(현대중공업 사건)

---

29) 대법원은 이 사건에서 "행정청이 납부의무자에 대하여 과징금 부과처분을 한 후 납부의무자가 항고소송 등 불복절차를 통하여 당초의 과징금 부과처분을 다투어서 납부의무자의 불복내용의 전부 또는 일부를 받아들여 당초의 과징금 부과처분을 감액경정하거나 취소하는 것은 그 불복절차의 계속중 언제든지 가능하며, 부과 제척기간이 만료되었다는 이유 때문에 그러한 처분이 불가능하거나 위법하다고 해석할 것은 아니다."라고 판시하였다.

30) 국세의 경우에는 제척기간 만료일까지 송달 등 고지가 이루어져야 유효한 것으로 보는 것이 판례의 입장이다〔대법원 1996. 9. 24. 선고 96다204 판결, 서울고등법원 1997. 10. 2. 선고 96구24783 판결(확정) 등〕.

31) 기간도과의 기준시점은 국가공무원법상 징계시효의 경우 징계의결의 요구 시점이고, 민사절차상 소멸시효의 중단의 경우 제소일이며, 형사절차상 공소시효 중단의 경우 기소일이다. 반면 행정처분의 경우 처분이 있은 날은 그 행정처분이 상대방에게 고지되어 효력이 발생한 날이고(대법원 1990. 7. 13. 선고 90누2284 판결), 행정처분에 대한 제소기간의 경우 처분서의 송달일이 기산일이다.

제척기간은 행위 종료(종기)로부터 기간의 도과 여부를 판단한다. 이와 별도로, 제척기간에 대한 규정이 개정된 경우, 종기 당시의 제척기간에 관한 규정에 따라 판단해야 하는지, 공정위의 처분 당시 제척기간에 관한 규정에 따라 판단해야 하는지가 문제된다. 이는 제척기간의 성격을 어떻게 이해하는지와 직결되어 있다.

제척기간에 관한 규정은 공정거래법에 의하여 금지되는 행위의 구성요건이나 그 위반행위에 대한 제재조치 등에 관한 실체적인 규정이 아닌 처분가능기간에 관한 절차적 규정으로, 반드시 위반행위 종료 당시 시행 중인 법률이 확정적으로 적용되는 것으로 볼 수 없고, 행위 종료 당시의 법률에 의한 제척기간이 도과하지 않아 처분에 관한 법률관계가 확정되지 않은 상태에서 제척기간 규정이 개정되고 그 시행시기에 관한 경과규정에 의하여 개정 제척기간 규정이 적용된다고 하더라도 이를 위법하다 볼 수 없다. 따라서 종기 이후에 제척기간에 관한 규정이 개정된 경우 개정된 규정이 적용된다.

▣ 헌법재판소 2019. 11. 28.자 2016헌바459 결정 등, 서울고등법원 2017. 11. 8.자 2016아1378 결정(현대건설)

헌법재판소 결정은 구 공정거래법 제49조 제4항에서 '조사개시일' 부분과 부칙의 '최초로 조사를 개시한 사건' 부분이 명확성 원칙에 위반되지 않고, 입법재량의 한계를 일탈한 것으로 볼 수 없다고 판단하였다.

서울고등법원은 부칙조항 중 '조사'의 의미내용은 공정거래법의 취지와 목적에 비추어 그 의미를 확정할 수 있고 그러한 개념을 사용할 필요성과 합리성도 인정되므로 이 사건 부칙조항은 명확성 원칙에 위반되지 않고, 조사가 개시된 시점이 서로 다른 사건은 '본질적으로 같은' 사건이라고 볼 수 없으므로 부칙조항은 평등의 원칙에 위반한다고 볼 수 없으며, 부칙조항이 개정 공정거래법의 시행 전에 그 행위가 종료된 위반행위에 관하여도, 피신청인의 조사개시가 개정 공정거래법 시행 후에 이루어졌다면 불리하게 개정된 구 공정거래법 제49조 제4항을 적용하도록 하는 것은 부진정소급입법에 해당하지 않는다고 판단하였다.

▣ 대법원 2021. 1. 14. 선고 2019두59639 판결(일본케미콘 사건)[32]

---

32) 대법원 2021. 1. 14. 선고 2018두67466 판결(한진정보통신 사건)도 같은 취지이다.

■ 판시사항

구 공정거래법(2020. 5. 19. 법률 제17290호로 개정되기 전의 것) 제49조 제4항에서 정한 처분시효 기간은 공정거래위원회가 시정조치를 명하거나 과징금을 부과할 수 있는 제척기간을 의미한다. 이와 같은 처분시효 제도의 도입 취지 및 법적 성격에 비추어 보면, 구 공정거래법 제49조 제4항에서 정한 처분시효는 특별한 사정이 없는 한 원칙적으로 공정거래법 위반행위가 종료되어야 비로소 진행하기 시작하고, 이는 공정거래위원회가 조사를 개시한 경우의 처분시효를 정한 구 법 제49조 제4항 제1호가 적용되는 경우에도 마찬가지이다.

공정거래위원회가 부당한 공동행위에 대해서 조사를 개시하였더라도 조사개시일을 기준으로 종료되지 아니하고 그 후에도 계속된 위반행위에 대해서는, 조사개시 시점을 기준으로 보면 조사개시 시점 이후에 행해진 법 위반행위 부분은 아직 현실적으로 존재하지 않았으므로 조사의 대상에 포함되었다고 볼 수 없다. 따라서 공정거래위원회가 조사를 개시한 시점에 조사개시 시점 이후 종료된 부당한 공동행위 전체에 대해서 시정조치나 과징금 부과 등 제재처분의 권한을 행사할 것을 기대하기도 어려울 뿐만 아니라 처분시효의 취지 및 성질에 비추어 보아도 공정거래위원회가 조사를 개시한 시점을 처분시효의 기산점으로 보는 것은 타당하지 않다.

이와 같이 조사개시 이전부터 계속되어 오다가 조사개시 시점 이후에 종료된 부당한 공동행위에 대해서는, 그 위반행위가 종료된 이후에야 공정거래원회가 부당한 공동행위의 전체적인 내용을 파악하고 시정조치나 과징금 부과 등의 제재처분을 하는 데 필요한 기본적인 요소들을 확정 지을 수 있는 사실관계가 갖추어져 비로소 객관적인 조사의 대상에 포함되고 제재처분의 대상이 될 수 있다.

따라서 공정거래위원회가 해당 위반행위에 대하여 조사를 개시하여 구 공정거래법 제49조 제4항 제1호가 적용되는 경우 공정거래위원회가 조사를 개시한 시점 전후에 걸쳐 계속된 부당한 공동행위가 조사개시 시점 이후에 종료된 경우에는 '부당한 공동행위의 종료일'을 처분시효의 기산점인 '조사 개시일'로 보아야 하고, 그 처분시효의 기간은 위 조항에서 정한 5년이 된다.

■ 해 설

부당한 공동행위가 오래 지속되는 사안이 자주 있다. 그러다보니 조사개시 이후에도 공동행위가 지속된다. 즉 조사개시일이 공동행위 종료일보다 앞선다. 이 판례가 적용된 법은 2012. 3. 21. 법률 제11406호로 개정되어 2012. 6. 22.부터 시행된 공정거래법이다. 이 법은 조사개시일과 행위종료일로 나누어 제척기간을 규정하고 있고, 이러한 이원적 규정으로 법률 해석과 적용에 있어 어려움이 있다.

이 사건은 A가 자진신고를 함으로써 조사개시일이 2013. 10. 21.이 될 가능성이 높고, 원고의 행위 종료일은 2014. 1. 25.이며, 처분일은 2018. 11. 27.이다. 조사개시일을 기준으로 보면 처분 당시 5년의 제척기간이 지나 처분은 부적법하게 되고, 이러한 해석이 문언에는 부합한다. 그런데 대법원은 이 사건에서 종료일인 2014. 1. 25.을 조사개시일로 보고, 이에 따라 5년 이내에 처분이 이루어졌다는 해석론을 전개하였다. 즉 법 문언에 따르면 조사개시일을 기준으로 5년의 제척기간을 적용하는 방안, 그 이후 도래한 행위종료일을 기준으로 7년의 제척기간을 적용하는 방안 등을 생각할 수 있는데, 대법원은 행위종료일을 기준으로 하되 5년의 제척기간을 적용하는 새로운 해석론을 제시하였다.

이러한 법리는 형사법의 공소시효 법리 등의 영향을 받은 것으로 볼 수 있다. 공소시효 등은 범죄행위가 종료되어야 진행되며 계속범의 경우에도 동일하다.[33] 공동행위가 종료하지 않았음에도 조사가 개시되었다는 사정으로 제척기간이 진행된다는 해석은 위와 같은 형사법적 법리와 균형이 맞지 않는다는 취지이다.

▣ 대법원 2020. 12. 24. 선고 2018두58295 판결(삼아항업 사건)[34]

▪ 판시사항

2012. 3. 21. 법률 제11406호로 개정되어 2012. 6. 22.부터 시행된 독점규제 및 공정거래에 관한 법률(2020. 5. 19. 법률 제17290호로 개정되어 2021. 5. 20.부터 시행되기 전의 것, 이하 '현행법'[35]이라 한다) 제49조 제4항의 내

---

33) 이재상 외, 형사소송법(제14판), 박영사 2022. 347면.

34) 대법원 2020. 12. 24. 선고 2019두34319 판결(한국에스티지 사건), 대법원 2021. 1. 14. 선고 2018두60601 판결(아세아항측 사건)도 같은 취지이다.

35) 이 판결이 언급한 현행법은 2021. 12. 30. 시행된 현행 공정거래법 이전의 구법을 의미한다.

용과 개정 취지, 현행법 제49조 제4항의 개정 규정의 적용례를 규정한 현행법 부칙(2012. 3. 21.) 제3조(이하 '부칙조항'이라 한다)의 문언과 체계 등을 종합하면, 법 위반행위가 종료된 이후 공정거래위원회의 시정조치나 과징금 부과의 제재처분이 있기 전에 현행법 제49조 제4항이 구 독점규제 및 공정거래에 관한 법률(2012. 3. 21. 법률 제11406호로 개정되기 전의 것, 이하 '구법'이라 한다) 제49조 제4항의 처분시효를 연장하는 내용으로 개정된 경우, 현행법 시행 이후 공정거래위원회가 현행법 제49조 제1항 또는 제2항에 따라 '최초로 조사하는 사건'에 대해서는 현행법 시행(2012. 6. 22.) 당시 구법 제49조 제4항의 '위반행위가 종료한 날부터 5년'의 처분시효가 경과하지 않은 이상, 처분 당시의 법령인 현행법 제49조 제4항이 적용된다.

현행법이 시행된 이후 공정거래위원회가 최초로 조사를 개시하기 전에 구법 제49조 제4항이 정한 '위반행위가 종료한 날부터 5년'이 경과되는 경우에도, 현행법은 시행과 동시에 효력이 발생하고, 위 부칙조항이나 현행법 부칙에 위와 같은 경우에 구법 제49조 제4항을 적용한다는 별도의 경과규정은 없으므로, 마찬가지로 현행법 제49조 제4항이 적용된다.

이와 같이 현행법이 시행되기 이전에 위반행위가 종료되었더라도 그 시행 당시 구법 제49조 제4항의 처분시효가 경과하지 않은 사건에 대하여, 위 부칙조항에 따라 구법에 비하여 처분시효를 연장한 현행법 제49조 제4항을 적용하는 것은 현재 진행 중인 사실관계나 법률관계를 대상으로 하는 것으로서 부진정소급에 해당하고, 헌법상 법률불소급의 원칙에 반하지 않는다.

■ 해 설

이 판결은 제척기간과 관련된 첨예한 쟁점을 다루고 있다. 행위 종료일, 법률 제11406호 시행일(2012. 6. 22.), 조사개시일(2016. 6. 22.), 처분일(2018. 5. 14.)의 순서이다. 즉 법률시행일 당시 행위는 종료했으나, 조사는 개시하지 않은 상태에서 신법 시행 후 조사가 개시된 경우 구 법을 적용할지, 신 법을 적용할지가 문제된 사건이다. 제척기간 규정이 개정된 법률의 시행일인 2012. 6. 22. 당시 구 법상 제척기간이 경과하지 않았다면, 개정법이 적용된다는 것이 이 판결의 취지이다. 이와 달리 개정된 법률 시행일인 2012. 6. 22. 당시 제척기간이 경과하였다면 구 법이 적용됨에는 의문이 없다.

서울고등법원 2018. 10. 5. 선고 2017누34034 판결(덴소 사건), 서울고등법원 2018. 10. 5. 선고 2017누34034 판결, 서울고등법원 2018. 11. 30. 선

고 2018누50132 판결, 서울고등법원 2018. 12. 7. 선고 2018누46430 판결, 서울고등법원 2019. 1. 11. 선고 2018누47464 판결, 서울고등법원 2019. 2. 1. 선고 2018누47488 판결, 서울고등법원 2019. 2. 8. 선고 2018누47242 판결 등에서 이러한 사안에서 제척기간이 완성된 것으로 보았고, 이와 반대되는 취지의 하급심 판결도 있었다. 결국 대법원은 제척기간이 완성되지 않은 것으로 결론을 내렸다.

제 2 절 과징금, 시정조치

Ⅰ. 과징금 제도

과징금 관련규정으로는 법 제8조, 제38조, 제43조, 제50조, 제53조, 제102조, 시행령 제84조 및 시행령 별표 6, 과징금 등 부과 세부기준 등에 관한 고시 등이 있다. 다만 시행령 별표 6에는 과징금의 상한 비율만 규정되어 있고, 구간별 내용은 과징금부과 세부기준 등에 관한 고시('과징금 고시')에 규정되어 있다. 한편 과징금 고시가 공정거래법 제102조, 시행령 제84조 등의 구체적인 위임을 받아 제정되었으므로, 위 고시가 위 법령과 결합하여 법령보충적 행정규칙으로 법규성을 갖는지가 문제된다. 과거 판례는 과징금 고시의 성격을 사무처리 준칙으로 보고 있고,[36] 이에 따라 법규성을 인정되지 않았다.

과징금 관련 규정은 자주 개정되었다. 특정 사안에서 어떤 규정이 적용되는지에 따라 결론이 달라지므로, 공정위가 적용한 규정이 정확한지는 소송실무상 중요한 쟁점이 되고 있다.[37] 관련 판결로, 대법원 2009. 6. 25. 선고

36) 대법원 2007. 9. 20. 선고 2007두6946 판결, 대법원 2010. 4. 8. 선고 2010두1057 판결. 공정위가 제정하는 예규, 고시 등은 일반적으로 행정규칙으로서 성질을 갖지만, 공정거래법 시행령 제5조 제3항 제4호에 의하여 위임을 받은 남용행위 유형 등은 대외적 구속력이 있는 법규로서 성질을 가진다.

37) 부과기준일 상한의 변경 과정에 대한 검토는 제2판 193, 194면 참조.

2008두16339 판결(애경산업 사건),[38] 대법원 2013. 10. 11. 선고 2012두7103 판결(대한전선 사건)[39] 등이 있다.

Ⅱ. 정 의

1. 관련매출액

가. 개 념

"관련매출액"은 시행령 제13조 제1항 본문에 의한 관련매출액 및 동 단서에 의한 관련 상품(상품에는 용역을 포함한다)의 매입액 또는 이에 준하는 금액을 말한다. 관련매출액은 그 용어가 '관련성'의 개념과 '매출'의 개념으로 이루어져 있다.

[관련매출액의 '관련성']

관련상품은 위반행위로 인하여 직접 또는 간접적으로 영향을 받는 상품의 종류와 성질, 거래지역, 거래상대방, 거래단계 등을 고려하여 행위유형별로 개별적·구체적으로 판단한다. 관련상품에는 당해 위반행위로 인하여 거래가 실제로 이루어지거나 이루어지지 아니한 상품이 포함된다. 관련상품의 범위를 정하기 곤란한 경우에는 당해 위반행위로 인하여 직접 발생하였거나 발생할 우려가 현저하게 된 다른 사업자(사업자단체를 포함한다)의 피해와 연관된 상품을, 다른 사업자의 직접적 피해가 없는 경우에는 소비자의 직접적 피해와 연관된 상품을 관련상품으로 볼 수 있다. 관련상품의 범위를 결정할 때에는 「통계청장이 고시하는 한국표준산업분류상 5단위 분류 또는 광공업조사통계보고서상의 8단위 분류」 또는 「당해 사업자의 품목별 또는 업종별 매출액 등의 최소 회계단위」를 참고할 수 있다.[40]

---

38) 과징금 고시의 변경이 과징금 산정에 미치는 영향을 볼 수 있는 대표적인 사례.

39) 부과기준율 변경이 문제된 사례.

40) 과징금부과 세부기준 등에 관한 고시(2016. 12. 30. 공정위 고시 제2016-22호, 이하 같다) Ⅱ. 이 고시는 시행일 이전의 행위에 대하여도 적용되는 소급효가 있다.

[관련매출액의 '매출액']

관련매출액을 산정할 경우 관련상품의 범위는 위반행위로 인하여 직접 또는 간접적으로 영향을 받는 상품의 종류와 성질, 거래지역, 거래상대방, 거래단계 등을 고려하여 정하고, 위반기간은 위반행위의 개시일부터 종료일까지의 기간으로 하며, 매출액은 사업자의 회계자료 등을 참고하여 정하는 것을 원칙으로 하되, 각각의 범위는 행위유형별로 개별적·구체적으로 판단한다[공정거래법 시행령 제84조(과징금 부과기준)에 따른 별표 6].

매출액은 총매출액에서 부가가치세, 매출에누리, 매출환입, 매출할인 등을 제외한 순매출액으로 산정한다. 다만, 위반행위로 인하여 발생한 매출이 없는 경우에는 과거 실적, 관련 사업자의 계획, 시장상황 등을 종합적으로 고려하여 매출액을 산정할 수 있다. 위반행위가 상품의 구매와 관련하여 이루어진 경우에는 매입액을 기준으로 하고, 입찰 또는 특정 계약에 직접 관련되거나 한정된 경우에는 계약금액을 기준으로 한다.[41]

부당한 공동행위가 가격합의, 점유율합의 등 여러 형태로 중첩되거나 연속되어 이루어졌다 하더라도 대상물품이 동일한 이상 각 합의 별로 위반행위기간 동안의 매출액을 확정하여 과징금액을 산정하여야 하는 것이 아니고, 그 전체 위반행위기간 동안의 매출액을 기초로 과징금액을 산정하면 족하다.[42] 정확한 계약금액을 확인할 수 없어 다른 업체의 계약금액으로 관련매출액을 추정한 경우에도 원고에게 불리하지 않다면 관련매출액으로 볼 수 있다는 취지로 서울고등법원 2015. 12. 16. 선고 2014누8249 판결(엔에스산전 사건)[43]이 있다. 관련시장이 달라지는 경우에는 과징금을 별도로 부과할 수 있다는 취지로는 대법원 2013. 11. 28. 선고 2012두18851 판결(네오위즈 인터넷 사건)이 있다.

나. 영향력 기준

관련매출액에 포함되는지를 판단함에 있어 직접 합의의 대상이었으면 관련매출액에 포함되고, 합의대상이 아니어도 영향을 받았으면 포함된다.[44]

---

41) 과징금부과 세부기준 등에 관한 고시 Ⅱ.

42) 대법원 2001. 5. 8. 선고 2000두7872 판결.

43) 확정.

44) 대법원 2013. 2. 15. 선고 2012두21413 판결, 대법원 2011. 5. 26. 선고 2008두

부당한 공동행위에 있어서 합의의 영향은 위법성이 강한 그 행위의 특성상 불공정거래행위 등 다른 남용행위에 비하여 비교적 용이하게 인정되는 경향이 있다. 합의의 직접 대상이 아닌 제품에서 판매가격이 개별협상, 공개입찰 등 합의 대상 품목과 무관한 별도의 가격결정 메커니즘으로 결정되는지가 쟁점이 되고 있다〔서울고등법원 2016. 2. 3. 선고 2014누54211 판결(한솔제지 사건)[45] 등 참조〕.

[영향이 인정된 사례]

합의에 의하여 영향을 받았음을 인정하여 관련매출액에 포함한 예로는 다음과 같은 사례들이 있다. 대법원 2009. 6. 25. 선고 2008두17035 판결은 세제회사가 세제제품의 브랜드별로 가격을 달리 책정하고 있다고 하더라도 세탁·주방세제라는 동질성으로 대표성 있는 브랜드 제품에 대하여 기준가격을 결정하고 나면 나머지 제품들도 그 가격의 영향을 받지 않을 수 없는 점 등에 비추어, 세탁세제 3개 및 주방세제 3개 브랜드 제품들의 가격 담합에 대한 과징금을 산정하면서 담합의 대상에 직접적으로 포함되지 않은 나머지 12개 브랜드 제품들의 매출액도 과징금 산정의 기준이 되는 '관련매출액'의 범위에 포함되어야 한다고 판시하였다. 대법원 2008. 12. 24. 선고 2007두19584 판결은 시외전화 2대역에 관한 합의에 대한 관련매출액에 전체시외전화 매출액을, 서울고등법원 2008. 8. 28. 선고 2007누27105 판결[46]은 한국타이어에 대한 합의에 따른 관련매출액에 넥센타이어에 대한 매출액까지 포함하였고, 대법원 2009. 6. 25. 선고 2008두16339 판결은 대형할인점에 대한 합의 사건에서 대형할인점 이외 유통채널 매출액도 관련매출액에 포함하였다.

합의의 대상에서 제외된 계열회사와의 거래도 포함되고(대법원 2011. 7. 14. 선고 2009두263 판결), 등급 외 제품도 포함되며(대법원 2011. 9. 8. 선고 2009두15005 판결), 비수익제품도 포함된다(서울고등법원 2012. 4. 12. 선고 2011누27584 판결[47]). 일부 회사의 슬래그분말 사업을 방해한 행위에 대하여 국내 시멘트

18335 판결.

45) 심리불속행 기각. 관련매출액에 포함되었다.

46) 심리불속행 기각.

47) 심리불속행 기각.

시장에서 판매하는 전체 시멘트 상품의 매출액을 관련매출액으로 본 사례로는 대법원 2008. 2. 29. 선고 2006두10443 판결(아세아시멘트 사건)이 있다. 사업활동방해의 경우 관련매출액을 비교적 넓게 본 사례로는 대법원 2015. 9. 10. 선고 2012두23297 판결(현대에이치씨엔 사건) 등이 있다.

[영향력 기준의 한계]

관련매출액의 관련성은 영향력을 의미하지만, 영향력 기준이 단순한 인과관계를 의미하는 것은 아니므로, 직접적인 영향과 이에 준하는 간접적인 영향에 한정할 필요가 있다. 그 점에서 영향력 기준이 지나치게 넓게 인정될 경우 자기 책임의 범위를 넘는 결과가 발생할 우려가 있다. 이러한 영향력 기준의 제한 사례는 다음과 같다.

1) 의사결정의 동질성

공정위의 선례 및 판례는 관련매출액 포함 여부 판단에서 의사결정이 동질한지(차별화된 의사결정)를 관련매출액 범위에서 고려하는 것으로 보인다. 특히 같은 메커니즘에 따라 가격 등 주요 거래조건이 결정되었는지를 관련매출액 판단에서 적극적으로 고려하는 것으로 보인다. 예를 들면, 합의의 직접 대상이 아닌 제품에서 판매가격이 개별협상, 공개입찰 등 합의 대상 품목과 무관한 별도의 가격결정 메커니즘으로 결정되었다면 관련매출액에서 제외된다.[48]

2) 기간적 제한

공동행위 기간 중 발생한 것으로 보이더라도 그 원인이 공동행위에 선행하는 다른 원인으로 볼 수 있다면, 관련매출액에서 제외하는 것이 정당하다. 그 점에서 공동행위의 기간은 형식적이 아니라 실질적인 기준에서 평가되고 있다.

3) 객관적 산정 기준의 존부

관련매출액 산정의 기준이 되는 가격이나 물량은 객관적으로 증명되는 것이어야 한다. 따라서 낙찰자가 입찰 시 각 제출한 '견적가격'과 '예상공급물량'을 토대로 잠정적으로 산정한 것에 불과한 금액을 공정거래법 시행령 제9조 제1항 단서에서 정한 입찰담합의 과징금 산정기준인 '계약금액'으로 볼 수는 없다고 본 사례로 서울고등법원 2015. 6. 25. 선고 2014누43563 판결

48) 서울고등법원 2016. 2. 3. 선고 2014누54211 판결(한솔제지 사건). 심리불속행 기각. 관련매출액에 포함되었다.

(콘티넨탈 오토모티브 일렉트로닉스 사건)[49] 등이 있다.

4) 매출의 개념적 한계

관련매출액은 기본적으로 피심인의 매출액을 의미하므로 매출액으로 보기 어려운 부분을 관련매출액의 범위에 포함할 경우 그 문언상 한계를 넘어서게 된다.

5) 매출의 물리적 한계

멸실, 훼손 등으로 매출액에서 공제되는 경우는 관련매출액의 자연적 한계로서 관련매출액에서 공제된다. 품질불량, 파손 등으로 대가의 일부가 공제될 경우 관련매출액에서도 공제되고 있다.[50]

6) 구체적 타당성

관련매출액은 제재의 적정성을 결정하기 위한 형평적인 고려의 산물이므로, 그 집행과정에서 구체적인 타당성과 사건별 사실관계의 특수성을 고려할 필요가 있다.

[불공정거래행위와 관련매출액]

부당한 공동행위의 과징금 산정에 있어 합의의 영향이 미치는 범위는 비교적 넓게 인정되는 경향이다(공동수급체, 들러리입찰 문제 등). 시장지배적 지위 남용행위는 특정 피해자를 염두에 둔 집행은 아니라서 관련매출액이 넓을 수 있다. 개별 피해자를 염두에 둔 불공정거래행위는 원칙적으로 피해액을 관련매출액으로 볼 수 있어, 부당한 공동행위, 시장지배적 지위 남용행위에 비하여 관련매출액이 더 좁게 인정될 수 있다.

병원의 선택진료에 대하여 거래상 지위 남용 중 불이익제공이 적용된 서울고등법원 2011. 2. 24. 선고 2010누8463 판결(길의료재단 사건) 등에서는 공정위가 관련매출액의 산정이 곤란하다고 보아 정액과징금을 부과한 것이 적법한지가 문제되었으나, 위 법원은 공정위의 과징금 산정이 적법하다고 보았다. 제약회사의 부당한 이익에 의한 고객유인 사례에서 관련매출액을 개별적 고객유인행위와 관련한 매출액만으로 산정할 것인지, 거래처 전체의 매출액으로 할 것인지가 쟁점이 된 사안에서, 대법원은 "의약품을 제조·판매하는 사업자의 이익제공 행위를 본사 차원에서 수립된 거래처 일반에 대한 판촉계획의

49) 대법원 2017. 5. 31. 선고 2015두47676 판결로 상고기각.

50) 대법원 2003. 1. 10. 선고 2001두10387 판결, 白石忠志, 論點體系 獨占禁止法, 第一法規, 2014. 183면.

실행행위로서 이루어진 것으로 평가할 수 없다면, 그 이익제공 행위로 인한 효과 역시 해당 의약품을 거래하는 거래처 전체에 미친다고 볼 수는 없으므로, 개별적 부당한 고객유인행위와 관련된 매출액만을 관련매출액으로 보아야 한다."라고 판단하였다(대법원 2010. 12. 9. 선고 2009두3507 판결).

다. 구체적인 판단

(1) 비주력품목

대법원 2009. 6. 25. 선고 2008두17035 판결은 세제회사가 세제제품의 브랜드별로 가격을 달리 책정하고 있다고 하더라도 세탁·주방세제라는 동질성으로 대표성 있는 브랜드 제품에 대하여 기준가격을 결정하고 나면 나머지 제품들도 그 가격의 영향을 받지 않을 수 없는 점을 고려하여 관련매출액을 비주력품목에 대하여 확대하였다.

(2) OEM 상품

OEM(original equipment manufacturing) 상품을 관련매출액에 포함한 사례로는 서울고등법원 2011. 11. 17. 선고 2011누18702 판결[51]이, 제외한 사례로는 대법원 2003. 1. 10. 선고 2001두10387 판결(두원냉기 사건)이 있는데, 구체적인 증거판단에 따라 달라진 결과로 보인다.

(3) 차별화 제품

일반상품에 관하여 합의를 한 경우 특수규격제품 등 차별화된 제품도 관련매출액에 포함되는지 문제된다. 차별화 제품을 관련매출액에 포함한 사례로는 대법원 2011. 9. 8. 선고 2009두15005 판결, 대법원 2011. 5. 26. 선고 2009두12082 판결, 대법원 2011. 6. 30. 선고 2010두28915 판결 등이 있다. 반면 차별화제품을 관련매출액에 포함하지 않은 사례로는 대법원 2011. 5. 26. 선고 2009두3767 판결[52], 대법원 2011. 6. 24. 선고 2008두18533 판결, 대법원 2011. 7. 28. 선고 2009두12280 판결 등이 있다. 서울고등법원 2016.

---

51) 확정.

52) 차별화 제품을 관련매출액에서 제외한 사례.

2. 3. 선고 2014누54211 판결(한솔제지 사건)[53]은 차별화제품이라는 원고의 주장을 배척한 사례이다.

(4) 위반행위 기간

관련 판결로, 서울고등법원 2018. 1. 18. 선고 2017누68464 판결(화승엑스윌 사건, 포스코 발주 컨베이어 벨트 사건),[54] 서울고등법원 2018. 7. 25. 선고 2017누68457 판결(동일고무벨트 사건, 포스코 발주 컨베이어 벨트 사건)[55] 등이 있다.

[자진신고 이후 매출액]

자진신고 이후 매출액을 관련매출액에 포함할 것인지 문제된다. 공정위 실무는 자진신고일 이후 매출액도 관련매출액에 포함한 경우가 있다. 이는 양론의 여지가 있다. 첫째, 자진신고일을 종기로 보면 그 이후에 발생한 매출액을 관련매출액으로 보기 어렵다(배제설). 둘째, 자진신고일 이후에 매출도 영향을 받은 것으로 볼 여지는 있다(포함설). 참고로 과징금고시는 실행은 종료되었으나, 결과를 유지하면서 지속적으로 이득을 취득한 경우는 이득의 취득이 종료된 날로 본다.

[공동행위 이전 계약, 공동행위 기간 매출발생 사례]

공동행위 이전에 계약을 체결하여 기간 중에 납품한 제품을 관련매출액에 포함한 사례(서울고등법원 2012. 4. 25. 선고 2009누38383 판결)[56]가 있다. 이 판결은 가격인상과 무관하게 장기계약에 따라 그 이전 계약에 따른 가격으로

---

53) 심리불속행 기각.

54) 대법원 2015. 5. 15.자 2018두34527 판결로 심리불속행 기각. 연장계약이나 변경계약 부분을 관련매출액에 포함할 수 없다는 취지에서 원고의 주장을 받아들였다. 계약연장 조항이 없는 점, 연장계약시 협상을 통하여 단가를 결정한 점을 종합하여 연장계약금액을 관련매출액에서 제외한 것으로 보인다.

55) 공정위가 상고하지 않아 확정되었다. 공정거래법 제40조 제1항 제8호의 부당한 공동행위에 해당하기 위하여 입찰이 존재하여야 한다. 입찰이 존재하지 않는 이상 합의가 존재하였다고 볼 수 없다. 새로운 협상에 따라 별도 변경계약을 체결한 것이므로 그 계약조건이 입찰담합을 통해 체결된 기존 계약과 동일하다고 하더라도 원고 등의 기존 입찰담합 합의가 그대로 실행되었다고 보기 어렵다.

56) 파기환송되어 대법원의 명시적인 판단은 없었다(음료수 사건).

거래된 경우 관련매출액은 '위반행위 기간 중 발생한' 관련상품 매출액이면 충분하고, '위반행위로부터 영향을 받은' 매출액에 한정된다고 볼 수 없다고 판시하였다.

합의일 이전 장기공급계약에 의한 매출액을 포함한 사례로 서울고등법원 2008. 5. 29. 선고 2007누22858 판결,[57] 합의 이후 실행기간 중 출시된 보험상품을 포함한 사례로 대법원 2012. 5. 24. 선고 2010두399 판결 등이 있고, 종기 이후 매출액을 제외한 사례로는 서울고등법원 2009. 10. 7. 선고 2009누2483 판결[58]이 있다. 이는 구체적인 사실관계에 따라 달라질 수 있는 문제이나, 대법원 2012. 5. 24. 선고 2010두399 판결과 서울고등법원 2009. 10. 7. 선고 2009누2483 판결의 차이가 뚜렷하게 현출되지는 않아서 실무상 다툼이 있었다.

최근 대법원은 합의의 대상이 된 상품 또는 용역의 매출액이 위반기간 중에 발생하였다고 하더라도, 그 매출액 발생의 원인이 된 상품 또는 용역 공급계약 등이 합의일 전에 체결되고, 그 계약에서 정해진 가격, 물량, 기한 등에 따라 상품 또는 용역의 실제 공급만 위반기간 중에 이루어졌다는 등의 특별한 사정이 드러난다면, 그 부분에 해당하는 매출액은 합의로 인하여 직접 또는 간접적으로 영향을 받는 상품 또는 용역이라고 보기 어려우므로, 관련매출액에서 제외된다고 판단함으로써 이 문제에 관한 기준을 정립하였다(대법원 2016. 5. 27. 선고 2013두1126 판결(노틸러스효성 사건)[59]).

[연장계약과 관련매출액]

계약이 연장된 경우는 다양한 유형이 있으므로 신중한 판단이 필요하다.

자동연장 조항이 그대로 적용된 경우, 입찰에서 계약으로 바뀐 경우에도 실

57) 상고기각(대법원 2008. 10. 23. 선고 2008두10621 판결).

58) 심리불속행 기각.

59) 원심이 공동행위 전에 계약이 체결되고 공동행위 기간에 그 계약에서 정한 가격대로 납품이 이루어졌다는 등의 원고 주장과 같은 사정이 있었던 경우에도 그 매출이 공동행위로부터 간접적으로나마 이 사건 합의의 영향을 받지 않았다고 단정하기는 어렵다고 판단한 부분은 적절하지 아니하나, 나아가 원심까지 제출된 모든 증거들을 살펴보아도 피고가 산정한 관련매출액 중에 원고 주장처럼 2003. 7. 23. 전에 체결된 계약내용에 따라 2003. 7. 23. 이후에 납품되어 발생한 매출액이 일부 포함되어 있다는 사정을 인정하기 어려우므로, 위와 같이 피고의 관련매출액 산정에 위법이 없다고 판단한 원심의 결론은 정당하다.

질적인 협상이 없었던 경우에는 입찰담합의 영향력 안에 있었다고 볼 수 있다.

별도의 가격 결정 메커니즘이 작동하였으면 관련매출액으로 보기 어렵다. 계약의 내용이 그대로 유지되었다고 하더라도 실질적인 협상이 있었으면 영향력의 연장선상에 있다고 보기 어렵다(서울고등법원 2018. 1. 18. 선고 2017누68464 판결, 화성엑스웰 사건). 나아가 협상이 있었고, 그 과정이 열려있어 애초의 입찰시 대상이 아니었던 사업자에게까지 공개되어 있다면 이는 차별적인 결정구조로 볼 수 있다. 이와 같이 실질적인 협상의 요소가 현출되었으면 관련매출액에서 제외할 수 있다. 결정된 가격이 협상의 산물인 경우, 계약서의 내용이 차별적으로 변경된 경우, 계약 체결 여부의 불확실성이 존재하는 경우 등이 영향력을 부정할 수 있는 요소이다. 서울고등법원 2018. 7. 25. 선고 2017누68457 판결, 서울고등법원 2020. 12. 10. 선고 2019누61368 판결도 계약기간이 연장된 부분의 계약금액을 관련매출액에서 공제하였다.

공정위 심결례는 자동갱신이나 연장에 관한 규정이 있고, 별도의 협상 없이 동일한 거래조건으로 연장된 경우에는 그 매출액을 관련매출액에 포함하는 경향을 보이고 있다.[60]

(5) 위탁판매

대법원 2011. 5. 26. 선고 2009두12082 판결은 원고의 현대석유화학 주식회사 및 주식회사 엘지대산유화 제품에 대한 위탁판매와 관련하여, 피고가 위탁판매수수료가 아닌 위탁판매대금을 기준으로 원고의 관련매출액을 산정한 것은 적법하다고 판단하였다.[61]

(6) 교환거래

부당한 공동행위에 참가한 사업자 사이에 교환거래가 이루어진 경우 이 부분이 관련매출액에 포함되는지가 문제된다. 관련 판결로 서울고등법원 2017. 10. 25. 선고 2016누53441 판결(현대시멘트 사건)[62] 등이 있다.

---

60) 공정위 2019. 9. 19. 의결 제2019-235호(대한적십자사 발주 혈액백 단가 입찰 담합 사건). 공정위 2019. 9. 3. 제1소회의 의결 제2019-220호(한국중부발전 발주 석회석 해상운송 용역 입찰 담합 사건).

61) 대법원 2011. 6. 30. 선고 2010두28915 판결도 동일하다.

62) 대법원 2018. 3. 15.자 2017두71987 판결로 심리불속행 기각. 법원은 회계처리 방

(7) 부대비용(운송비, 유류할증료)

상품이나 용역의 매출에 부대하는 비용에 관하여 합의한 경우 관련매출액이 부대비용에 국한되는지, 상품 및 용역의 매출액이 모두 포함되는지가 운송비, 유류할증료 등 사건에서 문제된다. 이러한 부대비용은 상품 또는 용역의 대가에 통상 포함되고, 독립적으로 판매되는 것이 아니어서 원칙적으로 포함하는 것이 타당하다.

상품에 대한 가격과 운송비가 별개인지 하나인지의 문제된다. 운송비를 포함한다는 취지의 판결로는 대법원 2001. 5. 8. 선고 2000두7872 판결 등이 있다. 사업자들 사이에 석도강판의 운송을 사업자가 담당하여 판매할 때에는 거래처까지의 실제 운송거리에 상관없이 사업자들 중 가장 가까운 생산공장과 거래처 간의 거리에 해당하는 협정 운송비를 징수하기로 하는 운송비 합의를 한 경우, 석도강판의 가격은 판매가격과 운송비를 합한 인도가격이고, 따라서 이러한 운송비 합의는 석도강판의 가격을 사업자들의 의도대로 결정하는 행위로서 구 공정거래법상 부당한 공동행위에 해당한다고 본 사례이다. 다만 이 판결에서 명확하게 운송비가 관련매출액에 포함되는지, 그 기준이 무엇인지 등이 판시되지 않음에 따라 후속 사건에서 논란이 있었다. 이러한 이유로 운송비를 관련매출액에 포함한 서울고등법원 2014. 12. 31. 선고 2013누17925 판결(세아제강 사건),[63] 서울고등법원 2014. 11. 28. 선고 2013누25421 판결(세아제강 사건)[64]과, 운송비를 관련매출액에서 제외한 서울고등법원 2015. 4. 23. 선고 2013누9979 판결(현대제철 사건)[65] 등으로 하급심이 엇갈렸다. 대법원은 일련의 철강 사건에 대한 상고심인 대법원 2016. 10. 27. 선고 2015두35864 판결(현대제철 사건), 대법원 2016. 10. 27. 선고 2015두42817 판결(현대제철 사건)에서 운송비도 원칙적으로 관련매출액에 포함될 수 있다고 보았다. 다만, 상품의 크기, 중량 등 특성에

식, 교환거래 부분도 합의의 이행 대상에 포함되었던 점 등에 기초하여 교환거래 매출액도 관련 매출액 산정에 포함된다고 판단하였다.

63) 심리불속행 기각.

64) 심리불속행 기각.

65) 대법원 2016. 10. 27. 선고 2015두42817 판결로 파기환송되었다.

비추어 판매시 운송비가 가격에 당연히 포함되는 것은 관련매출액에도 포함하여야 할 것이지만, 그렇지 않은 경우에는 달리 볼 여지도 있다.

항공운송서비스의 유류할증료, 즉 유류할증료에 관한 부당한 공동행위의 관련매출액 산정에서 유류할증료로 제한되는지, 기본운임까지 포함하여 운송서비스 매출액이 모두 포함되는지가 문제되었으나, 대법원 2014. 5. 16. 선고 2012두18165 판결은 과징금을 산정하면서 유류할증료가 아닌 전체 운임을 기준으로 관련매출액을 산정한 것은 적법하다고 보았다. 참고 판례로, 대법원 2001. 5. 8. 선고 2000두7872 판결(신화실업, 석도강판 사건)[66], 대법원 2016. 10. 27. 선고 2015두35864 판결(현대제철 사건),[67] 서울고등법원 2020. 9. 16. 선고 2019누60983 판결, 서울고등법원 2021. 5. 6. 선고 2020누45386 판결[68] 등이 있다.

---

66) 운송비를 관련매출액에 포함하는 것도 원칙적으로 허용된다고 본 사례.

67) 운송비를 관련매출액에 포함한 사례.

68) 서울고등법원은 다음과 같이 판단하였다. ① 하역작업 용역에는 경쟁대상으로 입찰요율이 적용된 부분과 비경쟁대상으로 항만구역 인가요금이 적용된 부분이 밀접하게 결합되어 있는 점, ② 이 사건 각 입찰은 납품단가 입찰로서 하역작업 용역 중 항만구역 인가요금을 적용되는 부분이 있을 경우 입찰요율을 적용하지 않는 것에 불과하고, 항만구역 인가요금과 입찰요율이 적용된 하역작업 용역 전체가 이 사건 각 입찰의 대상이 된 점, ③ 입찰참가자들은 항만구역 인가요금이 적용된 부분을 감안하여 하역작업 용역 단가를 결정하고 이 사건 각 입찰에 참여할 것이 기대되었던 점, ④ 낙찰자는 이 사건 각 입찰에 따른 계약을 이행할 경우 항만구역 인가요금이 적용되는 하역작업 용역으로 인한 이익을 얻을 수 있으므로 이 부분에도 공동행위를 할 유인이 있는 점, ⑤ 원고 등은 경쟁대상인 용역과 비경쟁대상인 항만하역 용역을 포함한 이 사건 각 입찰 대상 용역 전체에 대하여 낙찰예정사를 사전에 합의하고 투찰가격을 결정하였던 점, ⑥ 이 사건 각 입찰에 따른 계약 역시 항만요금 인가요금이 적용되는 부분을 포함하여 체결된 점, ⑦ 이 사건 각 입찰에 따라 계약을 체결한 회사가 항만요금 인가요금이 적용된 용역을 이행하면 해당 용역대금을 수령하여 매출액을 발생시키게 되고, 성질상 혹은 계약조건상 일시적으로 보관만 하거나 추후 공제되는 것이 아닌 점, ⑧ 비경쟁대상인 항만하역 용역(항만요금 인가요금이 적용되는 부분)에 대하여는 가격 자체에 대한 담합이 없다고 하더라도 경쟁대상인 용역 부분과 결합하여 정해지는 투찰가격에 대한 담합이 있었다고 볼 수 있는 이상 비경쟁대상인 항만하역 용역 부분 자체에 대하여도 낙찰예정자에 대한 담합이 있었다고 볼 수 있는 점 등을 고려하면, 항만구역 인가요금이 적용되는 하역작업 용역 부분은 이 사건 공동행위의 대상이 되는 용역 자체

(8) 사정변경

계약의 이행 중 계약금액 등이 증가하거나 감소하는 사정변경이 발생할 수 있다. 사정변경의 문제는 최초 계약에서 정해진 사유에 따라 예정된 대로 계약이 변경되어 계약금액이 달라진 경우('공제항목' 부분에서 후술하는 관급자재 등의 문제)와, 최초 계약에서 정해지지 아니한 후발적인 사유로 실제 공급금액이 달라진 경우로 나누어 볼 수 있다. 후자의 사정변경 사유로는 납품물량의 축소, 계약해제, 발주취소 등이 있다. 이때 명확한 기준이 있는 것으로 보이지 않는다. 최소 계약금액으로 본 선례와 변경된 계약금액으로 본 선례가 모두 존재한다. 입찰에 기한 공급계약과 실제 공급한 물량 차이가 발생한 경우에 공급계약에 따른 금액을 관련매출액으로 본 사례로 대법원 2014. 11. 27. 선고 2013두24471 판결(남해화학 사건)[69] 등이 있다. 반면, 증액된 부분을 관련매출액에 포함한 사례로 서울고등법원 2014. 6. 13. 선고 2012누28997 판결,[70] 감액된 부분을 관련매출액에 포함한 사례로 서울고등법원 2013. 12. 12. 선고 2013누45029 판결(하수처리장 시설담합 사건, 현대건설) 등이 있다. 계약금액이 실제 발생한 비용을 보전하는 형식으로 사후에 확정되는 경우('개산계약')의 경우에도 계약금액을 관련매출액을 볼 수 있다고 본 사례로 서울고등법원 2013. 8. 30. 선고 2012누14325 판결[71] 등이 있다.

[매출 발생과 관련매출액]

대법원 및 하급심판결은 실제 매출이 발생하지 않아도 일정한 경우 관련

라고 할 수 있다. 피고가 항만구역 인가요금이 적용되는 하역작업 용역을 관련매출액 산정에 필요한 관련 용역에 포함시켜 산정한 조치가 부당하다고 보기 어렵다.

69) 대법원은 '지역농협이, 농협중앙회가 실시한 입찰의 결과에 따라 자신에게 할당된 비료제조·판매업체와만 거래하여야 하는 것이 아니기 때문에 실제 다른 비료제조·판매업체로부터 비료를 매입(무발주 인수)함에 따라 입찰 및 그에 기한 공급계약에서 정해진 공급물량과 원고가 실제로 공급한 물량 사이에 차이가 발생하였으므로 계약금액이 아니라 실제 매출액을 관련매출액으로 보아야 한다'는 원고의 주장을 받아들이지 아니한 원심이 정당하다고 보았다.

70) 심리불속행 기각.

71) 상고기각(대법원 2015. 7. 9. 선고 2013두20493 판결).

매출액을 인정하는 경향을 보이고 있다. 배분받은 물량을 반납한 경우에도 관련매출액에 포함된다는 취지로는 대법원 2015. 2. 12. 선고 2013두6169 판결(넥상스코리아 사건)[72] 등이 있다. 서울고등법원 2015. 9. 17. 선고 2014누4100 판결(대호중공업 사건)[73]은 합의에 따라 들러리를 선 경우뿐 아니라 합의에 따라 입찰에 참여하지 않은 경우도 관련매출액에 포함된다고 보았고, 서울고등법원 2015. 9. 17. 선고 2014누2043 판결(대웅기업 사건)[74]도 합의에 따른 이익배분금을 지급받지 못한 경우 관련매출액을 산정할 수 있다고 보았다. 불참합의를 한 경우 관련매출액에 포함된다고 본 사례로는 서울고등법원 2015. 11. 5. 선고 2014누6588 판결(대우건설 사건)[75] 등이 있다. 입찰이 취소된 경우에도 취소된 입찰에 관한 담합이 과징금 부과 대상에서 제외된다고 볼 수는 없으므로 구매입찰에 관한 예상매출액인 계약체결예정금액이 과징금 산정의 기초가 되는 관련매출액에 포함되지만, 낙찰자가 입찰 시 각 제출한 '견적가격'과 '예상공급물량'을 토대로 잠정적으로 산정한 것에 불과한 금액을 구 공정거래법 시행령 제9조 제1항 단서에서 정한 입찰담합의 과징금 산정기준인 '계약금액'으로 볼 수는 없다고 본 사례로 서울고등법원 2015. 6. 25. 선고 2014누43563 판결(콘티넨탈 오토모티브 일렉트로닉스 사건)[76] 등이 있다. 한편 실패한 담합에서 그 부분 관련매출액을 제외한 사례도 있으나,[77] 이를 일반화하기는 어려울 것으로 보인다. 이는 들러리 참가자의 경우 관련매출액에 들러리 부분을 포함하면서도, 경우에 따라 포함하지 않은 결정례가 있는 것과 같은 맥락에서 이해할 수 있다.

(9) 관련매출액의 기준 통화

외국사업자가 부당한 공동행위에 가담한 경우, 관련매출액을 외국사업자

---

72) 원심은 원고가 배분받은 물량을 모두 반납하고 그 부분 물량을 다른 사업자가 재배정받았으므로 위 원고에게는 관련매출액이 없게 되었다고 본 반면, 대법원은 이러한 사정은 과징금의 양정사유에 불과하므로 관련매출액을 산정할 수 있다고 보았다.

73) 확정.

74) 확정.

75) 확정.

76) 대법원 2017. 5. 31. 선고 2015두47676 판결로 상고기각.

77) 공정위 2015. 2. 9. 의결 제2015-038호(한국수력원자력 발주 원자력발전소용 전동기 구매입찰).

의 자국통화를 기준으로 산정한 후 최종 과징금 부과단계에서 원화로 다시 환산할지, 거래의 기준이 된 통화를 기준으로 할지가 문제된다. 대법원은 외국사업자라 하더라도 위반행위로 인한 매출액이 원화로 발생한 경우에는 관련매출액은 당해 매출의 기준이 된 통화인 원화를 기준으로 산정하여야 할 것이라고 판시하여 후자의 견해를 취하였다(대법원 2014. 5. 16. 선고 2012두18165 판결[78]). 관련매출액을 거래통화인 원화로 산정한 경우와 관련매출액을 자국통화인 외국환으로 산정한 후 다시 과징금부과단계에서 원화로 환산할 경우 환율의 변동에 따라 외국사업자에 대하여 이익 또는 불이익이 발생할 수 있는데, 이는 국내사업자와 외국사업자 사이에 합리적 이유 없이 차별을 두는 것이고, 환율변동이라는 예상하지 못한 사정변경에 따라 과징금의 수액이 달라지는 것이어서 타당하지 않다.

(10) 관련시장과 관련매출액

구 공정거래법 시행령(2004. 4. 1. 대통령령 제18356호로 개정되기 전의 것)은 "관련상품・용역의 범위는 위반행위의 대상이 된 상품・용역의 용도 및 대체가능성 등을 감안하여 공정거래위원회가 정한다."고 정하고 있어 대체가능성이 포함되어 있었다. 그런데 2004. 4. 1. 대통령령 제18356호로 시행령이 개정되면서 "관련매출액을 산정할 경우 관련상품의 범위는 위반행위로 인하여 직접 또는 간접적으로 영향을 받는 상품의 종류와 성질, 거래지역, 거래상대방, 거래단계 등을 고려하여 정하고, 위반기간은 위반행위의 개시일부터 종료일까지의 기간으로 하며, 매출액은 사업자의 회계자료 등을 참고하여 정하는 것을 원칙으로 하되, 각각의 범위는 행위 유형별로 개별적・구체적으로 판단한다."로 규정되어 '대체가능성' 부분이 삭제되고, '직접 또는 간접의 영향'이 추가되었고, 이러한 규정은 유지되고 있다(공정거래법 시행령 제84조 별표 6).

한편 관련매출액의 개념에 관한 대법원 2003. 1. 10. 선고 2001두10387 판결은 "과징금 산정의 기준이 되는 매출액을 산정함에 있어서 그 전제가 되는 부당한 공동행위와 관련된 상품 또는 용역의 범위는, 부당한 공동행위

78) 관련매출액을 매출의 기준이 된 통화로 산정한 사례.

를 한 사업자간의 합의의 내용에 포함된 상품 또는 용역의 종류와 성질·거래지역·거래상대방·거래단계 등을 고려하여 개별적·구체적으로 판단하여야 한다."라고 판시하고 있고, 이는 시행령 개정 후에도 유지되고 있다(대법원 2011. 5. 26. 선고 2008두18335 판결 등). 이를 종합하면 위와 같은 시행령의 개정과 대법원 판결은 서로 조화되지 않는 측면이 있다. 참고판결로, 대법원 2015. 6. 11. 선고 2013두2389 판결(아남식품 사건)[79] 등이 있다.

[관련매출액 산정을 위한 관련시장의 획정]

관련시장은 관련매출액에도 영향을 미칠 수 있으나, 관련매출액은 위반행위로 인하여 직접 또는 간접적으로 영향을 받는 상품의 종류와 성질, 거래지역, 거래상대방, 거래단계 등을 고려하여 결정되므로 관련시장의 범위와 반드시 일치하는 것으로 보기는 어렵고, 관련매출액에 관한 종래의 판례들도 과징금산정을 위하여 관련시장의 정밀한 획정이 없는 상태에서 판단을 하였다.[80] 따라서 관련매출액의 범위를 엄격하게 심사하는 것은 별론으로 하더라도 관련매출액의 산정이나 위반행위의 중대성 판단을 위하여 관련시장을 획정할 필요는 없을 것이다.

특히 과징금 산정만을 위하여 관련시장의 획정이 필요하다는 논리는 재판매가격유지행위와 같이 정당한 이유의 입증책임이 사업자에게 있는 행위유형과 연결하여 보면 곤란한 문제가 생긴다. 즉 경쟁제한의 효과를 입증하기 위한 첫 단계인 관련시장의 획정은 정당한 이유에 포섭되고, 재판매가격유지행위에 있어서 정당한 이유의 입증책임은 사업자에게 있으므로[81] 결국 사업자에게 관련시장의 입증책임이 있게 된다. 그런데 과징금 산정을 위하여 관련시장 획정이 필요하고 그 책임이 공정위에 있다는 전제에서라면 재판매가격유지행위 사건에서 정당한 이유를 위한 관련시장은 사업자가, 과징금 산정을 위한 관련시장은 공정위가 각각 입증해야 한다는 납득하기 어려운 결론에 이르게 된다. 이런 측면에서도 과징금 산정을 위한 관련시장 획정은 필요하지 않을 것으로 보인다.

한편, 관련시장은 문제되는 행위자 또는 특정 행위에 관계없이 객관적으

---

79) 경쟁제한성과 관련매출액을 비교한 사례.

80) 대법원 2009. 6. 25. 선고 2008두17035 판결, 대법원 2011. 5. 26. 선고 2008두18335 판결 등.

81) 대법원 2010. 11. 25. 선고 2009두9543 판결.

로 확정되는 반면, 관련매출액은 행위에 따른 영향력이 미치는 부분이어서, '관련'이라는 동일한 표현에도 불구하고, 그 의미가 크게 다르다. 그럼에도 불구하고 관련매출액과 관련시장을 연결하여 이해하는 견해가 여전히 존속하고 있고, 일부 판결도 그러한 이해를 받아들이고 있기도 하다. 현실적으로 과징금이 고액인 점에 비추어 위반자의 부당이득, 피해자의 손해액, 사회적 후생손실 등을 정확하게 파악해야 과징금을 적정하게 부과할 수 있고, 그를 위해서 관련시장이 정확하게 획정되어야 한다는 전제의 주장은 그 당부에 관계없이 유지될 가능성이 있다.

(11) 외국 매출액

관련 쟁점은 다음과 같다. 첫째, 외국 매출액이다. 외국에서 이루어진 판매행위 매출을 관련매출액에서 제외하고 있다. 5개 컬러 모니터용 브라운관(CRT) 제조판매자 사건(공정위 2011. 3. 10. 의결 제2011-019호)에서 한국에서 수출되거나 한국에서 판매된 제품만을 관련매출액으로 인정하였다. 배기가스 산소센서 구매입찰 사건(공정위 2017. 2. 14. 의결 제2017-071호)에서 미국 GM 본사에서 실시한 입찰에서 국내 수요처(한국 GM)를 대상으로 한 부분만 관련매출액으로 인정하였다.

둘째, 수출액이다. 국내에서 이루어진 담합의 경우에도 해외수출액은 관련매출액에서 제외하였다. 6개 제지사 사건(공정위 2002. 6. 25. 의결 제2002-113호)에서 관련매출액을 백상지 전체매출액에서 수출액을 제외한 매출액으로 하였다. 다만, 외국 구매자에 대한 매출에서 실질적 경제적 부담이 국내 사업자에게 미치는 경우 관련매출액에 포함한 사례도 있었다. 11개 초박막액정표시장치(TFT-LCD) 제조판매사업자 사건(공정위 2011. 12. 1. 의결 제2011-212호)에서 한국이 아닌 외국에 판매한 패널 제품은 국내시장에 영향을 미치지 아니하므로 관련상품에서 제외하며, 외국 구매자가 구입한 상품이지만 형식적으로 외국 구매자를 경유하였을 뿐 실질적인 구매자는 국내 사업자인 경우에 한하여 관련상품에 포함하였다.

라. 공제항목

과징금 고시에 의하면 관련상품에는 당해 위반행위로 인하여 거래가 실제로 이루어지거나 이루어지지 아니한 상품이 포함된다. 매출액은 총매출액에서 부가가치세,[82] 매출에누리,[83] 매출환입, 매출할인 등을 제외한 순매출액으로 산정하는데 이는 종래의 판례가 반영된 것이다. 매출에 관한 회계처리는 관련매출액과 밀접한 관련이 있으므로, 회계상 매출에 포함되는 폐기물부담금, 관세는 관련매출액에도 포함하고, 매출에서 제외되는 부가가치세, 특별소비세는 관련매출액에서 제외하는 것이 논리적이다.[84] 미경과보험료, 재보험출재분(대법원 2011. 5. 26. 선고 2008두20741 판결), 폐기물부담금(대법원 2011. 6. 24. 선고 2008두18533 판결) 등은 포함되는 반면, 품질불량, 파손 등으로 대가의 일부가 공제될 경우에는 제외된다(대법원 2003. 1. 10. 선고 2001두10387 판결). 서울고등법원 2014. 4. 18. 선고 2012누15380 판결(BMW 2차 사건)에서 특별소비세 및 지방교육세는 관련매출액에서 제외하였고, 관세는 포함하였는데, 이는 회계처리상 특별소비세 및 지방교육세는 매출원가에 포함되지 않고, 관세는 포함된다는 점에 기인한 것이다.

(1) 조세 부분

서울고등법원 2014. 4. 18. 선고 2012누15380 판결(BMW 사건－파기환송 후 판결)[85]은 특별소비세 및 지방교육세는 제외되는 것으로 보았다. 부가가치세는 관련매출액에서 공제되는바(대법원 2009. 3. 26. 선고 2008두21058 판결 참조), 특별소비세와 지방교육세는 징세의 편의상 통관 직후 차량을 인도받게 되는 수입업자에게 일괄적으로 부과되는 것일 뿐, 최종소비자에게 그 부담이 전가된다는 점에서 부가가치세와 동일한 성격을 가지고 있다. 이 판결에서 관세는 포함되는 것으로 보았다. 부가가치세와

---

82) 대법원 2009. 3. 26. 선고 2008두21058 판결.

83) 대법원 2010. 2. 25. 선고 2008두21362 판결.

84) 부가가치세를 제외하고, 폐기물부담금은 포함하는 것은 회계처리의 측면에서도 설명이 가능하지만, 부가가치세는 정책적으로 부담하는 것이어서 제외하는 반면, 폐기물부담금은 사업자가 배출한 폐기물에 대하여 부과하는 것이라서 자기책임의 원칙에서도 설명이 가능하다.

85) 서울고등법원 2010. 7. 22. 선고 2009누9873 판결(BMW 1차 사건)이 대법원 2012. 4. 26. 선고 2010두18703 판결에 의하여 파기환송된 후 선고된 판결로 2014. 8. 26. 심리불속행 기각되었다.

관세 등은 납세의무자와 담세자가 서로 다른 간접세에 해당한다는 점에서는 공통점이 있으나, 기업회계 상 부가가치세는 매출액에 포함되지 않고 예수금의 일종으로서 유동부채 계정으로 분류되어 기재되는 것이 일반적인 반면, 관세는 원고들이 비엠더블유 코리아로부터 비엠더블유 자동차를 구입할 때 그 공급가격(매출원가) 속에 포함되어 있을 뿐만 아니라 원고들이 이를 최종소비자에게 판매할 때에도 마찬가지로 포함되어 있다.

(2) 관급자재 부분

관급자재가 포함되는지에 대하여 하급심은 엇갈렸으나, 대법원 2017. 9. 7. 선고 2016두48447 판결(대우건설)은 관급자재가 관련매출액에서 제외되는 것으로 이 문제를 정리하였다.[86]

관급자재와 비슷한 맥락에서 논의되는 문제로 '주계약자 관리방식[87]에 따라 발주자와 부계약자 사이에 체결된 계약금액'을 관련매출액에 포함할지의 문제가 있다. 서울고등법원 2016. 8. 25. 선고 2015누55310 판결(대한송유관공사 사건)[88]은 위 금액이 관련매출액에 포함되지 않는다고 보았으나, 포함된다고 본 사례로는 서울고등법원 2017. 5. 12. 선고 2016누119 판결(삼성물산 사건)[89]이 있어 하급심이 엇갈리고 있었으나, 대법원 2019. 1. 31. 선고

86) 관련판결로는 관급자재를 포함하여 원심이 파기된 대법원 2017. 9. 12. 선고 2014두35423 판결(현대건설), 대법원 2017. 9. 12. 선고 2014두35416 판결(금호산업), 대법원 2017. 10. 12. 선고 2014두35355(대림산업) 등과, 관급자재를 제외하여 상고가 기각된 대법원 2017. 9. 12. 선고 2016두55551 판결(화성산업), 대법원 2017. 9. 26. 선고 2016두59416 판결(서한) 등이 있다.

87) 주계약자 관리방식이란 발주자가 입찰 공고 시 전체 공종 중 전문건설업자의 시공공정과 추정 공사금액, 최저 지분비율 등을 미리 정하고, 입찰에 참가하는 주계약자는 전문건설업자를 부계약자로서 공동수급체에 반드시 포함시키며, 주계약자가 낙찰된 경우 발주자는 주계약자와는 별도로 직접 부계약자인 전문건설업자와 계약을 체결하고 시공 후 공사금액도 전문건설업자에게 직접 지급하는 제도로서, 낙찰자인 주계약자가 공사를 직접 시공하지 않고 일종의 수수료를 차감하고 전문건설업자 등에게 하도급을 주는 거래 형태로 인하여 나타나는 부실공사 등의 문제점을 방지하기 위한 목적으로 도입되었다.

88) 대법원 2019. 1. 31. 선고 2016두51658 판결(대한송유관공사 사건)로 상고 기각.

89) 대법원 2019. 1. 31. 선고 2017두48208 판결로 상고 기각.

2016두51658 판결(대한송유관공사 사건)은 부계약자 계약금액 부분이 포함된 공동수급체의 계약금액 전체를 관련매출액으로 볼 수 있다는 판단을 함으로써 이 문제를 정리하였다.[90] 관련 판결로, 서울고등법원 2017. 11. 17. 선고 2016누31915 판결(에스케이건설 사건),[91] 대법원 2019. 1. 31. 선고 2016두51658 판결(대한송유관공사 사건)[92] 등이 있다.

(3) 임가공 부분

임가공비를 관련매출액에 포함한 사례로는 서울고등법원 2014. 12. 31. 선고 2013누17925 판결(세아제강 사건),[93] 서울고등법원 2014. 11. 28. 선고 2013누25421 판결(세아제강 사건)[94]이 있고, 반면 임가공비를 관련매출액에서 제외한 사례로는 서울고등법원 2015. 4. 23. 선고 2013누9979 판결(현대하이스코 사건)[95] 등이 있다. 이와 같이 하급심이 엇갈리는 상태에서 대법원 2016. 10. 27. 선고 2015두35864 판결(현대제철 사건)은 다른 철강회사가 원고에게 열연강판의 임가공을 위탁하면서 열연강판을 판매하고, 원고가 그 위탁계약에 따라 이를 임가공하여 미소둔강판을 생산한 후 다시 위탁자에게 판매하여 지급받은 대금('임가공 판매대금')도 합의로부터 직·간접적인 영향을 받았으므로 관련매출액에 포함된다고 보았다.

---

90) 대법원 2019. 1. 31. 선고 2017두67605 판결(대보건설 사건), 대법원 2019. 1. 31. 선고 2017두68110 판결(한양 사건), 대법원 2019. 2. 14. 선고 2017두68103 판결(현대중공업 사건)도 동일하다.

91) 입찰담합의 특수성을 감안하여 주계약자 관리방식의 공동수급체의 경우에도 공동이행방식의 공동수급체와 마찬가지로 부계약자의 계약금액 부분을 구 공정거래법 시행령 제9조 제1항에서 정한 과징금의 기본산정기준인 '계약금액'에 포함시킨 피고의 조치를 위법하다고 보기 어렵다고 판단한 사례이다.

92) 입찰담합의 특수성을 감안하여 주계약자 관리방식의 공동수급체의 경우에도 공동이행방식의 공동수급체와 마찬가지로 부계약자의 계약금액 부분을 구 공정거래법 시행령 제9조 제1항에서 정한 과징금의 기본산정기준인 '계약금액'에 포함시킨 피고의 조치를 위법하다고 보기 어렵다고 판단한 사례이다.

93) 심리불속행 기각.

94) 심리불속행 기각.

95) 대법원 2016. 10. 27. 선고 2015두42817 판결로 파기환송되었다.

(4) 관련매출액의 중복

원재료 구매에 대한 수요자 공동행위와 완제품 판매에 대한 공급자 공동행위 등 일련의 행위가 모두 규제되는 경우, 원재료 부분의 관련매출액과 완제품의 관련매출액의 관계가 문제되는 경우가 있다. 관련 판결로 서울고등법원 2017. 12. 6. 선고 2016누68863 판결(신대양제지 사건)[96] 등이 있다.

(5) 기타 공제

건설폐기물 처리비용, 문화재 조사비 등이 분리 발주의 대상으로 추후 계약금액에서 공제될 예정이었던 경우 관련매출액에서 제외되어야 하는지도 관급자재 부분과 동일한 법리에 따라 해결되어야 할 것으로 보인다. 대법원 2019. 1. 17. 선고 2018두32460 판결은 건설폐기물처리비용, 문화재 조사비는 관련매출액에서 제외된다고 판단하였다. 이와 달리 생태계보전협력금, 사후환경조사비, 지장물이설비는 관련매출액에 포함된다고 판단하였다.

마. 입찰담합과 관련매출액

(1) 개 념

공정거래법 시행령 제13조 제1항 단서는 관련매출액은 위반행위가 상품이나 용역의 구매와 관련하여 이루어진 경우에는 관련 상품이나 용역의 매입액을 말하고, 공정거래법 시행령 제50조는 입찰담합 및 이와 유사한 행위인 경우에는 계약금액을 말한다고 규정하고 있다. 이에 따라 입찰담합은 계약금액을 관련매출액으로 산정한다.[97] 헌법재판소는 입찰담합에 관한 시정

---

96) 대법원 2018. 4. 12.자 2018두30860 판결로 심리불속행 기각. 원고는 관련매출액은 원지 판매가격을 기초로 산정되었는데, 원지 판매가격에는 고지 담합에 의해 결정된 고지 구매비용(고지 담합에서의 관련매출액)이 반영되어 있는 결과 이 사건 관련매출액에는 사실상 고지 담합에서의 관련매출액이 포함되어 있음에도, 원고는 관련매출액을 중복으로 산정하여 과징금을 부과하였으므로 위법하다고 주장하였으나, 위 법원은 이를 배척하였다.

97) 입찰담합에서 계약금액을 관련매출액으로 적용함에 있어 그 법령상 근거와 관련된 논란은 이선희, "입찰담합에 있어서 과징금 산정기준",「공정거래법 판례선집」, 사법발전재단 2011. 395면.

조치 및 과징금의 근거규정인 구 공정거래법 제21조, 제22조(현 공정거래법 제42, 43조)는 헌법에 위반되지 않는다고 판단하였다(헌법재판소 2016. 4. 28. 선고 2014헌바60 결정).

과징금고시에 따르면, 낙찰(경락을 포함한다. 이하 같다)이 되어 계약이 체결된 경우에는 계약금액을, 낙찰은 되었으나 계약이 체결되지 아니한 경우에는 낙찰금액을, 낙찰이 되지 아니한 경우에는 예정가격(예정가격이 없는 경우에는 응찰금액)을, 예상물량만 규정된 납품단가 입찰의 경우에는 심의일 현재 실제 발생한 매출액을 당해 입찰담합에 참여한 각 사업자의 관련매출액으로 본다. 제한적 최저가 낙찰제[98]에서 낙찰받지 않은 집단에 속한 경우에는 예정가격으로 관련매출액을 산정하더라도 무리라고 보기는 어렵다. 관련 판결로 대법원 2018. 11. 15. 선고 2016두49044 판결(에스케이건설 사건)[99] 등이 있다.

계약금액의 기준을 다룬 사례로, 대법원 2017. 5. 31. 선고 2015두47676 판결(콘티넨탈 오토모티브 일렉트로닉스 사건),[100] 대법원 2017. 5. 30. 선고 2015두48884 판결(보쉬전장 사건)[101] 등이 있다.

(2) 들러리 참가자와 관련매출액

---

98) 정부 부문의 조달청 나라장터를 통한 입찰의 경우 대부분 일정 기준 이상의 자막방송 속기용역 수행실적이 있는 업체로 입찰참가자격이 제한되어 있고, 낙찰자 선정방식은 적격심사에 의한 최저가 낙찰제 또는 제한적 최저가 낙찰제로 실시되고 있다. 제한적 최저가 낙찰제는 예를 들면, 예정가격의 88% 이상 조건에서 최저가를 투찰한 업체가 낙찰되는 방식이다.

99) 입찰담합에 관한 과징금의 기본 산정기준인 '계약금액'의 경우에도, 입찰담합에 기초하여 체결된 계약금액에 해당되어야 한다는 의미의 '관련성'이 있을 것이 요구되며, 이러한 관련성이 인정되지 않는 경우에는 그 계약금액을 과징금의 기본 산정기준으로 삼을 수 없다고 판단하여 계약금액도 관련매출액의 특수한 형태임을 명시하였다.

100) 심의종결일까지 실제 계약이 체결되었으면 실제 계약금액으로 산정하여야 한다는 취지이다.

101) 낙찰자인 원고 또는 덴소오토모티브가 입찰시 각 제출한 '견적가격'과 '예상공급물량'을 토대로 잠정적으로 산정한 것에 불과한 금액을 구 공정거래법 시행령 제9조 제1항 단서에서 정한 입찰담합의 과징금 산정기준인 '계약금액'으로 볼 수는 없다.

(가) 원 칙

들러리 참가자의 문제이다. 들러리 참가자 등 낙찰을 받지 않은 담합가담자도 계약금액으로 관련매출액을 산정하고, 담합이 수개의 입찰을 대상으로 한 경우에는 담합에 가담한 모든 사업자에 대하여 각 입찰에서의 계약금액을 합한 금액을 관련매출액으로 본다.[102] 즉, 공구배분 합의에 가담한 사업자가 합의에 참여한 다른 사업자가 배분받기로 한 공구입찰에 형식적으로 참가하기로 하는 들러리 합의를 한 경우, 그 들러리 합의는 특별한 사정이 없는 한 공구배분 합의와는 별개로 독립된 부당한 공동행위에 해당하고, 그에 대하여 별개의 과징금을 부과할 수 있다(대법원 2017. 4. 26. 선고 2016두32688 판결 참조). 입찰담합에 있어 '계약금액'은 과징금의 기본 산정기준이 된다고 보아야 하고, 이는 입찰담합에 의하여 낙찰을 받고 계약을 체결한 사업자뿐만 아니라 낙찰자 또는 낙찰예정자를 미리 정하는 내용의 담합에 참여하였으나 낙찰을 받지 못한 사업자에 대하여도 마찬가지로 적용된다. 대법원 2017. 4. 27. 선고 2016두33360 판결, 대법원 2018. 4. 24. 선고 2016두40207 판결, 대법원 2020. 11. 26. 선고 2016두47666 판결(신신기계 사건) 등 판례의 입장도 동일하다.

[입찰담합 실행행위와 관련매출액]

부당한 공동행위의 합의를 하고 합의에 따른 실행행위를 하지 않았더라도, 부당한 공동행위는 합의만으로 성립하므로 법위반은 인정된다. 다만, 관련매출액은 위반행위로 영향을 받은 매출액인데, 실행행위가 없으면 영향을 받은 매출액이 있기 어렵다. 예를 들면, 가격담합의 합의를 하였더라도 가격인상 등 실행행위를 하지 않으면 관련매출액이 발생하기 어렵다.

이러한 실행행위와 관련매출액의 법리가 입찰담합에도 그대로 적용되는가? 이는 다수의 입찰에 대하여 담합의 기본합의는 있으나, 개별 입찰 참여 여부는 사업자별로 차이가 있는 경우에 주로 문제된다. 대법원 2017. 4. 27. 선고 2016두33360 판결, 대법원 2017. 5. 30. 선고 2015두56885 판결은 개별입찰별로 구체적으로 입찰담합의 당사자로 가담했는지에 따라 과징금을 산정해야 한다고 판시하고 있다.

---

102) 대법원 2004. 10. 27. 선고 2002두6842 판결.

첫째, 입찰담합의 합의를 한 후 응찰행위 등 실행행위가 전혀 없는 경우(합의참가자 중 누구도 응찰을 하지 않은 경우)에는 일반이론에 준하여 관련매출액이 발생하지 않을 것으로 보인다. 둘째, 합의에 따라 응찰행위 등 실행행위가 이루어진 경우에는 낙찰자 또는 낙찰예정자에 대하여 관련매출액이 발생한다. 들러리로 응찰하였으나 탈락한 자에 대하여도 낙찰자 또는 낙찰예정자에 준하여 관련매출액이 발생한다.

셋째, 응찰하지 아니한 자에 대하여는 실행행위 여부 판단을 유형별로 할 필요가 있다. 합의 내용을 준수하기 위하여 응찰하지 아니한 자는 실질적으로 응찰하지 아니함으로써(경쟁을 하지 않음으로써) 합의를 이행한 자이므로, 실행행위를 한 것으로 볼 수 있다. 과징금고시 IV. 1. 라 1) 다) (2)[103]에 기재된 '응찰하지 아니한 자'는 '합의의 이행으로 응찰하지 아니한 자'로 한정해서 해석해야 한다. 대법원 2020. 10. 29. 선고 2019두37233 판결[104]은 합의 내용을 준수하기 위하여 응찰하지 아니한 자는 실질적으로 응찰하지 아니함으로써(경쟁을 하지 않음으로써) 합의를 이행한 자이므로, 실행행위를 한 것으로 볼 수 있다는 취지로 판시하였다.

넷째, 응찰하지 아니한 행위를 합의의 이행으로 보기 어려운 사정이 있는 경우에는 실행행위를 한 것으로 보기 어렵고, 관련매출액이 발생하지 않는 것으로 보아야 한다. 응찰하지 아니한 행위(부작위)는 의도, 목적, 대가 수령(물량배분) 등 제반 정황에 따라 그 평가가 다양할 수 있음에 유의해야 한다. 예를 들면, 응찰하지 아니한 행위를 공동행위의 탈퇴에 미치지는 못하더라도 합의의 실행을 거부한 것으로는 해석할 수 있는 사정이 있다면 실행행위를 하지 않은 것으로 볼 수 있다. 입찰에 응찰하지 않은 대가를 수령하거나 물량을 배분받은 경우에는 합의의 실행행위로 볼 가능성이 높지만, 그

103) 탈락하였거나 응찰하지 아니한 자(들러리 사업자)에 대하여는 들러리 사업자의 수가 4 이하인 경우에는 2분의 1 범위 내에서, 들러리 사업자의 수가 5 이상인 경우에는 N분의 (N-2)(N은 들러리 사업자의 수를 말하며, 공동수급체로 참여한 경우에는 공동수급체의 수를 말한다) 범위 내에서 산정기준을 감액할 수 있다.

104) 만일 사업자가 특정 개별입찰에서 경쟁입찰의 외형을 가장하고자 형식적인 응찰을 한 사실이 인정된다면 특별한 사정이 없는 한 그 자체로 담합에 참여한 것으로 볼 수 있다. 그러나 위와 같은 형식적인 응찰을 하지 않았다고 하여 그러한 사정만으로 담합에 참여하지 않은 것으로 볼 수는 없다. 독점규제 및 공정거래에 관한 법률상 부당한 공동행위는 합의로써 성립하고 구체적인 실행행위를 요하는 것이 아니며, 입찰담합은 응찰하지 아니하는 방법으로도 가담할 수 있기 때문이다.

대가가 당해 입찰의 대가인지는 문제될 수 있다.

다수공급자계약에 따라 1단계로 종합쇼핑몰 등록행위가 이루어지고, 2단계로 경쟁입찰이 시행되는 시스템에서,[105] 종합쇼핑몰에 계약금액은 등록하였으나 수요기관의 가격제안 요청에 대하여 가격제안서를 제출하지 않은 경우, 실제 입찰에서 제안서를 내지 않았음에도 업무처리기준에 따라 계약조건으로 제안한 것으로(입찰에 참여한 것으로) 간주되는 사안이 있다. 이와 같이 간주규정에 따라 제안서를 낸 행위는 응찰행위보다는 응찰하지 아니한 행위에 가까우므로(작위보다는 부작위에 해당한다), 그 행위의 의미를 살펴볼 필요가 있다. 입찰담합의 경우에는 낙찰자를 제외한 참가자의 경우(들러리 입찰자 등) 실제 매출이 없음에도 관련매출액을 의제하여 과징금을 부과하므로, 엄격한 해석이 필요하다.

[입찰담합 실패(입찰담합에 가담하지 않은 제3자가 낙찰을 받은 경우)와 관련매출액 기준]

합의에 가담한 사업자가 낙찰을 받지 못하고, 독립하여 입찰에 참여한 제3자가 낙찰을 받은 경우에 관련매출액의 기준이 문제된다. 이는 합의 참가사업자가 낙찰을 받지 못한 경우이므로 과징금 고시상 '낙찰이 되지 아니한 경우'에 해당한다. 과징금 고시에 따르면 낙찰이 되지 않은 경우에 예정가격(예정가격이 없는 경우 응찰금액)이 기준이 된다.[106] 예정가격이 없다면 낙찰예정자는 자신의 응찰가격이 기준이 된다. 들러리 참가자의 경우 들러리 참가자의 응찰가격과 낙찰예정자의 응찰가격 중 어떤 가격을 기준으로 할지가 문제된다. 아래에서 서술하는 바와 같이 판례 입장은 계약금액을 기준으로 할 수 있다는 취지이다.

첫째, 응찰가격을 기준으로 하는 경우이다. 다만, 낙찰예정자와 들러리참

105) 1단계는 다수공급자계약으로 조달청이 일정기준을 충족한 사업자를 대상으로 해당 품목의 단가에 관한 협상을 통해 계약을 체결하고, 나라장터 종합쇼핑몰에 등록을 한다. 2단계로 수요기관의 구매수요가 발생하는 경우 입찰이 이루어진다.

106) 낙찰(경락을 포함한다. 이하 같다)이 되어 계약이 체결된 경우에는 계약금액을, 낙찰은 되었으나 계약이 체결되지 아니한 경우에는 낙찰금액을, 낙찰이 되지 아니한 경우에는 예정가격(예정가격이 없는 경우에는 응찰금액)을, 예상물량만 규정된 납품단가 입찰의 경우에는 심의일 현재 실제 발생한 매출액을 당해 입찰담합에 참여한 각 사업자의 관련매출액으로 본다.

가자의 응찰가격 중 어떤 것을 기준으로 할지가 문제된다. 먼저 입찰담합이 성공한 경우 낙찰자의 계약금액으로 보는 것에 준하여 낙찰예정자의 응찰가격을 관련매출액으로 보는 것이 균형에 맞는다고 보는 견해가 있다. 공정위 실무도 동일한 것으로 보인다. 이와 달리 들러리 참가자의 응찰금액을 관련매출액으로 인정하는 것이, 자기 책임의 원칙에 부합한다고 볼 소지도 있다.

둘째, 계약금액을 기준으로 하는 견해이다. 실패한 담합과 관련매출액의 문제에서 대법원 2022. 5. 26. 선고 2019두57398 판결은 원고 등이 입찰참가자들 중 일부와 담합을 하였으나, 담합에 참여하지 않은 제3자가 낙찰받은 경우에도 계약금액을 과징금기본산정기준으로 삼을 수 있다고 판단한 사례이다. 부당공동행위금지 위반행위가 '입찰담합 및 이와 유사한 행위인 경우'에는 '계약금액'이 과징금의 기본 산정기준이 된다. 이는 입찰담합에 의하여 낙찰을 받고 계약을 체결한 사업자와 담합에 참여하였으나 낙찰을 받지 못한 사업자 모두에 대하여 적용되고(대법원 2017. 4. 27. 선고 2016두33360 판결 등 참조), 입찰담합을 하였으나 그 담합에 참여하지 않은 제3자가 낙찰받은 때에도 마찬가지라는 취지이다.

그러나, 실패한 입찰 담합에서 담합에 가담하지 않은 낙찰자의 계약금액을 관련매출액으로 보는 것은 자기책임의 원칙에 반할 소지가 있으므로, 담합에 가담한 사업자를 기준으로 하는 것이 바람직하다. 그 경우 입찰예정가격, 담합에 따라 합의된 낙찰예정자의 응찰액, 들러리참가자의 응찰액 등이 기준이 될 수 있다.

[들러리 참가와 정액과징금]

과징금 고시에 의할 경우 예상물량만 규정된 납품단가 입찰의 경우에는 실제 발생한 매출액을 관련매출액으로 한다. 실제 발생한 매출액이 없는 경우에는 정액 과징금을 적용한다. 정액과징금을 적용할 경우 낙찰예정가격을 적용하는 것이 원칙이다. 낙찰예정가격이 없는 경우 응찰가격을 기준으로 하고, 응찰가격은 낙찰예정자 또는 들러리 참가자의 응찰가격이 된다. 한국남동발전 영흥 제3연료 하역부두 사건[107] 등에서 문제되었다.

---

107) 공정위 2020. 12. 24. 의결 제2020-334호(2018카총2807호). 예정가격은 예비가격 기초금액의 + - 2.5% 범위 내에서 서로 다른 복수 예비가격 15개 중 응찰자가 선택한 결과 다수득표순으로 선정된 4개의 산출평균가격으로 한다. 이 사건에서 입찰 당시 예상하역물량이 존재하는 상태에서 단가를 입찰하였다. 씨제이, 동방,

(나) 제한 법리

들러리 참가자에 대하여 낙찰자의 계약금액을 산정하는 것은 관련매출액의 개념에 비추어 예외적인 경우이므로, 제한적으로 해석될 필요가 있다.

즉, 관련매출액은 기본적으로 매출이 실제 발생한 경우에 포함을 하는 것이 원칙이다. 위에서 검토한 바와 같은 관련매출액의 제한 법리는 모두 실제 매출이 발생하지 않거나 발생하였다고 하더라도 관련성이 약한 경우에 관련매출액에서 제외하고 있다. 이러한 법리에 따르면 들러리 참가자의 경우 자신이 아닌 타인(낙찰자)의 매출을 들러리 참가자의 관련매출액에 포함시키는 것은 그 기본 개념에 비추어 자연스럽지 않다.

이러한 다소 부자연스러운 관련매출액의 획정은 입찰담합의 억지를 위하여 들러리 참가자에 대하여 제재를 하지 않을 경우 집행의 실효성을 기할 수 없다는 정책적인 고려에서 매출액이 없음에도 매출액이 있는 것처럼 보는 것으로 이해할 수 있다. 이 점에서 들러리 참가자에 대한 관련매출액에 대하여는 신중하고 탄력적인 법적용이 필요하다. 비교법적으로 들러리 참가자에 대하여 계약금액을 관련매출액으로 산정하여 제재를 가하는 예는 드문 것으로 보인다.[108] 이 점에서 들러리 참가자는 기본적으로 매출이 없는 사업자이므로 계약금액보다는 정액과징금을 통하여 과징금을 산정하는 방향으로 법을 개정해야 한다는 주장도 제기되고 있다.[109]

(다) 과징금 고시를 통한 구제

들러리 참가자도 계약을 체결한 사업자의 계약금액을 관련매출액으로 보지만, 입찰계약을 체결한 경우와 같은 부과기준을 적용하는 것은 과징금이 과다하다.[110] 응찰하지 않거나 탈락한 자에 대한 과징금 고시에 따라 통상

셋방이 담합하여 씨제이를 낙찰 예정자로 정하였다. 그러나 합의참가자가 아닌 쌍용해운이 낙찰받아 담합이 결과적으로 실패하였다.

108) 비교법적으로 들러리 참가자는 물론 입찰담합에 대하여 일반담합과 분리하여 별도로 제재규정을 두는 예는 드문 것으로 보인다.

109) 권오승 · 서정, 독점규제법 이론과 실무(제3판), 2018. 347면, 이선희, “입찰담합에 있어서 들러리 참가자 등의 과징금산정 기준”, 경제법판례연구 7권(2011), 159면.

110) 대법원 2004. 11. 12. 선고 2002두5627 판결.

1/2로 감액하고 있으나, 들러리 회사가 참여한 입찰의 경우 과도한 과징금이 부과되고 있다는 비판에 따라 2015. 10. 7. 공정위 고시 제2015-14호로 과징금고시가 개정되면서 들러리 참가자에 대하여 들러리 참가자가 4개 이하인 경우와 그 이상인 경우를 구분하여 과징금을 감액할 수 있도록 하였다.

[과징금 고시의 'N'의 의미]

공정위의 개정된 과징금 고시 Ⅳ.1.다.(1)(마)2) 규정은 들러리 참가자에 대하여는 그 수가 5 이상인 경우에는 N분의 (N-2) 범위 내에서 산정기준을 감액할 수 있고, N은 들러리 참가자의 수를 말한다고 정하고 있는데, 위 개정의 이유는 들러리 참가자가 많아질수록 전체 관련매출액의 합계가 지나치게 확대될 우려가 있었기 때문이었다. 컨소시엄 형태로 입찰이 이루어진 경우 개정된 과징금고시 규정의 N을 들러리 컨소시엄의 수로 보아야 하는지, 들러리 참가자의 수로 보아야 하는지가 문제된다.

서울고등법원 2017. 9. 15. 선고 2016누75359 판결(현대건설 사건)[111]은 하나의 컨소시엄 내에서는 상호 경쟁이 발생할 소지가 없는데다가 입찰 실무에서 컨소시엄은 하나의 경쟁주체인 사업자로 산정되므로 컨소시엄(공동수급체)의 수로 보아야 한다고 판단하였다. N을 들러리 참가자의 수로 보게 되면 컨소시엄을 통해 들러리 합의에 가담한 모든 개별 사업자의 수가 실제 경쟁주체에 비해 과다하게 늘어나는 결과 그에 관하여 계산되는 관련 매출액이 지나치게 작은 금액으로 결정되게 되어, 들러리 참가자들에 대한 과징금 산정기준을 합리적으로 조정하려는 과징금 고시의 개정취지를 몰각하게 된다는 취지이다. 이 쟁점에 관하여 대법원 2019. 7. 25. 선고 2017두55077 판결(대림산업 사건)은 공동수급체의 수로 판단하였다.

(라) 공정위 선례

들러리 참가자 등 낙찰을 받지 않은 담합 가담자도 계약금액으로 관련매출액을 산정한 사례가 있다.[112] 그러나 들러리 참가자에 대하여 계약금액을 관련매출액으로 하여 과징금을 부과할 수 있더라도, 모든 경우에 예외 없이 들러리 참가자에 대하여 계약금액을 관련매출액에 포함하는 것은 적정한

111) 대법원 2019. 8. 14. 선고 2017두68509 판결로 상고기각.

112) 대법원 2004. 10. 27. 선고 2002두6842 판결.

집행으로 보기 어렵다.

특히 공정위가 관련매출액에서 들러리 부분을 포함하지 않은 사례가 상당수 누적되어 있다. 공정위가 들러리 참가자의 관련매출액에서 매출액을 제한한 사례 등은 들러리 참가자에 대하여 전체 계약금액을 기준으로 과징금을 산정할 경우 제재가 비례의 원칙을 넘어서 과중할 가능성이 있으므로 이를 형평적인 차원에서 고려한 것으로 보인다.

(3) 적용법령과 관련매출액

입찰담합 사건에서 적용법령에 따라 관련매출액이 달라질 수 있는지의 문제이다. 적용법령이 입찰담합에 관한 법 제40조 제1항 제8호가 아니라 제1, 3호가 적용된 경우에도 입찰담합에 준하여 계약금액을 기준으로 할 수 있을지 문제되는데, 대법원 2014. 11. 27. 선고 2013두24471 판결(남해화학 사건)[113]은 계약금액을 기준으로 할 수 있다고 판단하였다.

(4) 입찰담합과 계약의 체결

입찰담합과 낙찰 및 계약 체결 사이의 인과관계가 필요한지의 문제이다. 이는 입찰 이후 실제 계약 체결 과정에서 법적 분쟁이 발생한 경우 문제된다. 서울고등법원 2016. 7. 21. 선고 2015누55488 판결(에스케이건설 사건)[114]은 입찰담합으로 인하여 낙찰 및 계약 체결까지의 인과관계가 필요하다는 전제하에서 인과관계가 단절되는 경우 계약금액을 관련매출액으로 볼 수 없다고 보았으나, 이와 달리 대법원 2018. 11. 15. 선고 2016두49044 판결은 계약금액은 규범적 관점에서 이 사건 공동행위에 기초하여 체결된 계약의 계약금액으로 볼 수 있으므로 공동행위와 계약금액 사이의 관련성이 충분히 인정되고, 이 사건 공동행위와 이 사건 계약체결 사이에 화해권고결정이 개입되었다는 사정만으로는 그 관련성이 부정된다고 보기 어렵다는 점을 들어 원심을 파기하였다.

113) 법 제40조 제1항 1, 3호가 적용된 입찰담합 사건에서도 계약금액을 관련매출액으로 본 사례.

114) 대법원 2018. 11. 15. 선고 2016두49044 판결로 파기되었다.

[입찰담합과 수의계약]

입찰담합을 하였으나, 입찰에서 낙찰자가 결정되지 못하였다. 그 이후 입찰담합 참가자와 발주처가 수의계약을 한 사안에서 관련매출액 기준이 문제된다. 이러한 경우 수의계약 금액을 관련매출액으로 보기 위하여 수의계약과 담합 사이에 관련성이 인정되어야 한다.

대법원 2018. 11. 15. 선고 2016두49044 판결(에스케이건설 사건)[115]에서 제시한 '규범적 관점에서 입찰담합에 기초하여 체결된 계약의 계약금액으로 볼 수 있는지'는 다른 사건에서도 기준이 될 수 있다. 처음부터 수의계약으로 진행된 경우는 당연히 관련매출액 부과대상에서 제외된다. 입찰이 시행되고, 입찰담합으로 1개 회사가 응찰하여 입찰이 무산된 후, 발주자가 단독응찰회사와 계약을 체결하였다면 이는 위 기준에 따른 관련성이 있는 것으로 볼 수 있다. 서울고등법원 2018. 10. 25. 선고 2018누42384 판결에서 '사전에 낙찰사를 정하고 형식적으로 입찰에 참여하거나 유찰을 유도하여 합의를 실행한 경우에는 계약금액이 과징금의 부과기준이 될 수 있다'라고 판시하였다. 서울고등법원 2020. 9. 23. 선고 2020누33710 판결[116] 등도 유찰 후 수의계약 체결과정에서 추가적인 협상과정이 있었다고 하더라도 합의 당시 예견된 것이므로 수의계약에 따른 매출액이 관련매출액에 포함된다고 판단하였다.

이와 달리 단독 응찰로 입찰이 무산된 후, 발주자가 입찰과정을 고려하지 않고 이와 단절된 새로운 절차로 수의계약을 하였다면 위 기준에 따른 관련성이 부정될 여지도 있다.

(5) 거래제한 합의와 입찰 합의

거래제한 합의와 개별 입찰합의가 동시에 존재하는 경우 관련매출액의 산정방식에 관한 문제이다. 공정거래법 제40조 제1항 각 호에서 정한 '부당한 공동행위'는 투찰가격 등에 관한 당사자들의 합의가 존재하기만 하면 성립한다. 한편 사업자들이 여러 입찰방식 거래와 관련하여 각자가 참가할 입

---

115) 계약금액은 규범적 관점에서 이 사건 공동행위에 기초하여 체결된 계약의 계약금액으로 볼 수 있으므로 공동행위와 계약금액 사이의 관련성이 충분히 인정되고, 이 사건 공동행위와 이 사건 계약체결 사이에 화해권고결정이 개입되었다는 사정만으로는 그 관련성이 부정된다고 보기 어렵다고 판단하였다.

116) 대법원 2021. 2. 4.자 2020두51679 판결로 심리불속행 기각.

찰부문을 크게 나누는 등으로 공정거래법 제40조 제1항 제3호에서 정한 상품이나 용역의 거래를 제한하는 합의(이하 '거래제한 합의'라 한다)를 하고 이를 실행하기 위하여 개별 입찰에 관하여 공정거래법 제40조 제1항 제8호에서 정한 투찰가격 등을 결정하는 합의(이하 '개별 입찰담합'이라 한다)까지 한 경우라면, 공정거래법 시행령 제50조, 제84조 [별표 6]에 따라 각 사업자가 입찰담합의 당사자로 가담한 개별 입찰에서의 계약금액을 기초로 하여 과징금을 산정하여야 한다(대법원 2017. 4. 27. 선고 2016두33360 판결, 대법원 2017. 5. 30. 선고 2015두56885 판결). 이러한 판결은 결과적으로 관련매출액의 범위를 제한한 판결로 이해할 수 있다.

(6) 컨소시엄과 관련매출액

공동수급체를 구성하여 입찰에 참여하는 경우가 자주 있고, 특히 지역업체가 공동수급체에 참여하도록 강제되어 있으므로 지역업체에 할당된 부분을 관련매출액에 포함할지 여부는 공동수급체와 관련매출액의 일부로 논의되고 있다. 공동수급체는 조합으로, 공동수급체를 구성하는 사업자는 각 지분에 해당하는 부분을 이익으로 취득할 수 있고, 관급공사의 선금 및 기성대가는 구성사업자 각자에게 지급된다. 사업자는 전체공사대금 중 지분율에 해당하는 부분을 회계상 매출액으로 계상한다. 또한 지역업체 할당규정에 따라 불가피하게 공동수급체를 구성하는 경우가 다수이다. 이러한 이유로 공동수급체의 경우 자신의 지분에 한하여 관련매출액으로 계상되어야 한다는 주장이 소송에서 자주 주장되었다.

컨소시엄에 관한 판결인 서울고등법원 2008. 10. 22. 선고 2008누1209 판결[117]에서 지분에 해당하는 부분이 아니라 당해 공사의 계약금액 전체를 관련매출액으로 보았다. 지분을 이득액에서 고려해야 한다는 취지로 서울고등법원 2008. 7. 10. 선고 2007누24434 판결,[118] 서울고등법원 2008. 10. 23. 선고 2008누8859 판결[119] 등이 있는 반면, 지분을 이득액에서 고려하지 않

117) 심리불속행 기각.

118) 심리불속행 기각.

119) 심리불속행 기각.

아도 적법하다는 취지로 서울고등법원 2008. 10. 22. 선고 2007누21893 판결[120] 등이 있다. 컨소시엄에 의한 담합의 경우 전체금액을 관련매출액으로 보되, 구체적인 사실관계에 따라 부당이득의 정도를 적정하게 고려해야 한다는 취지로 이해할 수 있다(서울고등법원 2014. 6. 13. 선고 2012누28997 판결).[121] 대법원 2014. 12. 24. 선고 2014두8193 판결(현대건설 사건)[122]은 컨소시엄의 경우에도 계약금액을 기준으로 관련매출액을 산정할 수 있음을 명시하였고, 서울고등법원 2014. 6. 13. 선고 2012누29303 판결(대우건설, 4대강 사건)[123]은 원고가 낙찰받은 금액 중 의무적으로 지역업체에 할당된 부분으로부터 직접적인 이득을 취득할 수 없더라도 이를 관련매출액에 포함하는 것이 가능하다고 보았다. 공동수급체를 구성하여 들러리로 입찰에 참여한 경우 들러리 사업자 감경과 공동수급체 감경을 중복하여 할 필요가 없다고 본 사례로 서울고등법원 2021. 7. 8. 선고 2020누56201 판결[124] 등이 있다.

[적격조합과 공동수급체 감경]

적격조합이 공동수급체의 실질을 가지고 있다면 공동수급체 감경 규정의 취지를 고려하여 과징금 산정기준을 감액해야 한다고 본 사례로 서울고등법원 2020. 12. 2. 선고 2020누44765 판결[125]이 있다. 이에 따르면 적격조합의 형태로 입찰에 참가한 경우 그 실질이 공동수급체와 유사하므로 관련매출액 산정에서 이를 고려해 과징금의 기본 산정기준을 감액하되, 기본 산정기준을 감액하지 않더라도 이를 부과기준율 또는 부과과징금 결정 단계에서 반영하여야 한다. 이러한 전제에서 공급수급체 감경 규정을 적용하지 않더라도 부과기준율 산정에 이를 반영한 이상 과징금 납부명령이 적법하다고 본 사례로는 서울고등법원 2022. 11. 10. 선고 2022누40521 판결(한국원심력콘크리트공업협동조합 사건)[126] 등이 있다.

---

120) 심리불속행 기각.

121) 심리불속행 기각.

122) 컨소시엄의 경우 전체 계약금액을 기준으로 관련매출액을 산정한 사례.

123) 심리불속행 기각.

124) 대법원 2021. 11. 25.자 2021두48311 판결로 심리불속행 기각.

125) 대법원 2021. 4. 15.자 2020두57325 판결로 심리불속행 기각.

126) 대법원 2022두66521 사건으로 상고 중.

바. 영업수익과 관련매출액

공정거래법 제8조는 관련매출액에 관하여 '대통령령이 정하는 사업자의 경우에는 영업수익을 말한다'라고 규정하여 특례를 두고 있고, 이는 공정거래법 위반행위 전반의 관련매출액 산정에 적용된다. 이에 따라 공정거래법 시행령 제13조 제2항은 '상품 또는 용역의 대가의 합계액을 재무제표 등에서 영업수익으로 기재하는 사업자'를 말한다고 구체화하고 있다.

[관련매출액이 되는 영업수익의 개념]

공정거래법 시행령 제13조 제2항은 주로 금융기관의 관련매출액에 적용된다. 금융기관은 금융거래에 대하여 이자나 수수료 등을 받고 있다. 그런데도 거래금액 자체(예를 들면 주식거래에서 주식가액 자체)를 관련매출액으로 이해할 경우 거래의 실질에 비하여 과중한 과징금이 산정될 수 있다.

다만, 금융기관의 거래에서 어떤 금액을 영업수익으로 볼지는 분명하지 않고, 다양한 금융거래를 일률적인 기준으로 판단하기 어렵다. 이 경우에도 '공정거래법 시행령 제84조(과징금 부과기준)에 따른 별표 6'에 규정된 바에 따라 매출액은 사업자의 회계자료 등을 참고하여 정하는 것을 원칙으로 하되, 각각의 범위는 행위유형별로 개별적·구체적으로 판단해야 한다. 원칙적으로 회계관행을 존중하되, 회계관행을 그대로 매출로 평가하기 어려운 특별한 사정이 있는 경우에는 회계관행과 다른 판단을 할 수 있을 것으로 보인다.

참고로 공정위는 '2개 외국계 은행의 선물환 거래 관련 부당한 공동행위 사건'에서 특정 외화자금의 환율 변동위험을 회피하기 위하여 선물환계약을 체결하였다는 점에서 헤지서비스를 제공받은 것이고, 위험회피를 현물환율을 기준으로 미래의 불확실성에 대응하는 것이므로, 고객들이 위험회피를 위해 현물환율에 비해 추가적으로 지급한 스왑포인트가 헤지서비스의 가격에 해당한다고 판단하였다.[127] 한편, 공정위는 포스코 발주 통화스왑거래 사건[128]에서 순액으로 보지 않고, 은행이 포스코로부터 수취한 원화이자 전액을 관련매출액으

---

127) 공정위 2017. 6. 29. 의결 제2017-221호. 한편, '2개 외국계은행의 외환스왑 관련 부당한 공동행위 사건'도 동일하다(공정위 2016. 4. 19. 의결 제2016-112호).

128) 공정위 2019. 2. 28. 제1소회의 의결 제2019-043호(포스코 발주 통화스왑거래 사건). 서울고등법원 2021. 12. 9. 2019누40101 판결(제이피모간체이스 은행 사건)로 원고 청구가 기각되었고, 대법원 2022. 4. 14.자 2021두63136 판결로 심리불속행 기각되었다.

로 산정한 바 있다. 유럽연합 집행위원회의 일부 결정도 관련매출액에서 양방향 거래에서 발생하는 차액정산의 특수성을 고려하는 것으로 보인다.[129)]

2. 위반기간

"위반기간"은 위반행위의 개시일부터 종료일까지의 기간을 의미한다. 개시일 또는 종료일이 불분명한 경우에는 사업자의 영업・재무관련 자료, 임직원・거래관계인 등의 진술, 동종 또는 유사업종을 영위하는 다른 사업자들의 영업 및 거래실태・관행, 시장상황 등을 고려하여 이를 산정할 수 있다.

Ⅲ. 과징금 부과 여부의 결정

과징금 부과여부는 위반행위의 내용 및 정도를 우선적으로 고려하고 시장상황 등을 종합적으로 참작하여 결정하되, 위반행위로 인한 자유롭고 공정한 경쟁질서의 저해효과가 중대하거나 소비자 등에게 미치는 영향이 큰 것으로 판단되는 경우 등에는 과징금을 부과하는 것을 원칙으로 한다.[130)] 이와 같이 과징금 부과 여부에 관하여 공정위는 재량이 있으나(과징금 고시 Ⅲ), 실제 이러한 재량을 발휘하여 과징금을 부과하지 않기로 결정하는 경우는 많지 않고, 오히려 부과과징금을 산정한 후 조정하는 방식을 채택하는 것으로 보인다(과징금고시 Ⅳ. 4.).

Ⅳ. 과징금의 산정기준

1. 산정기준

산정기준에 있어 매우 중대한 위반행위임을 수긍한 사례로 대법원 2012.

129) Yen Interest Rate Derivatives, AT. 39861(2013), Euro Interest Rate Derivatives, AT. 39914(2016).

130) 과징금부과 세부기준 등에 관한 고시 Ⅲ.

1. 27. 선고 2010두24852 판결, 대법원 2013. 7. 25. 선고 2012두4302 판결, 대법원 2011. 9. 8. 선고 2009두15005 판결 등이 있다. 중대성이 약한 위반행위로 본 원심을 파기한 사건으로 대법원 2009. 6. 23. 선고 2007두18062 판결(서울특별시의사회 사건)[131] 등이 있다.

그 밖에 부과기준율이 쟁점이 된 사건으로는 대법원 2008. 8. 11. 선고 2007두4919 판결(비씨카드 등 12개 신용카드 사업자 사건),[132] 대법원 2009. 6. 23. 선고 2007두19416 판결(케이티 등 전화사업자 사건),[133] 대법원 2004. 10. 27. 선고 2002두6842 판결(현대오일뱅크 사건),[134] 대법원 2014. 2. 13. 선고 2011두16049 판결(소주 사건), 대법원 2016. 11. 10. 선고 2015두53794 판결(포스코강판 사건), 대법원 2018. 4. 24. 선고 2016두40207 판결(현대건설 사건)[135]과 서울고등법원 2015. 7. 24. 선고 2014누8232 판결(엘에스산전 사건)[136] 등이 있다.

[행위자별 부과기준율의 차등적용]

행위자별 부과기준율을 차등적용해야 하는지에 대하여 서울고등법원 2017. 11. 22. 선고 2017누49111 판결[137]은 공정위는 부당한 공동행위를 한 위반사업자에 대하여 위반사업자가 가담한 공동행위 자체의 내용 및 정도에 따라서 부과기준율을 결정하면 되는 것이고, 위반사업자별로 공동행위의 가담 정도, 분담한 역할의 내용 등까지를 고려하여 반드시 이를 차등 적용하여야 하는 것은 아니라고 판단하였다.

---

131) 원심은 중대한 위반행위로 본 과징금납부명령에 재량권일탈남용의 위법이 있다고 보았으나, 대법원은 공정위가 원고의 이 사건 위반행위를 '중대한 위반행위'로 평가하여 과징금을 산정한 것에 사실오인이나 비례·평등의 원칙에 위배되는 등의 사유가 있어 재량권의 한계를 일탈하였거나 남용한 것이라고 보기는 어려우므로 원심 판단이 위법하다고 보았다.

132) 부과기준율 판단의 잘못으로 처분을 취소한 사례.

133) 부과기준율 판단의 오류를 원심이 인정한 사례.

134) 부과기준의 과중성이 인정된 사례.

135) 경쟁제한적 효과가 매우 큰 점 등에서 '매우 중대한 위반행위'에 해당한다고 본 원심의 판단이 정당하다고 보았다.

136) 확정.

137) 심리불속행 기각.

다만, 위 판결이 차등적용 자체를 부정하는 것으로는 보기 어렵다. 대법원 2008. 8. 11. 선고 2007두4919 판결은 전형적인 기준 외에 당해 합의의 특유한 구체적인 사정까지를 충분히 고려하여 기본과징금의 핵심이 되는 합의의 '중대성 정도'를 합리적으로 평가해야 한다고 판단하여, 구체적이고 개별적인 사정을 고려할 수 있음을 부정하지 않았다.

2. 1차 조정(행위요소에 의한 조정)

가. 위반행위의 기간에 의한 조정

산정기준을 정하는 과정에서 위반기간이 고려되지 않은 경우에는 다음과 같이 위반기간에 따라 산정기준을 조정한다. 단기 위반행위로 위반기간이 1년 이내인 경우는 산정기준을 유지하고, 중기 위반행위로 위반기간이 1년 초과 2년 이내인 경우에는 산정기준의 100분의 10 이상 100분의 20 미만에 해당하는 금액을, 2년 초과 3년 이내인 경우에는 산정기준의 100분의 20 이상 100분의 50 미만에 해당하는 금액을 가산하며, 장기 위반행위로 위반기간이 3년을 초과하는 경우에는 산정기준의 100분의 50 이상 100분의 80 이하에 해당하는 금액을 가산한다.[138]

나. 위반행위의 횟수에 의한 조정

(1) 위반횟수의 산정방법

과거 5년간 1회 이상 법 위반으로 조치(경고 이상을 포함하되 시정조치의 대상이 아닌 위반행위에 대하여 경고한 경우는 제외한다)를 받고 위반횟수 가중치의 합산이 2점 이상인 경우에는 2회 조치부터 산정기준을 가중할 수 있다. 과거 시정조치의 횟수를 산정할 때에는 시정조치의 무효 또는 취소판결이 확정된 건을 제외한다.[139] 관련판결로, 대법원 2019. 7. 25. 선고 2017두70540 판결(에스케이건설 사건),[140] 대법원 2019. 7. 25. 선고 2017두

138) 과징금부과 세부기준 등에 관한 고시 Ⅳ. 2.

139) 과징금부과 세부기준 등에 관한 고시 Ⅳ. 2.

140) 공정위가 원고에 대한 과징금 산정시 행위요소에 의한 1차 조정의 근거로 삼은 5

55077 판결(대림산업 사건)[141] 등이 있다.

[위반횟수에 포함되는 경우와 제외되는 경우]

공동행위 자체가 존재하지 않는다는 이유로 의결 후에 판결이 확정된 경우에 위반 횟수에서 제외하여야 할지가 문제된다. 2016. 12. 30. 공정위 고시 제2016-22호로 개정된 과징금고시 Ⅳ.2.나.(2)는, "과거 시정조치의 횟수를 산정할 때에는 시정조치의 무효 또는 취소판결이 확정된 건(의결 당시 취소판결 또는 직권취소 등이 예정된 경우 포함)을 제외한다."고 규정하여 의결 당시 취소판결 또는 직권취소 등이 예정된 경우도 판결이 확정된 경우와 마찬가지로 위반 횟수를 산정할 때 제외하도록 규정하였으나,[142] 위와 같은 과징금고시의 개정 이전에도 의결 당시 취소판결을 예상할 수 있는 경우라면 일률적으로 위반 횟수에 포함시키는 것은 부당하므로 위반 횟수에서 제외하여야 한다.[143]

과태료를 부과하는 대신 경고를 한 것은 통상의 경고와 달리 위반횟수 산정에서 제외되고, 특별사면된 경우도 횟수에 포함하고 있다[서울고등법원 2016. 1.

건의 법위반 중 경인운하 사건은 원고 승소의 판결(서울고등법원 2016. 7. 21. 선고 2014누57616 판결, 대법원 2016. 12. 1. 선고 2016두48768 판결)이 과징금납부명령의 의결일인 2016. 6. 20. 이후에 확정되었으므로, 공정위가 법 위반 횟수 가중비율을 적용하면서 경인운하 사건을 위반행위에 포함한 것은 일응 과징금고시에 부합해 보이지만, 처분 후 그 처분의 기초가 된 사실관계의 변경이 있어 공정위가 재량을 행사함에 있어 기초가 되는 사실이 객관적으로 존재하는 사실관계와 다르며, 처분의 상대방은 객관적으로 존재하지 않는 위반행위로 인하여 과징금이 가중되는 점을 고려하여 재량권의 일탈·남용이 있다고 판단하였다.

141) 법 위반행위 자체가 존재하지 않아 위반행위에 대한 시정조치에 대하여 취소판결이 확정된 경우에 위반 횟수 가중을 위한 횟수 산정에서 제외하더라도, 그 사유가 과징금 부과처분에 영향을 미치지 아니하여 처분의 정당성이 인정되는 경우에는 그 처분을 위법하다고 할 수 없다.

142) 2021. 12. 30. 공정거래위원회 제2021-50호로 개정된 과징금고시 Ⅱ. 13. 라.항도 위반횟수 및 위반횟수 가중치를 산정할 때에는 직권취소, 이의신청 재결, 법원의 판결 등에 따라 무효 또는 취소가 확정된 시정조치 건(의결 당시 무효 또는 취소가 예정된 경우를 포함한다) 및 법원의 무죄, 면소, 공소기각 판결이 확정되었거나 검찰이 불기소처분(혐의없음, 죄가안됨, 공소권없음)한 고발 건은 제외한다고 규정하고 있다.

143) 서울고등법원 2017. 10. 25. 선고 2016누75595 판결(에스케이건설 사건).

14. 선고 2014누46463 판결(대우건설 사건)].[144]

위반횟수 가중이 동일한 유형에 한정되지 않는다고 본 사례로는 서울고등법원 2015. 9. 16. 선고 2014누61844 판결(효성 사건)[145] 등이 있다. 관련문제로, 시정조치의 횟수를 산정할 때에는 시정조치의 무효 또는 취소판결이 확정된 건을 제외하는데, 시정조치가 취소되지 않은 상태에서 동일한 사실에 대한 형사판결에서 무죄판결을 받아 확정된 경우 이를 제외할지 등이 쟁점이 될 수 있다.

[합병과 위반횟수의 가중]

A 회사가 B 회사에 흡수합병된 경우 A의 위반행위를 B의 위반행위 횟수에 합산할 수 있는지가 문제된다.

이런 경우에 공정거래법 제102조 제2항이 유추적용될 수 있는지의 문제이다. 즉 공정거래법 제102조 제2항은 위반한 회사인 사업자의 합병이 있는 경우에는 당해회사가 행한 위반행위는 합병 후 존속하거나 합병에 의해 설립된 회사가 행한 행위로 보아 과징금을 부과·징수할 수 있도록 규정하고 있다. 다만, 위 규정은 존속회사나 신설회사에 대하여 과징금 부과가 가능하다는 규정으로, 소멸회사의 위반행위를 존속회사 등의 가중 횟수에 포함할 수 있다는 근거 규정은 아니다. 위 규정은 책임의 범위를 확대한 예외적인 규정이므로 좁게 해석할 필요도 있다.

합병할 경우 위반횟수를 더하게 되면 어떤 회사와 합병했는가에 따라 위반횟수가 달라지게 되게 되어, 자기책임의 원칙에 비추어 맞지 않는다는 점에서 합산에 부정적인 견해가 있을 수 있다(소극설).[146] 이와 달리 공정거래법 제102조 제2항은 과징금 부과에 관한 규정이므로, 과징금 부과를 위한 단계 중 하나인 가중 횟수에 대한 문제도 당연히 이에 포함된다고 보아 공정거래법 제102조에 근거하여 존속회사에 가중 횟수를 적용할 수 있다고 볼 여지도 있다(적극설).

(2) 위반횟수의 산정시점

144) 정부의 특별조치는 입찰자격제한의 원인이 되는 처분의 제재를 해제하는 것이어서 가중사유로 삼을 수 있다고 보았다.

145) 확정.

146) 이 점에서 하도급법 벌점을 더하는 것과 차이가 있다. 공정위 실무례 중 합산하지 않은 사례도 있다.

1차 조정의 대상인 행위 요소로는 위반행위의 기간과 위반행위의 횟수가 있다. 그 중 법위반횟수를 어떻게 산정할지를 두고 다양한 논란이 있다. 실무상 법위반횟수에 관하여 어떤 시점을 기준으로 산정하는가에 따라 그 결과는 크게 달라질 수 있어서 공정위 심의·의결 과정에서 사업자와 공정위 사이에서 다툼이 있는 사안을 흔히 볼 수 있다. 이 문제에 관하여 공정거래법령 및 과징금고시에 명시적인 규정이 없는 상태에서, 공정위는 실무상 조사개시일을 기준으로 법위반횟수를 산정하고 있고 서울고등법원도 대체로 이러한 기준을 존중하고 있다. 조사개시일을 기준으로 하는 경우에도, 구체적인 사건에서 조사절차 중 어떤 시점을 조사개시일로 볼지는 사실관계에 따라 달라질 수 있는 문제이고, 다른 사업자와 형평성의 문제도 제기되는 실정이다.

이와 같이 법위반횟수를 산정함에 있어, 어떤 시점을 기준으로 산정하는가에 따라 법위반횟수는 달라진다.[147] 이 문제에 관하여 공정거래법령 및 과징금고시는 명시적인 규정을 두고 있지 않고 있어, 그 기준으로 위반행위 시점, 조사 시점, 의결일 등이 검토될 수 있다. 그 중 공정위는 실무상 조사개시일을 기준으로 법위반횟수를 산정하고 있는바,[148] 이러한 집행방침은 다음과 같은 이유에서 합리적인 것으로 평가할 수 있다.

첫째, 과징금 고시가 법위반횟수 부분에 대하여 명시적인 기준일을 규정하지 않고 있더라도, 과징금 고시 중 간접적으로 참조할 수 있는 관련 규정이 있는지 확인할 필요가 있을 것이다. 그런데 위반행위 횟수에 관한 직접적인 근거규정은 아니지만, '과징금고시 III. 과징금 부과여부의 결정 1. 일반원칙 중 라.항' 부분에 신고사건의 경우에는 '신고접수일'을, 직권조사 사건의 경우는 '직권조사계획 발표일 또는 조사공문 발송일'을 기준으로 한다는 규정이 있다. 이러한 규정 등에 비추어 보면 조사개시일을 기준으로 법위반횟수를

---

147) 사업자들이 부당한 공동행위로 과징금 등을 부과받는 사례가 빈번한 우리 현실에서 이러한 차이는 중요한 의미가 있게 된다.

148) 실무상 공정위가 이와 달리 기준시점을 정하여 산정한 경우에 쟁점이 될 수 있고, 주로 조사개시일을 언제로 볼 것인지를 두고 구체적인 사실관계에 따라 다양한 쟁점이 도출되고 있다.

산정하는 것은 과징금 고시의 전체적인 정합성에 부합하게 된다.

둘째, 서울고등법원 2017. 1. 11. 선고 2015누60794 판결[149] 등 하급심도 이러한 공정위의 실무에 대하여 긍정적인 판단을 하고 있다. 위 판결에서, 원고는 위반행위 횟수를 이유로 과징금을 가중하는 경우에 공정위의 직권인지 시점을 기준 시점으로 하여 위반행위 횟수를 판단하는 것은 과징금 가중 취지나 행위자의 예측가능성 측면 등을 고려할 때 타당하지 못하므로, 원고의 당해 행위 시점인 공동행위 종료일을 기준으로 판단되어야 한다고 주장하였다. 그러나 위 법원은 공정위가 과거 위반행위 전력을 고려하는 기준시점을 "위반행위시점"으로 하든 아니면 "조사개시시점"으로 하든, 이는 공정위가 합목적적으로 판단하여 결정할 성격의 것이고, 공정위는 위 기준을 적용함에 있어 법의 목적과 비례·평등의 원칙에 반하지 않게 이를 행사할 의무를 부담할 뿐이라는 전제에서 행위일을 기준으로 위반횟수를 가중해야 한다는 원고의 주장을 배척하였다. 그 외에도 다수의 판결이 조사개시일을 기준으로 법위반횟수를 산정한 공정위 처분에 원칙적으로 수긍하고 있다. 공정위의 실무상 관행도 조사개시일을 기준으로 산정하는 것으로 확립되어 있으므로, 특별한 사정이 없는 한 이러한 관행은 존중될 필요도 있다.

셋째, 비교법적으로 '조사개시일'을 기준으로 법위반횟수를 산정하도록 명문의 규정을 둔 사례도 있고, 조사개시일을 대체할 만한 다른 기준이 제시되지 못하고 있음도 참고할 필요가 있다.[150] 다만, 기준시점에 대하여 공정위의 전적인 재량이 있다고 보기는 어려우므로, 향후 법령을 개정할 경우에는 그 기준시점을 명확히 규정하는 것이 바람직할 것이다.

(3) 조사개시일의 특정[151]

---

149) 쌍방의 상고 없이 확정되었다.

150) 일본의 경우 조사개시일을 기준으로 과거에 위반행위가 있는 경우 과징금을 가중하고 있다[村上政博, 「獨占禁止法(第4版)」, 弘文堂 2011. 387면, 白石忠志, 「論点体系 獨占禁止法」, 第一法規 2014. 201면]. 법령에 명시적인 규정이 있어 조사개시일이 기준 시점임에 의문의 여지가 없는 것으로 볼 수 있다.

151) 상세한 내용은 제3판 180~184면 또는 정재훈, "공정거래법 집행상 '조사개시일'의 의미와 판단기준", 「인권과 정의」 제474호, 2018. 6. 참조.

조사개시일을 기준으로 하더라도 구체적인 사건에서 조사개시일을 어떻게 특정할지는 쉬운 문제가 아니다. 이에 대하여 공정거래위원회 회의운영 및 사건절차 등에 관한 규칙(이하 '사건절차규칙'이라고 한다)[152] 제11조(구 사건절차규칙 제10조의2)을 참고하여, 공정위는 신고접수일이나 조사공문 발송일, 현장조사일 등을 조사개시일로 보아 위반행위 횟수를 산정하는 경향이 있다.[153]

신고 사건의 경우 신고를 수리한 공정위가 수리한 신고내용을 정확하게 분석하여 합리적인 재량으로 공정거래법 위반사건의 조사의 단서로 처리하는 경우에 한하여 그 신고의 접수일을 조사개시일로 보고 있다. 이와 달리 직권조사 사건의 경우 공정위가 구체적인 혐의를 두고 조사를 하였다면 출석요청일, 자료요청일, 현장조사일 중 선행하는 일자를 조사개시일로 보고 있다.

3. 2차 조정(행위자요소 등에 의한 가중 · 감경)

가. 가중 사유

합병이 있은 경우 합병된 회사의 행위를 합병 후 존속하는 회사의 가중사유로 삼을 수 있다는 취지로 대법원 2013. 11. 28. 선고 2012두18523 판결 등이 있다.

(1) 조사방해(2016. 12. 30. 삭제)

조사방해는 과징금 가중사유가 될 뿐 아니라 별도로 과태료 등 제재를 받았다. 조사방해를 이유로 한 과징금 가중이 적법하다고 본 사례로는 서울고등법원 2008. 10. 8. 선고 2008누8514 판결[154] 등이 있다. 2016. 12. 30. 공정위 고시 제2016-22호로 과징금고시가 개정되면서 이 부분 가중사유는 삭제되었고, 구 공정거래법 제67조 제10호(현 공정거래법 제124조 제13호)로 조

152) 공정위 2022. 7. 29. 고시 제2022-16호.

153) 예를 들면 공정위 2015. 10. 7. 의결 제2015-350호(대림산업 사건, 2015입담1862)는 직권조사공문 발송일을 기준으로 3회 이상 법 위반으로 조치를 받은 것으로 인정하였다.

154) 확정.

사방해에 대하여 형벌을 부과하는 규정이 2017. 4. 18. 신설되었다. 통신망에 대한 열람거부로 조사방해가 성립하는지가 문제된 과태료 사건 중 내부통신망에 대한 열람거부가 조사방해가 되는지에 관하여 이를 부정한 사례가 있다(수원지방법원 2010. 8. 3.자 2008라609 결정)[155]. 기타 관련 판결로 대법원 2020. 11. 12. 선고 2017두36212 판결(쌍용양회공업 사건)[156]이 있다.

(2) 고위임원 가중(2016. 12. 30. 삭제)

과징금 고시상 위반사업자의 이사 또는 그 이상에 해당하는 고위 임원(등기부 등재 여부를 불문한다)이 위반행위에 직접 관여한 경우 가중사유가 되지만, 그 해석상 여러 문제점이 발견된다. 첫째, 고위임원 가중이 필요한지 여부이다. 고위임원 가중이 많이 발생하는 부당한 공동행위에서 회사의 책임이 인정되기 위하여는 임원이 어떤 방식으로든 관여할 수 밖에 없는데, 임원이 합의 현장 등에 있었는지에 따라 가중할 필요가 있는지 의문이 있을 수 있다. 둘째, 공정거래법 제2조 제6호(구 공정거래법 제2조 제5호)는 '임원'을 '이사・대표이사・업무집행을 하는 무한책임사원・감사나 이에 준하는 자 또는 지배인 등 본점이나 지점의 영업전반을 총괄적으로 처리할 수 있는 상업사용인'으로 정의하고 있음에도 과징금 고시에 따라 등기부 등재 여부를 불문하는 것으로 확대하는 것이 상위 법령에 부합하는지의 문제이다.

이러한 문제점이 지적되는 가운데, 2016. 12. 30. 공정위 고시 제2016-22호로 과징금고시가 개정되면서 이 부분 가중사유는 삭제되었다. 위와 같이 개정된 과징금고시 부칙 제3조는 "이 고시는 시행 후 심의되는 모든 사건(이의신청 및 과징금 재산정 건 제외)에 대하여 적용한다."고 규정하고 있으므로, 그 이전인 2016. 10. 21. 의결이 이루어진 공정위 처분은 고위임원

---

155) 재항고 기각(대법원 2014. 10. 30.자 2010마1362 결정).

156) 과징금 고시 조항은 과징금 산정에 관한 재량권 행사의 기준으로 마련된 행정청 내부의 사무처리준칙, 즉 재량준칙이다. 재량준칙은 기준이 헌법이나 법률에 합치되지 않거나 객관적으로 합리적이라고 볼 수 없어 재량권을 남용한 것으로 인정되지 않는 이상 가급적 존중되어야 한다. 이러한 전제에서 위 판결은 조사방해를 이유로 한 과징금 가중은 정당하다고 판단하였다. 대법원 2020. 11. 26. 선고 2017두36083 판결(한일시멘트 사건)도 같은 취지이다.

가중이 가능하다고 보고 있다[서울고등법원 2017. 12. 24. 선고 2017누35365 판결(한일시멘트 사건)[157]]. 참고 판결로, 대법원 2017. 1. 12. 선고 2016두35199 판결(태영건설 사건),[158] 서울고등법원 2017. 12. 24. 선고 2017누35365 판결(한일시멘트 사건)[159] 등이 있다.

['고위임원' 요건]

'고위임원' 요건을 '하위임원'에 대응하는 개념으로 이해한다면 어떤 경우 '고위임원'에 해당하는지 문제된다. '고위임원'에 해당하는지를 판단하는 기준에 관하여 명시적인 대법원 판결은 없고, 회사 내의 직급뿐 아니라 직무상 권한과 실질적으로 수행한 역할 등 제반 사정을 고려하여야 한다고 본 하급심 판례〔서울고등법원 2015. 11. 6. 선고 2014누74628 판결(한진중공업 사건)〕,[160] '대내외적으로 사용되는 명칭이나 법인등기부상에 이사 등으로 등기되어 있는지를 불문하고 위반행위와 관련된 영업 전반을 총괄하면서 그에 관한 사업자의 의사를 최종적으로 결정할 수 있는 임원 또는 이에 준하는 지위에 있는 임원'이라고 본 하급심 판결〔서울고등법원 2016. 2. 3. 선고 2014누54211 판결(한솔제지 사건)〕 등이 있다.

대법원 2017. 1. 12. 선고 2016두35199 판결은 비등기 임원의 실질적 지위가 일반 직원과 마찬가지인 경우에는 고위 임원에 해당하지 않는다고 판단하였다. 미등기 상무임원을 고위임원으로 본 사례로는 서울고등법원 2016. 1. 28. 선고 2014누65891 판결(태영건설 사건)이 있다.

고위임원인지는 직급뿐 아니라 실질적으로 수행한 역할을 고려하여 판단하여야 할 것이다. 그러한 전제에서 대법원 2018. 12. 27. 선고 2015두44028 판결은 공동행위 당시 소외 1이 이사보의 지위에 있었고, 원고의 조

---

157) 대법원 2018. 4. 26.자 2018두32620 판결로 심리불속행 기각.

158) 해당 위반행위에 실질적으로 가담하였다고 할 만한 객관적인 자료가 없다면 직접 관여를 인정할 수 없다는 취지의 원심을 수긍하였다.

159) 대법원 2018. 4. 26.자 2018두32620 판결로 심리불속행 기각. 원고의 임원이 위반행위의 일부 기간(약 2년)에만 관여하였음에도 공정위가 원고의 임원이 이 사건 공동행위에 직접 관여하기 시작한 2009. 5. 8. 이전의 기간까지 합하여 공동행위 전체 기간(6년)을 기준으로 관련매출액을 산정하였고 이에 대해 일률적으로 10%를 적용하여 가중한 것은 비례의 원칙에 위반한 재량권의 일탈, 남용이라고 본 사례이다.

160) 확정.

직 내에서 이사보라는 직위는 부장 중에서 연차가 쌓인 사람에게 주는 직위로 임원 임금 규정의 적용을 받지 않는 등 소외 1은 임원이 아닌 직원에 불과한데도, 피고가 소외 1을 원고의 고위 임원으로 보아 과징금을 가중하여 산정한 과징금부과처분이 위법하다고 본 원심을 수긍하였다.

['직접 관여' 요건]

'직접 관여' 요건이 구체적으로 어떤 행위를 의미하는지도 문제가 된다. 과징금고시상 '직접'이라는 표현은 '고위 임원들이 직접 만나 합의를 하였거나 이에 준하는 경우' 등 직접적인 관여행위가 있음을 전제로 하고 있는 것으로 볼 수 있다. 이렇게 해석할 때 고시의 다른 임의적 가중 사유(위반행위를 주도·선동한 경우, 조사가 진행됨을 알면서도 위반행위를 종료하거나 시정하지 아니한 경우, 위반행위에 응하지 않는 사업자에게 보복조치를 한 경우, 조사를 적극적으로 은폐한 경우)와 균형이 맞는다. 또한 법인의 경우 임원의 관여가 배제된 상태에서 공동행위가 이루어지기 어려운데도 임원이 관여하였다는 사정만으로 가중을 할 경우 위반행위가 발생하는 경우에는 모두 가중사유에 해당하는 모순이 생기게 된다. 이는 그 행위에 있어 위법성의 정도가 중한 경우에 가중을 하도록 한 제도의 취지와 부합하지 않는다. 따라서 고위임원이 보고만 받은 경우에는 직접 관여하였다고 보기 어렵다〔서울고등법원 2015. 6. 25. 선고 2014누8058 판결(지에스건설 사건)〕.[161] 이에 대하여 대법원 2018. 11. 15. 선고 2016두48737 판결은 임원이 위반행위를 보고받고도 단순히 이를 제지하지 않는 등과 같이 간접적으로 관여하는 차원을 넘어서, 위반행위를 주도·계획하거나 이와 유사한 정도로 위반행위에 직접 관여한 것으로 볼 수 있다는 판단기준을 제시하였다.[162]

나. 감경사유

사업자들간에 공동행위의 합의를 하고 실행을 하지 아니한 경우 및 사업자단체가 제51조 제1항 제1호에 위반하는 합의를 하고 실행을 하지 아니한 경우, 조사협력, 위반행위를 자진 시정한 경우 등이 감경사유가 된다.[163]

---

161) 심리불속행 기각.

162) 이러한 법리는 대법원 2017. 1. 12. 선고 2016두35199 판결에서 처음으로 나타났고, 대법원 2018. 11. 15. 선고 2016두48737 판결에서 구체적으로 제시되었다.

163) 과징금부과 세부기준 등에 관한 고시 Ⅳ. 3.

(1) 조사 · 심의 협조

조사 · 심의 협조는 전형적인 감경사유가 되므로 소송실무상 사업자의 행위가 조사협조에 해당하는지는 자주 다투어지고 있다. 조사협조 감경을 반영하지 않은 경우 과징금 부과명령은 위법하게 된다(대법원 2008. 9. 25. 선고 2007두12699 판결, 대법원 2008. 9. 25. 선고 2007두3756 판결, 대법원 2008. 10. 23. 선고 2007두2920 판결). 참고 판결로 서울고등법원 2016. 1. 13. 선고 2015누34900 판결(두산건설 사건)[164] 등이 있다.

[조사 · 심의협조 감경과 자진신고자 감면 고시]

과징금 고시 중 조사 · 심의협조 감경과 '부당한 공동행위 자진신고자 등에 대한 시정조치 등 감면제도 운영고시'의 관계에 유의할 필요가 있다. 2005. 4. 1. 공정위 고시 제2005-7호 제21조는 자진신고자 감면의 요건에 해당하지 않는 경우로서 공동행위에 참여한 혐의로 위원회의 조사를 받는 사업자가 위원회의 심의가 끝날 때까지 공동행위의 사실을 부인하지 아니하고 조사에 협력한 경우에는 15% 범위 내에서 과징금을 감경할 수 있도록 규정하였다. 이는 실질적으로 감경사유로 구 과징금고시상 '조사협력'의 요건을 확대한 측면이 있다. 이 부분 고시는 2007. 12. 27. 공정위 제2007-13호로 20%로 변경되었고, 2011. 7. 21. 공정위 고시 제2011-6호로 삭제되었다. 이로써 조사 · 심의협조 감경 부분은 과징금 고시에 의하여 일률적으로 규정되게 되었다.

한편, 공정위 2010. 10. 20. 고시 제2010-9호로 개정되기 전 과징금고시 및 자진신고자 감면고시에 따르면 자진신고자로 과징금이 감면되는 경우 구 과징금고시상 조사협력 감경을 배제한다는 명시적 규정이 있었으나, 자진시정 감경 배제여부에 대한 명시적 규정이 없었다. 공정위 2010. 10. 20. 고시 제2010-9호로 개정된 이후에는 자진신고자로 과징금이 감면되는 경우 자진시정 감경도 배제한다는 명시적인 규정을 두었다. 고시의 개정 전을 기준으로, 판례의 입장은 자진신고자로 과징금이 감경되는 경우 자진시정 감경도 가능하다는 취지로 보인다(서울고등법원 2012. 6. 14. 선고 2012누2483 판

---

164) 심리불속행 기각. 서울고등법원은 감면신청 시기에 비추어 2012. 1. 3. 개정된 자진신고자 감면고시가 적용되어야 하고, 이 고시에는 감경조항을 두고 있지 아니하므로 과징금고시에 따라 감경을 한 공정위 처분은 적법하다고 판단하였다.

결, 대법원 2014. 9. 4. 선고 2012두15012 판결). 공정위 실무도 같은 입장으로 보인다.[165]

[조사 · 심의협조 행위]

어떤 행위가 조사 · 심의협조에 포함되는지가 문제된다. 사업자의 행위가 조사 · 심의협조에 해당하는지는 이러한 요건의 성격상 일률적으로 정의할 수는 없으나, 행위사실을 인정하면서 위반사실 인정에 도움이 되는 자료를 제출하거나 진술하는 등의 행위가 이에 포함될 것이다. 위반사업자의 행위가 구 과징금고시상 조사협력 감경을 할 수준에 이르지 못하였다고 본 사례로는 서울고등법원 2016. 1. 14. 선고 2014누3459 판결(한양 사건)[166] 등이 있다. 이는 사례의 축적에 따라 구체적으로 범위가 정해질 것으로 보인다.

[자진신고자 감면의 조사협조와 감경사유의 조사 · 심의협조]

자진신고자 감면의 요건으로서 '조사협조'의 수준과 감경사유로 '조사 · 심의협조'의 수준이 다른지의 문제이다. 두 요건이 동일하다고 본다면 전자(前者)의 요건을 충족하지 못한 경우 후자(後者)에 의한 감경도 어려울 것이고, 두 요건이 다르다고 본다면 전자의 요건을 갖추지 못한 경우라도 후자에 의한 감경이 가능하다. 서울고등법원 2015. 11. 19. 선고 2013누29492 판결(한국유리공업 사건)[167]은 자진신고자 요건에서의 협조의 수준과 감경사유로 협력의 수준이 다를 수 있다는 전제에서 조사협조자 요건 중 성실협조 요건을 부정하면서도 구 과징금고시상 조사협력에 기한 감경요건은 인정되므로 이를 인정하지 않은 것은 위법하다고 보았다.

(2) 자진시정

자진신고를 이유로 자진시정에 따른 감경을 하지 않아도 적법하다는 사례로 서울고등법원 2011. 5. 25. 선고 2010누13083 판결[168]이 있는 반면, 대

165) 공정위 2008. 7. 17. 의결 제2008-202호(6개 스티렌모노머 제조판매업자 공동행위 사건), 공정위 2007. 10. 29. 의결 제2007-532호(산업용 전동기 제조 3개사 공동행위 사건).

166) 부당한 공동행위를 인정하지 않다가 심사보고서를 송부받은 후에 자료를 제출한 것으로는 조사협력으로 보기 부족하다고 보았다.

167) 심리불속행 기각.

168) 확정.

법원 2014. 9. 4. 선고 2012두15012 판결은 "피고가 부당한 공동행위에 대하여 과징금을 부과할 때 해당 사업자가 자진시정과 자진신고를 모두 한 경우 자진신고에 따른 감경을 하면서 자진시정에 따른 감경도 해주는 것이 구속력 있는 행정관행으로까지 정착되었다고 단정하기는 어려우나, 이를 제외하더라도 이 사건 납부명령은 원심이 판시한 여러 사정에 비추어 평등의 원칙을 위반한 것으로서 재량권의 일탈·남용에 해당한다고 판단되므로, 평등의 원칙 위반에 따른 재량권의 일탈·남용을 이유로 이 사건 납부명령이 위법하다고 본 원심의 결론은 정당하다."고 판시하여 자진신고자에게 자진시정 감경을 해야 할 구속력은 없으나 평등원칙에는 위반될 수 있다고 판시하였다.

관련 판결로, 대법원 2010. 3. 11. 선고 2008두15169 판결(씨제이제일제당 사건),[169] 서울고등법원 2011. 5. 25. 선고 2010누13083 판결(한국신용정보 사건),[170] 대법원 2014. 9. 4. 선고 2012두15012 판결(삼성생명보험 사건),[171] 서울고등법원 2017. 12. 6. 선고 2016누68863 판결(골판지 담합 사건, 신대양제지 사건)[172] 등이 있다.

(3) 행정지도(2016. 12. 30. 삭제)

행정지도가 개입하였더라도 합의가 인정되는 경우에는 부당성을 부정하거나 적용제외를 인정받을 가능성은 낮으므로 공정위는 과징금을 감경하는 방식으로 형평을 기하는 것으로 보인다. 다만, 2016. 12. 30. 공정위 고시 제2016-22호로 과징금고시가 개정되면서 이 부분 감경사유는 삭제되었다.

---

169) 행위자 요소로 인한 가중감면 부분에서 주도적 역할을 한 것인지, 단순 추종 역할을 한 것인지가 실무상 중요하므로 위 판례가 참조될 수 있다.

170) 확정. 자진신고를 이유로 자진시정에 따른 감경을 하지 않아도 적법하다는 사례이다.

171) 원심은 자진시정의 감경을 하지 않은 것이 행정의 자기구속력에 반한다고 본 반면, 대법원은 평등의 원칙에 위반된다고 본 사례.

172) 대법원 2018. 4. 12.자 2018두30860 판결로 심리불속행 기각. 공동행위로 인한 표준가격의 상승폭만큼의 표준가격을 인하하거나 피해의 원상회복 등 위반행위로 발생한 효과를 적극적으로 제거하는 자진시정행위가 있었다고 볼 수 없다고 판단하였다.

[행정지도와 과징금의 과중성]

행정지도가 개입한 경우 이를 부과기준율에 반영하지 않거나 과징금이 과다하다는 이유로 재량권 일탈·남용을 인정하여 과징금 부과처분을 취소할 수 있는지가 문제된다. 과징금 고시에 적합한 경우 재량권 일탈·남용이 인정될 수 있는지에 관하여, 서울고등법원 2011. 6. 2. 선고 2010누21718 판결(소주 사건)은 국가기관의 관여에 의하여 경쟁이 왜곡된 정황에 비추어 위반행위의 내용과 정도가 '중대한 위반행위'에 해당할 수 없고, 과징금 고시에 적합하다고 하더라도 부당이득과 균형이 맞지 않는다면 적법하다고 볼 수 없다고 판단하였지만, 그 상고심인 대법원 2014. 2. 13. 선고 2011두16049 판결에서 합의 자체가 인정되기 어렵다는 이유로 파기환송되어 이 부분에 관한 대법원의 판단이 나오지 않았다. 다만, 위 사건에서 원심과 대법원은 합의 존부에 관하여 상반된 태도를 보였지만 모두 강력한 행정지도가 게재된 경우 이를 고려할 필요성이 있다는 점에는 공통된 인식을 가지고 있었고, 다만 그 방법론을 달리 한 것으로 볼 여지도 있을 것이다. 이 문제는 앞으로 과징금과 부당이득의 관계에 관하여 어떠한 기준을 설정할지, 법원이 과징금의 적정성에 관하여 어떠한 방식으로 심사할 것인지에 관하여 중요한 쟁점이 될 것으로 보인다.

(4) 자율준수 노력

과거 공정거래 자율준수프로그램 운영 및 유인부여 등에 관한 규정(2013. 8. 1. 공정위 고시 제2013-3호) Ⅴ. 1. 다. (4)항은 부당한 공동행위를 위 프로그램의 적용제외 사유로 규정하였다. 서울고등법원 2014. 6. 13. 선고 2012누28980 판결(대림산업 사건)[173]은 이러한 이유로 원고의 감경 주장을 배척하였다.

(5) 단순추종(2016. 12. 30. 삭제)

관련 판결로 서울고등법원 2017. 2. 6. 선고 2016누60746 판결(경산제지 사건)[174] 등이 있다.

---

173) 심리불속행 기각.

174) 대법원 2018. 5. 11.자 2018두32484 판결로 심리불속행 기각. 공정위는 이 사건 과징금 부과 산정 과정에서 원고에게 추종을 이유로 한 과징금 감경사유가 있음에도 이를 전혀 고려하지 않았거나 감경사유에 해당하지 않는다고 오인한 결과 추종에 따른 감경을 할 것인지 고려하지 않은 채 과징금을 산정한 것으로 보이므

4. 부과과징금의 결정

가. 개 념

2차 조정된 산정기준이 위반사업자의 현실적 부담능력, 시장 또는 경제여건, 위반행위가 시장에 미치는 효과 및 위반행위로 인해 취득한 이익의 규모 등을 충분히 반영하지 못하여 과중하다고 인정되는 경우에는 공정위는 그 이유를 의결서에 명시하고 2차 조정된 산정기준을 조정하여 부과과징금을 결정할 수 있다. 다만, 위반사업자의 현실적 부담능력과 관련한 감경의 경우, 공정위로부터 부과받을 과징금 납부로 인해 단순히 자금사정에 어려움이 예상되는 경우(법 제103조에 따른 과징금 납부기한 연장 및 분할납부로 자금사정의 어려움을 피할 수 있는 경우를 포함한다)에는 인정되지 않는다.[175)]

한편, 현실적 부담능력을 고려함에 있어서 심의일이 아니라 의결일을 기준으로 한다(대법원 2015. 5. 28. 선고 2015두36256 판결). 물론 사업자의 이의신청 후 재결을 하는 과정에서 재결일을 기준으로 현실적 부담능력을 고려해 주는 사례가 있으나, 의결일을 기준으로만 판단하더라도 위법하다고 보기는 어려울 것으로 보인다. 관련판결로, 대법원 2015. 5. 28. 선고 2015두36256 판결(지에스건설 사건),[176)] 서울고등법원 2017. 12. 15. 선고 2016누60722 판결(고려제지 사건),[177)] 서울고등법원 2018. 10. 12. 선고 2017누62695 판결(원주-강릉 철도건설 노반신설 기타공사 4개 공구 입찰 관련 4개 사업자 사건)[178)] 등이 있다.

로, 이 사건 과징금 납부명령은 마땅히 고려대상에 포함시켜야 할 사항을 누락하였거나 고려대상에 관한 사실을 오인한 경우에 해당하여 재량권을 일탈·남용한 위법한 처분이라고 판단하였다.

175) 과징금부과 세부기준 등에 관한 고시 Ⅳ. 4.

176) 전체적인 재정상태를 종합적으로 고려해야 한다고 본 사례.

177) 대법원 2018. 5. 11.자 2018두33746 판결로 심리불속행 기각. 위반사업자의 현실적 부담능력을 당해 과징금 부과 이전의 상태를 기준으로 판단하는 것이 과징금 고시의 취지에 부합하므로, 피고가 이 사건 공동행위로 인한 과징금 추정액을 충당부채에서 제외하여 원고들의 재무상황을 판단한 것에 위법이 없다고 보았다.

178) 심리불속행 기각. 자본잉여금도 위반사업자의 현실적 부담능력을 판단하는 요소

[임의적 조정과징금의 감경]

부과과징금 결정 단계에서 임의적 조정과징금의 과징금 감경이 100분의 50(50%) 범위 내에서 가능하다. 이러한 이유로 공정위가 임의적 조정과징금의 감경을 할 경우, 과징금고시에 따라 부과과징금 결정 단계에서 100분의 50을 한도로 하는 것이 일반적이다.

다만, 과징금 고시는 법규성이 없어 법원에 대한 구속력이 없다. 그 결과 공정위가 100분의 50 범위 내에서 과징금을 감경한 사안에서, 법원은 구체적인 사정을 고려하여 그 과징금이 과중하다고 판단할 경우에 공정위 처분을 취소할 수 있다. 이러한 법원의 확정 판결에 따라 공정위가 재처분을 하는 경우에는 공정위는 판결의 취지에 따라 재처분을 할 의무가 있으므로, 과징금고시에 구속되지 않고 이를 초과하여 감경을 할 수 있다.

한편 공정위가 스스로 만든 과징금고시를 존중하여 100분의 50 범위 내에서 감경할 수 있으나, 구체적인 사정을 고려하여 이를 초과하여 감경하더라도 이를 반드시 재량권 일탈·남용이라고 단정하기는 어려울 것이다.[179]

나. 재량권의 일탈남용

과징금 부과처분은 재량행위이고, 이러한 재량을 행사함에 있어서 과징금 부과의 기초가 되는 사실을 오인하였거나 비례·평등의 원칙에 위배하는 등의 사유가 있다면 재량권의 일탈·남용으로서 위법하다. 즉, 공정위는 공정거래법 위반행위에 대하여 과징금을 부과할 것인지와 과징금을 부과하는 경우에 공정거래법령에 정해진 일정한 범위에서 과징금의 액수를 구체적으로 얼마로 정할 것인지에 관하여 재량을 가지고 있으므로 공정위의 공정거래법 위반행위자에 대한 과징금 부과처분은 재량행위에 해당하고, 공정위가

중 하나로 해석하였다.

179) 공정위가 100분의 50을 초과하여 감경한 사례로는 호남고속철도 노반시설 공사 사건(공정위 2018. 6. 28. 의결 제2018-222호), 한국가스공사 발주 천연가스 주배관 건설공사 입찰 사건(공정위 2015. 7. 20. 의결 제2015-251호 및 제2015-249호, 2015. 12. 4. 재결 제2015-052호), 7개 볼트, 너트 제조 판매사업자 공동행위 사건(공정위 2011. 9. 5. 의결 제2011-160호), 현대모비스의 시장지배적 지위 남용 사건(공정위 2009. 6. 5. 의결 제2009-133호, 부과과징금 부과단계에서 과징금 80% 감경) 등이 있다.

재량권의 행사로서 행한 과징금 부과처분은 그것이 사회통념에 비추어 현저하게 타당성을 잃어 재량권을 일탈하거나 남용한 것으로 인정되는 경우가 아니라면 그 재량권의 범위 안에 있게 되어 위법하게 되지 아니한다. 이 경우에 위반행위자에 대한 과징금 부과처분이 사회통념에 비추어 현저하게 타당성을 잃었다고 하기 위해서는 구체적인 사안에 따라 과징금 부과의 원인이 된 위반사실의 내용과 성질, 과징금 부과에 의하여 달성하려고 하는 행정목적, 과징금 양정의 기준 등 여러 요소를 종합하여 그러한 과징금의 부과내용이 객관적으로 합리성을 갖추지 아니하여 명백히 부당하다고 인정할 수 있는 때에 해당하여야 한다.

과징금 부과가 공정위의 재량에 의한다고 하더라도 그 재량은 자의로 이루어질 수 없는 것이므로 공익 목적을 위하여 과징금을 부과하여야 할 공익의 원칙에 반하거나 일반적으로 과징금부과사유로 삼은 위반행위의 정도에 비하여 균형을 잃은 과중한 과징금을 부과함으로써 비례의 원칙에 위반하거나 합리적인 사유 없이 같은 정도의 위반행위에 대하여 일반적으로 적용하여 온 기준과 어긋나게 공평을 잃은 과징금액을 산정함으로써 평등의 원칙에 위반한 때에는 그러한 과징금 부과처분은 재량권의 범위를 벗어나거나 재량권을 남용한 처분으로서 위법하게 된다(대법원 2008. 4. 10. 선고 2007두22054 판결 참조). 단계별 과징금 산정에 있어 재량권 일탈에 관한 기준을 제시한 사례로 대법원 2013. 4. 26. 선고 2012두29028 판결(케이티 사건)이 있다.

관련 판결로, 서울고등법원 2004. 11. 24. 선고 2003누9000 판결(에프 호프만 라 로슈 사건),[180] 서울고등법원 2008. 5. 29. 선고 2007누28580 판결(엘에스산전 사건),[181] 서울고등법원 2017. 1. 18. 선고 2016누39445 판결(씨아이씨라이프 사건),[182] 대법원 2019. 7. 25. 선고 2017두55077 판결(대림산

---

180) 확정. 과징금고시에 어긋나는 경우 재량권 일탈・남용이 가능하다는 일반적인 법리를 판시하였다.

181) 심리불속행 기각. 과징금 부과준칙상 금액을 초과해도 과징금 부과준칙이 금액을 한정한 것은 아니라고 보아 법령위반이 없는 한 위법이 아니라고 보았다.

182) 심리불속행 기각. 과징금 고시에 위반되었다는 사유만으로 처분의 위법성을 인정

업 사건)[183] 등이 있다.

[과징금 고시에 부합하는 처분과 재량권]

과징금 고시에 적합한 경우 재량권 일탈·남용이 인정될 수 있는지에 관하여, 서울고등법원 2011. 6. 2. 선고 2010누21718 판결(소주 사건)은 과징금 고시에 적합하다고 하여 적법하다고 볼 수 없다고 판단하였으나, 그 상고심인 대법원 2014. 2. 13. 선고 2011두16049 판결에서 합의 자체가 인정되기 어렵다는 이유로 파기환송되어 이 부분에 관한 대법원의 판단이 나오지 않았다. 제재적 행정처분의 기준에 관하여 행정청 내부에 사무처리준칙이 있다고 하더라도 이는 대외적으로 국민이나 법원을 기속하는 효력이 없으므로, 당해 처분의 적법 여부는 위 처분기준만이 아니라 관계 법령의 규정 내용과 취지에 따라 판단하여야 한다. 따라서 그 처분기준에 부합한다 하여 곧바로 당해 처분이 적법한 것이라고 할 수는 없지만, 위 처분기준이 그 자체로 헌법 또는 법률에 합치되지 않거나 그 기준을 적용한 결과가 처분사유인 위반행위의 내용 및 관계 법령의 규정과 취지에 비추어 현저히 부당하다고 인정할 만한 합리적인 이유가 없는 한, 섣불리 그 기준에 따른 처분이 재량권의 범위를 일탈하였다거나 재량권을 남용한 것이라고 판단해서는 안 된다(대법원 2007. 9. 20. 선고 2007두6946 판결 참조). 이 점에서 과징금 고시는 기본적으로 일정 부분 존중되어야 한다.

[과징금 고시에 위반된 처분과 재량권]

과징금 부과가 과징금 고시에 위반된 경우에는 상반된 판례가 있다. 서울고등법원 2008. 5. 29. 선고 2007누28580 판결[184]은 과징금 부과준칙을 초과하는 부과기준율 적용에 재량권 일탈·남용이 없다고 판단한 반면, 과징

한 것은 아니고, 평등의 원칙이나 신뢰보호의 원칙 등 일반원칙과 결합하여 위법성을 인정한 것으로 볼 수 있다.

183) 부과과징금 결정단계의 조정사유별 감경률 적용방식에 관하여 구체적인 규정이 없는 상태에서, 공정위가 과징금 부과처분을 하면서 적용한 기준이 과징금제도와 감경제도의 입법 취지에 반하지 아니하고 불합리하거나 자의적이지 아니하며, 나아가 그러한 기준을 적용한 과징금 부과처분에 과징금 부과의 기초가 되는 사실을 오인하였거나 비례·평등원칙에 위배되는 등의 사유가 없다면, 그 과징금 부과처분에 재량권을 일탈·남용한 위법이 있다고 보기 어렵다.

184) 심리불속행 기각.

금 부과준칙을 위반한 경우 재량권 일탈·남용을 인정한 사례로는 서울고등법원 2004. 11. 24. 선고 2003누9000 판결[185]이 있다.[186] 조사협조자로서 감경요건을 구비하고 있음에도 이에 미치지 못하는 감경을 한 경우 위법하다고 본 사례로 대법원 2008. 9. 25. 선고 2007두12699 판결 등이 있다. 결국 과징금 고시에 부합하는지 여부에 따라 바로 처분의 적법성을 판단할 수 있는 것이 아니라, 비례의 원칙, 평등의 원칙에 위반되는지를 심사해야 할 것이다. 다만 과징금 고시에 위반되는 경우 공정위의 기존의 집행과 어긋나게 되어 자기구속의 원칙, 평등의 원칙 등을 매개로 재량권 일탈·남용이 인정될 가능성이 상대적으로 높다.

[위반행위 후 과징금 고시의 변경]

① 과징금 고시가 사업자에 유리하게 변경된 경우 사업자에게 유리하게 변경된 고시를 적용해야 하는가?

명시적 규정이 있는 경우에는 논란이 없다. 예를 들면, 2012. 3. 28. 개정 고시의 부칙에 규정된 것처럼 명시적으로 피심인에게 유리한 경우에는 개정 고시를 적용하도록 한 경우가 있다. 이러한 부칙 규정이 없는 경우에도 고시의 개정이 종전 고시가 과중하다는 점을 고려한 반성적 고려에서 이루어진 경우에는 개정고시를 실무상 적용하는 사례도 있다.

② 2012. 3. 28. 개정 고시의 부칙에 규정된 것처럼 명시적으로 피심인에게 유리한 경우에는 개정고시를 적용하도록 하였음에도 개정고시를 적용하지 않은 경우에는 재량권 일탈·남용의 소지가 있다.

③ 개정고시 부칙에 경과규정이 없어 공정위가 의결 단계에서 개정된 고시를 적용하지 않은 경우 등이 문제된다. 과징금 고시가 사업자에게 유리하게 변경되었음에도 고시의 경과규정에 따라 행위 당시 고시를 적용하더라도 부당하다고 보기 어렵다고 본 사례로는 서울고등법원 2016. 1. 20. 선고 2015누35071 판결(코오롱글로벌 사건)[187] 등이 있으나, 일률적으로 행위 당

---

185) 확정.

186) 과징금 고시는 법규명령적인 성격을 갖지 않는 행정규칙이다. 판례를 종합하면 과징금 부과준칙을 위반한 경우 원칙적으로 재량권일탈·남용의 여지가 높지만 이와 달리 적법하다고 볼 여지가 있다. 과징금 부과준칙에 따른 경우 원칙적으로 적법하지만 예외적으로 위법하다고 볼 가능성도 있는 것으로 볼 수 있다.

187) 심리불속행 기각.

시를 기준으로 할 것은 아니다. 과징금 고시의 문제가 지속적으로 지적되어 반성적으로 개정한 것이라면, 부칙 규정이 명시적으로 없더라도 개정 고시를 적용할 수 있을 것이고, 행위 당시 고시를 적용하여 과징금 고시에 일응 부합하는 것처럼 보이는 경우에도 비례의 원칙이나 평등의 원칙을 매개로 재량권 일탈·남용이 인정될 수 있을 것이다.[188]

(1) 사실오인

재량권의 일탈·남용으로 사실오인이 다투어지는 경우가 자주 있다. 이때 중대성 판단의 한 요소로 사실오인이 다투어지는 경우와 가중사유 자체로 사실오인이 다투어지는 경우로 나누어 볼 수 있다.

[사실오인의 분류]

① 중대성 판단의 한 요소로 사실오인이 다투어진 사례로 대법원 2016. 11. 10. 선고 2015두53794 판결(포스코강판 사건)에서 공정위가 처분 당시 포스코가 아연할증료 공동행위에 관하여 그 위반기간(2006. 2.경부터 2008. 4.경까지) 전부에 걸쳐서 가담하였음을 전제로, 아연할증료 공동행위의 경우 참여 사업자들의 시장점유율이 100%에 가까운 사정을 들어 이를 '매우 중대한 위반행위'로 보아 그 부과기준율을 7%로 산정하였다. 포스코가 아연할증료 공동행위 중 일부에 가담하지 않았음이 밝혀진 경우 부과기준율 산정에 위법이 있는지가 다투어졌으나, 대법원은 이러한 사정만으로 재량권의 일탈·남용이 있다고 보기 어렵다고 판단하였다.

② 가중사유 자체로 사실오인이 다투어지는 경우로 임원 가중에서 임원인지 여부에 오인이 있는 경우를 들 수 있다. 구 과징금 고시(2005. 4. 1. 공정위 고시 제2005-3호로 개정되기 전의 것)에서 이사가 상법상의 이사로서 법인등기부에 등기된 자를 의미한다고 보았는데, 이로 인한 재량권 일탈·남용이 다투어진 사례도 이에 포함된다(대법원 2008. 10. 23. 선고 2008두10621 판결).

(2) 평등의 원칙 및 신뢰보호의 원칙

재량준칙은 일반적으로 행정조직 내부에서만 효력을 가질 뿐 대외적인 구속력을 갖는 것은 아니므로 행정처분이 이를 위반하였다고 하여 그러한

188) 과징금 처분에는 형사제재에 못지 않은 강도 높은 제재적 성격이 있음에 비추어 형법상 법개정에 따른 원칙이 참작될 여지도 있다.

사정만으로 곧바로 위법하게 되는 것은 아니고, 다만 그 재량준칙이 정한 바에 따라 되풀이 시행되어 행정관행이 이루어지게 되면 평등의 원칙이나 신뢰보호의 원칙에 따라 행정기관은 그 상대방에 대한 관계에서 그 규칙에 따라야 할 자기구속을 받게 되므로, 이러한 경우에는 특별한 사정이 없는 한 그에 반하는 처분은 평등의 원칙이나 신뢰보호의 원칙에 어긋나 재량권을 일탈·남용한 위법한 처분이 되고, 이는 과징금 고시 등 공정거래법상 재량준칙에도 다르지 않다(대법원 2013. 11. 14. 선고 2011두28783 판결).

평등의 원칙이 적용된 사례인 대법원 2006. 3. 24. 선고 2004두11275 판결은 조사협조 정도에 차이가 없음에도 과징금에 차등을 둔 것은 재량권의 일탈·남용이라고 보았다. 대법원 2011. 7. 14. 선고 2009두263 판결[189]은 감경비율의 차별 적용이 재량권의 일탈·남용이라고 보았는데, 삼성석유화학과 현대석유화학은 일부 외형적인 모습에 차이가 있으나 피고가 정한 차이는 용인하기 어렵다고 보았다.

다. 과징금과 부당이득

과징금 산정에서 부당이득을 고려하지 않은 경우 재량권의 일탈·남용이 인정되는지 문제가 있다. 관련 판결로, 대법원 2004. 10. 27. 선고 2002두6842 판결(현대오일뱅크 사건),[190] 대법원 2017. 4. 27. 선고 2016두33360 판결(포스코건설 사건),[191] 서울고등법원 2017. 7. 5. 선고 2015누686 판결(두산중공업 사건),[192] 서울고등법원 2017. 12. 24. 선고 2017누35365 판결

189) 감경비율의 차등 적용을 재량권의 일탈 남용으로 본 사례.

190) 입찰담합의 이득과 과징금 사이에 균형을 상실한 경우 비례의 원칙 위반을 인정한 사례.

191) 이 사건 과징금액은 과징금의 부당이득환수적인 면보다는 제재적 성격이 지나치게 강조되어 위반행위의 위법성의 정도 및 공동행위로 취득한 이득액의 규모 사이에서 지나치게 균형을 잃은 과중한 액수에 해당한다고 볼 수 있다. 나아가 이 사건 공동행위에 참여한 사업자들 사이에서도 실제 낙찰 또는 배분받은 물량의 차이로 인하여 실제로 취득하는 이익의 규모에 상당한 차이가 있음에도, 피고가 과징금 산정에서 이를 고려하지 않음으로써 다른 사업자에 대한 과징금액과도 균형을 잃게 되었다고 봄이 타당하다.

192) 대법원 2017. 11. 29.자 2017두56360 판결로 심리불속행 기각. 과징금액은 과징금

(한일시멘트 사건)[193] 등이 있다. 특히, 대법원 2017. 4. 27. 선고 2016두33360 판결(포스코건설 사건)은 과징금의 액수와 이득액의 규모 사이에 균형을 요구하며, 이러한 균형을 상실할 경우 비례의 원칙에 위반된다고 판단하였는데, 이는 대법원 2020. 7. 29. 선고 2018두62706 판결 및 2019두43924 판결(KT 발주 케이블 입찰 사건)[194]에도 이어지고 있다.

[부당이득과 재량권 사례]

재량권의 일탈·남용을 인정한 사례로 대법원 2004. 10. 27. 선고 2002두6842 판결이 있는데, 취득이익규모, 현실적인 부담능력을 고려하지 않아 다른 정유사들과 균형을 상실하여 재량권 일탈남용으로 본 사례이다. 그 외에도 대법원 2008. 8. 21. 선고 2007두4919 판결도 이득규모를 고려하지 않아 위법하다고 보았다. 특히, 대법원 2017. 4. 27. 선고 2016두33360 판결(포스코건설 사건), 대법원 2020. 7. 29. 선고 2018두62706 판결 및 2019두43924 판결(KT 발주 케이블 입찰 사건)도 재량권의 일탈남용을 인정한 사례이다.

재량권의 일탈·남용을 부정한 사례로는 대법원 2006. 11. 9. 선고 2004두14564 판결이 있다. 대법원 2008. 8. 21. 선고 2006두12104 판결은 입찰의 기초가격이 인상되지 않아도 부당이득이 존재한다고 판시하였다. 위반사

의 부당이득환수적인 면보다는 제재적 성격이 지나치게 강조되어 위반행위의 위법성의 정도 및 공동행위로 취득한 이득액의 규모 사이에서 지나치게 균형을 잃은 과중한 액수에 해당한다는 이유로 과징금납부명령을 취소하였다.

193) 대법원 2018. 4. 26.자 2018두32620 판결로 심리불속행 기각. 법원이 원고측 경제분석을 배척한 사례로서, 과징금 산정 과정에서 부당이득의 존부를 어느 정도 심리해야 하는지에 대한 고민을 보여주고 있다.

194) 발주처인 케이티는 입찰공고를 통하여 낙찰자는 4개사로 하고, 물량할당은 1순위 40%, 2순위 25%, 3순위 20%, 4순위 15%로 차등 할당하는 방식으로 발주하였다. 원심은 2순위로 25%를 낙찰받은 원고에 대하여 관련매출액을 산정하면서 나머지 1, 3순위 낙찰자의 계약금액을 포함시킨 것에 위법이 없다고 판단하였다. 전체 입찰금액에 포함된 나머지 낙찰자의 계약금액 부분에도 경쟁제한효과가 미쳤으므로, 당해 입찰의 계약금액 전체를 관련매출액으로 볼 수 있다는 전제이다. 그러나 대법원은 이와 달리 공동수급체의 실질을 가지고 있어 낙찰자들에 대한 기본 과징금 산정시에도 공동수급체 감경규정의 취지를 고려할 필요가 있다고 보았다. 원고가 입찰담합으로 인하여 실제로 취득한 이익의 규모와 균형을 상실하여 과징금이 과중하며, 조정과정에서 이 사건 입찰담합을 통하여 실제 취득한 이득이 제대로 반영되지 않았음을 지적한 판결이다.

업자가 부당한 공동행위로 인하여 발주자로부터 손해배상청구소송을 당하여 부당이득이 회수될 수 있으므로 과징금이 감액되어야 한다는 주장을 배척한 사례로는 서울고등법원 2016. 1. 20. 선고 2015누32201 판결(계룡건설산업 사건)이[195] 있다.

■ 리딩케이스 : 대법원 2017. 4. 27. 선고 2016두33360 판결(포스코건설 사건)

① 피고가 원고에게 부과한 과징금 약 199억 원은 원고가 이 사건 공동행위 가담을 통하여 취득한 배분물량 약 173억 원 상당을 상회하므로, 과징금 부과로써 기록상 나타난 원고의 유형적 이득액의 합계를 넘어서 배분된 공사금액 전액을 박탈하게 되는 점, ② 비록 원고가 7개 공구에 형식적으로 입찰에 참가하였으나, 다른 한편 이 사건 21개 건설사와는 달리 이 사건 공동행위를 주도하거나 낙찰예정사 결정 합의에는 참여하지 않았으므로, 그 위법성의 정도가 상대적으로 중하다고 보기 어려운 점, ③ 이 사건 공동행위 초기 단계에서부터 합의에 가담하여 상당한 공사물량을 배분받게 된 삼성중공업과 비교하면, 원고의 형식적 입찰 참여 횟수가 많다 하더라도, 그러한 사정만으로 약 8배에 이르는 과징금의 차이를 정당화할 정도로 원고의 부당이득 취득의 정도와 위반행위의 가벌성 등 원고에 대한 제재의 필요성이 삼성중공업에 비하여 현저히 높다고 보기 어려운 점, ④ 원고가 이 사건 공동행위에 가담함으로써 위 실제 배분물량 외에 다른 사업 우선권 등 별도의 이익을 취득하였다고 볼 만한 사정도 보이지 않는 점 등을 종합하면, 이 사건 과징금액이 구 공정거래법 제22조, 구 공정거래법 시행령 제9조 제1항, 제61조 제1항 [별표 2]에서 정한 방식에 의하여 그 상한을 초과하지 않는 범위 내에서 산정되었고, 원고가 형식적으로 입찰에 참여한 공구의 규모가 상대적으로 크며, 원고가 공사실적 등의 무형적 이익을 얻은 사정 등을 모두 감안한다 하더라도, 이 사건 과징금액은 과징금의 부당이득환수적인 면보다는 제재적 성격이 지나치게 강조되어 위반행위의 위법성의 정도 및 공동행위로 취득한 이득액의 규모 사이에서 지나치게 균형을 잃은 과중한 액수에 해당한다고 볼 수 있다. 나아가 이 사건 공동행위에 참여한 사업자들 사이에서도 실제 낙찰 또는 배분받은 물량의 차이로 인하여 실제로 취득하는 이익의 규모에 상당한 차이가 있음에도, 피고가 과징금 산정에서 이를 고려하지

195) 심리불속행 기각.

않음으로써 다른 사업자에 대한 과징금액과도 균형을 잃게 되었다고 봄이 타당하다.

라. 과징금 납부기한의 연장 및 분할납부 신청

공정거래법 제103조, 시행령 제86조는 과징금 납부기한의 연장 및 분할납부를 규정하고 있다.

(1) 절차적 요건

원심결에서 부과받은 과징금이 관련매출액에 1/100을 곱한 금액 또는 10억 원을 초과해야 하고(공정거래법 제103조 제1항, 같은 법 시행령 제86조 제1항), 과징금 납부 통지를 받은 날로부터 30일 이내에 신청해야 하며(공정거래법 제103조 제2항), 위 두 요건을 모두 갖추어야 한다.

(2) 실체적 요건

'1. 재해 또는 도난 등으로 재산에 현저한 손실을 받는 경우, 2. 사업여건의 악화로 사업이 중대한 위기에 처한 경우, 3. 과징금의 일시납부에 따라 자금사정에 현저한 어려움이 예상되는 경우, 4. 기타 제1호 내지 제3호에 준하는 사유가 있는 경우' 중 어느 하나에 해당하면 실체적 요건을 구비한다(공정거래법 제103조 제1항). 다만 실체적 요건을 구비하는 경우에도 납부기한의 연장 및 분할납부를 허용할지는 공정위의 재량에 속한다.

이 사유 중 제3호 '과징금의 일시납부에 따라 자금사정에 현저한 어려움이 예상되는 경우'가 실무상 중요하다. 시행령 제86조 제4항은 '1. 납부기한 연장 또는 분할납부 신청 당시 과징금납부의무자에게 직전 3개 사업연도 동안 연속하여 당기순손실이 발생하였는지 여부, 2. 납부기한 연장 또는 분할납부 신청 당시 과징금납부의무자가 자본총액의 2배를 초과하는 부채를 보유하고 있는지 여부, 3. 그 밖에 제1호 또는 제2호의 경우와 유사한 사유로서 공정위가 정하여 고시하는 사항'으로 구체화하고 있다. 시행령 제86조 제4항 제3호에 대하여 과징금 납부기한 연장 및 분할납부 기준에 관한 고시는 '납부기한 연장 또는 분할납부 신청 당시 과징금 대비 현금보유액(납기일로부터 2개월 이내 상환이 도래하는 차입금을 공제한 금액) 비율이

50% 미만인지 여부'로 규정하고 있다. 시행령 제86조 제4항 제3호에 따른 고시에서 규정한 '자금사정의 어려움 예상'에 대한 사유를 모두 구비해야 하는 것은 아니고, 그 중 일부만 구비해도 실체적 요건은 충족한다.[196] 물론, 위 요건 중 다수를 구비하는 경우에는 신청이 받아들여질 가능성이 높아지게 된다.

(3) 연장 및 분할납부 기간

공정거래법 제103조(과징금 납부기한의 연장 및 분할납부) 제1항의 규정에 의한 납부기한의 연장은 그 납부기한의 다음 날부터 2년을 초과할 수 없다(시행령 제86조 제2항). 법 제103조(과징금 납부기한의 연장 및 분할납부) 제1항의 규정에 의하여 분할납부를 하게 하는 경우에는 각 분할된 납부기한간의 간격은 6월을 초과할 수 없으며, 분할 횟수는 6회를 초과할 수 없다(시행령 제86조 제3항).

마. 과징금의 승계

공정거래법을 위반한 회사(위반회사)의 합병이 있는 경우(신설합병,[197] 흡

---

196) 공정위 2019. 7. 18. 의결 제2019-157호(3개 중질탄산칼슘 제조사의 부당한 공동행위 사건, 오미아코리아 신청). 공정위 2019. 5. 21. 의결 제2019-108호(관수레미콘 구매입찰 관련 대전, 세종, 충남지역 3개 레미콘협동조합의 부당한 공동행위 사건, 대전세종충청 레미콘공업협동조합, 충남중서북부레미콘사업협동조합 신청). 공정위 2019. 2. 11. 의결 2019-026호(포스코 등 5개 발주처의 컨베이어벨트 구매입찰 관련 3개 사업자의 부당한 공동행위에 대한 건, 화성엑스윌), 공정위 2018. 3. 27. 의결 제2018-11호(부산항만공사 발주 3건의 창살형울타리 MAS 2단계 경쟁입찰 관련 3개 사업자의 부당한 공동행위에 대한 건, 주원테크), 공정위 2018. 5. 24. 의결 제2018-146호[제5378부대 발주 액화석유가스(LPG) 관련 8개 사업자의 부당한 공동행위에 대한 건, 동해], 공정위 2017. 2. 13. 의결 제2017-063호(민방위 및 재난·재해 경보시스템 구매·설치 관련 2개 사업자의 부당한 공동행위 건, 알림시스템), 공정위 2017. 6. 1. 의결 제2017-190호(2개 표준형 롤러체인 제조판매사업자의 부당한 공동행위 건, 동보체인공업).

197) 신설합병은 당사회사가 모두 소멸하고 소멸회사의 권리·의무가 신설회사로 포괄적으로 승계되는 합병이다. 이하 합병, 분할에 대한 설명은 김건식 외 2인, 회사법(제3판), 박영사 2018. 743, 778면 참조.

수합병[198]), 위반회사의 분할(단순분할)[199]이 있는 경우, 위반회사의 분할합병(흡수분할합병,[200] 신설분할합병[201]))이 있는 경우에, 과징금을 어떤 회사에 부과해야 하는지, 이미 부과된 과징금이 승계되는지 등이 문제된다. 관련 판결로, 대법원 2011. 5. 26. 선고 2008두18335 판결(엘지화학 사건),[202] 서울고등법원 2017. 1. 11. 선고 2015누64703 판결(디알비동일 사건)[203] 등이 있다.

[과징금 부과 후 합병되는 경우]

이미 과징금이 부과된 경우에는 승계의 대상이 되는 과징금 납부의무가 존재하고, 이러한 의무는 합병을 통하여 승계된다. 신설합병의 경우에는 신설회사가, 흡수합병의 경우에는 존속회사가 위반회사의 과징금 납부의무를 승계한다.

[과징금 부과 후 분할, 분할합병이 발생하는 경우]

이미 과징금이 부과된 경우에는 승계의 대상이 되는 과징금 납부의무가 존재하고, 이러한 의무는 승계된다. 분할의 경우에는 승계되는 재산 등 분할대상, 분할계획서 등을 종합하여 의무의 승계 여부를 구체적으로 판단하게 된다. 그 결과 과징금 납부의무가 승계되는 경우에는 단순분할의 경우에는 단순분할신설회사가, 흡수분할합병의 경우에는 분할승계회사가, 신설분할합병의 경우에는 분할합병신설회사가 그 의무를 부담하게 된다.

---

198) 흡수합병은 당사회사 중 하나의 회사를 제외한 나머지 회사가 소멸하고 소멸회사의 권리·의무가 존속회사에 포괄적으로 승계되는 합병이다.

199) 단순분할은 분할회사가 그 일부를 신설되는 회사(단순분할신설회사)에 포괄적으로 승계시키는 분할이다.

200) 흡수분할합병은 분할회사의 일부를 분할승계회사에 포괄적으로 승계시키는 분할합병이다.

201) 신설분할합병은 분할회사의 일부가 분할합병상대회사와 분할합병을 통해서 새로운 회사인 분할합병신설회사를 설립하는 분할합병이다.

202) 과징금 승계 제도의 신설 전에 승계를 부정한 사례.

203) 확정. 피고가 분할 전 위반행위에 대하여는 존속회사인 원고 디알비동일에 대하여, 분할 후 위반행위에 대하여는 분할로 설립되어 이 사건 공동행위의 대상인 농기계용 크롤러 사업부문을 승계한 원고 동일고무벨트에 대하여 이 사건 처분을 한 것은 위 법령에서 정한 바에 따른 재량권 내의 행위로 적법하다고 보았다.

다만, 공정거래법 제104조 제1항은 과징금이 부과된 후 과징금을 부과받은 회사가 분할, 분할합병되는 경우 ① 분할되는 회사, ② 분할 또는 분할합병으로 인하여 설립되는 회사, ③ 분할되는 회사의 일부가 다른 회사와 합병하여 그 다른 회사가 존속하는 경우의 그 다른 회사가 연대하여 납부하도록 규정하고 있다. 공정거래법 제104조 제2항은 과징금이 부과된 후 과징금을 부과받은 회사가 분할 또는 분할합병으로 해산되는 경우 ① 분할 또는 분할합병으로 인하여 설립되는 회사, ② 분할되는 회사의 일부가 다른 회사와 합병하여 그 다른 회사가 존속하는 경우의 그 다른 회사가 연대하여 납부하도록 규정하고 있다.

이때 공정거래법 제104조의 표제는 '연대납부의무'로 기재되어 있고, 본문에는 '연대하여 납부할 책임을 진다'라고 기재되어 있어 채무를 부담하는 것인지, 책임만을 부담하는 것인지 의문이 있을 수 있다.[204)]

[과징금 부과 전 합병되는 경우]

공정거래법 제102조 제2항은 위반한 회사인 사업자의 합병이 있는 경우에는 당해회사가 행한 위반행위는 합병후 존속하거나 합병에 의해 설립된 회사가 행한 행위로 보아 과징금을 부과·징수할 수 있도록 규정하고 있다. 즉, 신설합병의 경우에는 신설회사에 대하여, 흡수합병의 경우에는 존속회사에 대하여 과징금을 부과할 수 있다.

[과징금이 부과 전 분할, 분할합병이 발생하는 경우]

종래 실무상 가장 논란이 많았던 부분이다.

대법원은 신설회사 또는 존속회사가 승계하는 것은 분할하는 회사의 권리와 의무라 할 것인바, 분할하는 회사의 분할 전 법 위반행위를 이유로 과징금이 부과되기 전까지는 단순한 사실행위만 존재할 뿐 그 과징금과 관련하여 분할하는 회사에게 승계의 대상이 되는 어떠한 의무가 있다고 할 수 없고, 특별한 규정이 없는 한 신설회사에 대하여 분할하는 회사의 분할 전 법 위반행위를 이유로 과징금을 부과하는 것은 허용되지 않는다고 보았다(대법원 2007. 11. 29. 선고 2006두18928 판결). 또한 이미 과징금이 발생한 후 분할,

---

204) 민법상 연대채무의 법리에 비추어 보면 채무로 보는 것이 자연스럽다. 책임만을 부담하게 된다면, 채무를 부담하는 회사와 책임만을 부담하는 회사를 특정할 필요가 있게 된다.

합병되는 경우와 달리 과징금이 아직 발생하지 않은 경우 승계되지 않는다고 보았다[대법원 2011. 5. 26. 선고 2008두18335 판결(엘지화학 사건)].[205] 이러한 판례에 대하여는 회사분할 제도가 과징금 회피수단으로 사용된다는 비판이 있었다.[206]

그 후 과징금의 승계에 관하여 2012. 3. 21. 개정되어 2012. 6. 21. 시행된 공정거래법은 제102조 제3항에서 "공정위는 이 법을 위반한 회사인 사업자가 분할되거나 분할합병되는 경우 분할되는 사업자의 분할일 또는 분할합병일 이전의 위반행위를 다음 각 호의 어느 하나에 해당하는 회사의 행위로 보고 과징금을 부과·징수할 수 있다."라고 규정하면서 각 호로 "분할되는 회사(제1호), 분할 또는 분할합병으로 설립되는 새로운 회사(제2호), 분할되는 회사의 일부가 다른 회사에 합병된 후 그 다른 회사가 존속하는 경우 그 다른 회사(제3호)"를 규정함으로써 공정위가 분할 전 위반행위에 대하여 분할되는 회사 또는 분할로 신설되는 회사 어느 한 회사에 대하여 과징금납부명령을 할 수 있는 법적 근거를 명확히 하였다.

위 규정은 '어느 하나의 회사의 행위로 보고'라고 규정하고 있다. 법문언에 기재된 바와 같이 공정위는 1, 2, 3호의 회사 중 하나의 회사를 선택하여 과징금을 부과할 수 있을 뿐 모든 회사에 대하여 과징금을 부과할 수는 없을 것이다. 하급심 판례(서울고등법원 2017. 1. 11. 선고 2015누64703 판결)도 같은 취지로 보인다. 이때 공정위는 과징금 부과대상인 회사의 선택에 대하여 재량권이 있다.

공정거래법 제102조 제3항에 따른 과징금 부과대상 선정에 있어 재량권 행사의 기준은 무엇인가? 즉 어떤 기준으로 존속회사와 신설회사 중 과징금 부과대상을 선정할지 문제된다. 먼저, 책임의 귀속에 관련된 부분으로 위반사업 부분이 존속회사와 신설회사 중 어떤 회사에 귀속되었는가, 누가 위반행위로 인한 이익을 누렸는지를 고려할 수 있다, 신설회사가 해당 사업부분을 보유하고 있다고 하여, 신설회사에게 이익이 귀속된 것으로 단정할 수는 없다. 존속회사가 이익을 모두 취한 다음, 분할을 통하여 사업부분이 신설회사에 귀속되었다면 존속회사가 이익을 향유하였다고 볼 여지도 있다. 다음으로, 집행의 실효성 측면에서 과징금 납부능력과 과징금부과의 실효성, 분

205) 합병이 있은 경우 합병된 회사의 행위를 합병 후 존속하는 회사의 가중사유로 삼을 수 있다는 취지의 대법원 2013. 11. 28. 선고 2012두18523 판결 등과 비교된다.

206) 김건식 외 2인, 회사법(제3판), 박영사 2018. 796면.

할이 과징금 회피 수단으로 남용될 우려 등을 고려할 수 있다. 공정위 실무도 존속회사에 과징금을 부과한 사례와 신설회사에 과징금을 부과한 사례가 모두 존재하는 실정이다.

다만, 이 경우 심사관은 존속회사와 신설회사를 모두 심사대상으로 하여 위원회가 공정거래법 제102조 제3항에 따른 재량권을 행사할 수 있도록 조치하여야 한다. 이와 달리 심사관의 판단으로 한 회사만을 심사대상으로 회부한다면, 위원회가 행사해야 할 재량권을 심사관이 행사함으로써 위원회가 재량권을 행사하지 않게 되어 '재량권의 불행사에 따른 처분의 위법성'이 문제될 소지가 있다.

법위반 관련 사업이 이전되었는지가 실무상 쟁점이 되는 경우가 있다. 법위반 사업이 신설회사에 이전된 경우와 이전되지 않은 경우가 있다. 법위반 사업이 신설회사에 이전된 경우에 신설회사에 과징금 부과가 당연히 가능하다.[207] 이전되지 않은 경우에도 과징금 부과가 가능한지, 즉 공정거래법 제102조 제3항 적용을 위하여 위반사업 부분 이전이 필요한가의 문제이다.

[위반행위 계속 중 분할된 경우 과징금 부과 문제]

공정거래법 제102조 제3항은 "공정위는 이 법을 위반한 회사인 사업자가 분할되거나 분할합병되는 경우 분할되는 사업자의 분할일 또는 분할합병일 이전의 위반행위를 다음 각 호의 어느 하나에 해당하는 회사의 행위로 보고 과징금을 부과·징수할 수 있다."라고 규정하고 있다. 이 규정은 위반행위가 종료된 후 회사가 분할된 사안에서 과징금을 부과하는 경우에 적용되고 있다.

공동행위 종료 후에 회사가 분할된 것이 아니라(공동행위 종료 → 회사 분할 → 과징금 부과 순서), 공동행위 진행 중에 회사가 분할이 된 이후 과징금을 부과하는 경우(회사 분할 → 공동행위 종료 → 과징금 부과 순서)에 어떻게 처리할지가 문제된다. 예를 들면, 위반행위가 1. 1.부터 5. 1.까지인데 분할은 위반행위가 진행 중인 3. 1. 이루어졌으며, 위반행위 종료 후인 7. 1. 과징금을 부과하는 사례이다.

공정거래법 제102조 제3항이 위반행위 종료 후 분할된 경우에 한정되는지에 대한 해석론이 문제된다. 공정거래법 제102조 제3항을 적용하여 신설

207) 수입현미 운송용역 입찰담합 사건(공정위 전원회의 제2019-264호), 3개 크롤로 제조판매회사 담합 사건(공정위 제1소회의 제2015-217호)은 분할 후 신설법인이 법위반 사업 부분을 이전받아 영위한 사건이다.

회사에 대하여 존속회사에 대한 부분을 함께 부과할 수 있는지, 공정거래법 제102조 제3항에서 '이 법을 위반한 사업자'에 '행위가 종료된 사업자'만이 포함되는가, '위반하였으나 행위가 종료되지 않은 사업자'도 포함되는지가 해석론의 쟁점이다.

첫째, 문언 상 위반행위 종료 후 분할된 경우에 한정한 것으로 보기는 어렵고, 위반행위 종료 전에 분할된 경우도 포함된다는 견해가 있다. 공정거래법 제102조 제3항 적용 여부와 관계없이 하나의 행위로 파악할 수 있다면, 종료 시를 기준으로 하며, 종료 시가 분할 이후이므로, 분할 이후에 발생한 행위로 볼 수 있다는 견해도 같은 취지이다(광의설, 적용설).

광의설에 따라 종료 전에 분할된 경우도 공정거래법 제102조 제3항이 적용될 경우 그 내용은 다음과 같다. 공정거래법 제102조 제3항은 위반행위에 상응하는 과징금의 징수를 위한 특별규정이다. 행위자 외에 과징금에 대한 책임을 확대한 조항이다. 분할회사와 신설회사가 기본적으로 모두 대상이 된다. 선택권의 행사에 따라 전체를 분할 전 회사에게 부과하는 방안, 전체를 분할 후 회사에게 부과하는 방안, 일부는 분할 전 회사에게, 일부는 분할 후 회사에게 부과하는 방안이 모두 검토될 수 있고, 재량권을 행사하여 적절한 방안을 찾으면 된다. 다만, 관련매출액은 행위자에게 귀속되어야 한다는 점에서 분할 전 부분은 분할 전 회사에, 분할 후는 분할 후 회사에 나누어 부과하는 것이 적절하다.

예를 들면 2013년 6월부터 2016년 5월까지 공동행위를 하였는데 2013. 10. 1. A가 B로 분할된 경우 문제된다. A의 위반기간 동안 발생한 부분은 A에게, B의 위반기간 동안 발생한 부분을 B에게 부과할 수 있다. 그런데 공정거래법 제102조 제3항이 적용되면 A의 위반행위 기간 부분을 B에게 부과할 수 있게 된다. 그와 반대로 B에 대한 위반행위 기간 부분을 A에게 부과할 수도 있다고 보기는 무리이다. 공정거래위원회 실무례도 A 부분을 B 부분에 대하여 부과한 사례가 있다.

둘째, '위반한 회사인 사업자가 분할되거나'에서 '위반한'을 '위반행위가 종료된'으로 해석한다면, 위반행위 이후 분할에만 적용되는 것으로 이해할 여지가 있다(협의설, 비적용설). 분할 이전의 행위에 대하여만 공정거래법 제102조 제3항이 적용되어 선택권이 있다는 견해이다.

셋째, 공정위와 법원은 분할회사와 신설회사 중 더 적절한 상대방에 대하여 부과할 수 있는 재량권이 있다는 견해이다. 공동행위 종료 전에 회사가 분할된 경우 존속회사와 신설회사가 모두 위반행위를 한 것이므로, 각각의 위반행위 기간에 대하여 과징금 부과가 가능하다는 논리이다. 분할 이후의 행위는 분할 이후 행위자에게 부과하면 된다(절충설, 일부 적용설).

[시정조치 부과 전(前) 분할, 분할합병이 발생하는 경우]

위반행위가 있고 과징금이 부과되기 전에 회사가 분할된 경우 공정거래법 제102조가 적용되어 공정위는 과징금 부과대상을 존속회사와 신설회사 중에 선택할 수 있다. 이와 같이 과징금에 대하여는 명시적인 규정이 있으나, 시정조치에 대하여는 명시적인 규정이 없다. 시정조치에도 위 규정이 유추적용될 수 있는가?

공정위 심결례는 엇갈리고 있다. 법위반행위를 한 존속회사에 시정조치를 부과한 사례[208]와 신설회사에 시정조치를 부과한 사례[209]가 모두 있다.

공정거래법 제102조는 과징금에 관한 규정이고 시정조치, 고발에는 적용된다고 볼 명시적인 근거가 없다. 위 규정은 행위책임의 법리를 확대한 특별한 규정이다. 이와 같이 침익적인 규정을 적용하기 위하여 명문의 근거가 필요한 것으로 보인다. 이 점에서 시정조치는 법위반행위를 한 존속회사에 부과함이 타당하다.

공정위가 과징금에 대하여 공정거래법 제102조에 따라 신설회사를 부과대상으로 선택할 경우 과징금은 신설회사에 대하여, 시정조치는 존속회사에 부과됨으로써 대상자가 분리되는 현상이 나타난다. 그러나 이는 과징금에 대하여 특별규정을 통하여 신설회사로 그 책임을 확대한데 따른 불가피한 결과로 이해할 수 있다.

참고로, 서울고등법원 2020. 8. 13. 선고 2019누54377 판결(한화시스템 사건)[210]은 하도급법위반 사건에서 분할 전 회사의 분할 전 법위반행위 및 그로 인한 시정조치, 벌점부과를 이유로 분할신설회사에 대하여 입찰참가자격제한요청을 할 수 없다고 판단하였다.

---

208) 법위반 후 과징금 부과 전에 분할이 이루어진 사안에서, 존속회사에 시정명령을 부과하고 고발을 하였으며, 신설회사(단순분할 신설회사)에 과징금을 부과한 사례 등이다.

209) 공정위 2019. 1. 9. 의결 제2019-011호(현대산업개발 사건).

210) 그 상고심인 대법원 2023. 4. 27. 선고 2020두47892 판결은 결론을 달리하여 이를 파기하였다.

[시정조치 부과 전 합병이 있는 경우]

대법원 2022. 5. 12. 선고 2022두31433 판결(에스케이브로드밴드 사건)에 의하면, 합병 후 존속회사에 시정조치를 할 수 있다.[211] 대법원 2004. 7. 8. 선고 2002두1946 판결도 사법상의 관계 또는 공법상의 관계를 불문하고 그 성질상 이전이 허용되지 않는 것을 제외하고 모두 합병으로 인하여 존속한 회사에 승계된다고 보고 있다.

[형벌 부과 전 분할, 분할합병이 있는 경우]

위반행위 후 형벌의 부과 전에 회사가 분할된 경우 형사 책임은 누가 부담하는지 문제된다.

공정거래법 제102조 제3항은 과징금에 관한 명시적인 규정만 두고 있고, 시정조치나 형벌에 대하여는 규정하지 않고 있다.

대법원 2015. 12. 24. 선고 2015도13946 판결은 법인이 형사처벌을 면탈하기 위한 방편으로 합병제도 등을 남용하는 경우 이를 처벌하거나 형사책임을 승계시킬 수 있는 근거규정을 특별히 두고 있지 않다면 합병으로 인하여 소멸한 법인이 그 종업원 등의 위법행위에 대해 양벌규정에 따라 부담하던 형사책임은 그 성질상 이전을 허용하지 않는 것으로서 합병으로 인하여 존속하는 법인에 승계되지 않는다고 판단하였다. 분할의 경우 형벌책임을 승계하지 않는다는 취지의 하급심 판결로는 서울중앙지법 2010. 11. 3. 선고 2010노639 판결 등이 있다. 특별한 규정이 없는 상태에서 위반행위를 하지 아니한 당사자에게 형벌을 부과할 수는 없을 것이므로, 위반행위를 한 존속회사가 형벌책임을 부담하는 것이 타당하다.

5. 회생절차와 과징금

(1) 회생절차개시결정 전의 과징금

원고 회사가 공정위를 상대로 제기한 과징금 납부명령 등 취소소송 계속 중 원고 회사에 대한 회생절차 개시결정이 있었음에도 법원이 그 사실을

211) 회사합병이 있는 경우에는 피합병회사의 권리·의무는 사법상의 관계 혹은 공법상의 관계를 불문하고 그 성질상 이전이 허용되지 않는 것을 제외하고는 모두 합병으로 인하여 존속한 회사에 승계되는 것으로 보아야 한다.

알지 못한 채 소송수계가 이루어지지 않은 상태에서 절차를 진행하여 원고 회사의 청구를 기각하는 판결을 선고한 사안에서, 대법원은 원고 회사에 대한 과징금 청구권은 회생절차 개시결정 전에 성립한 것으로 그 부과 및 액수를 다투는 위 소송은 채무자 회생 및 파산에 관한 법률상 '채무자의 재산에 관한 소송'에 해당하여 원고 회사에 대한 회생절차 개시결정으로 중단되었음에도 이를 간과한 채 소송절차를 진행하여 판결을 선고한 데에는 대리인에 의하여 적법하게 대리되지 않은 경우와 같은 위법이 있다고 보았다(대법원 2012. 9. 27. 선고 2012두11546 판결).

(2) 회생절차개시결정 후의 과징금

채무자 회생 및 파산에 관한 법률(채무자회생법) 제251조 본문은 "회생계획인가의 결정이 있는 때에는 회생계획이나 이 법의 규정에 의하여 인정된 권리를 제외하고는 채무자는 모든 회생채권과 회생담보권에 관하여 그 책임을 면한다."라고 규정하고 있다. 채무자회생법 제140조 제1항, 제251조 단서는 "회생절차개시 전의 벌금·과료·형사소송비용·추징금 및 과태료의 청구권은 회생계획인가의 결정이 있더라도 면책되지 않는다."라고 규정하고 있다. 이는 회생계획인가의 결정에 따른 회생채권 등의 면책에 대한 예외를 정한 것으로서 그에 해당하는 청구권은 한정적으로 열거된 것으로 보아야 하고, 위 규정에 열거되지 아니한 과징금 청구권은 회생계획인가의 결정이 있더라도 면책되지 않는 청구권에 해당한다고 볼 수 없다.

또한, 채무자에 대한 회생절차개시 전에 과징금 부과의 대상인 행정상의 의무위반행위 자체가 성립하고 있으면, 그 부과처분이 회생절차개시 후에 있는 경우라도 그 과징금 청구권은 회생채권이 되고, 장차 부과처분에 의하여 구체적으로 정하여질 과징금 청구권이 회생채권으로 신고되지 아니한 채 회생계획인가결정이 된 경우에는 채무자회생법 제251조 본문에 따라 그 과징금 청구권에 관하여 면책의 효력이 생겨 행정청이 과징금 부과권을 행사할 수 없다. 따라서 그 과징금 청구권에 관하여 회생계획인가결정 후에 한 부과처분은 부과권이 소멸된 뒤에 한 부과처분이어서 위법하다(대법원 2007. 9. 6. 선고 2005다43883 판결, 대법원 2013. 6. 27. 선고 2013두5159 판결 등 참조).

대법원 2016. 1. 28. 선고 2015두54193 판결(삼환기업 사건)에서 "채무자에 대한 회생절차개시 전에 과징금 부과의 대상인 행정상의 의무위반행위 자체가 성립하고 있으면, 그 부과처분이 회생절차개시 후에 있는 경우라도 그 과징금 청구권은 회생채권이 된다. 나아가 피고의 공정거래법상 과징금 납부명령은 체납처분 등의 자력집행권을 수반하는 행정행위이므로, 그 과징금 청구권을 회생채권으로 신고하지 아니한 채 회생계획인가결정이 된 경우에는 채무자회생법 제251조 본문에 따라 면책의 효력이 생겨, 피고는 더 이상 그에 대한 부과권을 행사할 수 없다. 따라서 피고가 회생계획인가결정 후에 그에 대하여 한 과징금납부명령은 부과권이 소멸된 뒤에 한 것이어서 위법하다."라고 판시하여 일반적인 과징금에 관한 법리가 공정거래법상 과징금에도 그대로 적용됨을 명시하였다. 이에 따라 공정위가 직권으로 처분을 취소하여 다수의 사건이 종결되었다. 관련 판결로, 대법원 2018. 6. 12. 선고 2016두59102 판결(한솔페이퍼텍 사건),[212] 대법원 2018. 6. 15. 선고 2016두65688 판결(삼환기업 사건)[213] 등이 있다.

[공동행위의 중간에 이루어진 회생절차 개시결정]

부당한 공동행위가 회생절차 개시결정 전에 시작되어 회생절차 개시결정 후에 종료된 경우이다. 이와 같이 하나의 공동행위 중간에 회생절차 개시결정이 있는 경우 전체를 회생채권으로 보거나 전체를 일반채권으로 보는 단일설(單一說), 회생절차 개시결정 이전 부분은 회생채권, 이후 부분은 일반채권으로 보는 분할설(分割說) 등이 가능하다. 첫째, 분할설을 취한 판결로는 서울고등법원 2016. 10. 20. 선고 2016누47705 판결(한솔페이퍼텍 사건, 행정 7부)[214]이 있다. 그 결과 회생절차 개시결정 이전 부분은 회생채권으로

---

212) 특정한 담합가담자의 회생절차개시 전후로 사업자들이 수회에 걸쳐 가격 결정 등에 관한 합의를 하였다면, 설령 회생절차가 개시된 사업자 외의 다른 담합가담자들에 대하여는 그 수회의 합의를 전체적으로 1개의 부당한 공동행위로 평가하는 데 아무런 지장이 없다고 하더라도, 회생절차가 개시된 그 담합가담자가 회생절차개시 이전에 한 합의에 대한 과징금 청구권은 회생채권이 된다고 봄이 타당하다.

213) 원심은 회생절차개시결정 이후에 종기가 도래하였다고 보았으나, 대법원은 회생절차개시결정 전에 종기가 도래하였다고 보았다.

214) 대법원 2018. 6. 12. 선고 2016두59102 판결로 상고기각.

보았다. 둘째, 단일설 중 일반채권설을 취한 판결로는 서울고등법원 2016. 11. 11. 선고 2015누55327 판결(삼환기업, 행정 2부)[215]이 있었다. 위 서울고등법원 2015누55327 판결의 상고심인 대법원 2018. 6. 15. 선고 2016두65688 판결은 회생절차 개시 전에 공동행위가 있었던 이상 그 부분은 회생채권으로 보아야 한다고 판단하였다. 대법원 2018. 6. 12. 선고 2016두59102 판결(한솔페이퍼텍 사건)은 수개의 합의가 1개의 부당한 공동행위가 되는 경우에도 일부 합의가 회생절차 개시 이전에 이루어졌다면 나머지 합의와 분리하여 회생채권이 된다는 취지로 판단하여, 분할설에 가까운 판단을 한 것으로 보인다. 공정위의 실무도 회생절차 개시결정 전에 공동행위가 시작되어 회생절차 개시결정 후까지 지속된 경우, 회생절차 개시결정 전의 법위반행위에 대하여는 과징금을 부과하지 않고, 회생절차 개시결정 이후의 법위반행위에 대하여만 과징금을 부과하는 것으로 보인다.[216]

[공동행위가 회생절차 전, 후에 있었는지 판단 방법]

공동행위의 중간에 회생개시결정이 있는 경우 관련매출액 산정방법은 위에서 본 바와 같다. 회생절차 개시결정 전 공동행위에 대하여는 회생채권으로 본다는 것이 판례이다.

이때 구체적으로 회생절차 개시 전 공동행위인지 아닌지를 어떤 기준으로 특정할 것인지가 문제된다. 그 기준으로 합의일 기준, 입찰일 기준, 발주일 또는 계약일, 납품일 기준 등이 가능하다. 실제 사례에서는 어떤 기준으로 특정하는지에 따라 결과가 달라질 수 있다.

대법원 2018. 6. 12. 선고 2016두65688 판결에 따르면 '그 사업자가 회생절차개시 이전에 가담한 개별 입찰담합 부분', '회생절차가 개시된 그 담합 가담자가 회생절차개시 이전에 한 합의에 대한 과징금 청구권'으로 되어 있다. 이에 따르면 합의일 기준으로 볼 여지가 있다. 위반행위를 기준으로 한다는 측면에서 합의일 기준은 타당성을 가진다.

---

215) 이 사건에서, 원고는 원고에 대한 회생절차개시결정 시점에 이미 이루어진 입찰에 관해서는 피고의 과징금 청구권이 이미 발생해 있었고 따라서 이 부분은 회생채권에 해당한다고 주장하였다. 위 법원은 원고의 과징금납부의무는 입찰담합 행위시에 곧바로 가분적으로 발생하는 것이 아니라 공정위의 처분에 의하여 비로소 단일한 하나의 의무가 발생하는 것이라는 전제에서 원고의 주장을 배척하였다.

216) 김형배, 「공정거래법의 이론과 실제」, 삼일 2019. 842면.

합의에 따른 매출액은 회생절차개시결정 이후에 발생하였다고 보더라도 합의일이 결정 이전이면 모두 제외되는 것으로 볼 수 있다. 원인인 합의가 개시결정 이전이면 매출이 회생절차개시결정 이후 발생해도 모두 회생채권으로 볼 여지가 있다. 과징금채권의 금전적 성격에 비추어 납품일 기준으로 볼 여지도 있으나, 납품은 사후적인 사정에 속하므로, 합의일로 보는 것이 논리적이고 위 판례의 문언에 부합한다.

[과징금 청구권의 회생채권 신고]

회생절차개시결정 전에 위반행위가 성립하고, 과징금 청구권에 대하여 회생채권 신고를 하지 않은 채, 회생계획인가결정이 내려진 경우에는 과징금 부과를 할 수 없다. 이와 달리 회생절차개시결정 전에 위반행위가 성립하고, 과징금이 부과된 이후에, 회생채권 신고기간이 도래한 경우에는 과징금 청구권을 회생채권으로 신고하여야 한다.

과징금 청구권을 신고기간에 신고하지 못한 경우에, 회생계획인가결정 이전에 채무자회생법 제152조 제1항[217]에 따라 추후보완할 수 있다. 보완신고의 기산일은 '책임을 질 수 없는 사유가 끝난 날'의 다음 날이 된다. 과징금 청구권의 경우 '책임을 질 수 없는 사유가 끝난 날'이 언제인지는 명확한 선례가 없는 것으로 보인다.[218]

Ⅴ. 시정조치

1. 공동행위와 시정조치

가. 시정조치의 범위

"시정조치"는 위반행위의 중지명령, 주식처분명령, 계약조항 삭제명령,

---

217) 제152조 ① 회생채권자 또는 회생담보권자는 그 책임을 질 수 없는 사유로 인하여 신고기간 안에 신고를 하지 못한 때에는 그 사유가 끝난 후 1월 이내에 그 신고를 보완할 수 있다.

218) 그 대상으로 조사가 끝나서 심사보고서가 작성되거나 송달된 일자, 심의가 끝나서 의결이 이루어지거나 의결이 송달된 일자 등이 검토될 수 있다.

시정명령을 받은 사실의 공표명령 등 공정거래법의 시정조치 규정에 근거하여 법에 위반되는 상태를 법에 합치하는 상태로 회복시키기 위한 행정처분을 말한다.[219]

공정거래법 제42조(시정조치)에 의하면, 공정위는 제40조(부당한 공동행위의 금지) 제1항의 규정을 위반하는 행위가 있을 때에는 당해사업자에 대하여 당해행위의 중지, 시정명령을 받은 사실의 공표 기타 시정을 위한 필요한 조치를 명할 수 있다. 첫째, 시정명령 중 부작위명령으로 지속되는 행위에 대한 '중지명령'과 이미 종료되었으나 반복될 우려가 있는 행위에 대한 '금지명령'이 포함된다. 둘째, 시정명령 중 작위명령에는 합의파기 명령, 독자적 가격재결정 명령 등이 가능하지만, '필요한 조치'라는 것은 '행위중지'의 정도를 넘는 조치는 어렵다는 것이 지배적이다.[220] 셋째, 시정명령을 받은 사실의 공표명령이 가능하다. 넷째, 보조적 명령으로 통지명령,[221] 보고명령, 교육실시명령[222] 등이 가능하다.[223]

[시정조치로서 정보교환금지 명령]

시정조치의 범위는 비교적 넓게 인정된다. 공정거래법 제42조(구 공정거래법 제21조) 시정조치에는 당해행위의 중지만 규정되어 있으나, 공정거래법에 의한 시정명령이 지나치게 구체적인 경우 매일 매일 다소간의 변형을 거

219) 공정거래위원회의 시정조치 운영지침(2021. 12. 30. 공정위 예규 제380호). 공정거래법 제7, 14, 37, 49, 52조는 '시정명령'이라는 문언을 사용하고 있다.

220) 공정거래법 제7조는 시장지배적 지위의 남용에 대하여 '가격인하명령'을 할 수 있도록 하고 있다.

221) 공정위 2014. 7. 7. 전원회의 의결 제2014-146호(사단법인 대한의사협회 사건)에서 시정조치에는 부작위명령과 함께 '구성사업자에게 공정위로부터 시정명령을 받은 사실을 통지하도록 하는' 통지명령이 포함되었다.

222) 예를 들면, 하도급사건인 2013. 11. 28. 공정위 의결 제2013-192호 사건에서는 "피심인은 이 시정명령을 받은 날로부터 60일 이내에, 하도급계약관련 임원 및 업무담당자에 대하여 '하도급거래 공정화에 관한 법률' 내용에 대해 최소 3시간 이상 교육을 실시하고, 그 결과를 공정위에 보고하여야 한다. 구체적인 교육일정, 교육내용, 교육방식, 시간, 장소, 교육대상자 등에 대해서는 공정위와 협의하여야 한다."는 시정조치가 부과되었다.

223) 공정거래위원회의 시정조치 운영지침(2021. 12. 30. 공정위 예규 제380호).

치면서 행해지는 수많은 거래에서 정합성이 떨어져 결국 무의미한 시정명령이 되므로 그 본질적인 속성상 다소간의 포괄성·추상성을 띨 수밖에 없다 할 것이고, 한편 시정명령 제도를 둔 취지에 비추어 시정명령의 내용은 과거의 위반행위에 대한 중지는 물론 가까운 장래에 반복될 우려가 있는 동일한 유형의 행위의 반복금지까지 명할 수는 있는 것으로 해석함이 상당하다(대법원 2003. 2. 20. 선고 2001두5347 전원합의체 판결).

대법원은 구 공정거래법 제21조(현 공정거래법 제42조)에 정한 "기타 시정을 위한 필요한 조치"에는 행위의 중지뿐만 아니라 그 위법을 시정하기 위하여 필요하다고 인정되는 제반 조치가 포함되므로, 사업자들이 상호 정보교환을 통하여 부당한 공동행위를 하기에 이른 경우에 공정위는 그 사업자들에 대하여 정보교환 금지명령을 할 수 있다고 판시하였다(대법원 2009. 5. 28. 선고 2007두24616 판결, 대법원 2009. 6. 11. 선고 2007두25138 판결). 다만 이와 같은 정보교환 금지명령이 공정거래법 제21조에서 정한 필요한 조치로서 허용되는지는 그 정보교환의 목적, 관련시장의 구조 및 특성, 정보교환의 방식, 교환된 정보의 내용, 성질 및 시간적 범위 등을 종합적으로 고려하여 판단하여야 하며, 나아가, 시정명령의 속성상 다소간 포괄성·추상성을 띨 수밖에 없다 하더라도, 정보교환 금지명령은 법 위반행위가 일어나지 않도록 금지되어야 하는 정보교환의 내용이 무엇인지 알 수 있게 명확하고 구체적이어야 하며, 당해 위반행위의 내용과 정도에 비례하여야 한다고 판시하였다. 다만, 개정 전 공정거래법상 정보교환을 통한 합의를 매우 엄격하게 인정한 대법원 판결(대법원 2015. 12. 24. 선고 2013두25924 판결 등)에 비추어 보면, 이 판결은 일반적으로 정보교환금지가 가능하다는 취지로 보기 어려우므로 그 적용범위를 제한적으로 볼 필요가 있었으나,[224] 2021. 12. 30. 공정거래법 개정에 따라 부당한 공동행위의 유형에 정보교환이 포함됨에 따라 시정조치로서 정보교환 금지명령과 위반행위 유형의 불일치 문제는 해소되었다.

224) 참고로, 정보교환 수단이 사용된 사안에서 명시적 또는 묵시적 합의가 인정된 후(1단계), 시정조치 단계에서 정보교환을 금지할 수 있게 된다(2단계). 1단계 판단에서 합의가 인정되기 어려운 구 공정거래법상 법리에서, 2단계 정보교환 금지가 가능한 경우는 제한적일 것이다. 따라서, 정보교환 외에도 명시적 합의를 인정할 증거가 충분히 존재하는 사안에서, 시정조치의 하나로 정보교환을 명하는 경우에 한정하여 적용될 가능성이 높았다.

[시정조치와 재량권]

시정조치는 위반행위 등 기본적인 처분사유가 인정되지 않으면 당연히 취소될 수밖에 없다. 다만, 시정명령의 처분사유가 1, 2, 3 공동행위에 대한 것인데, 2, 3 공동행위는 인정되지 않으나 1 공동행위가 인정된다면 처분사유가 존재하므로 시정명령은 적법하다[서울고등법원 2019. 2. 8. 선고 2016누71753 판결(포스코 사건)].[225] 그러나, 처분사유가 존재하더라도 재량권의 일탈·남용의 법리에 따라 시정조치가 취소되는 경우가 있다. 예를 들면, 공표명령의 경우 대법원은 대체로 공정위의 재량권을 존중하는 경향을 보이고 있으나(대법원 2012두26708 판결, 대법원 2012두1525 판결 등), 재량권 일탈·남용으로 취소한 사례가 있다(전자상거래법 사건인 대법원 2010두24371 판결). 통지명령도 공정위의 재량권을 존중하지만(대법원 2012두6308 판결), 통지명령을 재량권 일탈·남용으로 취소한 사례도 있다(하도급법 사건인 대법원 2009두1990 판결, 표시광고법 사건인 대법원 2004두7146 판결).

나. 시정조치의 한계

공정위가 작성한 의결서의 이유 부분을 참작하더라도 시정명령의 내용이 구체적으로 명확하게 특정되었다고 보기 어려운 경우 시정명령은 위법하다. 다만 다소간의 포괄성·추상성을 띨 수밖에 없는 시정명령의 성격상 시정명령 자체의 문안 외에도 의결서 이유 부분을 참작하여 판단하여야 할 것이므로, 시정명령 문언 자체만으로는 명확성이 부족해 보이더라도 이유 부분을 참작하여 명확하게 특정가능하면 굳이 시정명령을 위법하다고 볼 필요가 없을 것이다.[226] 관련 판결로, 대법원 2013. 11. 28. 선고 2012두17421 판결(유니버설 뮤직 사건),[227] 대법원 2015. 9. 10. 선고 2014두11199 판결(금호산업 사건, 4대강 사건),[228] 대법원 2019. 9. 26. 선고 2014두15047 판결

225) 심리불속행 기각.

226) 대법원 2007. 1. 12. 선고 2004두7139 판결. 거래상 지위남용 중 불이익제공 사례이다.

227) 원심에서, 의결서의 내용으로도 합의에 관계된 부분에 관하여 시정명령을 하였다고 해석할 수 있음에도 원고의 계약 체결의 자유를 과도하게 제한하므로, 비례의 원칙에 위반된다는 취지로 시정명령을 일부 취소한 사례.

228) 시정조치의 확인적인 기능, 처분사유와 주문과의 관계 등 실무적인 관점이 문제된 사례.

(에스케이텔레콤 사건)[229] 등이 있다.

▣ 대법원 2015. 9. 10. 선고 2014두11199 판결(금호산업 사건, 4대강 사건)

■ 해 설

① 원심은 원고가 '지분'에 관한 합의 외에 '낙찰 받을 건설공구'에 관한 합의에는 참여하지 아니하였다는 이유를 들어 피고의 원고에 대한 시정명령 중 '낙찰 받을 건설공구에 관한 합의'를 금지하는 부분은 위반행위의 시정을 위한 필요한 조치에 해당한다고 보기 어려우므로 위법하다고 판단하였다.

② 반면, 대법원은 '낙찰 받을 건설공구에 관한 합의'는 원고의 공정거래법 위반행위로 인정된 공동행위와 동일한 유형의 행위로서 가까운 장래에 반복될 우려가 있다고 할 것이어서, 피고는 시정명령으로 이러한 유형의 행위에 대한 반복금지까지 명할 수 있다고 봄이 상당하다는 이유로 피고 패소부분을 파기하였다. 이러한 대법원 판결취지에 따라 관련 사건인 서울고등법원 2016. 1. 14. 선고 2014누46333 판결(신동아건설 사건)에서 원고는 들러리 합의를 하였을 뿐 시정명령 중 '사전에 낙찰예정자를 선정하는 공구배분 합의'를 하지 않았으므로 시정명령이 위법하다고 주장하였으나, 위 법원은 이를 배척하였다.

③ 대법원은 위반행위가 직접 인정되지 않는 경우에도 시정명령이 가능하다고 보았지만, 시정명령 위반에 대한 형사처벌 규정 등에 비추어 그 범위는 제한적으로 보아야 한다.

④ 공정위 의결은 통상 그 처분사유가 길고 복잡하다. 처분사유 중 일부가 인정되지 않으나, 과징금의 수액에는 영향을 미치지 않는 경우 이를 판결주문에 표시할 필요도 있을 것이다(부당한 공동행위 등 공동행위 규제에 있어서 시정조치 중 중지명령, 금지명령 등은 위반행위가 있었음을 확인하는 의미도 있다[230]). 이 사건 원심을 포함한 하급심은 그 동안 시정조치 중 일부를 배척하는 방법으로 처분사유 중 일부가 인정되지 않음을 주문에 표

229) 대법원은 이 사건 공개명령과 보고명령은 비례원칙을 위반하여 위법하다는 원심의 판단이 정당하다고 판단하였다.

230) 시정조치가 확인적인 기능을 유지하기 위해서는 시정조치의 특정 부분이 어떤 위반행위에 대응하는 것인지를 명확하게 표시할 필요가 있다. 이 사건에서 원심과 대법원의 시각 차이는 근본적으로 시정조치의 불명확성에서 비롯된 것일 수 있다.

시하는 경향이 있었다. 이런 측면에서 부당한 공동행위 규제에 있어 시정조치의 확인적인 기능, 처분사유와 주문과의 관계 등 실무적인 관점을 대법원이 충분히 고려한 것인지는 의문이다.

다. 시정조치 관련 문제

부당한 공동행위 등 공동행위 규제에 있어 소송실무상 과징금에 많은 관심을 두고 있으나, 시정조치도 중요하다. 시정조치는 포괄적으로 발령되는 특수성이 있으나, 시정조치가 실효적이기 위하여 현재보다 구체적이고 특정적이어야 할 것으로 보인다. 시정조치 위반 시 부과되는 형사처벌을 통하여 시정조치를 강제하기 위하여도 시정조치가 현재보다 개선될 필요가 있다.[231]

(1) 시정조치와 과징금

시정조치와 과징금납부명령은 분리된 별개의 처분이다. 일부에만 위법사유가 있을 경우에는 그 부분만 취소해야 한다.

[시정조치와 과징금의 분리 판단]

대법원 2016. 3. 24. 선고 2013두7391 판결(백신담합 사건)에서는 합의 중 일부가 인정되지 않는 경우 과징금납부명령은 위법하게 되지만, 시정명령은 나머지 합의가 인정되는 이상 적법하다고 보아 과징금납부명령만 파기환송하고, 나머지 상고를 기각하였다. 이는 시정조치와 과징금납부명령이 분리된 처분임을 전제한 것으로 볼 수 있다.

대법원 2015. 10. 29. 선고 2012두28827 판결(자동차운전전문학원 사건)에서 대법원은 상고이유 중 부당한 공동행위의 종기에 관한 주장만 이유가 있다고 보아 이를 받아들이고 나머지 주장은 배척하면서 시정명령과 과징금납부명령 전체를 파기하였다.[232] 이러한 위법사유는 과징금납부명령에만 영

---

231) 공정위가 시정조치의 유형과 모델을 개발하고, 그 유형마다 장단점, 적용될 수 있는 구체적인 상황에 대하여 검토할 필요가 있다. 현재로서는 공정위가 부과하는 시정조치의 폭이 제한되어 있어, 효용이 낮은 측면도 있다. 특히 부작위명령으로 운영되는 시정조치의 경우에도 그 내용을 어떻게 적용하는지에 따라 효과적인 시정조치가 가능할 수도 있을 것으로 보인다.

232) 원고들에 대하여는 시정명령과 과징금납부명령이 내려졌다. 원고들은 시정명령과 과징금납부명령에 대한 취소를 모두 구하였으나, 청구가 기각되었다. 대법원판결

향을 미치고, 시정명령에는 영향을 미치지 않는 것으로 보아야 하므로, 과징금납부명령 부분만 파기하는 것이 적절하였을 것이다. 이는 공정위의 처분이 시정명령과 과징금납부명령 등 복수의 처분으로 이루어졌음을 간과하였다는 비판을 받을 여지가 있다.

(2) 시정조치와 형사처벌

공정거래법 제125조 제1호에 의하면 시정조치를 받은 사업자가 시정조치에 응하지 아니하면 2년 이하의 징역 또는 1억 5천만 원의 이하의 벌금에 처해진다. 당해 위반행위에 대한 공정거래법위반의 형사처벌과 시정조치 불이행에 대한 형사처벌은 별도로 이루어질 수 있다. 사업자가 시정조치에 위반되는 행위를 하였음만 증명되면 형사처벌이 가능하다. 이러한 이유로 사업자가 공정위 처분에 대하여 취소청구의 소를 제기하며 시정조치 불이행으로 인한 형사처벌을 피하기 위하여 시정조치에 대하여 집행정지를 신청하는 경우가 자주 있다.

(3) 시정조치의 집행정지

행정소송법 제23조 제2항은 "취소소송이 제기된 경우에 처분 등이나 그 집행 또는 절차의 속행으로 인하여 생길 회복하기 어려운 손해를 예방하기 위하여 긴급한 필요가 있다고 인정할 때에는 본안이 계속되고 있는 법원은 당사자의 신청 또는 직권에 의하여 처분 등의 효력이나 그 집행 또는 절차의 속행의 전부 또는 일부의 정지를 결정할 수 있다. 다만, 처분의 효력정지는 처분 등의 집행 또는 절차의 속행을 정지함으로써 목적을 달성할 수 있는 경우에는 허용되지 아니한다."라고 규정하고 있다.

시정조치에 대하여 집행정지가 인정된 사례로는 대법원 2008. 8. 29.자 2007무176 결정, 대법원 2008. 5. 6.자 2007무147 결정 등이 있다. 집행정지의 요건을 갖추지 못하였다고 본 사례로는 대법원 2015. 5. 7.자 2015무408

에 나온 상고이유, 특히 합의의 존부를 다툰 점에 비추어 보면 원고들은 시정명령과 과징금납부명령 모두에 대하여 상고한 것으로 보인다. 대법원은 원심이 종기를 잘못 판단하여 과징금산정이 잘못되었다고 판단하였다. 이 경우 과징금납부명령만 파기하여야 함에도 이를 특정하지 않은채 원고들에 대한 부분을 전부 파기하여 환송하였다.

결정 등이 있는데, 하도급법 위반 사안에서 금지명령 및 과징금납부명령에 대하여는 신청인의 위법사유 주장이 없고, 지급명령도 사후에 금전배상에 의하여 전보가 가능한 경제적 손실에 해당하므로 집행정지가 위법하다고 보았다.

[효력정지와 집행정지]

공정위 처분에 대한 행정소송에서 효력정지와 집행정지 중 어떤 조치가 더 적절한지 문제된다. 먼저 시정조치 및 과징금은 구체적인 집행을 전제로 하는 처분이므로 효력정지보다 집행정지가 본질에 부합하는 것으로 보인다. 공정거래법 제97조(구 공정거래법 제53조의2)도 시정조치에 대하여 공정위가 스스로 집행정지를 할 수 있도록 규정하고 있다. 이러한 규정에 비추어도 소송절차에서 시정조치 등에 대하여 효력정지보다 집행정지가 적합할 것이다. 다만 공정거래법 제31조(구 공정거래법 제14조)에 기한 상호출자제한 기업집단의 지정 등은 지정 자체로 효력이 발생하며 별도의 집행절차가 없다. 지정에 따른 의무를 위반하여 과태료가 부과되더라도 이는 지정 자체에 따른 집행이 아니다. 이러한 경우에는 집행정지보다 효력정지가 적합할 것이다.

[과징금 처분에 대한 집행정지]

과징금의 납부로 인한 손해는 전형적인 재산상의 손해이므로, 집행정지가 원칙적으로는 어렵지만, 회복하기 어려운 손해임을 사업자가 소명하는 경우에는 그 집행정지를 인정하고 있다.

기업운용자금 수급계획의 차질 등의 증명이 있는 경우 예외적으로 과징금 처분의 집행정지를 허용한 사례로는, 대법원 1999. 4. 27.자 98무57 결정, 대법원 1999. 12. 20.자 99무42 결정 등이 있다. 실무상 과징금이 회생채권에 해당하고 공정위가 신고를 하지 않았음이 명백한 경우 등에 집행정지가 이루어지는 경향이 있다.

2. 단독행위와 시정조치

공정거래법 제7조에 의하면, 공정거래위원회는 제5조(시장지배적지위의 남용금지)의 규정에 위반하는 행위가 있을 때에는 당해 시장지배적사업자에 대하여 가격의 인하, 당해 행위의 중지, 시정명령을 받은 사실의 공표 기타 시정을 위한 필요한 조치를 명할 수 있다. 관련 판결로 서울고등법원 2017. 9. 4.자 2017아66 결정(퀄컴 사건)[233] 등이 있다.

공정거래법 제49조에 의하면, 공정위는 제45조(불공정거래행위의 금지) 제1항 또는 제2항, 제47조(특수관계인에 대한 부당한 이익제공 등 금지)의 규정에 위반하는 행위가 있을 때에는 해당 사업자〔제45조(불공정거래행위의 금지) 제2항 및 제47조(특수관계인에 대한 부당한 이익제공 등 금지)의 경우 해당 특수관계인 또는 회사를 의미한다〕에 대하여 해당 불공정거래행위 또는 특수관계인에 대한 부당한 이익제공행위의 중지 및 재발방지를 위한 조치, 계약조항의 삭제, 시정명령을 받은 사실의 공표 기타 시정을 위한 필요한 조치를 명할 수 있다. 관련 판결로 대법원 2022. 5. 12. 선고 2022두31433 판결(에스케이브로드밴드 사건)[234]이 있다.

[단독행위의 시정조치와 집행정지]

부당한 공동행위 등 공동행위 규제에 있어서 시정조치 중 중지명령, 금지명령 등은 위반행위가 있었음을 확인하는 의미가 있어 집행정지의 실익이 크지 않다. 이와 달리 시장지배적 지위 남용행위나 불공정거래행위 등 단독행위 규제의 경우 시정조치에 대하여 집행정지가 이루어지지 않는다면 형사처벌 등을 피하기 위해서 영업방식을 근본적으로 바꾸어야 하고, 이로 인한 손해는 종국적으로 승소판결을 받더라도 해결되기 어려울 수 있다. 다만 집행정지와 관련해서는 다른 측면도 고려될 필요가 있다. 일반적인 행정처분에서 집행정지가 원고의 이해관계에 집중되고 파급효과가 크지 않은 것과

233) 시정조치에 따라 가해지는 영업방식이 본질적으로 변경되는지가 쟁점이 된다. 위 법원은 이를 부정하였다. 이 사건 시정명령은 신청인들에게 직접 모뎀칩셋과 휴대폰에 관한 실시료를 인하하도록 강제로 명하지 아니하였고, 모뎀칩셋 제조사에게 소진적 라이선스를 허여하라고 명한 것이라 볼 수도 없다고 판단하였다. 이러한 전제에서 이 사건 시정명령 그 자체는 FRAND 확약을 준수하라는 것과 크게 다르지 아니하므로, 이를 신청인들이 예상할 수 없는 새로운 법적 의무를 부과한 것이라 볼 수는 없어 본질적인 영업방식의 변경을 수반하지 않는다고 보았다.

234) 통지명령의 상대방은 반드시 당해 위반행위에 의하여 직접 영향을 받았던 자로 한정되어야 하는 것은 아니고, 그 취지와 필요성을 고려하여 향후 영향을 받을 가능성이 큰 자도 이에 포함될 수 있다.

달리, 시장지배적 지위 남용행위나 불공정거래행위 등 단독행위 규제 사건에서, 법원이 시정조치를 조기에 집행정지할 것인지의 문제는, 소송의 당사자 외에도 많은 이해관계인을 고려하여 결정될 필요가 있다. 즉, 시정조치의 대상인 영업방식이 집행정지를 매개로 그대로 유지될 경우 거래상대방, 소비자, 경쟁사업자의 피해가 그대로 지속될 수 있다.

결국, 일반적인 행정처분의 집행정지와 달리 공정거래법상 시정조치에 대한 집행정지는 이를 인용할 경우 사업자의 영업방식 변경에 따른 불이익을 방지할 수 있지만, 영업방식에 의하여 부정적인 영향을 받는 이해관계인의 불이익은 그대로 지속될 위험도 있다. 특히 집행정지가 인용된 후 상당기간이 경과한 후 원고 패소 판결이 선고될 경우에는 법원의 집행정지로 인하여 집행정지 시로부터 판결선고 시까지 장기간 동안 이해관계인의 피해가 방치되고, 이로 인하여 법원의 집행정지 결정이 사회적 비난을 받게 될 우려도 있다. 이런 측면에서 다수의 이해관계인이 관련된 사건에서 결과에 대한 전망이 불투명함에도 법원이 집행정지를 신속하게 결정하기는 상당한 부담이 있는 것으로 보인다.[235]

[시정조치 위반 여부의 판단]

시정조치 위반인지 아닌지에 대한 판단 기준이 마련되어 있지 않다. 문언해석과 실질적 해석을 병행해야 한다. 시정조치 문언에 위반된 경우 1차적 위반으로 볼 수 있다. 시정조치 문언에 위반된 것으로 보이더라도, 실질적으로 위반되는 것으로 평가할 수 없는 경우는 위반행위에서 제외해야 한다. 참고로, 2004년 EC가 MS 윈도우 플레이어 끼워팔기 시정조치에서 동일효과 유발행위 금지명령을 사용한 사례가 있다.[236]

---

235) 형사사건에서 구속의 필요성을 판단함에 있어 피고인의 방어권 보장과 피고인의 도주로 발생할 수 있는 문제(적정한 형사처벌의 확보, 피해회복 등)가 상충되는 경우가 자주 있다. 이러한 경우 보증금을 통한 신병확보를 통하여 절충적인 해결이 어느 정도 가능하다. 시정조치에 있어서도 영업방식 변경에 따른 사업자의 불이익과 영업방식의 유지로 발생할 수 있는 이해관계인의 불이익을 절충할 수 있는 방안이 모색될 필요가 있다. 현행 집행정지 제도에서 구체적으로 어떤 방안이 가능한지, 현행 제도에서 운영의 묘를 기하는 것으로 양자를 절충하는 방안이 현실적으로 어렵다면, 어떤 방향으로 제도개선을 해야 할지에 관하여 연구가 필요하다.

236) Microsoft Corporation shall refrain from – any or conduct having the same or equivalent object or effect.

제 3 절 공정거래위원회 심의 및 의결절차

1. 의견진술의 기회

공정거래법 제93조 제1항에 의하면 공정위가 같은 법 위반사항에 대하여 시정조치 또는 과징금납부명령을 하기 전에 당사자에게 의견을 진술할 기회를 주어야 하고, 같은 조 제2항은 당사자는 공정위 회의에 출석하여 그 의견을 진술하거나 필요한 자료를 제출할 수 있다고 규정하고 있는 한편, 같은 법 제101조의 위임에 따라 공정위가 같은 법 위반사건의 처리절차를 정하여 공정거래위원회의 회의운영 및 사건절차 등에 관한 규칙을 고시하고 있는바, 이들 규정의 취지는 공정위의 시정조치 또는 과징금납부명령으로 말미암아 불측의 피해를 받을 수 있는 당사자로 하여금 공정위의 심의에 출석하여 심사관의 심사결과에 대하여 방어권을 행사하는 것을 보장함으로써 심사절차의 적정을 기함과 아울러, 공정위로 하여금 적법한 심사절차를 거쳐 사실관계를 보다 구체적으로 파악하게 하여 신중하게 처분을 하게 하는 데 있다. 참고 판결로, 대법원 2001. 5. 8. 선고 2000두10212 판결,[237] 서울고등법원 2017. 12. 6. 선고 2016누59043 판결(리더스코스메틱 사건)[238] 등이 있다.

2. 열람 및 복사의 제한과 방어권

237) 공정위의 처분 중 '판매가격 합의' 부분에 대한 시정조치 및 과징금납부명령은 공정위가 그 부분에 대하여 조사결과를 서면으로 원고에게 통지한 바도 없고, 사전에 의견진술의 기회를 부여한 바도 없으므로 위법하여 취소를 면할 수 없다고 판단하였다.

238) 확정. 물적분할 후 새로운 회사가 설립된 경우에도 종전의 회사가 의견진술의 기회를 가졌다면, 방어권 행사가 보장되어 공정위 처분이 위법하지 않다고 보았다.

공정거래법 제95조에 따라 당사자 또는 이해관계인이 공정위에 대하여 공정거래법 규정에 의한 처분과 관련된 자료의 열람 또는 복사를 요구할 수 있다. 또한 개정법은 공정위에 대해 처분과 관련된 자료에 대해 열람·복사를 요구할 수 있는 자를 시행령에서 정하도록 위임하였다. 이에 따라 개정 공정거래법 시행령 제81조는 당사자(공정위 처분을 받은 사업자), 신고인, 당사자를 상대로 손해배상청구 소송을 제기한 자를 자료열람·복사 요구권자로 정하였다.

관련 판결로, 대법원 2018. 12. 27. 선고 2015두44028 판결(포스코 건설 사건),[239] 서울고등법원 2018. 12. 19. 선고 2018누40531 판결(충북레미콘 사업협동조합 등),[240] 서울고등법원 2019. 5. 16. 선고 2019누30500 판결(팜스코 사건),[241] 서울고등법원 2020. 8. 19. 선고 2020누34010 판결, 서울고등법원 2020. 8. 27. 선고 2020누37644 판결(한화솔루션 사건),[242] 서울고등법원 2021. 1. 13. 선고 2020누31035 판결(하림 사건),[243] 서울고등법원 2021. 2. 4. 선고 2019누33325 판결, 서울고등법원 2021. 2. 4. 선고 2019누33318 판결, 서울고등법원 2021. 2. 4. 선고 2019누33233 판결, 서울고등법원 2021. 6. 2. 선고 2019누33301 판결 등이 있다.

---

239) 공정위의 조사자료에 대한 접근권, 특히 처분근거자료에 대한 접근권 보장의 이유 및 범위에 대하여 상세한 판단을 하고 있다.

240) 서울고등법원은 구 공정거래법 제52조 제1항에 따른 의견진술기회가 부여되지 않았으므로 절차적 위법이 있다는 이유로 공정위 처분을 취소하였다. 이 사건은 투찰가격 합의가 심사보고서에 기재되지 않았고, 조사과정에서 부수적으로 이 부분 진술이 이루어졌다.

241) 대법원 2019. 10. 17.자 2019두44736 판결로 심리불속행 기각. 공정위가 열람·복사 요구를 거부하려면 자료제출자의 부동의와 공익상 필요가 없음을 증명해야 한다는 전제에서, 열람·복사 동의가 없었고 영업비밀 등으로 비공개로 인한 이익이 원고의 방어권 보장의 필요성보다 큰 경우에는 공정위가 거부할 수 있다고 판단한 반면, 자료제공자가 동의하지 아니하였다고 인정하기 부족한 경우 및 자료제출자의 이익보다 원고의 방어권 침해로 인한 불이익이 큰 경우에는 공정위의 열람·복사 거부가 위법하다고 판단하였다. 자료제공자의 동의 여부를 엄밀하게 심사하고, 세부적인 이익형량에 충실한 판결로 평가할 수 있다.

242) 확정.

243) 확정.

[열람복사의 기본 법리]

열람복사에 관한 기본적인 법리는 다음과 같다.

구 공정거래법 제52조의2는 "당사자 또는 이해관계인은 공정거래위원회에 대하여 이 법의 규정에 의한 처분과 관련된 자료의 열람 또는 복사를 요구할 수 있다. 이 경우 공정거래위원회는 자료를 제출한 자의 동의가 있거나 공익상 필요하다고 인정할 때에는 이에 응하여야 한다."고 규정한 반면, 현 공정거래법 제95조는 "당사자 또는 신고인 등 대통령령으로 정하는 자는 공정거래위원회에 이 법에 따른 처분과 관련된 자료의 열람 또는 복사를 요구할 수 있다. 이 경우 공정거래위원회는 다음 각 호(영업비밀 자료, 자진신고자료, 기타 비공개 자료)의 어느 하나에 해당하는 자료를 제외하고는 이에 따라야 한다."로 규정하고 있다. 그러나 이러한 법 개정에도 불구하고 아래에서 보는 기본적인 법리는 달라지기 어렵다.

1) 공정위가 자료를 보유하고 있다면, 열람복사 허용의 원칙이 적용된다.

당사자인 피심인은 공정위에 대하여 공정거래법 규정에 의한 처분과 관련된 자료의 열람 또는 복사를 요구할 수 있고, 적어도 공정위의 심리·의결 과정에서는 다른 법령에 따라 공개가 제한되는 경우 등 특별한 사정이 없는 한 공정위가 피심인의 이러한 요구를 거부할 수 없음이 원칙이라고 새기는 것이 타당하다(대법원 2018. 12. 27. 선고 2015두44028 판결).

열람복사의 원칙적 허용 원칙에 따라 열람복사 허용 사유를 넓게 해석하고, 열람복사 불허 사유를 좁게 해석해야 한다.[244] 판례도 공정거래법상 열람복사에 대하여 '열람복사요청권'이 아니라 '열람복사요구권'을 보장함으로써 절차상 권리를 강화한 것으로 보고 있다.[245] 그와 반대로 열람복사 허용사유를 좁게 해석하고, 열람복사 불허 사유를 넓게 해석할 경우 예외를 넓히고 원칙을 좁힌 것에 해당하여 입법취지와 부합하지 않는다.

2) 열람복사가 허용되어야 함에도 허용되지 않았다면 방어권이 침해된다. 부당하게 방어권이 침해되었다면 절차적 정당성이 상실되며, 결국 처분은 취소되어야 한다. 그 점에서 열람복사의 허용 및 그에 기한 방어권의 보장

---

244) 서울고등법원 2021. 1. 13. 선고 2020누31035 판결 8, 9면도 열람복사의 범위를 가능한 넓게 보아야 함을 전제로 하고 있다.

245) 서울고등법원 2021. 1. 13. 선고 2020누31035 판결 8면 "공정거래법 제52조의2가 당사자에게 단순한 열람·복사 '요청권'이 아닌 열람·복사 '요구권'을 부여한 취지 역시 마찬가지이다." 부분.

은 절차규정의 핵심이 되고, 법률요건인 공익적 필요에 부합한다.

참고로 방어권 보장의 문제는 최근 더 강조되는 추세에 있다. 서울고등법원 2018. 12. 19. 선고 2018누40531 판결(충북레미콘 사업협동조합 등)에서 원고는 심사보고서에 '투찰가격 합의' 부분이 기재되지 않았고, 심의 과정에서도 이에 대하여 진술할 기회가 없었음에도 의결에 투찰가격 합의가 포함되었다고 주장하였다. 서울고등법원은 구 공정거래법 제52조 제1항에 따른 의견진술기회가 부여되지 않았으므로 절차적 위법이 있다는 이유로 공정위 처분을 취소하였다. 이 사건은 절차적 방어권을 강조한 판결로 볼 수 있다.

국외의 경우에도 유럽연합의 Commission v. United Parcel Service (2019) 판결[246]에서 유럽연합 사법법원은 방어권 침해는 절차적 공정성을 본질적으로 침해한 것이고, 설령 방어권을 보장했다고 하더라도 동일한 결과가 나왔을 것이라고 하더라도 달리 보기 어렵다는 점을 지적하였다. 절차적 하자가 없었으면 결정이 달라졌음이 증명되어야 하는 것이 아니라 피심인의 방어권에 영향을 미쳤음만 증명되면, 절차적 하자가 있는 집행위원회 결정은 취소되어야 한다고 판단하였다.

3) 공정위가 열람·복사 요구를 거부하려면 자료제출자의 부동의와 공익상 필요가 없음을 모두 증명해야 한다. 즉 공정위는 조사의 주체인 동시에 이와 독립적으로 심의의 주체이다. 따라서 자료제출자의 동의가 없는 경우에도, 심의의 주체인 공정위는 공익상 필요가 있는지 여부를 별도로 심사한 후 비공개 처분 여부를 결정해야 한다.

자료제출자의 부동의와 공익상 필요 요건은 별개 요건이다. 그 점에서 자료제출자가 동의하지 않거나 나아가 열람·복사에 강하게 반대하더라도 공익상 필요가 높으면 열람·복사를 거부할 수 없다.

자료제출자의 부동의는 전형적인 주관적 요건이다. 반면 공익상 필요 요건은 전형적인 객관적 요건으로 중립적, 객관적, 전문적으로 판단해야 한다. 그 점에서 자료제출자의 동의 여부를 공익상 필요에서 고려하는 것, 즉, 자료제출자가 강력하게 반대한다는 이유를 공익상 필요성의 정황으로 보는 것은 타당하지 않다.

4) 공익상 필요의 판단에서 다양한 요소가 고려될 수 있다. 공익상 필요의 판단에서 중요하고 이해관계가 첨예하게 대립하는 사유는 비공개사유로서 영업비밀이다.

---

246) Case C-265/17P

비공개사유로 영업비밀인지 문제가 되는 사안에서 1단계로 영업비밀에 해당하는지, 2단계로 영업비밀에 해당한다고 하더라도 열람·복사의 이익과 비공개 이익의 형량이 필요하다.

열람·복사 동의가 없었고 영업비밀 등으로 비공개로 인한 이익이 원고의 방어권 보장의 필요성보다 큰 경우에는 공정위가 이를 거부할 수 있다. 반면, 자료제공자가 동의하지 아니하였다고 인정하기 부족한 경우 및 자료제출자의 이익보다 원고의 방어권 침해로 인한 불이익이 큰 경우에는 열람복사가 허용되어야 한다.

5) 열람복사 대상 자료가 위반행위 사실의 요건사실과 관련성이 높은 경우에는 공개이익이 더 커진다.

시장지배적 지위 남용행위 사건에서 경쟁제한성 증명에 관련된 자료인 경우, 부당한 지원행위 사건에서 정상가격 증명에 관련된 자료인 경우에는 열람복사를 통한 방어권 보장의 이익이 커지고, 비공개 이익이 작아진다.

그 점에서 부당한 지원행위에서 정상가격에 관련된 자료의 열람복사가 문제된 사안인 서울고등법원 2021. 1. 13. 선고 2020누31035 판결(하림 사건), 서울고등법원 2020. 8. 27. 선고 2020누37644 판결(한화솔루션 사건)[247]이 열람복사 거부 처분을 취소한 것은 합리적이다.

[열람복사청구에 대한 단계적 심사]

열람복사청구에 대한 심사는 단계적으로 이루어져야 한다.

먼저 자료제출자의 동의가 있다면 열람복사는 당연히 허용되어야 한다. '자료제출자의 동의' 문제는 사실인정의 문제로 최소한 그 해석에 있어 실무상 논란이 적은 것으로 보인다. 주로 문제가 되는 사안은 자료제출자의 동의가 없는 경우이고, 그 경우 다음과 같은 검토가 순차적으로 이루어져야 한다.

1단계로, 객관적 비공개 사유의 존부이다. 영업비밀 등 객관적 비공개 사유가 존재하는지가 심사되어야 한다. 2단계로, 비공개 사유가 존재할 경우 현 공정거래법 제95조 제1-3호 요건(구 공정거래법 제52조의2가 정한 심사요건인 공익상 필요성) 심사가 필요하다. 비공개 이익을 심사함과 동시에 방어권 보장 등 열람복사 이익을 함께 심사해야 한다. 3단계로, 비공개 이익과 열람복사 이익의 비교 형량이 필요하다. 4단계로, 영업비밀에 해당하고 열람복사의 공익상 필요성이 인정되지 않아 비공개되는 사안에, 제한적 열람복

247) 확정.

사와 그 방법이 검토되어야 한다.

▣ 리딩케이스 : 대법원 2018. 12. 27. 선고 2015두44028 판결(포스코 건설 사건)

■ 판시사항

구 공정거래법 제52조의2의 규정 취지를 헌법상 적법절차 원칙을 고려하여 체계적으로 살펴보면, 당사자인 피심인은 공정위에 대하여 공정거래법 규정에 의한 처분과 관련된 자료의 열람 또는 복사를 요구할 수 있고, 적어도 공정위의 심리·의결 과정에서는 다른 법령에 따라 공개가 제한되는 경우 등 특별한 사정이 없는 한 공정위가 피심인의 이러한 요구를 거부할 수 없음이 원칙이라고 새기는 것이 타당하다. 구 공정거래법 제55조의2는 이러한 전제에서 공정거래법 규정 위반사건의 처리절차 등에 관하여 필요한 사항을 공정위가 정하여 고시하도록 규정한 것으로 볼 수 있고, 이에 따라 그 내용 역시 이러한 한계 범위 내에서 설정되어야 한다.

피심인이 심의·의결절차에서의 방어권을 행사하기 위하여 필요한 심사보고서의 첨부자료 열람·복사를 신청하였으나, 공정위가 절차규칙 제29조 제12항에서 정한 거부 사유에 해당하지 않음에도 이에 응하지 아니하였다면, 공정위의 심의·의결의 절차적 정당성이 상실되므로, 공정위의 처분은 그 절차적 하자로 인하여 원칙적으로 취소되어야 한다.

다만 그 절차상 하자로 인하여 피심인의 방어권 행사에 실질적으로 지장이 초래되었다고 볼 수 없는 예외적인 경우에는, 공정위가 첨부자료의 제공 또는 열람·복사를 거절하였다고 하더라도 그로 인하여 공정위의 심의·의결에 절차적 정당성이 상실되었다고 볼 수 없으므로 그 처분을 취소할 것은 아니다.[248]

---

248) 이 사건의 사실관계를 보면, 비록 의견서 제출기한이 종료된 이후이기는 하나, 원고의 열람·복사 신청에 따라 피고는 2014. 4. 4. 원고에게 이 사건 자료들 중 일부 자료를 제공하였고, 그때부터 전원회의 심의일인 2014. 4. 30.까지 원고는 그 자료들을 검토할 충분한 시간이 있었던 것으로 볼 수 있다. 이에 따라 원고는 전원회의일까지 추가 서면을 제출할 수도 있었고 전원회의에서 이에 관한 의견을 진술하거나 필요한 자료를 제출할 수 있었다. 그럼에도 불구하고 원고는 심사보고서를 받은 후 전원회의 심의일까지 피고에게 2014. 3. 14.자 의견서를 제출하고 전원회의 심의일에 출석한 원고의 대리인 및 직원 등이 이 사건 공동행위에 관한 의견을 개진한 이외에 전원회의 당시 피고가 원고에게 한솔이엠이 등 직원들의 진

나아가 첨부자료의 제공 또는 열람·등사가 거절되는 등으로 인하여 피심인의 방어권이 실질적으로 침해되었는지 여부는 공정위가 송부 내지 열람·복사를 거부한 자료의 내용, 범위, 정도, 그 자료의 내용과 처분요건 등과의 관련 정도, 거부의 경위와 거부 사유의 타당성, 심사보고서에 기재된 내용, 피심인이 심의·의결절차에서 의견을 진술하고 변명하는 등 방어의 기회를 충분히 가졌는지 여부 등을 종합하여 판단하여야 한다.

■ 해 설

이 판결은 피심인이 심의·의결절차에서의 방어권을 행사하기 위하여 필요한 심사보고서의 첨부자료 열람·복사를 신청하였으나, 공정위가 이에 응하지 아니하였을 경우 이러한 열람·복사 거부를 이유로 처분 자체를 취소할 수 있는 지가 문제된 사건이다. 특히, 이 판결에서는 공정위의 조사자료에 대한 접근권, 특히 처분 근거자료에 대한 접근권 보장의 이유 및 범위에 대하여 상세한 판단을 하고 있다.

위 판결에서 법원은 최초로 구 공정거래법 제52조의2의 취지상 심의·의결 절차에서 공정위가 절차규칙 제29조 제12항에서 정한 거부사유에 해당하지 않음에도 열람·복사를 거부한 경우에는 원칙적으로 공정위의 처분이 취소되어야 한다는 법리를 확인하였다.

▣ 서울고등법원 2019. 5. 16. 선고 2019누30500 판결(팜스코 사건)[249]

■ 해 설

열람·복사 요구권에 대한 대법원 2018. 12. 27. 선고 2015두44028 판결(포스코 건설 사건)의 법리를 적용한 후속 판결이다. 이 판결은 자료제공자의 동의 여부를 엄밀하게 심사하고, 세부적인 이익형량에 충실한 판결로 평가할 수 있다.

공정위가 열람·복사 요구를 거부하려면 자료제출자의 부동의와 공익상 필요가 없음을 증명해야 한다는 전제에서, 열람·복사 동의가 없었고 영업비밀 등으로 비공개로 인한 이익이 원고의 방어권 보장의 필요성보다 큰 경우에는 공정위가 거부할 수 있다고 판단한 반면, 자료제공자가 동의하지 아

술이 담긴 자료들을 송부하지 않은 사실에 대한 별도의 이의를 제기하지는 않았다.

249) 대법원 2019. 10. 17.자 2019두44736 판결로 심리불속행 기각.

니하였다고 인정하기 부족한 경우 및 자료제출자의 이익보다 원고의 방어권 침해로 인한 불이익이 큰 경우에는 공정위의 열람·복사 거부가 위법하다고 판단하였다.

▣ 서울고등법원 2020. 8. 27. 선고 2020누37644 판결(한화솔루션 사건)[250]

■ 해 설

이 판결은 전원회의나 소회의 등이 열리기를 전후하여 최종 의결에 이르기까지 피심인이 가지는 절차적 권리가 한층 보장되어야 하고, 실질적으로 방어권이 보장되어야 함을 강조하고 있다. 열람·복사 요구의 대상이 되는 '처분과 관련된 자료'는 심사보고서의 첨부자료에 포함된 자료에 한정되지 않는다고 판시하였다.[251]

이 판결은 '다른 참고인 회사의 운송단가 관련 자료'는 정상가격 산정의 적정성 여부를 판단함에 있어 필요한 자료이므로 열람·복사 거부 처분은 위법하다고 판단하였다. 또한 이 판결은 피고의 조사역량에 향후 부정적 영향을 끼칠 가능성이 높고, 열람·복사로 인한 원고의 이익보다는 영업비밀 등 공개로 인해 자료제출자에게 가해지는 불이익이 클 우려가 있다는 사정은 지나치게 막연하고 추상적인 사정에 불과하다고 판단하였다.

▣ 서울고등법원 2021. 1. 13. 선고 2020누31035 판결(하림 사건)[252]

■ 해 설

이 판결은 위 사건들을 통해 확립된 구 공정거래법 제52조의2의 해석에 근거하여 행정절차법이 적용되는 행정절차에 비해 공정위의 심의·의결 절차에서는 피심인에 대한 절차적 권리가 보다 강력하게 보장되어야 하므로 사건절차규칙 상의 비공개사유에 해당한다고 하더라도 일률적으로 거부할 수 없고, 첨부자료의 열람·복사를 거부함으로써 보호되는 이익과 그로 인하여 침해되는 피심인의 방어권의 내용과 정도를 비교·형량하여 신중하게 판단하여야 함을 확인하였다.

---

250) 확정.

251) 판결문 7면. 서울고등법원 2020. 8. 19. 선고 2020누34010 판결도 같은 취지이다.

252) 확정.

보다 구체적으로 이 판결은 행정절차법 제3조, 행정절차법 시행령 제2조 제6호가 공정거래법에 대하여 행정절차법 적용이 배제되도록 규정하고 있는 것은 공정거래법의 적용을 받는 당사자에게 행정절차법이 정한 것보다 더 약한 절차적 보장을 하려는 것이 아니라, 그 의결절차상 인정되는 절차적 보장의 정도가 일반 행정절차와 비교하여 더 강화되어 있음을 지적하고 있다.

그리고 이 판결은 정상가격 여부를 판단하는 자료로 '해당 원고의 동물약품 구매가격을 비교 대상 사업자의 동물약품 구매가격과 비교한 자료'인 경우 해당 자료에서 산정된 금액은 곧 위반행위의 정도를 판단하는 자료가 되므로 방어권 행사를 위해 그 내용을 확인하는 것이 필요하므로 열람·복사를 거부함으로써 보호되는 이익보다 열람·복사로 얻게 되는 이익이 더 크다고 판단하였다.

3. 정보공개

의사결정과정, 내부검토과정 정보에 관련된 비공개정보인지에 관하여 쟁점이 되는 사례 등이 있다. 공정위 전원회의 회의록이 의사형성 과정 중에 있는 사항에 준하는 의사결정과정 정보로 비공개대상이라고 본 사례로 서울행정법원 2004. 4. 22. 선고 2003구합16648 판결[253]이 있다.

법인의 이익에 관련된 비공개정보인지에 관하여 일본뇌염백신 가격 담합에 관하여 제조업체들의 자료는 법인 등의 정당한 이익을 현저히 해할 우려가 있는 자료에 해당하지 않으므로 공개대상이라고 본 사례(대법원 2003. 3. 28. 선고 2000두9212 판결, 원심 서울고등법원 2000. 10. 24. 선고 2000누613 판결). 공정위가 보유하는 출자총액제한 기업집단의 출자내역이 공개대상이라고 본 사례(서울행정법원 2003. 8. 19. 선고 2002구합33790 판결[254]) 등이 있다. 하도

253) 항소기각으로 확정(서울고등법원 2005. 3. 25. 선고 2004누9229 판결). 시민사회단체인 원고가 공정위에게 '15개 언론사에 대한 과징금 납부명령의 직권취소의 건'을 의결한 위 전원회의 회의록 및 관련 자료 일체에 대한 정보공개를 청구한 사건이다. 한편 자진신고자 감면 결정을 위한 회의록의 경우, 자진신고자 감면을 위한 의결절차가 비공개로 이루어지는 점에 비추어 정보공개의 대상이 된다고 보기 어려울 것이다.

254) 확정.

급법 관련 공정위의 서면실태조사 등 자료에 관하여 정보공개를 인정한 사건으로 대법원 2015. 3. 26. 선고 2012두22614 판결이 있다.

4. 피심인 적격

국내에서 영업을 하는 외국사업자에 대한 사건에서 피심인을 외국사업자로 할지, 외국사업자의 국내 영업지점으로 할지 문제가 된다. 국내 영업지점이 별도의 법인격을 가지고 있지 않는 경우에 주로 문제된다.

공정위 심결례는 국내 지점이 아니라 외국법인에 대하여 시정조치와 과징금을 부과한 사례가 다수이지만, 외국법인의 국내 지점을 피심인으로 본 사례[255]도 있다.[256] 조세 사건인 대법원 1982. 10. 12. 선고 80누495 판결은 외국 법인의 국내 지점에 대하여 소송당사자 능력을 부정하였다.

공정거래법이 적용대상을 사업자로 규정하고 있고, 사업자는 사업을 행하는 자이다(공정거래법 제2조 제1호). 피심인이 되기 위하여 별도의 법인격을 요하지 않지만,[257] 행정기관의 인가를 받았다는 사정으로는 부족하다. 사업자로서 직접 거래의 당사자로 거래에 독자적으로 참여함으로써 그 행위의 책임이 귀속될 수 있어야 할 것이다.[258]

---

255) 부당한 광고행위 및 부당한 지원행위 사건에서 씨티은행 서울지점을 사업자로 본 사례(공정위 9906광고0910 사건, 2005조4250 사건), 전자상거래법 사건에서 포워드벤처스엘엘씨의 국내 지점을 사업자로 본 사례(공정위 2011서소3737 사건) 등.

256) 공정위 2019. 2. 28. 의결 2019국카3119(포스코 발주 통화스왑거래 입찰 사건)에 대한 취소청구 사건에서 피심인을 국내지점으로 보지 않고 외국사업자로 본 것이 적법한지가 다투어졌으나 원고의 청구가 기각되었다(서울고등법원 2021. 12. 9. 선고 2019누40101 판결, 대법원 2022. 4. 14. 자 2021두63136 판결로 심리불속행 기각).

257) 법인격이 별도로 인정되어야 한다고 본다면, 공정거래법 제2조 제1호 사업자 개념을 근거 없이 축소하게 된다.

258) 사업자단체의 사업자성을 인정한 서울고등법원 2007. 7. 25. 선고 2007누2946 판결(심리불속행 기각), 서울고등법원 2018. 8. 23. 선고 2017누90188 판결(대전세종충남아스콘공업협동조합 사건, 심리불속행 기각) 등 참조.

제 4 절 행정소송

공정위 처분을 행정소송으로 다툼에 있어서는 다음과 같은 사항에 유의할 필요가 있다.

첫째, 공정위의 의결은 시정조치와 과징금납부명령 등으로 구성되어 있다. 부당한 공동행위의 성립 및 경쟁제한성 등에 다툼이 있는 경우에는 시정조치 및 과징금납부명령에 대한 취소를 모두 구하는 것이 바람직하다. 예를 들어, 부당한 공동행위를 다투면서 시정조치에 대하여 다툴 실익이 없다고 보아 과징금납부명령에 대한 취소만 구한 경우, 부당한 공동행위가 인정되지만 과징금 부분만 재량권일탈남용 등 과징금 자체의 위법사유로 취소되는 경우 원고로서는 상고를 통하여 부당한 공동행위를 다툴 수 없지만(대법원 2017. 1. 12. 선고 2015두2352 판결),[259] 원고가 시정명령 부분에 대한 취소도 함께 구하였다면 부당한 공동행위가 인정되는 경우 시정명령 부분에 대한 원고의 취소청구가 기각될 것이므로 원고는 상고를 통하여 부당한 공동행위를 다툴 수 있다.

둘째, 시정명령 및 과징금 처분을 다투는 행정소송 중 공정위가 처분사유를 변경하여 의결을 함으로써 새로운 처분이 내려지는 경우가 있다. 이러한 경우에는 처분변경으로 인한 소의 변경을 신청할 수 있고(행정소송법 제22조 제1항), 이러한 신청은 원고가 처분의 변경이 있음을 안 날로부터 60일 이내에 하여야 한다(같은 조 제2항).

[소송 중 처분변경과 소의 변경]

소송 중 처분변경이 있은 경우에 행정소송법 제22조에 의한 소의 변경이 필요한 경우와 그렇지 않은 경우가 있다. 첫째, 소의 변경이 필요한 사례로

259) 판결주문에 따라 상고의 이익이 있는지를 판단해야 한다. 과징금의 취소만 구하는 경우 그 청구가 인용되었으므로 판결이유(공동행위의 인정 부분)를 들어 상고할 수 없다.

는 실질적으로 새로운 처분이 이루어진 경우이다. 소위 음료수 사건으로 통칭되는 롯데칠성음료 사건(대법원 2013. 4. 11. 선고 2012두11829 판결), 해태음료 사건(대법원 2013. 2. 14. 선고 2011두204 판결), 웅진식품 사건(대법원 2013. 2. 14. 선고 2010두28939 판결)의 파기환송심에서 공정위는 관련시장을 과실, 탄산, 기타음료로 나누어 변경의결을 하였고(공정위 2015. 1. 15. 제2015-011호 의결), 이에 따라 원고는 행정소송법 제22조에 기하여 소변경 신청을 하였다. 둘째, 소의 변경이 필요하지 아니한 사례로는 단순한 감액처분이 이루어진 경우이다. 공정위가 2015. 4. 1. 의결 제2015-95호로 시정명령 및 과징금납부명령 처분을 하여 이에 대하여 원고의 소제기가 있었다. 그 후 임원가중 부분에 관하여 논란이 있자, 공정위는 2016. 1. 5. 의결 제2015-007호로, 고위임원의 관여를 이유로 한 10% 가중 부분을 취소하고 과징금을 재산정하여 새로운 처분을 하였다(서울고등법원 2016. 7. 8. 선고 2015누41144 판결, 대법원 2017. 9. 7. 선고 2016두48447 판결로 상고기각). 이 경우에는 1차 처분이 감액된 것이어서 1차 처분을 대상으로 한 소를 유지하면 족하고, 처분변경으로 인한 소의 변경을 할 필요가 없다.

[이의신청과 제소기간 준수]

공정거래법 제99조 제1항에 의하면, 공정위 처분에 대하여 불복의 소를 제기하고자 할 때는 처분의 통지를 받은 날 또는 이의신청에 대한 재결서의 정본을 송달받은 날부터 30일 이내에 소를 제기하여야 한다. 특히, 이의신청에 따른 재결을 거쳐서 소를 제기하는 경우에는 제소기간에 유의할 필요가 있다. 공정위 처분이 A부분과 B부분으로 구성되는 경우 B부분에 대하여만 이의신청을 하여 재결서 정본을 송달받은 후 30일 이내에 소를 제기할 경우, A부분에 대하여는 처분서를 송달받은 후 30일이 경과함으로써 제소기간이 도과할 가능성이 높게 된다.[260] A부분에 대하여도 다툴 필요가 있다면 이 부분에 대하여도 이의신청을 하든가, 경우에 따라서는 먼저 소를 제기하여 제소기간을 준수할 필요가 있다.

---

260) 이러한 사유로 이의신청을 하지 않은 처분 부분의 제소기간이 도과한 사례로는 서울고등법원 2016. 11. 30. 선고 2016누44744 판결(한국교육방송공사 사건), 서울고등법원 2017. 1. 11. 선고 2015누64703 판결, 서울고등법원 2017. 10. 25. 선고 2017누37675 판결(씨제이씨지브이 사건, 부당한 지원행위 사건이다) 등이 있다.

1. 전속관할

공정거래법 제100조는 '불복의 소의 전속관할'에 관하여 "제99조(소의 제기)에 따른 불복의 소는 서울고등법원을 전속관할로 한다."라고 규정함으로써 서울고등법원을 전속관할로 함과 동시에 심급관할을 고등법원으로 하여 2심제의 소송구조를 채택하고 있다.

[전속관할 대상인 처분의 범위]

공정거래법 제100조(구 공정거래법 제55조)는 '공정거래법 제99조(구 공정거래법 제54조, 소의 제기)의 규정에 의한 불복의 소'에 대하여 적용되고, 제99조는 '이 법에 의한 공정위의 처분에 대하여 불복의 소'로 규정되어 있다. 최근 공정거래 사건이 복잡하고 다양해지면서 공정위의 처분도 다양하게 이루어지고 있다. 실무상 공정거래법 제100조가 적용되어 서울고등법원이 전속관할이 되는 공정위 처분의 범위에 대하여 다양한 쟁점이 있다. 이 점에서 이 부분을 현재와 같이 해석론으로 해결할지, 입법적으로 구체화할지에 대하여도 검토가 필요하다.

참고로 대법원은 공정위가 과징금 및 가산금의 납부를 독촉한 고지처분에 대하여 과징금부과처분으로서 성격을 가지지는 않지만, 청구원인사실은 구 공정거래법 제55조, 제54조에 포함된다고 보아 서울고등법원의 전속관할을 인정하였다(대법원 2004. 7. 14.자 2004무20 결정).

2. 변론주의[261]

처분사유가 복잡하고, 여러 법률요건에 대하여 적법성 판단을 해야 하는 공정거래 소송에서 변론주의가 쟁점이 되는 경우가 있다. 예를 들면, 원고가 시정명령의 적법성을 명시적으로 다투지 않고 있으나, 이미 제출된 자료에 비추어 시정명령이 지나치게 광범위한 경우 일부를 취소할 수 있는지 등의 문제이다. 다른 사례로, 하나의 의결을 통하여 여러 사업자가 시정명령 및 과징금납부명령을 받고 각각 별소를 제기한 경우, 일부 사업자는 부

261) 행정소송에서 변론주의에 관한 판례의 경향은 2판 245, 246면 참조.

당한 공동행위의 중단 주장을 하고, 일부 사업자는 이러한 주장을 하지 않은 경우, 제출된 증거만으로 공동행위 중단에 관한 판단이 가능하다면 공동행위 중단 주장을 하지 않은 사업자에 대하여도 행정소송법 제26조에 기하여 직권으로 판단을 한 후 처분을 취소할 수 있는지 등의 문제이다. 최근 대법원은 공정거래 소송에서 행정소송법 제26조보다는 변론주의를 강조한 판결을 선고하였다(대법원 2015. 5. 28. 선고 2015두36256 판결[262]).

3. 적용법령

가. 법률, 시행령, 기타 법규명령

행정소송의 사실심리 및 법령적용에 있어 심리판단의 기준시는 처분시이지만, 처분당시 존재하였던 객관적 사실은 사실심 종결시까지 제출된 증거에 의하여 판단될 수 있다. 사정판결의 경우 그 적법성은 처분시를 기준으로, 공공복리에 관한 판단은 사실심 변론종결시를 기준으로 하고, 부작위위법확인의 소에서는 변론종결시를 기준으로 한다. 대법원 2017. 4. 26. 선고 2016두32688 판결(대우건설 사건)[263]은 "공정위의 과징금 납부명령 등이 재량권 일탈·남용으로 위법한지는 다른 특별한 사정이 없는 한 과징금 납부명령 등이 행하여진 '의결일' 당시의 사실상태를 기준으로 판단하여야 한다. '임의적 조정과징금이 위반사업자의 현실적 부담능력 등을 충분히 반영하지 못하여 과중하다고 인정되는 경우'에 해당하는지는, 특별한 사정이 없는 한 자산·자본·부채 상황, 당기순이익 등 손익내용 및 이익잉여금의 규모 등 위반사업자의 전체적인 재정상태를 종합적으로 고려하여 판단하여야 한다." 라고 판시하고 있다.

---

262) 공정거래 소송에서 변론주의가 적용된다고 본 사례.

263) 이는 위반행위의 요건이 아니라 과징금의 재량권 남용 여부에 대한 사안이다. 행위종료일과 처분일 사이에 위반행위의 근거 법령이 신설되거나 가중된 경우에도 처분일을 기준으로 적용법령을 적용하는 것은 불합리하다(특히 동일한 행위에 대하여 행정적 제재 외에 형사적 제재까지 두고 있는 공정거래법 사안에서는 타당하지 않다).

[제재적 처분과 적용법령의 기준시]

행정처분의 적용법령의 기준시는 제재적 처분의 경우와 그렇지 않은 경우(수익적 처분 등)를 나누어 볼 필요가 있다. 제재적 처분이 아닌 경우에는 처분시의 법령을 적용하되, 예외적으로 신청시와 처분시 사이에 정당한 이유 없이 지연이 되었고 그 사이에 법령이 변경된 경우에 처분의 위법성이 문제될 수 있다(대법원 2014. 7. 24. 선고 2012두23501 판결 등). 제재적 처분의 경우에는 법위반행위의 요건은 처분시가 아니라 위반행위시가 기준이 되는데, 공정거래법상 처분은 전형적인 제재적 처분이므로 객관적 행위 요건 등에 대하여는 위반행위시를 기준으로 적용법령을 결정하되, 과징금 납부명령의 재량권 일탈·남용 등 사유에 대하여는 처분시를 기준으로 할 수 있다.

부당한 공동행위 등 공정거래법 위반으로 인한 처분에서는 그 종기를 기준으로 관련법령을 정하게 된다. 과징금 부과처분에서는 가중, 감경 사유 등이 다수 있고, 이러한 사유가 처분 당시 존재하였던 경우에는 처분일을 기준으로 하되 처분 이후 사실심 변론종결 당시까지 제출된 자료도 참작할 수 있다. 시정명령, 공표명령의 필요성에 관하여 시정명령, 공표명령은 법위반행위 당시가 아니라 처분 당시를 기준으로 그 필요성을 심사하는 것이 합리적이다.

나. 행정규칙

법령의 경우 공동행위 당시의 법령을 적용하는 것이 원칙인데, 법규성 성격이 없는 과징금 고시 등 행정규칙의 경우에도 공동행위 당시의 과징금 고시를 적용해야 하는지가 문제된다. 관련 판결로, 서울고등법원 2017. 11. 8. 선고 2017누44062 판결(서도물산 사건),[264] 대법원 2013. 9. 26. 선고 2010두22641 판결,[265] 대법원 2010. 1. 14. 선고 2009두11843 판결,[266] 대법

---

264) 확정. 법원은 행정청이 재량행위에 관한 내부의 사무처리준칙을 개정하면서 소급효를 규정하는 것 역시 재량에 속한다고 할 것이고, 재량행위 영역에서는 불소급의 원칙이 적용되지 않는 것이 원칙이라는 이유에서 과징금고시가 헌법상 금지되는 소급입법에 해당하는 것이어서 위법하다고 볼 수 없다고 판단하였다.

265) 이 판결은 제재적 처분의 경우 행위시설을 취한 사례인데, 공정거래법 위반 사건에도 적용될 수 있을 것으로 보인다.

266) 하도급사건에서 지급명령을 하는 경우 처분 당시에 존재하였던 사정이 이를 반영되지 못한 경우 변론종결시까지는 관련 증거를 제출할 수 있다. 따라서 지급명령 당시 존재한 사정이 처분에 반영되지 못하였다면 처분은 위법하고, 이는 일반적

원 2015. 5. 28. 선고 2015두36256 판결(지에스건설 사건)[267] 등이 있다.

[행위 당시 과징금 고시의 적용 여부]

고시는 행정규칙이라서 엄격하게 제재 당시 과징금 고시를 적용하지 않아도 위법하지 않을 수 있다. 공동행위 당시에 비하여 처분 당시 과징금 고시가 사업자에게 불리하게 개정된 경우 개정된 고시를 적용하는 것이 소급입법금지에 위반되는지에 관하여 이를 부정한 판결로는 서울고등법원 2019. 4. 25. 선고 2018누64803 판결(제주시 레미콘사업협동조합 사건)[268]이 있다.

다만, 과징금 고시는 형벌과 비슷한 기능을 하므로 행위 이후에 가중된 경우에는 형평상 행위 당시 고시를 적용하는 것이 바람직하다. 행위 당시 고시의 개정을 통하여 가중될 것임을 예상하기 어려움을 반영할 필요가 있다. 이와 같은 과징금 고시의 적용은 재량권 일탈·남용의 문제로 다루어지게 된다.

4. 처분사유의 동일성

행정청의 처분사유는 행정소송의 심판 범위가 되고, 그 기본적 사실관계는 처분사유 변경의 한계가 되는데, 공정거래 소송에서도 동일하다. 추가되거나 변경되는 처분사유도 처분시에 객관적으로 존재해야 하고, 기본적 사실관계가 동일하여야 한다.[269] 처분사유가 동일한 한도 내에서는 소송 중 처분사유를 변경하여 주장할 수 있다.[270] 구 공정거래법 제23조 제1항 제4호(현 공정거래법 제45조 제1항 제6호) 거래상 지위의 남용에 근거한 처분에 대하여 행정소송을 제기하던 중 예비적으로 같은 조 제1항 제1호(현 공

인 공정거래법 위반 사건에도 다르지 않을 것이다.

267) 과징금의 재량권 남용과 관련된 사유를 처분일을 기준으로 판단한 사례.

268) 대법원 2019. 9. 10.자 2019두41621 판결로 심리불속행 기각.

269) 일반행정소송에서 처분사유의 동일성에 관하여는 대법원 2013. 10. 24. 선고 2011두26428 판결, 대법원 2014. 1. 16. 선고 2012두26975 판결, 대법원 2014. 5. 16. 선고 2013두26118 판결 등 참조. 이는 형사소송에서 공소사실의 동일성 범위와 비견될 수 있을 것이어서, 공소사실의 동일성에 관하여 축적된 기존 판례도 참조될 수 있다.

270) 공정위의 새로운 의결 등이 필수적인 것으로 보기는 어렵다.

정거래법 제45조 제1항 제2호) 가격차별을 처분사유로 추가하는 것은 허용되지 않는다〔대법원 2005. 12. 8. 선고 2003두5327 판결(한국공항공사 사건)〕.

한편, 부당한 공동행위에 대하여 공정거래법 제40조 제1항에 기한 주장과 제5항에 기한 주장은 처분의 근거법령에 대한 법률상 주장의 차이로 기본적 사실관계는 동일한 것으로 볼 수 있다. 기본적 사실관계가 동일하다고 하더라도, 공동행위의 시기, 종기, 합의의 내용과 방식, 참가자의 수 등 다수의 관련 사실이 변경되는 경우에는, 단순한 처분사유의 정정에 그치는 것이라고 보기 어렵고, 당사자의 방어권 행사에 실질적인 불이익이 초래될 우려도 있으므로, 처분사유의 추가·변경 없이 법원이 직권으로 당초의 처분사유에서 상당 부분 변경된 다른 사실을 처분사유로 인정할 수는 없다(대법원 2014. 7. 24. 선고 2013두16951 판결).

관련 판결로, 대법원 2008. 7. 1. 선고 2006두14735 판결(현대자동차 사건),[271] 대법원 2014. 7. 24. 선고 2013두16951 판결(한화생명보험, 이자율 담합 사건),[272] 대법원 2014. 12. 24. 선고 2012두13412 판결(유류할증료 담합 사건),[273] 서울고등법원 2017. 7. 21. 선고 2015누945 판결(한국도로공사 사건),[274] 서울고등법원 2019. 10. 12. 선고 2018누76721 판결,[275] 서울고등

---

271) 부당한 지원행위에 관하여 기본적 사실관계의 동일성을 판단한 사례.

272) 처분사유의 추가가 문제된 사례.

273) 대법원은 '원고 AF-KLM과 원고 에어프랑스 사이의 주식 소유관계, 임원 겸임 및 업무협의체 운영 등의 사정을 근거로 원고 AF-KLM이 원고 에어프랑스를 실질적으로 지배하였으므로 원고 에어프랑스의 실행행위를 원고 AF-KLM의 실행행위와 동일시할 수 있다'는 취지의 이 사건 당초 처분 사유와 '원고 AF-KLM이 원고 에어프랑스에 대하여 위반행위를 교사했다'는 새로운 사유가 기본적 사실관계가 동일하지 아니하다는 이유로 그 처분사유의 추가가 허용되지 않는다고 판단한 원심 판단에 동의하였다.

274) 대법원 2018. 1. 25. 선고 2017두58076 판결로 상고기각. 기본적 사실관계가 동일한 범위 내에서는 처분사유의 추가가 가능하지만, 법원은 기존에 명시된 처분사유 즉 '거래상대방에 휴지기간 중 공사현장의 유지·관리의무를 부담하게 하고 그 비용 청구를 금지한 행위'와 위와 같이 '연장된 기간 동안의 추가공사비용을 청구하지 못하게 하는 행위'는 그 기본적 사실관계가 동일한 것으로 보기 어렵다고 할 것이므로, 피고의 위 처분사유 추가의 주장은 받아들일 수 없다고 판단하였다.

275) 대법원 2020. 2. 27.자 2019두57923 판결로 심리불속행 기각. 공정위는 거래조건

법원 2020. 9. 10. 선고 2019누40354 판결(하림엔지니어링 사건)[276] 등이 있다.

가. 기속력의 범위

기속력은 피고인 행정청이 판결에 따른 재처분을 하지 않을 경우 원고가 간접강제를 신청하는 경우(행정소송법 제34조, 제30조), 피고가 판결에 위반된 처분을 한 경우 원고가 그 무효확인을 구하는 경우(행정소송법 제30조) 등에 문제가 된다. 반면 기판력은 이미 승소 또는 패소한 원고가 동일한 소를 제기하거나 쌍방이 전소에서 확정된 소송물에 모순되거나 이를 전제로 한 주장을 하는 경우에 문제가 된다. 기속력의 범위도 처분사유의 동일성, 즉 기본적 사실관계의 동일성의 범위인데, 공정위의 의결은 다른 행정처분서에 비하여 처분사유가 길고 복잡하여 기속력의 범위를 판단하기 용이하지 않다.

[기속력과 경쟁제한성의 증명]

공정위 의결 중 일부 공동행위에 대하여 경쟁제한성이 인정되어 원고가 패소하고, 나머지 공동행위 부분은 경쟁제한성이 부정되어 원고가 승소하여 확정된 사건에서 공정위가 재처분을 하며 공정위 패소 부분에 관하여 경쟁제한성을 입증할 수 있는 증거를 확보하여 전과 동일한 시정명령 및 과징금을 부과하는 것이 가능한지 문제된다. 새로운 처분을 통하여 소송물이 달라졌으므로 기판력의 문제가 아니라 기속력의 문제, 그 중에서도 증거를 새로 구비한 경우 기속력이 미치는지의 문제에 해당한다.[277]

차별로 처분을 하였으나, 그 취소를 구하는 행정소송에서 예비적 처분사유로 기타의 거래거절을 추가하였다. 그러나 위 법원은 거래조건 차별과 기타의 거래거절은 처분의 근거규정과 내용을 달리하는 별개의 처분으로 보았다. 이는 처분사유의 동일성을 부정하여 처분사유의 추가를 인정하지 않은 사례로 볼 수 있다.

276) 대법원 2021. 1. 14.자 2020두50157 판결로 심리불속행 기각. 13건의 입찰담합에 대하여는 법적 평가의 기초가 되는 사회적 사실관계를 달리하는 것이 아니어서 처분의 동일성 인정 범위 내에서 처분사유의 추가·변경이 가능하지만, 13건 입찰담합과 그 밖에 추가된 입찰담합은 사회적 사실관계가 동일하지 않아 처분사유의 추가·변경이 허용되지 않는다고 판단하였다.

277) 예를 들면, 식품위생법 위반 등으로 영업정지가 내려진 사안에서 원고가 그 처분을 다투어 승소 판결이 확정된 후 행정청이 새로운 증거를 확보하여 동일한 처분을 한 경우 기속력이 미치는지와 동일한 구조이다.

공정위가 경쟁제한성을 입증하여 패소한 부분에 대하여 동일한 처분을 하더라도 이는 선행판결의 기속력에 위반될 소지가 높다. 기속력은 처분사유의 기초적 사실관계가 동일하다면 미치는 것인데, 공정위 의결의 이 부분 처분사유는 '부당한 공동행위가 성립하고, 경쟁제한성이 있다'는 것이어서 공정위가 경쟁제한성을 다시 입증하여 처분을 하는 것은 기초적 사실관계가 동일한 사유로 재처분하는 것이 되어 기속력에 위반될 수 있다.[278] 실질적으로 이러한 사안은 기판력이 적용될 사안인데 행정청의 재처분이라는 새로운 처분이 개입하여 기속력으로 판단하는 것인 이상 기판력과 동일한 범위에서 기속력도 인정하는 것이 타당할 것이다. 공정위가 선행 소송에서 경쟁제한성을 입증할 기회가 충분히 있었던 점도 고려되어야 한다. 한편 과징금 산정에 관한 자료에 대하여 대법원은 "과징금은 원칙적으로 행정법상의 의무를 위반한 자에 대하여 당해 위반행위로 얻게 된 경제적 이익을 박탈하기 위한 목적으로 부과하는 금전적인 제재이므로, 법이 규정한 범위 내에서 그 부과처분 당시까지 부과관청이 확인한 사실을 기초로 일의적으로 확정되어야 할 것이지, 추후에 부과금 산정기준이 되는 새로운 자료가 나왔다고 하여 새로운 부과처분을 할 수 있는 것은 아니다"라고 판시하며(대법원 2002. 5. 28. 선고 2000두6121 판결) 과징금을 증액한 공정위 처분이 위법하다고 보았다. 이러한 판례와 균형을 고려하더라도 기속력을 인정하는 것이 타당할 것이다.

나. 기판력의 범위

기판력의 범위도 처분사유의 동일성, 즉 기본적 사실관계의 동일성의 범위이다[대법원 2006. 10. 12. 선고 2004두9371 판결, 대법원 2014. 9. 4. 선고 2012두22256 판결(대림산업 사건)].[279]

5. 과징금 처분과 소송의 대상

과징금 납부명령이 내려진 후 과징금이 경정처분, 재결, 자진신고자 감액

278) 절차위반의 경우 기속력이 없어 동일한 처분이 가능하지만, 절차의 문제는 재판 중 피고의 보완이 원천적으로 불가능한 반면, 증거에 관한 부분은 피고로서도 재판 과정에서 입증할 기회가 있어서 차이가 있다.

279) 공정위 처분의 기판력, 기속력이 문제된 사례.

처분 등으로 감액되는 경우가 있다. 이와 같이 과징금이 감액된 경우 취소청구 소송에서 소송의 대상을 무엇으로 보아야 하는지가 문제된다.

가. 최초 부과처분의 하자로 인한 감액의 경우

과징금 부과처분에 있어 행정청이 납부의무자에 대하여 부과처분을 한 후 그 부과처분의 하자를 이유로 과징금의 액수를 감액하는 경우에 그 감액처분은 감액된 과징금 부분에 관하여만 법적 효과가 미치는 것으로서 당초 부과처분과 별개인 독립의 과징금 부과처분이 아니라 그 실질은 당초 부과처분의 변경이고, 그에 의하여 과징금의 일부취소라는 납부의무자에게 유리한 결과를 가져오는 처분이므로 당초 부과처분이 전부 실효되는 것은 아니다. 따라서 그 감액처분에 의하여 감액된 부분에 대한 부과처분 취소청구는 이미 소멸된 부분에 대한 것으로서 그 소의 이익이 없어 부적법하다(대법원 2008. 2. 15. 선고 2006두4226 판결 참조). 또한 이 경우 항고소송의 대상은 당초 부과처분 중 감액처분에 의하여 취소되지 않고 남은 부분이고, 감액처분이 항고소송의 대상이 되는 것은 아니다(대법원 2008. 2. 15. 선고 2006두3957 판결 참조). 이러한 법리는 조세법상 증액경정 처분은 후행처분을, 감액경정처분은 원처분을 소송의 대상으로 하는 법리(대법원 2006. 3. 9. 선고 2003두2861 판결 등)를 참조한 것으로 보인다.

나. 자진신고자 지위 인정에 따른 감액의 경우

2순위 자진신고자나 조사협조자에 대하여 과징금 부과처분(선행처분)을 한 뒤, 공정거래법 시행령 제51조 제5항에 따라 다시 자진신고자 등에 대한 사건을 분리하여 자진신고 등을 이유로 과징금 감액처분(후행처분)을 한 경우, 소송대상이 선행처분인지, 후행처분인지에 관하여 하급심은 서로 엇갈리고 있었다.

대법원 2015. 2. 12. 선고 2013두6169 판결(넥상스코리아 사건)과 같은 날 선고된 대법원 2015. 2. 12. 선고 2013두987 판결(정식품 사건)은 소송의 대상이 후행처분이라고 봄으로써 이 쟁점에 관한 대법원의 입장을 정리하였다. 즉 자진신고자나 조사협조자에 대하여 과징금 부과처분(선행처분)을 한 뒤, 공정거래법 시행령 제51조 제5항에 따라 다시 자진신고자 등에 대한 사건을 분리하여 자진신고 등을 이유로 한 과징금 감면처분(후행처분)을 하였다면, 후행처분은 자진신고 감면까지 포함하여 처분 상대방이 실제로 납부하여야 할 최종적인 과징금액을 결정하는 종국적 처분이고, 선행처분은 이러한 종국적 처분을 예정하고 있는 일종의 잠정적 처분으로서 후행처분이 있을 경우 선행처분은 후행처분에 흡수되어 소멸한다. 따라서 위와 같은 경우에 선행처분의 취소를 구하는 소는 이미 효력을 잃은 처분의 취소를 구하는 것으로 부적법하다고 판단하였다. 관련 판결로, 서울고등법원 2017. 6. 21. 선고 2016누59296 판결(아세아제지 사건),[280] 서울고등법원 2017. 7. 6. 선고 2016누75335 판결(포스코건설 사건)[281] 등이 있다.

[자진신고 감경에서 소송의 대상과 제소기간]

대법원은 자진신고자 감경 사례에서 선행처분 중 잔존부분을 소송의 대상으로 본 사례에서도 부적법하다는 이유로 각하하지 않고 본안 판단을 함으

---

280) 대법원 2017. 11. 9.자 2017두54227 판결로 심리불속행 기각. 공정위는 당초 과징금 산정의 종기를 위원회의 현장조사 전일인 2013. 4. 22.로 보았으나, 2016. 7. 11. 전원회의 의결 제2016-202, 203호로 자진신고일의 전일 2012. 10. 4.을 과징금 산정의 종기로 보아 이에 따라 재산정하여 과징금을 감액하여 변경하는 별지 2 목록 기재 과징금 납부명령을 하였다. 이 경우 소송이 대상이 무엇인지가 문제된다. 최초 부과처분에서 종기가 잘못되는 원시적 하자가 있어서 감액하였다는 측면에서는 선행처분을 소송의 대상이라고 볼 여지가 있다. 그러나 위 법원은 이 사건 후행처분은 자진신고를 인정하여 감액하는 처분은 아니지만, 피고는 원고의 자진신고 사실을 비공개하고자 이 사건 선행처분에서는 부당행위의 종기를 이 사건 공동행위자들과 동일하게 하여 과징금을 산정하고, 이 사건 후행처분에서 비로소 부당행위의 종기를 자진신고일 전일로 보아 과징금을 감액하였다는 사유를 들어 후행처분을 소송의 대상으로 보았다.

281) 대법원 2017두56902 사건으로 상고 중(심리불속행 기각 도과). 2순위 자진신고자에 의한 감경이 이루어진 경우이므로 소송의 대상을 후행처분이라고 보았다. 공정위 전원회의는 사무처장의 판단과 달리 두산중공업이 감면고시 제5조 소정의 '지속적이고 성실한 협조'가 있었다는 판단 하에 2016. 6. 20. 전원회의 의결 제2016-162호로 두산중공업에 대하여 구 공정거래법 제22조의2(현 공정거래법 제44조) 제1항 제1호 소정의 자진신고자로서의 지위를 인정하여 두산중공업에 대한 부과과징금과 고발을 면제하고, 원고 포스코건설에 대하여 2순위 자진신고자 지위를 인정하였다.

로써, 대법원이 선행처분 중 잔존부분을 소송의 대상으로 보고 있다는 신뢰가 어느 정도 형성되어 있었고,[282] 이를 신뢰하여 선행처분만의 취소를 구하는 사례가 다수 있었다.

그런데 후행처분을 소송의 대상으로 본 대법원 판결에 따르면 선행처분의 취소를 구하는 부분은 소송의 대상이 아니어서 부적법하고, 후행처분은 이미 제소기간이 지나서 소변경을 통하여 다툴 수 없는 상황이 발생하게 된다. 예를 들면 서울고등법원 2015. 6. 10. 선고 2013누45876 판결(엘에스 사건)[283]에서는 원고가 선행처분의 취소를 구하던 소송 중인 2015. 2. 12. 위와 같이 후행처분이 소송의 대상이라는 대법원 판결이 선고되었다. 이로 인하여 취소를 구하던 선행처분은 이미 소멸한 처분으로 부적법하고, 후행처분으로 소변경을 하더라도 이미 공정거래법 제99조 제1항(구 공정거래법 제54조 제1항)에 따른 30일의 제소기간이 지나서 결국 과징금납부명령에 대한 소가 모두 각하되기에 이르렀다.

이러한 현상은 판결의 신뢰라는 측면에서 피하여야 할 현상으로 보인다. 이러한 문제점을 인식하여, 후행처분으로 소변경을 한 경우 신청구에 대하여 제소기간의 제한이 있는 경우로서 신청구를 구청구의 소제기 시점에 제기된 것으로 볼 수 있는 특별한 사정이 있는 것으로 보아 구제해야 한다는 하급심 판결도 있다.[284] 대법원은 선행 과징금납부명령에 대하여 소를 제기하였다가 2순위 조사협조자에 해당함을 이유로 과징금을 감액하는 후행 과징금납부명령에 대하여 예비적으로 청구취지를 변경한 경우 제소기간 준수 여부는 선행 과징금 납부명령에 대한 최초의 소제기시로 판단해야 하므로 후행 과징금납부명령에 대한 소가 적법하다고 판단함으로써 이 문제를 해결하였다(대법원 2018. 11. 15. 선고 2016두48737 판결).

---

282) 대법원 2014. 9. 4. 선고 2012두15012 판결, 대법원 2014. 11. 27. 선고 2013두24471 판결 등에서는 자진신고자 감경의 경우 선행처분 중 잔존부분을 소송대상으로 하였음에도 그대로 본안판단을 하였다.

283) 확정.

284) 공정거래사건은 아니지만, 일반행정 사건에서 유사한 법리가 형성되어 있다(대법원 2013. 7. 11. 선고 2011두25744 판결, 대법원 2016. 7. 27. 선고 2015두45953 판결). 공정거래사건 중 서울고등법원 2016. 6. 30. 선고 2014누7505 판결(대법원 2018. 11. 15. 선고 2016두48737 판결로 상고기각), 서울고등법원 2016. 6. 30. 선고 2015누35088 판결(확정), 서울고등법원 2016. 10. 28. 선고 2014누65945 판결(심리불속행 기각) 등이 이러한 입장을 취하고 있다.

다. 자진신고자 감면신청기각 의결의 경우

과징금 납부명령과 자진신고자 감면신청기각 의결[285]의 취소를 모두 구하는 경우 소송의 대상이 무엇인지가 쟁점이 된다. 이에 대하여도 하급심이 엇갈리고 있었으나, 대법원 2016. 12. 27. 선고 2016두43282 판결(자일럼워터솔루션코리아 사건)[286] 및 대법원 2017. 1. 12. 선고 2016두35199 판결(태영건설 사건)은 과징금 납부명령과 자진신고자 감면신청 기각처분에 대하여 모두 소의 이익이 인정된다고 판단하였다.

라. 사무처장 처분에 의한 자진신고자 지위 불인정의 경우

대법원 2015. 5. 28. 선고 2012두13252 판결(가온전선 사건) 및 대법원 2015. 9. 10. 선고 2013두13815 판결(한국유리공업 사건)은 사무처장에 의한 자진신고자 지위 확인 취소와 과징금 의결 중 후자가 소송의 대상임을 밝혔다. 다만, 공정위 사무처장에 의한 지위확인제도는 2015. 1. 2. 공정위 고시 제2014-19호로 폐지되었다. 이에 따라 사무처는 감면신청자의 제출 자료와 협조상황 등 제반 상황을 위원회에 보고하고 위원회가 자진신고 지위를 결정하도록 변경되었다.

마. 재결에 의한 감액의 경우

과징금 의결이 있은 후 사업자의 이의신청에 따른 재결로 과징금이 감액된 경우 소송의 대상을 과징금 의결 중 잔존 부분으로 해야 하는지, 재결로 해야 하는지가 문제된다. 이 쟁점에 관하여 명시적인 대법원 판결은 없고, 과징금 의결 후 재결에 의하여 과징금이 감액된 경우 의결 중 잔존 과징금 부분을 소송의 대상으로 한 경우 그대로 본안 판단을 한 사례가 있다(대법원 2008. 4. 24. 선고 2007두2944 판결 참조)[287].

---

285) 이 부분에 대하여 '감면신청에 대하여 한 거부처분', '감면신청 기각처분', '감면불인정 의결' 등 용어가 사용되고 있으나, 모두 공정위가 감면신청을 기각하는 결정을 한 것을 의미한다.

286) 감면처분 기각처분의 취소를 구할 소익을 인정한 사례.

287) 하급심의 동향에 대하여는 2판 260, 261면 참조.

관련 쟁점으로, 재결을 행정심판 또는 자기시정 중 어느 것으로 볼지는, 공정위가 재결을 한 후 다시 이를 스스로 변경할 수 있는지에도 영향을 미친다. 예를 들면, 과징금납부명령 후 이의신청에 따른 재결에서 감액이 되는 사례가 종종 있다. 이러한 경우 사업자가 허위의 자료를 제출하여 부당하게 감액이 이루어졌고, 추후 공정위가 이를 발견한 경우 감액된 부분을 다시 증액할 수 있는지 문제 등이다. 이때 변경의 범위가 문제가 되는 것은 공정거래법 제68조 제2항(구 공정거래법 제45조 제2항)에 규정된 경정의 범위를 넘는 경우이다.

[재결의 취소와 본안 판단]

재결의 취소와 본안 판단 문제는 공정거래법 제96조에 기한 이의신청에 따른 재결의 성격을 무엇으로 볼 것인지와 밀접한 관계가 있다. 첫째, 재결을 행정심판으로 볼 수 있다(서울고등법원 2004. 4. 28. 선고 2003누5336 판결).[288] 이 경우 행정소송법 제19조에 따라 원처분주의가 적용되어 취소소송의 대상은 원처분 중 잔존부분으로 보아야 한다. 그렇다면 재결의 취소를 구하는 부분을 어떻게 처리할 것인지에 대하여 각하설과 기각설이 모두 있으나 판례는 기각설에 가깝다.[289] 따라서 재결을 행정심판으로 본다는 전제에서는 기각설이 타당할 것으로 보인다.

둘째, 재결을 행정심판이 아니라 행정청의 자기시정에 불과하다고 볼 수도 있다. 특히 공정위 전원회의 의결의 경우 의결 주체와 재결 주체가 동일한 점에서 일반 행정심판과 다르다고 볼 여지가 있다(일반적으로 행정심판에서 처분청과 심판기관은 다르다). 행정청의 자기시정은 드물지만, 자기시정으로 보는 것은 공정위가 1심과 같은 기능을 수행함을 전제로 한다. 공정위 처분에 대하여 행정심판을 도입해야 한다는 주장이 대두되고 있는데, 이

288) 확정.

289) 토지수용사건에서 수용재결과 이의재결이 있는 경우 대법원은 이의재결 부분을 기각한 원심판단이 정당하다고 보았다(대법원 2008두1061, 대법원 2008두1504, 대법원 2004두8538, 서울고법 2004나53632, 서울고법 2013누21658, 서울행정법원 2012구합34914, 부산지법 2006구합2542, 대법원 93누16901, 서울행정법원 2008구합8932). 행정심판 사건은 아니지만 관리처분계획 처분과 인가처분 사이에 인가 고유의 하자를 주장하지 않은 경우 각하한 점도 참고할 필요가 있다(대법원 2001. 12. 11. 선고 2001두7541 판결).

는 재결 제도가 행정심판으로서 실질적인 기능을 하지 못하고 있다는 점을 전제로 하고 있다. 행정심판이 아니라고 보는 경우, 재결일을 기준으로 제소기간을 계산하도록 한 규정(공정거래법 제99조)은 행정심판이 아님에도 당사자 보호를 위하여 제소기간을 특별히 보장한 규정으로 볼 수 있다. 이와 같이 재결을 행정심판이 아니라고 보는 입장에서는, 재결 부분에 대하여 각하설을 취할 여지도 있다.

[재결의 심판범위]

이의신청에 대한 재결절차(공정거래법 제96조, 시행령 제82조)에서 이의신청인이 이의하지 아니한 내용도 심판범위에 포함되어 공정위가 직권으로 변경할 수 있는가? 이 문제에 대한 명문의 규정이 없다. 이는 공정위 소회의가 의결한 내용은 물론 공정위 전원회의가 의결한 사안에서도 문제된다. 재결의 내용에 따라 분류해 본다.

첫째, 의결의 내용을 실질적으로 변경하는 경우이다. 재결 절차를 행정심판으로 이해한다면, 행정심판법 제39조[290]와 균형상 직권으로 의결을 변경할 수 있을 것으로 보인다.

둘째, 오기, 계산착오, 기타 이에 유사한 오류의 경우이다. 이 경우에는 공정거래법 제68조 제2항 경정절차를 통하여 경정할 수 있을 것이다. 이때 경정의 주체가 문제된다. 공정거래법 제68조 제2항은 경정의 주체를 공정위로 규정하고 있다. 판결에 대한 경정 절차에 준하여 보면 경정의 주체는 연속성이 있어야 한다. 그 결과 소회의 의결에 대한 경정은 소회의가 경정하고, 전원회의 의결에 대한 경정은 전원회의가 경정하는 것이 자연스럽다. 그 결과 소회의 의결에 대하여 실질적 내용 변경은 전원회의가 맡는 재결절차를 통하여, 오기, 계산착오 등은 소회의가 맡는 경정 절차를 통하여 해결하게 된다. 전원회의 의결에 대하여는 재결의 주체와 경정의 주체가 일치하므로 실질적 내용 변경과 오기, 계산착오 등에 대한 경정을 같은 기회에 처리할 수 있을 것이다.

290) 행정심판법 제39조(직권심리)/위원회는 필요하면 당사자가 주장하지 아니한 사실에 대하여도 심리할 수 있다.

■ 서울고등법원 2017. 10. 25. 선고 2016누53748 판결(성신양회 사건)[291], 서울고등법원 2017. 10. 25. 선고 2017누48415 판결(성신양회 사건)[292]

■ 해 설

대상 판결은 재결과 후속처분의 관계에 대한 다른 사례에 비추어도 타당한 것으로 보인다. 예를 들면, 거부처분의 경우, 거부처분을 취소하는 재결이 있더라도 그에 따른 후속처분이 있기까지는 제3자의 권리나 이익에 변동이 있다고 볼 수 없고 후속처분시에 비로소 제3자의 권리나 이익에 변동이 발생하며, 재결에 대한 항고소송을 제기하여 재결을 취소하는 판결이 확정되더라도 그와 별도로 후속처분이 취소되지 않는 이상 후속처분으로 인한 제3자의 권리나 이익에 대한 침해 상태는 여전히 유지된다. 이러한 점들을 종합하여 보면, 거부처분이 재결에서 취소된 경우 재결에 따른 후속처분이 아니라 그 재결의 취소를 구하는 것은 실효적이고 직접적인 권리구제수단이 될 수 없어 분쟁해결의 유효적절한 수단이라고 할 수 없으므로 법률상 이익이 없다(대법원 2017. 10. 31. 선고 2015두45045 판결). 이의신청 재결을 직권취소한 대상판결의 사안에서도 직권취소 의결 이후에 과징금부과를 위한 새로운 과징금 부과처분이 있고, 소송의 대상은 직권취소 의결이 아니라 새로운 부과처분이어야 할 것이다.

바. 중복처분과 소송의 대상

291) 대법원 2018. 3. 15.자 2017두72003 판결로 심리불속행 기각. 이의신청 재결에 하자가 있는 경우 이의신청 재결을 직권취소할 수 있다. 이의신청 재결이 취소되더라도 이의신청 재결에서 감액된 과징금 처분이 다시 소급하여 효력을 가지지 않으므로, 이 부분은 처분이 부존재한다. 따라서 이의신청 재결에서 감액된 부분에 대한 취소를 구하는 소[피고가 2016. 3. 3. 전원회의 의결 제2016-068호로 원고에 대하여 한 과징금납부명령 중 21,828,000,000원을 초과하는 부분]는 부존재하는 처분에 대한 취소청구로서 소의 이익이 없어 부적법하다.

292) 대법원 2018. 3. 15.자 2017두71994 판결로 심리불속행 기각. 재처분 의결은 이 사건 직권취소 의결만으로 원심결의 과징금납부명령을 회복시킬 수 없어(대법원 1995. 3. 10. 선고 94누7027 판결 참조), 원고에게 적법한 과징금을 부과하기 위하여 이 사건 직권취소 의결에 터 잡아 이루어진 후속처분으로, 이 사건 직권취소 의결에 대하여 원고가 제소기간 내에 행정소송을 제기함으로써 불가쟁력이 발생하지 않은 이 사건의 경우 선행처분인 이 사건 직권취소 의결의 하자를 이유로(그 하자의 정도와 관계없이) 후행처분인 이 사건 재처분 의결의 효력을 다툴 수 있다.

하나의 위반행위에 대하여 동일한 내용의 두 개의 처분이 중복하여 이루어진 경우 소송의 대상이 문제될 수 있다. 아래 판결은 이 경우 소송의 대상에는 포함하면서 중복한 처분으로 위법성을 인정하여 그 처분을 취소하는 방법으로 접근한 것으로 평가할 수 있다. 반면, 서울고등법원 2017. 2. 6. 선고 2016누60746 판결(경산제지 사건)[293]에서는 하나의 위반행위에 대하여 동일한 내용의 두 개의 처분이 중복하여 이루어졌고, 두 개의 처분 모두 현재까지 존재하고 있다고 보이므로, 후 순위 번호로 이루어진 제2처분은 중복처분에 해당하는 것으로서 위법하고, 그 하자가 중대・명백하여 무효라고 판단하였다. 참고판결로, 서울고등법원 2017. 12. 6. 선고 2016누68863 판결(신대양제지 사건)[294] 등이 있다.

사. 과징금 면제 사업자

과징금을 면제받은 사업자의 경우에도 추후 자진신고자 지위 배제사유에 해당하거나, 위반횟수에 산입되어 과징금이 가중될 수 있으므로 취소소송을 제기할 법률상 이익이 있다.[295] 다만, 신고사업자에 대하여 무혐의 통지를 한 경우, 신고인에게 신고내용에 따른 조치를 구하는 청구권이 있다고 보기 어렵고, 공정위의 무혐의 통지로 신고인의 권리의무에 영향을 미치지 아니하므로 이를 행정처분이라고 보기 어렵다(서울고등법원 2019. 1. 9. 선고 2018누61347 판결, 가맹사업법 사건).

---

293) 대법원 2018. 5. 11.자 2018두32484 판결로 심리불속행 기각.

294) 대법원 2018. 4. 12.자 2018두30860 판결로 심리불속행 기각. ① 이 사건 제1처분과 이 사건 제2처분은 처분 대상 및 내용이 동일하고 송달도 동시에 이루어진 점, ② 공정위가 이 사건 제1처분과 이 사건 제2처분의 의결서 번호를 통합시킨 점, ③ 공정위는 이 법정에서 위 통합에도 불구하고 이 사건 제2처분을 직권취소한 것은 아니라고 진술한 점 등을 종합하면, 이 사건 제1, 2처분은 하나의 위반행위에 대하여 동일한 내용의 두 개의 처분이 중복하여 이루어진 것으로, 후순위 번호로 이루어진 이 사건 제2처분이 직권취소되지 않은 이상 이는 중복처분에 해당하여 위법하므로 취소되어야 한다고 보았다.

295) 서울고등법원 2017. 8. 17. 선고 2017누32236 판결(확정).

6. 복수의 취소소송과 일부 인용

가. 복수의 취소소송

공정위 의결은 1개인 경우에도 그 의결의 주문 중 시정조치와 과징금은 별개의 처분이다. 나아가 시정조치도 복수의 처분일 수도 있고, 과징금도 복수의 처분일 수 있다. 시정조치에서, 기본적 사실관계가 달라지는 사실관계가 복수인 경우에는 그 시정조치에는 복수의 처분이 포함되어 있다. 과징금의 경우에도 단일한 금액으로 보이지만, 실제로는 기본적 사실관계를 달리하는 위반행위에 대한 과징금이 합산된 것이라면 복수의 처분으로 볼 수 있다.[296] 이러한 경우에는 하나의 의결에 대하여 처분별로 소송을 제기하는 것도 가능할 것으로 보인다. 다만, 기본적 사실관계의 차이로 처분이 달라지고, 처분의 위법성을 내용으로 하는 소송물이 달라지는 경우에 복수의 행정소송이 가능하며, 단지 적용법령이 다르다는 사정만으로는 부족할 것으로 보인다.

나. 일부 인용

서로 다른 상품에 대하여 공동행위를 하였고 상품별로 과징금의 산정이 가능한 경우 등에서는 과징금의 일부 취소가 가능하다.[297] 이와 달리 과징금 납부명령의 가분적 일부 취소가 가능하지 않은 경우에는 법원으로서는 재량권의 일탈 여부만 판단할 수 있을 뿐 재량권의 범위 내에서 어느 정도가 적정한 것인지를 판단할 수 없어 과징금 납부명령 전부를 취소할 수밖에 없다(대법원 2017. 1. 12. 선고 2015두2352 판결). 참고 판결로 대법원 2009. 10. 29. 선고 2009두11218 판결 등이 있다.

---

296) 예를 들면, 과징금 전체 금액은 1억 원인데, A위반행위에 대한 과징금이 3000만 원, 이와 사실관계를 달리하는 B위반행위에 대한 과징금이 7000만 원인 경우이다. 이는 민사소송에서 객관적 병합과 비슷하다.

297) 서울고등법원 2015. 1. 30. 선고 2014누1910 판결(남양유업 사건, 심리불속행 기각)에서 과징금은 구입강제 부분과 이익제공강요 부분으로 합산되어 있고 분리 가능하여 그 중 구입강제 부분에 해당하는 과징금납부명령만 취소한 사건이다.

7. 보조참가

부당한 공동행위로 피해를 입었다고 주장하는 구매자, 불공정거래행위의 상대방 등이 공정위 처분을 다투는 행정소송에서 보조참가를 할 수 있는지 문제된다.

가. 부당한 공동행위와 보조참가

부당한 공동행위의 경우 구매자 등이 보조참가를 할 수 있는지에 관하여 아직 대법원의 명시적인 판단은 없다.[298] 행정처분의 적법 여부가 소송물이므로 부당한 공동행위의 피해자인 원고들의 손해배상청구소송에 직접적인 관련성이 없다는 이유로 부정하는 하급심[299]과 허용하는 하급심[300]이 모두 있는 상태이다. 행정소송에 비하여 공정거래 소송의 경우 소송결과에 중대한 영향을 받는 이해관계인이 존재하여 보조참가의 필요성이 높다. 소송절차를 현저하게 지연시키는 경우에는 보조참가를 불허할 수 있으므로(민사소송법 제71조 단서), 다수의 보조참가신청이 있는 경우 대표성이 있고 절차 지연의 우려가 없는 보조참가신청을 허가할 수도 있다. 이와 같이 공정거래 소송에 있어 보조참가 제도를 유연하게 운영함으로써 이해관계인의 절차 참여 보장과 절차 지연 등 문제점을 절충할 수도 있을 것이다. 참고 판결로 대법원 2016. 7. 14.자 2014무580 결정(스카니아코리아 사건)[301] 등이 있다.

나. 불공정거래행위와 보조참가

---

298) 보조참가 신청을 기각한 원심결정을 심리불속행 기각한 사례로는 대법원 2011. 9. 16.자 2011무134 결정이 있다.

299) 서울고등법원 2012. 3. 28. 선고 2007누24715 판결(상고기각), 서울고등법원 2013. 12. 19. 선고 2012누15625 판결(상고기각), 서울고등법원 2014. 3. 26. 선고 2012누15434 판결(상고기각).

300) 서울고등법원 2016. 8. 17. 선고 2014누41239 판결(심리불속행 기각).

301) 이 사건은 행정소송법 제16조 제3항에 따른 참가결정에 대하여 원고가 불복한 사건으로 대법원의 판단이 기대된 사건이었다. 이 사건에서 특별항고 사유가 없다고 판단함으로서 이 문제에 대하여 명시적인 판단을 하지 않았다.

불공정거래행위로서 거래거절 사건에서 피해자의 보조참가 신청에 관하여 원심은 보조참가를 불허하였으나, 대법원은 보조참가가 가능하다는 취지로 파기하였다(대법원 2013. 7. 12.자 2012무84 결정). 이에 따라 본안 사건에 대한 대법원 2015. 2. 12. 선고 2012두25378 판결에서는 보조참가신청을 불허하는 결정이 확정되지 아니하였음에도 피고보조참가인에게 기일통지서를 송달하지 아니함으로써 변론의 기회를 부여하지 아니한 채 변론기일을 진행하여 선고된 원심판결에는 민사소송법 제75조 제1항에 관한 법리를 오해하여 판결에 영향을 미친 잘못이 있다고 보아 나머지 상고이유에 대하여 판단하지 않고 원심을 파기하였다. 이러한 경우는 시정조치가 특정사업자에 대한 구제를 담고 있는 경우이다.

8. 소송기록의 열람 · 복사

당사자, 이해관계를 소명한 제3자는 소송기록의 열람 · 복사, 재판서 · 조서의 정본 · 등본 · 초본 교부를 신청할 수 있다(행정소송법 제8조 제2항, 민사소송법 제162조). 그 결과 공정거래 소송에서는 중요한 영업비밀이 소송과정을 통하여 유출될 위험이 있다. 이러한 경우에는 당사자의 신청에 의하여 소송기록 중 비밀 부분의 열람 · 복사, 재판서 · 조서 중 비밀 부분의 정본 · 등본 · 초본 교부를 신청할 수 있는 자를 당사자로 한정할 수 있다(행정소송법 제8조 제2항, 민사소송법 제163조).[302]

제 5 절 민사소송 및 형사소송 절차

302) 특허 등 영업비밀이 관련된 사건, 예를 들면 서울고등법원 2017누48 사건(퀄컴 사건)에서는 다수의 소송기록 열람 및 복사 제한신청이 이루어졌다.

Ⅰ. 민사소송

공정거래법 제40조 제4항에 의하면, 부당한 공동행위를 할 것을 약정하는 계약 등은 사업자간에 있어서는 이를 무효로 된다. 이러한 계약상의 효력과 별도로 부당한 공동행위로 피해를 본 자는 부당한 공동행위에 가담한 자에 대하여 손해배상을 청구할 수 있다.

[간접구매자의 손해배상청구]

공정거래법 위반행위로 손해를 입었다고 주장하는 자는 민사소송법상 이행청구의 주체로서 당연히 원고 적격이 있다(형식적 당사자 개념[303]). 간접구매자의 경우에도 손해배상청구가 가능하다. 예를 들면, 갑과 을의 부당한 공동행위로 제품 가격이 인상된 경우, 제품을 직접 구매한 A뿐 아니라, A로부터 제품을 구매한 B도 갑과 을에 대하여 손해배상청구가 가능하다.

대법원도 밀가루 담합사건(대법원 2012. 11. 29. 선고 2010다93790 판결)에서 간접구매자의 손해배상청구가 가능함을 시사한 이래, 신용카드 수수료 담합사건(대법원 2014. 9. 4. 선고 2013다215843 판결)에서 간접구매자의 손해배상청구가 가능함을 명시적으로 인정하였다.

1. 손해배상청구권

가. 손해배상청구권의 성립요건

(1) 공정거래법 위반 행위

법규정요건에 해당하는 행위가 존재해야 한다. 공정거래법 위반을 이유로 손해배상을 청구하기 위해서는 먼저 문제되는 행위가 공정거래법에서 법에 위반된다고 규정하는 행위의 요건에 해당한다는 점을 입증하여야 한다.[304]

303) 당사자는 무슨 판결이든 자기의 이름으로 판결을 구하는 사람과 그 상대방이면 되기 때문에 실체법과는 관계 없는 소송법상의 형식적 당사자 개념이다. 이시윤, 민사소송법(제12판), 박영사 2018. 132면.

304) 사법연수원, 「공정거래법」, 2014. 458면.

판례는 시정조치가 확정된 경우 거기서 인정된 사실은 손해배상소송에서 법원을 구속하지는 못하지만 사실상 추정을 받게 된다고 하여,[305] 시정조치의 구속력에 관하여 사실상 추정설을 취하고 있다.

(2) 위법성

행위가 위법해야 한다. 공정거래법에 위반하는 행위로 인정되려면 그 행위가 외형적으로 법 규정이 정하는 요건을 갖추는 외에 그것이 법의 목적에 비추어 허용될 수 없는 행위여야 한다.[306] 공정거래법 위반 행위가 성립하기 위하여는 그 자체로 독자적인 위법성 판단이 필요하다. 예를 들면, 부당한 공동행위의 경우에는 경쟁제한성과 부당성이 인정되어야 하고, 시장지배적 지위 남용행위에 대하여는 부당성(경쟁제한성)이 인정되어야 하며, 불공정거래행위에는 공정거래저해성이 인정되어야 한다. 불공정거래행위의 경우 28개 유형에 따라 공정거래저해성의 내용이 달라서, 경쟁제한성이 기준인 유형, 불공정성이 기준인 유형, 경쟁제한성과 불공정성을 모두 고려하는 유형, 경제력집중과 경쟁제한성을 고려하는 유형 등 다양한 유형이 있다.

이와 같이 공정거래법이 정한 위법성이 유형별로 인정되는 사안이라면, 자유롭고 공정한 경쟁질서를 침해한 행위로서 손해배상청구의 위법성도 인정될 가능성이 높다. 여기에 위 각 규정 위반의 경우 형벌 규정이 있음에 비추어 보더라도 공정거래법 위반행위가 인정되는 경우에는 손해배상청구의 요건으로서 위법성도 인정되는 것으로 볼 수 있을 것이다.

(3) 고의 또는 과실

불법행위에 의한 손해배상책임이 성립하기 위하여는 고의, 과실이 필요하다. 일반적인 불법행위에 있어서 원칙적으로 피해자가 고의, 과실을 증명해야 한다. 그러나 공정거래법은 고의, 과실의 증명책임에 대하여 특칙을 두고 있다. 공정거래법 제109조 제1항(구 공정거래법 제56조 제1항)은 사업자 또는 사업자단체는 이 법의 규정을 위반함으로써 피해를 입은 자가 있는

---

305) 대법원 1990. 4. 10. 선고 89다카29075 판결.

306) 대법원 1998. 9. 8. 선고 96누9003 판결.

경우에는 당해피해자에 대하여 손해배상의 책임을 지지만, 사업자 또는 사업자단체가 고의 또는 과실이 없음을 입증한 경우에는 그러하지 아니하다라고 규정하여, 사업자 또는 사업자단체가 고의 또는 과실이 없음을 항변하도록 하고 있다. 다만, 실무상 공정거래법 위반행위가 인정되는 상황에서 사업자 등의 고의 또는 과실이 부정된 사례는 드물 것으로 보인다.

(4) 손해발생

손해가 발생해야 한다. 법 위반 행위가 있다는 사실만으로 곧 손해배상을 청구할 수 있는 것은 아니다. 법 위반 행위가 있더라도 손해가 발생하여야 하고 원고가 그 발생 사실을 입증하여야 한다.[307]

(5) 행위와 손해의 인과관계

인과관계가 존재해야 한다. 법 위반 행위와 피해자에게 발생한 손해 사이에는 법 위반 행위가 없었더라면 피해자에게 손해가 발생하지 않았을 것이라고 하는 논리적인 관계, 즉 인과관계가 존재하여야 한다.[308]

[피해자의 퇴출과 인과관계]

마이크로소프트 손해배상 청구 사건에서, 법원은 원고의 메신저 사업 실패가 원고의 해외 진출이나 인터넷 커뮤니티의 포털화 실패 등의 내부 사정과 2000년경 발생한 이른바 '벤처기업 거품의 붕괴' 등 당시 경제 사정으로 말미암아 원고가 2001년 상반기에 메신저 사업을 사실상 포기한 것에 따른 것으로 볼 수 있고, 이 사건 결합판매행위로 원고가 메신저 시장을 상실하였다고도 볼 수 없다는 취지에서 원고의 메신저 사업 실패 또는 시장 상실과 피고들의 이 사건 결합판매행위 사이에 상당인과관계를 인정하기 부족하다고 보아, 원고의 청구를 기각하였다.[309]

[외부적 사정변경과 인과관계]

대법원 2011. 7. 28. 선고 2010다18850 판결(군납유류입찰담합 사건)에서, 국방부가 당초 내수가연동제 방식으로 군용유류 입찰을 실시하였다가 정유

307) 사법연수원, 「공정거래법」, 2014. 462면.

308) 사법연수원, 「공정거래법」, 2014. 463면.

309) 대법원 2013. 2. 15. 선고 2012다79446 판결(MS 사건).

업체들의 담합으로 수회 유찰되자 업체들이 요구하는 연간고정가 방식으로 유류구매계약을 체결함으로써 그 후 환율 및 국내 유가가 하락하였는데도 구매가격을 감액조정하지 못하여 국가가 손해를 입은 사안에서 ① 국방부가 연간고정가 방식을 채택한 것은 정유업체들의 담합으로 수회 입찰이 유찰된 것이 하나의 계기가 되었다고 볼 수 있지만, 당초 입찰 당시 담합행위만으로 연간고정가 방식이 계약조건으로 곧바로 편입되는 효과가 발생하는 것은 아니고 입찰을 실시하는 국방부의 내부 검토와 결정 절차를 거쳐야 했던 점, ② 당시 국방부는 연간고정가 방식을 채택하는 대신 월별 분할입찰을 실시하는 등의 대안이 있었음에도 연간고정가 방식으로 당초 입찰 당시보다 예정가격을 낮추어 입찰을 실시한다면 유류의 조기구입이 가능할 뿐만 아니라 예산도 절감할 수 있어 환율하락 정도와 시기를 감안하더라도 수용가능하다는 판단 하에 연간고정가 방식을 수용한 것인 점, ③ 이러한 연간고정가 방식의 계약 체결로 인하여 국방부가 손해를 입게 된 원인은 당초 예상과 달리 환율이 급격하게 하락하고 그에 동반하여 국내 유가가 급격하게 하락한 외부적 사정에 기인하는 점을 들어 상당인과관계를 부정한 바 있다.

[행위의 중단 · 실패와 인과관계]

대법원 2016. 4. 28. 선고 2015다6494 판결(엘리베이터 입찰 담합 사건)에서, 대법원은 담합에 참여하지 아니한 업체가 낙찰받은 입찰, 담합에서 낙찰받기로 합의된 업체가 아닌 다른 업체가 낙찰받은 입찰, 담합이 중단된 기간에 이루어진 입찰, 담합에서 낙찰받기로 합의된 업체가 낙찰받기는 하였으나 담합에 참여하지 아니한 업체도 입찰에 참가하여 사실상 경쟁입찰이 이루어진 입찰은 모두 실질적으로 경쟁입찰에 해당하기 때문에 낙찰금액이 경쟁가격에 해당하여 원고에게 손해가 발생하지 아니하였거나 담합행위와 손해 사이에 인과관계가 존재하지 아니한다는 피고들의 주장에 대하여, 원고에게 손해가 발생하였고 피고들의 담합행위와 원고의 손해 사이에 인과관계가 인정된다는 원심의 판단이 정당하다고 판단하였다.

이 판결은 공동행위의 중단이 있거나, 결과적으로 입찰담합이 실패한 경우에도 인과관계를 인정한 사례이지만, 이는 일반화하기 어렵고 이 사안의 사실관계에 기초한 판단으로 보는 것이 타당하다.

나. 손해액의 산정

(1) 차액설

불법행위로 인한 재산상 손해의 산정방법에 관하여는 차액설이 판례의 입장이다. 즉 위법한 가해행위로 인하여 발생한 재산상 불이익, 즉 그 위법행위가 없었더라면 존재하였을 재산상태와 그 위법행위가 가해진 현재의 재산상태의 차이가 손해로 산정되며, 여기에는 기존의 이익이 상실되는 적극적 손해와 장차 얻을 수 있을 이익을 얻지 못하는 소극적 손해가 포함된다.[310] 대법원은 위법한 입찰담합으로 인한 손해배상청구 사건에서 "위법한 입찰 담합행위로 인한 손해는 그 담합행위로 인하여 형성된 낙찰가격과 그 담합행위가 없었을 경우에 형성되었을 가격('가상 경쟁가격')과의 차액을 말한다."고 판시[311]하여, 같은 입장을 취하고 있다.[312]

공정거래법 제109조(구 공정거래법 제56조)가 2018. 9. 18. 법률 제15784호로 개정되어 2019. 3. 19. 시행되면서 부당한 공동행위, 불공정거래행위 분쟁신청, 신고에 대한 보복 조치, 사업자단체의 부당한 공동행위에 대하여는 손해의 3배를 넘지 아니하는 범위 내에서 손해배상책임을 지는 3배 배상제도가 도입되며(제3항), 부당한 공동행위에 대한 자진신고자나 조사협조자에 대하여는 발생한 손해를 초과하지 아니하는 범위 내에서 책임을 지며(제4항), 손해배상액을 정함에 있어 고려할 요소를 명시하였다(제4항).

[손해액 증명에서 증명책임의 완화]

독점금지법 사건의 손해배상 사건에서 손해가 발생한 점이 밝혀지면, 합리적인 손해산정이 이루어진다면 손해액의 증명은 완화되어 있다(Proof of damages is relaxed)고 보는 것이 손해배상소송 등 사소가 활성화되어 있는 미국 등의 실무인 것으로 보인다.[313] 경쟁법 분야의 전문가 감정에 있어

---

310) 대법원 1992. 6. 23. 선고 91다33070 전원합의체 판결, 대법원 1996. 2. 9. 선고 94다53372 판결, 대법원 1998. 7. 10. 선고 96다38971 판결 등.

311) 대법원 2011. 7. 28. 선고 2010다18850 판결.

312) 사법연수원, 「공정거래법」, 2014. 466면.

313) Bigelow v. RKO Radio, 327 U.S. 251 (1946).
J. Truett Payne v. Chrysler Motor Corp., 451 US 557 (1980). MCI Communications v. AT&T, 708 F.2d 1081 (7th Cir. 1983).

서도 「Concord Boat Corp. v. Brunswick Corp., 207 F.3d 1039 (8th Cir. 2000)」 판결에서 보는 바와 같이 도버트(daubert) 기준을 적용하고 있다.

Daubert v. Merrell Dow Pharmaceuticals, Inc., 509 U.S. 579 (1993)의 요지는 다음과 같다. 첫째, 증거가 허용되기 위해서는 연방증거규칙 제702조에 따라 관련성 요건을 갖추어야 하는데, 이 규정은 증거가 사실판단자로 하여금 증거를 이해하거나 쟁점에 관한 사실관계를 파악하는데 도움이 되어야 한다고 규정하고 있다. 둘째, 증거의 제출은 신뢰할 수 있는 것이어야 한다. 대법원은 증거가 허용되기 위한 충분한 신뢰성의 표지를 갖추고 있는지 여부를 결정하기 위한 판단요소들을 제시하고 있다. ① 이론이나 기술이 시험되었는지 여부, ② 이론이나 기술이 동료집단에 의해 검토 또는 출판될 수 있거나 되었는지 여부, ③ 알려지거나 잠재적인 오차율, ④ 관련된 과학자 집단에 의한 일반적인 수용 및 그 속에서 증언의 수용정도 등이다. 이러한 고려요소들은 체크리스트나 망라적인 것은 아니고, 사실심 법원의 조사는 연방증거규칙의 관대한 증거 허용 이념과 일치하는 유연한(flexible) 것이어야 한다. 대법원이 선언한 지배적인 원칙은 심리는 유연하고, 전문가들이 옹호하는 본질적인 과학적 결론들보다는 과학적 방법론에 초점이 맞추어져야 한다는 것이다.[314)]

(2) 재량손해의 산정

공정거래법 제115조는 "이 법의 규정을 위반한 행위로 인하여 손해가 발생된 것은 인정되나, 그 손해액을 입증하기 위하여 필요한 사실을 입증하는 것이 해당 사실의 성질상 극히 곤란한 경우에는, 법원은 변론 전체의 취지와 증거조사의 결과에 기초하여 상당한 손해액을 인정할 수 있다."고 규정하고 있다. 그러나 실무상 이 규정은 활용되지 못하고 있는 실정이다. 지식재산권에 관한 법률(특허법 제128조 제5항 등)의 동일한 규정이 손해배상산정에 있어 빈번하게 활용되는 것과 대조적이다. 다만 현재 판례는 손해액 산정이 전문가 감정으로서 적정성을 크게 벗어나지 않으면 이를 채택하는 등 사실상 증명의 부담을 완화하는 방식으로 위 규정의 취지를 손해액 산정과정에서 반영하는 것으로 보인다.

---

314) "각국의 전문가 감정 및 증언 등의 운영실무", 「외국사법제도연구」 16 법원행정처 2014. 11면.

재량손해 산정 규정은 3배 배상 제도와 연결되어 큰 효과를 가져올 수 있다. 손해배상 산정 과정에서 재량손해 산정 규정을 적극 활용하고 여기에 3배 배상을 적용할 경우 재량손해 규정의 의미가 부각된다. 참고 판결로, 대법원 2018. 10. 12. 선고 2016다243115 판결(한국전력공사 사건),[315] 부산지방법원 2010. 6. 18. 선고 2010나1484 판결(케이블방송사 가격담합 사건)[316]등이 있다.

[손해액 산정과 공정위 조사]

손해액 산정에 있어 공정위의 후견적 역할을 강조하는 견해도 있다. 그러나 제재를 통한 위법행위의 시정에 목적을 두고 있는 공정위가 정확한 손해액 산정을 담당하는 것은 현행 제도상 어려운 것으로 보인다. 다만, 공정위가 의결과정에서 경쟁제한효과를 심사하기 위하여 감정을 하는 경우, 추후 손해배상 사건에서도 이러한 감정결과가 활용될 수 있도록 하는 방안 등은 현재도 가능할 것이다

대법원 2014. 2. 27. 선고 2012두24498 판결(글락소그룹 사건)에서 공정위는 의결을 위하여 역지불 합의에 대한 경제분석을 하였다. 행정사건의 확정 후 국민건강보험공단이 제기한 손해배상 사건에서 위 공정위 단계 감정을 토대로 손해액을 산정할 수 있는지가 문제되었고, 1심(서울서부지방법원 2015. 8. 12. 선고 2014가합38388 판결)은 위 공정위 감정을 토대로 손해액을 산정하였으나, 항소심에서는 다시 감정을 실시한 바 있다(서울고등법원 2015나2052877 사건, 2019. 8. 27. 화해권고 결정으로 종결).

▣ 리딩케이스 : 대법원 2016. 11. 24. 선고 2014다81528 판결(경유담합사건)

---

315) 대법원은, 피고들이 원고에게 원고가 소멸시효가 완성되었다고 자인하는 기간 이후인 2002. 10. 9. 이후의 전력선 구매계약에 관한 담합행위로 인한 손해를 배상할 의무가 있다고 인정한 후, 다음과 같은 이유를 들어 손해액에 대한 여러 개의 감정 결과 중 하나를 채택하였고, 그렇게 산정한 손해액의 70%로 피고들의 책임을 제한한 원심의 판단에 손해배상액 산정과 증명책임 등에 관한 법리를 오해한 잘못이 없다고 판단하였다.

316) 2010. 10. 14. 상고기각. 공정거래법 제115조(구 공정거래법 제57조)의 재량손해 규정을 적극 적용하여 손해배상책임을 인정하였다.

■ 판시사항

공정거래법의 규정을 위반한 행위로 인한 손해배상소송에서 손해가 발생된 것은 인정되나 그 손해액을 증명하기 위하여 필요한 사실을 증명하는 것이 해당 사실의 성질상 극히 곤란한 경우에는, 법원은 구 공정거래법 제57조에 의하여 변론 전체의 취지와 증거조사의 결과에 기초하여 상당한 손해액을 인정할 수 있다. 이는 손해가 발생된 것은 인정되나 그 손해액을 증명하기 위하여 필요한 사실을 증명하는 것이 해당 사실의 성질상 극히 곤란한 경우에는 증명도·심증도를 경감함으로써 손해의 공평·타당한 분담을 지도 원리로 하는 손해배상제도의 이상과 기능을 실현하려는 취지이다. 따라서 법원이 위 규정을 적용하여 손해액을 인정할 때에도 손해액 산정의 근거가 되는 간접사실들의 탐색에 최선의 노력을 다해야 하고 그와 같이 탐색해 낸 간접사실들을 합리적으로 평가하여 객관적으로 수긍할 수 있는 손해액을 산정하여야 한다(대법원 2011. 5. 13. 선고 2010다58728 판결 참조).

한편 불법행위로 인하여 손해가 발생한 사실이 인정되는 경우 법원은 손해액에 관한 당사자의 주장과 증명이 미흡하더라도 적극적으로 석명권을 행사하여 증명을 촉구하여야 하고, 경우에 따라서는 직권으로라도 손해액을 심리·판단하여야 한다(대법원 1987. 12. 22. 선고 85다카2453 판결, 대법원 2011. 7. 14. 선고 2010다103451 판결 참조). 위와 같은 법리는 법원이 구 공정거래법 제57조를 적용하여 손해액을 인정하는 경우에도 마찬가지로 적용된다.

■ 해 설

원심은 손해의 발생 사실을 인정할 수 없다거나 구체적인 경유 구매량을 산정할 수 없고 원고들 주장의 가상 경쟁가격이나 초과가격을 인정할 수도 없다는 이유로 2그룹 원고들의 청구를 모두 배척하였다. 그러나 대법원은 손해를 입었는지에 관하여 2그룹 원고들은 2004년 전반기 중에 담합 피고들이 공급한 경질유를 구매하였는데, 이들이 화물트럭, 덤프트럭, 레미콘 등의 운행자라는 점에 비추어 보면, 이들이 구매한 것으로 과세정보 자료에 나타난 경질유는 모두 경유라고 보는 것이 타당하고, 다른 특별한 사정이 없는 한 전반기 중 상대적으로 성수기라고 할 수 있는 담합기간(2004. 4. 1. ~2004. 6. 10.) 중에 경유를 구매한 사실이 있다고 보는 것이 합리적이라는 이유로 손해발생을 긍정하였다.

손해액의 근거가 되는 원고들의 구매량에 관하여도, 원고별 경유 구매량을 알 수 있는 자료는 대부분 폐기되어 이를 증명하는 것이 극히 곤란한 경우에 해당한다고 볼 수 있으므로, 공정거래법 제115조(구 공정거래법 제57조)를 적용하여 원고별 경유 구매량을 산정할 수도 있으므로, 2그룹 원고들의 경우 원고들이 주장하는 방법에 따라 원고별 경유 구매량을 산정하는 것도 공정거래법 제115조(구 공정거래법 제57조)에 따른 합리적이고 객관적인 구매량의 산정이라고 볼 수 있음을 지적하였다. 손해액의 기준이 되는 가상 경쟁가격에 대하여도, 2그룹 원고들의 경우 손해가 발생된 것이 인정되고 또 가상 경쟁가격이나 초과가격의 산정에 관하여 공정거래법 제115조(구 공정거래법 제57조)를 적용할 수 있는 이상 원고들이 나름의 가상 경쟁가격 또는 초과가격 산정 방법만을 주장하면서 상당하다고 평가될 수 있는 가상 경쟁가격 또는 초과가격을 제대로 증명하지 못하고 있다면 원심으로서는 원고들에게 적극적으로 석명권을 행사하여 그러한 가상 경쟁가격 또는 초과가격에 관한 증명을 촉구하거나 경우에 따라서는 직권으로라도 상당한 가상 경쟁가격이나 초과가격을 심리·판단하였어야 하며, 여기서 상당한 가상 경쟁가격 또는 초과가격을 산정하는 방법으로는 계량경제학적 방법에 한하지 않고, 합리성과 객관성이 인정되는 한, 담합으로 인한 초과가격에 대한 통계자료, 유사사건에서 인정된 손해액의 규모, 사업자가 위반행위로 취득한 이익의 규모 등을 고려하여 산정하는 방법, 담합기간 중에 담합에 가담하지 않은 정유사들의 공급가격과 담합 피고들의 공급가격을 비교하여 산정하는 방법, 국내 경유 소매가격이 MOPS 가격에 연동된다면 원고 측 보고서의 산정 결과에 일정한 조정을 하는 방법 등이 고려될 수 있을 것이라고 보았다. 손해발생 및 손해액 산정에 대하여 공정거래법 제115조(구 공정거래법 제57조)를 적극적으로 반영하여 법원의 후견적 역할을 강조한 판결로 볼 수 있다.

'가상 경쟁가격'은 현실적으로 존재하지 않았던 가격이므로, 가상 경쟁가격을 정확하게 산정하는 것은 실질적으로 불가능하다. 따라서 가상 경쟁가격을 산정해야 하는 손해배상사건은 공정거래법 제115조(구 공정거래법 제57조)가 예정한 '손해액을 증명하기 곤란한 경우'의 전형으로 이해할 수 있다. 공정거래 손해배상사건에서 '가상 경쟁가격'은 처음부터 추론에 의존할 수 밖에 없으므로, 합리적인 범위 내에서 당사자에게 설명이 가능한 수준으로 가격이 특정되면 법원은 이를 수용하는 것이 바람직하다.

일부 하급심은 '가상 경쟁가격'을 현실로 존재한 가격과 같이 증거에 의하여 정확하게 특정할 수 있다는 비현실적인 전제에서 높은 증명을 요구하는 경향이 있었는데, 대상판결은 '가상 경쟁가격'에 관한 손해배상실무의 문제점을 정확하게 지적한 것으로 볼 수 있다.

특히 손해액 산정방법에 관하여 계량경제학적 분석방법이 주류가 되고 있는 경향에서, "계량경제학적 손해방법에 한하지 않는다."라고 판시하여 적정한 균형을 잡으려고 한 점은 주목할 부분이다. 손해액 산정을 막대한 비용이 소요되는 계량경제학적 분석방법에 의존할 경우, 피해자가 국가, 공기업, 대기업 등인 경우가 아닌 일반담합 사건의 피해자는 소송과정에서 감정비용을 부담할 수 없어 실질적인 권리구제를 포기하게 된다. 대상판결은 이러한 문제점을 정확하게 인식한 것으로 평가할 수 있다.

(3) 입찰담합과 손해액 산정

공정거래법 위반 사건에 대하여 손해배상 사건이 증가하고 있다. 특히 공기업 등이 담합으로 인한 피해에 대하여 손해배상을 제기하지 않은 것이 사회적인 문제가 되자, 입찰담합 등과 관련하여 공기업 등이 제소한 손해배상 사건이 증가하고 있다. 이 경우 경쟁가격을 어떻게 선정할 것인지가 쟁점이 되고 있다. 손해액 산정의 감정에 있어 대법원은 원심에서 채택한 감정방법이 논리와 경험칙에 반하거나 합리성이 없는 등 특별한 사정이 없는 한 원심이 채택한 감정을 존중하는 경향에 있다[대법원 2018. 10. 12. 선고 2016다243115 판결(전력선 담합 사건)].

[손해액 산정의 모형]

① 손해배상사건에서는 손해배상을 산정하기 위한 여러 모형이 제시되고 그 중 일부를 채택해야 하는 경우가 흔히 있다. 그 과정에서 다음과 같은 사항에 유의할 필요가 있다. 먼저, 기초자료가 지나치게 협소한 모형은 채택하기 어려울 것이다. 둘째, 경제학적으로 설명이 어려운 모형도 채택에 신중할 필요가 있다. 예를 들면 비용이 인상됨과 동시에 가격이 하락하는 모형은 특별한 설명이 없는 한 수용하기 어려울 것이다. 물론 이윤압착(margin squeeze)의 경우처럼 비용이 상승하면서 가격이 하락하는 현상도 있으나, 이러한 경제학적 설명이 제시되지 않았다면 비용과 가격이 음(-)의 관계에 있다고 보는 것은 일반적인 시장 상황에서는 무리일 것이다. 또한, 담합기간 중 실제 구매가격보다 가상경쟁가격이 높게 산출되고, 담합기간 전체를 기

준으로 피고들이 손해를 입은 것으로 나오는 감정은 그 신뢰도를 살펴볼 필요가 있다. 담합의 결과 어떤 결과가 나올지는, 비용과 가격 등에 관한 자료에 가장 접근성이 높고, 결과에 영향을 받는 당사자가 가장 잘 알 수 있고, 손해를 보는 담합을 할 가능성이 낮다는 것이 역사적인 경험이기도 하다. 이러한 경우에는 약탈적 가격설정 등과 같이 경쟁사업자를 배제하기 위하여 저가에 판매하는 것 등 손해를 보는 담합을 한 이유가 경제학적으로 충분히 설명되어야 한다.

② 지나치게 광범위한 요인을 감정에 반영하는 것은 신중할 필요가 있다. 이 경우 어떤 가정을 전제로 하고, 어떤 변수를 어떻게 반영하는가에 따라 극단적인 결과가 나올 위험성이 높을 수 있다. 예를 들면, 구매주체의 협상력에 따라 가격의 차이가 날 가능성을 반영하는 부분 등이다. 협상력은 계량화하기 어렵고, 계량화하더라도 반영폭에서 큰 차이가 날 수 있는 항목으로 볼 수 있다.[317] 변동폭이 큰 요인을 많이 반영하다 보면 그 과정에서 왜곡된 결과를 도출하게 될 위험이 있을 수 있다. 결국 손해액 산정 모델에서 어느 정도까지 요인을 반영해야 하고, 어떻게 반영할지는 합리적인 범위 내에서 선을 그을 수밖에 없다. 모든 요인을, 정확하게 반영하여 통제하는 것은 불가능하고, 오히려 왜곡된 결과를 가져올 수 있다. 어떤 변수를 반영할지, 어떻게 반영할지에 따라 지극히 상반된 결과가 나올 수 있는 상황에서, 채택한 감정이 주요한 변수를 무리없이 반영하였다면 이를 토대로 할 수 밖에 없다.

③ 이미 여러 감정이 제출된 상태라면, 그 중 어느 하나를 채택하거나 이를 보정하는 것이 바람직하고, 다른 감정을 다시 실시하여 심사의 대상에 올리는 것은 과도할 수 있다. 전면적인 재감정보다는 채택된 감정에서 당사자가 지적하는 요인을 반영할 경우 나타나는 최고치와 최저치 등을 확인하는 방법 등을 통한 보정이 더 적절할 수 있다. 한편, 책임제한에서 전가 부분을 어떻게 반영할지 부분에 있어서도 경제학적 근거를 도출한 다음 반영하는 방법도 있으나, 손익상계나 과실상계만을 위해서 감정을 할 실익은 크지 않을 것이다. 이 부분은 경제학자의 의견도 주관적일 가능성이 높다. 이 부분은 법관의 재량권 행사가 과도하지 않다면 다른 손해배상사건에서 상계

317) 수직결합에서 결합 후 요소가격 결정을 위하여 협상력을 변수로 반영하지만 협상력을 어떻게 반영할지에 관하여 폭이 커서 사실상 중립적인 지수인 1/2로 반영하는 경우가 있을 정도로 협상력은 계량화하기 어려운 변수이다.

를 하는 것처럼 비율적인 선택에 맡겨두는 것도 불가피하다.

④ 합의일과 합의의 실행일이 차이가 나는 경우에는 최초의 합의(기본합의)가 있었던 시점이 아니라, 담합기간(비경쟁기간)을 설정한 후 가상경쟁가격을 산정하는 것이 바람직하다. 위법성 판단에서는 합의일이 중요하지만, 시장에 미친 영향이 중요한 손해액에서는 합의가 실행된 일자가 의미가 있다.

(4) 손해의 전가

직접구매자의 손해배상청구에 대하여, 직접구매자가 다음 단계의 구매자에게 손해를 전가하였으므로 그 전가 부분을 손해액에서 공제되어야 한다는 항변이 허용되는지에 관하여 대법원은 밀가루 담합사건(대법원 2012. 11. 29. 선고 2010다93790 판결[318])에서 손해전가 항변은 원칙적으로 받아들여질 수 없으나, 손해배상책임을 제한하는 사유로 고려될 수 있다고 판시하였다.

일부 국가에서 간접구매자의 손해배상청구권을 부정하는 대신 직접구매자의 손해배상청구에서 손해전가 항변을 받아들이지 않는 태도와 비교하면,[319] 우리는 간접구매자의 손해배상청구권을 인정하면서, 직접구매자 사건에서 손해 전가 문제를 손해배상책임의 수액에서 고려하는 절충적인 태도를 취하고 있는 것으로 평가할 수 있다.

(5) 책임의 제한

불법행위로 인한 손해배상청구소송에서는 손해의 공평 부담이라는 손해배상법의 기본 이념이 적용되므로, 피해자에게 손해의 발생 및 확대에 기여한 과실이 있다는 이유로 과실상계를 하거나 공평의 원칙에 기하여 손해배상액을 제한할 수 있다. 과실상계는 가해자와 피해자의 고의・과실의 정도, 위법행위의 발생 및 손해의 확대에 관하여 어느 정도의 원인이 되어 있는지 등의 제반 사정을 고려하여 배상액의 범위를 정하는 것으로서 과실상계 사유에 관한 사실인정이나 그 비율을 정하는 것은 형평의 원칙에 비추어

---

318) 제품 등의 가격 인상을 통하여 부분적으로 손해가 감소되었을 가능성이 있는 경우에는 직접적인 상당인과관계가 인정되지 아니한다고 하더라도 이러한 사정을 손해배상액을 정할 때에 참작하는 것이 공평의 원칙상 타당하다.

319) Hanover Shoe, Inc. v. United Shoe Machinery Corp., 392 U.S. 481(1968). Illinois Brick Co. v. State of Illinois, 431 U.S. 720(1977).

현저히 불합리하다고 인정되지 않는 한 사실심의 전권사항에 속한다.[320]

대법원은 대규모소매업자가 납품업자로부터 납품받은 상품의 판매를 위해 그 납품업자로부터 직원을 파견받아 판매업무에 종사하게 하고도 그 인건비 등을 납품업자로 하여금 부담하도록 한 사안에서, 납품업체가 협력사원이라는 명목으로 파견종업원의 인건비를 부담함으로써 대형할인점 매장에서 납품업체 제품의 매출을 확대하는 등의 이익을 얻을 수 있었던 점 및 그 밖의 기록에 나타난 여러 사정을 감안하여 신의칙 내지 공평의 원칙을 고려하여 대규모소매업자의 손해배상책임을 적정한 범위로 제한할 수 있다고 판시한 바 있다.[321]

[과징금과 손해액 제한]

사업자가 공정위로부터 과징금을 부과받은 경우 이러한 사정이 손해액 제한의 참작사유가 되는지가 문제된다. 이는 사업자가 과징금을 부과받아서 납부하게 되는 경우 그 부분만큼은 사업자의 이득이 환수됨으로써 손해액이 감소한 것으로 볼 수 있는지와 관련되어 있다.

과징금은 부당이득환수적 요소 외에 부당한 공동행위의 억지라는 행정목적을 실현하기 위하여 그 위반행위에 대하여 제재를 가하는 행정상의 제재금으로서의 기본적 성격이 있다.[322] 따라서 부당한 공동행위로 이득이 발생하지 않은 경우에도 제재의 필요성이 있으므로 과징금은 원칙적으로 부과되고 있다.[323]

이와 같이 과징금의 성격이 단지 부당이득환수에 그치지 않고 위반행위에 대한 행정상 제재로서 의미도 있는 이상, 이미 발생한 손해를 가해자와 피해자가 공평하게 분담한다는 의미에서의 손해액 제한과 구별된다는 점에서

---

320) 대법원 2012. 1. 12. 선고 2010다79947 판결.

321) 대법원 2009. 7. 23. 선고 2008다40526 판결.

322) 대법원 2004. 10. 28. 선고 2002두7456 판결.

323) 다만, 대법원 2017. 4. 27. 선고 2016두33360 판결(포스코건설 사건)은 “이 사건에서 과징금액은 과징금의 부당이득환수적인 면보다는 제재적 성격이 지나치게 강조되어 위반행위의 위법성의 정도 및 공동행위로 취득한 이득액의 규모 사이에서 지나치게 균형을 잃은 과중한 액수에 해당한다고 볼 수 있다.”고 판단하였다(공정위가 원고에게 부과한 과징금 약 199억 원은 원고가 이 사건 공동행위 가담을 통하여 취득한 배분물량 약 173억 원 상당을 상회하는 사안이었음).

는 손해배상액 제한 사유로 보기 어렵다. 다만, 부당이득의 환수는 피해자의 손해배상 등 사적 집행으로 회수되어야 함에도 국가가 과징금을 통하여 부당이득을 환수하고도 이를 피해자에게 지급하지 않는 것이 타당한지는 의문이 남는다. 참고로, 위반사업자가 과징금을 부과받기 전에 자진하여 피해자에게 손해를 배상하고 합의를 하는 경우에는 과징금 부과 등에서 고려될 수 있을 것이다.

(6) 손익상계

손해배상책임의 원인이 되는 불법행위로 인하여 피해자가 새로운 이득을 얻었을 뿐만 아니라 그 이득이 배상의무자가 배상하여야 할 손해의 범위에 대응하는 것이라면, 손해배상액 산정에서 손익상계가 허용된다.[324] 직접구매자의 손해전가가 그 대상이 될 수 있는지에 대하여, 서울고등법원 2010. 10. 14. 선고 2009나65012(밀가루 담합사건) 판결은 직접구매자의 손해전가로 인한 이득이 위반행위자의 위반행위로 얻은 이익이라고 하기는 어렵다는 점에서 상당인과관계가 인정되기 어려워 손익상계의 대상이 될 수 없다고 판단하였고, 대법원도 원심의 이러한 판단을 수긍한 것으로 보인다.

한편, 국가가 담합행위의 피해자일 경우 국가가 담합행위자에게 부과한 과징금이 손익상계의 대상이 되는지도 문제되나, 대법원은 군납유류입찰담합 사건(대법원 2011. 7. 28. 선고 2010다18850 판결)에서 이를 부정하였다.

(7) 회사 임원의 손해배상 책임

이사의 감시의무의 구체적인 내용은 회사의 규모나 조직, 업종, 법령의 규제, 영업상황 및 재무상태에 따라 크게 다를 수 있다. 특히 고도로 분업화되고 전문화된 대규모 회사에서 대표이사나 일부 이사들만이 내부적인 사무분장에 따라 각자의 전문 분야를 전담하여 처리하는 것이 불가피한 경우에도, 모든 이사는 적어도 회사의 목적이나 규모, 영업의 성격 및 법령의 규제 등에 비추어 높은 법적 위험이 예상되는 업무와 관련하여서라도 제반 법규를 체계적으로 파악하여 그 준수 여부를 관리하고 위반사실을 발견한 경우 즉시 신고 또는 보고하여 시정조치를 강구할 수 있는 형태의 내부통

---

324) 대법원 2011. 4. 28. 선고 2009다98652 판결.

제시스템을 구축하여 작동되도록 하는 방식으로 감시의무를 이행하여야 한다(대법원 2021. 11. 11. 선고 2017다222368 판결 등 참조). 다만 회사의 업무집행을 담당하지 않는 사외이사 등은 내부통제시스템이 전혀 구축되어 있지 않는데도 내부통제시스템 구축을 촉구하는 등의 노력을 하지 않거나 내부통제시스템이 구축되어 있더라도 제대로 운영되지 않는다고 의심할 만한 사유가 있는데도 이를 외면하고 방치하는 등의 경우에 감시의무 위반으로 인정될 수 있다(대법원 2022. 5. 17. 선고 2021다279347 판결).[325)]

다. 공정거래법상 3배 배상

2018. 9. 18. 공정거래법이 개정(법 제16998호)되면서 3배 배상 제도가 도입되었다. 하도급거래의 공정화에 관한 법률이 2013. 5. 28. 개정되면서(법 제11842호) 3배 배상 제도를 도입된 이후, 공정거래법에 3배 배상 제도가 수용되었다. 다양한 법률에서 징벌적 손해배상으로 3배 배상제도를 두고 있고, 공정거래법, 하도급거래 공정화에 관한 법률, 대리점거래의 공정화에 관한 법률, 가맹사업거래의 공정화에 관한 법률, 대규모유통업에서의 거래공정화에 관한 법률 등이 공정거래법 또는 그 특별법으로 징벌적 배상제도를 두고 있다. 2021년 2월 기준으로 징벌적 손해배상 관련 판례는 하도급법 16건, 대리점법 1건, 가맹사업법 4건, 기간제 및 단시간 근로자 보호등에 관한 법률 1건 등 12건이 있었고, 공정거래법상 징벌적 손해배상 사례는 드물다.[326)]

(1) 3배 배상의 요건

사업자 또는 사업자단체가 공정거래법 제40조(구 법 제19조), 제48조(구 법 제23조의3) 또는 제51조 제1항 제1호(구 법 제26조 제1항 제1호)를 위반함으로

---

325) 입찰담합 행위로 인하여 ○○건설이 입게 된 손해(과징금, 벌금)와 관련하여, 당시 ○○건설의 대표이사, 사내이사, 사외이사 등으로 재직하였던 피고들에게 내부통제시스템 미구축에 따른 감시의무 불이행으로 인한 손해배상책임을 인정한 원심을 수긍한 사례이다.

326) 2019년 기준 통계는 "징벌적 손해배상의 적정한 운영방안에 관한 연구", 사법정책연구원, 2019. 220, 221면.

써 손해를 입은 자가 있는 경우에는 그 자에게 발생한 손해의 3배를 넘지 아니하는 범위에서 배상책임을 진다(법 제109조 제2항 본문, 구 법 제56조 제3항 본문). 부당한 공동행위(법 제40조), 불공정거래행위에 대한 보복 조치(법 제48조), 사업자단체의 부당한 공동행위를 통한 금지행위(법 제51조 제1항 제1호)가 적용대상이다. 부당한 공동행위와 사업자단체의 부당한 공동행위를 통한 금지행위는 그 본질이 동일하다. 개별적인 합의에 따라 공동행위가 이루어졌는지, 또는 사업자단체를 통하여 공동행위를 하였는지의 차이가 있을 뿐이다. 행위에 대한 비난가능성이 특별히 높은 불공정거래행위에 대한 보복 조치를 제외하면, 공정거래법상 3배 배상 제도는 사적 집행의 강화를 통하여 카르텔 억지를 도모하고, 피해자 구제의 수준을 높이려는 제도로 이해할 수 있다. 3배 배상의 경우에도, 사업자 또는 사업자단체가 고의 또는 과실이 없음을 입증한 경우에는 배상책임을 지지 않음은 다르지 않다(공정거래법 제109조 제2항 단서, 구 법 제56조 제3항 단서).

(2) 배상액의 심사

법원은 공정거래법 제109조 제2항(구 법 제56조 제3항)의 배상액(3배 배상액)을 정할 때에는 고의 또는 손해 발생의 우려를 인식한 정도, 위반 행위로 인한 피해 규모, 위법행위로 인하여 사업자 또는 사업자단체가 취득한 경제적 이익, 위반 행위에 따른 벌금 및 과징금, 위반 행위의 기간·횟수 등, 사업자의 재산상태, 사업자 또는 사업자단체의 피해구제 노력의 정도 등을 고려하여야 한다(공정거래법 제109조 제3항, 구 법 제56조 제4항). 징벌적 배상이 인정된 하도급법위반 사례로 수원지방법원 성남지원 2017. 9. 19. 선고 2016가합202844 판결,[327] 울산지방법원 2020. 10. 28. 선고 2018가합26457

---

327) 하도급법 제4조 제2항 제7호(부당한 하도급대금 결정 중 경쟁입찰에서 최저가보다 낮은 금액으로 하도급대금결정) 위반 사례이다. 이 사례에서 수급사업자의 피해규모, 원사업자가 손해발생을 충분히 인식하였던 점, 수급사업자와 원사업자의 경제적 지위의 차이, 원사업자가 소송에 이르기까지 미지급대금을 지급하지 아니한 점을 고려하였다. 부당한 하도급대금(최저입찰금액과 실제 공사대금의 차액)은 54,456,000원이고, 그 3배인 163,380,000원의 범위 내에서 108,920,000원으로 손해배상액을 정하였다.

판결 등이 있다.

(3) 자진신고자(조사협조자)에 대한 특칙

(가) 자진신고자 등의 손해배상액 특칙

사업자가 자진신고자 또는 조사협조자의 어느 하나에 해당하는 경우 그 배상액은 해당 사업자가 공정거래법 제40조(구 법 제19조)를 위반함으로써 손해를 입은 자에게 발생한 손해를 초과해서는 아니 된다(공정거래법 제109조 제2항 단서, 구 법 제56조 제4항 단서). 자진신고자에 대하여 피해자에게 발생한 손해 범위 내에서 배상하도록 함으로써 3배 배상의무에서 제외하였다. 카르텔 적발을 위한 자진신고 제도의 중요성에 비추어, 자진신고자나 조사협조자에 대하여 공정거래법상 시정조치나 과징금 등 행정상 제재가 감면되고, 형사고발이 면제되더라도 이와 별도로 손해배상으로 3배 배상 의무를 부담하게 된다면, 손해배상의무에 대한 우려로 자진신고 제도가 위축될 수 있음을 고려한 특칙이다.

(나) 자진신고자의 공동불법행위 책임 특칙

자진신고자 또는 조사협조자의 어느 하나에 해당하는 사업자가 제3항에 따른 배상책임을 지는 경우에는 다른 사업자와 공동으로 공정거래법 제40조(구 법 제19조)를 위반하여 손해를 입은 자에게 발생한 손해를 초과하지 아니하는 범위에서 민법 제760조에 따른 공동불법행위자의 책임을 진다(법 제109조 제4항, 구 법 제56조 제5항).

부당한 공동행위는 복수의 사업자의 합의에 따라 이루어진다. 민법 제760조에 따른 공동불법행위의 경우 부진정연대채무로서 원칙적으로 배상액의 차이가 없다. 그러나 부당한 공동행위 사안에서 자진신고자나 조사협조자는 피해자에게 발생한 손해 범위 내에서만 손해배상책임을 지고, 다른 가담자는 3배 배상의무를 지도록 함으로써 배상액의 범위를 달리하고 있다. 이 점에서 민법 제760조에 따른 특칙이 된다. 공동불법행위의 경우 부진정연대채무로서 배상액의 차이가 없지만, 자진신고자나 조사협조자가 공동불법행위 책임을 지는 경우에는 자진신고자나 조사협조자가 3배 배상에 따른 공동불법행위책임 전체가 아니라 발생한 손해의 범위 내에서만 책임을 지도록 함으로써, 손해배상에 대한 부담으로 자진신고가 위축되지 않도록 한 규정이다.

라. 소멸시효

(1) 기산일 : 불법행위를 한 날(입찰담합 관련)

부당한 공동행위로 인한 손해배상청구 사건에서 공정위의 처분이 먼저 이루어진 후 민사상 손해배상청구가 제기되는 등의 사정으로 소멸시효 완성이 쟁점으로 되는 경우가 흔히 있다. 특히 입찰담합과 같이 여러 단계의 행위로 이루어지는 위반행위에서 어떤 시점을 소멸시효의 기산점으로 볼지에 따라 소멸시효 완성 여부가 달라진다.

기산점을 행위일로 보는 방법과 손해발생일로 보는 방법으로 나눌 수 있다. 행위일로 보는 경우에도 합의일, 입찰일, 낙찰일, 계약일, 물량배분 등 후속행위 종료일 등 다양한 시점이 있을 수 있다.[328] 대법원 2016. 4. 28. 선고 2015다6494 판결, 서울고등법원 2016. 9. 8. 선고 2014나9467 판결, 서울고등법원 2016. 9. 8. 선고 2015나10143 판결 등 일련의 판결은 계약일을 소멸시효의 기산점으로 보고 있다. 계약일로 보는 경우에도 계약이 순차적으로 여러번 체결된 경우 최초 계약일과 최종 계약일 중 무엇을 기산점으로 보는지에 따라 결론이 달라질 수 있다. 계약 이행 중에는 손해배상청구의 소를 제기하기 어려운 점에 비추어 보면 계약일로 소멸시효 기산점을 보는 것은 피해구제를 어렵게 한다는 비판도 있다.[329]

대법원은 1차 계약과 동시에 총괄계약이 체결된 사정만으로는 국가가 갑 회사에 지급할 총공사대금이 구체적으로 확정되었다고 볼 수 없는데도, 국가의 갑 회사와 을 회사 등에 대한 손해배상채권 전부의 소멸시효가 그때부터 진행하여 모두 완성되었다고 본 원심판단에는 총괄계약의 효력 등에

---

328) 소멸시효의 기산일과 공정거래법상 제척기간의 기산일, 형사소송법상 공소시효의 기산일의 관계도 문제된다. 공정거래법상 제척기간의 경우에는 원칙적으로 입찰일로 보고 있다(대법원 2015. 5. 28. 선고 2015두37396 판결).

329) 국가재정법 제96조 제1항은 "금전의 급부를 목적으로 하는 국가의 권리로서 시효에 관하여 다른 법률에 규정이 없는 것은 5년 동안 행사하지 아니하면 시효로 인하여 소멸한다."라고 규정하고 있어, 손해배상을 청구하는 원고가 국가인 경우 5년의 상대적으로 짧은 소멸시효 기간이 도과할 가능성이 높다.

관한 법리오해가 있다는 이유로 원심을 파기하였다(대법원 2019. 8. 29. 선고 2017다276679 판결). 이러한 대법원의 판단은 총괄계약의 효력은 계약상대방의 결정(연차별 계약마다 경쟁입찰 등 계약상대방 결정 절차를 다시 밟을 필요가 없다), 계약이행의사의 확정(정당한 사유 없이 연차별 계약의 체결을 거절할 수 없고, 총공사내역에 포함된 것을 별도로 분리발주할 수 없다), 계약단가(연차별 계약금액을 정할 때 총공사의 계약단가에 의해 결정한다) 등에만 미칠 뿐이고, 계약상대방이 이행할 급부의 구체적인 내용, 계약상대방에게 지급할 공사대금의 범위, 계약의 이행기간 등은 모두 연차별 계약을 통하여 구체적으로 확정된다고 보아야 한다는 대법원 전원합의체 판결(대법원 2018. 10. 30. 선고 2014다235189 전원합의체 판결)의 법리가 소멸시효의 기산점 논의에도 반영된 것으로 이해할 수 있다.

(2) 기산일 : 손해 및 가해자를 안 날

대법원 2014. 9. 4. 선고 2013다215843 판결은 부당한 공동행위 사안에서 공동행위자들 모두에 관한 행정소송 판결이 확정될 필요는 없고 그 중 1인에 의한 행정소송 판결이 확정됨으로써 관련 공동행위자들 전부의 불법행위를 현실적이고 구체적으로 인식하였다고 보아야 한다고 판단하였다.[330]

마. 손해배상사건의 증거조사

(1) 관할 법원

민사소송법상 관할법원이 적용된다. 행정소송의 경우 서울고등법원이 전속관할인 것(공정거래법 제100조)과 대비된다.

(2) 기록송부요구

공정거래법 제110조는 “제109조(손해배상책임)의 규정에 의한 손해배상청구의 소가 제기된 때에는 법원은 필요한 경우 공정위에 대하여 당해사건의

330) 대법원 2019. 12. 13. 선고 2019다259371 판결도 화재사건에서 관련 사건의 1심 판결 선고일이 아니라 관련 사건의 판결이 확정된 때 불법행위의 요건사실을 현실적, 구체적으로 인식한 것으로 보았다.

기록(사건관계인, 참고인 또는 감정인에 대한 심문조서 및 속기록 기타 재판상 증거가 되는 일체의 것을 포함한다)의 송부를 요구할 수 있다."라고 규정하고 있다.

기록송부요구 제도가 있으나, 수소법원의 당사자[331] 등에 대한 석명권 행사에 따른 임의제출이나 문서제출명령(행정소송법 제8조 제2항, 민사소송법 제344조)에 의하여 이루어지는 경우가 많다.

(3) 자진신고 자료의 제출

공정거래법 제110조에 의한 자료의 제출에 자진신고(조사협조)와 관련된 자료도 포함되는지가 문제된다. 국내에서는 이와 관련된 직접적인 선례는 없다. 국외 사례로는 법원이 개인의 권리구제를 위한 공개의 필요성과 개인정보보호, 자진신고 제도의 실효성 유지를 위한 비공개의 필요성을 종합적으로 고려해서 결정해야 한다는 사례가 있다.[332] 비교법적으로는 자진신고에서 구두신청을 통하여 이러한 자료를 생성하지 않는 방안, 자진신고자의 경우 손해배상의 범위를 제한하고, 징벌적 배상 등을 허용하지 않는 방안 등이 있다. 공정거래법도 최근 제56조 제5항 신설을 통하여 자진신고자에 대하여는 3배 배상을 허용하지 않고 피해자가 입은 손해 범위 내에서 배상책임을 지도록 하고 있다.

우리 제도에서도 법원이 공정거래법 제110조(구 공정거래법 제56조의2)

331) 공정위는 손해배상청구 사건에서는 당사자가 아니다.

332) Bundeswettbewerbsbehorde v. Donau Chemie AG, C-536/11 (2013). ① 오스트리아 연방경쟁당국은 'Donau Chemie' 등 7개 인쇄용화학제품 도매유통업체의 카르텔 협의를 조사하였다. 위 업체 중 1개 업체가 자진신고 신청을 하였다. 이 사건은 비엔나 고등법원, 대법원 판결을 통하여 카르텔 협의가 인정되었다. 그 후 인쇄업자들의 사업자단체는 위 화학제품 유통업체를 상대로 손해배상청구소송을 제기하며, 비엔나 고등법원에 카르텔 자료에 대한 열람을 신청하였다. 오스트리아 연방카르텔법은 당사자의 동의가 없는 한 자료열람을 허용할 수 없도록 되어 있었다. 비엔나 고등법원은 위 연방카르텔법 조항이 유럽연합 법률에 부합하는지 유럽연합 사법법원에 선결적 평결을 요청하였다. ② 이에 대하여 사법법원은 공개 여부에 대하여 법원이 이익을 형량한 후 결정하여야 함에도, 오스트리아 연방카르텔법은 당사자의 동의가 없는 한 공개를 할 수 없도록 하고 있어, 손해배상청구권자의 권리를 침해하므로 유럽연합 법률과 부합하지 않는다고 판단하였다.

에 따라 공정위에 대하여 기록의 송부 요구를 하거나, 민사소송법 제347조에 따라 문서제출명령을 내릴 경우 공정위가 자진신고 자료라는 사유만으로는 이를 거부할 수 없을 것으로 보인다. 즉, 문서제출명령의 경우 문서의 소지자에게 일반적 제출의무가 인정되고,[333] 민사소송법 제344조 제2항에 따라 예외적으로 제출을 거부할 수 있는 경우에도 해당하지 않는다.

[공정거래법상 자료제출 거부 사유]

① 공정위가 공정거래법 제44조 제4항, 제119조를 근거로 자료제출을 거부할 수 있는지가 문제된다. 공정거래법 제44조 제4항은 공정위 및 그 소속 공무원은 소송수행을 위하여 필요한 경우 등 대통령령으로 정하는 경우를 제외하고는 자진신고자 또는 조사에 협조한 자의 신원·제보내용 등 자진신고나 제보와 관련된 정보 및 자료를 사건 처리와 관계없는 자에게 제공하거나 누설하여서는 아니 된다고 규정하고 있다. 공정거래법 제119조(비밀엄수의 의무)는 "이 법에 의한 직무에 종사하거나 종사하였던 위원, 공무원 또는 협의회에서 분쟁조정업무를 담당하거나 담당하였던 자는 그 직무상 알게 된 사업자 또는 사업자단체의 비밀을 누설하거나 이 법의 시행을 위한 목적 외에 이를 이용하여서는 아니된다."라고 규정하고 있다.

그러나 법원의 송부요구나 문서제출명령에 따른 제출은 법에 의하여 문서의 제출이 이루어지는 경우이므로, 위 각 규정에 따른 제공 금지나 비밀엄수 의무가 법원의 요구나 제출명령에 따른 사안에까지 적용된다고 보기 어려울 것이다. 서울고등법원 2019. 5. 16. 선고 2019누30500 판결(팜스코 사건)[334]은 구 공정거래법 제22조의2 제3항(현 공정거래법 제44조 제4항)이 사건처리와 관계있는 법원에 서증으로 제출하는 것을 금지하는 규정으로 볼 수 없다고 판단하였다. 위 법원은 구 공정거래법 제22조의2 제3항, 시행령 제35조 제2항 2호의 경우 공정위는 자진신고자나 조사협조자의 동의가 없는 경우에도 관련 소송의 제기, 수행에 필요하면 이를 제출할 수 있음도 지적하였다.

② 공정거래법 제95조(자료열람요구) 제2호, 공정거래법 제111조 제1항

333) 2002년 민사소송법의 개정을 통하여 문서제출의무의 대상 범위를 확대한 입법 취지에 비추어 보면 민사소송법 제344조 제2항 각 호에서 규정하고 있는 문서제출 거부사유에 해당하지 아니하는 경우 그 소지인은 원칙적으로 문서제출의무를 부담한다(대법원 2008. 4. 14.자 2007마725 결정).

334) 대법원 2019. 10. 17.자 2019두44736 판결로 심리불속행 기각.

(자료의 제출)과 관계의 문제이다. 공정거래법 제95조(자료열람요구) 제2호가 열람 또는 복사의 요구 대상에서 자진신고 등과 관련된 자료는 제외하고 있으나, 이는 당사자 또는 신고인의 공정거래위원회에 대한 자료열람요구 제도에 관한 규정이므로, 역시 법원의 공정거래위원회에 대한 문서제출명령 등에 적용되지 않는다. 공정거래법 제111조 제1항(자료의 제출)은 법원의 당사자에 대한 자료 제출 명령에서 자진신고와 관련된 자료 제출을 제외하고 있으나, 이는 소송의 당사자에 대한 자료 제출 제도에 관한 규정이므로, 법원의 공정거래위원회에 대한 문서제출명령 등에 적용되지 않는다. 소송의 당사자에 대한 자료제출에서 자진신고와 관련된 자료 제출을 제외한 취지를 법원의 공정거래위원회에 대한 자진신고와 관련된 문서제출명령에 고려할지는 해석의 문제에 맡겨져 있다.

바. 관련 판례

관련 대법원 판결로, 대법원 2011. 7. 28. 선고 2010다18850 판결(군납유 사건), 대법원 2012. 11. 29. 선고 2010다93790 판결(밀가루 사건), 대법원 2014. 8. 28. 선고 2013다16619 판결(신용카드사 수수료 담합 사건),[335] 대법원 2015. 10. 15. 선고 2012다64253 판결(군납유 담합 사건)[336] 대법원 2016. 4. 28. 선고 2015다6494 판결(엘리베이터 입찰 담합 사건),[337] 대법원 2018. 12. 27. 선고 2016다43872 판결(지하철공사 입찰담합 사건)[338] 등이

335) 원심은 서울고등법원 2013. 1. 17. 선고 2011나106169, 2011나106176(병합) 판결.

336) 현대오일뱅크가 진술·보증 조항의 위반사항인 담합행위를 사전에 알고 있었고 담합행위로 공정위의 제재를 받을 가능성이 있어 이를 주식양수도 대금 산정에 반영할 기회를 갖고 있었더라도 그런 점만으로 현대오일뱅크의 손해배상청구가 공평의 이념 및 신의칙에 반한다고 볼 수 없다는 취지의 판결이다.

337) 상고기각. 원심인 서울고등법원 2014. 12. 18. 선고 2014나4899 판결은 부당한 공동행위의 중단 여부가 인과관계에 영향을 미치는지(적극), 합의에 참가한 후 낙찰을 받지 못한 경우에도 인과관계가 인정되는지(적극)에 관한 판시사항에 주목할 필요가 있다. 특히 이 사건은 '불법행위를 한 날'이 가해행위가 있었던 날이 아니라 현실적으로 손해의 결과가 발생한 날을 의미한다는 전제에서, 소멸시효의 기산점을 위반행위의 종기가 아니라 개별 구매계약 체결일로 특정하였음에 주목할 필요가 있다.

338) 파기환송되었다. 파기된 항소심 판결이 서울고등법원 2016. 9. 8. 선고 2014나9467 판결, 제1심이 서울중앙지방법원 2014. 1. 10. 선고 2011가합26204 판결이다.

있다. 하급심 판결로, 서울고등법원 1998. 5. 20. 선고 97나4465 판결(약품도매상 담합 사건)[339], 서울고등법원 2007. 6. 27. 선고 2005나109365 판결(교복담합 사건),[340] 서울남부지방법원 2014. 3. 18. 선고 2012가합19193 판결(가전제품 담합 사건),[341] 서울중앙지방법원 2016. 1. 15. 선고 2015가합553575 판결(광주전남 혁신도시 수질복원센터 입찰담합 사건),[342] 서울고등법원 2016. 5. 13. 선고 2015나2017546 판결(무인교통 감시장치 담합 사건),[343] 서울고등법원 2016. 7. 7. 선고 2015나2015960 판결(한국전력 전력선 입찰담합 사건) 등이 있다.

2. 금지청구

가. 금지청구 제도

금지청구 제도는 공정거래위원회의 시정조치에 대응된다. 불공정거래행위의 피해자가 행위자의 행위를 금지하기 위하여 공정거래위원회에 신고하여 공정거래위원회가 위반행위를 인정한 후 시정조치를 부과하고, 행위자가 시정조치를 위반할 경우 형벌이 부과된다. 이러한 종전의 금지 방식에 더하여, 피해자가 직접 법원에 금지를 구하는 가처분이나 금지를 구하는 본안소송을 제기하여, 법원의 결정이나 판결을 받고, 행위자가 법원의 결정이나 판결을 위반할 경우 간접강제의 방식을 통하여 집행한다. 즉, 금지청구는 시정조치와 같은 목적을 달성할 수 있으면서도 공정거래위원회의 처분을 거치지 않고 직접 권리를 행사할 수 있다는 점, 형사절차를 거치지 않고 배상금을 통한 간접강제의 방식을 통하여 집행할 수 있음에 의의가 있다. 일

339) 확정. 손해의 범위 확정은 의제적인 성격을 지닌다고 본 사례.

340) 확정.

341) 확정.

342) 한국토지주택공사가 들러리 입찰참여자에게 지급한 설계보상비를 손해배상액으로 구한 것이어서 손해액 산정의 문제는 발생하지 않았다. 들러리 입찰참여를 한 사업자와 공동수급체를 구성한 사업자에 대하여도 방조로 인한 손해배상책임을 인정하였다.

343) 확정. 원심이 서울중앙지방법원 2015. 2. 13. 선고 2011가합108564 판결이다.

부 국가의 경우 금지청구 제도를 통하여 단독행위 규제에 대한 경쟁법 집행이 상당 부분 이루어지고 있음에서 알 수 있듯이, 제도 운영에 따라 파급효가 클 수 있다.[344]

금지청구가 공정거래법에 명문화되지 않은 현 상태에서 금지청구가 가능한지에 관하여 대법원 판결은 없었으나, 금지청구권의 법적 근거가 없다는 하급심 결정이 있었다.[345] 공정거래법에 손해배상에 대한 규정이 있지만 이러한 규정이 없어도 손해배상은 가능한 것처럼, 공정거래법에 금지청구제도가 도입되더라도 이는 당연히 가능한 것을 확인하는 것에 불과하여 현재도 가처분 등이 가능하다는 견해도 있었다.

이런 논란 속에서 개정 공정거래법은 부당한 지원행위를 제외한 불공정거래행위와 사업자단체의 불공정거래행위에 대하여 금지청구제도를 도입하였다. 금지청구 제도는 개정 공정거래법이 시행되는 2021. 12 30.부터 적용되었다. 금지청구가 도입되지 않은 불공정거래행위 이외의 유형(시장지배적 지위 남용, 기업결합 등)에 대하여는 종래의 논의가 그대로 해결되지 않은 채 남아 있다. 다만, 금지청구의 대상인 불공정거래행위의 경우 거래거절, 배타조건부거래, 차별적 취급, 끼워팔기, 부당염매 등 유형은 시장지배적 지위 남용에도 존재하고, 불공정거래행위 중 거래상 지위 남용은 시장지배적 지위 남용 중 불이익강제와 상당 부분 중첩된다. 실무상으로도 공정거래위원회가 하나의 위반행위에 대하여 불공정거래행위와 시장지배적 지위 남용행위도 적용하는 경우가 많다. 그 결과, 광범위한 불공정거래행위 제도를 두고 있는 우리 제도하에서 불공정거래행위에 대한 금지청구를 통하여 실질적으로 시장지배적 지위 남용행위에 대한 금지를 구할 수 있는 경우도 있게 된다.[346]

[금지청구와 사법상 효력]

344) 주석민법 채권각칙 7, 2022. 한국사법행정학회(독점규제법 부분 등, 정재훈 집필 부분) 333, 334면

345) 서울중앙지방법원 2006. 1. 31.자 2005카합4494 결정(항고취하로 확정).

346) 주석민법 채권각칙 7, 2022. 한국사법행정학회(독점규제법 부분 등, 정재훈 집필 부분) 334면.

공정거래법 위반행위를 포함한 불법행위가 문제되는 사안에서 계약 등의 사법적 효력이 실무상 중요한 이유는 금지청구권이 존재하지 않기 때문이다. 사법상 효력이 부정되어야 계약의 구속력에서 벗어날 수 있다. 이와 달리 금지청구가 폭넓게 인정될 경우에는 법률행위가 무효가 아니더라도 법률행위의 집행을 저지할 수 있게 된다.

개정된 공정거래법에는 불공정거래행위의 경우 금지청구가 가능하다.

금지청구 제도를 이용할 경우, 납품업자가 가처분신청권자 또는 원고가 되어 선제적으로 대규모소매업자에 대하여 납품대금 청구 등 계약을 강제하는 행위의 금지를 구할 수 있게 된다. 이 경우 계약이 사법상 무효가 아니라도 하더라도 금지청구에 의하여 불공정거래행위를 한 자의 계약의 집행을 저지할 수 있게 된다. 참고 판례로 대법원 2017. 9. 7. 선고 2017다229048 판결(대성산업 사건)이 있다.[347]

나. 금지청구 절차

금지청구권은 실체법적 권리이다. 이러한 권리는 민사집행법상 가처분을 통하여 구현되거나, 본안의 소에서 금지를 구함으로써 구현된다. 가처분의 문제에 관하여 보면, 현재 불공정거래행위에 대한 금지청구의 형태로서 가처분이 기능하지 못하는 이유는 피보전권리가 인정되는지에 대한 의문이 있어서이다. 입법으로 금지청구가 도입되면 피보전권리의 문제가 해결된다. 그 경우 보전의 필요성을 통하여 법원은 금지청구의 허부를 조절할 수 있다.

금지청구는 본안으로 금지를 구하는 경우와 가처분으로 금지를 구하는 경우로 구별된다. 그렇다면, 실제 관할은 본안 관할 외에 다툼의 대상이 있는 곳을 관할하는 법원도 포함될 것이다(민사집행법 제303조). 금지청구는 피고(피신청인)의 부작위를 구하는 것이므로, 민사집행법에 따라 간접강제에 의한 집행이 적용될 것이다.

---

347) 대규모소매업자가 납품업자에 대하여 재고물품 대금을 구하는 사건이다. 법원은 계약의 효력을 부정하여, 원고의 청구를 기각하였다. 이 사건은 피고가 공정거래법 위반행위를 민법 제103조 위반의 범위에 포섭하여 계약의 구속력을 벗어났다. 즉, 사법상 효력이 부정되어야 계약의 구속력에서 벗어날 수 있다.

[금지청구와 가처분][348)]

불공정거래행위 금지청구에서도 가처분의 본안화 현상이 생길 가능성이 있다.[349)] 즉, 불공정거래행위 금지가처분이 인용되면 채무자는 영업모델을 변경하거나 영업을 중단해야 하는 치명적인 손해를 입을 우려가 있다. 반면, 보전의 필요성을 좁게 인정할 경우 공정거래법이 어렵게 명문화한 금지청구권이 실효적으로 보장되지 못할 우려가 있다. 이런 측면에서 쌍방의 이해관계를 균형적으로 고려해야 할 필요가 있다.

불공정거래행위에 대한 금지청구의 형태로서 가처분은 피보전권리의 문제로 실무상 인정되지 못하였으나, 입법적으로 불공정거래행위에 대한 금지청구가 도입됨으로써 피보전권리의 문제는 해결되었다. 따라서 불공정거래행위로 피해를 입거나 입을 우려가 인정되면 피보전권리가 인정된다. 한편, 금지청구를 가처분으로 구하는 경우에는 당연히 보전의 필요성이 요구된다. 금지청구가 본안의 소로 청구되는 경우에 비하여 가처분으로 신청되는 경우 권리구제의 실효성이 높다. 이때 가처분을 심리하는 법원은 불공정거래행위가 인정되는 경우 보전의 필요성을 통하여 금지청구의 허부를 조절할 수 있다.

불공정거래행위의 금지, 즉 부작위를 구하는 가처분은 임시의 지위를 정하기 위한 가처분으로, 공사금지가처분, 업무방해금지가처분, 출입방해금지가처분 등과 유사하다. 이 경우 가처분은 특히 계속하는 권리관계에 끼칠 현저한 손해를 피하거나 급박한 위험을 막기 위하여, 또는 그 밖에 필요한 이유가 있을 경우에 하여야 한다(민사집행법 제300조 제2항 제2문). 이 점에서 본안의 소를 통한 금지청구에 비하여 가처분을 통한 금지청구의 발령 기준이 더 높을 것인지가 문제된다. 즉, 공정거래법이 금지청구 제도를 도입하면서 일본 독점금지법과 달리 '현저한 손해 발생'의 요건을 규정하지 않았다. 따라서 본안의 소에서는 '현저한 손해' 요건을 고려할 필요가 없으나, 가처분에서는 민사집행법 제300조 제2항 제2문의 '현저한 손해, 급박한 위험'을 고려함으로써 실질적으로 '현저한 손해' 요건을 고려하게 된다. 이러한 해석이 입법과정에서 '현저한 손해' 요건을 의도적으로 배제한 입법취지에 부합하는지 의문이 있을 수 있다. 그러나 이는 본안의 소와 가처분의 제도

---

348) 주석민법 채권각칙 7, 2022. 한국사법행정학회(독점규제법 부분 등, 정재훈 집필부분), 337, 338면.

349) 특허권 등에 기한 침해금지가처분에 대한 설명으로는 특허법원 지적재산소송 실무연구회, 지적재산 소송실무(제4판), 박영사 2019. 508면.

적 차이에서 비롯된 것으로 불가피하다.

'현저한 손해'는 본안판결 때까지 수인하는 것이 가혹하다고 생각될 정도의 불이익 또는 고통이며, 재산상 손해뿐 아니라 명예, 신용 등 정신적인 손해도 포함하고, '급박한 위험'은 '현저한 손해'를 생기게 하는 전형적인 예로 보는 견해가 유력하다.[350] '그 밖에 필요한 이유'는 현저한 손해를 피하거나 급박한 위험을 방지하는 것에 준하는 정도의 이유이다.[351]

[금지청구 내용][352]

첫째, 자신에 대한 침해행위 문제이다.

공정거래법 제108조 제1항은 '자신에 대한' 침해행위의 금지 또는 예방을 청구할 수 있도록 규정하고 있다. 불공정거래행위는 시장지배적 지위 남용과 달리 특정 피해 사업자를 보호하는 규정으로서의 성격을 가지고 있으므로, 피해자인 청구권자에 대한 침해행위의 금지를 구할 수 있고, 다른 사업자에 대한 침해행위의 금지를 구할 수는 없다. 다만, 불공정거래행위의 침해행위가 다수의 당사자에게 이루어지는 경우 자신에게만 금지를 구하는 부분을 특정하기 어려울 수 있다. 이 점에서 지식재산권 침해 사건처럼 특정인에 대한 침해가 문제되는 사안과 달리 불공정거래행위 금지청구에서 포괄적인 금지가 가능할 여지가 있다.

둘째, 금지 또는 예방 의무의 내용 문제이다.

침해행위의 금지 또는 예방 청구는 부작위를 구하는 청구를 의미한다. 이에 따라 후술하는 바와 같이 원칙으로 간접강제의 방식으로, 보충적으로 의무위반의 결과에 대하여 대체집행을 할 수 있다.

금지청구의 대상은 '침해행위'이므로 침해행위가 특정되어야 한다. 침해행위는 현재 또는 임박한 실제 침해행위를 의미한다. 침해행위는 개별적, 구체적, 사실적으로 특정되어야 한다. 해석을 요하는 법률적 용어의 사용을 피하고 사실적 특정을 요한다. 이는 예방 청구에도 동일하다.[353]

---

350) 김능환, 민일영 편집대표, 주석 민사집행법(VII), 한국사법행정학회 2012. 721면.

351) 대법원 1967. 7. 14.자 67마424 결정.

352) 주석민법 채권각칙 7, 2022. 한국사법행정학회(독점규제법 부분 등, 정재훈 집필 부분) 338, 339면.

353) 침해행위의 금지청구를 규정한 특허법, 상표법, 저작권법, 부정경쟁행위방지법의 경우에도 동일하다.

셋째, 작위의무의 청구 문제이다.

침해행위의 금지 또는 예방의 내용에 '작위의무'가 포함되는지 문제된다. 침해행위의 금지 또는 예방은 원칙적으로 부작위 의무를 의미하지만, 이러한 부작위 의무를 실현하기 위하여 구체적 작위가 필수적이라면, 작위의무도 포함될 수 있을 것이다. 실제 침해행위에서 부작위와 작위가 혼재되어 있고, 부작위의 이행만으로 침해행위의 금지 또는 예방이 어려운 점을 고려할 필요가 있다.

[금지청구 집행][354]

첫째, 간접강제 문제이다. 금지청구의 주요 부분이 될 부작위 의무는 간접강제를 통하여 집행이 이루어진다. 간접강제는 채무불이행에 대한 제재를 고지함으로서 그 제재를 면하기 위하여 채무를 이행하도록 동기를 부여하는 것을 목적으로 하는 집행방법이다.

민사집행법 제261조 제1항 제1문은 채무의 성질이 간접강제를 할 수 있는 경우에 제1심 법원이 채권자의 신청에 따라 간접강제를 명하는 결정을 하도록 규정하고 있다. '채무의 성질이 간접강제를 할 수 있는 경우'에 '부대체적 작위 채무'와 '부작위 채무'가 포함된다. 금지청구는 피고(피신청인)의 부작위를 구하는 것이므로, 그 집행에 있어 민사집행법상 간접강제에 의한 집행이 이루어진다. 그 결과 민사집행법 제261조 제1항 제2문에 따라 간접강제의 결정에는 채무의 이행의무 및 상당한 이행기간을 밝히고, 채무자가 그 기간 이내에 이행을 하지 아니하는 때에는 늦어진 기간에 따라 일정한 배상을 하도록 명하거나 즉시 손해배상을 하도록 명할 수 있다.

간접강제는 제1심 법원을 관할로 하여 신청할 수 있다(민사집행법 제261조 제1항 1문). 집행력있는 집행권원(가처분 포함)의 정본이 존재해야 한다. 간접강제 결정은 변론 없이 할 수 있으나, 결정하기 전에 채무자에게 방어기회를 주기 위하여 심문을 거치도록 하고 있다(민사집행법 제262조). 법원은 간접강제 신청이 이유 있으면 간접강제의 결정을 하며, 그 결정에 채무자가 이행해야 할 부작위 의무를 특정하고, 위반이 있을 때 지급하여야 할 배상금을 정하게 된다. 이에 대하여 채무자는 즉시항고로 불복할 수 있다(민사집행법 제261조 제2항). 채권자는 간접강제결정을 집행권원으로 하여 집행문을

354) 주석민법 채권각칙 7, 2022. 한국사법행정학회(독점규제법 부분 등, 정재훈 집필 부분) 341, 342면.

받은 후, 채무자에 대하여 금전집행을 할 수 있다.

둘째, 대체집행 문제이다. 대체집행은 채무자의 비용으로 채무자 이외의 제3자로 하여금 채무의 내용을 실현시키는 방법이다. 채무자가 부작위채무를 위반하여 결과를 남기는 경우에 위반결과를 제거하거나 위반행위의 반복을 방지하기 위하여 장래에 대한 적당한 처분을 하는 것은 대체성이 있어서 대체집행의 방법을 취할 수 있다(민사집행법 제260조, 민법 제389조 제3항).

금지청구를 통하여 (제한적으로) 작위 의무의 이행을 청구할 수 있다고 보는 경우에, 그 의무가 대체적 작위 의무인 경우에는 대체집행을 통하여, 부대체적 작위 의무인 경우에는 간접강제를 통하여 집행하게 된다.

3. 공정거래법 위반과 사법상 효력

부당한 공동행위의 경우 공정거래법 제40조 제4항(구 공정거래법 제19조 제4항)에서 "제1항에 규정된 부당한 공동행위를 할 것을 약정하는 계약 등은 사업자간에 있어서는 이를 무효로 한다"는 명시적 규정을 두고 있다. 불공정거래행위의 경우 명시적인 규정을 두지 않고 있다. 거래상 지위 남용에 관한 사례에서 대법원은 거래상 지위의 남용행위가 공정거래법상 불공정거래행위에 해당하는 것과 별개로 위와 같은 행위를 실현시키고자 하는 사업자와 상대방 사이의 약정이 경제력의 차이로 인하여 우월한 지위에 있는 사업자가 그 지위를 이용하여 자기는 부당한 이득을 얻고 상대방에게는 과도한 반대급부 또는 기타의 부당한 부담을 지우는 것으로 평가할 수 있는 경우에는 선량한 풍속 기타 사회질서에 위반한 법률행위로서 무효라고 판단하였다(대법원 1996. 4. 26. 선고 94다34432 판결, 대법원 2017. 9. 7. 선고 2017다229048 판결[355] 참조).

---

355) 백화점을 운영하는 대규모소매업자인 원고와 원고에게 의류를 납품하는 피고 사이에 2014. 9. 25. 피고가 원고에게 재고품에 관한 상품대금 반환채무 232,225,685원이 있음을 확인하면서 이를 2014. 12. 31.부터 2015. 9. 30.까지 4회에 걸쳐 분할 상환하기로 하는 '상품대금 반환에 관한 확약서'를 작성한 것이 법률상 무효인지가 다투어진 사건이다. 위 거래의 실질이 직매입거래이며, 그 결과 원고의 반품행위는 거래상 지위남용이며, 이를 위한 확약도 사회질서에 반하여 무효라고 판단하였다.

Ⅱ. 형사소송

공정거래법 제124조 제1항 제9호에 따라 부당한 공동행위를 한 자는 3년 이하의 징역 또는 2억 원 이하의 벌금에 처해진다. 참고 판결로, 대법원 2015. 8. 19. 선고 2014도471 판결(지에스칼텍스 사건, 경질유 사건),[356] 대법원 2015. 9. 10. 선고 2015도3926 판결(한국유리공업 사건),[357] 대법원 2012. 9. 13. 선고 2010도16001 판결(한화케미칼 사건)[358] 등이 있다. 공정거래법 제45조 제1항 제6호 거래상 지위 남용 사안에서, 사업자가 거래상대방에게 '직접 거래상 지위남용행위를 한 경우'가 아닌 '계열회사 또는 다른 사업자로 하여금 이를 하도록 한 경우'는 과징금 부과 등 공정거래법이 정한 별도의 제재대상이 될 수 있음은 별론으로 하고, 이를 이유로 형사처벌의 대상이 되지는 않는다고 보아야 한다(대법원 2020. 2. 27. 선고 2016도9287 판결).

1. 공정거래법 형벌의 주체와 양벌규정

가. 형벌조항의 주체

형벌조항에서 그 주체가 자연인인지, 법인인지 문제된다.

공정거래법 수범주체는 원칙적으로 사업자인 법인이다. 그러나 형벌규정인 공정거래법 제124, 125조(구 법 제66, 67조) 등에서 수범자는 법인이 아니라 위반되는 행위를 구체적으로 집행한 특정 자연인을 의미하는 것으로 보아야 한다.

---

356) 형사상 공소시효의 기산점인 종료시점을 공정거래법상 처분시효 판단을 위한 종기와 동일하게 보고 있다.

357) 공정위의 처분이 위법하여 행정소송에서 취소된다 하더라도 이러한 사정만으로는 그 고발을 기초로 이루어진 공소제기 등 형사절차의 효력에 영향을 미치지 아니한다고 보았다. 공동행위의 수와 종기에 대한 행정법상 논의를 공정거래 형사사건에 적용한 점에 주목할 필요가 있다.

358) 공소시효와 공소사실의 특정이 문제된 사례.

예를 들어 공정거래법 제124조(구 공정거래법 제66조) "—를 한 자"를 개인이 아니라 법인 사업자로 보면 본문에 규정된 법정형(3년 이하의 징역)을 설명할 수 없게 된다. 행위자 외에 법인에게 벌금형을 부과하는 공정거래법 제128조(구 공정거래법 제70조)의 양벌규정도 같은 구조이다. 이를 종합하면 입법자의 의사는 형벌규정을 통하여 행위를 실행한 특정 자연인을 처벌하는 것으로 이해해야 할 것이다.

불공정거래행위에 관한 대법원 2020. 2. 27. 선고 2016도9287 판결도 벌칙 규정은 사업자를 위하여 위반행위를 한 자연인만이 처벌 대상이 되고, 법인인 사업자는 양벌규정인 제70조에 따른 별도의 요건을 갖춘 경우에만 처벌대상이 된다고 판단하였다.

나. 양벌규정 문제

현재 공정거래법 양벌규정은 다음과 같은 문제를 가지고 있다.

첫째, 체계성에서 문제가 있다. 일반적으로 양벌규정은 자연인에 대한 처벌 규정을 둔 후, 법인에 대한 양벌규정을 두고 있다. 공정거래법은 사업자에 대한 위반행위를 규정하고 있다. 그런데 형벌 조항에서는 자연인에 대한 형벌 조항을 두고 법인에 대하여 양벌조항을 통하여 형벌을 부과하고 있다. 이는 위반근거 규정과 형벌 규정이 불일치하여 체계상 맞지 않는다.

둘째, 실질적인 정당성에서 문제가 있다. 양벌규정은 책임의 확장이다. 사업자인 법인의 책임임에도 개인에 대한 형벌을 확장하는 형식으로 법인에 양벌을 부과하는 것은 적절하지 않다.

셋째, 양벌규정 적용을 위한 위반행위자의 특정에 유의할 필요가 있다. 공정거래법 제40조, 제45조 등 위반행위 근거 규정에서 사업자인 법인이 주체이므로 자연인이 구체적으로 특정되지 않을 수도 있다. 그러나 공정거래법 제124, 125조 등 형벌 규정에서 자연인이 구체적으로 특정되어야 한다. 이러한 체계상 문제점에 비추어 제한적이고 한정적인 해석을 해야 한다. 헌법재판소 1995. 7. 21.자 94헌마136 결정은 "공정거래법 위반행위에 대한 형벌은 가능한 한 위법성이 명백하고 국민경제와 소비자 일반에게 미치는 영향이 큰 경우에 제한적으로 활용되어야 한다."고 판시하였음에 유의할 필요가 있다.

넷째, 공정거래법 제128조는 법인의 양벌책임에 대한 규정으로, '해당업무에 관하여 상당한 주의와 감독을 게을리하지 아니한 경우'는 벌금형을 과하지 않도록 규정하고 있다. 그 주의와 감독의 수준을 판단함에 있어, 평소에 compliance 요건을 갖추었는지, 회사가 취한 조치 등이 종합적으로 고려되어야 하되, 법문상 '상당한 주의와 감독'은 비교적 높은 수준의 주의의무로 이해해야 한다.

다섯째, 현재 공정거래법 양벌규정을 개정할 경우 다음과 같은 방향을 생각해 볼 수 있다. 법인에 대한 형사책임을 인정하는 입법을 두는 방안이다.[359] 공정거래법 형벌 규정에서 양벌규정 형식을 취하지 않고 법인 에 대한 형벌과 자연인에 대한 형벌을 병렬적으로 규정하는 방안이다.

2. 형사 집행과 증명의 정도

대법원은 "부당한 공동행위의 '합의'에 대한 입증의 정도는 법관으로 하여금 합리적 의심을 할 여지가 없을 정도로 엄격한 증명을 요한다. 이는 그 행위의 속성상 직접증거의 확보가 어렵기 때문에 간접사실이나 정황사실을 입증함으로써 그 범죄행위를 증명하는 방법을 취할 수밖에 없는 경우에도 마찬가지이다"라고 판시하여 형사소송법상 요구되는 입증의 수준과 차이가 없다고 보았다(대법원 2008. 5. 29. 선고 2006도6625 판결). 포괄일죄와 공소사실 특정에 관하여는 대법원 2012. 9. 13. 선고 2010도16001 판결이 그 법리를 제시하고 있다. 한편, 행정소송에서 축적된 법리가 형사사건에도 그대로 적용되는 경향을 보이고 있다. 대법원 2015. 12. 23. 선고 2015도5396 판결(수중펌프 입찰담합 사건)은 공정위 고발에 따라 검사가 기소하였으나 부당한 공동행위에 가담하였음이 합리적 의심의 여지없이 증명되었다고 보기 어렵

359) 이는 형법, 특히 형법총칙의 개편 문제와 관련성을 가지고 있다. 강수진, "공정거래법상 형벌규정에 대한 소고", 경쟁저널 제212호, 2022. 40면은 법인에게 책임능력을 인정할 수 있으며, 법인에 인정되는 책임능력의 의미와 내용은 자연인에게 인정되는 심리적, 인격적 책임과 구별된다고 보고 있다.

다고 판단하였다. 관련 판결로는 대법원 2015. 9. 10. 선고 2015도3926 판결(한국유리공업 사건), 대법원 2015. 8. 19. 선고 2014도471 판결(지에스칼텍스 사건, 경질유 사건) 등이 있다.

한편 경성카르텔은 형사처벌이 이루어질 가능성이 높은 분야인데, 관련시장에 따라 공동행위의 행위 단위가 달라진다면, 이는 과징금뿐 아니라 형사처벌에도 영향을 미치게 된다. 과징금산정의 전제가 되는 행위 단위와 형사처벌의 전제가 되는 행위 단위는 서로 일치하는 것이 자연스럽다.[360] 범죄행위의 특정을 위하여 관련시장이 그 전제로 확정되어야 한다면 관련시장의 경제분석이 행위의 수와 범위에 미치는 영향을 면밀히 입증해야 하고, 특히 관련시장의 입증이 어느 정도까지 이루어져야 합리적 의심의 여지가 없을 정도의 입증에 이르는 것인지에 관한 검토도 필요하다.

360) 단일행위, 상상적 경합, 실체적 경합, 포괄일죄 등과 같은 것이다. 이 점에서 '부당한 공동행위와 관련시장 확정'의 문제는 그 동안 연구가 거의 없었던 '공정거래법상 행위론'에 대한 연구를 발전시키는 계기가 될 수 있다.

ANTI TRUSTLAW

판례 찾아보기

*대판 – 대법원 판결, 대판(전) – 대법원전원합의체 판결
대결 – 대법원 결정, 대결(전) – 대법원전원합의체 결정

[대법원]

[고등법원]

[지방법원]

[헌법재판소]

ANTI TRUSTLAW

사항 찾아보기

정 재 훈(鄭載勳)

■ 저자 약력
○ 서울대학교 법과대학 졸업
○ 서울대학교 보건대학원 졸업(보건학석사, MPH)
○ 미국 컬럼비아 법과대학원 졸업(법학석사, LL.M.)
○ 고려대학교 대학원 법학과 졸업(법학박사, Ph.D.)

○ 제35회 사법시험 합격(사법연수원 제25기 수료)
○ 대전지방법원 부장판사, 사법연수원 교수
○ 서울고등법원 고등법원판사(공정거래 및 지식재산권 전담, 2013년~2017년)
○ 공정거래위원회 비상임위원(2019년~2021년)
○ 현재 이화여자대학교 법학전문대학원 교수

○ 공정거래위원회 경쟁정책 자문위원(2016년~2019년)
○ 공정거래법 개선(전편개편) 특별위원회 위원(2018년)
○ 경쟁저널 편집자문위원(2018년~현재)
○ 공정거래위원회 기업결합 법제 혁신 TF 위원(2022년)

■ 발표논문
'대법원 판결에 사용된 용어와 표현의 무게',「인권과 정의」제509호 2022.
'시장지배적 의료기기 사업자의 경쟁제한적 차별행위',「의료법학」제23권 제1호 2022.
'상당한 규모의 거래를 이용한 특수관계인에 대한 이익제공행위의 판단기준',「경쟁법연구」제43권 2021. 등 48편

제4판
공정거래법 소송실무

2015. 1. 10. 제1판 1쇄 발행
2017. 3. 20. 제2판 1쇄 발행
2020. 6. 30. 제3판 1쇄 발행
2023. 6. 30. 제4판 1쇄 발행

저 자 정 재 훈
펴낸이 송 정 례
펴낸곳 **육 법 사**

04039 서울특별시 마포구 홍익로5길 65
TEL (02) 332-1830 · 1831
FAX (02) 332-1836

등록연월일 1966. 8. 19. 1-300호

ISBN 978-89-7214-214-0 93360

정가 75,000원

저자와의
협의에 따라
검인 생략함